政治經濟學

(第五版)

主　編 劉詩白
副主編 劉燦、丁任重、李　萍、陳維達

序 言

　　政治經濟學在中國的發展，最根本在於既要堅持馬克思主義政治經濟學的基本原理和方法，又要結合當代資本主義經濟社會發展的最新變化，以及社會主義各國經濟改革和體制轉型、完善的最新實踐，進行新的理論探索和理論闡述，與時俱進地豐富和推進政治經濟學的創新和發展。

　　馬克思主義政治經濟學的基本原理來源於馬克思的《資本論》。馬克思為了完成這部近三百萬字的科學巨著，花費了四十年的心血。

　　馬克思主義包括哲學、政治經濟學和科學社會主義三個組成部分。馬克思主義政治經濟學是馬克思主義的一個重要組成部分。首先，馬克思在政治經濟學的研究中，發現了剩餘價值的生產、實現和分配的規律，闡明了資本主義私有制是資本家階級與工人階級之間的對立的經濟根源，論證了資本主義必然滅亡的歷史趨勢，得出了社會主義和共產主義必然勝利的科學結論，這就為科學社會主義的產生奠定了基礎。「它使社會主義者早先像資產階級經濟學者一樣在深沉的黑暗中摸索的經濟領域，得到了明亮的陽光的照耀。科學的社會主義就是從此開始，以此為中心發展起來的。」[①] 其次，馬克思在政治經濟學的研究中，根據大量的歷史資料，全面地考察了資本主義社會的生產力與生產關係、經濟基礎與上層建築及其相互關係，揭示了資本主義社會以及人類社會發展的規律，使辯證唯物主義和歷史唯物主義得到了科學的論證和運用。正如列寧所說：「馬克思的經濟學說就是馬克思理論最深刻、最全面、最詳細的證明和運用。」[②]

　　深入學習馬克思主義政治經濟學，是進行社會主義、共產主義思想教育的一項重要內容。值得說明的是，馬克思正是在研究政治經濟學的過程中，轉變了原先的世界觀，形成了共產主義世界觀。馬克思在青年時代，特別是在波恩大學學習期間，接受的是黑格爾的唯心主義辯證法和費爾巴哈的舊唯物主義理論。後來，馬克思在辦《萊茵報》期間，經常就許多問題與政府當局展開辯論，而這些問題大多是物質利益和經濟學方面的問題，這成為馬克思研究政治經濟學的最初動因。恩格斯說過：「我曾不止一次地聽到馬克思說，正是他對《林木盜竊法》和摩塞爾河地區農民處境的研究，推動他由純政治轉向研究經濟關係，並從而走向社會主義。」[③] 馬克思在研究政治經濟學的過程中，經常深入社會的最底層，深入到民眾之中，進行調查和分析，掌握了大量的實際材料，從而

---

① 馬克思，恩格斯. 馬克思恩格斯選集：第 3 卷 [M]. 北京：人民出版社，1972：243.
② 列寧. 列寧選集：第 2 卷 [M]. 2 版. 北京：人民出版社，1972：588.
③ 馬克思，恩格斯. 馬克思恩格斯全集：第 39 卷 [M]. 北京：人民出版社，1974：446.

認識到資本主義必然滅亡和共產主義必然到來是歷史發展的必然趨勢。在這個過程中，馬克思形成了共產主義世界觀。

以《資本論》為代表的馬克思主義政治經濟學，是無產階級進行階級鬥爭的強大理論武器。馬克思通過對資本主義社會的研究，發現了資本家剝削工人的秘密，揭示了資本主義私有制的產生、發展和滅亡的客觀規律，指明了無產階級的歷史地位和歷史使命，從而也使其成為指導無產階級革命運動的有力武器。馬克思在從事理論研究和寫作工作的同時，還十分重視理論宣傳工作。在寫作《資本論》的過程中，馬克思經常在工人中通俗地宣傳政治經濟學的基本原理，以提高廣大群眾的階級覺悟和理論水準，從思想上武裝工人階級。《資本論》第一卷出版後，1868年8月，在漢堡召開的全德工人聯合會的大會上，與會代表一致認為「馬克思的著作《資本論》對工人階級作了不可估量的貢獻」①。隨著《資本論》的廣泛傳播，人們把它譽為「工人階級的聖經」，認為它有力地推動了世界無產階級的革命運動。

馬克思主義政治經濟學，不僅是無產階級進行社會主義革命的理論基礎，對社會主義建設也具有重大的指導作用。列寧認為：「馬克思的全部理論，就是運用最徹底、最完整、最周密、內容最豐富的發展論……去考察資本主義即將崩潰的問題，去考察未來共產主義的未來發展問題。」②可見，《資本論》並不限於僅僅研究資本主義經濟關係，還考察了商品經濟、社會化大生產和社會主義經濟發展的一些規律性問題，如商品交換、貨幣流通、價值規律、市場的形成與運行、社會再生產的比例關係、擴大再生產的方式、累積的源泉、商業的地位、農產品定價、科學技術的作用等。認真研究和學習這些理論，對發展社會主義市場經濟，加快社會主義現代化建設，深化經濟體制改革，都有十分重要的現實意義。

我們編寫這本教材的一個基本原則，就是遵循馬克思主義的基本原理。因為政治經濟學尤其是它的資本主義部分，經過長期的發展，其理論體系已比較完整和成熟，而且從現在來看，它的基本原理符合當時的歷史情況，經過歷史檢驗而被證明是正確的。對於前人提出和創建並經歷史證明是正確的理論，我們在編寫教材時就應當堅持和應用，如商品交換、貨幣流通、價值規律、資本主義累積、再生產的比例、剩餘價值分配等。

當然，堅持馬克思主義的基本原理，並不是簡單地重複前人的理論。馬克思主義政治經濟學理論的正確性，不僅在於它符合過去的歷史情況，還在於它能夠說明和解釋當代實踐中出現的新情況、新問題。例如：工人的活勞動是創造價值和剩餘價值的源泉，這是勞動價值論的一個基本原理。但是，現代發達的資本主義國家的現實是生產的自動化和機械化水準不斷提高，電子計算機和機器人開始被大量應用於生產過程中。在這種情況下，生產過程中工人的活勞動減少，而剩餘價值率卻在不斷提高。這一現實使勞動

---

① 馬克思，恩格斯．馬克思恩格斯全集：第32卷［M］．北京：人民出版社，1975：730－731．
② 列寧．列寧選集：第3卷［M］．2版．北京：人民出版社，1972：243．

新提法、新概括、新認識、新理念,如首次單獨提出科學發展觀、轉變經濟發展方式、平等保護物權、創造條件讓更多群眾擁有財產性收入等創新性觀點。

　　這本書中,體現了我們對政治經濟學理論體系的安排、主線的設置及某些有爭論的理論問題的看法。由於水準有限,這些看法不一定正確,章節的設置不一定合理,歡迎同行批評指正。

劉詩白

目　錄

導　論 ……………………………………………………………………（1）

　　第一節　政治經濟學的產生與發展 ………………………………（1）

　　第二節　政治經濟學的研究對象與方法 …………………………（7）

　　第三節　政治經濟學的任務和中國經濟學的發展 ………………（13）

　　第四節　學習政治經濟學的意義 …………………………………（18）

　　小　結 ………………………………………………………………（19）

　　複習思考題 …………………………………………………………（20）

　　閱讀書目 ……………………………………………………………（20）

　　參考文獻 ……………………………………………………………（20）

第一章　商品與貨幣 ……………………………………………………（21）

　　第一節　商　品 ……………………………………………………（21）

　　第二節　貨　幣 ……………………………………………………（27）

　　第三節　價值規律 …………………………………………………（38）

　　第四節　勞動價值論在當代的深化與發展 ………………………（40）

　　小　結 ………………………………………………………………（45）

　　複習思考題 …………………………………………………………（46）

　　閱讀書目 ……………………………………………………………（46）

　　參考文獻 ……………………………………………………………（46）

第二章　資本與剩餘價值 ………………………………………………（47）

　　第一節　貨幣轉化為資本 …………………………………………（47）

　　第二節　剩餘價值的生產過程 ……………………………………（51）

　　第三節　剩餘價值生產的方法 ……………………………………（57）

　　第四節　工　資 ……………………………………………………（61）

　　小　結 ………………………………………………………………（66）

　　複習思考題 …………………………………………………………（66）

　　閱讀書目 ……………………………………………………………（67）

參考文獻 ……………………………………………………………………（67）

第三章　資本累積與再生產 ……………………………………………（68）
　　第一節　資本主義再生產和資本主義累積 …………………………（68）
　　第二節　資本主義累積的一般規律 …………………………………（73）
　　第三節　資本主義累積的歷史趨勢 …………………………………（82）
　　小　　結 ………………………………………………………………（84）
　　複習思考題 ……………………………………………………………（85）
　　閱讀書目 ………………………………………………………………（85）
　　參考文獻 ………………………………………………………………（85）

第四章　資本循環與週轉 …………………………………………………（87）
　　第一節　資本的循環 …………………………………………………（87）
　　第二節　資本的週轉 …………………………………………………（93）
　　小　　結 ………………………………………………………………（103）
　　複習思考題 ……………………………………………………………（104）
　　閱讀書目 ………………………………………………………………（104）
　　參考文獻 ………………………………………………………………（104）

第五章　社會總資本再生產與經濟危機 ………………………………（105）
　　第一節　社會總資本再生產的核心問題 ……………………………（105）
　　第二節　社會總資本簡單再生產及其實現條件 ……………………（107）
　　第三節　社會總資本的擴大再生產 …………………………………（111）
　　第四節　資本主義的經濟危機 ………………………………………（117）
　　小　　結 ………………………………………………………………（128）
　　複習思考題 ……………………………………………………………（128）
　　閱讀書目 ………………………………………………………………（129）
　　參考文獻 ………………………………………………………………（129）

第六章　剩餘價值的分配 …………………………………………………（130）
　　第一節　平均利潤和生產價格 ………………………………………（130）
　　第二節　商業資本與商業利潤 ………………………………………（137）
　　第三節　借貸資本、銀行資本與虛擬資本 …………………………（143）
　　第四節　資本主義地租 ………………………………………………（151）

小　結 ……………………………………………………………………… (157)
複習思考題 ………………………………………………………………… (158)
閱讀書目 …………………………………………………………………… (158)
參考文獻 …………………………………………………………………… (159)

第七章　壟斷資本主義的發展演變與經濟全球化 …………………… (160)
第一節　資本的社會化與壟斷資本主義的形成 ………………………… (160)
第二節　國家壟斷資本主義及其對經濟的干預和調節 ………………… (171)
第三節　經濟全球化與資本主義的歷史地位 …………………………… (180)
小　結 ……………………………………………………………………… (191)
複習思考題 ………………………………………………………………… (192)
閱讀書目 …………………………………………………………………… (192)
參考文獻 …………………………………………………………………… (192)

第八章　社會主義經濟制度的建立及初級階段 ………………………… (194)
第一節　社會主義經濟制度的建立 ……………………………………… (194)
第二節　社會主義初級階段及其規定性 ………………………………… (208)
第三節　社會主義初級階段的基本經濟制度 …………………………… (214)
小　結 ……………………………………………………………………… (221)
複習思考題 ………………………………………………………………… (222)
閱讀書目 …………………………………………………………………… (222)
參考文獻 …………………………………………………………………… (223)

第九章　社會主義市場經濟體制 ………………………………………… (224)
第一節　資源配置與經濟體制 …………………………………………… (224)
第二節　中國社會主義市場經濟體制的選擇及其改革和完善 ………… (232)
第三節　社會主義市場經濟運行中的經濟機制和市場體系 …………… (244)
小　結 ……………………………………………………………………… (257)
複習思考題 ………………………………………………………………… (258)
閱讀書目 …………………………………………………………………… (258)
參考文獻 …………………………………………………………………… (258)

第十章　社會主義市場經濟的微觀基礎 ………………………………… (260)
第一節　市場經濟的微觀基礎概述 ……………………………………… (260)

第二節　社會主義市場經濟中的企業 ……………………………………… (264)
　第三節　社會主義市場經濟中的個人經濟行為 …………………………… (277)
　第四節　社會主義市場經濟中的農戶 ……………………………………… (281)
　小　結 ………………………………………………………………………… (284)
　複習思考題 …………………………………………………………………… (285)
　閱讀書目 ……………………………………………………………………… (285)
　參考文獻 ……………………………………………………………………… (285)

第十一章　收入分配、社會保障與居民消費 ………………………………… (286)
　第一節　國民收入的分配 …………………………………………………… (286)
　第二節　中國分配制度的改革與分配關係的調整 ………………………… (294)
　第三節　社會保障 …………………………………………………………… (304)
　第四節　居民消費 …………………………………………………………… (311)
　小　結 ………………………………………………………………………… (325)
　複習思考題 …………………………………………………………………… (326)
　閱讀書目 ……………………………………………………………………… (326)
　參考文獻 ……………………………………………………………………… (327)

第十二章　社會主義市場經濟中的對外經濟關係 …………………………… (328)
　第一節　社會主義國家發展對外經濟關係的必要性及理論依據 ………… (328)
　第二節　中國的對外經濟關係 ……………………………………………… (333)
　第三節　中國對外開放的發展戰略與優化開放結構 ……………………… (344)
　小　結 ………………………………………………………………………… (351)
　複習思考題 …………………………………………………………………… (351)
　閱讀書目 ……………………………………………………………………… (352)
　參考文獻 ……………………………………………………………………… (352)

第十三章　宏觀經濟運行與政府的宏觀調控 ………………………………… (353)
　第一節　宏觀經濟運行 ……………………………………………………… (353)
　第二節　市場經濟中政府的經濟職能 ……………………………………… (364)
　第三節　政府的宏觀調控 …………………………………………………… (371)
　小　結 ………………………………………………………………………… (381)
　複習思考題 …………………………………………………………………… (382)
　閱讀書目 ……………………………………………………………………… (382)

參考文獻 …………………………………………………………………（382）

第十四章　經濟增長和經濟發展 ………………………………………（384）
　　第一節　經濟增長與經濟增長方式的轉變 ……………………………（384）
　　第二節　經濟發展方式轉變的內涵及其實現機制 ……………………（393）
　　第三節　經濟與社會的可持續發展 ……………………………………（407）
　　小　　結 …………………………………………………………………（414）
　　複習思考題 ………………………………………………………………（414）
　　閱讀書目 …………………………………………………………………（415）
　　參考文獻 …………………………………………………………………（415）

導　論

馬克思主義政治經濟學是馬克思主義理論體系的重要組成部分之一。列寧說，馬克思的政治經濟學是馬克思理論最深刻、最全面、最詳細的證明和運用。馬克思主義政治經濟學的基本原理是無產階級政黨領導革命和建設以及制定綱領、路線、方針和政策的依據。政治經濟學具有如此重要的意義，就是由它研究的對象的特殊內容決定的。

本導論要說明的就是政治經濟學的研究對象、方法、任務，以及學習它的重要意義。

第一節　政治經濟學的產生與發展

一、古典政治經濟學的產生和發展

「經濟」一詞在中國最早見於隋代王通所著的《文中子·禮樂篇》，書中有「經濟之道」的提法。在中國古漢語中，「經濟」一詞是指「經邦濟世」「經國濟民」，即治理國家、拯救平民的意思，這與現代語言中的「經濟」一詞的含義有所不同。中國對「經濟」一詞的現代用法是20世紀初由日本引入的，日本當時曾用中國古籍中的「經濟」一詞來翻譯「economy」這個英語詞彙。

在西方，經濟（economy）與經濟學（economics）的含義也有一個不斷演變的過程。最早使用「經濟」一詞的是古希臘的思想家色諾芬（約公元前430—公元前354年）。他在《經濟論》這本書中，把奴隸主管理和組織奴隸的活動第一次用「經濟」一詞加以概括。他對「經濟學」下的定義，就是善良的主人如何管理自己的財產。因為當時人們的生產活動基本上都是以奴隸主家庭為單位來進行的，所以色諾芬所說的「經濟」，其原意是指家庭管理。此後，古希臘著名的思想家亞里士多德（公元前384—公元前322年）寫了一本《政治學》。該書第一篇討論的是治家問題，比較詳細地探討了經濟學的對象與任務，認為經濟學就是研究家務，即奴隸主的家庭經濟問題。

「政治經濟學」最初是在17世紀初由法國重商主義學者安·德·蒙克萊田（1575—1622年）提出的。他在1615年出版的《獻給國王和王後的政治經濟學》一書中，第一次使用了「政治經濟學」這個名詞，其目的是要說明他所研究的已不再是家庭或莊園經濟的管理問題，而是國家範圍和社會範圍的經濟問題。他在書中論述了商業、航海業和整個國家的經濟與政策問題，特別闡述了商業和商人在整個國民經濟管理中的作用。當

時正是資本原始累積的時期，蒙克萊田的觀點代表了新興的商業資產階級利益，反應了早期重商主義的經濟思想。但是，由於重商主義把自己的研究局限在流通領域，而沒有從生產過程入手深入研究社會經濟關係的本質，儘管重商主義學者使用了「政治經濟學」一詞，但這並不代表真正的政治經濟學的形成。

政治經濟學作為一門獨立的經濟學科始於17世紀中葉。當時，資本主義生產方式在英、法等國已經確立，資本主義生產關係迅速發展，同時新興資產階級與封建地主階級之間的矛盾日趨尖銳。這時，代表產業資本家階級利益的資產階級古典政治經濟學便應運而生，它的歷史任務就是批判封建主義，證明封建制度必然要被資本主義制度所代替，闡述資本主義生產、交換、分配和消費過程中的經濟關係及運動規律。

資產階級古典政治經濟學的創始人是英國學者威廉・配第（1623—1687年），其代表作是《賦稅論》。該書最先提出了「勞動時間決定價值」的觀點，並在對地租形式的研究中看到了剩餘價值的存在，這是他的主要理論貢獻。配第的主要經濟著作《政治算術》，是政治經濟學從其他社會科學中分離出來成為一門獨立的學科的重要標誌。他的《貨幣略論》一書在勞動價值觀的基礎上進一步考察了工資、地租、利息和貨幣等經濟範疇。他還明確提出了「勞動是財富之父，土地是財富之母」的觀點，馬克思對此給予了高度評價。

資產階級古典政治經濟學的奠基者是英國學者亞當・斯密（1723—1790年）。1776年，亞當・斯密出版了代表作《國民財富的性質和原因的研究》（簡稱《國富論》）。該書以發達的工場手工業時期的資本主義經濟關係為研究對象，把自配第以來的政治經濟學綜合成為一個完整的體系。斯密的經濟理論以國民財富及其增長為核心範疇，同時涉及分工、交換、貨幣、價值、工資、利潤、地租、資本等基本經濟範疇；其中，他又特別強調工業在國民財富增長中的主導作用。斯密把工業、農業和商業統一起來考察，第一次把流通領域同生產領域結合起來研究社會總生產過程。他特別指出了「看不見的手」的作用，揭示了自由競爭條件下市場機制的調節作用及重要意義。斯密對資本主義生產方式的考察，克服了重商主義和重農學派的片面性，他的理論產生了廣泛的影響，也奠定了他在政治經濟學史上的重要地位。

資產階級古典政治經濟學的完成者是英國學者大衛・李嘉圖（1772—1823年）。1817年，他出版了代表作《政治經濟學及賦稅原理》。該書以勞動價值論為基礎，比較客觀地分析了資本主義生產方式的內在矛盾、市場經濟的運行機制以及相關的經濟範疇。但是，由於受階級利益的局限，李嘉圖把資本主義經濟關係看作是自然的、永恆的社會經濟關係，因而不可能真正認識資本主義生產過程和經濟關係的本質。特別是他的理論混淆了勞動與勞動力、價值與生產價格的區別，使他的理論體系存在兩大難以解決的矛盾，並最終導致其理論體系破產。

資產階級古典政治經濟學代表了新興的資產階級的利益。由於當時資產階級正處於上升階段，資本主義經濟制度剛剛確立，其內在的各種矛盾尚未充分暴露，因而這時的

資產階級經濟學家尚能以客觀、科學的態度來研究社會經濟發展規律，並取得了一些有科學價值的成果。例如資產階級古典政治經濟學提出了勞動創造價值的觀點，論述了市場機制的調節作用，闡述了貨幣、價值、工資、利潤、資本、地租等經濟範疇；還在一定程度上揭示了資本主義生產關係的內在聯繫，看到了資本主義制度下工資、利潤和地租的對立關係，已經接觸到了剩餘價值問題，並初步探討了資本主義社會的階級構成和階級對立狀況。但是，由於資產階級古典政治經濟學代表人物的階級局限性，他們把資本主義制度看成是自然永恆的社會制度，因而不可能真正地揭示社會經濟運動的規律性。他們看到了資本主義經濟關係中存在的矛盾，但認識不到資本主義生產關係的本質；他們看到了資本主義制度下的階級對立，但認識不到產生這種對立的根源；他們建立了政治經濟學的理論體系，但其理論體系中存在著嚴重的缺陷。隨著資本主義制度和各種矛盾的發展，特別是進入19世紀30年代以後資本主義國家階級矛盾和階級鬥爭尖銳化，他們的後繼者便開始只研究經濟現象，不探討資本主義生產關係的本質，著力為資本主義制度進行辯護。所以，在經濟學說史上，英國古典政治經濟學之後的資產階級經濟學說被稱為庸俗經濟學。

二、馬克思主義政治經濟學的產生與發展

馬克思和恩格斯在19世紀中葉創立了馬克思主義政治經濟學，出版了以《資本論》為代表的一系列政治經濟學著作。馬克思主義政治經濟學批判地繼承了古典政治經濟學中的科學因素，但又根本不同於古典政治經濟學以及歷史上的各種經濟學說，是政治經濟學史上的革命。首先，在《資本論》中，馬克思以勞動價值論為基石，以資本主義經濟的細胞——商品為始點範疇，以剩餘價值為基本範疇，全面分析了資本主義經濟過程，從理論上再現了資本主義生產方式產生、發展的歷史。其次，馬克思透過資本主義社會中的物與物的關係，深入分析了資本主義生產過程中的人與人的關係，揭露和批判了資本主義制度的弊端和不合理性，闡明了資本主義制度必將為更先進的社會制度所代替的歷史必然性。最後，馬克思在對資本主義經濟制度和經濟過程進行分析的同時，也研究和揭示了社會化商品經濟運行的一般規律，並對未來公有制社會的經濟制度和資源配置方式提出了原則性的構想。

列寧的經濟學說產生於19世紀末和20世紀初，是馬克思主義政治經濟學的重要組成部分。馬克思和恩格斯在他們的時代，研究的主要是自由競爭的資本主義經濟。隨著第二次工業革命和新的科技革命的發展，資本主義經濟制度出現了局部調整，突出地表現為從自由競爭資本主義過渡到壟斷資本主義，從一般壟斷資本主義過渡到國家壟斷資本主義。列寧運用馬克思主義的立場、觀點和方法，依據馬克思主義政治經濟學的基本原理，對資本主義發展到壟斷階段上所出現的新情況、新問題和新特徵，進行了全面、系統的研究，提出了一系列新的結論，從而豐富和發展了馬克思主義政治經濟學。

三、中國社會主義經濟實踐與政治經濟學發展

以毛澤東為代表的中國共產黨人，從中國半封建半殖民地社會的實際出發，將馬克思主義基本原理同中國的具體革命實踐相結合，提出了新民主主義革命的理論與綱領，指引中國革命取得了勝利。在全面進行社會主義建設的過程中，以毛澤東為核心的黨的第一代領導集體，經過不斷探索，提出了許多關於社會主義建設的新思想和新理論。在毛澤東思想的指導下，中國社會主義革命和建設都取得了巨大成就。

1978年以來，以鄧小平為代表的黨的第二代領導集體和以江澤民為代表的黨的第三代領導集體，創造性地把馬克思主義基本原理與中國改革開放和社會主義現代化建設實踐相結合，形成了中國特色社會主義理論體系。中國經濟體制改革在各個領域的深入推進，促進了傳統社會主義經濟理論的突破、創新和發展。這些理論都是對中國改革開放和社會主義現代化建設實踐的理論總結，是對馬克思主義政治經濟學的最新貢獻。

（一）社會主義初級階段理論

社會主義初級階段理論是建設中國特色社會主義理論的基石，是在改革中新提出的基本理論。這一理論指出，社會主義是共產主義的初級階段，社會主義初級階段是社會主義的不發達階段。從經濟上來說，社會主義初級階段是逐步擺脫不發達狀況，實現工業化和經濟的社會化、市場化、現代化不可逾越的相當長的歷史階段。社會主義初級階段的主要矛盾是人民日益增長的物質文化需要同落後的社會生產之間的矛盾，根本任務是解放和發展生產力。進入新世紀、新階段，中國的發展呈現一系列新的階段性特徵，主要是：經濟實力顯著增強，同時生產力水準總體上還不高，自主創新能力還不強，長期形成的結構性矛盾和粗放型增長方式尚未根本改變；社會主義市場經濟體制初步建立，而影響發展的體制、機制障礙依然存在，改革攻堅面臨深層次矛盾和問題等。這表明，中國仍處於並將長期處於社會主義初級階段的基本國情沒有變，社會主要矛盾沒有變。當前中國發展的階段性特徵，是社會主義初級階段基本國情在新世紀、新階段的具體表現。立足於社會主義初級階段這個最大的實際，黨的十七大提出，要全面科學分析中國全面參與經濟全球化的新機遇、新挑戰，全面認識工業化、信息化、城鎮化、市場化、國際化深入發展的新形勢、新任務，深刻把握中國發展面臨的新課題、新矛盾，更加自覺地走科學發展道路，奮力開拓中國特色社會主義更為廣闊的發展前景。[①]

（二）社會主義市場經濟理論

社會主義市場經濟理論是在深刻總結社會主義建設的歷史經驗，特別是中國改革開放以來的實踐經驗的基礎上，基於對社會主義本質的重新認識和中國處在社會主義初級階段這一基本國情而提出來的。這一理論明確指出：計劃和市場都是配置資源的手段和

---

① 胡錦濤. 高舉中國特色社會主義偉大旗幟 為奪取全面建設小康社會新勝利而奮鬥——在中國共產黨第十七次全國代表大會上的報告 [R]. 北京：人民出版社, 2007.

調節經濟的方式，市場經濟可以與社會主義基本制度相結合；在社會主義經濟中，市場並不是發揮一般的調節作用，市場機制應該對資源配置起基礎性作用。這就從根本上解除了把計劃經濟和市場經濟納入社會基本經濟制度範疇的思想束縛。依據這一理論，黨的十四大明確提出了中國經濟體制改革的目標是建立社會主義市場經濟體制。這表明我們的改革不是在原有體制框架內的修補和改良，而是一場根本性的社會變革，目標是建立一個人類歷史上從未有過的、把社會主義基本制度與市場經濟結合起來的新型經濟體制。社會主義市場經濟要解決的難題是社會主義公有制與市場經濟的有機結合與兼容。迄今為止，這在世界上還沒有成功的範例，需要我們大膽實踐和勇於創新。

（三）社會主義所有制理論

社會主義所有制理論在改革過程中不斷取得突破性進展，逐步成為與傳統社會主義所有制理論極不相同的新的所有制理論。關於所有制結構，黨的十六大提出了堅持和完善公有制為主體、多種所有制經濟共同發展的基本經濟制度，毫不動搖地鞏固和發展公有制經濟，毫不動搖地鼓勵、支持、引導非公有制經濟發展，堅持平等保護物權，形成各種所有制經濟平等競爭、相互促進的新格局。關於公有制經濟的地位，提出了公有制經濟在社會主義初級階段的經濟中處於主體地位，國有經濟在國民經濟中發揮主導作用；要優化國有經濟佈局和結構，增強國有經濟活力、控制力、影響力。關於公有制的實現形式，提出了公有制的實現形式可以而且應當多樣化，一切反應社會化生產規律的經營方式和組織形式都可以大膽利用；提出了以現代產權制度為基礎，發展混合所有制經濟。

（四）現代企業制度理論

現代企業制度理論是在國有企業改革實踐的基礎上形成和發展起來的。這一理論不僅引進和吸收了現代西方經濟學企業理論中的有益部分，也包含著對中國進行國有企業改革、建立現代企業制度的實踐及經驗累積的理論概括。這一理論提出：現代企業制度是社會主義市場經濟體制的微觀基礎；國有企業建立現代企業制度，是發展社會化大生產和市場經濟的必然要求；現代企業制度的主要形式是公司制，基本特徵是產權清晰、權責明確、政企分開、管理科學；在實行現代企業制度的國有企業中，國家按投入企業的資本額享有所有者權益，對企業的債務承擔有限責任，不直接干預企業經營活動，對經營者實行激勵、約束和監督；企業自主經營，自負盈虧，承擔企業資產保值增值的責任，建立科學合理的公司治理結構、科學的組織領導體制和激勵約束機制，努力提高經營績效。

（五）按勞分配與按生產要素分配相結合的分配理論

隨著改革開放近40年實踐與理論創新的不斷推進，中國已經初步形成了與傳統社會主義分配理論有重大差別的新的分配理論。這包括：在分配結構和分配方式上，提出在社會主義初級階段實行以按勞分配為主體、多種分配方式並存的分配制度，把按勞分配與按生產要素分配結合起來，確立勞動、資本、技術和管理等生產要素按貢獻參與分配的原則；

在分配政策上，提出必須堅持效率優先、兼顧公平的原則，初次分配和再分配都要處理好效率和公平的關係，再分配更加注重公平；黨的十七大第一次提出了要創造條件讓更多群眾擁有財產性收入，要增加工資性收入在初次分配中的比重，強調調節過高收入、防止貧富懸殊和兩極分化、逐步實現共同富裕。這是對社會主義分配理論的進一步豐富。在社會保障制度上，提出必須建立包括社會保險、社會救濟、社會福利、優撫安置和社會互助、家庭和個人儲蓄累積保障在內的多層次的社會保障體系，實行社會統籌和個人帳戶相結合的養老、醫療保險制度，為城鄉居民提供與中國國情相適應的社會保障。

（六）經濟增長與經濟發展理論

經濟增長與經濟發展理論是中國特色社會主義市場經濟理論體系中的主要內容，它是立足於社會主義經濟建設實踐的對發展中國家的經濟發展方式的新認識。在發展經濟學理論中，一國的工業化和現代化不僅要表現為經濟增長，更要體現為經濟發展。經濟發展包括經濟增長，但比經濟增長具有更廣泛的含義，通常還包括經濟結構的優化、收入分配的合理化、資源環境的改善等。尤其在發展中國家，不能只用經濟增長率來衡量進步。黨的十七大提出了基於科學發展觀的「轉變經濟發展方式」的概念，進一步推進了經濟增長與發展理論的時代創新。轉變經濟發展方式就是要在經濟發展的進程中緊緊圍繞以人為本這個核心，真正做到全面協調可持續發展，統籌城鄉發展、區域發展、經濟社會發展、人與自然和諧發展、國內發展和對外開放，使經濟發展朝著有利於人和社會全面發展的目標前進。堅持科學發展，轉變經濟發展方式，表明我們對中國特色社會主義建設規律的把握更加深刻，對中國特色社會主義理論有了進一步的豐富和發展。

（七）經濟體制改革及轉型理論

社會主義經濟體制改革理論是對社會主義經濟體制改革實踐的總結和概括，是傳統社會主義經濟理論中沒有的內容，是對社會主義經濟理論的重大發展。社會主義經濟體制改革理論系統地提出：第一，社會主義經濟體制改革是在堅持社會主義制度的前提下，改革生產關係和上層建築中不適應生產力發展的部分。社會主義經濟體制改革是社會主義制度的自我完善和發展，其目的是發展社會生產力。第二，判斷改革是非得失的標準，主要是看是否有利於發展社會主義社會的生產力，是否有利於增強社會主義國家的綜合國力，是否有利於提高人民的生活水準。中國經濟體制改革的目標，是建立和完善社會主義市場經濟體制。第三，中國的改革是在黨和政府的領導下有計劃、有步驟、有秩序地進行的漸進式改革，通過「雙軌制」逐步過渡到目標模式，比激進式改革更有效、更成功。第四，中國的改革是體制外改革與體制內改革相結合、增量改革與存量改革相結合，先農村後城市、先試驗後推廣、先易後難。企業改革是經濟體制改革的核心，其目的是形成市場活動的主體；價格改革是整個經濟體制改革成敗的關鍵，其目的是形成市場競爭的環境。二者相輔相成，缺一不可。不同的階段，改革的重點可以不完全相同。改革需要一個比較寬鬆的經濟環境。經濟體制改革與發展戰略轉變必須同時進行，相互配合。

第二節　政治經濟學的研究對象與方法

一、政治經濟學的研究對象

要瞭解政治經濟學是一門什麼樣的學科，首先要從物質資料的生產談起。物質資料的生產是政治經濟學研究的出發點。

(一) 政治經濟學的研究基礎

馬克思說過：「面前的對象，首先是物質生產。」[1] 人們要能夠生存和發展，必須有衣、食、住等生活資料。這些生活資料從哪裡來？只能靠人們自己的生產活動來創造。一個社會如果離開了生產活動，也就失去了基本生活保障，人們便無法生存，更談不上從事政治、教育、科學、藝術等其他社會活動。馬克思說：「任何一個民族，如果停止勞動，不用說一年，就是幾個星期，也要滅亡，這是每一個小孩都知道的。」[2] 因此，人類的生產活動是最基本的實踐活動，是決定其他一切社會活動的東西。物質資料的生產是人類社會生存和發展的基礎。

在物質資料的生產過程中，人們首先要與自然界發生關係。物質資料的生產過程，就是人們利用和改造自然，使其適合人們需要的過程。農民為了生產糧食，就要去耕地、除草，與洪水、干旱等做鬥爭；人們為了有地方居住，就要去燒磚制瓦、平地蓋房。人們利用和改造自然、創造物質財富的能力，叫作生產力。生產力是推動社會生產發展的決定因素。生產力越高，社會生產發展水準也就越高，創造的物質財富也就越豐富。生產力發展水準的高低，直接與勞動者的勞動經驗和勞動技能的狀況、生產工具的完善程度、自然物質的優劣有關。因此，生產力包括勞動對象、勞動資料和勞動者三個要素。

勞動對象是人們在物質生產過程中將勞動加於其上的東西，它是被勞動直接加工改造的對象。木工把木材做成人們需要的桌子、椅子時，木材就是木工加工、改造的對象。勞動對象可以分為兩類：一類是沒有經過人類勞動加工過的自然物質，如天然水域中的魚類即捕魚者的勞動對象，原始森林中自然生長的樹木是伐木者的勞動對象；另一類是經過人類勞動加工過的物質，如機器製造廠用的鋼材即煉鋼工人的勞動產品，紡紗廠用的棉花即農民勞動的產物。經過人類勞動加工過的勞動對象，又稱為原料。一切原料都是勞動對象，但勞動對象並不都是原料。隨著科學技術的發展，人們逐漸發現了自然物質的許多新的有用屬性，並創造出了許多新的材料，加上海底資源的利用、深層礦產的開採，擴大了勞動對象的範圍和種類，提高了勞動對象的數量和品質。這對勞動生

---

[1] 馬克思，恩格斯. 馬克思恩格斯選集：第 2 卷 [M]. 北京：人民出版社，1972：86.
[2] 馬克思，恩格斯. 馬克思恩格斯選集：第 4 卷 [M]. 北京：人民出版社，1972：368.

產的發展產生了重大影響。在花費同樣的勞動、使用同樣的工具的前提下，人們用良種可以獲得更多的糧食，從富礦可以提煉出更多的金屬。

勞動資料也稱勞動手段，是人們在勞動過程中用以改變或影響勞動對象的一切物質資料和物質條件。勞動者利用這些物質的物理性質和化學性質，改變和影響勞動對象，使其變成適合人們需要的物品。例如：鐵匠用洪爐、鐵錘，把鋼和鐵做成刀子和斧頭，洪爐和鐵錘等就是勞動資料。勞動資料中最重要的是生產工具。它相當於人的器官的延長和擴大。馬克思把生產工具稱為「生產的骨骼系統和肌肉系統」。隨著生產和科學技術的發展，生產工具不斷完善。從原始人使用的石塊、木棒，到今天的自動機器體系，生產工具發生了根本性的變化。生產工具的發展狀況，是社會生產力發展水準的物質標誌。除了生產工具以外，勞動資料還包括除了勞動對象以外的一切物質條件，如生產用建築物、道路、燈光照明等。沒有它們，勞動過程就不能正常進行。

生產力的第三個因素是具有勞動經驗和勞動技能的勞動者。勞動者是生產力構成要素中最重要的決定性的因素，因為任何先進的生產工具都需要勞動者來創造和使用。如果沒有勞動者的操作，任何先進的工具都將變成一堆廢物。

生產力的三個要素中，勞動者是生產過程中的人的因素，勞動者的勞動稱為生產勞動。勞動對象和勞動資料是生產過程中的物的因素，它們又稱為生產資料。生產力中的這三個要素，都與一定的科學技術水準緊密聯繫著。勞動者的科學技術知識愈豐富，勞動技術就愈高；科學技術愈發展，生產工具就愈先進，勞動對象的範圍就愈大，品質就愈高。目前，世界科學技術革命正在蓬勃發展，成為提高生產力的重要源泉，因此，科學技術也是一種生產力，而且是第一生產力。不過，科學技術是通過影響生產力的三個構成要素來影響生產力的發展的，它本身並不構成生產力的一個獨立要素。

(二) 政治經濟學的研究對象

馬克思主義政治經濟學與資產階級政治經濟學的一個根本區別就在於：資產階級政治經濟學往往只研究生產過程中的表面現象，只看到了人與物的關係和物與物的關係，不願意研究生產關係的本質問題；而馬克思主義政治經濟學是透過人與物、物與物的關係，研究生產過程中的人與人的關係，即生產關係。馬克思明確指出，《資本論》的研究對象是資本主義生產方式及與之相適應的生產關係和交換關係。因此，馬克思主義政治經濟學的研究對象是生產關係，是闡明人類社會中支配物質資料生產、交換、分配及消費的客觀規律的科學。

在物質資料的生產過程中，人們不僅同自然界發生關係，人們彼此之間也要發生關係。由於單個的人無法與自然力量抗衡，因而孤立的生產實際上是不存在的。物質資料的生產總是社會的生產。在生產過程中，人們只有結成一定的關係進行共同活動和相互交換的活動，才能與自然界發生聯繫。人們在生產過程中結成的這種關係，叫作生產關係。由於生產活動是最基本的實踐活動，因而生產關係是人們最基本的社會關係。生產關係包括三個方面：生產資料的所有制形式、人們在直接生產過程中所處的地位和關

係、產品的分配關係。其中，生產資料所有制是整個生產關係的基礎，它決定著生產關係中的其他方面。例如：在資本主義制度下，由於生產資料歸資本家所有，資本家在生產過程中處於統治和支配的地位，決定了勞動產品的分配形式有利於資本家。但是，生產關係的其他兩個方面對生產資料所有制又具有反作用。

(三) 政治經濟學的研究範圍

馬克思主義政治經濟學並不是孤立地研究生產關係，而是聯繫相關的領域來研究生產關係。

1. 要聯繫生產力來研究生產關係

生產力和生產關係的統一，構成物質資料的生產方式。生產力是生產方式的物質內容，生產關係是生產方式的社會形式。它們既矛盾又統一，推動了人類社會生產方式的發展運動。

在生產力和生產關係的矛盾統一體中，生產力是矛盾的主要方面。生產力是最革命、最活躍的因素，社會生產的發展、變化總是先從生產力的發展變化開始的。生產力的發展，使舊的生產關係與它不相適應，要求建立新的生產關係，引起生產關係的相應變化。有什麼樣的生產力，就會有什麼樣的生產關係與它相適應。歷史上每一種生產關係的出現，歸根到底，都是生產力發展的結果。

但是，生產關係並不純粹是消極的、被動的因素，它可以積極地反作用於生產力。同生產力相適應的生產關係，會促進生產力的發展；同生產力不相適應的落後的或者超前的生產關係，會阻礙生產力的發展。而且，生產關係不能長久地處於與生產力發展不相適應的狀態，它遲早要被能適應生產力性質的新的生產關係所代替。生產關係一定要適應生產力，這是人類社會發展的客觀規律。

新的生產關係代替舊的生產關係的過程，在不同的社會條件下是不同的。在存在階級對抗的社會裡，這一過程表現為激烈的階級鬥爭。這是因為代表腐朽的、陳舊的生產關係的剝削階級，為了維護自身的階級利益，總是拼命反對生產關係的變革，維護舊的生產關係。這時，代表新的生產關係的階級就會通過階級鬥爭和社會革命，摧毀腐朽的生產關係，建立適合生產力發展的新的生產關係，從而為生產力的進一步發展開闢道路。所以，在階級社會裡，階級鬥爭是社會發展的動力之一。

生產關係要適合生產力性質這個規律，是馬克思和恩格斯的偉大科學發現。這一發現使人們科學地認識了人類社會發展的客觀過程。在馬克思和恩格斯以前，許多資產階級學者不是把人類社會的變化看作由客觀規律支配的客觀過程，而是看作由人的理性、道德、良心等心理因素決定的。他們完全用人的意識來解釋社會現象，因此，他們是歷史唯心主義者。馬克思和恩格斯把複雜的社會現象歸結為經濟關係，即生產關係，而把生產關係的變化又歸結為生產力的發展變化。所以，馬克思和恩格斯沒有借助於道德、良心等意識來說明社會的變化，而是從客觀的生產力水準出發，揭示了社會發展的客觀規律。列寧說：「只有把社會關係歸結於生產關係，把生產關係歸結於生產力的高度，

才能有可靠的根據把社會形態的發展看作自然歷史過程。不言而喻，沒有這種觀點，也就不會有社會科學。」①

2. 要聯繫上層建築來研究生產關係

生產關係和生產力的矛盾，是推動人類社會發展的基本動力。經濟基礎和上層建築的矛盾，是制約社會生產力發展的又一重要因素。生產關係實際上是人們的物質利益關係。生產關係的總和構成社會的經濟基礎，而在這個經濟基礎之上建立起來的政治法律制度以及與它相適應的政治、法律、哲學、宗教、文藝等意識形態，統稱為上層建築。經濟基礎決定上層建築。有什麼樣的經濟基礎，就要求建立什麼樣的上層建築為它服務。經濟基礎的發展變化，要求改變舊的上層建築，建立與經濟基礎相適應的新的上層建築。但是，上層建築對經濟基礎也有反作用：與經濟基礎相適應的上層建築，會對經濟基礎起保護、鞏固的作用，促進其發展；當經濟基礎已發生變化，原來的上層建築不適應已經變化了的經濟基礎時，它就會阻礙經濟基礎的發展，甚至還會動員一切力量來破壞經濟基礎的變革。不過，經濟基礎的發展最終會摧毀舊的上層建築，建立起與經濟基礎相適應的新的上層建築。

政治經濟學是研究生產關係的一門科學。但是，政治經濟學並不是孤立地、靜止地研究生產關係，因為生產關係不是一成不變的，它總是按照一定的規律在發展、變化著。生產關係的發展，既是由生產力發展水準決定的，又要受上層建築的制約。所以，政治經濟學既要聯繫生產力，又要聯繫上層建築，來揭示生產關係發展、變化的規律性。在人類社會發展的不同歷史階段上，生產關係具有不同的性質和運動規律，所以，政治經濟學本質上是一門歷史的科學。

3. 要聯繫物質資料生產的總過程來研究生產關係

物質資料的生產過程是一個經濟運動過程。作為政治經濟學研究對象的生產關係，是具體體現在經濟運動的各個環節上的。因此，我們還必須從物質資料生產總過程的各個環節，來說明生產關係內在的一般關係。

物質資料生產的總過程，是由生產、分配、交換、消費四個環節組成的有機整體。生產是起點，消費是終點，分配和交換則是連接生產與消費的中間環節。生產、分配、交換、消費互相制約、互相依賴，構成生產總過程的矛盾運動。

生產與消費。生產是指人們直接利用和改造自然、創造物質財富的過程。消費分為生產消費和個人消費。生產消費是指生產過程中生產工具、原料、燃料等各種物質資料的使用和活勞動消耗。生產消費的過程本身就是生產過程，它不屬於我們要討論的消費範圍。個人消費是指人們為了滿足物質文化的需要，對各種物質資料的消耗。通常說的「消費」，就是指的這種個人消費。生產決定消費，這表現在：第一，生產為消費提供對象。如果沒有生產創造出來的各種物質資料，就不會有人們對勞動產品的各種消費。生

---

① 列寧. 列寧選集：第1卷 [M]. 北京：人民出版社，1972：8.

产出来的物质资料的数量和种类，决定了消费的水准和结构。第二，生产决定了消费的方式。生产出什麼样的消费工具，就会形成什麼样的消费方式。马克思说：「饑饿总是饑饿，但是用刀叉吃熟肉来解除的饑饿不同於用手、指甲和牙齿啃生肉来解除的饑饿。」① 第三，生产的性质决定了消费的性质。资本主义生产不同於社会主义生产，因而资本主义消费也不同於社会主义消费。当然，消费对生产来说并不完全是被动的、消极的，它会反作用於生产。首先，消费使生产得到最终实现。生产出来的产品，如果不进入消费，它就不是现实的产品。只有当产品进入消费，生产行为才算最後完成。其次，消费为生产提供目的和动力。如果没有消费，生产也就失去了意义，人们就不会去从事各种生产活动。单纯为生产而生产，为完成生产指标而生产，实际上是行不通的。

　　生产与分配。分配包括生产资料的分配和消费品的分配。生产资料的分配是说明生产资料归谁所有的问题，它是进行物质生产的前提，因而它本身也属於生产。消费品的分配是确定个人对消费品的佔有份额。这里讲的分配主要是指个人消费品的分配。生产决定分配。首先，被分配的产品只是生产的成果，所以，生产的发展水准决定了可分配的产品和数量。其次，生产的社会性质决定了分配的社会形式，比如资本主义生产就决定了有利於资本家阶级的分配形式。分配对生产也有反作用。与生产相适应的分配制度，会推动生产的发展；反之，则会阻碍生产的发展。

　　生产与交换。交换包括劳动活动的交换和劳动产品的交换。广义地说，只要有劳动分工，就必然有交换。在原始社会，有的人製造工具，有的人打猎，有的人从事采集、料理家务等，而每个人为满足自己的多种需要，必须相互交换自己的活动。狭义地说，交换是指在等价基础上进行的商品交换。通常说的「交换」就是指这种交换。生产决定交换，是指生产过程中，社会劳动分工的程度决定了交换的范围和规模。分工愈细，交换范围愈广，交换规模愈大。交换对生产也有反作用。交换的发展，又会推动社会劳动分工的发展。比如，商品交换的发展，就有利於促进自然经济向商品经济转化，有利於传统农业向现代化大农业转化。

　　可见，政治经济学研究的生产关系，并不只是直接生产过程中的关系，还包括分配关系、交换关系和消费关系。也就是说，政治经济学要从物质资料生产过程的各个环节，全面考察人们的生产、分配、交换、消费的各种经济关系。

二、政治经济学的研究方法

　　要学好政治经济学，就必须掌握政治经济学的方法。

　　政治经济学的根本方法是唯物辩证法。马克思主义政治经济学是马克思主义哲学最深刻、最全面、最详细的证明和运用。马克思把辩证唯物主义应用到人类社会的研究上，创立了历史唯物主义，并用历史唯物主义的基本观点，对社会经济现象做了深刻研

---

① 马克思，恩格斯. 马克思恩格斯全集：第46卷上册 [M]. 北京：人民出版社，1979：29.

究，在批判資產階級經濟學的基礎上，建立了自己的經濟學體系。恩格斯說：「這種德國的經濟學本質上是建立在唯物主義歷史觀的基礎上的」。① 因此，要掌握政治經濟學的方法，首先就要懂得唯物辯證法。這裡只談幾個在政治經濟學中運用得十分普遍的具體分析方法。

抽象法。馬克思說：「分析經濟形式，既不能用顯微鏡，也不能用化學試劑。二者都必須用抽象力來代替。」② 經濟科學的研究與自然科學不同。自然科學可以借助於顯微鏡、化學試劑等實驗手段，對自然現象的本質聯繫進行直接觀察。而政治經濟學對社會經濟現象的研究，主要依靠抽象的思維能力。要做到科學地抽象，首先必須收集和佔有大量的實際材料，然後運用抽象力對實際材料進行整理、加工、分析，去粗取精，去偽存真，由表及裡，從中找出最基本、最簡單的東西，並發現它們內在的各種聯繫。這個過程實際上就是把感性認識上升到理性認識的過程。例如：馬克思從產業利潤、商業利潤、利息、地租等經濟現象中，通過研究和抽象，揭示出剩餘價值這個範疇。他又在社會各種交換關係中，揭示出價值這個商品經濟的基本範疇。只有在抽象出各種經濟範疇並發現它們之間的本質聯繫以後，才能正確地建立起政治經濟學的理論體系。因此，我們在研究、認識經濟問題時，切忌只看表面現象。因為事物的現象和它的本質往往是不一致的，如果只看現象，就不能把握住它的本質，而會把我們的認識引上歧途。例如：在商品交換中，如果只看現象，就只能看見物與物的關係，不能看到在物物交換下掩蓋的人與人的關係，就不能正確認識商品交換的本質。

矛盾分析法。對立統一規律是唯物辯證法的根本規律。根據這個規律，事物的運動產生於事物內部的矛盾性。政治經濟學要研究生產關係的發展運動，首先就要分析生產關係內部的各種矛盾關係以及生產關係同它的外部條件的矛盾關係。要揭示簡單商品經濟的運動規律，就必須分析商品二因素、生產商品的勞動二重性、私人勞動和社會勞動等各種矛盾。通過對這些矛盾的分析，也就揭示了簡單商品經濟轉化為資本主義商品經濟的必然性。因此，我們在學習政治經濟學、研究各種經濟問題時，必須全面地把握它們的各種矛盾關係。

邏輯與歷史相統一的方法。所謂邏輯方法，就是按照經濟範疇的邏輯順序和邏輯聯繫，將研究對象從簡單的、抽象的經濟關係和經濟範疇逐步上升為複雜的、具體的經濟關係和經濟範疇，以闡明社會經濟現象和經濟過程的邏輯發展進程。所謂歷史方法，就是在研究社會經濟現象和經濟過程時，按照歷史的進程來探求事物發展規律的方法。所謂邏輯與歷史相統一的方法，就是在經濟研究中，使邏輯推理過程與歷史上經濟關係的發展過程基本相一致。首先，邏輯推理過程必須符合經濟關係的歷史發展過程，「歷史從哪裡開始，思想進程也應當從哪裡開始」③。因為邏輯方法本身並不是純粹的抽象推

---

① 馬克思，恩格斯. 馬克思恩格斯選集：第 2 卷 [M]. 北京：人民出版社，1972：116.
② 馬克思，恩格斯. 馬克思恩格斯全集：第 23 卷 [M]. 北京：人民出版社，1972：8.
③ 馬克思，恩格斯. 馬克思恩格斯選集：第 2 卷 [M]. 北京：人民出版社，1972：122.

理，它需要客觀歷史進程的驗證。其次，歷史的方法常常受到歷史躍動和曲折發展的偶然因素的影響，而邏輯推理方法則能排除這些偶然因素，按照歷史本身固有的規律，在成熟、典型的形態上敘述經濟範疇的體系，因而邏輯方法並不違背歷史過程，就像恩格斯所說的那樣：「實際上這種方式無非是歷史的研究方式，不過擺脫了歷史的形式以及起擾亂作用的偶然性而已。」①

理論聯繫實際的方法。馬克思主義政治經濟學的範疇和規律，本身就是從現實生活中的大量材料裡抽象和概括出來的，同時它又在更深的層次上反應了各種經濟現象內在的、普遍的聯繫。政治經濟學通過抽象而概括出來的許多原理，還需要回到實踐中去證明和檢驗。可見，理論和實踐的統一，是馬克思主義政治經濟學的一個重要特點。因此，我們在學習和研究政治經濟學時，必須把理論和實踐結合起來，用理論來分析和指導實踐，又用實踐來檢驗和發展理論。在理論和實踐的結合上，要防止兩種傾向：一種是用實踐來輕易否定理論。有的人把政治經濟學中的某些原理同實際經濟現象作簡單對照，一旦發現兩者不一致，就輕易否定理論的正確性。這是不對的。因為政治經濟學概括的基本原理，是屬於經濟現象的內在的、本質的聯繫，而許多經濟現象卻是歪曲地表現本質的。例如：資本主義工資本質上是勞動力的價值或價格，但現象上卻表現為勞動的價值或價格。因此，在遇到政治經濟學中的原理與現實經濟現象不一致時，我們就要去研究理論與實際為什麼會產生偏差，有哪些因素影響它們的偏離。另一種是用理論來否定實踐。政治經濟學中概括出的經濟範疇、規律和原理，都是與一定的歷史條件相聯繫的，如果歷史條件已經發生了重大變化，則政治經濟學中的某些範疇、規律和原理也要進行新的概括。有的人不顧歷史條件的差別和變化，簡單地背誦經典作家的個別字句，抱住政治經濟學中的某些舊的判斷和過時的原理不放。這也是不對的。我們在學習和研究政治經濟學時，要注意掌握馬克思主義政治經濟學的整個理論體系，結合一個國家和地區不同的經濟歷史條件，來分析政治經濟學中揭示的原理在這些國家和地區發生作用的具體的、特殊的形式，判明哪些原理是適用的，哪些原理還必須修改和補充。可見，要做到理論與實踐相統一，必須堅持「實踐是檢驗真理的唯一標準」的原則。

此外，在政治經濟學的學習和研究中，還應當借鑑和運用自然科學的一些方法，如數量分析方法、系統分析方法等，這會使政治經濟學的理論體系更為完善、更切合實際。

第三節　政治經濟學的任務和中國經濟學的發展

一、政治經濟學的任務

任何一種生產關係，總是在一定條件下產生，按照一定規律發展，最後又必然被另

---

① 馬克思、恩格斯. 馬克思恩格斯選集：第 2 卷 [M]. 北京：人民出版社，1972：122.

一種生產關係所代替。所以，儘管各種生產關係即經濟關係從表象看來錯綜複雜、紛繁無序，而實際上，在各種經濟現象背後總是隱藏著各種客觀規律。這些客觀規律就像一只無形的手，支配著各種經濟現象的運動變化。政治經濟學既然以生產關係作為自己的研究對象，它的任務就必然是通過對生產關係的研究，揭示各種生產關係產生、發展和變化的規律——經濟規律。

經濟規律是關於生產關係運動變化的規律。它是經濟現象之間的內在的、本質的、必然的聯繫。例如：在資本主義社會，生產資料資本主義私有制這種經濟現象，同資本家賺錢發財、追求剩餘價值這種經濟現象就存在本質的、必然的聯繫，因此，剩餘價值的生產就是資本主義的經濟規律。經濟規律總是在一定的經濟條件下產生和發生作用，並隨著經濟條件的變化，或者退出歷史舞臺，或者在新的條件下改變其作用形式。所以，除了個別的在一切社會形態都起作用的經濟規律外，經濟規律都是歷史的規律。

經濟規律同自然規律一樣，具有客觀性質，即經濟規律的產生和發揮作用，不以人的意志為轉移。不管人們是否喜歡它，只要存在某種經濟條件，同這種經濟條件相適應的經濟規律就必然要發揮作用。社會經濟運動是「受一定規律支配的自然歷史過程，這些規律不僅不以人的意志、意識和願望為轉移，反而決定人的意志、意識和願望。」① 人們不能憑自己的主觀意志和法律去發明、改造經濟規律，也不能任意消滅經濟規律。馬克思認為：「自然規律是根本不能取消的。在不同的歷史條件下能夠發生變化的，只是這些規律借以實現的形式。」② 但是，這並不是說人們在經濟規律面前無能為力。人們可以通過生產鬥爭、科學實驗和各種社會實踐逐漸認識和發現經濟規律。人們可以充分發揮自己的主觀能動性，自覺利用經濟規律，按照經濟規律的要求來規劃自己的行為，即通常所說的按照經濟規律辦事，克服工作中的盲目性，提高自覺性，以較快地實現預定的目標。中國經濟建設的實踐證明：只要按照經濟規律的要求辦事，建設就能較快地發展；只要違反了客觀經濟規律，社會主義事業就要遭到挫折，受到客觀規律的懲罰。要把經濟規律的客觀性和人的主觀能動性正確地結合起來、自覺地按照客觀規律辦事，很不容易。要做到這一點，除了加強對各種經濟理論的學習外，還必須反覆參加社會實踐，進行周密的調查研究，堅持實事求是的認識路線，把理論和實踐統一起來。

經濟規律按它們發生作用的經濟條件不同，大體上可以分為三類。第一類，在一切社會經濟形態中均發生作用的經濟規律。只要有社會生產存在，不管是哪種社會，這種經濟規律都必然存在並發生作用。如生產關係要適應生產力性質的規律。這種在一切社會形態都起作用的經濟規律，人們稱它為一般經濟規律。第二類，在某幾個社會經濟形態中起作用的經濟規律。在某幾個社會裡，由於存在著相同的經濟條件，某些經濟規律就必然在這幾個社會存在並發生作用。例如：商品交換和商品生產在奴隸社會、封建社

---

① 列寧. 列寧全集：第1卷 [M]. 北京：人民出版社，1955：146.
② 馬克思，恩格斯. 馬克思恩格斯選集：第4卷 [M]. 北京：人民出版社，1972：368.

會、資本主義社會、社會主義社會都存在，因此，商品生產的基本規律——價值規律在這些社會形態裡都存在並發生作用。這種在某幾個社會形態裡都存在並發生作用的經濟規律，一般稱為共有經濟規律。第三類，只在某一種社會經濟形態裡發生作用的經濟規律。由於有些經濟規律產生並發生作用的經濟條件只在某一種社會存在，因此，這些經濟規律就只能在某一種社會存在並發生作用。例如，剩餘價值規律、資本累積規律，就只能在資本主義社會存在。而按勞分配規律就只能在社會主義社會發生作用。這種只在某一個社會形態存在並發生作用的經濟規律，稱為特有經濟規律。

在一個社會形態裡，會有許多個特有經濟規律存在並發生作用，它們和共有經濟規律一起構成該社會經濟制度的規律體系。在這些規律中，有一個起著決定作用的經濟規律，即基本經濟規律。基本經濟規律與其他特有經濟規律不同，它表明了社會生產的目的，並決定著社會生產發展的主要方面和主要過程。所以，基本經濟規律能夠體現該生產方式的基本特徵，而其他特有經濟規律只決定社會生產的個別方面，並在這個特定的方面起作用。

一方面，各個社會形態由於存在著共有經濟規律而相互聯繫。例如，資本主義社會和社會主義社會都是社會化的商品生產，因而都存在價值規律、貨幣流通規律、競爭規律等，使社會主義社會與資本主義社會都存在著某些共同的經濟運行機制。另一方面，特有的經濟規律又把各個社會形態區別開來。資本主義基本經濟規律與社會主義基本經濟規律完全不同，這就決定了兩種社會性質上的區別。政治經濟學的任務，就是要揭示人類社會生產關係發展不同階段上的各種經濟規律。這些經濟規律既包括共有經濟規律，又包括特有經濟規律。

由於經濟規律性質與類型的不同，這就決定了以揭示經濟規律為己任的政治經濟學也有所細分。政治經濟學可以分為廣義的政治經濟學和狹義的政治經濟學。廣義的政治經濟學著重揭示人類社會發展過程中的一般經濟規律或共有經濟規律。恩格斯認為：「政治經濟學，從最廣的意義上說，是研究人類社會中支配物質生活資料的生產和交換的規律的科學。」① 它是「一門研究人類各種社會進行生產和交換並相應地進行產品分配的條件和形式的科學」②。狹義的政治經濟學著重揭示的是個別社會發展過程中的經濟運動的規律，即適用於人類社會個別發展階段上的特有經濟規律。

政治經濟學要揭示資本主義經濟的內在矛盾，揭示社會主義社會代替資本主義社會的歷史必然性。從這個意義上講，政治經濟學提供了無產階級進行階級鬥爭、爭取階級利益的思想武器。因此，政治經濟學要研究商品價值、剩餘價值的生產、流通和分配，要研究資本累積的一般規律，要研究資本主義社會再生產的矛盾和經濟危機的根源。資本主義制度在歐美國家確立其統治地位至今，已有一百多年歷史。在相對比較短暫的一

---

① 馬克思，恩格斯. 馬克思恩格斯選集：第 3 卷 [M]. 北京：人民出版社，1972：186.
② 馬克思，恩格斯. 馬克思恩格斯選集：第 3 卷 [M]. 北京：人民出版社，1972：189.

個世紀中，資本主義國家的社會生產力得到了迅速的發展，經濟增長了幾十倍，大多數社會成員的經濟收入和享受到的社會福利也不斷增加，人們的物質生活也變得越來越豐富。但是，資本主義不可能創造永久的「神話」。20世紀七八十年代以後，隨著第二次世界大戰後嚴重的「滯脹」，新自由主義思潮的崛起，經濟社會結構深層變化，資本主義進入了一個新的壟斷後的發展階段。如何認識和揭示當代資本主義經濟的運動規律，以及資本主義發展的歷史趨勢，是政治經濟學面臨的新任務。我們要堅持馬克思主義的方法，用辯證唯物主義和歷史唯物主義的觀點來認識當代資本主義在剩餘價值生產、分配過程和勞資關係等層面上發生的新現象和新問題。關於資本主義發展的歷史趨勢，我們應該看到資本主義本身所具有的開放性和自我調節能力以及不斷容納先進生產力的能力，決定了它在相當長的時間內仍然具有生存和發展的歷史空間，它向社會主義的過渡將是一個比原來的預測要漫長得多的歷史過程。馬克思在《〈政治經濟學批判〉序言》中也曾強調：「無論哪一個社會形態，在它們所能容納的全部生產力發揮出來以前，是決不會滅亡的；而新的更高的生產關係，在它存在的物質條件在舊社會的胎胞裡成熟以前，是決不會出現的。」[1] 當代資本主義的新變化只不過是其客觀歷史規律在現階段發生作用的必然結果而非最終結果，資本主義必然被社會主義所代替的歷史趨勢並沒有改變。關於這一過程的長期性，我們應有充分的認識。

政治經濟學的重要任務還包括根據當代社會主義特別是中國特色社會主義的偉大實踐，揭示社會主義社會的發展規律。馬克思主義認為，人類社會形態的更迭是一個不以人們的意志為轉移的自然歷史過程。社會主義代替資本主義這一歷史發展的客觀趨勢，根源於資本主義生產方式的基本矛盾，是資本主義社會生產關係和生產力矛盾運動的必然結果。馬克思主義政治經濟學通過對生產社會化和資本社會化發展趨勢的分析，得出了公有制必然取代資本主義私有制的結論，並為未來社會提出了一些初步的設想。其中，對社會主義經濟運動及其發展規律的認識來自社會主義實踐，特別是建設中國特色社會主義和構建社會主義市場經濟體制的偉大實踐。這一偉大實踐把馬克思主義經濟學推向了一個新的發展階段，即拋棄傳統的理論模式即「蘇聯範式」，轉變為解釋、揭示社會主義市場經濟的生產關係和運行機制的經濟學即社會主義市場經濟理論。社會主義市場經濟理論的主要任務就是以馬克思主義為指導，研究社會主義基本經濟制度的建立和中國社會主義初級階段的基本特徵及主要任務，研究和揭示社會主義市場經濟運行和發展中的一般規律，研究建設中國特色社會主義的重大理論和實踐問題如社會主義市場經濟中的所有制、企業制度、市場體系、宏觀調控、對外開放和經濟發展等，為中國現階段的經濟發展和經濟改革提供正確的思想指導和決策依據。

二、中國經濟學的發展

構建社會主義市場經濟體制是一場史無前例的、全面的制度創新，實現這一場偉大

---

[1] 馬克思，恩格斯. 馬克思恩格斯選集：第2卷 [M]. 北京：人民出版社，1972：83.

的歷史變革需要進行深入徹底的理論創新。21世紀中國的經濟改革和發展提出了一系列新的課題，需要有適應中國國情、揭示中國經濟發展規律的經濟學。近年來，經濟理論界關於中國經濟學走向何處、如何構建中國經濟學的問題討論得非常激烈。討論主要集中在以下幾個方面：

1. 關於堅持和發展馬克思主義經濟學的問題

政治經濟學是馬克思主義的重要組成部分，構建中國經濟學的基本出發點，就是要堅持和發展馬克思主義經濟學。中國經濟體制改革的總設計師鄧小平提出了建設有中國特色的社會主義理論，依據馬克思的基本理論，冷靜地總結了國際和國內建設社會主義的經驗，基於中國新時期的新情況和新實踐，對什麼是社會主義、如何建設社會主義這一根本問題以及在中國如何實行改革開放、發展社會主義市場經濟等重大問題進行了新的探索，提出了一系列新原理和新命題。鄧小平理論的形成和發展是馬克思主義在當代發展的典範，它證明了馬克思主義經濟學不是教條，而是一門在繼承的基礎上發展、在發展中不斷豐富和完善的科學。堅持和發展馬克思主義經濟學的含義，一是要堅持馬克思主義經濟學的基本原理、基本觀點和基本方法，使之成為中國經濟學理論體系的基礎；二是要運用這些基本原理、基本觀點和基本方法來認識、分析當代資本主義和社會主義發展過程中的新問題、新現象；三是要理論聯繫實際，結合不斷發展的實踐特別是中國經濟改革與發展的實踐進行理論創新，在理論聯繫實際中發展馬克思主義經濟學，構建中國經濟學的新體系。

2. 關於如何對待西方經濟學的問題

改革開放以來，中國的經濟學研究以開放的態度，引進和吸收了現代西方經濟學的許多概念、理論範式和分析工具，增強了經濟學對社會經濟現象和中國改革發展中的實際問題的闡釋力，推動了中國經濟學的進步。經濟學作為研究人類社會行為即在資源短缺情況下的行為選擇的科學，本身有著一般規定性，它的一些基本原理和方法並不因為國家的差別而有所不同，因為資源短缺及其有效配置是任何社會都要遇到和解決的問題，實現最大經濟福利也是任何社會所要追求的目標。西方經濟學對中國經濟學的發展可以起到借鑑作用。在對待西方經濟學的問題上，既要看到馬克思主義經濟學與西方經濟學是兩種不同的理論體系，又要看到我們需要從西方經濟學中吸收合理成分和精華來發展馬克思主義經濟學，構築中國經濟學的理論大廈。中國經濟學的任務是立足於中國的社會主義實踐，提出自己的獨特問題，形成自己的理論，做出自己的解釋，解決自己的問題，從而使中國經濟學成為一門「面對真實世界」的經濟學和「學以致用」的經濟學。

3. 關於拓寬經濟學研究範圍的問題

中國經濟學的重要任務，是從理論上闡明中國特色社會主義運行、發展的客觀規律。包括改革開放過程中所有制結構的改革、經濟體制結構的優化、經濟組織形式的創新等，這些都屬於社會主義生產關係的內容。因此，將中國經濟學定義為研究生產關係的學科並沒有過時。進入21世紀後，中國與世界經濟一樣面臨著新的環境和約束條件，

技術創新、環境與生態、政府功能、人力因素（包括素質、智力、心理、健康等）以及社會文明對經濟發展將起著越來越重要的作用。因此，政治經濟學的研究不能只局限於生產關係，而應開闊視野，拓展自己的研究範圍，形成與自然科學以及社會科學中的社會學、政治學、歷史學、生態環境學等學科的跨學科交叉研究，以增強經濟學對越來越複雜的社會經濟現象的解釋能力。

4. 關於改進經濟學研究方法的問題

科學的理論必須有科學的方法。中國經濟學的研究方法是：第一，要堅持歷史唯物主義和辯證唯物主義，這是馬克思主義的根本方法。第二，要用好科學抽象法，要從大量經濟運行層次的經濟現象、經濟活動中找到基本經濟關係的規律與性質，提煉出經濟學的一般範疇，並從反應事物一般規律的抽象範疇上升到具體表現，從而在本質上把握現實。第三，要引入和正確使用數學工具。現代西方經濟學中大量使用數學工具、統計方法和數學模型已成為一種趨勢。但是數學不能代替理論分析，數學不能創造出思想，數學只是表達思想和理論邏輯關係的工具。構建中國經濟學，要在堅持歷史唯物主義的基本方法和科學抽象法、對經濟現象進行理論分析（定性分析）的前提下，充分重視現代經濟學的定量分析，把定性分析與定量分析結合起來，用數學和其他有用的分析方法充實自己的經濟學分析「工具箱」。

第四節　學習政治經濟學的意義

政治經濟學是馬克思主義的三個組成部分之一。由馬克思、恩格斯創立並在實踐中不斷豐富發展的學科——馬克思主義政治經濟學，不僅為無產階級提供了階級鬥爭的思想武器，也是社會主義經濟建設的行動指南。學習本書具有以下重要意義：

第一，本書分為資本主義部分和社會主義部分，總體上論述了資本主義經濟制度和社會主義的基本經濟制度及社會主義初級階段的基本經濟關係，並且從歷史與現實兩個角度，從理論與實踐結合上論述和闡釋了當代資本主義的經濟特徵和運動規律，闡釋了社會主義基本經濟制度的特徵和社會主義社會發展的階段性和初級階段的特徵，闡釋了在當代實踐中社會主義經濟是怎樣運行的、其規律是什麼。學習政治經濟學理論，可以全面地理解和把握資本主義經濟和社會主義經濟的特徵、本質和運行規律。

第二，馬克思主義政治經濟學研究的資本主義經濟，其運動形式是市場經濟，其許多理論在去掉資本主義經濟關係的規定性以後，對現階段社會主義市場經濟也是適用的。特別是政治經濟學的社會主義部分以社會主義市場經濟建設過程中提出的重大理論和實踐問題為主攻方向，研究社會主義市場經濟中的基本經濟關係、運行機制、經濟體制、經濟組織、宏觀經濟政策、經濟增長和發展等，為社會主義實踐中出現的經濟現象提供了經濟解釋。學習政治經濟學對我們進行社會主義經濟建設和完善社會主義市場經

濟體制有著重要的現實意義。

第三，馬克思主義政治經濟學是經濟學科的基礎理論，也是財經類各專業理論共同的理論基礎。學好政治經濟學理論，有助於學好財經類各門專業課。馬克思主義政治經濟學堅持和運用了辯證唯物主義和歷史唯物主義的立場、觀點和方法，學習它有助於我們樹立正確的世界觀，掌握科學的方法論，提高在經濟以及政治、文化等領域提出問題和分析問題的能力，提高從事各項經濟建設和促進經濟發展的自覺性。

小　結

（1）馬克思和恩格斯在 19 世紀中葉創立了馬克思主義政治經濟學。它批判地繼承了古典政治經濟學中的合理成分，在科學的勞動價值論基礎上建立了闡述和揭示資本主義的生產、交換、分配和消費過程中經濟關係及運動規律的理論體系。

（2）中國共產黨領導中國人民創造性地把馬克思主義基本原理與中國改革開放和社會主義現代化建設實踐相結合，形成了中國特色社會主義理論體系。中國經濟體制改革在各個領域的深入推進，促進了傳統社會主義經濟理論的突破、創新和發展。這些理論都是對中國改革開放和社會主義現代化建設實踐的理論總結，是對馬克思主義政治經濟學的最新貢獻。

（3）物質資料的生產是政治經濟學研究的出發點。物質資料的生產是人類社會生存和發展的基礎。在物質資料的生產過程中，人們不僅同自然界發生關係，彼此之間也要發生關係。人們在生產過程中結成的這種經濟關係，叫作生產關係。由於生產活動是最基本的實踐活動，生產關係是人們最基本的社會關係。馬克思主義政治經濟學的研究對象是生產關係。

（4）要學好政治經濟學，就必須掌握政治經濟學的方法。政治經濟學的根本方法是唯物辯證法。

（5）政治經濟學的任務是通過對生產關係的研究，揭示各種生產關係產生、發展和變化的規律——經濟規律。政治經濟學要揭示資本主義經濟的內在矛盾，揭示社會主義社會代替資本主義社會的歷史必然性。政治經濟學的重要任務還包括根據當代社會主義特別是中國特色社會主義的偉大實踐，揭示社會主義社會的發展規律。

（6）構建社會主義市場經濟體制是一場史無前例的、全面的制度創新，實現這一場偉大的歷史變革需要進行深入徹底的理論創新。21 世紀中國的經濟改革和發展，提出了一系列新的課題，需要有適應中國國情、揭示中國經濟發展規律的中國經濟學。

（7）由馬克思和恩格斯創立，並在實踐中不斷豐富發展的馬克思主義政治經濟學，不僅為無產階級提供了階級鬥爭的思想武器，也是社會主義經濟建設的行動指南。學習政治經濟學具有重要的意義。

複習思考題

1. 解釋下列名詞概念：
物質資料生產過程　　　生產力　　　生產關係　　　經濟規律
社會主義初級階段　　　　社會主義市場經濟理論
2. 怎樣認識政治經濟學的對象和方法？
3. 如何理解經濟規律的客觀性？
4. 現階段學習政治經濟學有什麼意義？
5. 如何認識中國社會主義經濟實踐與政治經濟學理論創新？

閱讀書目

1. 馬克思. 資本論：第 1 卷. 序言和跋 [M] //馬克思，恩格斯. 馬克思恩格斯全集：第 23 卷. 北京：人民出版社，1972：7-44.
2. 馬克思，恩格斯. 共產黨宣言 [M]. 北京：人民出版社，1972.
3. 吳敬璉. 當代中國經濟改革 [M]. 上海：上海遠東出版社，2004.
4. 劉詩白. 構建面向 21 世紀的中國經濟學 [M]. 成都：西南財經大學出版社，2001.
5. 李義平. 經濟學百年——從社會主義市場經濟出發的選擇與評價 [M]. 北京：生活·讀書·新知三聯書店，2007.

參考文獻

1. 馬克思. 資本論：第 1 卷 [M] //馬克思，恩格斯. 馬克思恩格斯全集：第 23 卷. 北京：人民出版社，1972.
2. 馬克思，恩格斯. 共產黨宣言 [M] //馬克思，恩格斯. 馬克思恩格斯選集：第 1 卷. 北京：人民出版社，1972.
3. 胡錦濤. 高舉中國特色社會主義偉大旗幟 為奪取全面建設小康社會新勝利而奮鬥——在中國共產黨第十七次全國代表大會上的報告 [R]. 北京：人民出版社，2007.
4. 劉詩白. 構建面向 21 世紀的中國經濟學 [M]. 成都：西南財經大學出版社，2001.
5. 逄錦聚，洪銀興，林崗，等. 政治經濟學 [M]. 北京：高等教育出版社，2007.
6. 劉詩白. 馬克思主義政治經濟學原理 [M]. 成都：西南財經大學出版社，2006.
7. 劉詩白. 社會主義市場經濟理論 [M]. 成都：西南財經大學出版社，2004.

第一章　商品與貨幣

學習目的與要求：本章通過對商品經濟的基本範疇即商品和貨幣的分析，揭示了商品和貨幣所體現的社會生產關係及其運動規律。通過本章的學習，學生可掌握馬克思的勞動價值學說的基本內容，明確價值的質的規定性和量的規定性，理解商品生產的內在矛盾，認識貨幣的本質和職能以及貨幣流通規律，能夠分析價值規律的不同作用。

第一節　商　品

馬克思主義政治經濟學對資本主義經濟制度的研究，是從商品分析開始的。簡單商品生產是資本主義生產的歷史起點，商品是資本主義的經濟細胞。資本主義生產是以私有制為基礎的商品生產的最高形式，因此，在資本主義社會，商品生產占統治地位，社會財富表現為一個驚人龐大的商品堆積；單個商品表現為它的元素形式，包含著資本主義一切矛盾的萌芽。所以，研究資本主義生產關係，必須從商品分析開始。

一、商品的二因素：使用價值和價值

商品是用於交換的勞動產品。任何商品都具有使用價值和價值兩個因素。商品是使用價值和價值的統一體。

（一）使用價值

商品的使用價值就是商品能夠滿足人們某種需要的有用性。任何商品，首先必須能夠滿足人們某種需要，即具有某種使用價值。如有的商品（糧食、衣物等）可以當作生活資料直接滿足人們生活消費的需要，有的商品（機器設備、電力等）可以直接當作生產資料滿足人們生產消費的需要。商品的有用性寓於商品自身之中，因而馬克思主義政治經濟學在使用「使用價值」這一概念時，有時指的是物的有用性，有時又指的是商品本身。比如，我們既可以說糧食有使用價值，又可以說糧食是使用價值。不同的商品或使用價值的數量，是用不同的度量單位來計量的，例如布匹的數量用長度單位計量，糧食用重量單位計量。

商品的使用價值是由商品體的物理、化學等自然屬性決定的。同一種商品具有多種自然屬性，因而具有多方面的使用價值，如煤可以做燃料，又能做化工原料等。不同種商品具有不同的自然屬性，因而有不同的使用價值。商品的多方面的使用價值，是隨著

人們生產經驗的累積和科學技術的發展而逐步被發現的。在一切社會形態中，使用價值都是構成社會財富的物質內容。例如小麥，不管是奴隸、農奴還是雇傭工人種植的，都具有同樣的使用價值。也就是說，物品的使用價值是不體現特定社會經濟關係的。

但是，這裡考察的使用價值是商品的使用價值。商品的使用價值與一般物品的使用價值相比，具有如下特點：第一，必須對別人有用，是社會的使用價值；第二，必須是勞動產品的使用價值；第三，必須是通過交換讓渡給別人，才能進入消費的使用價值，從而是交換價值的物質承擔者。從這個意義上講，商品的使用價值又是一個歷史範疇。

（二）交換價值和價值

具有使用價值的物品一旦進入市場交換，就具有了交換價值。交換價值首先表現為一種使用價值同另一種使用價值相交換的數量關係或比例。例如在古代物物交換的集市上，某個生產者用 5 千克鹽換了另一生產者的 20 千克穀物，這 20 千克穀物就是 5 千克鹽的交換價值。或者該生產者還可以用 5 千克鹽換回其他使用價值，比如從織布者那裡換了 3 米布。這時 5 千克鹽的交換價值又表現為 3 米布。可見，一種商品在與其他多種商品相交換時，會形成不同的數量比例關係，因而可以有多種交換價值。一種商品的交換價值，會隨時間和地點的變化而變化。但是，一般來說，在同一時間的統一市場上，每一種商品都有為眾多交換者共同認可的統一的交換價值。

為什麼 5 千克鹽的交換價值等於 20 千克穀物或者 3 米布？不同使用價值的商品之所以能夠按照一定比例相交換，表明它們存在著某種共同的東西。這種共同的東西是什麼呢？有些西方經濟學家認為，這種共同的東西是商品的效用。他們認為，商品的效用越大，它的交換價值越大；反之，效用越小，交換價值也越小。這種觀點有其局限性。因為不同商品的使用價值在質上是不同的，不同質的東西在量上是無法進行比較的。可見，不同商品在交換時所具有的共同東西不是使用價值。如果把商品的使用價值撇開，商品就只剩下一種屬性，即一切商品都是勞動產品這種屬性。一切商品都凝結著一定數量的無差別的一般人類勞動。這種凝結在商品中的無差別的人類勞動的性質相同，因而在數量上可以比較，它構成了商品的價值。兩種使用價值不同的商品之所以能夠按一定數量比例交換，原因就在於交換雙方耗費的勞動量是相等的，或者說雙方的價值是相等的。由此可見，價值是交換價值的內容或基礎，而交換價值是價值的表現形式。

[閱讀專欄]

鑽石和水的價值悖論

亞當·斯密在《國富論》第一卷第四章中提出了著名的價值悖論：「沒有什麼東西比水更有用，但它幾乎不能購買任何東西。……相反，一塊鑽石只有很小的使用價值，但是通過交換可以得到大量其他商品。」

西方經濟學家都認為，亞當·斯密在他寫作經典的《國富論》的十年前發表的一篇講演中就解決了鑽石和水的悖論：鑽石和水的價格不同是因為稀缺性不同。斯

密說:「僅僅想一下,水是如此充足便宜以至於提一下就能得到;再想一想鑽石的稀有……它是那麼珍貴。」斯密注意到一個迷失在阿拉伯沙漠裡的富裕商人會以很高的價格來評價水。而如果工業能成倍地生產出大量的鑽石,鑽石的價格將大幅度下跌。

然而十年後寫作《國富論》時,斯密突然從價格中分離出效用,將使用價值和交換價值區分開。水很有用途,但只有很小的價值;一顆鑽石幾乎沒有用途(這指鑽石被用於工業之前),但有巨大的交換價值。

斯密的使用價值和交換價值的二分法對整個經濟學理論的影響遠遠比他意識到的要強,因為這一區分的本質揭示了資本主義生產是「為賺錢而生產」而非「為使用而生產」。為此,兩百多年來,西方主流經濟學家對斯密的這一觀點持批判態度。19世紀70年代,三個經濟學家——門格爾、杰文斯和瓦爾拉斯分別提出價格由商品的邊際效用來決定,而不是由它們的全部效用決定。水是豐富的,增加一單位水很便宜,而鑽石是極端稀缺的,增加一單位鑽石是昂貴的。這已經「科學地」解決了鑽石和水的價值悖論。他們追溯到學院派甚至亞里士多德的邊際傳統的恢復。

西方經濟學在向經濟學的邊際革命發展的同時,卡爾·馬克思卻繼承並發展了亞當·斯密價值理論,發展了勞動價值論。馬克思區分了「價格」和「價值」兩個不同的概念,並進一步指出,「供求」只是影響價格的因素之一,而「價值」才是價格的決定因素。馬克思繼承和完善了亞當·斯密的「交換價值」理論,指出交換價值的基礎是價值,交換價值只是價值的表現形式。

(三)使用價值和價值的關係

商品是使用價值和價值的矛盾統一體。缺少這兩個因素中的任何一個,物品都不可能成為商品。商品的使用價值和價值的統一性是互相依存、互為條件的。這主要表現在:①任何物品如果沒有使用價值,就沒有價值,因而不是商品。例如,生產中產生的廢品沒有使用價值,即使花費了大量勞動也不會形成價值,因而也不能成為商品。②未經人類勞動創造的物品雖有使用價值,但沒有價值,不能成為商品。例如,空氣、陽光、天然草地等。③有些物品雖有使用價值,也是勞動產品,但不是為了交換,而是用於自己的消費或無償提供給別人消費。這種只具有使用價值而無價值的物品也不是商品。例如,農民自己生產的用來滿足自己需要的農產品以及用於饋贈的農產品。由此可見,任何商品必須同時具有使用價值和價值兩個因素。

商品的使用價值和價值既是統一的,又是互相矛盾的,即相互對立、相互排斥的。這主要表現在:①使用價值是商品的自然屬性,價值是商品的社會屬性,它體現商品生產者相互交換勞動的社會關係。②商品的使用價值和價值對於生產者和購買者來講,只能實現其中一種屬性,不能同時兩者兼而有之。商品生產者生產商品是為了交換,商品對他來講,有意義的不是使用價值,而是價值。但他要實現價值,就必須把使用價值讓

渡給購買者。商品購買者購買商品是為了消費，商品對他來講，有意義的是使用價值。他要獲得使用價值，必須支付商品的價值。③商品使用價值和價值的矛盾只有通過交換才能解決，一旦交換失敗，就意味著商品價值不能實現，使用價值不能進入消費，商品的內在矛盾也就充分地暴露出來了。

二、勞動的二重性：具體勞動和抽象勞動

商品是由勞動創造的。生產商品的勞動，一方面是具體勞動，另一方面是抽象勞動。

在商品生產中，人們為了生產滿足各種不同需要的商品，就要進行各種特定形式的勞動，這些勞動的目的、對象、工具、操作方法和結果都是不同的。這種特定形式下進行的勞動，叫作具體勞動。具體勞動是勞動的自然屬性，體現著人與自然的關係。具體勞動同物質要素相結合，創造使用價值。作為創造使用價值的具體勞動是人類生存和社會發展的基礎和條件，是不以社會形態的變化為轉移的。

生產商品的勞動，除了千差萬別的具體勞動這一面外，還有共同的一面，即它們都是人類勞動力的支出，都是人的腦、肌肉、神經、骨骼等的耗費。從這個意義上講，它們都是無差別的人類勞動或一般人類勞動。這種撇開其具體形式的同質的、無差別的一般人類勞動，叫作抽象勞動。商品價值是無差別的一般人類勞動的凝結，實際上就是抽象勞動的凝結。抽象勞動形成商品價值。抽象勞動是勞動的社會屬性，反應了商品生產者之間的社會關係，是社會勞動在商品生產中的特殊形式，同價值一樣是一個歷史範疇。

具體勞動和抽象勞動是生產商品同一勞動的兩個方面，而不是兩次支出的勞動。商品的二因素是由生產商品的勞動二重性決定的。具體勞動創造使用價值，它解決的是人與自然之間的物質交換，但它並不是所生產的使用價值的唯一源泉。抽象勞動形成價值，它體現的是人與人之間的社會關係，是創造價值的唯一源泉。

生產商品的勞動二重性，是首先由馬克思發現並加以科學論證的。勞動二重性學說的創立使勞動價值理論建立在科學的基礎之上，並為剩餘價值理論的創立奠定了理論前提，進而為資本有機構成理論、資本累積理論、資本主義再生產理論等一系列理論提供了理論基礎。它是理解政治經濟學的樞紐。

三、商品價值量

商品的價值有質的規定性和量的規定性兩方面。從質的規定性講，它是物化在商品中的抽象勞動，是無差別的人類勞動的凝結。從量的規定性講，它是由實現在商品中的勞動量決定的。勞動量又是由勞動時間來衡量的。要考察商品價值量的規定性，必須研究以下幾個問題：

（一）個別勞動時間與社會必要勞動時間

商品價值量不是由個別勞動時間決定的，而是由社會必要勞動時間決定的。

個別勞動時間，是指個別商品生產者生產某種商品實際耗費的勞動時間。由於各個商品生產者的生產技術條件、勞動熟練程度和勞動強度的不同，他們生產同一種商品所耗費的個別勞動時間也各不相同。這種千差萬別的個別勞動時間不能決定商品的價值量，商品的價值量只能由社會必要勞動時間決定。

社會必要勞動時間，是指「在現有的社會正常的生產條件下，在社會平均的勞動熟練程度和勞動強度下製造某種使用價值所需要的勞動時間」①。所謂現有的社會正常的生產條件，是指當時社會上某一生產部門內大多數生產者普遍使用的生產條件。在這種條件下，社會必要勞動時間以大多數生產者所能達到的熟練程度和勞動強度為準。

個別勞動時間與社會必要勞動時間的矛盾運動，對於商品生產者的成敗具有決定性的意義。如果某個商品生產者的個別勞動時間等於社會必要勞動時間，他的商品按社會必要勞動時間決定的價值量進行交換，那麼他生產這種商品所耗費的勞動就會得到完全的補償；如果個別勞動時間高於社會必要勞動時間，他的商品也只能按社會必要勞動時間決定的價值量進行交換，那麼他生產這個商品所耗費的勞動就有一部分得不到補償，在競爭中處於不利地位；如果個別勞動時間低於社會必要勞動時間，他的商品按社會必要勞動時間決定的價值量進行交換，那麼他的勞動不僅能全部得到補償，而且還可以得到更多的收益，在競爭中處於有利的地位。由此可見，個別勞動時間高於或低於社會必要勞動時間，直接關係到商品生產者的利益、地位和命運。

（二）簡單勞動和複雜勞動

不同生產者的勞動不是均質的。生產商品的勞動可以區分為簡單勞動和複雜勞動。簡單勞動是指一定社會條件下，不需要專門訓練和學習、一般勞動者都能勝任的勞動。複雜勞動則是需要經過專門訓練和學習、有一定技術專長的勞動。

簡單勞動和複雜勞動在同一時間內所創造的價值是不相同的。一個小時的複雜勞動所創造的價值往往高於幾個小時簡單勞動所創造的價值，因而複雜勞動是倍加的簡單勞動。複雜勞動的報酬要比簡單勞動的報酬高一些也就理所當然了。在商品交換中，不僅要把不同的具體勞動還原為抽象勞動，而且也要把複雜勞動還原為簡單勞動。商品的價值量是由複雜勞動換算成簡單勞動的社會必要勞動時間決定的。

簡單勞動與複雜勞動的區別是相對的。隨著科學技術的發展以及文化教育水準的提高，過去的複雜勞動現在可能成為簡單勞動。整個社會區分複雜勞動與簡單勞動的標準會不斷提高。但是，就一定時期而言，複雜勞動與簡單勞動區分的標準，仍然是客觀存在的。

（三）勞動生產率和商品價值量

商品價值量是由社會必要勞動時間決定的，生產商品的社會必要勞動時間不變，商品的價值量也不變。但是，生產商品的社會必要勞動時間並不是一個不變的量，它是隨

---

① 馬克思，恩格斯. 馬克思恩格斯全集：第23卷［M］. 北京：人民出版社，1972：52.

勞動生產率的變化而變化的。因此，研究商品價值量還必須考察勞動生產率和價值量的關係。

勞動生產率是指具體勞動生產使用價值的能力或效率。勞動生產率可以用兩種方法來表示。一是用同一勞動在單位時間內生產某種產品的數量來表示，單位時間內生產的產品數量越多，勞動生產率就越高；反之，單位時間內生產的產品數量越少，勞動生產率就越低。二是用生產單位產品所耗費的勞動時間來表示。生產單位產品所需的勞動時間越少，勞動生產率就越高；反之，生產單位產品所需的勞動時間越多，勞動生產率就越低。

在人類歷史發展過程中，勞動生產率呈現不斷提高的趨勢。勞動生產率的高低取決於多種因素：勞動者的平均熟練程度，生產過程的社會組織，科學技術的發展及其在生產中的應用程度，生產資料的規模和效能，各種自然條件等。

無論勞動生產率怎樣變化，同一勞動在同一時間內所形成的價值總量是相同的。勞動生產率的變化只影響單位商品內包含的價值量。勞動生產率越高，在同一時間內生產的使用價值就越多，生產單位商品所耗費的勞動時間就越少，該商品的價值量就越小；反之，勞動生產率越低，在同一時間內生產的使用價值就越少，生產單位商品所耗費的勞動時間就越多，該商品的價值量就越大。例如，某個勞動者原來每小時生產 2 件產品，每件產品價值為 1/2 勞動小時。現在勞動生產率提高一倍，每小時生產 4 件產品，每件產品的價值是 1/4 勞動小時。因此，馬克思說：「商品的價值量與體現在商品中的勞動的量成正比，與這一勞動的生產力成反比。」[1]

四、簡單商品生產的基本矛盾：私人勞動和社會勞動的矛盾

在以私有制為基礎的簡單商品生產條件下，生產商品的勞動，既是私人勞動，又同時具有社會勞動的性質。這是由商品生產賴以存在的基本條件決定的：一方面，由於生產資料的私有制，各個生產者獨立地從事生產經營活動，生產什麼、生產多少、怎樣生產，完全是他個人的私事，勞動產品也歸他私人佔有和支配，生產商品的勞動具有私人勞動的性質。另一方面，由於社會分工的存在，每個生產者生產的商品都是為了滿足別人的需要，而他自己所需要的商品又總是依靠別人供給。商品生產者之間總是互相聯繫、互相依存的。每個商品生產者的勞動都是社會總勞動的一部分，生產商品的勞動又具有社會勞動的性質。

在以私有制為基礎的商品經濟中，商品生產的私人勞動和社會勞動之間存在著矛盾，即直接的私人勞動和間接的社會勞動之間的矛盾。直接私人勞動產生的產品，是否在品種和數量上符合社會需要，只有通過市場的商品交換，商品被賣出去之後，個人的私人勞動才被社會承認。一旦商品賣不出去，他的私人勞動就無法轉化為社會勞動。儘

---

[1] 馬克思，恩格斯. 馬克思恩格斯全集：第 23 卷 [M]. 北京：人民出版社，1972：53-54.

管他在生產這些商品的時候曾進行了一定的具體勞動、創造了一定的使用價值，但是商品不為社會所需要，他的勞動就沒有被承認為無差別的一般人類勞動；而沒有被承認為抽象勞動，產品不僅失去了社會使用價值的意義，也不會實現它的價值。由此可見，商品的內在矛盾，即使用價值和價值的矛盾、具體勞動和抽象勞動的矛盾都根源於私人勞動和社會勞動這對商品生產的基本矛盾，而商品的其他矛盾都是這對基本矛盾的具體表現。

隨著商品經濟的發展，私人勞動和社會勞動的矛盾也取得了不同的轉化形式。在資本主義商品經濟中，私人勞動和社會勞動的矛盾發展為生產社會化和資本主義私人佔有形式之間的矛盾，成為資本主義一切矛盾的總根源。

第二節 貨　　幣

一、價值形式的發展和貨幣的起源

商品是使用價值和價值的統一，因而商品也就具有二重形式：使用價值形式和價值形式。使用價值形式就是商品本身的物質形式，即商品的自然形式。價值形式即交換價值，是商品的社會形式。以貨幣來表現價值是價值形式發展的最終結果。

研究價值形式及其發展，是為了說明價值以及價值量如何通過價值形式表現出來，同時也是為了揭示貨幣的起源和本質。

價值形式的發展和商品交換的發展的歷史進程是一致的。它經歷了四個階段。

（一）簡單的、個別的或偶然的價值形式

簡單的、個別的或偶然的價值形式，即一種商品的價值偶然地表現在另一種商品上。例如1只綿羊和2把斧子相交換，1只綿羊的價值就表現在2把斧子上。用公式表示，為：

$$1 \text{ 只綿羊} = 2 \text{ 把斧子}$$

這一價值形式發生在原始社會的後期。當時商品生產處於萌芽狀態，交換帶有偶然的、個別的性質，其價值表現是簡單的。但這種簡單的價值形式包含了一切價值形式一般的本質規定。

在1只綿羊＝2把斧子的價值形式中，綿羊和斧子處於不同的地位，起著不同的作用。綿羊起主動作用，通過斧子表現自己的價值，是價值被表現的商品，處於相對價值形式。斧子起著被動作用，不表現自己的價值，只是充當綿羊價值的表現材料，起著等價物的作用，處於等價形式。

相對價值形式和等價形式是價值形式的兩極，它們是相互依存、互為條件的。處於相對價值形式的綿羊，離開了處於等價形式的斧子，其價值得不到表現，綿羊就是綿

羊；同樣，處於等價形式的斧子，離開了處於相對價值形式的綿羊，就不能充當價值的表現材料。同時，它們又是互相對立、互相排斥的。同一商品不能同時處在價值形式的兩極，即綿羊在交換關係中處於相對價值形式，就不能同時處於等價形式。同樣，斧子在交換關係中處於等價形式，就不能同時處於相對價值形式，否則就是 1 只綿羊 = 1 只綿羊或 2 把斧子 = 2 把斧子。這是毫無意義的。

在簡單價值形式中，處於相對價值形式的商品，只是直接作為使用價值出現，它的價值必須表現在另一種商品上；處於等價形式的商品，只是作為價值出現，它的使用價值變成了表現另一商品價值的材料。這樣，商品（綿羊）內部的使用價值和價值的矛盾就表現為兩個商品（綿羊和斧子）的外部對立。

簡單價值形式只是價值表現的萌芽形式。這種價值形式既是不完全的，也是不充分的。隨著進入交換的商品種類的增多和範圍的擴大，簡單價值形式必然向擴大的價值形式過渡。

（二）總和的或擴大的價值形式

隨著社會生產力的發展，人類出現了第一次社會大分工，即農業和畜牧業的分離。分工使社會生產力獲得進一步發展，使剩餘產品增多了。這樣，交換的範圍擴大了，交換已經不是偶然的行為，而是經常的行為了；簡單價值形式發展為總和的或擴大的價值形式，即一種商品的價值已經不是偶然地表現在另一種商品上，而是經常地表現在一系列商品上。用公式表示為：

$$1 \text{ 只綿羊} \begin{cases} = 25 \text{ 千克穀物} \\ = 2 \text{ 把斧子} \\ = 40 \text{ 尺布（1 尺} \approx 0.33 \text{ 米，下同）} \\ = 5 \text{ 克黃金} \\ = \text{其他商品} \end{cases}$$

在擴大的價值形式中，處於相對價值形式上的商品，其價值表現在一系列的商品體上，取得了擴大的相對價值形式。在這裡，處於等價形式上的商品，則是一系列的特殊等價物。這時，綿羊的價值第一次真正表現為無差別的人類勞動的凝結。

在擴大的價值形式中，商品價值的表現比簡單價值形式表現得更加充分，但這種價值形式仍然存在許多缺陷。從相對價值形式方面看，它的價值表現是不完全的，因為處於特殊等價形式上的商品是沒有窮盡的，組成這個系列的商品種類不同、千差萬別，商品的價值沒有一個統一的表現；從等價形式方面看，沒有一個大家公認的、誰都能夠接受的統一的等價物，商品交換仍然是物物交換。由於這些缺陷的存在，交換經常發生困難。例如：綿羊的所有者需要斧子，有斧子的人卻需要穀物，而不需要綿羊；如果穀物的所有者需要綿羊，則綿羊的所有者要先用綿羊去換穀物，再用穀物去換斧子，才能換回自己需要的商品。如果穀物的所有者不需要綿羊，困難就會更大一些。這種情況不利

於商品交換的進一步發展，擴大的價值形式需要向更完全的價值形式發展。

（三）一般價值形式

隨著社會分工和商品交換的進一步發展，公認的一般等價物逐漸從商品中分離出來，直接的物物交換，就為以一般等價物作媒介的商品交換所代替，從而使擴大的價值形式發展為一般價值形式，即一切商品的價值都集中地、統一地表現在一種商品上。用公式表示，為：

$$\left.\begin{array}{l}25\ 千克穀物 = \\ 2\ 把斧子 = \\ 40\ 尺布 = \\ 5\ 克黃金 = \\ 其他商品 = \end{array}\right\} 1\ 只綿羊$$

一般價值形式的出現在價值形式發展史上是質的飛躍。在一般價值形式中，商品的價值表現第一是簡單的，因為各種商品的價值只表現在一種商品上；第二是統一的，因為各種商品的價值都表現在同一商品上，從而克服了擴大價值形式中存在的缺陷。

在一般價值形式中，充當一般等價物的商品還沒有固定在某一種商品上。在不同時期、不同地區曾有不同的商品充當過一般等價物。在歷史上，牲畜、貝殼、鹽、布帛等都起過一般等價物的作用。隨著商品經濟的進一步發展，一般價值形式發展為貨幣形式。

（四）貨幣形式

隨著社會生產力的發展，特別在第二次社會大分工即手工業從農業中分離出來之後，商品生產和商品交換又有了進一步的發展，商品交換的範圍更加擴大，參加交換的品種日益增多，客觀上就要求一般等價物固定在一種商品上。於是產生了貨幣形式，即一切商品的價值都集中地、統一地表現在一種貴金屬商品如黃金或白銀上。用公式表示，為：

$$\left.\begin{array}{l}25\ 千克穀物 = \\ 2\ 把斧子 = \\ 40\ 尺布 = \\ 1\ 只綿羊 = \\ 其他商品 = \end{array}\right\} 5\ 克黃金$$

貨幣形式與一般價值形式比較，並無本質變化，它們的區別僅僅在於貴金屬黃金或

白銀獨占了一般等價物的地位。黃金或白銀由於具有質地均勻、便於分割、體小值大、便於攜帶、不易腐爛、便於保存等優點，成了理想的貨幣材料。所以，馬克思指出：「金銀天然不是貨幣，但貨幣天然是金銀。」[①] 黃金或白銀之所以能成為貨幣，根本原因就在於它本身也是商品，具有使用價值和價值，而不是因為它具有什麼神祕的力量。

由此可見，貨幣的產生過程既是價值形式發展的過程，也是商品交換的發展過程。貨幣是商品交換發展到一定階段的產物，是商品內在矛盾發展的必然結果。

二、貨幣的本質

貨幣是商品經濟發展到一定階段的必然產物，是商品內在矛盾發展的結果。貨幣的本質在於它是固定地充當一般等價物的特殊商品，它作為價值的代表，用來表現一切商品的價值。貨幣作為商品，同普通商品一樣，具有使用價值和價值；但它又和普通商品不同，是充當一般等價物的特殊商品，即貨幣商品。

貨幣的出現，使商品的一系列內在矛盾外在化了。內在於商品中的使用價值和價值、具體勞動和抽象勞動、私人勞動和社會勞動的矛盾，在簡單價值形式中表現為商品與商品的外部對立，現在發展為商品與貨幣的外部對立。整個商品世界劃分為兩極：一極是各種各樣的具體商品，另一極是貨幣。一切商品必須轉化為貨幣，它的價值才得以實現。貨幣使商品生產者之間產生密切的聯繫，體現著商品生產者之間的經濟關係。

貨幣的本質還體現在它的職能之中。

三、貨幣的職能

貨幣的職能是由貨幣固定地充當一般等價物的本質決定的。貨幣的職能隨商品經濟的發展而不斷完備。貨幣的主要職能有價值尺度、流通手段、貯藏手段、支付手段和世界貨幣等，其中價值尺度和流通手段是最基本的職能。

（一）價值尺度

價值尺度是指貨幣可以作為衡量和計算其他一切商品的價值大小的標準。

貨幣之所以能充當價值尺度，是因為貨幣本身也是商品，具有價值，正如計量物品長度的尺子，本身必須具有長度一樣。作為價值，貨幣和其他商品一樣，都是一般人類勞動的凝結。因此，貨幣作為價值尺度不過是商品內在尺度即社會必要勞動時間的外在表現形式。

貨幣作為價值尺度時，可以是想像的或觀念上的貨幣。因為貨幣在執行價值尺度的職能時，只是表現價值，不是實現價值，所以，可以不需要實在的貨幣，只需要想像的、觀念上的貨幣，即給商品標明價格就行了。但是，這種想像的、觀念上的貨幣必須以現實的貨幣為基礎。

---

① 馬克思，恩格斯. 馬克思恩格斯全集：第13卷 [M]. 北京：人民出版社，1962：145.

貨幣作為價值尺度的職能，就是要把商品的價值表現為價格。商品價格是商品價值的貨幣表現，是商品價值與貨幣價值的比率。商品價格的變化不一定反應商品價值的變化，如商品價值不變時，單純貨幣價值的變化就會引起價格的變化。同樣，商品價值的變化也並不一定帶來價格的變化，如在商品價值和貨幣價值按同方向、同比例變化時，商品價值變化並不引起價格的變化。

　　貨幣作為價值尺度，衡量各種商品的不同價值量，就是要把不同的價值量表現為不同的貨幣量。這就要求貨幣自身有一個確定的計量單位，以計量貨幣自身的不同量。於是，在技術上就有必要用一定的貴金屬的重量如金或銀的重量作為計量單位即貨幣單位，這個計量單位又分為若干等份。這種計量一定貴金屬重量的貨幣單位及其等份，叫作價格標準。

　　不同的國家有不同的貨幣單位，因而有不同的價格標準。如中國歷史上用白銀作為貨幣材料時，就曾用「兩」作為計量單位即貨幣單位，而「兩」又分為「錢」「分」等。又如美國的貨幣單位是美元，英國的是英鎊，法國的是法郎；它們各自又分為不同等份，都包含有一定的貴金屬重量。在歷史上，貨幣單位的名稱曾與重量單位名稱相一致。以後，由於種種原因，貨幣單位名稱同重量單位名稱逐漸分離了。這時，貨幣單位名稱便純粹是法定名稱了。

　　(二) 流通手段

　　流通手段是指貨幣充當商品交換媒介的職能。貨幣在執行流通手段的職能時，必須是實實在在的貨幣，不能是想像的、觀念上的貨幣。

　　流通手段的職能是商品流通發展的必然結果。以貨幣為媒介的商品交換，叫作商品流通。在貨幣出現之前，商品交換採取的是物物交換的形式，即商品（W）—商品（W），賣和買在時間上、空間上都是統一的。貨幣出現以後，物物交換發展成為商品流通，商品交換分裂為用商品換貨幣（W—G）和用貨幣換商品（G—W），即賣和買兩個行為，打破了商品直接交換中買賣在時間上和空間上的統一，促進了商品經濟的發展。各種商品的交換彼此交錯在一起，加強了商品生產者之間的聯繫，也加強了他們之間的相互依賴性。但另一方面，如果有些人賣了商品後不馬上買，另一些人在此處賣而在彼處買，就會使一些人的商品賣不出去，引起買賣脫節，這就加深了商品使用價值和價值的矛盾，產生了危機的可能性。

　　由於貨幣執行流通手段的職能只是轉瞬即逝的，因此，雖然作為流通手段的貨幣最初採取了金屬條塊或某種形狀的鑄幣，但是隨著商品交換的發展，在貨幣不斷轉手的過程中，人們發現單有貨幣的象徵存在就夠了，於是紙幣這類本身沒有價值的價值符號逐漸代替真實貨幣執行流通手段。中國是世界上最早使用紙幣的國家；北宋的交子，已經具有紙幣的特性；而金國的交鈔和南宋的會子，則已經是純粹的紙幣；元代則出現了可不兌現的紙幣。歐美國家直到 17 世紀末才開始出現紙幣。到資本主義時期，紙幣成為由國家發行的強制使用的價值符號。它不是按其本身價值而是按照它所代替的金（或

銀）的價值執行流通手段的職能的。

價值尺度和流通手段是貨幣的兩個基本職能，其他職能是在這兩個職能的基礎上派生的。

（三）貯藏手段

貯藏手段是指貨幣退出流通領域，被當作社會財富的一般代表貯藏起來的職能。貨幣是社會財富的一般代表：從質的方面看，它是無限的，因為它能直接轉化為任何商品；從量的方面看，每個貨幣的購買手段又是有限的。這種質和量的矛盾推動著貨幣的貯藏和累積。

作為貯藏手段的貨幣，不能是想像的、觀念上的貨幣；在信用不發達的條件下，也不能以作為價值符號的紙幣代替，而必須是現實的、足值的金屬貨幣或金銀製品等。

在金屬貨幣流通的條件下，貨幣貯藏是貨幣流通的蓄水池，它能起到自發地調節貨幣流通量的作用。當流通中需要的貨幣量減少時，多餘出來的貨幣就退出流通領域而成為貯藏貨幣；反之，當流通中的貨幣量不足時，一部分貯藏貨幣又會流入流通領域而執行流通手段的職能。由此可見，在金屬貨幣流通條件下，貨幣一般不會在流通領域中泛濫成災，不會出現通貨膨脹。

[閱讀專欄]

有關紙幣執行儲蓄與貯藏手段職能的學術觀點

金銀（尤其是黃金）至今仍被當作最保險的貯藏手段，但是，現在世界各國的貨幣已割斷了與黃金的法定聯繫，黃金並不直接作為貨幣執行職能。如今更普遍的是紙幣被作為通貨使用，並作為銀行存款進行儲蓄。那麼，進行銀行存儲的紙幣，到底執不執行貨幣的貯藏手段職能？

目前國內學界對此存在不同的觀點。有人認為，嚴格地說紙幣是不能執行貯藏手段職能的；有人認為紙幣在幣值長期保持穩定的條件下能夠履行貯藏手段職能；有人則認為紙幣有儲蓄手段的職能，但不具備貯藏手段的職能。其中後兩種觀點近年來也受到了較大的關注，其理由如下：

理論上，貯藏手段應該具有三個基本前提：一是它在保存過程中不易損壞和變質；二是當需要使用時，可以比較方便地與其他商品相交換，轉換成需要的形式；三是其貯藏價值是穩定的，在貯藏前後能夠轉換成數量相同的其他物品。金屬貨幣天然滿足了這三個條件。而紙幣在耐貯藏方面比較差，但銀行存款可以幫助解決這個問題；紙幣在幣值穩定從而確保貯藏價值的穩定方面則更加困難，這也導致了紙幣難以作為一般財富的代表執行貯藏手段職能。

雖然紙幣不能作為一般財富的代表執行貯藏手段職能，但紙幣具有儲蓄手段的職能。紙幣作為儲蓄手段實質上是人們將價值符號形式的貨幣所代表的對社會財富的現期索取權，通過銀行這類信貸機構，轉變為未來財富的索取權。雖然從持幣者

個人的角度看紙幣儲蓄是現期商品索取權的延期，但從整個社會的角度看，不過是現期商品索取權在不同社會成員之間的再分配，因為儲蓄存款會通過銀行等金融機構轉化為貸款，形成現期的購買力。此外，我們知道在金屬貨幣作為流通手段的條件下，貨幣貯藏是貨幣流通的蓄水池，但是在紙幣和信用貨幣作為流通手段的條件下，這種天然蓄水池是不存在的。因此，在現代經濟中，貨幣供應量的調節是由處於流通過程之外的政府貨幣管理當局控制的。

(四) 支付手段

支付手段是指貨幣被用來清償債務或支付賦稅、租金、工資等的職能。貨幣的這一職能是隨著商品交換過程中賒帳買賣的出現而產生的。

隨著商品經濟的發展，商品的出賣同貨幣的取得在時間上是可以分離開來的。就是說，商品買賣可以不用現款，而是採取賒銷方式，到一定時期後再付貨款。這時，貨幣就在執行支付手段的職能。

隨著商品經濟的發展，貨幣不僅在商品流通領域中執行支付手段的職能，而且在商品流通領域之外被用於支付地租、利息、稅款、工資等。

貨幣作為支付手段，一方面大大減少了流通中貨幣的需要量，促進了商品流通的發展，另一方面又進一步擴大了商品經濟的內在矛盾。隨著支付關係的發展，許多商品生產者之間發生了債權和債務關係，形成了一系列的支付關係鏈條，即甲欠乙債、乙欠丙債、丙欠丁債……如果其中有的人到期不能支付，就會引起連鎖反應，造成整個債務鏈條關係的混亂，就會給有些人在經營上造成很大困難，有的人甚至因此而破產。

(五) 世界貨幣

世界貨幣是指貨幣在世界市場充當一般等價物的職能。當商品流通超出一國範圍而產生了國際貿易後，貨幣也就超出了國內流通領域而在國與國之間的經濟關係中發揮作用。

貨幣作為世界貨幣的職能，不過是貨幣在國內的職能的延伸。在國際貿易中，貨幣也要執行價值尺度的職能，不過，這時決定商品價值的社會必要勞動時間不再是國內的社會必要勞動時間，而是世界範圍內的社會必要勞動時間。因而以貨幣為價值尺度所表現的商品價格，不再是各國不同的國內價格，而是統一的世界市場的價格。在國際範圍內，貨幣作為世界貨幣，除了執行價值尺度的職能外，還要執行以下幾個方面的職能：①作為支付手段，用以平衡國際貿易差額；②作為購買手段，一國用以單方面購買另一國的商品；③作為財富的代表從一個國家轉移到另一個國家，如戰爭賠款、向外國借款等。在當代，世界貨幣的職能還體現為充當國際支付手段，用以償付國際債務、支付利息和其他非生產性支付等，以平衡國際收支的差額。

一般地講，在貴金屬貨幣流通的條件下，充當世界貨幣的是足值的金和銀，而不是具有地域外衣的鑄幣。因此，它主要是金塊、銀塊的自然形式。在現代信用貨幣制度

下，主要由那些在國際上可以自由兌換成其他國家貨幣的硬通貨（包括具有國際信用的紙幣，例如美元、歐元等）來充當世界貨幣。但在這種情況下，各國仍必須貯藏一定量的黃金，以作為世界貨幣的準備金，用來平衡一國的國際收支。

以上論及的貨幣的五種職能，共同表現了貨幣作為一般等價物的本質，而且相互間在歷史和邏輯上有著有機聯繫。從歷史上看，價值尺度和流通手段是貨幣最基本的職能，它們是與一般等價物形式轉變為貨幣形式同時形成的，在它們形成之後才依次出現了貯藏手段、支付手段、世界貨幣這些職能。從邏輯上看，貨幣必須首先完成價值尺度的職能，才能進而執行流通手段的職能；只有這兩項職能充分發展了，才會產生貯藏手段的職能；支付手段的職能不僅是流通手段職能發展的結果，而且以貯藏貨幣的存在為前提；至於世界貨幣的職能，顯然是以前四項職能在國內的發展為基礎的。

四、貨幣形式的演變

作為價值形式的貨幣是歷史的產物，其本身形式的變化和發展始終與商品經濟和信用制度的發展聯繫在一起。最原始的貨幣形式是各種自然存在的物品，如石頭、牲畜、貝殼、布匹等。真正貨幣的最初形式是金屬條、塊的自然形式。金屬條塊貨幣的最大缺點是成色查驗的困難。因為不同的條塊的成色和分量是不同的，因此，每次交易都需要鑒定貨幣的成色和分量，很不方便。為了彌補這個缺陷，有利於交換行為，一些有影響的商人採取在自然金銀條塊上蓋上自己印記的辦法。這樣做一則有利於交換，防止貨幣上的詐欺，二則可以擴大這些商人的商業影響，鞏固其地位。

為了促進商品交換，維護國家的經濟利益，由國家來鑄造貨幣勢在必行。鑄幣的出現，更加便利了商品的交換，也在一定程度上避免了貨幣詐欺。雖然鑄幣在流通中會發生一定程度的磨損，但這種磨損並不妨礙人們接受它；於是，國家便有意識地製造與面值不相符的鑄幣。這樣，鑄幣的面額與其代表的實際價值逐漸脫離，使得鑄幣也逐漸只具有價值符號的意義。貨幣之所以可以這樣，其關鍵在於貨幣在交換當事人手中只起媒介的作用，對於當事人來說不會發生實質性的影響。

正因為如此，國家乾脆用沒有任何價值的紙幣來代替鑄幣。紙幣的雛形最初產生於古代的票號或錢莊，當時的金銀擁有者將金銀存於票號或錢莊，票號或錢莊開具票據，該票據證明其持有者有等量的金銀保管於此並可以隨時兌換。由於人們相信票號或錢莊般實可靠，具有兌現的信用，這些票據就可以在一定範圍內進行流通，因為人們相信它同金銀一樣好。但在信用沒有充分發展的條件下，紙幣的作用是很有限的。資本主義制度確立後，紙幣成了由國家印製、強行發行並代替金屬貨幣使用的價值符號，它不僅可與金屬貨幣混合流通，而且與金屬貨幣具有完全的可兌換性。這就要求發行紙幣的國家掌握足夠的金屬貨幣作後盾，因為如果不顧金屬貨幣儲備而濫發紙幣，必然帶來經濟秩序的紊亂。商品經濟與貨幣的發展史表明，這種沒有擺脫與貴金屬直接聯繫的紙幣是不會永久發展下去的。20世紀70年代布雷頓森林體系的崩潰、美元與黃金的脫鉤、特別

提款權的創設以及可自由兌換紙幣的出現，就是貨幣形式新發展的例證。

從由貴金屬作後盾的紙幣發展到與貴金屬無關的紙幣，意味著貨幣形式發展到了一個新的階段，即信用貨幣階段。信用貨幣是在信用高度發達的條件下，與貴金屬不直接發生聯繫的新的貨幣形式，如銀行券、支票、期票、匯票等。紙幣是使用最廣泛的信用貨幣。信用貨幣是從貨幣作為支付手段的職能中產生的，但它產生以後，既可作為支付手段，又可作為流通手段。

隨著信用事業的發展，貨幣作為支付手段的職能也在擴大。作為支付手段的貨幣取得了它特有的各種信用形式，並以這些形式占據了大規模交易的領域，而金屬鑄幣則被擠到小額貿易的領域之內。信用貨幣雖然失去了堅硬的貴金屬的支持，但它有廣泛的信用關係作基礎，因此在現代經濟活動中占據了主導地位。信用貨幣最為主要的功能是節省了稀缺的貴金屬資源，人們可以利用生產費用低廉的物品，比如用銀行帳簿上的記錄、紙片來代替生產成本高昂的金和銀。這既便於攜帶，又能根據交易的需要開具各種形式的信用貨幣，使交易更加便捷。

20世紀80年代後，隨著信用制度的發展和網絡技術的廣泛應用，貨幣形式開始向電子貨幣方向發展。電子貨幣與傳統貨幣並沒有什麼本質區別，其不同之處就是用電子支付方式取代了金屬貨幣或者紙幣充當一般等價物。在線電子支付過程就是交易雙方通過網上銀行進行的電子信息交換。電子貨幣之所以能夠代替紙幣等其他貨幣形式，是因為由其充當一般等價物的貨幣流通費用最低，如電子貨幣的標準化成本最低、使用成本最低、在網上銀行計算機硬盤裡保存的成本也最低。電子支付手段也同樣具備貨幣所應有的財富的貯藏手段。電子貨幣作為一種占主導地位的支付手段的前提條件是網上商業活動成為社會的主流商業模式。在這一前提條件尚不充分具備時，電子貨幣只能作為一種輔助性的支付手段起作用。

與黃金切斷了聯繫的現代紙幣和電子貨幣這些最為現代的貨幣形式，可以說是純粹的價值符號。這些由紙和電子信號構成的價值符號將沉重的黃金趕下貨幣的王座，使內在於商品中的使用價值和價值的矛盾的外在化達到了極致：在金屬貨幣條件下，商品只有通過一個固定充當一般等價物的特殊商品的使用價值，才能將自己的價值表現出來；現在，商品的價值已經完全脫離任何有形的使用價值而只是通過一種價值符號就可以得到表現了。

[閱讀專欄]

布雷頓森林體系（Bretton Woods System）

布雷頓森林體系是指第二次世界大戰後以美元為中心的國際貨幣體系，是各國為解決貨幣的兌換、國際收支的調節、國際儲備資產的構成等問題，共同確定的規則、措施以及相應的組織機構形式。

國際貨幣體系在布雷頓森林體系以前、兩次世界大戰之間的20年中，分裂成

幾個相互競爭的貨幣集團，每一個貨幣集團都想以犧牲他人利益為代價來解決自身的國際收支和就業問題，於是各國貨幣金融領域呈現出一種無政府狀態。經過20世紀30年代世界經濟危機和第二次世界大戰後，美元的國際地位因其國際黃金儲備的巨大實力而空前穩固。1944年7月，有44個國家參加的聯合國與聯盟國家國際貨幣金融會議，在美國新罕布什爾州的布雷頓森林通過了以「懷特計劃」為基礎的「聯合國家貨幣金融會議的最後決議書」以及「國際貨幣基金組織協定」和「國際復興開發銀行（即世界銀行）協定」兩個附件，總稱為「布雷頓森林協定」。關貿總協定作為布雷頓森林會議的補充，連同布雷頓森林協定，統稱為「布雷頓森林體系」。

在布雷頓森林體系下，美元與黃金直接掛鉤，並可按35美元1盎司（1盎司=28.35克）的官價向美國兌換黃金；其他會員國貨幣與美元掛鉤，同美元保持固定匯率關係。布雷頓森林體系實際上是一種國際金匯兌本位制，又稱美元—黃金本位制。以美元為中心的布雷頓森林體系的建立，使國際貨幣金融關係又有了統一的標準和基礎，結束了第二次世界大戰前貨幣金融領域中的混亂局面，並在相對穩定的情況下擴大了世界貿易。

布雷頓森林體系以黃金為基礎，以美元作為最主要的國際儲備貨幣。但是從20世紀50年代後期開始，隨著美國經濟競爭力逐漸削弱，其國際收支逆差逐步增加，出現了全球性「美元過剩」，各國紛紛抛出美元兌換黃金，導致美國的黃金儲備日益減少。1949年美國的黃金儲備為246億美元，占當時整個資本主義世界黃金儲備總額的73.4%；此後逐年減少，到1971年時，美國的黃金儲備只剩下102億美元，而短期外債為520億美元，黃金儲備只相當於積欠外債的1/5。美國的黃金儲備再也支撐不住日益泛濫的美元了。尼克松政府被迫於這年8月宣布放棄按35美元1盎司的官價兌換黃金的美元「金本位制」，停止各國政府或貨幣當局用美元向美國兌換黃金，這使得動盪混亂的西方貨幣市場更加混亂。在緊接著的1973年的美元危機中，美國再次宣布美元貶值，導致各國相繼實行浮動匯率制代替固定匯率制，不再承擔維持美元固定匯率的義務。這也意味著各國相繼放棄金本位制，布雷頓森林體系完全解體。美元停止兌換黃金和固定匯率制的崩潰，標誌著第二次世界大戰後以美元為中心的貨幣體系瓦解。然而，布雷頓森林體系解體後，美元在國際貨幣體系中仍然占了絕對主導地位，直到近年來開始逐步衰落。在這種形勢下，新的主導性貨幣的出現已成為必然。

五、貨幣流通規律

（一）金屬貨幣流通規律

在商品流通中，貨幣不斷地從買者手裡轉移到賣者手裡，不斷作為購買手段與各種商品互換位置，形成貨幣流通。商品流通是貨幣流通的基礎，因此，商品流通的規模和

速度必然會影響貨幣流通的規模和速度。決定一定時期內流通中所需要的貨幣數量的規律，就是貨幣流通規律。

在一定時期內流通中所需的貨幣量是有規律的。決定商品流通所需貨幣量的因素有三個：①待實現的商品量；②商品的價格水準；③貨幣的流通速度。前兩個因素的乘積就是商品價格總額。貨幣流通規律的公式是：

$$一定時期內流通所需的貨幣量 = \frac{商品價格總額}{貨幣流通速度（次數）}$$

從這個公式可以看出，流通中所需貨幣量與商品價格總額成正比，與貨幣流通速度成反比。

在貨幣作為支付手段的情況下，流通中所需要的貨幣量會發生變動。因為在一定時期中，賒銷的商品部分不需要支付貨幣，而前一個時期賒銷的商品卻需要在本期內支付，在相互支付時，可以彼此抵消一部分。因此，一定時期內流通中所需要的貨幣量的公式應做如下調整：

$$一定時期流通中所需要的貨幣量 = \frac{商品價格總額 - 賒銷商品價格總額 + 到期支付總額 - 抵消支付總額}{貨幣流通速度（次數）}$$

上述貨幣流通規律，是金屬貨幣流通量規律。金屬貨幣本身有價值，各種商品價格反應的是商品價值與金屬貨幣價值的比例關係，所以，流通中金屬貨幣量的增加和減少，不會引起商品價格的下降或上升。當金屬貨幣量超過商品流通需要量時，一部分貨幣就會退出流通而成為貯藏手段；反之，貨幣則自動進入流通。

（二）紙幣流通規律

在現代市場經濟中，作為流通手段，紙幣（包括各種信用貨幣）代替金屬貨幣流通，而這些紙幣本身沒有價值。那麼，紙幣流通量是怎樣決定的呢？

紙幣流通規律是以金屬貨幣流通為基礎的。由於紙幣只是價值符號，是由國家發行、強制流通（故也稱「法幣」）的，所以，「紙幣的發行限於它象徵地代表的金（或銀）的實際流通的數量」[①]。

在其他條件不變的情況下，如果紙幣發行量和流通中所需要的金屬貨幣量相適應，那麼，紙幣的購買力就會同它所代表的金屬貨幣的購買力相等，紙幣就能正常流通，物價就可保持穩定。

如果紙幣發行量超過了流通中所需要的金屬貨幣量，就意味著紙幣所代表的價值或象徵的社會勞動就會變小，即發生貨幣貶值。在貨幣貶值的條件下，同樣價值的商品，或者說花費了同樣多的勞動生產出來的商品，其價格會表現為更多的貨幣量，即價格總水準脫離價值而上漲，紙幣的購買力下降。這種因貨幣發行量超過流通中所需的金屬貨

---

① 馬克思，恩格斯. 馬克思恩格斯全集：第23卷［M］. 北京：人民出版社，1972：147.

幣量，從而出現紙幣貶值和物價普遍持續上漲的現象，就叫作通貨膨脹。在資本主義社會，國家往往利用通貨膨脹作為刺激經濟發展和降低工人實際工資的手段。

如果紙幣發行量少於流通中所需要的金屬貨幣量，就可能有一部分商品因缺少流通手段而不能流通，從而導致通貨不足、貨幣升值，進而引起物價持續下跌。這也就是一般意義上的通貨緊縮。

紙幣流通規律是貨幣流通規律的特殊表現形式，紙幣所代表的購買力同它發行的數量成反比，這是不以任何人的意志為轉移的。「國家發行強制通用的紙幣……似乎可以把經濟規律廢除了。……國家似乎用自己的印記的魔術點紙成金。……可是，國家的這種權力純粹是假象。國家固然可以把印有任意的鑄幣名稱的任意數量的紙票投入流通，可是它的控制同這個機械動作一起結束。價值符號或紙幣一旦進入流通，就受流通的內在規律的支配。」[1] 所以，在紙幣流通條件下，必須以貨幣流通量的規律為基礎，發行並調節紙幣的流通量，保證宏觀經濟順利運行。

第三節　價值規律

一、價值規律是商品經濟的客觀規律

價值規律是商品經濟的基本規律。凡是有商品生產和商品交換的地方，價值規律就客觀存在並發生作用。市場經濟要求讓市場和市場機制對社會經濟資源的配置發揮基礎性的調節作用，本質上就是要更充分地發揮價值規律對社會經濟運行的調節作用，因為市場機制不過是價值規律發生作用的具體表現形式。

價值規律的基本內容和要求是：商品的價值由生產商品的社會必要勞動時間決定，商品交換按照由社會必要勞動時間決定的價值量進行。這是貫穿於商品生產和商品交換中的一種不以人們意志為轉移的客觀必然趨勢，是商品經濟的基本規律。

在貨幣出現以後，一切商品的價值都是用貨幣來表現的。用貨幣來表現的商品的價值就是商品的價格。因此，價值規律要求商品按等價的原則進行交換，就是說商品的價格必須符合價值。但是，這並不意味著在每次商品交換中價格與價值都是完全一致的。在實際的商品交換中，價格與價值一致反而是偶然的，價格與價值不一致才是經常的。這是因為價格雖然以價值為基礎，但還要受多種因素的影響，特別要受市場供求關係的影響：當某種商品供不應求時，購買者便爭相購買，而銷售者則待價而沽，這必然會使價格上漲到價值以上；反之，當某種商品供過於求時，商品生產者競相求售，價格便隨之下跌到其價值以下。隨著供給和需求關係的不斷變化，商品價格不斷地和價值發生上下偏離。

---

[1] 馬克思，恩格斯. 馬克思恩格斯全集：第31卷 [M]. 2版. 北京：人民出版社，1998：513 - 514.

商品價格與價值偏離的現象，實質上是價值規律發生作用的結果，是價值規律作用的表現形式。這是因為：①商品價格的漲落總是圍繞價值這個中心進行的；②從商品交換的較長時期來看，同一種商品的價格，時而高於價值，時而低於價值，其漲落部分可以相互抵消，因而它的平均價格同價值還是一致的；③從不同商品的不同價格的漲落來看，無論價格怎樣漲落，總是以各自的價值為基礎的。例如，一輛摩托車的價格總是高於一輛自行車的價格，這是因為前者的價值總是高於後者的價值的緣故。由此可見，價格背離價值，價格受供求關係的影響而自發地圍繞著價值上下波動，並不是對價值規律的否定，而正是價值規律發生作用的表現形式。

二、價值規律的作用

價值規律是商品經濟的一般規律。只要存在商品經濟的地方，價值規律就客觀存在並發生作用。但是，在不同社會制度下，價值規律對商品生產和商品交換的作用是不完全相同的。

在私有制商品經濟條件下，價值規律有如下作用：

(一) 價值規律自發地刺激社會生產力的發展

商品的價值取決於生產商品的社會必要勞動時間。那些生產條件較好、勞動生產率較高的商品生產者，生產商品的個別勞動時間往往低於社會必要勞動時間，但在出售商品時則按社會必要勞動時間決定的價值量出售，因此，這些商品生產者就能獲得較多的收益；而那些生產條件差、勞動生產率低的商品生產者，生產商品的個別勞動時間高於社會必要勞動時間，而出售商品時，仍然必須按照由社會必要勞動時間決定的價值量出售，這樣，他們就只能獲得較少的收入，以致發生虧損甚至破產；那些具有中等生產條件和中等勞動生產率的商品生產者，生產商品的個別勞動時間相當於社會必要勞動時間，則可以獲得普通的收入。

勞動生產率的高低、生產條件的好壞以及個別勞動時間的多少，不僅直接決定著各個商品生產者收入的差別，而且關係到他們在競爭中的勝敗存亡。商品生產者為了追求更多的利益，在競爭中站住腳並處於有利地位，都力求採用先進技術，改進生產工具，加強經營管理，提高勞動生產率，從而在一定程度上推動了社會生產力的發展。但是，價值規律這種刺激生產力發展的作用，又常常是以一部分商品生產者的破產、社會勞動的巨大損失為代價的。

(二) 價值規律自發地調節社會勞動在社會生產各部門的分配

按一定比例分配社會勞動是社會化大生產的客觀要求。在商品經濟條件下，按比例分配社會勞動就是通過價值規律的自發調節來實現的。因為商品價格是以價值為中心上下波動的，在這種價格波動中，當一些生產部門的商品供不應求時，價格就會高於價值。這不僅會刺激該部門原有生產者擴大生產規模，還會刺激別的生產部門的生產者把生產資料和勞動力轉移到這個部門中來，擴大生產、增加供求。當一些生產部門的商品

供過於求時，價格就會低於價值。這時，該部門原有的生產者就會縮小生產規模，或把生產資料和勞動力轉移到有利可圖的部門去，縮減生產、減少供給。這樣，就會使各個生產部門之間大體上保持一定的比例。價值規律就是這樣一種在生產者背後發生作用的自發力量。不過，這種調節作用是在社會生產力不斷遭到破壞、社會勞動被極大浪費的情況下實現的。

(三) 價值規律促使商品生產者兩極分化

在私有制商品經濟條件下，各個商品生產者的生產和銷售條件總是不同的。有的商品生產者擁有先進的生產設備、充足的貨幣和有利的銷售條件，因而在競爭中占優勢，越來越富；有的商品生產者擁有的生產條件落後又缺少資金，沒有能力採用先進技術和裝備，因而在激烈的競爭中處於不利地位，甚至虧本、破產。小生產者之間出現兩極分化，在一定歷史條件下，即封建社會末期，就會自發地產生資本主義生產關係：少數發財致富的小商品生產者逐漸脫離勞動，上升為資本家；大批破產的小商品生產者則淪為出賣勞動力的雇傭勞動者。

第四節 勞動價值論在當代的深化與發展

馬克思的勞動價值理論是其政治經濟學的核心與基石。由於政治經濟學本質上又是一門歷史的科學，它所涉及的是歷史的即經常變化、不斷發展的現實基礎，相應地，其理論也應該隨著時代的發展而發展。從馬克思、恩格斯、列寧到斯大林，他們都是根據自己所處歷史階段的特點、任務，來建立、運用和發展勞動價值論，揭示當時資本主義生產方式的運行特點和基本矛盾的。

今天，我們面臨社會主義市場經濟的新情況，同樣要結合現代資本主義經濟新現象、建設社會主義經濟的新任務，來運用和發展馬克思的勞動價值論。勞動價值論與時俱進，既是馬克思主義應具有的理論品質，又是時代發展和建設實踐的要求。

一、從局部勞動到總體勞動

在豐富勞動內涵的基礎上，擴展生產勞動的外延，把生產市場所需要的商品與勞務的勞動都確認為創造價值的勞動，這是深化對社會主義社會勞動和勞動價值論研究的重要內容。黨的十六大報告指出：「要尊重和保護一切有益於人民和社會的勞動。不論是體力勞動還是腦力勞動，不論是簡單勞動還是複雜勞動，一切為中國社會主義現代化建設做出貢獻的勞動，都是光榮的，都應該得到承認和尊重。」[1] 在馬克思所處的歷史時

---

[1] 江澤民. 全面建設小康社會，開創中國特色社會主義事業新局面——在中國共產黨第十六次全國代表大會上的報告 [R]. 北京：人民出版社，2002：15.

期,一方面,非物質生產領域及其資本主義生產關係還很不發達,因此他主要以物質生產領域裡的資本主義生產方式和交換方式為研究對象,而把非物質生產領域及其生產方式和交換方式「舍象」掉了。另一方面,雖然馬克思也認為非物質生產領域的勞動只要採取資本主義生產方式,為資本家生產剩餘價值,就是資本主義生產勞動,但是,由於當時非物質生產勞動大多數並不採用資本主義的生產形式,所以馬克思以「非生產勞動」這一術語來說明這些勞動,而且把那些即便採取了資本主義生產方式,但在數量上與物質生產部門比起來顯得微不足道的非物質生產領域的生產勞動也「舍象」掉了。

　　隨著社會分工和協作的發展,非物質生產領域從物質生產中分離出來,而且規模愈來愈大,生產勞動的領域也相應擴大了。馬克思曾經指出,當勞動過程還純粹是一個個人的過程時,互相分離的各種生產職能會全部集中在勞動者一個人身上,什麼都自己干,產品也表現為個人的產品。但是,當勞動過程由個人過程發展成為聯合勞動者的過程後,情況就大不一樣了。這時,產品從個體生產者的直接產品轉化為社會產品,轉化為總體工人及聯合勞動人員的共同產品,總體工人的各個成員較直接或較間接地作用於勞動對象。因此,隨著勞動過程本身協作性質的發展,生產勞動和它的承擔者即生產工人的概念就必然擴大。為了從事生產勞動,現在不一定要親自動手,只要成為總體工人的一個「器官」,完成他所屬的某一職能就夠了[①]。這就是說,在聯合勞動的條件下,直接對勞動對象進行加工的操作工人的勞動是生產勞動,各種輔助工人的勞動也是生產勞動;生產第一線的工人的勞動屬於生產勞動,遠離第一線的科室人員的勞動也是生產勞動;在車間從事體力勞動的工人的勞動是生產勞動,從事腦力勞動的各種管理人員(企業管理人員乃至政府職能部門的公務員)、科技人員的勞動也是生產勞動。生產勞動的概念大大擴展了。

　　另外,隨著市場範圍的不斷擴大和市場機制的日益完善,越來越多的企業的內部分工逐漸外部化,導致生產的線路拉長,勞動形式從個體形式轉化為社會形式,直接產品轉化為社會產品。生產勞動和它的承擔者——生產工人的概念也必然隨之擴大,出現從個體的局部勞動向企業內部總體工人的勞動、再向社會總體勞動發展的趨勢。從社會總體勞動看,知識勞動、服務勞動、管理勞動和交易過程中的勞動同物質生產領域的勞動一樣,都是社會總體勞動的重要組成部分。把創造價值的勞動定義為社會總體勞動,能夠更全面地反應迂迴生產中價值的形成過程。

二、深化對創造價值的勞動的認識

　　價值的存在形式與商品的物的實在性其實並沒有任何關係,凝結在社會所需的商品和勞務當中的勞動都是生產勞動。判斷一種勞動能否創造價值的標準,應當包括四個方面的內容:①這種勞動的產品具有使用價值,同時又是交換價值的承擔者;②這種勞動

[①] 馬克思、恩格斯. 馬克思恩格斯全集:第23卷[M]. 北京:人民出版社,1972:556.

的產品有抽象人類勞動的體現或物化在裡面；③這種勞動的產品必須進入交換領域，成為商品；④這種勞動所生產的商品的價值量，是由生產該商品的社會必要勞動時間決定的。根據這四條標準，知識勞動、管理勞動和服務勞動都能創造價值，知識產品和服務產品都具有價值。作為價值實體的無差別的人類勞動，不管以哪種形式進行，也不管是凝結在物質的、有形的商品上，或者凝結在無形的精神財富上，還是凝結在流動形態的勞動即服務上，只要市場所需要的產品或勞務上凝結了人類勞動，就創造了價值。一般而言，馬克思所強調的價值的客觀對象性，是指人類勞動力耗費的客觀現實性；他並不像亞當·斯密那樣，把勞動的內容僅限於物質產品的生產。因此，僅從物質產品的角度來劃分生產勞動，而把從事知識產品和服務產品的勞動以及管理勞動等排除在創造價值的勞動之外，並不符合馬克思勞動價值論的發展的要求。隨著第三產業尤其是高科技在國民經濟和社會生活中作用的不斷強化，我們不可能再把上述這些勞動繼續置於創造價值的勞動領域之外了。

(一) 知識勞動創造價值

在知識經濟時代，知識的創新、傳播和應用是現代生產過程中的重要環節，知識勞動（包括科學勞動）是社會總體勞動的重要組成部分。在市場經濟條件下，作為商品來生產和交換的知識產品同樣具有使用價值、價值以及交換價值。知識產品能夠滿足人們生產和生活需要的功能，這就是它的使用價值；在知識產品生產過程中所耗費的一般人類勞動形成價值實體；知識產品的價格就是交換價值。知識產品的生產過程，也就是把原科學知識要素合併於生產和體現於產品之中，這需要依靠人的活勞動的投入，特別是高智力的活勞動的投入。而任何一種科學知識密集的產品的形成就是既體現有原科學勞動的作用，又體現有活勞動的作用，特別是高智力活勞動的作用。高智力性知識勞動是一種高熟練度、高強度的勞動，它可以創造價值，在特定社會形式下，還可以創造剩餘價值，並體現為創新知識產品的高價值。當代高技術經濟的發展，使有些產品集中體現了科學、知識，它蘊含著密集的智力勞動，特別是高智力勞動。它表明，智力勞動在現代社會財富價值形成中的功能大大強化了。但由於知識生產有其特殊性，其產品的存在形態以及價值的形成、增殖和實現都與物質生產有很大差別，這就需要對此展開系統的、嚴肅的探討，建立一種基於對知識生產本身獨有性質有正確認識的知識產品價值理論。

(二) 服務勞動創造價值

服務勞動領域的外延，大體包括整個第三產業中除知識勞動以外的各個部門。服務生產領域的勞動者在提供特殊形態的使用價值時所耗費的體力、腦力也可以形成價值。理解服務勞動創造價值有一個理論上的難點，那就是馬克思在闡述勞動價值理論時，提出了生產商品的抽象人類勞動物化為價值的重要論題，但是勞動「物化」概念的含義並不等同於勞動的「物質形態化」和「實體化」。馬克思使用的「物化」概念的本質是「對象化」，勞動「物化」指的是商品生產中的抽象人類勞動的「對象化」，即「體現」

「依附」於某一「東西」或「對象」之中，從而使抽象人類勞動這一看不見、摸不著的生產關係或「社會規定性」體現於作為使用價值的一個勞動生產「物」或「對象」之中，並表現為這一個「物」或「對象」所擁有的價值規定性。

亞當·斯密在勞動價值理論上的局限性在於他將商品價值範疇限制在「固定化」「實物化」「耐久性」的產品和具體勞動形式中。他還未進一步地認識到形成商品價值的勞動是「無差別的抽象人類勞動」，是一個社會生產關係的範疇。

在考察商品使用價值時，馬克思沒有囿於物質固定化形態，還是將某些人類勞動活動的功能視為使用價值。例如，他認為勞動力商品的使用價值是勞動的價值增殖功能。馬克思還將使用價值區分為「實物形式」和「運動形式」兩類。馬克思提到「唱歌的使用價值」，他明確提出：「服務有一定的使用價值（想像的和現實的）和一定的交換價值。」他說，服務業勞動者提供的隨生隨滅的服務業是一種「直接使用價值」[1]。顯然，馬克思將勞動者生產出來的滿足各種社會需要的多品類商品體的屬性都作為使用價值。

（三）管理勞動創造價值

管理人員也是社會總體勞動工人的一部分，管理勞動是社會總體勞動的有機組成部分。集體勞動是人類生產勞動的一般形式。集體勞動從一開始就要求分工和協作，為組織和協調這種分工協作的管理活動因此而生。管理勞動貫穿於包括計劃、組織、經營、控制、監督、創新、決策、承擔風險等一系列生產經營活動的全過程。特別是管理者從所有者那裡獲得經營權後，其潛在的作用及影響力就進一步凸顯出來。管理勞動實際上是一種高投入、高產出、高風險的勞動，因此，從廣義上看，管理者仍屬於勞動者，只是他的勞動比一般勞動者的勞動具有更大的能動性、複雜性和創造性，對企業的影響也更為深遠。馬克思曾明確提到，當資本家在生產過程中作為勞動的管理者和指揮者出現時，這種勞動是增加產品價值的勞動。在現代生產中，管理勞動和其他生產勞動一樣，是生產過程的勞動要素，管理勞動與直接生產工人的勞動一起形成新的價值；更重要的是，管理者能夠把分散的勞動者組織起來從事集體勞動，顯然，管理勞動能比個體勞動創造出更多的價值，也更有效率。

三、價值創造與財富生產的關係

在市場經濟體制下，社會財富主要表現為商品，從而具有價值。當代發達國家已經形成以服務、知識產品為主導，由物質生產部門、服務生產部門和知識生產部門組成的現代產業，現代國民財富結構也已經是以服務產品、知識產品為主要成分。

然而，價值創造與財富創造既有聯繫又有區別，既不能把兩者絕對地對立起來，也不能簡單地等同起來。商品是使用價值與價值的統一體，二者缺一不可。使用價值是價值的物質承擔者，價值寓於使用價值之中；沒有使用價值，也就沒有價值。這種使用價

---

[1] 馬克思，恩格斯. 馬克思恩格斯全集：第26卷 I [M]. 北京：人民出版社，1974：147.

值與價值相統一的社會產品即是財富，包括物質財富和精神財富。由於價值的創造不是孤立地進行的，而總是與財富的創造過程結合在一起的，離開一定的財富創造過程，也就說不上價值創造，於是人們往往就不注意把價值創造與財富創造區別開來，甚至把兩者混為一談。實際上，價值創造與財富創造並不完全是一回事。

從質的方面來講，價值的創造只是同勞動有關，其實體是抽象勞動的凝結。而財富的創造則同包括勞動在內的各種生產要素有關，其實體是具有勞動能力的勞動者與其他生產要素相結合的產物。在財富的創造中，勞動、資本、土地、技術等都是不可或缺的。馬克思在自己的著作中也肯定了各種生產要素在創造財富過程中的同等重要性，他說：「勞動並不是它所生產的使用價值即物質財富的唯一源泉。正像威廉·配第所說，勞動是財富之父，土地是財富之母。」① 這裡的土地是指自然物，我們可擴展理解為除勞動以外的如資本、技術和管理等其他生產要素或其他必要的生產條件。而這句話的含義就是只有勞動與其他生產要素相結合才能創造出財富來。勞動是財富價值的唯一源泉，卻不是財富的唯一源泉。

再從量的方面來講，價值量的增加與財富量的增加並不都是對應的；只有當社會（部門）勞動生產率不變時，隨著勞動量的增加，價值量的增加和財富量的增加才是一致的。當社會（部門）勞動生產率提高時，情況就不一樣了。隨著勞動生產率的提高，一定時間內創造的財富量會成幾倍、幾十倍甚至上百倍地增加。在這個過程中價值總量不變，而單位產品（財富）中所包含的價值量反而會大幅地減少。這就是勞動生產率與使用價值量成正比，與單位產品價值量成反比的基本原理。為什麼會這樣呢？這就要進一步分析影響勞動生產率的具體因素。影響勞動生產率的因素有勞動者的熟練程度、科學技術的發展水準及其在生產中的應用程度、生產過程的社會結合（分工、協作、勞動組織、生產管理等）形式、生產資料的質量與效能、自然條件的優劣等。其中勞動者熟練程度、科學技術的發展水準及其在生產中的應用程度以及生產過程的社會結合形式都同科學技術有關，會創造更多的價值。而生產資料的質量與效能不論怎麼高，都只是把原有的價值轉移到新的產品中去而已，並不會創造新的價值。不過，高質量與高效能的生產資料與勞動結合卻能創造更多的財富，自然條件也同樣如此。這正是價值量增加與財富量增加並不對應的原因所在。

正確認識價值創造與財富生產的關係有著非常重要的理論和現實意義。我們知道，價值貢獻是價值分配的基礎。如果把價值貢獻與價值分配割裂開來，就意味著可以脫離勞動價值論去談論分配關係，這無疑將動搖勞動價值論在馬克思主義政治經濟學中的基礎地位，也無助於深化對社會主義社會勞動和勞動價值的認識。正因為與經濟利益的分配密切相關，關於勞動價值論的爭論才變得如此激烈。

可見，雖然價值是由勞動創造的，但在價值形成和社會財富的積聚過程中，知識、管

---

① 馬克思，恩格斯. 馬克思恩格斯全集：第23卷 [M]. 北京：人民出版社，1972：57.

理、科技以及資本等各種生產要素都發揮了重要作用。所以，在分割所創造出來的價值時，允許生產要素參與收入分配，將有助於生產要素的合理配置和節約使用，激發生產要素的所有者配置資源的積極性，讓一切創造社會財富的源泉充分湧流。因此，要把價值創造和財富生產有機結合起來，確立勞動、資本、技術和管理等生產要素參與分配的原則，完善社會主義市場經濟條件下以按勞分配為主體、多種分配方式並存的分配制度。

小　結

（1）商品是用來交換的勞動產品。商品二因素是指使用價值和價值。使用價值是商品的自然屬性，是交換價值的物質承擔者。交換價值首先表現為一種使用價值和另一種使用價值相交換的量的關係或比例。價值是商品的社會屬性。價值是交換價值的基礎，交換價值是價值的表現形式。商品二因素的矛盾只有通過交換才能解決。生產商品的勞動具有二重性：一方面是生產使用價值的具體勞動，另一方面是形成價值的抽象勞動。具體勞動和抽象勞動是生產商品的同一勞動的兩個方面。

（2）商品的價值量由生產該商品的社會必要勞動時間決定。生產不同商品的勞動複雜程度是不同的，在商品交換中，複雜勞動折合成倍加的簡單勞動。商品的價值量和生產該商品所耗費的勞動量成正比，和勞動生產率成反比。

（3）商品生產是在一定的歷史條件下產生的。社會分工決定了商品生產者的勞動具有社會性；生產資料私有制決定著商品生產者的勞動直接是私人的，具有私人性質。私人勞動和社會勞動的矛盾是簡單商品經濟的基本矛盾。

（4）作為價值表現形式的交換價值，經過簡單價值形式、擴大的價值形式、一般的價值形式，逐漸發展成為貨幣形式。貨幣本質上是固定地充當一般等價物的商品。貨幣最基本的職能是價值尺度和流通手段。在此基礎上，派生出了貯藏手段、支付手段、世界貨幣的職能。貨幣形式大致經歷了實物貨幣→金屬貨幣→信用貨幣→電子貨幣幾個階段。流通中的貨幣量取決於商品的價格水準和貨幣流通速度。

（5）價值規律是商品生產的基本規律。商品的價值量取決於生產該商品的社會必要勞動時間，商品必須按照價值量相等的原則進行等價交換。價格圍繞價值上下波動，是價值規律作用的表現形式。在私有制商品經濟中，價值規律的作用是：自發地調節社會勞動在各部門的分配比例；促進勞動生產率提高和社會生產力發展；促進商品生產者的兩極分化。

（6）在當代，我們需要根據社會主義和當代資本主義的新情況，拓展對創造價值的勞動種類的認識，拓展創造價值的領域，正確認識價值創造與財富生產的關係，從而深化和發展勞動價值理論。

複習思考題

1. 解釋下列名詞概念：

商品　　　使用價值　　　交換價值　　　價值　　　抽象勞動
具體勞動　　社會必要勞動時間　　簡單勞動　　複雜勞動
勞動生產率　　貨幣　　　價值尺度　　　流通手段　　支付手段

2. 怎樣理解商品的二因素？商品二因素和生產商品的勞動二重性的關係怎樣？
3. 商品的價值量是由什麼決定的？勞動生產率的變化對商品價值量有什麼影響？
4. 為什麼說私人勞動與社會勞動的矛盾是簡單商品經濟的基本矛盾？
5. 貨幣是怎樣產生的？它的本質和職能是什麼？
6. 什麼是價值規律？其作用的表現形式是什麼？它對以私有制為基礎的商品經濟的發展有哪些作用？

閱讀書目

1. 馬克思. 資本論：第 1 卷 [M]. 北京：人民出版社，1972：第 1 篇.
2. 劉詩白. 現代財富論 [M]. 北京：生活·讀書·新知三聯書店，2005.
3. 彭迪先. 彭迪先全集 [M]. 成都：西南財經大學出版社，2012.
4. 劉詩白. 論現代文化生產 [J]. 經濟學家，2005（1）.
5. （美）大衛·哈維. 跟大衛·哈維讀《資本論》[M]. 劉英，譯. 上海：上海譯文出版社，2014.

參考文獻

1. 馬克思. 資本論：第 1 卷 [M]. 北京：人民出版社，1975.
2. 劉詩白. 論服務勞動 [J]. 經濟學家，2001（6）.
3. 逄錦聚. 政治經濟學 [M]. 北京：高等教育出版社，2005.
4. 劉詩白. 政治經濟學 [M]. 4 版. 成都：西南財經大學出版社，2001.
5. 劉詩白. 現代財富論 [M]. 北京：生活·讀書·新知三聯書店，2005.
6. 劉詩白. 馬克思主義政治經濟學原理 [M]. 成都：西南財經大學出版社，2006.
7. 陸立軍，王祖強. 新政治經濟學 [M]. 杭州：浙江人民出版社，2002.

第二章　資本與剩餘價值

學習目的與要求：本章是在勞動價值論的基礎上，分析資本主義的生產過程。通過本章的學習，明確資本和剩餘價值的本質，認識剩餘價值的來源和生產方法，掌握馬克思的剩餘價值學說的基本原理，並能夠運用其基本原理去分析無產階級與資產階級根本對立的經濟根源。

第一節　貨幣轉化為資本

一、資本總公式及其矛盾

簡單商品經濟是資本主義商品經濟的歷史起點。商品交換內在矛盾的發展引起了貨幣的出現。貨幣是資本的最初表現形式。如果從歷史的角度看，在前資本主義社會就存在古老的資本形態——商人資本和高利貸資本。當然這些古老的資本形態和資本主義社會的資本是不同的，但是它們都是以貨幣資本形式出現的。在資本主義社會任何新出現的資本都是以貨幣形式出現在市場上的。資本家開辦工廠，總是先用一定數量的貨幣到市場上購買機器、原料和勞動力等。就是說，任何資本家都必須掌握一定數量的貨幣才能進行資本主義的生產經營活動。所以，資本最初總是表現為一定數量的貨幣。但是，貨幣本身並不是資本。作為商品流通媒介的貨幣與作為資本的貨幣是根本不同的，這種差別可以通過簡單商品流通和資本流通運動過程的分析明顯地表現出來。

簡單商品流通的公式是：商品—貨幣—商品（W—G—W）；資本流通的公式是：貨幣—商品—貨幣（G—W—G）。可見，上述兩種流通公式在形式上有明顯的區別：商品流通公式在交換中的順序是先賣後買，資本流通的順序是先買後賣。其實在這種形式區別的背後，還隱藏著更深刻的本質差別。從兩種流通公式的經濟內容看，商品流通表現為價值量相等的兩種不同商品相交換，是「為買而賣」，交換的目的是為了取得自己消費的使用價值，這就規定了商品流通的運動是極其有限的；相反，資本流通表現為資本家拿出貨幣購買商品，是為了下一步賣掉商品重新收回貨幣，是「為賣而買」，流通的目的是為了取得價值。但是，從資本流通公式來看，處於兩端的都是同一性質的貨幣。如果資本家墊支和收回的貨幣在數量上一樣，這就成為毫無意義的行為。因此，資本流通的結果不僅要保持原有的價值，還必須取得更多的價值，即價值發生增殖，這是資本流通的基本性質。這個性質規定了以價值增殖為特徵的資本運動是永無止境的。因此，

準確的資本流通公式應是：G—W—G′，其中 G′ = G + ΔG，即原來預付的貨幣額 G 加上一個增殖的貨幣額 ΔG。馬克思把這個增殖的貨幣額叫作剩餘價值。於是，貨幣在特殊的運動中發生了價值增殖，就變成了資本。資本就是能夠帶來剩餘價值的價值。所以，被當作商品流通媒介的貨幣，只是一般等價物，體現商品生產者之間的生產關係；而作為資本的貨幣能帶來剩餘價值，體現資本主義的生產關係。

G—W—G′這個公式乍看起來似乎僅僅是商業資本特有的運動形式，實際上它是資本運動的最一般的形式。因為這個公式表明了資本運動的最根本的特點：把一個價值額投入流通，為的是從流通中取出一個更大的價值額。這個公式的根本特點，適合於資本運動的各種具體形式。如產業資本的典型形式是 G—W…P…W′—G′，它雖然增加了一個生產過程，但絲毫不會改變資本運動的一般形式；生息資本運動的形式是 G—G′，它只不過把資本運動的一般形式簡化為一種沒有仲介的結果，表現為一種簡練的形式。資本運動的一般形式概括地表明了各種資本運動形式的實質都是為了攫取剩餘價值。所以，馬克思說：「G—W—G′事實上是直接在流通領域內表現出來的資本的總公式。」①

再進一步分析就會發現，上述資本總公式包含著一個自身的矛盾，即資本總公式與價值規律的客觀要求的矛盾。馬克思指出：「貨幣羽化為資本的流通形式，是和前面闡明的所有關於商品、價值、貨幣和流通本身的性質的規律相矛盾的。」② 按照價值規律的要求，流通中商品實行等價交換，交換的結果不會發生價值增殖。然而資本總公式表明，資本流通的結果實際發生了貨幣增殖，產生了剩餘價值。

那麼，剩餘價值是從哪裡產生的呢？資本總公式的矛盾將怎樣解決呢？

有些資產階級經濟學家面對上述問題，曾經提出過剩餘價值在流通中產生的說法，這顯然是錯誤的。因為在流通中無論是等價交換還是不等價交換都不能產生剩餘價值。在等價交換的情況下，所有商品都按照價值實行等價交換，剩餘價值根本無從產生。在不等價交換的情況下，如果資本家都賤買貴賣，互相詐欺，其結果是他作為賣者在商品提價時賺的錢又會在作為買者時多支付出去。這樣互相抵消，剩餘價值的普遍存在也無從說明。即使有的資本家善於經營，只是賤買貴賣，那也只能改變商品總價值在不同資本家集團之間的分配，絲毫不能增加整個資本家階級所佔有的貨幣財富。而剩餘價值正好表現為原價值的一個增殖額，是新產生的社會財富。可見，在流通領域裡，無論是等價交換，還是不等價交換，始終不能找到剩餘價值產生的根源。「可見，無論怎樣顛來倒去，結果都是一樣。如果是等價物交換，不產生剩餘價值；如果是非等價物交換，也不產生剩餘價值。流通或商品交換不創造價值。」③

那麼，剩餘價值的產生是否可以完全離開流通領域呢？也不行。因為流通是商品所有者相互關係的總和，倘若離開流通，商品所有者不同其他商品所有者接觸，就只能同

---

① 馬克思，恩格斯. 馬克思恩格斯全集：第 23 卷 [M]. 北京：人民出版社，1972：177.
② 馬克思，恩格斯. 馬克思恩格斯全集：第 23 卷 [M]. 北京：人民出版社，1972：177.
③ 馬克思，恩格斯. 馬克思恩格斯全集：第 23 卷 [M]. 北京：人民出版社，1972：186.

他自己的商品發生關係。也就是說，資本家如果不把貨幣投入流通領域，既不買也不賣，而是把貨幣貯藏起來，那麼無論貯藏多少年，也絕不會產生出剩餘價值。

因此，剩餘價值的產生，貨幣轉化為資本，既不在流通領域，但又不能離開流通領域，這就是解決資本總公式矛盾的先決條件。

二、勞動力轉化為商品

在流通過程中，貨幣作為流通手段或支付手段，只代表一個既定的和不變的價值量。所以貨幣的價值增殖不可能發生在貨幣本身，同樣也不可能發生在商品出賣這個環節上，它只能發生在資本家所購買的商品上。而根據價值規律，商品交換是等價交換，所購買商品的價值並不會自動增殖，增殖只能發生在商品的使用上。資本總公式的矛盾要在價值規律的客觀要求內得到解決，資本家就必須用貨幣在市場上購買到一種特殊商品，而這種商品的特殊就在於對它的使用能夠創造出比它的自身價值更大的價值。這種特殊商品就是勞動力。勞動力成為商品是貨幣轉化為資本的根本條件。

勞動力是指人的勞動能力，是存在於勞動者身體之內並在勞動過程中運用的體力和腦力的總和。在任何社會裡，人的這種勞動能力都是存在的，都是社會生產不可缺少的基本要素。但勞動力並不是一開始就是商品。勞動力成為商品，必須具備兩個條件：①勞動力的所有者有著完全的人身自由。這樣他才能夠像任何商品所有者那樣，自由地出賣勞動力商品，並且在買賣中僅僅讓渡這種商品的使用權，而保留著它的所有權，否則就是賣身為奴了。②勞動力所有者除了勞動力商品以外，一無所有，既沒有生產資料，也沒有現存的生活資料，只有靠出賣自己的勞動力為生。

人類社會的歷史證明，勞動力成為商品的兩個基本條件，是在封建社會的末期，小商品生產者日益兩極分化，部分生產者最終淪落為無產者的歷史過程中形成的。勞動力商品是一個歷史的範疇。

勞動力作為商品，同一切其他商品一樣，也有價值和使用價值。不過勞動力商品的價值和使用價值與其他商品的價值和使用價值比較，有其特殊性。

勞動力商品的價值也是由生產和再生產這種商品的社會必要勞動時間決定的。但是，勞動力是依存於人體之內的，要生產勞動力商品，就必須以勞動者的生存為前提；而勞動者的生存，又必須要有一定的生活資料來保證。因此，生產和再生產勞動力商品的社會必要勞動時間，可以還原為生產和再生產勞動者所必需的生活資料所需要的社會必要勞動時間。具體地講，勞動力的價值應包括：維持勞動者自身生存所需要的生活資料的價值；勞動者撫養後代所必需的生活資料的價值，這是為資本主義生產不斷補充新的勞動力所不可缺少的；勞動者掌握一定的生產技術所花費的教育和訓練的費用。

此外，勞動力的價值還應包含歷史的和道德的因素。所謂歷史的和道德的因素，是指勞動者所在國家的社會經濟文化水準、歷史傳統習慣以及自然條件等。在不同的國家，由於自然條件和歷史條件的差異，納入勞動者的物質生活和精神生活平均必需的生

活資料的數量、質量和範圍是不同的。即使在同一資本主義國家，在不同的經濟發展時期，勞動者的物質、文化生活水準也是不同的。所以，勞動力的價值受到經濟文化發展水準的制約，總是表現為一個變量。但是，這種變化是從一個較長的歷史時期來看的，在一個國家的一定時期，勞動者必需的生活資料的數量和範圍還是相對穩定的。

勞動力商品的使用價值具有其他商品根本沒有的特殊性質。一般商品在被消費或被使用時，隨著它的使用價值的消費，它的價值也隨之喪失或轉移到新產品中去，不發生價值增殖。而勞動力這種商品則不同，勞動力的使用或消費就是工人的勞動過程。勞動力在使用過程中，不僅能夠創造自身價值，還能夠創造出比自身價值更大的價值，其超出原有價值的那部分就是剩餘價值。勞動力這種特殊的使用價值對於貨幣轉化為資本具有決定性的意義，資本家購買勞動力商品，看中的也正是這種商品的特殊使用價值。

從表面上看，勞動力的買賣取決於買賣雙方各自的自由意志。在這裡，資本家是貨幣所有者，工人是勞動力所有者。一方願買，一方願賣，買賣雙方作為自由的、法律上平等的人締結契約，作為獨立的商品所有者發生關係，實行等價交換。但實質上，一離開喧鬧的勞動力市場，雇傭工人一進入生產領域，勞動力的使用價值歸資本家所有，工人就只能在資本家的監督下，按照資本家的意志被迫為資本家生產剩餘價值。資本主義生產的實質、資本主義剝削的秘密都包藏在這個生產過程之中。馬克思十分形象地揭露說：一離開流通領域，「原來的貨幣所有者成了資本家，昂首前行；勞動力所有者成了他的工人，尾隨於後。一個笑容滿面，雄心勃勃；一個戰戰兢兢，畏縮不前，像在市場上出賣了自己的皮一樣，只有一個前途——讓人家來鞣。」[①]

[閱讀專欄]

社會主義勞動力商品問題

中國經濟改革以來，對社會主義社會的勞動力商品問題存在著不同觀點。1993年11月中國共產黨十四屆三中全會通過的《中共中央關於建立社會主義市場經濟體制若干問題的決定》打破了改革開放以後黨和國家重要文獻只講「勞務市場」的一貫提法，第一次公開使用「勞動力市場」的概念，並強調勞動力市場是培育市場體系的重點之一，由此基本上形成了社會主義勞動力具有商品屬性的觀點。承認勞動力的商品性，採取商品形式，與勞動人民的主人翁地位並不矛盾。在一定意義上，勞動力採取商品形式正是為了更好地實現勞動人民的主人翁地位。首先，勞動力採取商品形式，只是改變了勞動力的配置方式，即由原來的計劃配置轉變為市場配置。這種配置方式改變的目的在於扭轉計劃模式帶來的平均主義低效率，進而實現人盡其才的勞動力有效配置機制。其次，勞動人民主人翁地位的實現主要取決於兩個方面：一方面是全民所有或集體所有財產是否實現了保值增殖。如果國有資產

[①] 馬克思，恩格斯. 馬克思恩格斯全集：第23卷 [M]. 北京：人民出版社，1972：200.

能夠保值增殖，並且在國民經濟運行中發揮主導作用，作為國有資產的所有者，勞動人民的主人翁地位自然可以實現。另一方面是作為全民代表的國家能否有效地發揮職能。國家有效地代表全民的根本利益，在分配領域實現全民的根本利益，這是勞動人民主人翁地位得到體現的關鍵。因此，勞動力採取商品形式與勞動人民主人翁地位的體現並不矛盾。

（以上資料摘編自：張彤玉，等.《資本論》導讀［M］. 天津：南開大學出版社，2003.）

第二節　剩餘價值的生產過程

一、勞動過程和價值增殖過程

資本家在流通領域購買到勞動力和生產資料之後，便進入生產領域，開始了資本主義的生產過程。

資本主義生產過程首先表現為生產各種物質資料的勞動過程。在一切社會形態中，勞動過程就是指勞動者有目的地使用勞動資料，改變勞動對象，創造使用價值的過程。因此，勞動過程是人類生存的永恆的自然條件，它反應了人和自然的關係。但是，資本主義勞動過程，作為資本家消費勞動力的過程來看，具有兩個明顯的特點：①勞動隸屬於資本。雇傭工人在資本家的支配和監督下勞動，生產什麼、怎樣生產，完全服從資本家的意志。②雇傭工人創造的勞動產品歸資本家所有，而不歸勞動者所有，這就決定了資本主義制度下勞動的強制性。這種勞動的強制性對勞動者來說是一種奴役或壓迫，對資本家來說，則是財富增加或資本價值增殖的源泉。

資本主義生產過程不只是生產物質產品、創造使用價值的勞動過程，因為生產使用價值不是資本主義生產的根本目的。資本家之所以要生產使用價值，不過是因為使用價值是價值的物質承擔者。資本家的生產目的是要生產一個比他墊支的資本價值更大的價值，即剩餘價值。所以，資本主義生產過程表現為勞動過程和價值增殖過程的統一。

現在，我們來分析價值增殖過程，以揭示剩餘價值的起源。價值增殖是在價值形成的基礎上實現的，因此，首先要把資本主義商品生產作為單純的價值形成過程來考察。

舉例說明：某紡紗廠的資本家購置生產資料和招雇工人來生產棉紗。假定平均預付資本的情況為：每天支付一個勞動力的價值是 3 元，相當於一個工人 6 小時的勞動量。一個工人勞動 6 小時，可紡紗 5 千克，消耗棉花 5 千克，消耗棉花價值 10 元。再假定紗錠等勞動資料的消耗價值 2 元。資本家共計預付資本價值 15 元。

在生產過程中，紡紗工人的勞動既是具體勞動，又是抽象勞動。作為具體勞動，工人勞動 6 小時將 5 千克棉花紡成了 5 千克棉紗（飛花不計），棉花和紗錠的價值隨之轉移到新產品棉紗上。紡紗工人的具體勞動既創造了新的使用價值，又轉移了生產資料的舊價值，這些共計 12 元。作為抽象勞動，工人勞動 6 小時，創造 3 元的新價值，僅為補

償資本家支付的勞動力的價值。結果，5千克棉紗的價值包括轉移的生產資料舊價值12元和工人新創造的價值3元，總共為15元。資本家按這樣的價值把商品出售之後，所獲得的與他原來墊支的資本價值一樣多，這對他來說是毫無意義的。他必須使價值形成過程轉化為價值增殖過程。

現在，我們著重來考察價值增殖過程。

價值增殖過程就是剩餘價值的生產過程。為了實現價值增殖過程，資本家絕不會讓工人只勞動6小時，他很清楚他購買的是工人一天的勞動力，在這一天之內他要充分行使他對勞動力的使用權。假定他要工人一天勞動12小時，生產10千克棉紗，那麼，就必須預付資本27元，其中24元購買生產資料、3元支付勞動力價值。然後，經過工人勞動生產出的10千克棉紗，其價值就等於24元生產資料的價值，加上工人12小時勞動所創造的6元新價值，共計30元。這30元減去資本家預付的資本27元，還餘下3元。這3元就是剩餘價值。所以，剩餘價值就是由雇傭工人的勞動創造的而被資本家無償佔有的超過勞動力價值的價值。

把價值形成過程和價值增殖過程進行比較，可以看出：「價值增殖過程不外是超過一定點而延長了的價值形成過程。」① 如果價值形成過程只達到這一點，即新生產的價值只等於勞動力的價值，那就只是單純的價值形成過程。如果價值形成過程超過了這一點，那就成為價值增殖過程。「作為勞動過程和價值形成過程的統一，生產過程是商品生產過程；作為勞動過程和價值增殖過程的統一，生產過程是資本主義生產過程，是商品生產的資本主義形式。」②

以上分析表明，在資本主義制度下，工人的勞動時間總是要超過為補償勞動力價值所需要的時間，工人勞動力的價值與勞動力所創造的價值是兩個完全不同的量。只要資本家把雇傭工人的勞動時間延長到補償勞動力價值所需要的時間之上，工人在生產過程中所創造的價值就會超過勞動力價值，資本家就能夠從雇傭工人身上榨取到剩餘價值。整個資本主義剝削的秘密、剩餘價值產生的根源就在這裡。由此可見，剩餘價值就是雇傭工人所創造的被資本家無償佔有的超過勞動力價值的價值。剩餘價值是在生產領域中創造的，不是在流通中產生的，但又不能離開流通，因為只有在流通中才能購買到生產資料和勞動力，為剩餘價值的生產準備好前提條件。這樣，剩餘價值的來源、資本總公式的矛盾也就得到了科學的解決。

二、資本的本質、不變資本和可變資本

前面的分析已經說明，資本最初的形態是貨幣。在日常的經濟活動中，資本還表現為各種實物形態，如廠房、機器設備、原材料等。其實這些生產資料本身並不是資本，

---

① 馬克思，恩格斯. 馬克思恩格斯全集：第23卷 [M]. 北京：人民出版社，1972：221.
② 馬克思，恩格斯. 馬克思恩格斯全集：第23卷 [M]. 北京：人民出版社，1972：223.

只有在一定的社會經濟條件下，即在雇傭工人被迫出賣勞動力，而生產資料又被用來作為剝削他們的手段時，它們才成為資本。作為流通手段的貨幣，也只有在被資本家佔有並用作剝削工人的手段時它才成為資本。正如馬克思所說：「黑人就是黑人。只有在一定的關係下，他才成為奴隸。紡紗機是紡棉花的機器。只有在一定的關係下，它才成為資本。」[1] 所以，從本質上講，資本是靠剝削工人而帶來剩餘價值的價值，它體現著資本家和雇傭工人之間剝削與被剝削的關係。正如馬克思指出的：「資本不是物，而是一定的、社會的、屬於一定歷史社會形態的生產關係。」[2] 資本作為資本主義生產關係的特定產物，是一個歷史的範疇。

在資本主義生產過程中，資本家的預付資本必須分成兩個部分：一部分是購買生產資料的資本，一部分是購買勞動力的資本。由於這兩部分資本在剩餘價值生產過程中起著不同的作用，具有各自特殊的性質，反應在資本形式上便形成了不變資本和可變資本。

購買生產資料的這部分資本，以機器、廠房、設備、原材料等具體形態存在於生產過程中。這部分資本的價值在價值增殖過程中只是借助於工人的具體勞動，在消費自己的使用價值的同時，把自己原有的價值轉移到新產品中去。而轉移的價值量不會增殖，只是變換了它的物質形態。因此，馬克思把這部分資本稱作不變資本（以字母 C 代表）。雖然不變資本在生產過程中沒有發生價值增殖，但它是工人活勞動的「吸收器」，是剩餘價值生產所必不可少的物質條件，因而是資本。

購買勞動力的這一部分資本，情況則完全不同了。它的價值不是通過轉移來保存，而是由工人的勞動再生產出來。一方面，工人以具體勞動形式消耗了生產資料，創造出新產品的物質形態，同時也就把生產資料的價值轉移到產品中去了。另一方面，工人的勞動又是抽象勞動，創造新價值。這個新價值不僅包括補償勞動力的價值，而且包括剩餘價值。可見，購買勞動力的這部分資本在生產過程中改變了它的價值量，發生了價值增殖。馬克思把這一部分資本稱作可變資本（以字母 V 代表）。

馬克思根據預付資本的不同部分在價值增殖中的不同作用，把資本劃分為不變資本和可變資本，這對於深刻揭露資本主義剝削的實質具有重大意義：首先，它進一步揭示了剩餘價值的真正來源，表明剩餘價值不是全部資本的產物，而只是由其中的可變資本帶來的。其次，由於這一劃分，我們將看到剩餘價值和可變資本的比率，即剩餘價值率，它可以準確地表明資本家對雇傭工人的剝削程度。最後，馬克思正是以不變資本和可變資本的區分為基礎，提出了資本有機構成理論，並在此基礎上，揭示了資本主義累積的一般規律，創立了再生產理論和剩餘價值分配理論。這些對於研究資本主義生產總過程及其歷史趨勢奠定了理論基礎。恩格斯對此做了高度評價。他說：「這個區別提供

---

[1] 馬克思. 雇傭勞動與資本 [M] //馬克思, 恩格斯. 馬克思恩格斯選集：第 1 卷. 北京：人民出版社，1972：362.

[2] 馬克思, 恩格斯. 馬克思恩格斯全集：第 25 卷 [M]. 北京：人民出版社，1974：920.

了一把解決經濟學上最複雜的問題的鑰匙。」①

三、資本的一般性和特殊性

馬克思在《資本論》中,是把資本作為資本主義特有的經濟範疇來研究的,因而揭示了資本的本質是資本對雇傭勞動的剝削。但馬克思在研究資本主義生產方式的同時,也考察了「資本一般」的問題。他說:「資本一般,這是每一種作為資本所共有的規定,或者說是任何一定量的價值成為資本的那種規定。」② 所謂「資本一般」,就是資本的一般性,即資本在不同的社會經濟條件下所具有的普遍的共同的屬性。中國共產黨的十五大報告正式提出了「公有資本」的概念,這是黨的文獻第一次正式使用這個概念。它突破了過去認為社會主義不存在資本範疇的理論局限,對資本這一概念作了寬泛化的理解。這種認識是以市場經濟條件下資本具有一般屬性為基礎的。在市場經濟條件下,資本可以轉化成各種生產要素。在由市場配置生產要素的條件下,從資本的價值運動形式看,資本具有的一般共同屬性有以下幾點:

第一,墊支性。企業要進行生產經營活動,必須要有一定量的資本。資本累積到一定規模才能用於生產投資,在運動中要保持原有價值並如數流回企業。

第二,運動性。資本是一種運動著的價值,在運動中保存自己並增殖。

第三,增殖性。增殖是資本的基本職能,私有資本要增殖,公有資本也要增殖。只有資本增殖,才能增加社會財富,累積資本,從而實現擴大再生產和改善人民生活。

增殖性是資本最重要的也是最一般的屬性,資本就是能夠帶來價值增殖的價值。

在一般共同屬性之外,資本又具有特殊性。資本與不同的社會經濟制度結合在一起,表現出不同的社會屬性,這體現了資本的特殊性質。在資本主義社會,資本是與生產資料私人所有結合在一起的,其性質就是能為資本家帶來剩餘價值的價值,體現了資本對雇傭工人的剝削關係。私人資本及其帶來的剩餘價值屬於資本家所有。在社會主義公有制條件下,與生產資料公有制結合起來的資本,是由國家或集體所有,表現為國家資本和集體資本,是由公有企業占用的、能帶來增殖的價值。資本增量中的一部分會通過再分配的途徑集中在國家手中,以滿足人民對公共產品和社會福利的需求;其餘部分會轉化為企業累積和消費基金,構成擴大再生產和提高勞動者收入水準的源泉。因此,它反應著國家、企業與勞動者之間的利益關係,體現了社會主義的生產關係。

[閱讀專欄]

不同所有制決定社會資本的社會性質

由於不同社會形態的所有制基礎不相同,就是某一種社會形態的所有制往往也

---

① 馬克思,恩格斯. 馬克思恩格斯全集:第24卷[M]. 北京:人民出版社,1972:22.
② 馬克思,恩格斯. 馬克思恩格斯全集:第46卷上冊[M]. 北京:人民出版社,1979:444.

不是單一的，而是多元的，但必然有一種由占主體地位的所有制決定的社會性質的資本在社會中占主體地位，代表著該社會資本的社會性質。比如：資本主義社會占主體地位的資本家私人所有的資本，可以稱之為資本主義資本，社會主義社會占主體地位的資本是公有制的資本。值得指出的是，社會主義資本與社會主義社會中存在的資本是兩個不同的概念。在社會主義社會中，除了社會主義公有制資本外，還存在大量非公有制資本，不能把這些非公有制資本歸列為「社會主義資本」。存不存在剝削關係是公有資本與非公有資本的本質區別。混淆及抹殺不同性質的資本，不利於更好地發揮各不同性質的資本的作用。儘管社會主義條件下的私人資本與資本主義社會的私人資本會有不同特點，但它們體現的剝削關係的本質是相同的。

[以上資料摘編自：周淑芳. 社會主義市場經濟與資本範疇 [J]. 前沿, 2004 (4).]

四、剩餘價值規律

馬克思在分析資本主義生產的實質及其規律時指出：「生產剩餘價值或賺錢，是這個生產方式的絕對規律。」① 在這個規律的支配下，賺錢發財、追求剩餘價值是資本家內在的衝動。它決定了資本主義生產發展的一切主要方面和一切主要過程，決定了資本主義生產的目的和達到目的的手段，決定了資本主義生產的實質。資本主義生產的實質就是剩餘價值的生產，資本主義生產的根本目的就是要採用種種剝削手段生產和實現盡可能多的剩餘價值。剩餘價值範疇反應了資本家剝削雇傭工人的經濟關係，剩餘價值規律是資本主義生產方式的絕對規律。

首先，資本主義生產的動機和目的，自始至終都是為了資本增殖。剩餘價值生產像一條主線自始至終地貫穿資本主義生產過程。資本離開剩餘價值就沒有生命，盡可能多地榨取雇傭工人創造的剩餘價值是資本的本性。馬克思在《資本論》中引用托·約·登寧的話說：「資本害怕沒有利潤或利潤太少，就像自然界害怕真空一樣。一旦有適當的利潤，資本就膽大起來。如果有10%的利潤，它就保證到處被使用；有20%的利潤，它就活躍起來；有50%的利潤，它就鋌而走險；為了100%的利潤，它就敢踐踏一切人間法律；有300%的利潤，它就敢犯任何罪行，甚至冒絞首的危險。如果動亂和紛爭能帶來利潤，它就會鼓勵動亂和紛爭。」②

其次，剩餘價值規律還決定了資本主義生產的手段。資本主義生產為了盡可能多地獲取剩餘價值，什麼手段都可運用。比如為了追求超額剩餘價值，資本家競相改進技術、使用新機器，以提高勞動生產率。出於同樣的目的，資本家也可以停止使用或限制、廢棄新技術、新發明，轉而使用手工勞動。他們甚至不惜重金收買重要發明、技術專利貯藏起來，不讓其用於生產。這些行為完全受剩餘價值規律支配。

再次，生產剩餘價值不僅支配資本主義一切生產部門和非生產部門，同時也支配整

---

① 馬克思，恩格斯. 馬克思恩格斯全集：第23卷 [M]. 北京：人民出版社，1972：679.
② 馬克思，恩格斯. 馬克思恩格斯全集：第23卷 [M]. 北京：人民出版社，1972：829.

個資本主義社會生活。在資本主義制度下,「資產階級撕下了罩在家庭關係上的溫情脈脈的面紗,把這種關係變成了純粹的金錢關係。」①

總之,在資本主義條件下,對剩餘價值的追逐決定了資本主義生產、流通、分配和消費的一切主要方面,社會生產和再生產的主要過程都服從資本家攫取剩餘價值的需要,受剩餘價值規律的支配。剩餘價值的生產還支配著資本主義生產方式發展的歷史趨勢。以機器大工業的方式進行的剩餘價值生產不同於以小規模手工勞動方式進行的小商品生產。這主要表現在為追逐剩餘價值而形成和發展起來的資本主義工業化,創造了比過去一切歷史時代都大得多的生產力,從而在高度發達的物質技術基礎上確立了資本的全面統治。社會生產力的發展,擴大了剩餘價值的生產;剩餘價值生產的擴大,又推動著資本累積的增長;不斷成長起來的生產力與資本主義生產關係發生了日益尖銳的衝突。這種矛盾的發展和深化,必然以劇烈的經濟衝突形式——經濟危機表現出來。因此,資本主義生產的發展過程、高漲和危機、賺錢和虧本以及內在矛盾發展的全過程都是由剩餘價值規律決定的。剩餘價值理論是馬克思主義經濟理論的基石,由於有了這一發現,才完成了政治經濟學的革命,建立了科學的馬克思主義政治經濟學。剩餘價值學說是理解全部資本主義經濟關係的一把鑰匙,並且為無產階級指明了爭取徹底解放的道路。

五、剩餘價值的特殊性和一般性

馬克思曾指出:「把價值看作只是勞動時間的凝結,只是物化的勞動,這對於認識價值本身具有決定性的意義,同樣,把剩餘價值看作只是剩餘勞動時間的凝結,只是物化的剩餘勞動,這對於認識剩餘價值也具有決定性的意義。」② 馬克思還強調:「資本並沒有發明剩餘勞動。」③ 剩餘勞動是社會生產力發展的結果,為一切社會所共有。隨著社會生產力的發展,在商品生產占統治地位的社會裡,生產的商品化決定了剩餘勞動所生產的剩餘產品在價值形式上就成為剩餘價值,並表現為由投入生產經營的資本帶來的剩餘價值。

馬克思主義政治經濟學著重論述了資本主義制度下資本家追求剩餘價值的特殊社會性質。在資本主義社會,剩餘價值體現了資本家無償佔有工人的剩餘勞動即資本剝削雇傭勞動的關係。剩餘價值是資本主義生產的根本目的,最終在於維護資產階級利益和資本主義制度。但不能因剩餘價值的特殊性就否認其一般性。一般性和特殊性是統一的。正如剩餘勞動並不為哪種所有制或社會基本制度所獨有,剩餘勞動所生產的剩餘產品採取價值形式,即剩餘價值,同樣也不是資本主義制度所獨有的。

在中國社會主義初級階段,由於多種所有制經濟並存,不論是國有或民營經濟,在

---

① 馬克思,恩格斯. 馬克思恩格斯選集:第1卷 [M]. 北京:人民出版社,1972:254.
② 馬克思,恩格斯. 馬克思恩格斯全集:第23卷 [M]. 北京:人民出版社,1972:243-244.
③ 馬克思,恩格斯. 馬克思恩格斯全集:第23卷 [M]. 北京:人民出版社,1972:263.

市場經濟中都必然追求利潤的最大化。而利潤是剩餘價值的轉化形式，在社會主義市場經濟中就不能否認剩餘價值的存在，即不能否認剩餘價值的一般性。只是由於在不同的所有制條件下，因為剩餘價值歸屬主體和最終用途不同，而具有不同的社會性質，剩餘價值與不同的所有制相結合會表現不同的生產關係。

第三節　剩餘價值生產的方法

一、剩餘價值率

前面的分析已經說明，剩餘價值不是全部資本帶來的，而是由可變資本創造的，因而在確定資本家對工人的剝削程度時，就必須排除掉不變資本，而用剩餘價值與可變資本相比。馬克思把剩餘價值與可變資本的比率稱為剩餘價值率，用 m' 表示。其公式為：

$$剩餘價值率（m'）= \frac{剩餘價值（m）}{可變資本（v）}$$

如前面紡紗廠的例子。資本家若雇傭工人 100 人進行生產，就要預付總資本 2,700 元，其中不變資本 2,400 元，可變資本 300 元，帶來剩餘價值 300 元。那麼，$m' = \frac{300}{300} = 100\%$。因此，剩餘價值率越高，工人被剝削的程度也越高。

進一步分析還能發現，與剩餘價值的生產相聯繫，工人的全部勞動時間即工作日可以劃分為兩個部分：一部分是必要勞動時間，是指工人在勞動過程中用於再生產勞動力的價值的那部分時間。而在這段時間內所耗費的勞動，叫作必要勞動。另一部分是剩餘勞動時間，即工人在工作日中超過必要勞動時間以外的那部分勞動時間。在這段時間之內，工人雖然也消耗了勞動，但並不是為自己勞動，而是為資本家生產剩餘價值，因此，這段時間叫作剩餘勞動時間。在這段時間內支出的勞動，就是剩餘勞動。

按照勞動價值論，價值是勞動時間的凝結，是物化的勞動；同樣，剩餘價值是剩餘勞動時間的凝結，是物化的剩餘勞動。而可變資本的價值是由工作日中的必要勞動創造的，所以，剩餘價值率也可用以下公式來表示：

$$剩餘價值率（m'）= \frac{剩餘勞動時間}{必要勞動時間} = \frac{剩餘勞動}{必要勞動}$$

上述公式都是以活勞動的形式表示的剝削程度，即在一個工作日內，工人消耗的多少勞動為再生產勞動力的價值，消耗的多少勞動為資本家生產的剩餘價值。

世界資本主義經濟發展的歷史過程表明，剩餘價值率的變動在總體上呈上升趨勢。以美國為例，整個工業部門的剩餘價值率，1929 年是 158%，1949 年是 227%，1958 年是 267%。資本家對雇傭工人的剝削在加深。資本家對剩餘價值的貪求是永無止境的。

在實物形態上表現資本家對工人的剝削程度的是剩餘產品同代表必要勞動的那部分

產品的比率。代表剩餘價值的那部分產品叫作剩餘產品。既然剩餘價值率是剩餘價值同可變資本的比率,那麼決定剩餘產品水準的,就是剩餘產品同代表必要勞動的那部分產品的比率。對於以生產剩餘價值為目的的資本主義生產來說,其著眼點當然不是產品,而是剩餘產品。

在資本主義剝削活動中,資本家提高剝削程度、榨取剩餘價值的方法是多種多樣的,但基本的方法有兩種:絕對剩餘價值生產和相對剩餘價值生產。

二、絕對剩餘價值的生產

在資本主義生產過程中,工人的工作日必然包括必要勞動時間和剩餘勞動時間兩個部分。在必要勞動時間已定的前提下,資本家榨取剩餘價值的多少是隨著工作日的延長而增加的。因此,工作日越長,剩餘勞動時間也越長,生產的剩餘價值量越多,剩餘價值率也越高。如前例,資本家為了榨取更多的剩餘價值,可以把紡紗工人的工作日再延長 3 小時,即每個工人一天勞動 15 小時。在必要勞動時間 6 小時不變的條件下,剩餘勞動時間就由 6 小時增加到 9 小時,剩餘價值率也由 100% 提高到 150%。如圖 2-1 所示:

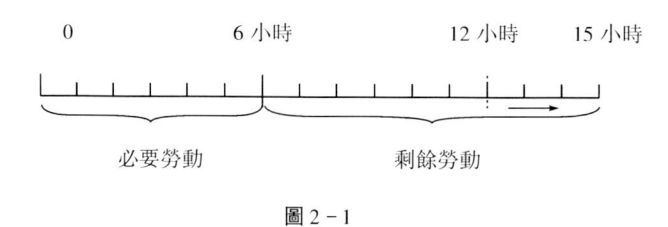

```
0           6 小時              12 小時    15 小時
|-----------|-------------------|---------|
    必要勞動              剩餘勞動
```

圖 2-1

由此可見,這種在必要勞動時間不變的條件下,依靠工作日絕對延長而生產的剩餘價值,就叫作絕對剩餘價值,而生產這種剩餘價值的方法就是絕對剩餘價值生產的方法。

工作日的總長度雖然有彈性,但是它的變化也不是無邊無際的,客觀上存在一定的限度。工人在一天 24 小時之內,除了勞動占用的時間之外,還必須有一部分時間用於吃飯、休息等,以滿足身體本身的生理需要,否則勞動力的恢復和再生產將不可能,這是工作日長度的生理界限。另外,工人在一天之內,還必須有一定時間參加社會活動、閱讀書報、娛樂、教育和撫養子女,以滿足精神和社會生活的需要。但是,這種需要的數量和範圍要取決於一國的經濟文化發展水準,這是工作日長度的社會和道德界限。

資本家為了榨取更多的剩餘價值,總是不惜動用任何經濟的或政治的手段竭力突破工作日的社會、道德界限甚至生理界限,壓縮工人休息、吃飯的時間,嚴重地損害工人的身心健康,瘋狂地壓榨剩餘價值。這種依靠延長工作日生產絕對剩餘價值的方法,在資本主義工業化初期,由於勞動生產率的低下和資本累積的有限,曾被廣泛地採用過。例如:19 世紀上半期,在英、法服裝業裡,女工的勞動場所很小,幾十個人擠在一起,經常連續工作 15~16 小時;在舊中國的資本主義企業中,工人的工作時間一般也是 12

小時，多的長達18小時以上。工人起早貪黑，累斷了筋骨，用自己的血汗填滿了資本家的腰包。這種露骨、殘暴的剝削手段必然激起工人階級的強烈反抗。工人階級要求縮短工作日的鬥爭，從19世紀開始，最早爆發於英國，之後遍及資本主義各國。其中最為著名的是1886年5月1日美國芝加哥等地40萬工人為爭取8小時工作制舉行的大罷工。它把縮短工作日的鬥爭推進到一個新階段。而這一天就成了國際勞動者的盛大節日——五一國際勞動節。

總之，在資本主義現實的經濟衝突中，工作日的長度既取決於無產階級與資產階級相互鬥爭的力量變化，也取決於社會的進步和發展。

三、相對剩餘價值的生產

既然工作日的長度存在著客觀界限，資本家想盡量延長工作日又要遭到工人們的強烈反抗，那麼資本家想攫取高額的剩餘價值，就只有採取另外的剝削方法，那就是在工作日長度不變的條件下，改變必要勞動時間和剩餘勞動時間的比例，即在勞動生產率提高的基礎上，縮短必要勞動時間，相應地延長剩餘勞動時間。如前例，在12小時工作日不變時，必要勞動時間是6小時，剩餘勞動時間仍是6小時，剩餘價值率為100%。如果把必要勞動時間縮短為4小時，剩餘勞動時間則相應地延長為8小時，結果剩餘價值率就會提高到200%。如圖2-2所示：

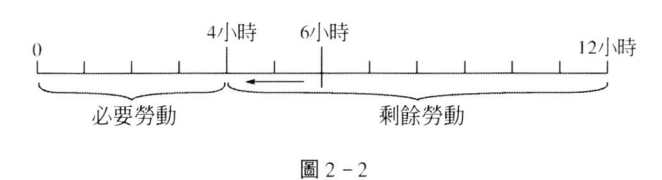

```
0           4小時    6小時              12小時
|────────────|───────|────────────────|
              ←
   必要勞動              剩餘勞動
```

圖2-2

這種在工作日長度不變的條件下，由於必要勞動時間縮短而剩餘勞動時間相應延長所生產的剩餘價值叫作相對剩餘價值，而生產這種剩餘價值的方法就是相對剩餘價值生產的方法。

如何縮短必要勞動時間呢？

必要勞動時間是再生產工人勞動力價值所必需的時間。要縮短必要勞動時間，就需要降低勞動力價值。而勞動力價值是由工人及其家庭所必需的生活資料價值所構成的，因而就需要降低這些生活資料的價值，這就必須提高整個社會生活資料生產部門和與之相關的生產資料生產部門的勞動生產率。只有這些部門的勞動生產率提高了，生活資料價值才會普遍降低，勞動力價值才可能下降，必要勞動時間才能夠縮短，剩餘勞動時間才能夠相應延長。

必要勞動時間的縮短，是整個社會勞動生產率提高的結果，而全社會勞動生產率的提高，是眾多的個別資本家為追逐超額剩餘價值而不斷提高勞動生產率的綜合反應。相對剩餘價值的生產是由各個資本家追求超額剩餘價值而實現的。

超額剩餘價值是指個別資本主義企業生產的商品的個別價值低於社會價值，而仍按社會價值出售其商品所獲得的剩餘價值。仍以紡紗廠為例，一般技術水準的紗廠，每個工人在12小時內生產10千克棉紗，總價值是30元，每千克棉紗的價值是3元，這是棉紗的社會價值。有個別紗廠率先改進生產技術，使勞動生產率提高了一倍，該廠工人在12小時內生產20千克棉紗，總價值是54元，每斤棉紗價值1.35元，這是棉紗的個別價值。每千克棉紗仍按3元的社會價值出售，20千克棉紗售價60元。每個工人每天便為該廠的資本家提供了6元（60－54）的超額剩餘價值。這就是說，個別資本主義企業用了較少的勞動時間生產出與別人同樣多的價值，因此，它獲得的剩餘價值要比其他的資本家企業獲得的多。

　　個別資本家保留超額剩餘價值的狀況是暫時的。因為在資本主義條件下，追逐超額剩餘價值的內在衝動和市場競爭的外部壓力會迫使其他資本家也紛紛改進生產技術和設備。一旦先進的技術和設備在該部門普及，全社會的勞動生產率會普遍提高，商品的社會價值下降，個別價值與社會價值的差額消失，個別企業的超額剩餘價值便也隨之消失。隨著社會上生活資料價值降低，勞動力價值下跌，必要勞動時間縮短，剩餘勞動時間相應延長，整個資本家階級便獲得了相對剩餘價值。就因為超額剩餘價值是由勞動生產率特別高的個別企業的雇傭工人創造的，所以實際上它是相對剩餘價值的一種特殊形態。

　　絕對剩餘價值生產與相對剩餘價值生產從根本上說都是依靠增加工人的剩餘勞動時間來增加資本家無償佔有的剩餘價值，都是資本家剝削工人和提高剝削程度的方法，都體現了資本家對雇傭工人的剝削關係，它們在本質上是相同的。作為剩餘價值生產的兩種形式，兩者既有聯繫，又存在區別。

　　從兩者的聯繫看，絕對剩餘價值生產是相對的，相對剩餘價值生產又是絕對的。即是說，絕對剩餘價值生產必須以勞動生產率發展到能夠把必要勞動時間限定在工作日的一部分為前提，因此絕對剩餘價值是相對的。而相對剩餘價值生產是以工作日絕對延長到必要勞動時間以上為前提的，所以它又是絕對剩餘價值的生產。只有生產出絕對剩餘價值，才有可能以此為起點，通過提高勞動生產率來縮短必要勞動時間，進行相對剩餘價值生產。而相對剩餘價值的生產方法同時還是促進絕對剩餘價值生產的方法。因為勞動生產率的提高和必要勞動時間的縮短，為延長剩餘勞動時間、增加絕對剩餘價值生產創造了新條件、新動機。

　　從兩者的區別看，首先，絕對剩餘價值生產是資本主義生產體系的一般基礎，相對剩餘價值生產是在此基礎上形成並逐漸發展為資本主義生產的主要方法的。與此相一致，資本主義生產的發展，勞動生產率的提高，經歷了簡單協作、工場手工業和機器大工業三個階段。這三個階段是資本主義社會生產力發展的基本過程，也是資本主義剝削方式不斷演化和翻新的過程。其次，二者具有不同的技術基礎。絕對剩餘價值不以生產技術進步為條件，而是以延長工作日的方法生產出來；相對剩餘價值則以勞動的技術過程和社會組織的根本變革為基礎，主要運用提高勞動生產率的方法生產。

[閱讀專欄]

現代生產自動化和剩餘價值的源泉

第二次世界大戰後，隨著科技革命的深化，特別是電子計算機在生產中的廣泛應用，傳統的機器體系發生了根本變化。在資本主義生產自動化的條件下，生產現場的工人人數相對和絕對減少，有些技術先進的企業和公司甚至出現了所謂的「無人車間」「無人工廠」。而且，隨著資本主義生產自動化的發展，資本家所獲得的剩餘價值也迅猛地增加。那麼，這是不是說自動化機器和機器人也能創造價值和剩餘價值？

按照馬克思勞動價值論和剩餘價值論的觀點，在資本主義生產自動化的條件下，資本家獲得的巨額剩餘價值或利潤仍然是工人的剩餘勞動創造的。

首先，在生產自動化條件下，任何先進的機器設備作為不變資本的存在形式，只能轉移舊價值，不能創造價值。只有工人的剩餘勞動才是創造剩餘價值的唯一源泉。其次，在生產自動化條件下，生產工人的概念擴大了，價值和剩餘價值是由總體工人勞動創造的。創造價值和剩餘價值的，不僅是生產現場直接操縱自動化裝置的普通工人，還包括間接參加生產的科技人員和管理人員在內的總體工人。生產工人的勞動變得更加複雜，而複雜勞動能夠創造更多的價值和剩餘價值。再次，在生產自動化條件下，個別生產技術水準高的企業能夠獲取更多的超額剩餘價值。一旦社會各主要生產部門都使用自動化生產，個別企業獲得的超額剩餘價值雖然消失了，但由於整個社會勞動生產率的提高，致使勞動力價值降低，整個資本家階級就能獲得比過去更多的相對剩餘價值。在資本主義制度下，隨著生產現代化、自動化程度的提高，資本加重了對雇傭勞動的剝削；同過去機器的普遍使用一樣，生產自動化的設備也只能是加強剩餘價值剝削的手段，而剩餘價值的根源仍然是雇傭勞動者的勞動。

由此可見，在生產自動化條件下，資本家所獲得的巨額剩餘價值，仍然是工人的勞動創造的。

（以上資料摘編自：朱維奇，等. 政治經濟學問題剖析 [M]. 北京：北京大學出版社，1982.）

第四節 工 資

一、資本主義工資的本質

前面分析了資本的本質和剩餘價值的來源，揭露了資本主義剝削的秘密。但是這一切在資本主義現實的經濟活動中被工資現象歪曲和掩蓋了。因此，在認識資本和剩餘價

值範疇之後，必須進一步揭示資本主義工資的本質，才能使馬克思的剩餘價值論牢固地確立起來。

在資本主義企業裡，資本家支付給工人的工資是按工人勞動時間或產品數量來衡量的。工人勞動一天，資本家給一天的工資；或工人生產一件產品，資本家給一件產品的工資。這就給人們造成一種假象，好像工人所得的工資不是出賣勞動力的報酬，而是工人勞動的報酬；工資似乎是「勞動的價值或價格」，而不是勞動力的價值或價格。這種假象掩蓋了必要勞動與剩餘勞動、有償勞動與無償勞動的界限，好像工人的全部勞動都得到了報酬，資本家並沒有剝削工人。

實際上，工人出賣的不是勞動而是勞動力。勞動與勞動力是不同的，勞動不是商品，既無價值，也無價格，根本不能出賣。

（1）如果說勞動是商品，那麼它必須在出賣之前就獨立存在，歸出賣者所有。可是，工人在市場上與資本家發生交易時，存在的是勞動力，不是勞動。勞動是勞動力的使用，它在工人把勞動力出賣給資本家並受其支配之前是不存在的。而當工人實際勞動時，勞動已不屬於工人所有，也就不能作為商品來出賣了。

（2）商品價值是由一般人類勞動形成的。如果勞動是商品，也有價值，那就等於說勞動的價值就是勞動，12小時勞動價值等於12小時勞動；這是同義語的反覆，毫無意義。

（3）如果說工人出賣的是勞動，得到的是勞動的價格，那麼，按照等價交換原則，資本家付給工人的就是工人全部勞動的報酬，工人所得到的工資也就是他的勞動創造的全部價值。如果是這樣，資本家就無從攫取剩餘價值了，資本主義生產方式也就不存在了。顯然這是不可能的。

因此，勞動不是商品，工人出賣給資本家的不是勞動，而是勞動力。工人所得的工資不是勞動的價值或價格，而是勞動力價值或價格的轉化形式。工資是勞動力的價值或價格，這就是工資的本質。

二、工資的形式

資本主義工資的基本形式有兩種：計時工資和計件工資。

計時工資就是以工人勞動時間為計算單位來支付的工資，如小時工資、日工資、月工資等。工資的本質既然是勞動力價值或價格的轉化形式，那麼計時工資也就是勞動力的日價值、月價值的轉化形式。為了說明計時工資的現實運動，揭示資本家採用工資形式對工人的剝削程度，必須把計時工資額與工作日長度、勞動強度的大小聯繫起來考慮。在分析此問題時，馬克思借用了「勞動價格」這一概念。這裡，勞動價格是指勞動力每小時的價格或計時工資的單位價格。用計算公式表示，為：

$$勞動價格 = \frac{勞動力日價值（日工資額）}{工作日小時數}$$

例如：工作日小時數為 12 小時，勞動力日價值是 6 元，每小時勞動價格就等於 $\frac{6}{12}$ = 0.5 元。如果工作日長度由 12 小時延長到 15 小時，勞動日價值不變，勞動價格就下降為 $\frac{6}{15}$ = 0.4 元。即使在計時工資總額提高的情況下，工作日相應延長，勞動價格也可不變，甚至下降。在工作日長度一定，但提高勞動強度的情況下，也會有上述結果。

計件工資是根據工人完成的合格產品數量或作業量所支付的工資。計件工資無非是計時工資的轉化形式。因為實行計件工資，要以工人在計時工資條件下，一日計時的工資額和每日生產的產品數來規定每件產品的工資單價。其計算公式如下：

$$計件工資單價 = \frac{勞動力日價值（日工資額）}{一日生產的產品件數}$$

例如，在計時工資條件下，假定勞動力日價值 3 元，工作日為 12 小時，平均生產產品數量 30 件。那麼每件產品的工資單價就是 $\frac{3}{30}$ = 0.10 元，並以此來計算計件工資。因此，計件工資是以計時工資為基礎的，計件工資是計時工資的轉化形式。

計時工資和計件工資都是市場經濟條件下，承認勞動參與分配的權利、衡量勞動力價值、體現不同勞動力價格的基本工資形式，因此它們被各個國家長期採用。但是，在資本主義條件下，無論是計時工資還是計件工資，首先要與勞動者具體提供的勞動量的多少掛鉤，而勞動定額則成為確定工資水準的標準。資本家總是千方百計地提高勞動定額。在缺乏勞動保護制度的情況下，這實際上就是單方面地提高工人勞動強度、增加工人勞動消耗，等於變相地延長工作日，以達到增加剩餘價值生產的目的。因此，在資本主義條件下，工資形式會成為資本家剝削工人的手段，這種形式上的資本與勞動力的平等交換掩蓋著事實上的不平等關係。

[閱讀專欄]

現代西方國家的一些新的工資形式

現代西方國家的許多企業採取了一些新的工資形式，如期權、年薪制等。這些新的工資形式對於穩定職工隊伍，尤其是穩定技術人員和高級管理人員起到了突出的作用。就拿期權制度來說，給予管理人員或技術人員認股權，可使他們把個人利益與企業長遠利益結合起來，並把個人利益與股東利益結合起來。這種工資形式本身調動了職工的積極性，減少了股東監督管理企業的成本。從這種工資形式的作用中可以看出，新的工資形式並沒有改變工資的本質，工資仍然是勞動力價值或價格的轉化形式。那些得到股票期權的職工都是為企業做出重大貢獻的人，他們或者為企業發明創造出新產品，或者為企業開拓出新市場，等等。這些人獲得的期權也就是他們應得收入的轉化形式。同時，從資本家角度看，採取股票期權等新的工資形式，並不是為了讓廣大工人共享企業的利益，而是由於企業規模龐大，資本家無法

進行有效管理，或者有效管理的成本太高，因而不得不採取的手段。由此可見，無論從工人的角度還是從資本家角度來考察，新的工資形式並沒有改變工資的本質。

（以上資料摘編自：張彤玉，等.《資本論》導讀［M］. 天津：南開大學出版社，2003.）

三、資本主義工資變動趨勢

在考察工資數量的變化及其水準時，首先必須區分名義工資和實際工資。

（一）名義工資和實際工資

名義工資是指資本家為購買勞動力支付給工人的貨幣工資。實際工資是指工人用所得的貨幣工資實際能夠購買到的生活資料數量和各種勞務。

名義工資和實際工資之間有緊密的聯繫，但是二者的變化常常不一致。名義工資的高低並不能完全反應實際工資的水準。在名義工資不變甚至提高的情況下，實際工資可能降低。因為實際工資水準不僅取決於名義工資，而且受到生活資料和服務項目等價格變動以及房租高低、稅收負擔的影響。而且在資本主義各國普遍存在通貨膨脹的條件下，即使名義工資不變，如果生活資料價格上漲，實際工資也會下降；如果名義工資的提高趕不上物價、房租、稅收增長的幅度，實際工資同樣會下降。因此，只有實際工資才能真實地反應工人的實際生活水準。

根據上述分析，名義工資和實際工資的數量關係可以用公式表示：

$$實際工資 = \frac{名義工資}{1 + 生活資料（包括勞務）物價指數}$$

當然，從一個較長的歷史時期看，尤其是第二次世界大戰後，發達資本主義國家工人的實際工資並不是直線下降的，而是有升有降。總的來看，實際工資水準呈現一種緩慢上升的趨勢。其原因是：①隨著社會生產力的發展，勞動力正常再生產所必需的生活資料的結構發生了變化；②新興產業的出現、產業結構的調整、社會服務行業發展的加快等，在一定程度上減緩了失業工人隊伍的擴大；③發達資本主義國家從殖民地、對外貿易、對外投資中掠取了高額利潤，資本家在增加自己利潤的同時，稍稍放鬆了一些對本國工人的剝削；④資本主義國家工人階級為爭取縮短工作日、提高工資進行了長期鬥爭。實際工資也有下降的時候。如在經濟危機時期，以及 20 世紀 70 年代資本主義經濟在「滯脹」局面中徘徊的時期，實際工資都有所下降。

（二）相對工資

所謂相對工資，是指工人所得的工資同資本家佔有的剩餘價值相比較的份額，也叫比較工資。在工人創造的新價值（v + m）已定的條件下，工資與剩餘價值存在著此消彼長的關係。在資本主義發展過程中，無論名義工資和實際工資是減少還是增加，相對工資總是呈現下降的趨勢。這是因為，即使名義工資和實際工資都提高了，但只要提高的幅度趕不上剩餘價值增長的幅度，相對工資就仍然下降。而隨著科學技術進步和勞動生產率的不斷提高，在工人創造的新價值中，資本家佔有的剩餘價值增長得更快，用來支

付工人的工資就會相對減少，因而相對工資就必然下降。正如馬克思在一百多年前指出的那樣，資本對勞動力要求增加會引起勞動力價格即工資的提高，工人得到的享受也會有所增加；但無產階級物質生活的微小改善，同資產階級的財富、社會需求、奢侈享受的迅速增長相比懸殊極大，而且每況愈下。馬克思還做了一個形象的比喻：「一座小房子不管怎樣小，在周圍的房屋都是這樣小的時候，它是能滿足社會對住房的一切要求的。但是，一旦在這座小房子近旁聳立起一座宮殿，這座小房子就縮成可憐的茅舍模樣了。……不管小房子的規模怎樣隨著文明的進步而擴大起來，但是，只要近旁的宮殿以同樣的或更大的程度擴大起來，那麼較小房子的居住者就會在那四壁之內越發覺得不舒適，越發不滿意，越發被人輕視。」① 相對工資下降，表明了勞資之間的社會鴻溝在加深，工人的社會地位在下降，也表明資本家對工人的剝削在加深。

（三）工資的各國差異

資本主義各國在經濟發展的不同階段中經濟水準及其提高的速度都是不相同的，工資水準存在著差別。而影響各國工資水準差異的因素比較複雜：①各國社會經濟、文化發展水準、傳統的歷史條件和自然環境的不同，於是勞動力價值中包含的社會、道德的因素就有所差異，勞動者所必需的生活資料數量和範圍也就不同，各國工人的名義工資和實際工資水準都不一樣。②由於各國生產技術條件的差異，要求其工人具備的勞動技能和文化素質也就不一樣。於是，用於教育和培訓勞動力的費用多少不一，勞動力價值存在差異，反應到名義工資和實際工資水準上就有差異。③各國勞動生產率的水準不同，影響到各國工資水準的差異，如發達資本主義國家的勞動生產率比不發達資本主義國家的勞動生產率高。但在國際市場上，由於價值規律的作用，「它的計量單位是世界勞動的平均單位」②，結果發達國家的生產勞動在同一時間內體現為更多的國際價值，表現為更多的貨幣量，發達國家能用較少的必要勞動時間再生產出勞動力的價值。由於受到各國不同的勞動生產率的制約，發達國家工人的工資水準比不發達國家工人的工資水準更高，但發達國家工人所遭受到的剝削程度也由此而更大。此外，在各國工人的就業結構中，男工與女工的比例、勞動力市場的供求狀況、工人的組織程度、工人運動的發展情況等，都對各國工資水準的差異產生影響。

總之，工資水準變動趨勢及其差異表明，各國工資水準呈上升的態勢，但工資水準的上升不是資本家對工人的恩賜，而是社會生產力發展的結果，也是無產階級為提高工資而與資產階級長期鬥爭的結果。工資水準的上升也不意味著消除了雇傭工人的從屬關係和對他們的剝削。馬克思說得好：「吃穿好一些，待遇高一些，特有財產多一些，不會消除奴隸的從屬關係和對他們的剝削，同樣，也不會消除雇傭工人的從屬關係和對他們的剝削。由於資本累積而提高的勞動價格，實際上不過表明，雇傭工人為自己鑄造的

---

① 馬克思，恩格斯. 馬克思恩格斯選集：第1卷［M］. 北京：人民出版社，1972：367.
② 馬克思，恩格斯. 馬克思恩格斯全集：第23卷［M］. 北京：人民出版社，1972：614.

金鎖鏈已經夠長夠重，容許把它略微放鬆一點。」①

小　結

（1）作為商品流通媒介的貨幣與作為資本的貨幣是不一樣的。資本總公式與價值規律之間存在著內在的矛盾，資本流通引起了貨幣的增殖；剩餘價值既不能在流通中產生，又離不開流通領域。解決矛盾的關鍵是資本家購買到勞動力商品。勞動力成為商品是解決資本總公式矛盾的關鍵，是貨幣轉化為資本的前提。

（2）資本主義生產過程是勞動過程和價值增殖過程的統一。而剩餘價值的生產過程，就是價值形成過程轉化為價值增殖過程。資本是能夠帶來剩餘價值的價值，它體現著一定的生產關係。按資本不同部分在產品價值增殖形成中的作用不同，馬克思把資本分為不變資本和可變資本。馬克思還在充分重視資本主義特殊生產方式條件下的資本研究基礎上，對資本的一般屬性進行了探討和分析。

（3）資本家為了提高剝削程度，榨取剩餘價值的方法是多種多樣的，但其基本方法有兩種：絕對剩餘價值生產和相對剩餘價值生產。隨著科技革命的深化，第二次世界大戰後，資本主義機械化生產逐漸向自動化生產過渡。在資本主義生產自動化條件下，資本家獲得了巨額剩餘價值。按照馬克思勞動價值論和剩餘價值論的觀點，它仍然是工人的剩餘勞動創造的。

（4）在資本主義現實經濟活動中，資本的本質和剩餘價值的來源，又被工資現象歪曲和掩蓋了。工資是勞動力的價值或價格。工資的形式主要有計時工資和計件工資。在資本主義條件下，工資在形式上所表現的平等交換關係掩蓋著資本剝削勞動的事實上的不平等關係。

複習思考題

1. 解釋下列名詞概念：

| 剩餘價值 | 資本 | 價值增殖過程 | 勞動力的使用價值 |
| 超額剩餘價值 | | 實際工資 | 相對工資 |

2. 簡述商品流通公式與資本流通公式的異同。
3. 資本總公式的矛盾是怎樣解決的？
4. 剩餘價值是怎樣生產出來的？

---

① 馬克思，恩格斯. 馬克思恩格斯全集：第23卷 [M]. 北京：人民出版社，1972：678.

5. 資本的本質是什麼？資本劃分為不變資本和可變資本的依據和意義是什麼？
6. 怎樣認識資本的一般性和特殊性？
7. 絕對剩餘價值和相對剩餘價值是怎樣產生的？二者的關係怎樣？
8. 如何認識資本主義工資的本質？如何正確認識第二次世界大戰後資本主義國家工資制度的新變化？

閱讀書目

1. 馬克思. 資本論：第 1 卷［M］//馬克思，恩格斯. 馬克思恩格斯全集：第 23 卷. 北京：人民出版社，1972.
2. 馬克思. 工資、價格和利潤［M］//馬克思，恩格斯. 馬克思恩格斯選集：第 2 卷. 北京：人民出版社，1972：179－186.
3. 列寧. 馬克思的經濟學說和剩餘價值［M］//列寧. 列寧選集：第 2 卷. 北京：人民出版社，1972：590－592.

參考文獻

1. 馬克思，恩格斯. 馬克思恩格斯全集：第 23 卷［M］. 北京：人民出版社，1972.
2. 馬克思，恩格斯. 馬克思恩格斯選集：第 2 卷［M］. 北京：人民出版社，1972.
3. 列寧. 馬克思的經濟學說和剩餘價值［M］//列寧. 列寧選集：第 2 卷. 北京：人民出版社，1972.
4. 劉詩白. 馬克思主義政治經濟學原理［M］. 成都：西南財經大學出版社，2006.
5. 朱維奇，劉鳳華，等. 政治經濟學問題剖析［M］. 北京：北京大學出版社，1982.
6. 程恩富. 現代政治經濟學［M］. 上海：上海財經大學出版社，2002.
7. 張彤玉，李元亨，張俊山，等. 《資本論》導讀［M］. 天津：南開大學出版社，2003.
8. 劉炳英. 剩餘價值在社會主義經濟中依然存在［J］. 理論前沿，2003（7）.

第三章　資本累積與再生產

學習目的與要求：通過本章的學習，充分認識資本累積的本質與原因，在此基礎上把握資本有機構成理論和相對過剩人口理論，認識隨著資本累積的發展出現的資本有機構成提高的趨勢與個別資本增大的形式，理解資本累積的一般規律和資本主義累積的歷史趨勢。

第一節　資本主義再生產和資本主義累積

一、資本主義簡單再生產

人類為了生存，必須進行物質資料生產活動。一個社會不能停止消費，因而也就不能停止生產。「任何一個社會，如果不是不斷地把它的一部分產品再轉化為生產資料或新生產的要素，就不能不斷地生產……」[1] 所以，社會生產必須周而復始、連續不斷地進行。每一個社會生產過程作為不斷重複更新的過程，同時也是再生產過程。再生產就是連續不斷重複進行的社會生產。

社會再生產是物質資料再生產和生產關係再生產的統一。一方面，每一次生產都會消耗一定的物質資料，同時又會生產出一定的物質資料，用於補償已消耗的生產資料和人們已消費的生活資料，為下一次再生產提供物質條件。因此，社會再生產就是在物質資料不斷生產、不斷消費中交替、無限進行下去的。另一方面，再生產都是在特定的社會生產關係中進行的，任何社會生產關係都要隨著再生產的進行被不斷地生產出來，以不斷地維持、鞏固和發展。

社會再生產按其規模來劃分，可分為簡單再生產和擴大再生產。生產在原有的規模上重複進行是簡單再生產，在擴大的規模上重複進行是擴大再生產。簡單再生產既是擴大再生產的組成因素，又是擴大再生產的基礎。所以，我們對資本主義再生產的分析要從簡單再生產開始。

假定資本家墊支的資本是 10,000 元，其中不變資本為 8,000 元，可變資本為 2,000 元。經過資本主義生產過程後，如果資本家把所生產的剩餘價值全部用於他的個人消費，仍然以 10,000 元（8,000c + 2,000v）再投入生產過程，如果生產的其他條件不變，

---

[1] 馬克思，恩格斯. 馬克思恩格斯全集：第 23 卷 [M]. 北京：人民出版社，1972：621.

生產便會在原有規模上重複進行。資本家把剩餘價值全部用於個人消費，生產在原有規模上重複進行的資本主義生產，就是資本主義簡單再生產。

分析資本主義簡單再生產，可以看到在把資本主義生產過程作為一個孤立的生產過程來分析時所看不到的一些新特點。

首先，資本主義生產過程是從資本家購買勞動力開始的。從孤立的一個生產過程來看，資本家要購買勞動力，必須先拿出一定數量的貨幣作為可變資本，以工資形式付給工人。這一定數量的貨幣一直要到生產出產品並賣出去以後才能收回來。這就造成了一種假象，好像資本家是把自己的貨幣預付給工人，是資本家養活工人的。不過，只要從資本主義簡單再生產過程來看，馬上就可以看穿這種假象。因為工人的工資是在他們的勞動力已經被使用以後才支付的，而勞動力的使用就是勞動；工人在勞動過程中，不但生產了價值，而且生產了剩餘價值。可見，是工人先創造價值（包括剩餘價值），然後資本家才付給工人工資。生產過程反覆不斷地進行，資本家這個月購買勞動力支付的工資顯然是由工人上個月生產的勞動產品轉化而來的貨幣支付的。從上面的分析可以看出，可變資本是工人自己的勞動創造的。工人不但創造了可變資本，而且創造了剩餘價值，因而，不是資本家養活工人，而是工人養活資本家。

其次，從孤立的一個生產過程來看，在資本主義生產開始以前，資本家要購買勞動力和生產資料，不但要預付可變資本，而且要預付不變資本。從表面上看，好像資本家預付的全部資本都是由與付酬勞動無關的原始累積得來的。假定某一資本家最初預付的全部資本都是由他的祖先或自己的「辛勤勞動」積攢起來的。但是，經過連續的簡單再生產過程之後，他的整個資本來源便不是原先的預付資本價值了。例如，某資本家最初有預付資本 10,000 元，一年可帶來剩餘價值 2,000 元。在簡單再生產情況下，這 2,000 元的剩餘價值是完全用於資本家個人消費的。這個資本家一年消費 2,000 元的剩餘價值，五年的消費就是 2,000 元 × 5 = 10,000 元剩餘價值。這 10,000 元正好相當於他原來的全部預付資本額。可是，經過五年之後，這個資本家的手裡仍有 10,000 元的資本投入生產。顯然，這 10,000 元資本就完全是由工人創造的剩餘價值轉化而來的了。由此可見，資本家的全部資本都是工人勞動創造的。

我們從再生產過程的分析看到了資本家的全部資本都是由工人勞動創造出來的，當工人階級取得政權以後，剝奪資產階級的生產資料只不過是將過去被資本家無償佔有的財產收回來而已，完全是理所當然的。

最後，從孤立的一個生產過程來看，在資本主義生產中，工人出賣勞動力以後，用所得工資購買生活資料進行個人消費是在生產過程之外進行的，似乎與生產過程無關。可是，從簡單再生產過程來看，工人的個人消費卻是用來維持和再生產勞動力的，而勞動力的再生產是資本主義再生產的必要條件。所以，從再生產過程來看，工人階級即使在勞動過程以外，也同勞動工具一樣是資本的附屬物，是從屬於資本的。馬克思說：

「羅馬的奴隸是由鎖鏈，雇傭工人則是由看不見的線系在自己的所有者手裡。」①

以上分析說明了資本主義生產過程在作為再生產過程來分析時，不僅生產商品價值和剩餘價值，還不斷地生產和再生產出形成資本家和雇傭工人的社會條件。資本主義再生產是物質資料再生產和資本主義生產關係再生產的統一。

二、資本主義擴大再生產和資本累積

假定資本家墊支的資本仍然為10,000元，其中不變資本8,000元，可變資本2,000元，不變資本和可變資本的比例為4∶1，剩餘價值率為100%，不變資本價值在一年內全部耗完。那麼，到第一年末，全部商品價值就是12,000元（8,000c＋2,000v＋2,000m）。如果該資本家不是將2,000元剩餘價值全部用於個人消費，而是只拿出一半即1,000元用於個人消費，將剩餘價值的另一半1,000元作為追加資本，並按以上不變資本與可變資本4∶1的比例進行追加，那麼第二年開始時，這個資本家墊支的資本即為8,000c＋800c＋2,000v＋200v＝11,000元，生產規模就比上一年擴大了10%。資本家把剩餘價值的一部分作為資本追加到生產上，使生產在擴大規模的基礎上進行。這種資本主義再生產，就是資本主義擴大再生產。

把剩餘價值作為資本使用，或者說把剩餘價值再轉化為資本，叫作資本累積。剩餘價值到資本的轉化過程就是資本的累積過程。剩餘價值是資本累積的源泉，資本累積又是擴大再生產的源泉。

在擴大再生產過程中，資本累積不僅是剝削工人的結果，反過來也是擴大剝削的手段，商品生產的所有權規律由此轉變為資本主義的佔有規律。商品所有權規律，是以商品生產和商品交換為基礎的佔有規律。在簡單商品經濟條件下，勞動和所有權是統一的，商品生產者以自己的勞動佔有自己的勞動產品，以等價交換的形式佔有別人的商品，這就是商品所有權規律規定的內容。而資本主義佔有規律則是佔有生產資料的資本家無償佔有工人生產的產品，而勞動者反而不能佔有自己的勞動產品，所有權對資本家來說表現為無償佔有別人勞動產品的權利，而對工人來說則表現為不能佔有自己的勞動產品。馬克思指出：「商品生產按自己本身內在的規律越是發展成為資本主義生產，商品生產的所有權規律也就越是轉變為資本主義的佔有規律。」② 這就是說，商品生產所有權規律轉變為資本主義的佔有規律是勞動力成為商品的必然結果。商品生產所有權規律是以生產資料所有權和勞動的結合為基礎的。然而，在資本主義商品生產條件下，由於勞動力成為商品，勞動和所有權是分離的。當商品生產發展為資本主義生產時，資本家和工人之間雖仍然按照等價交換原則不斷買賣勞動力，形式上仍符合商品生產所有權規律，但實質上資本家卻按照資本主義的佔有規律，不斷地用無償佔有的工人的剩餘價

---

① 馬克思，恩格斯. 馬克思恩格斯全集：第23卷［M］. 北京：人民出版社，1972：629.
② 馬克思，恩格斯. 馬克思恩格斯全集：第23卷［M］. 北京：人民出版社，1972：644.

值，再轉化為資本累積去追加購買勞動力，以便無償佔有工人創造的更多的剩餘價值。在等價交換的形式下，資本家不斷地使用無償佔有的剩餘價值增殖資本，用以榨取更多的剩餘價值，擴大生產規模，擴大對工人的剝削，這就是資本累積的實質。

資產階級經濟學家宣揚資本累積是資本家「省吃儉用」「節欲」的結果。實際上，資本累積並不是由資本家「節欲」的主觀意志決定的，而是由客觀經濟原因決定的。在資產階級看來，世界上沒有一樣東西不是為了金錢而存在的，連他們本身也不例外，因為他們活著的目的就是為了賺錢。除了快快發財，他們不知道還有別的幸福；除了金錢的損失，也不知道還有別的痛苦。資本主義生產本質上是剩餘價值生產，資本主義生產的目的是為了追求剩餘價值，發財致富。正是這個內在動力推動著資本家不斷進行累積以擴大生產規模。這就是資本累積的內在原因。

競爭是迫使資本家進行資本累積的外在原因。資本主義競爭是以經濟實力為基礎的：資本家為了在競爭中取得勝利，既需要努力採用新技術和先進設備，提高勞動生產率，又需要不斷增加投資，擴大生產規模，否則在激烈的競爭中就有失敗甚至破產的危險。而這些都需要不斷增大資本。馬克思說：「競爭使資本主義生產方式的內在規律作為外在的強制規律支配著每一個資本家。競爭迫使資本家不斷擴大自己的資本來維持自己的資本，而他擴大資本只能靠累進的累積。」[1]

三、影響資本累積規模的主要因素

資本累積的規模或累積量，也不取決於資本家個人消費的「節欲」程度。由於資本累積的唯一來源是剩餘價值，在剩餘價值量已定的情況下，資本累積量就取決於累積和消費的分割比例。例如，某資本家在生產中佔有的剩餘價值為 2,000 元；如果這 2,000 元分割為累積與消費的比例為 4：1，則累積為 1,600 元；如果這個比例為 2：1，則累積為 1,333.3 元；如果這個比例為 1：1，則累積為 1,000 元。

在剩餘價值分割為累積與消費的比例已定的情況下，由於累積是剩餘價值的資本化，累積量和剩餘價值量的變化是一致的。決定剩餘價值量的因素也就是決定累積量的因素。具體說來，主要是：

（一）對勞動力的剝削程度

在其他條件相同的情況下，對勞動力的剝削程度越高，同量可變資本帶來的剩餘價值就越多，累積量也就越大。因此，資本家為了獲得更多的剩餘價值，增大資本累積量，往往通過把工資壓到勞動力價值以下、延長工作日和提高勞動強度等辦法，提高對勞動力的剝削程度。

（二）勞動生產率水準

首先，勞動生產率水準的提高，表現為在同樣的時間條件下，生產商品數量增多，

---

[1] 馬克思, 恩格斯. 馬克思恩格斯全集：第 23 卷 [M]. 北京：人民出版社, 1972：649-650.

商品價值會下降，從而使體現一定量的價值和剩餘價值的剩餘產品增多。在累積與消費的比例一定時，資本家的累積量和消費量都可以增加；同時，由於商品便宜，資本家在不降低實際消費水準的情況下，還可以靠減少消費基金來增加累積。在商品便宜的同時，生活必需品相應會便宜，勞動力價值也會降低，同量可變資本可以雇更多勞動力，生產更多剩餘價值以增加累積；在商品便宜的同時，生產資料價值會下降，同量不變資本可以購買更多的生產資料來吮吸更多活勞動。因此，在追加資本的價值不變甚至降低的情況下，仍然可以使累積增加。其次，勞動生產率水準提高，也會對原資本或已經處在生產過程中的資本產生反作用。它使生產勞動資料的部門的生產力獲得發展，在生產中已經消耗的勞動資料會被效率更高、價格更便宜的勞動資料所代替。這樣，這部分舊資本會以生產效率更高的形式再生產出來，以擴大生產能力，生產更多的產品和剩餘產品，使累積增加；它使生產原材料部門的生產力獲得發展，使原料和輔助材料的範圍擴大，不僅可以發現新的原材料和原有材料的新用途，而且還可以把廢料變為有用的原材料，這樣也可以擴大生產能力，生產更多的產品和剩餘產品，使累積增加；它使同量的活勞動能夠轉移更多的舊價值，從而使累積起來的資本減少或避免因閒置不用而發生自然損耗，這樣也可以擴大生產能力，生產更多的產品和剩餘產品，使累積量增加。

（三）所用資本和所費資本的差額

所用資本是在生產中所使用的全部預付資本。所費資本是在生產中實際耗費的資本。在生產過程中，所用資本如機器、設備、廠房等勞動資料雖然全部被使用，但不是一次就全部被消費完，而是經過多次使用逐漸消耗掉的；相應地，其價值也是一部分一部分地轉移到產品中去的。這樣，在所用資本和所費資本之間就必然形成一定的差額。這個差額的大小取決於勞動資料的質量和數量。勞動資料的質量越高，越經久耐用，使用年限越長，這個差額就越大。如某臺機器價值為 10 萬元，可用 5 年，在生產過程中每年磨損耗費平均轉移到新產品去的價值為 2 萬元，全年所用資本和所費資本之間的差額為 8 萬元。如果改進這類機器的質量，使其使用年限延長到 10 年，則這個差額便就增加為 9 萬元。同時，勞動資料的數量越大，這個差額也就越大，如 1 臺機器的差額為 8 萬元，10 臺機器的差額就是 80 萬元。那麼，所用資本和所費資本之間的差額是怎樣影響資本累積規模的呢？

勞動資料的價值雖然在生產過程中逐步地轉移到新產品裡，但它們的作用能力並不因此而以同一比例降低，而是在該勞動資料正常使用年限內的相當長一段時間內依然照樣保持著。這樣，勞動資料的一部分作用力，即所用資本和所費資本之間的差額，就像陽光、空氣等自然力一樣，為生產提供無代價的服務；並且這個差額越大，提供無代價的服務就越多，由此會導致產品價值趨於低廉。產品便宜的結果，對個別資本家來說是獲取超額剩餘價值，就全體資本家來說是增加相對剩餘價值，從而也就增大了資本累積的規模。

（四）預付資本總量

在勞動力的剝削程度已定的情況下，隨著預付資本總量的增大，其中可變資本量也

會相應地增大。這樣，資本家可以雇傭更多的工人，剝削更多的剩餘價值，從而使資本累積的數量隨之增加。同時，預付資本量越大，生產規模也越大，加速資本累積的一切因素，如延長工作日、提高勞動強度、改善勞動組織、改進機器設備以及推廣科學技術的應用等就越有利，因而也就越能增進累積。

第二節　資本主義累積的一般規律

一、資本的有機構成、資本積聚和資本集中

這一節我們主要考察資本累積對無產階級狀況的影響。

在資本累積過程中，資本不僅在數量上不斷增長，在構成上也會發生變化。資本構成的變化是影響無產階級狀況的一個關鍵性問題。因此，首先考察資本構成及其變化問題。

資本的構成包括兩個方面：價值構成和技術構成。

從價值方面看，資本是由一定數量的不變資本和可變資本構成的。這兩部分資本價值之間有一定比例。這種比例叫作資本的價值構成。

從物質方面看，資本是由一定數量的生產資料和勞動力構成的，它們之間也有一定比例。一般說來，這個比例是由生產技術水準決定的。生產的技術水準越高，每個工人所使用的生產資料數量就越多。這種反應或表現生產技術水準的生產資料和勞動力之間的比例叫作資本的技術構成。

資本的技術構成和價值構成之間有著密切的聯繫。資本的價值構成以資本的技術構成為基礎，資本的技術構成決定資本的價值構成。資本的技術構成變化了，資本的價值構成也就隨之發生變化，而資本的價值構成變化通常又可以反應資本技術構成的變化。由資本技術構成決定，並反應資本技術構成變化的資本價值構成就叫資本有機構成，用 $C:V$ 表示。

例如，有一個資本主義企業共有資本 100 萬元，原來用於購買機器、設備、原材料、燃料和輔助材料等生產資料的不變資本是 60 萬元，用於購買勞動力、支付工人工資的可變資本是 40 萬元。這個企業的資本有機構成就是 60 萬元：40 萬元，即 3：2。後來，這個企業技術水準提高，100 萬元資本中用於購買生產資料的不變資本有 80 萬元，用於購買勞動力的可變資本只有 20 萬元，這時資本有機構成就提高為 80 萬元：20 萬元，即 4：1。

理解資本有機構成的概念，需要注意兩個問題。一是資本價值構成的變化並不都是由技術構成的變化引起的。例如價格的變化也會引起價值構成的變化，但這種變化不反應技術構成的變化，對無產階級的狀況不具有直接影響。在這裡是將其他原因引起的價值構成的變化舍去了的。二是資本有機構成在不同的生產部門和企業是不一樣的，因為

它們的生產條件不同。例如一般說來重工業部門的資本有機構成較高，輕工業部門的資本有機構成較低。我們在考察資本有機構成的變化對無產階級狀況的影響時，也是把這種差別捨去了的，把所有企業的資本有機構成都作為社會平均有機構成來研究。

隨著資本累積的不斷增進，資本家為了追求更多的剩餘價值並在競爭中處於優勢地位，必然努力使用先進科學技術成果，努力採用先進技術裝備。這樣，用於購買生產資料的不變資本在總資本中的比例便必然提高。同時，先進科學技術成果的利用、先進技術裝備的採用必然大大地提高勞動生產率，使同樣的勞動力推動更多的生產資料。這樣，總資本中用於購買勞動力的可變資本比例便必然下降。所以，在資本主義生產的歷史發展進程中，資本有機構成變化的總趨勢是不斷提高的。

資本有機構成的提高以個別資本增大為前提。個別資本的增大有兩種基本形式：資本積聚和資本集中。

資本積聚是指個別資本依靠本身的累積，將剩餘價值轉化為資本來增大自己的資本總額。例如，某資本主義企業的資本家有資本 100 萬元，每年能獲得剩餘價值 20 萬元。這個企業的資本家將這 20 萬元中的一半用於個人消費，一半用於累積。這樣，他的資本總額就由 100 萬元增加到 110 萬元。這就是資本積聚。

資本集中就是把許多已經存在的規模較小的資本合併或聯合起來形成大資本。例如，有甲、乙、丙三個資本，它們分別為 30 萬元、40 萬元和 50 萬元，通過競爭兼併或股份聯合後形成一個 120 萬元的大資本，這就是資本集中。資本集中的具體形式通常有兩種：一是通過競爭，大資本不斷兼併小資本，從而形成更大的資本；二是通過創辦股份公司，把眾多較小的資本聯合成一個數額巨大的大資本。在資本主義發展的歷史過程中，競爭和信用是推動資本集中的兩個強有力的槓桿。在資本主義激烈的競爭中，由於大資本擁有較優越的生產條件，處於優勢地位，能夠戰勝許多中小資本，從而兼併這些中小資本，把自己變成一個更大的資本。同時，由於信用的發展，一方面，大資本能得到巨額貸款，以改進生產技術裝備，增強競爭能力；另一方面，股份公司得到發展，這樣就大大地加速了資本的集中。

資本積聚和資本集中作為個別資本增大的兩種形式，是互相聯繫、互相促進的。資本積聚可以促進資本集中。因為隨著資本積聚的進行，大資本增長得更快，在競爭中更容易擊敗中小資本；同時，隨著資本積聚的進行、個別資本的增大，可用於借貸的資本數量就增加，信用也就更加發展，這也能促進資本集中。同樣，資本集中也可以促進資本積聚。因為資本集中可以使資本主義企業生產經營規模迅速擴大，這有利於先進技術的採用，從而獲得超額利潤，以增加累積。

資本積聚和資本集中又是有區別的。二者的主要區別在於：

（1）資本積聚是單個資本的自我累積；資本集中是社會資本的合併或聯合。

（2）資本積聚是單個資本家依靠剩餘價值資本化實現的，它能增大社會資本總額；資本集中是通過原有資本在資本家之間重新分配實現的，它不會增大社會資本總額。

（3）資本積聚要受累積基金限制，它的增長速度較緩慢；資本集中不受累積基金限制，它的增長速度比較快。

二、相對過剩人口和失業問題

相對過剩人口是指超過資本需要的相對多餘的勞動人口。

相對過剩人口是怎樣產生的呢？我們可以從以下兩方面來進行分析：

一方面，在資本主義累積過程中，隨著資本累積的增進和資本有機構成的不斷提高，總資本中的不變資本部分日益增加，而可變資本部分則相對減少。然而資本對勞動力的需求不是由總資本的大小決定的，而是由總資本中的可變資本決定的。隨著資本有機構成的提高，資本對勞動力的需求會相對減少。假定原有資本總額為10,000元，其資本有機構成為1：1，每個工人的工資為100元，需要工人人數則為5,000元（V）÷100元＝50（人）。後來，資本總額增加到30,000元，資本有機構成為24,000元：6,000元，即4：1，每個工人工資仍為100元，需要的工人人數則為6,000元（V）÷100元＝60（人）。在這裡，總資本雖由10,000元增加到30,000元，增加了2倍，但由於資本有機構成提高了，可變資本只增加了20%，所需要的工人人數也只增加了20%，即10人。這就是說，隨著資本累積的增進，工人絕對數雖有增加，但是和總資本增長不是按同一比例增加的，資本對工人的需要相對地減少了，為勞動者提供的就業機會也相對地減少了。

另一方面，在資本主義累積過程中，隨著資本累積的增進，由於以下各種原因，勞動力的供給日益增加。

（1）隨著技術的不斷進步、機器的廣泛使用，許多工作要求的體力勞動的繁重程度大大減輕了，並且操作也大大簡化了。資本家便可以大量使用童工、女工來取代成年男工，大量使用普通工人取代一些技術熟練的工人。

（2）隨著資本主義經濟的發展，小生產者兩極分化，大批農民和手工業者破產，加入了雇傭勞動者隊伍。

（3）隨著資本主義競爭的激烈進行，一部分中小資本家在競爭中破產，也加入雇傭勞動者隊伍中來。

從上面的分析可以看出，隨著資本累積的進行，一方面資本對勞動力需求的相對減少，而另一方面勞動力供給不斷增加，這就使得勞動力的供給超過對勞動力的需求，因此必然有大量的勞動者失業，形成相對過剩人口。這種相對過剩人口不是社會上絕對多餘的人口，不是社會財富和生產能力已經容納不了的過剩人口，而僅僅是勞動力的供給超過了資本主義累積對勞動力的需求的過剩人口。所以，相對過剩人口是資本主義累積的必然產物。馬克思指出：「工人人口本身在生產出資本累積的同時，也以日益擴大的規模生產出使他們自身成為相對過剩人口的手段。這就是資本主義生產方式所特有的人

口規律。」①

[閱讀專欄]

馬爾薩斯的「人口論」及其修正

1798年，英國牧師馬爾薩斯為了抨擊當時的社會改革者（如葛德文、孔多塞等）的觀點，匿名發表了《人口原理》一書。在該書中，他闡述了自己反對社會改革的理由。他認為，在社會發展中，人口增長經常有超過生活資料增加的趨勢。人口是以幾何比率增加，而生活資料卻以算術比率增加，這就是所謂的「兩個級數的假說」。然而自然規律要求兩個級數的增加保持平衡，於是就出現了饑餓、戰爭、疫病、災禍等所謂罪惡和貧困的抑制以及禁欲和晚婚等所謂道德的抑制。馬爾薩斯將社會生活中出現的貧困、失業歸咎於自然的因素即人口的過度膨脹，他反對社會濟貧事業，主張消除多餘人口。此後，圍繞馬爾薩斯的人口觀點，社會各界展開了頗多的爭論。鮮為人知的是，馬爾薩斯在《人口原理》的不斷修訂中大大地修正了以前的觀點，承認人口增長並不必然通過罪惡與貧困等阻止因素才能減緩，人們也能夠自願地限制家庭的規模，即主張通過降低人口出生率來控制人口增長。這種認識說明他與他的第1版的批評者取得了一個共識——在技術進步與人口增長的競賽中，技術進步最終可以贏得勝利。在《人口原理》第2版的序言中，他承認：「這部著作迄今為止在原則上已經與以往的版本不同……在這裡，我已經努力將第1版中最嚴厲的結論變得柔和多了。」而他的一位傳記作者則認為新版著作標誌著馬爾薩斯的人口問題觀點已經從「激烈的悲觀主義轉變為謹慎的樂觀主義」。

在資本主義制度條件下，相對過剩人口不僅是資本累積的必然產物，而且是資本主義生產方式存在和發展的必要條件。①相對過剩人口的存在形成了產業後備軍，資本主義生產的發展隨時都能獲得可以榨取的勞動力。資本主義生產通常具有週期性。在危機時期，生產縮小，對勞動力的需求大大減少，失業人口急遽增加。但在高漲時期，生產規模迅速擴大，迫切需要吸收大批勞動力。此時如果只是依靠工人人口的自然增長，顯然不能適應資本主義生產規模迅速擴大對勞動力急遽增加的需要。產業後備軍就像一個存儲勞動力的「蓄水池」，它可以隨時滿足資本對勞動力的需求。②由於相對過剩人口的存在，資本還可以加強對在業工人的剝削。因為在存在大量失業工人的情況下，勞動力必然供過於求。資本家不僅可以從市場上購買到更廉價的勞動力，而且還可以此威脅並壓低在業工人的工資，迫使他們提高勞動強度或接受其他種種苛刻條件，加強對他們的剝削。

資本主義社會的相對過剩人口有三種基本形式。

---

① 馬克思，恩格斯. 馬克思恩格斯全集：第23卷 [M]. 北京：人民出版社，1972：692.

第一種：流動的過剩人口。流動的過剩人口是指那些暫時從生產過程中被排擠出來的失業工人。流動過剩人口產生的基本原因，是各個部門資本主義生產發展、資本流動和資本有機構成變化的不平衡以及資本主義再生產過程中危機和繁榮時期的互相交替進行。這些流動的過剩人口主要存在於現代工業中心的大城市裡。在那裡，工人經常隨著生產的擴大和縮小或者其他各種原因時而被吸收時而被解雇，處於一種流動的狀態之中。

第二種：潛在的過剩人口。潛在的過剩人口是指那些在農村中多少還有一小塊土地，靠經營這一小塊土地和做短工維持生活的人。隨著農業資本主義的發展，農業中的大生產排擠小生產，使大量的小私有者破產。同時，由於農業資本有機構成的提高，農業對勞動力的需求相對減少。這就必然形成大量的農業過剩人口。這些過剩人口住在農村等待時機，準備隨時轉入城市做工。但在沒轉入城市前，因為他們還保留著一小塊土地，過著艱苦的生活，從形式上看，又好像沒有失業。所以，這種過剩人口稱為潛在的過剩人口。

第三種：停滯的過剩人口。停滯的過剩人口是指那些沒有固定職業，依靠干些雜活勉強維持生活的人。這些人的工作極不穩定，勞動時間長，工作條件差而工資又特別低。這種過剩人口還不斷從工業和農業過剩人口中得到補充。

除以上三種基本形式外，處在相對過剩人口最底層的是那些喪失勞動能力的人以及被迫流浪和墮落的人。他們是需要救濟的貧民。

[閱讀專欄]

當代資本主義國家失業狀況與勞動就業結構的調整變化

第二次世界大戰後，隨著資本主義經濟、技術的飛速發展，資本累積快速增進，資本有機構成不斷提高，資本主義國家的相對過剩人口和失業問題也在深化。20世紀90年代以來，在經濟合作組織中，歐盟的失業問題最為嚴重。1997年，歐盟15國平均失業率達10.7%，而美國為5.0%，日本為3.3%。日本經濟由於泡沫化的影響，「弱需求」相當頑固，經濟增長乏力，2002年失業率攀高到5.5%。資本主義失業問題由於受到其制度與技術因素的雙重制約，勞動就業領域表現出「縮員」與「擴員」同時並存的格局，結構性失業日趨明顯。一方面，隨著新技術在生產勞動中的應用，自動化裝置的機器設備排擠工人的現象相當突出。據美國《商業周刊》的預測，隨著智能機器人的出現，汽車製造行業中90%的工人可能被解雇，結果是美國每年有20多萬汽車工人失業；此外，鋼鐵業、建築業、農業以及公共工程等均有類似情況。另一方面，新技術在摧毀傳統工作崗位的同時，又創造出新的就業機會，引起新興行業勞動就業的增長。如據美國機器協會的一份報告分析，在2000年（當時美國約有200萬臺機器人），美國勞力市場上需要150萬名以上製造、修理、維護機器人的技師，而負責機器人電腦程序設計和編製軟件的工程師也

需要 100 萬人。世界聞名的美國計量經濟預測公司的預測報告也提出同樣的觀點，認為在 20 世紀 80 年代以來美國經濟中正在興起的勞務部門的就業人數將增加 750 萬，多於因企業使用機器人而失業的人數。這也許是近年來發達資本主義國家失業率反覆波動的一個重要原因。

另外，隨著現代科學技術的發展、產業結構的變化，勞動力結構也在發生變化。直接從事生產操作的「藍領工人」減少，而從事管理、策劃、設計、維護、財務、行銷等工作的「白領工人」增加，腦力勞動者在整個社會生產活動中的比重和作用越來越大。據統計，美國藍領工人在全美就業總數中所佔比重從 1900 年的 38.5% 下降到 1980 年的 31.7%，如今藍領工人僅佔 17%，而白領工人在全美就業總數中所佔比重從同期的 17.2% 上升到 52.1%。這說明結構性失業問題日益突出。

總之，上述分析的相對過剩人口及其形式是失業問題在資本主義制度下存在的特殊表現方式，而失業問題並不是資本主義經濟才有的現象。一般來講，失業是勞動力供給超過需求時表現出的總量失衡。這種現象並非自古就有，而是生產社會化和市場經濟發展的必然產物，是市場經濟國家中存在的一般經濟現象。因此，失業會在現代經濟中作為一個普遍的經濟問題而存在，無論是資本主義市場經濟或者社會主義市場經濟都無法避免。但是必須認識到的是，在資本主義生產方式條件下，作為失業特殊形式的相對過剩人口是私人資本對僱傭勞動的排擠和壓迫，失業服從於私人資本增殖的需要；而在公有制的市場經濟中，這種排擠和壓迫的性質消失了，只是由於市場經濟中各種自然因素的作用，失業本身並不會完全消失。

三、資本主義累積的一般規律和無產階級貧困化

以上分析說明，隨著資本累積的增進和資本有機構成的提高，社會財富必然越來越集中到資產階級手中，給無產階級帶來的卻是極其惡劣的後果。馬克思說：「社會的財富即執行職能的資本越大，它的增長的規模和能力越大，從而無產階級的絕對數量和他們的勞動生產力越大，產業後備軍也就越大。可供支配的勞動力同資本的膨脹力一樣，是由同一些原因發展起來的。因此，產業後備軍的相對量和財富的力量一同增長。但是同現役勞動軍相比，這種後備軍越大，常備的過剩人口也就越多，他們的貧困同他們所受的勞動折磨成正比。最後，工人階級中貧苦階層和產業後備軍越大，官方認為需要救濟的貧民也就越多。這就是資本主義累積的絕對的、一般的規律。」[①] 由此可見，資本主義累積的一般規律，實質上是指資本累積的進行必然會引起資產階級財富和無產階級貧困的累積的內在的、本質的、必然的聯繫。

資本主義累積的一般規律發生作用，一方面造成了資產階級的財富膨脹，另一方面

---

① 馬克思，恩格斯. 馬克思恩格斯全集：第 23 卷 [M]. 北京：人民出版社，1972：707.

又造成了無產階級的貧困化。無產階級貧困化是指整個無產階級處於貧困狀態，它有相對貧困化和絕對貧困化兩種表現形式。

　　無產階級相對貧困化是指無產階級的收入在社會國民收入中的比重下降。列寧指出：「工人的相對貧困化，即他們在社會收入中所得份額的減少更為明顯。工人在財富迅速增長的資本主義社會中的比較份額愈來愈小，因為百萬富翁的財富增加得愈來愈快了。」① 在資本主義社會財富的分配中，無產階級所占的份額是隨著資本主義經濟發展而相對下降的。例如，第二次世界大戰後美國製造業工人的工資在他們所創造的國民收入中占的比例，1947 年為 50%，1954 年為 47.4%，1963 年為 43.4%，1970 年為 42.8%，1973 年為 41.8%。另據中華人民共和國國務院新聞辦公室發布的《2000 年美國的人權記錄》，最富有的 1% 美國人擁有全國財產的 40%，而 80% 的美國人只佔有全國財富的 16%。20 世紀 90 年代以來，美國社會財富增長的 40% 流入了少數富人的腰包，多數窮人只得到其中的 1%。1977—1999 年，美國最富的 1/5 家庭的稅後收入增長了 43%，而最窮的 1/5 家庭的稅後收入（扣除通貨膨脹因素）卻下降了 9%，那些靠最低工資維持生計的人掙到的美元按實際收入計算還趕不上 30 年前的水準。美國社會中工薪階層的收入相比資本家的收入呈下降趨勢，1975—1995 年間美國 80% 的工薪階層平均收入下降了 16%。1975 年，美國工人平均收入為每週 455 美元，但 20 世紀 90 年代卻下降到了 410 美元。1975 年，美國普通工人的收入水準在全世界位居第三，而 20 世紀 90 年代他們的收入水準在工業化國家中已經降到了第 13 位。有 18% 以上的擁有全日制工作的美國人如今因收入過低而生活在貧困線以下。② 因此，無產階級相對貧困化同工人的生活水準是否有所改善是無關的。隨著社會生產的發展，「工人可以得到的享受縱然增長了，但是，比起資本家的那些為工人所得不到的大為增加的享受來，比起一般社會發展水準來，工人所得到的社會滿足的程度反而降低了。」③

　　無產階級的絕對貧困化，是指無產階級物質生活狀況的絕對惡化。正如列寧所說：「工人的貧困化是絕對的，就是說，他們簡直愈來愈窮，生活更壞，吃得更差，更吃不飽，更要擠在地窖和閣樓裡。」④ 無產階級絕對貧困化主要表現在實際工資下降、失業率提高、失業人口增加和生活在貧困線以下的人口大量存在等方面。但這種情況只存在於一部分工人之中，比如美國的失業工人和部分黑人工人、一些發展中的資本主義國家的工人；而且無產階級絕對貧困化並不是長期的、經常發生的普遍趨勢，而是間歇地、有時存在的現象。例如：①在機器代替手工勞動時期，由於資本有機構成的急遽提高，機器排斥了大量工人，再加上個體農民破產加入無產階級隊伍，形成了大量產業後備軍，勞動力供給大大超過需求，雇傭工人的實際工資下降等，造成了無產階級的絕對貧困

---

① 列寧. 列寧全集：第 18 卷 [M]. 北京：人民出版社，1959：430.
② 高英東. 美國社會的貧與富 [J]. 社會，1999 (11).
③ 馬克思, 恩格斯. 馬克思恩格斯選集：第 1 卷 [M]. 北京：人民出版社，1972：367 - 368.
④ 列寧. 列寧全集：第 18 卷 [M]. 北京：人民出版社，1959：430.

化。②資本主義經濟危機和經濟發展停滯,「使小生產者更加陷於破產,使雇傭勞動更加依賴資本,並更加迅速地引起工人階級狀況的相對的而有時是絕對的惡化。」① ③在物價上漲和通貨膨脹迅猛發展的時期,實際工資下降,工人所得的工資能買到的消費品和勞務越來越少。④在戰爭時期,工人的生活狀況由於戰亂影響而絕對惡化。馬列主義經典作家也反對把無產階級絕對貧困化看作一種經常不斷存在的現象。恩格斯曾針對《1881年社會民主黨綱領草案》中「無產者的人數和貧困越來越增長」的提法指出:「這種絕對地說是不正確的。工人的組織,他們的不斷增強的抵抗,會在可能範圍內給貧困的增長造成某些障礙。」② 列寧也說過:「我同樣認為,指出資本主義制度下,『群眾的窮苦和貧困』是十分必要的。我不主張說絕對地日益窮苦和貧困」③,「我沒有說過不斷遭到貧困。」④ ⑤生活在貧困線以下的人數不斷增加。所謂「貧困線」,是指政府確定和頒布的維持最低生活需要的收入標準。據美國政治和經濟聯合中心發表的一份報告,按家庭收入不到全國中等收入的40%列為貧困的標準來計算,20世紀80年代中期美國家庭的貧困率約為13.6%,加拿大為8.9%,英國為7%,法國為6.1%。⑤ 而據國務院新聞辦公室發布的《2000年美國的人權記錄》,號稱世界首富的美國,官方公布的生活在貧困線以下的人口也在呈現增長趨勢。1972年美國政府公布的「貧困線」是四口之家的年收入為4,275美元,當年全美國生活在這一貧困線下的人口為2,450萬人,占總人口的11%;2000年美國已有3,200萬人生活在貧困線以下,占總人口的12.7%,貧困率高於其他大多數工業化國家。這也是資本累積一般規律在當代資本主義經濟活動中作用的結果,即使是當代資本主義國家,也存在絕對貧困的現象。

四、貧困是一個世界性問題

貧困是一個社會經濟問題,它存在於歷史和現實之中,存在於世界範圍之內。

貧困不僅在經濟全球化浪潮中的富國與窮國之間的差距上體現出來,而且在不同制度類型的國家內部表現出來。根據聯合國開發計劃署發布的《2000年人類發展報告》:「全球收入不平等狀況在20世紀加劇了,其程度超過了以往任何時候。最富和最窮國家的收入差距,1820年大約為3:1,1950年大約為35:1,1973年大約是44:1,1992年大約是72:1。」⑥ 而許多國家反應富人和窮人收入差距的基尼系數在提高:「俄羅斯聯邦的基尼系數從1987—1988年間的0.23增長到1993—1995年間的0.48。瑞典、英國和美國的基尼系數在80年代和90年代初增長了16%以上。在大多數拉丁美洲國家,基尼

---

① 列寧. 列寧全集:第24卷[M]. 北京:人民出版社,1959:434.
② 馬克思,恩格斯. 馬克思恩格斯全集:第22卷[M]. 北京:人民出版社,1965:270.
③ 列寧. 列寧全集:第6卷[M]. 北京:人民出版社,1959:31.
④ 列寧. 列寧全集:第6卷[M]. 北京:人民出版社,1959:49.
⑤ 程恩富. 現代政治經濟學[M]. 上海:上海人民出版社,2000:109.
⑥ 聯合國開發計劃署. 2000年人類發展報告[R]. 北京:中國財政經濟出版社,2001.

系數仍很高，厄瓜多爾為 0.57，巴西和巴拉圭為 0.59。」① 世界銀行發布的《1990 年世界發展報告》稱 20 世紀 80 年代是「窮人被遺棄的 10 年」。② 在這 10 年之內，世界經濟有了長足的發展，全世界人均 GNP 也有了大幅度提高，但是貧困並沒有得到有效遏制，反而在世界範圍內肆意蔓延：世界上每人每天收入不到 1 美元的絕對貧困人口多達 10 億；這個數字到 1993 年發展到 12 億；③ 1995 年為 13 億，約占世界人口的 1/5；現在正以每年 2,500 萬人的速度增長。④ 發展中國家的貧困更為嚴重，聯合國統計報告中的數字觸目驚心：發展中國家 1/3 的人口生活在貧困之中，8 億人食不果腹，每年有 1,200 萬兒童在 5 歲前死去。在南亞居住著占世界 1/3 的人口，貧困人口占全世界貧困人口的一半。非洲 6.3 億人口中，約有 1/2 掙扎在饑餓線上。拉美地區約有 2 億人口生活在貧困線以下，占該地區人口總數的 1/3 以上。⑤

可見，貧困是「無聲的危機」，它不僅給發展中國家帶來嚴重的社會經濟後果，也危及世界的繁榮和穩定。為此，1992 年第 47 屆聯合國大會明確確定每年的 10 月 11 日為「國際消除貧困日」。1993 年第 48 屆聯合國大會宣布將 1996 年定為「國際消除貧困年」。1995 年 3 月聯合國在丹麥首都哥本哈根舉行的第一次有關社會發展的世界首腦會議上，發表了消除貧困、減少失業和加強社會融合的《哥本哈根宣言》和《行動綱領》。整個 20 世紀 90 年代，人類社會向貧困開戰，已取得了一定的成就，但不能說世界性的貧困問題已得到根本扭轉。正如世界銀行發表的《2000/2001 年世界發展報告》所指出的那樣：「在 21 世紀之初，貧困仍然是一個全球性的重大問題。」⑥ 因此，貧困和反貧困仍然是國際社會共同關注的一個跨世紀的難題。

儘管貧困問題成為世界各國面臨的一種災難性通病，貧困畢竟是一個社會問題，不是一個純粹的自然性災害問題，它的存在和演變與各個國家深層次的歷史背景和經濟、政治、社會、文化以及自然地理環境等內在和外在因素的綜合作用有關。從這個意義上講，在不同制度類型和不同意識形態的國家內發生的貧困又有差異性。比如我們不能夠將資本主義制度下資本累積進程所導致的無產階級貧困化狀況與今天中國的貧困問題完全等同而論。因為，資本主義社會貧困的根源正如馬克思在《資本論》中所深刻分析的那樣，是在資本雇傭勞動制度的條件下，隨著資本累積的發展、資本有機構成的提高、產業後備軍（失業人口）的增加，「他們（無產階級——編者）的貧困同他們所受的勞動折磨成正比」⑦ 這條由馬克思稱之為「資本累積一般規律」發揮作用的結果，是社會財富以資本形式在資本家階級一端累積，貧困在無產階級一端累積。因此，資本主義社

---

① 聯合國開發計劃署. 2000 年人類發展報告 [R]. 北京：中國財政經濟出版社，2001.
② 世界銀行. 1990 年世界發展報告 [R]. 北京：中國財政經濟出版社，1990.
③ 陳頤，丁士. 減緩貧困——世紀的承諾 [N]. 經濟日報，1995-10-23.
④ 程恩富. 現代政治經濟學 [M]. 上海：上海財經大學出版社，2000.
⑤ 程恩富. 現代政治經濟學 [M]. 上海：上海財經大學出版社，2000.
⑥ 世界銀行. 2000/2001 年世界發展報告 [R]. 北京：中國財政經濟出版社，2001.
⑦ 馬克思，恩格斯. 馬克思恩格斯全集：第 23 卷 [M]. 北京：人民出版社，1972：707.

會的失業、貧困和貧富鴻溝根本上是由資本主義制度造成的，是財產所有權和收入分配不均的直接後果。要根除資本主義社會的貧困，就必須消滅資本主義雇傭勞動制。而目前中國社會中發生的貧困現象，概括地講是中國社會生產力總體水準還不高，中華人民共和國成立後一段時期內思想政治路線上的失誤和改革時期新舊體制轉軌碰撞的副作用，以及某些地區惡劣的自然環境等因素共同作用的結果。因此，中國可以通過發展生產力、確立正確的思想政治路線、建立和完善社會主義市場經濟體制以及保護和改善自然生態環境等來逐漸緩解貧困，最終消除貧困，實現共同富裕。

[閱讀專欄]

中國的城鄉貧困狀況和減貧行動

20世紀90年代以前，中國的貧困問題主要是農村貧困問題。由於歷史和現實的各種原因，在1978年中國尚有2.5億農村人口得不到溫飽，占當時農村人口的30.7%。在此後的20多年中，農村經濟改革帶來農村經濟普遍增長，政府各項開發式扶貧政策相繼出抬，中國農村貧困人口數量大幅度減少。1978—2003年，農村沒有解決溫飽的極端貧困人口由2.5億人減少到2,900萬人，農村貧困發生率也由30.7%下降到3.1%，年均下降7.9%。因此，20多年的農村扶貧開發取得了巨大的成就。這些成就概括起來主要是：①解決了2億多農村貧困人口的溫飽問題，為中國邁向全面小康社會奠定了基礎；②貧困地區的生態環境、基礎設施和生產生活資料明顯改善；③科技、教育、文化、衛生等社會事業發展較快；④一些集中連片的貧困地區整體解決了溫飽問題。

20世紀90年代以來，隨著中國的城市社會和經濟體制改革的日益深入，中國城市貧困問題日益顯現。國有企業體制改革和產業結構的調整使得城鎮居民長期以來享有的政策庇護和福利優勢日漸喪失，一大批城鎮職工因企業的關、停、並、轉而下崗、失業，城鎮的貧困發生率有了較大的上升。關於城鎮貧困人口規模，目前尚無一個權威性的統計數據，不同機構和不同學者的估計存在一定差異，估計在1,400萬~3,000萬之間，占城鎮人口總數的比重為4%~8%。為了抑制城鎮貧困的惡化，目前中國政府構建了「三條保障線」制度——下崗職工基本生活保障制度、失業保險制度和城市居民最低生活保障制度，以緩解城鎮貧困問題。

第三節　資本主義累積的歷史趨勢

一、資本的原始累積

資本累積以剩餘價值為前提，剩餘價值以資本主義生產為前提，資本主義生產以商品生產者掌握大量資本和勞動力為前提。商品生產者最初掌握的資本和勞動力都是通過

資本原始累積取得的。由於「創造資本關係的過程，只能是勞動者和他的勞動條件的所有權分離的過程，這個過程一方面使社會的生活資料和生產資料轉化為資本，另一方面使直接生產者轉化為雇傭工人。因此，所謂原始累積只不過是生產者和生產資料分離的歷史過程。這個過程所以表現為『原始的』，因為它形成資本及與之相適應的生產方式的前史。」①

對農民的土地的剝奪，是使直接生產者轉為雇傭工人的主要方式，它形成資本原始累積「全部過程的基礎」②。這種掠奪在英國進行得最徹底、最典型。15 世紀末到 19 世紀初，英國毛紡業興起，世界市場驟然擴大。新興的資產階級為了發展牧羊業，進行了大規模的「圈地運動」。他們用暴力強占耕地，平毀村莊，並將強占的耕地連成一片，圍上籬笆，變成牧場，土地被圈的農民破產，淪為乞丐和流浪者。當時的國家還頒布了許多血腥的法律，用鞭打、烙印、監禁以至於死刑等酷刑來禁止農民流浪行乞，強迫他們成為資本主義的雇傭勞動者。

對貨幣財富的剝奪是資本原始累積的重要因素。這是通過殖民制度、國債、重稅、關稅保護和商業戰爭等暴力手段進行的。在這些手段中，殖民制度起著特別重要的作用。「美洲金銀產地的發現，土著居民的被剿滅、被奴役和被埋葬於礦井，對東印度開始進行的徵服和掠奪，非洲變成商業性地獵獲黑人的場所：這一切標誌著資本主義生產時代的曙光。這些田園詩式的過程是原始累積的主要因素。」③

總之，資本的原始累積過程是通過暴力來實現的。「資本來到世間，從頭到腳，每個毛孔都滴著血和骯臟的東西。」④

二、資本累積的歷史趨勢

資本主義生產方式既是通過原始累積以暴力方式剝奪小私有者建立起來的，又是通過進一步剝奪無產者和中小資本家不斷發展起來的。

在資本發展過程中，資本不僅通過資本積聚使資本財富累積起來，而且通過資本集中使大量資本財富越來越集中在少數大資本家手中。因此，資本累積過程不僅是資本對無產者的剝奪過程，同時也是少數大資本對中小資本的剝奪過程。隨著資本累積的進行、資本的積聚和集中，資本主義的生產規模越來越大，生產社會化的程度越來越提高，但是生產資料和勞動產品卻越來越集中到少數大資本家手中。這樣，生產社會化和生產資料資本主義佔有制之間的矛盾，即資本主義的基本矛盾必然日趨尖銳。資本主義基本矛盾的尖銳化表明資本主義生產關係已經不適合生產力的性質了。儘管在資本主義生產關係發展過程中，也可以通過一些措施暫時緩解這個矛盾，但不可能從根本上解決

---

① 馬克思，恩格斯. 馬克思恩格斯全集：第 23 卷 [M]. 北京：人民出版社，1972：782－783.
② 馬克思，恩格斯. 馬克思恩格斯全集：第 23 卷 [M]. 北京：人民出版社，1972：784.
③ 馬克思，恩格斯. 馬克思恩格斯全集：第 23 卷 [M]. 北京：人民出版社，1972：819.
④ 馬克思，恩格斯. 馬克思恩格斯全集：第 23 卷 [M]. 北京：人民出版社，1972：829.

這個矛盾。隨著資本主義的發展和資本累積的增進，從總的發展趨勢來看，資本主義生產關係和生產力發展的不適應程度將會愈益加深。資本主義的生產關係將由資本主義初期促進生產力發展的因素，日益成為生產力發展的障礙。

馬克思通過對資本主義累積內在規律的分析，提出了資本主義制度必然為社會主義制度所代替的論斷。他認為，資本主義累積不斷進行所造成的生產社會化的發展，是過渡到更先進的社會制度——社會主義制度的客觀物質條件。與此同時，隨著資本主義累積的進行，資本主義生產的發展，無產階級人數的增加，無產階級隊伍在不斷擴大，無產階級的組織性和團結戰鬥性在不斷提高，這又為資本主義向社會主義過渡創造了主觀條件。因此，隨著資本主義累積的進行，資本主義基本矛盾尖銳化到一定程度時，「資本主義私有制的喪鐘就要響了。剝奪者就要被剝奪了」[①]。由此可見，資本主義累積的歷史趨勢在於資本主義社會必然被社會主義社會所代替。

小　結

（1）社會生產始終是一個連續不斷、周而復始的再生產過程。社會再生產按其內容來講包括物質資料的再生產和生產關係的再生產，按其規模可劃分為簡單再生產和擴大再生產兩種類型。

（2）分析資本主義再生產能夠揭示出在孤立的資本主義生產過程中不能發現的資本主義經濟關係的運動特點。

資本主義再生產的主要形式和特徵是擴大再生產。擴大再生產的源泉是資本累積。資本累積就是剩餘價值再轉化為資本的過程。在資本主義條件下，資本家將無償佔有的剩餘價值轉化為資本，擴大生產規模以無償佔有工人創造的更多剩餘價值，這就是資本累積的實質。它反應了商品生產所有權規律轉變為資本主義佔有規律的客觀要求。

（3）由資本技術構成決定，並反應資本技術構成變化的資本價值構成，就是資本有機構成。隨著資本累積的發展，資本有機構成表現為不斷提高的趨勢，而資本有機構成的提高是以個別資本增大為前提的。個別資本的增大有兩種基本形式：資本積聚和資本集中。

（4）資本累積不斷增進和資本有機構成提高，形成相對過剩人口，從而帶來失業。這種失業是資本主義社會的特殊表現形式。而失業並非資本主義經濟的特定產物，它是生產社會化和市場經濟發展的一般經濟現象。

（5）資本主義累積的一般規律，一方面造成了資產階級的財富膨脹，另一方面又造成了無產階級貧困的累積。在資本主義條件下，無產階級的相對貧困和絕對貧困是客觀存在的。而一般意義上的貧困是世界範圍內普遍存在的問題。

---

① 馬克思，恩格斯. 馬克思恩格斯全集：第23卷 [M]. 北京：人民出版社，1972：831-832.

(6) 資本主義累積首先經歷了原始累積，即用暴力手段剝奪小生產者和勞動者，確立了資本主義生產方式的統治地位；然後是資本主義累積的發展，從而使資本主義基本矛盾形成、演變和尖銳化，最終使資本主義制度必然被社會主義制度代替。這是資本主義累積的歷史總趨勢。

複習思考題

1. 解釋下列名詞概念：
社會再生產　　　資本累積　　　資本有機構成　　　資本積聚　　　資本集中
相對過剩人口　　　　　無產階級貧困化　　　　　資本原始累積
2. 分析資本主義簡單再生產過程有什麼意義。
3. 怎樣從商品生產所有權規律轉變為資本主義佔有規律理解資本累積的實質？
4. 如何看待資本累積、資本積聚、資本集中三者的關係？
5. 相對過剩人口是怎樣形成的？為什麼說失業是生產社會化和市場經濟發展的一般經濟現象？
6. 如何認識資本主義制度下無產階級貧困的特殊性和世界範圍內貧困存在的一般性？

閱讀書目

1. 馬克思. 資本論：第1卷［M］. 北京：人民出版社，1975.
2. 列寧. 資本主義社會的貧困化［M］//列寧. 列寧全集：第18卷. 北京：人民出版社，1975.
3. 劉詩白.《資本論》教程［M］. 成都：西南財經大學出版社，1989.
4. 錫德尼·維伯，比阿特里斯·維伯. 資本主義文明的衰亡［M］. 秋水，譯. 上海：上海人民出版社，2001.
5. 馬爾薩斯. 人口原理［M］. 朱泱，等，譯. 北京：商務印書館，1996.

參考文獻

1. 黃素庵，甄炳禧. 重評當代資本主義經濟［M］. 北京：世界知識出版社，1996.
2. 袁志剛. 失業經濟學［M］. 上海：上海三聯書店，1997.
3. 劉堅. 中國農村扶貧開發綱要：2001—2010年［M］. 北京：中國財政經濟出版

社，2006.

4. 世界銀行. 2000/2001 年世界發展報告［R］. 北京：中國財政經濟出版社，2001.

5. 程恩富. 現代政治經濟學［M］. 上海：上海人民出版社，2000.

6. 劉詩白. 馬克思主義政治經濟學原理［M］. 成都：西南財經大學出版社，2006.

第四章　資本循環與週轉

學習目的與要求：通過對本章的學習，瞭解和掌握產業資本的循環運動要經過哪些階段、資本在不同的階段上會採取什麼形式並履行什麼職能，理解資本運動的連續性及其連續運動的條件、加快資本週轉的意義以及加快資本週轉速度的方法，從而全面把握資本的本質及運動規律。

第一節　資本的循環

分析資本的循環，側重研究的是資本在運動中所經歷的形態變化，闡明個別資本運動的階段性和連續性。

一、產業資本循環的三個階段和三種職能形式

分析資本循環是以產業資本為例來進行的。產業資本，就是投在工業、農業、物資運輸業、建築業等物質生產部門的資本。資本家投資於產業部門，也像投資於其他部門一樣，是為了獲取剩餘價值。但要實現資本價值的增殖，就必須使資本處於不斷運動中，使其不停地吸收活勞動。

產業資本在現實運動中總是由流通過程進入生產過程，再由生產過程進入流通過程。它們依次經過購買階段、生產階段、售賣階段三個階段，並相應地採取貨幣資本、生產資本、商品資本三種職能形式。

（一）資本循環的第一階段：資本的購買階段

在資本循環的第一階段，資本家帶著一定數量的貨幣資本進入市場，購買生產資料和勞動力，為直接生產過程的進行準備條件。用 A 代表勞動力，Pm 代表生產資料，G 表示預付資本。資本循環第一階段的公式是：

$$G—W \begin{cases} A（勞動力） \\ Pm（生產資料） \end{cases}$$

資本家購買的生產資料和勞動力之間，必須保持適當的比例，即一定數量、性能的生產資料，只能配備一定數量和質量的勞動力。這種比例關係是由資本技術構成決定的。就資本循環第一階段公式的形式來看，一定貨幣額轉化為一定數量的商品，貨幣仍

然充當購買手段和支付手段的職能,這一階段似乎僅從事一般商品流通。那麼,為什麼它又是資本循環的一個特定階段呢?因為貨幣的這種購買行為是整個資本運動的一個重要環節。在這一階段,貨幣除了購買生產資料外,關鍵是還購買了勞動力這種特殊商品,從而為生產剩餘價值準備了條件,因此,貨幣成為了資本的存在形式(即貨幣資本)。資本購買階段的內容,實際上就是資本由貨幣資本轉化為生產資本。

資本家用貨幣購買到勞動力和生產資料時,資本由貨幣形態變成了生產要素的實物形態,為資本主義生產準備好了客觀條件。這時,資本循環的第一階段即告結束,資本進入第二階段的運動。

(二) 資本循環的第二階段:資本的生產階段。

資本循環的第二階段發生在生產領域。資本家把在流通領域裡購買到的生產資料和勞動力帶回工廠,按照他的意志和特定目的,在他的監督、指揮和管理下,使勞動力和生產資料結合起來,進行生產。經過生產過程,生產出來的商品與當初購買進來的商品完全不同,價值量發生了變化。現在生產出來的新商品中包含了雇傭工人創造的剩餘價值。以 P 表示生產過程,W′表示包含了剩餘價值的商品,虛線表示流通過程的中斷和生產過程的進行。資本循環第二階段的公式為:

$$W \begin{cases} A \\ Pm \end{cases} \cdots P \cdots W'$$

從形式上看,這個公式與一般商品生產過程並無區別。因為在任何社會形態下,都必須具備生產資料和勞動力這兩個要素,並使二者結合起來,才有現實的生產。那麼,又怎能說它是資本循環的一個特定階段?這裡的關鍵是看生產資料和勞動力採取怎樣的結合方式。二者結合的社會方式不同,也就形成了不同的經濟結構,體現了不同的生產關係。在資本主義私有制下,勞動者和生產資料是分離的。資本家或資本家集團壟斷了生產資料,勞動者一無所有。只有當勞動者的勞動力作為商品出賣給資本家之後,才在資本家的支配下,「作為他的資本的生產的存在方式結合起來的」[①]。在資本主義制度下,以生產要素的這種特殊結合方式來進行的生產,生產出來的就不是一般的商品,而是包含著雇傭勞動者所創造的一定剩餘價值的商品。生產要素結合的特殊社會方式和特殊作用使生產資料和勞動力不僅發揮著生產要素的作用,而且發揮著資本的作用,進而成為資本的存在形式(即生產資本),具有生產價值和剩餘價值的職能。

生產階段是資本循環過程中具有決定意義的階段。在這一階段,資本不僅在形態上發生了變化,資本的價值也發生了增殖。一旦生產資本生產出帶有剩餘價值的商品來,生產階段即告結束,生產資本就轉化為商品資本。資本循環第二階段的結束,就是第三階段的開始。

[①] 馬克思,恩格斯. 馬克思恩格斯全集:第24卷 [M]. 北京:人民出版社,1972:44.

(三) 資本循環的第三階段：資本的售賣階段

資本循環的第二階段雖然生產了剩餘價值，但並沒有真正實現它，資本運動還要繼續進行。在資本循環的第三階段，資本家帶著包含有剩餘價值的商品重新回到市場，將包含有剩餘價值的商品賣出，換回貨幣，實現商品的形態變化，即由商品形態轉化為貨幣形態，資本又重新回到最初的貨幣形態。但是資本家收回的貨幣不同於當初墊付的貨幣，它發生了量的變化。它包含了剩餘價值，是一個增殖了的貨幣資本。資本循環的第三階段，就是商品資本轉化為貨幣資本的階段。資本循環第三階段的公式是：

$$W'-G'$$

從現象上看，這個公式與一般商品流通過程的銷售階段沒有多大區別，都是出賣商品，換回貨幣，只是價值形態的變化。但從本質上考察就會發現，這裡的商品（W'）不是簡單商品生產的產物，而是資本主義生產過程的結果；商品（W'）是預付資本價值和剩餘價值的物質承擔者，體現了資本家對雇傭勞動的剝削關係。因此，這裡的商品（W'）不僅僅是商品，而且是商品資本（即以商品形式存在的資本）。商品資本的職能是實現商品價值和剩餘價值。$W'-G'$的運動過程，不僅是商品的價值形態變化的過程，還是資本和剩餘價值的實現過程。G'代表著價值增殖了的貨幣量。資本循環第三階段結束，完成了由商品資本到貨幣資本的轉化過程。經過商品到貨幣的轉化過程，資本家一方面收回了當初預付的資本價值（G），另一方面實現了在生產過程中新創造出來的剩餘價值（ΔG），這實際上也是墊支資本的復歸過程和實現剩餘價值的過程。G'既是第一個循環的終點，又是第二個循環的起點。

售賣階段是一個十分關鍵和特殊的階段，其原因在於：①如果W'賣不掉，資本不能順利地通過售賣階段，資本循環就不能回到它原來的出發點，資本的再生產過程就會中斷。因此，馬克思把這一階段稱之為「驚險的跳躍」[①]。②W'是全部出售還是部分出售，將關係到預付資本價值收回和剩餘價值實現的多少，從而關係到一個企業的命運。③商品出售速度的快慢，在不同程度上影響同一資本在再生產中的作用大小，從而影響再生產規模的大小。因此，售賣階段關係著這一次資本循環的終結，又關係著下一次資本循環的開始。

綜上所述，我們可以作出如下歸納：

（1）資本循環就是指：資本在運動過程中，依次經過購買階段、生產階段和售賣階段三個階段，相應採取貨幣資本、生產資本和商品資本三種職能形式，使價值得到了增殖，最後又回到了原來的出發點。資本循環的全過程公式為：

$$G-W\begin{cases} A \\ Pm \end{cases} \cdots P \cdots W'-G'$$

[①] 馬克思，恩格斯. 馬克思恩格斯全集：第23卷［M］. 北京：人民出版社，1972：124.

（2）資本循環的三個階段是互相連接、有機統一的。資本必須順利地依次通過這三個階段，不停地從一個階段轉到另一個階段，其循環才能順利進行。一旦在某一階段遇到障礙，整個循環就有可能中斷。如在第一階段G—W遇到障礙，貨幣買不到生產資料和勞動力，無法為生產剩餘價值作好準備，就會變為貯藏貨幣。資本在第二階段受阻，意味著生產資料和勞動力處於閒置狀態，不能生產出剩餘價值。資本在第三階段受阻，表明商品賣不出去，就不能收回預付資本和實現剩餘價值。

（3）貨幣資本、生產資本和商品資本，只是產業資本在循環過程中所採取的三種不同職能形式，而不是三種不同類型的獨立資本。

（4）在資本循環的三個階段中，第一階段和第三階段是資本的流通過程，第二階段是資本的生產過程。生產過程是起決定性作用的過程，流通過程為剩餘價值生產作準備並實現剩餘價值。所以資本的循環過程，是流通過程和生產過程的統一。

二、產業資本的三種循環形態

產業資本在循環過程中要順次採取三種資本形式。每一種資本形式都會形成自己的獨立循環，從而使產業資本有了三種循環形態：

$$G—W \cdots P \cdots W'—G' \cdot G—W \cdots P \cdots W'—G'$$

（①：G—W⋯P⋯W'—G'；②：W⋯P⋯W'—G'·G—W；③：P⋯W'—G'·G—W⋯P）

這個公式表明，產業資本循環集三種循環形態於一體，包含了貨幣資本的循環、生產資本的循環和商品資本的循環。

（一）貨幣資本的循環：$G—W \begin{cases} A \\ Pm \end{cases} \cdots P \cdots W'—G'$

貨幣資本的循環，就是指從貨幣資本出發最後又回到貨幣資本的循環形態。這個循環形態的起點是資本家預付的貨幣資本G，終點是增殖了的貨幣資本G'，因此，貨幣資本循環的公式可以縮寫成 $G \cdots G'$。貨幣資本循環最明顯地暴露了資本主義的本質特徵——以追求剩餘價值為生產目的。從這個意義上講，貨幣資本的循環是產業資本循環的典型和一般的形態。

貨幣資本循環也有片面性。首先，從它的循環形式來看，起點是貨幣，終點是增殖了的貨幣。資本家收回的貨幣比他當初投放的貨幣要多，似乎貨幣本身具有一種生產貨幣的能力。其次，貨幣資本循環的起點和終點都發生在流通領域，而在資本增殖中具有決定性作用的生產過程只處於中間環節，僅僅是兩個流通過程的媒介。這就容易造成一種錯覺，仿佛增殖的價值是在流通過程中產生的，從而掩蓋了剩餘價值的真正來源。馬

克思說：「貨幣資本的循環，是產業資本循環的最片面、從而最明顯和最典型的表現形式」①。

（二）生產資本的循環：P⋯W′—G′—W⋯P

生產資本的循環就是以生產資本為出發點，最後又回到生產資本的循環形態。這一循環形態是從生產過程開始，經過一定階段和一系列形態變化，又回到下一個或新的生產過程。該循環公式可以縮寫成 P⋯P。生產資本循環的起點和終點都是生產過程，流通過程處於中間環節，是生產過程的媒介。這樣，生產過程的決定性地位就突出地體現出來了。由於它的起點和終點都是生產過程，因而它的一次循環就表現了資本主義的再生產，同時也表明了它是剩餘價值的生產和再生產。

生產資本的循環也有片面性。貨幣在生產資本循環公式中，僅充當流通手段和支付手段，只表現為維持再生產的媒介，價值增殖過程沒有得到表現，從而掩蓋了資本主義的生產目的——對剩餘價值的追求。這也容易給人造成一種錯覺，似乎資本主義生產目的不是為了賺錢，而是為了生產某種使用價值，生產本身就是目的。

（三）商品資本的循環：W′—G′—W⋯P⋯W′

商品資本的循環，是從商品資本出發最後又回到商品資本的循環形態。商品資本的循環有它自己的特點。商品資本循環起點上的商品，已經包含有剩餘價值；經過一系列階段和形態變化，回到終點上的是一個增殖了的商品資本。它的循環公式可以縮寫成 W′⋯W′。這一循環公式表明，循環起點上的商品 W′ 和終點上的商品 W′，都是生產過程的直接結果。商品資本循環的最初階段，是增殖了的商品銷售階段，實際上是資本價值和剩餘價值的實現過程；而這一過程的實現，是以這些產品全部被消費為前提的。可見，商品資本循環一開始就不僅是資本價值的循環，還包含著剩餘價值的循環。

商品資本的循環也有片面性。這個循環的起點是以商品銷售過程的實現為條件的，而它的終點又是流通過程的銷售階段的開始。似乎流通過程在資本運動中占首要地位，在資本主義生產過程中，商品的實現和消費是首要問題。這就給人造成一種假象，好像資本主義生產和再生產不是為了追求剩餘價值，而是為了滿足社會的需要，容易模糊資本主義生產的唯一目的和絕對動機是對剩餘價值的追求。

產業資本的三種循環狀態都從某個側面反應出了資本運動的特性，但同時又都有一定的片面性。所以，必須把三種循環形態統一起來加以考察，才能全面把握資本運動的實質及其運動規律。

三、產業資本循環是三種循環形態的統一

資本價值不斷增殖的實現，是以資本循環的連續性、三種循環形態統一地運動為條件的。連續性是資本的一個重要特徵。資本循環的連續性，就是資本的三種循環同時不

---

① 馬克思，恩格斯. 馬克思恩格斯全集：第 24 卷 [M]. 北京：人民出版社，1972：71.

間斷地在各種職能形式上和各個階段上運動。

產業資本要連續地循環，三種循環形態要統一地運動，必須具備兩個基本條件：

(一) 產業資本的三種職能形式在空間上的並存性

產業資本家必須把他的全部資本按照一定比例分成三個部分，使其同時並存於貨幣資本、生產資本和商品資本三種職能形式上。只有這樣，資本的三種職能形式才能順序地依次更替，循環的三個階段才不會中斷。如果資本家投下的資本只採取一種形式，即最初全部資本都採取貨幣資本的形式，接著全部轉化為生產資本，然後又全部轉化為商品資本，最後又全部回到貨幣資本的形式上來，資本循環就要受到影響，甚至可能完全中斷。假定資本家有 3,000 元資本，如果最初全部用來購買生產資料和勞動力，全部投入生產過程。很顯然，一到生產過程結束，這 3,000 元的資本都變成了增殖的商品資本。由於缺乏生產要素的繼續供給，生產必然出現停工待料的現象。只有將商品銷售後換成貨幣，才能重新購買生產資料和勞動力，生產才能繼續進行。所以資本家必須把他的資本按照一定比例同時分配在貨幣資本、生產資本和商品資本三種形式中，做到三種資本形式在空間上同時並存，才不會有生產過程與流通過程的中斷。比如把 1,000 元投放在貨幣資本形式上，把另外的 2,000 元分別投放在生產資本和商品資本形式上。這樣，當 1,000 元貨幣資本轉化為生產資本時，同時就會有 1,000 元的商品資本轉化成貨幣資本；當 1,000 元生產資本轉化成商品資本時，同時就會有 1,000 元的貨幣資本轉化成生產資本；當 1,000 元商品資本轉化成貨幣資本時，同時就會有 1,000 元生產資本轉化成商品資本。只有這樣，資本循環才能繼續進行。

(二) 產業資本三種循環形態在時間上的繼起性

產業資本要連續地進行，不僅要使一筆資本按照一定比例分成三個部分並存於三種職能形式上，還必須使每一種資本形式同時順次地通過資本循環的三個階段，依次改變它們的形式，最後回到原來的形式上。即一部分資本在進行貨幣資本循環時，第二部分資本就必須相繼進行生產資本的循環，第三部分資本必須相繼進行商品資本的循環。仍以前述例子加以說明：假如在商品資本上的 1,000 元商品資本賣不出去，變不成貨幣，它就不可能轉化成貨幣資本和生產資本，這 1,000 元資本就表現為商品積壓。時間長了，原來處在貨幣資本和生產資本形式上的 2,000 元資本也都會逐步變成商品資本，並在商品資本的形式上積壓起來。結果，產業資本循環就要中斷。因此，資本的各種形態的循環是互為前提、互為條件的。假如其中一種資本形式不能順次通過資本循環的其他階段，其他兩種資本形式的循環就會受阻礙。要實現資本的連續運動，既要使貨幣資本不斷地轉化為生產資本，再轉化為商品資本，最後又回到貨幣資本形式上，又要使生產資本和商品資本也分別轉化為其他兩種形式，最後又回到它們原來的形式上。

產業資本三種職能形式的並存性和三種循環形態的繼起性，決定了產業資本的三種循環形態同時並存，統一地運動。只有這樣，才能實現產業資本運動的連續性。馬克思指出：「產業資本的連續進行的現實循環，不僅是流通過程和生產過程的統一，而且是

它的所有三個循環的統一。」①

通過圖 4-1 我們可以加深理解：

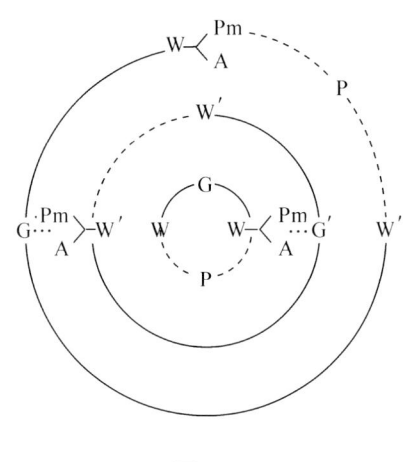

图 4-1

在資本主義私有制下，由於競爭和生產的無政府狀態加劇，資本循環連續進行所必需的條件經常遭到破壞，因而資本循環的中斷是常見的現象。

第二節 資本的週轉

資本循環和資本週轉，都是資本的運動形式，只不過分析的角度和側重點不同而已。考察資本週轉的重點在於說明資本運動速度的快慢、時間的長短以及它們對剩餘價值生產的影響。

一、資本循環與資本週轉的關係

資本主義的生產目的，就是以盡量少的預付資本榨取盡可能多的剩餘價值，不斷實現資本價值的增殖。資本價值的每一次增殖，都必須順次經過購買、生產、銷售三個階段，完成整個循環過程。資本要不斷增殖，就必須一次循環過程接著一次循環過程地進行下去，周而復始、循環往復地運動。這種不斷反覆、周而復始的資本循環，就叫資本週轉。馬克思說：「資本的循環，不是當作孤立的行為，而是當作週期性的過程時，叫做資本的週轉。」②

資本循環與資本週轉是兩個既有聯繫又有區別的概念。其聯繫表現在：首先，資本

---

① 馬克思，恩格斯. 馬克思恩格斯全集：第 24 卷 [M]. 北京：人民出版社，1972：119.
② 馬克思，恩格斯. 馬克思恩格斯全集：第 24 卷 [M]. 北京：人民出版社，1972：174.

循環是資本週轉的起點和基礎。沒有資本的循環就沒有資本的週轉。週轉就是周而復始的循環。其次，資本完成一次循環，也就完成一次週轉，這時資本循環的時間同時也是資本週轉的時間。

資本循環與資本週轉的區別在於：首先，資本循環是從出發點又回到出發點；資本週轉則是從出發點重新出發，反覆不斷地循環。其次，資本循環揭示的是資本在一次運動中經歷了哪些階段、採取了哪些形式及行使了哪些職能；資本週轉揭示的是資本在不斷重複的週期性運動中所需要的時間、速度以及對剩餘價值生產和實現的影響。

資本週轉速度可以由週轉時間和週轉次數來表示。

二、資本週轉時間和週轉次數

資本週轉時間是指資本週轉一次所需要的時間，即生產時間和流通時間的總和。資本週轉一次要經過兩個不同的領域：一是生產領域，一是流通領域。由貨幣資本轉化為生產資本的階段即購買階段、由商品資本轉化為貨幣資本的階段即銷售階段，它們都是在流通領域進行的。由生產資本轉化為商品資本的階段，則是在生產領域完成的。資本停留在生產領域的時間，是資本的生產時間；資本停留在流通領域的時間，是資本的流通時間。

資本的生產時間包括三個方面的時間：

（一）原材料儲備時間

為了保證生產的正常進行，資本家必須事先儲備一定數量的原材料。有些原材料從市場採購回廠後，就算進入生產領域，也並沒有進入生產過程。而有些部門所需原材料的生產帶有季節性，必須及時收購，錯過了機會，就不容易買到質量好、價格便宜的原材料。因此，這一類原材料一般集中購買而逐步進入生產過程，逐步被消費掉，其儲備時間就更長。

（二）勞動時間

勞動時間即勞動者對勞動對象進行勞動加工的時間，是生產時間中最重要的時間。勞動時間的長短取決於多種情況：一是取決於生產部門的性質，例如服裝廠和造船廠的產品性質不同，它們的勞動時間就不一樣。服裝加工廠每天都能將一定數量的布料加工成各種款式的服裝，勞動時間短。造船廠生產一艘萬噸級輪船，往往要花幾個月甚至更長的時間。二是取決於生產技術水準。生產同樣的商品，由於生產技術條件的差別，勞動時間也可能不一致。越是先進的技術，勞動生產率越高，勞動時間就越短；越是設備陳舊、技術落後的企業，勞動生產率越低，生產同樣產品花的勞動時間就越長。

（三）自然力獨立作用於勞動對象的時間

這主要是指勞動對象的加工不是由勞動者來進行的，而是依靠自然力的作用完成的。在這段時間裡，勞動過程雖然中斷了，但它仍然是生產過程不可缺少的時間。如釀酒需要一定的發酵時間，穀物從播種到收穫要有一段自然生長的時間，木材加工前需要一定的干

燥時間，等等。自然力對勞動對象獨立發生作用的時間會隨著科學技術的進步大大縮短。現在有的勞動對象以前必須依靠自然力作用的部分已改由機械、電力等科學方法來完成，從而生產時間大大縮短了。

以上分析表明，生產時間和勞動時間是不一致的。生產時間往往要超過勞動時間，即超過資本價值真正發生價值增殖的時間。生產時間與勞動時間之間的差距愈小，生產資本的效率就愈大，資本的價值增殖能力也就愈強。

資本的流通時間，主要是指資本家購買原材料、勞動力和銷售商品的時間。因此，流通時間的長短由購買時間和銷售時間的長短決定。一般情況下，購買時間較短的，由貨幣轉化為商品比較容易。銷售時間較長的，由商品轉化為貨幣則比較困難。商品銷售時間的長短，要受商品本身自然性質的限制。有些商品在幾天或幾小時就會腐爛變質，需要迅速銷售出去，而有些商品可以保存較長時間。另外，市場供求狀況，價格波動的情況，競爭的激烈程度，生產地點離市場距離的遠近，交通運輸條件的好壞及商品本身的質量、款式等因素，都會影響資本的購買時間和銷售時間。

生產時間和流通時間是互相排斥的，因為資本在流通時間內不執行生產資本的職能，既不生產商品，也不生產價值和剩餘價值。資本在流通領域裡持續的時間越長，資本在生產領域裡執行職能的部分就越小。「流通時間越等於零或近於零，資本的職能就越大，資本的生產效率就越高，它的自行增殖就越大。」[1] 因此，縮短流通時間能提高資本的生產效率。而流通時間中最難於縮短的是銷售時間。隨著信用制度和科學技術的發展，提供消費信貸、電子商務等都能大大地縮短流通時間。

[閱讀專欄]

中國電子商務發展迅速

電子商務通常是指在全球各地廣泛的商業貿易活動中，在因特網開放的網絡環境下，基於瀏覽器/服務器應用方式，買賣雙方不謀面地進行各種商貿活動，實現消費者的網上購物、商戶之間的網上交易和在線電子支付以及各種商務活動、交易活動、金融活動和相關的綜合服務活動的一種新型的商業營運模式。

「十一五」時期，中國電子商務行業發展迅猛，產業規模迅速擴大，電子商務信息、交易和技術等服務企業不斷湧現。2010年中國電子商務市場交易額已達4.5萬億元，同比增長22%。2011年中國電子商務交易總額再創新高，達到5.88萬億元，其中中小企業電子商務交易額達到3.21萬億元。2012年第一季度，中國電子商務市場整體交易規模1.76萬億元，同比增長25.8%，環比下降4.2%。2012年第二季度，中國電子商務市場整體交易規模1.88萬億元，同比增長25.0%，環比增長7.3%。預計到2015年，中國規模以上企業應用電子商務比率將達80%以

---

[1] 馬克思，恩格斯. 馬克思恩格斯全集：第24卷[M]. 北京：人民出版社，1972：142.

上；網絡零售額相當於社會消費品零售總額的 9% 以上。

［以上資料摘編自：蔡靈，薛勝文，李方庭，等. 2013—2017 年中國電子商務市場投資分析及前景預測報告（上中下卷）[J]. 中投顧問：2007（7）.]

由於各生產部門、企業受到上述各種因素的影響不同，各個資本的生產時間和流通時間就不一致，從而資本週轉時間也不一樣。長期以來，人們習慣用「年」作單位來計算資本的週轉速度，這是因為在資本主義生產的故鄉，主要農作物都是一年收穫一次。資本週轉速度公式為：

$$n = \frac{U}{u}$$

其中 U 代表年，u 表示資本週轉一次所需時間，n 表示資本週轉次數（速度）。假設某個資本週轉一次需 4 個月，它一年的週轉次數就是 3 次（$n = \frac{12}{4}$）。假設另一個資本週轉一次的時間是 2 個月，它一年的週轉次數就是 6 次（$n = \frac{12}{2}$）。

資本週轉時間和資本週轉次數是按反比例變化的。在一定時間內，資本週轉時間愈短，週轉次數就愈多，週轉速度就愈快；反之，資本週轉一次所需的時間愈長，週轉次數就愈少，週轉速度就愈慢。一定量的資本在一定時期內週轉速度越快，表明它發揮作用的次數越多，這就意味著一個錢可以頂幾個錢用。因此，要增殖資本價值，就應該千方百計地縮短資本的週轉時間，增加資本的週轉次數，以加快資本的週轉速度。

三、固定資本和流動資本

資本週轉速度除了受生產時間和流通時間的長短影響以外，與生產資本的構成及生產資本各要素的價值週轉方式也有很大關係。

前面在分析資本循環和資本週轉時，是假定生產資本各要素的價值是一次全部轉移到新產品中去的。在實際經濟活動中，生產資本各要素的價值轉移方式是不同的，且對資本週轉速度有重大影響。按資本價值週轉方式，生產資本可以劃分為固定資本和流動資本兩個部分。

固定資本是指在物質形態上全部參加生產過程，其價值卻在多次生產過程中逐漸轉移到新產品中去的資本。固定資本是以廠房、機器設備等形式存在的那部分生產資本。它在物質形態上全部參加生產過程，而它的價值卻隨著廠房、機器、設備等的磨損，逐漸轉移到新產品中去；並隨著產品的銷售逐次收回。例如，一臺機器的價值是 10 萬元，能夠使用 10 年，它的價值每年就有 1 萬元轉移到產品中去；隨著產品的出售，每年就有 1 萬元的資本價值回到資本家手中。這臺機器的全部資本經過 10 年才轉移完畢。投在機器上的 10 萬元資本要經過 10 年才能逐步週轉回來。

要保證再生產的持續進行，必須把固定資本轉移的價值不斷提取並累積起來，以備

将來在實物上替換已磨損完畢、報廢的機器設備，這就是通常所說的折舊。為了補償固定資本的價值，資本家必須提取折舊費。資本家在出售商品後定期取出的相當於固定資本損耗程度的金額，就是折舊費，或稱折舊基金。每年提取的折舊基金與固定資本原始價值的比率，叫作折舊率。如前例，一臺價值10萬元可用10年的機器，年折舊率就為10%。折舊基金是用來補償已經消耗掉的勞動資料的價值，因而提取和使用折舊基金，一般說來它屬於簡單再生產範圍。

由於固定資本在平均使用年限內，在物質形態上是獨立存在並發揮作用的，不到全部磨損報廢，它是不需要更新的。在這種情況下，所提折舊基金在固定資本更新以前的一定時期內，也可以用來擴大企業規模，或用於改進生產條件，以提高機器效率。從這個意義上說，也是擴大再生產。但這種擴大再生產不是剩餘價值資本化，不是通過資本累積來實現的，而是由固定資本折舊基金再轉化為追加或效率更高的固定資本造成的。

固定資本要在一個較長的生產過程中發揮作用，就必須保持固定資本各個物質要素的正常工作能力和使用年限，因此，需要對其進行維護和修理，需要耗費一定費用。固定資本的修理分為小修理和大修理兩種。經常進行的小修理費用屬於流動資本。大修理費用屬於固定資本的局部更新，增加了固定資本的原始價值，包括在固定資本中，應由折舊基金補償。

固定資本在使用年限內每年都要發生磨損。固定資本的磨損可分為有形磨損和無形磨損兩種。

固定資本的有形磨損是同資本的物質形態的變化結合在一起的，人們能看得見、感覺得到，也叫物質磨損。機器的使用就會產生這種磨損。自然力的作用也會使固定資本受到這種磨損，如機器不被使用就會生鏽、腐蝕，廠房會經受風吹、雨淋、日曬、蟲蛀。這兩種情況下發生的磨損，屬於有形磨損。為了減少固定資本的有形磨損，企業可以加強對機器設備的維護和保養，使設備維持良好的效能。

固定資本的無形磨損，是指機器設備等在有效使用期間內同物質磨損無關的價值貶值。它只能使人們在精神上感覺到，而在實物形態上表現不出來，所以也稱為精神磨損。精神磨損是由兩方面原因引起的：一方面，由於生產技術的進步，勞動生產率提高了，生產和過去同樣的機器設備所需要的社會必要勞動時間就減少了，從而引起單位商品價值的降低，使過去生產的機器的價值發生貶值；另一方面，由於出現了新技術，發明了效能更高的新的機器設備，繼續使用原有機器就不合算，它只能被淘汰掉。這兩方面情況的出現，都會使資本遭受損失。比如，原來一臺機器的價值是10萬元，可使用10年，每年折舊費是1萬元。假如在使用兩年後，由於製造機器的部門實行了技術革新，每臺機器的價值由10萬元降到8萬元。原來那臺機器的價值，除了在頭兩年內已收回折舊費2萬元之外，還有8萬元沒有收回。但是，在今後的8年內，資本家已不能再按原來的10萬元的機器價值折舊了，只能按新生產出來的8萬元的機器價值折舊，即每年只能提取折舊費0.8萬元。因此，今後8年內的折舊費一共只能收回6.4萬元，比原

來應收回的10萬元少1.6萬元，這意味著資本家遭受了1.6萬元的損失。這種損失單從機器的物質形態是看不到的，只是現在使用的機器已不如過去值錢了，發生了貶值。資本家為了彌補這種損失，便千方百計地提高機器的利用率，加速固定資本的週轉，力求在盡量短的時間內把固定資本的投資收回。同時，資本家還採取加大固定資本的折舊、提高折舊率的辦法來減少精神磨損造成的損失。但是，提高折舊率會產生兩方面的影響：一方面，它會加快固定資本的週轉速度，從而可能使利潤總量增加；另一方面，它會增大生產成本，削弱產品在市場上的競爭力，從而可能使利潤總量減少。因此，一個企業必須制定一個既能加速資本週轉，又能確保一定利潤的折舊率。

流動資本是指在物質形態上參加一次生產過程後，全部價值轉移到新產品中去的資本。它是用來購買原料、燃料、輔助材料和工人勞動力的那部分資本。這部分資本的價值轉移方式是與固定資本的價值轉移方式不同的。屬於流動資本的這部分生產資料，在一次生產過程結束後，就喪失了原來的使用價值，它們的價值便一次全部轉移到新產品中去，並在出售產品後，以貨幣形式全部回到資本家手中。像棉紡廠的棉紗、卷菸廠的菸葉、面粉廠的小麥、製糖廠的甜菜等，它們在投入生產過程後，一次就喪失了原來的使用價值，形成了新產品的實體。棉紗變成布、甜菜變成白糖、小麥變成面粉。棉紗、甜菜、小麥的價值便全部轉移到棉布、白糖、面粉中去了，又隨著棉布、白糖、面粉的出售全部收回。

購買勞動力的那部分資本也屬於流動資本，但這一部分資本並不存在價值轉移問題。因為資本家支付給工人工資以後，工人把工資作為自己的收入用來購買消費品了，因而這部分價值並不轉移到新產品中去。而新產品中與購買勞動力價值相等的價值，是由工人在生產過程中重新創造出來的。但這一部分資本在價值的週轉方式上和墊支在勞動對象上面的資本價值一樣，都是一次墊支、一次收回。比如，資本家支付5元購買一個工人一天的勞動力，這個工人替資本家勞動8小時，創造的10元價值凝結在商品中；資本家出售商品後收回了10元價值，其中有5元用來支付工人一天的工資。由此可見，購買勞動力的資本與流動資本一樣，通過一次生產過程就可以從商品售賣價格中全部收回來，因而把購買勞動力的這部分資本也劃為流動資本。

固定資本與流動資本的區別如下：

（1）二者的價值週轉方式不同。在每次生產過程中，固定資本的實物形態是逐漸被消費的，其價值也是逐漸轉移到新產品中去的。而流動資本的物質要素參加一次生產過程就全部被消費，其價值也是一次全部轉移到新產品中去的。

（2）二者的週轉時間不同。在固定資本週轉一次的時間內，包含著流動資本的多次週轉；而且，固定資本的價值只是逐漸轉移到商品上的。流動資本的價值是全部一次轉移到商品中去，它的價值就全部一次進入流通過程。固定資本週轉速度慢，而流動資本週轉速度較快。

（3）二者的價值收回方式不同。投在固定資本上的價值，是一次全部預付出去，以

後在固定資本整個發揮作用的時期內逐漸收回；而投在流動資本上的價值也是一次全部預付出去，卻是一次全部收回。

（4）二者的實物更新方法不同。固定資本的要素是一次購買，在它發揮作用的整個時期內不需要再購買和更替；而流動資本隨著生產過程的連續進行，要不斷購買和更新。

處在流通領域中的貨幣資本與商品資本，通常叫作流通資本，而不是流動資本。流通領域中的貨幣資本和商品資本只是改變價值的存在形式，而不存在價值的轉移問題。所以，固定資本與流動資本的劃分只適用於生產資本，只有生產資本才有價值的轉移方式問題。

回顧第二章，我們發現資本有兩種劃分，即可變資本與不變資本的劃分和流動資本與固定資本的劃分。這兩種劃分都是對生產資本進行的劃分，但二者又有所區別：①二者劃分的目的不同。前者是為了揭示剩餘價值的源泉，後者是為了揭示資本構成對週轉速度的影響。②二者劃分的依據不同。前者的依據是資本的不同組成部分在剩餘價值生產中的作用不同，後者的依據是資本的不同組成部分的週轉方式不同。③二者劃分的物質內容不同。具體如圖4-4所示：

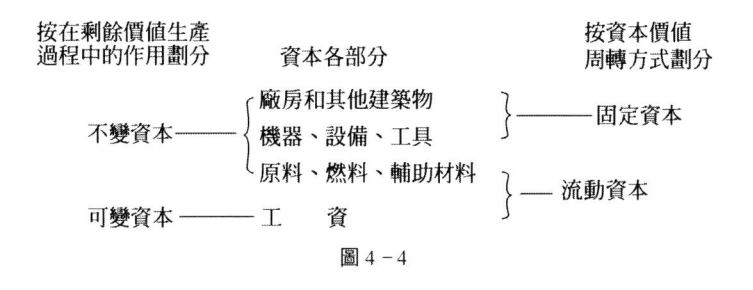

```
按在剩餘價值生產                              按資本價值
過程中的作用劃分      資本各部分              周轉方式劃分

                  ┌ 廠房和其他建築物 ┐
不變資本 ─────────┤ 機器、設備、工具 ├───── 固定資本
                  │                  │
                  └ 原料、燃料、輔助材料 ┘── 流動資本

可變資本 ───── 工      資
```

圖4-4

在固定資本與流動資本的劃分中，可變資本只是流動資本的一部分。因此，如果只把資本劃分為固定資本與流動資本，而不區分為不變資本與可變資本，就會掩蓋剩餘價值的真正來源。

四、預付資本的總週轉

由於固定資本和流動資本週轉一次所需的時間不同，預付資本的週轉速度就只能由資本的各組成部分的平均週轉速度來確定。資本週轉速度是指預付資本的總週轉速度。預付資本總週轉速度的公式為：

$$預付資本的總週轉速度 = \frac{固定資本週轉的價值總額 + 流動資本週轉的價值總額}{預付總資本}$$

固定資本週轉的價值總額＝固定資本年週轉次數×預付固定資本額

流動資本週轉的價值總額＝流動資本年週轉次數×預付流動資本額

假定某資本家的全部固定資本為 1,500,000 元，其中廠房 400,000 元，平均壽命 40 年；機器設備 900,000 元，可用 10 年；工具 200,000 元，平均壽命 4 年；全部預付流動資本 500,000 元，一年週轉 4 次。全部預付資本總週轉速度（次數）如表 4－1 所示：

表 4－1

生產資本的各種要素	價值（元）	一年週轉次數	一年週轉的價值總額（元）
固定資本	1,500,000	1/10	150,000
其中：廠房	400,000	1/40	10,000
機器設備	900,000	1/10	90,000
工具	200,000	1/4	50,000
流動資本	500,000	4	2,000,000
全部預付資本	2,000,000	1.075	2,150,000

從表 4－1 可看出，固定資本的一年週轉額為 150,000 元，流動資本的一年週轉額為 2,000,000 元，預付總資本為 2,000,000 元。因此，預付總資本一年的週轉次數為：

$$\frac{150,000 + 2,000,000}{2,000,000} = 1.075 \text{ 次}$$

上述計算表明，預付資本總週轉速度的快慢取決於兩個因素：一是固定資本和流動資本在生產資本中所占的比重。在生產資本中固定資本所占比重愈大，預付總資本的週轉速度就愈慢；相反，如流動資本占的比重愈大，則預付總資本週轉速度就愈快。二是固定資本和流動資本週轉的速度。在固定資本和流動資本所占比重既定的前提下，固定資本和流動資本週轉的速度越快，預付總資本的週轉速度就愈快；反之，則預付總資本的週轉速度愈慢。

隨著社會化大生產和科學技術的發展，預付資本週轉速度同時存在著減慢和加快兩種趨勢：一方面，技術裝備水準的提高，使固定資本的價值量在預付資本中所占比重日益加大，從而使預付資本的週轉速度減慢；另一方面，技術裝備水準的提高也為資本週轉時間的縮短提供了先進的物質手段，從而使預付資本的週轉速度加快。

五、加速資本週轉的意義和途徑

加速資本週轉對資本利用和資本價值增殖有著很大影響。資本的有限性和對資本價值增殖追逐的無限性，決定了加速資本週轉有著重要意義。

首先，加速資本週轉可以最大限度地發揮資本的潛能，節省資本的投入量。假定某企業每月需要預付流動資本 1 萬元，原來的資本週轉速度慢，流動資本一年週轉一次，一年內共需預付 12 萬元。後來，週轉速度加快，6 個月可週轉一次，一年只需預付 6 萬元流動資本。這樣，在保持原有生產規模和獲利狀況的同時，可以節省 6 萬元資本。因

此，資本週轉速度愈快，資本佔有量就愈少，資本使用效率就愈高。固定資本的週轉速度加快，既可避免或減少固定資本的無形磨損，又可提高固定資本的利用率，更快收回預付在固定資本上的資本，從而可投入更多資本更新固定資本或擴大生產規模，增殖更多的剩餘價值。

其次，加速資本週轉特別是流動資本的週轉，可以增加年剩餘價值量，提高年剩餘價值率。設甲、乙兩個資本主義企業的預付總資本相同，都是 10 萬元；它們生產資本的構成一樣，固定資本和流動資本各占 50%，即各為 5 萬元。又假定二者的流動資本中的可變資本都一樣，各為 2 萬元，剩餘價值率均為 100%，只是流動資本的週轉速度不同。甲企業的可變資本一年週轉 2 次，乙企業的可變資本一年週轉 4 次。年終，甲企業資本家獲得的剩餘價值總量為 20,000×100%×2＝40,000 元，乙企業年終獲得的剩餘價值總量為 20,000×100%×4＝80,000 元。

所謂年剩餘價值量（M），就是一年內生產的全部剩餘價值總量。由於可變資本週轉速度不同，兩個企業獲得的年剩餘價值總量差別極大。可變資本週轉速度越快，意味著實際發揮作用的可變資本愈多，雇傭的工人就愈多，剝削的工人也就愈多，即剝削的剩餘勞動量就愈大，因而年剩餘價值量也就愈多。

年剩餘價值率（M'），就是一年生產的剩餘價值總量與預付可變資本的比率，它表示一年內可變資本的增殖程度。其公式為：

$$年剩餘價值率（M'）＝\frac{一年生產的剩餘價值量}{預付可變資本}$$

由於年剩餘價值量 M＝m'vn，因此：

$$年剩餘價值率（M'）＝\frac{m'vn}{v}＝m'n$$

根據這一公式：

甲企業的年剩餘價值率（M'）＝100%×2＝200%

乙企業的年剩餘價值率（M'）＝100%×4＝400%

乙企業的可變資本週轉速度比甲企業快 1 倍，因而它所獲得的年剩餘價值量與年剩餘價值率比甲企業多 1 倍。但這並不意味著流通也產生剩餘價值，剩餘價值只能產生在生產過程中。這裡的關鍵是資本的週轉速度加快，使預付的可變資本與實際發揮作用的可變資本發生了分離；週轉速度越快，實際發揮作用的可變資本就越多，從而使年剩餘價值量增加，年剩餘價值率提高。

需要注意的是，年剩餘價值率（M'）與剩餘價值率（m'）是有所區別的。年剩餘價值率是一年內生產的全部剩餘價值總量與預付可變資本的比率，反應的是預付的可變資本的增殖程度；剩餘價值率則是一個生產週期內所生產的剩餘價值與實際發揮作用的可變資本的比率，反應的是資本對勞動的剝削程度。只有當預付的可變資本週轉速度為

1時，二者才能相等。

最後，加速資本週轉對剩餘價值的流通有著重要的影響，並進而影響資本家的生活、生產和再生產。剩餘價值的流通包括剩餘價值的實現和實現了的剩餘價值的使用。資本週轉速度的快慢決定著剩餘價值實現的快慢和實現了的剩餘價值的使用率。例如，有甲、乙兩個企業，資本週轉速度不同。甲企業每5周週轉一次，乙企業每年週轉一次。甲企業除了開辦企業的第一個5周需要預付消費基金外，從第二個週期起，其個人的消費可以用前一個週轉期期間不斷生產並實現了的剩餘價值支付；不僅如此，其追加的資本來源也可以用第一個週轉期後實現的剩餘價值來支付，從而使生產規模擴大，技術改造得到實現。而乙企業則必須由個人預付一年的消費基金和預付擴大再生產所需的追加資本。隨著信用制度的發展，剩餘價值流通快的企業或者要麼把已實現的剩餘價值的大部分存入銀行獲取利息，要麼通過其他途徑把已實現的剩餘價值進行投資以獲取更多的利潤。而剩餘價值流通慢的企業則不僅做不到這一點，相反還要從銀行借款，支付銀行利息。

可見，資本週轉速度對預付資本的使用效率、剩餘價值的生產和實現至關重要，必須想辦法加快資本週轉速度。加快資本週轉速度應從影響資本週轉速度的基本因素入手，主要有以下幾種方法：

一是努力提高企業的生產技術和管理水準，縮短生產時間，加快資本週轉速度；二是充分掌握市場需求及其變化規律，採用現代化手段，搞好市場行銷，縮短流通時間，加快資本週轉速度；三是合理分配固定資本和流動資本的比例，分別加快固定資本和流動資本各自的週轉速度。

[閱讀專欄]

大力發展現代物流業

物流業是融合運輸業、倉儲業、貨代業和信息業等的複合型服務產業，是國民經濟的重要組成部分，涉及領域廣，吸納就業人數多，促進生產、拉動消費作用大，在促進產業結構調整、轉變經濟發展方式和增強國民經濟競爭力等方面發揮著重要作用。

十屆人大四次會議通過的「十一五」規劃綱要中，首次單獨列出「要大力發展現代物流業」，這標誌著中國物流已由過去轉變觀念、普及知識、提高認識的起步期，進入理性、務實、持續、快速發展的新階段。

中國物流與採購聯合會副會長兼秘書長何黎明通過數據分析認為，21世紀的前10年至前20年將是中國物流需求的高增長期。「十一五」時期，正是中國工業化中期和調整經濟結構、轉變經濟增長方式的關鍵時期。現代物流作為生產性服務業正在向生產、建設、貿易等領域延伸。隨著國民經濟的穩定快速發展、進出口貿易的進一步擴大，物流需求的規模還會繼續擴大。

2008 年，全國社會物流總額達 89.9 萬億元，比 2000 年增長 4.2 倍，年均增長 23%；物流業實現增加值 2.0 萬億元，比 2000 年增長 1.9 倍，年均增長 14%。2008 年，物流業增加值占全部服務業增加值的比重為 16.5%，占 GDP 的比重為 6.6%。

中國物流業的總體水準仍然偏低，還存在一些突出問題：一是全社會物流運行效率偏低，社會物流總費用與 GDP 的比率高出發達國家 1 倍左右；二是社會化物流需求不足和專業化物流供給能力不足的問題同時存在，「大而全」、「小而全」的企業物流運作模式還相當普遍；三是物流基礎設施能力不足，尚未建立佈局合理、銜接順暢、能力充分、高效便捷的綜合交通運輸體系，物流園區、物流技術裝備等能力有待加強；四是地方封鎖和行業壟斷對資源整合和一體化運作形成障礙，物流市場還不夠規範；五是物流技術、人才培養和物流標準還不能完全滿足需要，物流服務的組織化和集約化程度不高。

(以上資料來源於：佚名. 大力發展物流業 [N]. 經濟日報, 2006 - 04 - 14；國家發改委. 物流業調整和振興規劃.)

小　結

(1) 資本循環分析考察的是資本運動中的形式變化和實現資本連續循環的條件。產業資本循環是資本從出發點又回到出發點的循環運動過程。它不僅是購買、生產、售賣三個階段的統一，是生產過程和流通過程的統一，還是貨幣資本循環、生產資本循環和商品資本循環三種循環形態的統一。為此，必須保持資本運動過程中三種職能形式在空間上的並存和三種循環形態在時間上的繼起，這是實現資本正常連續循環不可缺少、不可分割的兩個基本條件。

(2) 資本週轉分析考察的是資本運動的時間、速度及資本週轉速度對資本使用效果與價值增殖的影響。資本週轉是從出發點又重新出發，不斷重複地循環下去的一種週期性過程。資本週轉速度與資本週轉時間成反比，與資本週轉次數成正比。在週轉時間構成中的生產時間和流通時間的長短、生產資本構成中的固定資本和流動資本的安排比例及各自的週轉速度的快慢都會影響資本週轉速度。資本週轉速度對資本占用量、年剩餘價值量和年剩餘價值率以及剩餘價值的流通有著極其重大的影響。因此，必須想方設法地加速資本的週轉。

(3) 資本循環和週轉是個別資本運動的兩種形式，兩者既有聯繫又有區別。資本只有在不斷運動中才能保值和增殖。資本循環和週轉的基本原理，既適用於資本主義企業的運行，也適用於社會主義企業的運行，有著極其重要的理論和現實意義。

複習思考題

1. 解釋下列名詞概念：
產業資本　　　產業資本循環　　　資本週轉　　　固定資本　　　流動資本
年剩餘價值量　　年剩餘價值率
2. 實現產業資本正常循環的基本條件是什麼？
3. 簡述資本循環和週轉的關係。
4. 生產資本有哪兩種劃分？這兩種劃分有何不同？
5. 加速資本週轉有何意義？
6. 馬克思關於資本循環和週轉的理論對企業經營管理有何現實指導意義？

閱讀書目

1. 弓孟謙. 資本運行論析——《資本論》與市場經濟［M］. 北京：北京大學出版社，1998：中篇.
2. 郭元晞. 資本擴張［M］. 成都：西南財經大學出版社，1998：第二章.
3. 成思危，等. 風險投資在中國［M］. 北京：民族出版社，2000.
4. 陳徵，等.《資本論》在社會主義市場經濟中的運用與發展［M］. 福州：福建教育出版社，1998.

參考文獻

1. 馬克思. 資本論：第2卷［M］. 北京：人民出版社，1972.
2. 馬克思. 資本論：第2卷［M］. 北京：人民出版社，1972.
3. 陳徵.《資本論》解說：第3冊［M］. 福州：福建人民出版社，1978.
4. 孫開鏞.《資本論》與社會主義市場經濟研究［M］. 北京：經濟科學出版社，1999.
5. 徐茂魁. 馬克思主義政治經濟學研究述評［M］. 北京：中國人民大學出版社，2002.
6. 劉詩白. 馬克思主義政治經濟學原理［M］. 成都：西南財經大學出版社，2006.

第五章　社會總資本再生產與經濟危機

學習目的與要求：本章是在前面分析個別資本運動規律的基礎上，進一步分析社會總資本的運動過程及其規律。在本章的學習中，要求學生明確社會總資本再生產的核心問題，掌握社會總資本簡單再生產和擴大再生產的實現條件，能夠分析兩大部類生產部門相互之間的辯證關係，從而理解為什麼在資本主義制度下，社會生產按比例發展的內在要求缺乏自覺實現的制度基礎，這不僅導致經濟危機呈週期性頻繁爆發，更反應出資本主義制度不可避免的歷史過渡性。

第一節　社會總資本再生產的核心問題

一、社會總資本及其運動

資本主義社會裡存在著成千上萬個資本主義企業。每一個企業的資本都在獨立發揮作用，它們各自通過自身的循環和週轉實現著價值增殖。這種獨立地進行循環和週轉的資本，就是個別資本。相互聯繫、相互交錯的單個資本的總和構成社會總資本。相互聯繫、相互交錯的單個資本的運動總和就形成社會總資本的運動，即社會總資本再生產。

單個資本是在運動中即不斷的循環和週轉中彼此發生著關係，在數量上，社會總資本是所有單個資本量的總和。從這個角度看，社會總資本再生產的運動和個別資本再生產的運動一樣，都必須經過生產過程和流通過程，採取貨幣資本、生產資本、商品資本等形式，都是不斷進行價值增殖的過程。

但是，社會總資本並不是單個資本運動的簡單加總。社會總資本的運動比單個資本運動具有更為複雜的關係。因為社會總資本的再生產運動不僅包括預付資本價值的運動，而且包括全部剩餘價值的流通；不僅包括生產消費和資本流通，而且包括資本家和工人的個人消費以及媒介個人消費的一般商品流通。單個資本運動圍繞的中心是資本如何帶來剩餘價值，進而剩餘價值又如何轉化為資本，所以，在這裡我們考察的只是生產消費；至於資本家和工人的個人生活消費問題，都是在個別資本運動之外進行的，因而並不屬於單個資本運動的研究範圍。但是，一旦考察的視野從單個資本運動延伸到全社會範圍內的社會總資本運動，工人和資本家的消費問題就再也無法被排除在外了，因為資本家和工人生活所需要的個人消費品，只能在整個社會生產的商品中購買。可見，社會總資本的再生產運動不僅包括生產消費，而且包括個人消費；不僅包含資本流通，而

且包含媒介個人消費的一般商品流通。

二、研究社會總資本再生產運動的出發點和核心問題

既然社會總資本運動包含了生產消費和生活消費，而包含這兩大物質內容的範疇就是社會總產品 W′，因此分析社會總資本運動，只有從社會總產品出發才能對社會總資本的運動作出正確的分析。社會總產品就是指一國在一定時期內（通常為一年）由物質生產部門生產出來的全部物質資料的總和。從社會總產品出發的運動，就是社會總商品資本的運動形式，即：

$$W'-\begin{cases} G-W\cdots P\cdots W' \\ g-w \end{cases}$$

在公式中，G—W 的過程代表貨幣資本向生產資本的轉化，而 g—w 的過程則代表資本家購買消費品進行個人消費的過程，這說明：「年產品既包括補償資本的那部分社會產品，即社會再生產，也包括歸入消費基金的、由工人和資本家消費的那部分社會產品，就是說，既包括生產消費，也包括個人消費。」[1] 所以，社會總產品 W′ 是研究社會總資本再生產的出發點。

在考察個別資本的再生產時，集中考察的是個別企業的資本價值增殖運動，也就是價值補償問題，並沒有涉及企業之間發生的實物補償問題。比如資本家生產什麼商品，這些商品銷售到哪裡，生產商品所消耗的原材料和燃料從哪裡購買，還有資本家用剩餘價值以及工人用工資從哪裡買來生活消費品等等，這些實物補償問題，都被假定能在市場上順利解決，被當作外生變量。但是，當把這些個別資本的總和當作運動整體考察時，再生產過程中所需要的生產資料和消費資料，只能在社會總商品中得到補償。所以，這時候除了要考察社會總產品的價值補償外，更重要的是要研究生產社會總產品時所消耗的生產資料和消費資料能否從社會總產品中找到相應的物質資料來補償。因此，社會總產品的價值補償和物質補償的問題也就是社會總產品的實現問題，是考察社會總資本再生產的核心問題。

三、社會總資本再生產理論所依據的兩個理論前提

第一個理論前提——社會生產劃分為兩大部類。

馬克思指出，社會的總產品，從而社會的總生產，分成兩大部類：Ⅰ. 生產資料，指必須進入或至少能夠進入生產消費的商品；Ⅱ. 消費資料，指進入資本家階級和工人階級個人消費的商品。這兩個部類中，每一部類擁有的所有不同生產部門總合起來都形成一個單一的大的生產部門：一個是生產資料的生產部門，另一個是消費資料的生產部門。

---

[1] 馬克思，恩格斯. 馬克思恩格斯全集：第 24 卷 [M]. 北京：人民出版社，1972：435.

社會總產品或社會生產分為兩大部類，是從物質產品的使用價值即其最終用途的角度來劃分的，是對所有社會生產部門的一種抽象的分類。在實際生活中，有些產品既可以用作生產資料，又可以用作消費資料。例如：小麥既可以用作種子，又可以用作食物；煤炭既可以用作燃料，又可以用於生活取暖。但這並不影響把社會生產劃分為兩大部類的正確性。因為一種產品雖然用途是多方面的，但是從社會再生產的角度看，它最終要麼用作生產資料，要麼用作消費資料。它究竟屬於哪一類，只能根據它在社會再生產過程中的地位和作用來確定。正如馬克思指出的：「一個使用價值究竟表現為原料、勞動資料還是產品，完全取決於它在勞動過程中所起的特定的作用，取決於它在勞動過程中所處的地位，隨著地位的改變，這些規定也就改變。」①

馬克思把社會總產品劃分為兩大部類，其根據在於，他認為社會再生產過程中包含著兩種不同性質的消費，即生產消費和個人消費。前者只能用生產資料來滿足，後者則只能用消費資料來滿足。進行這樣高度抽象的劃分，其目的是為了對兩大部類的交換關係進行純粹理論上的考察，以求揭示其內在聯繫和規律。

第二個理論前提——社會總產品或每個部類的產品價值都劃分為三個部分：不變資本 c、可變資本 v、剩餘價值 m。

馬克思在分析了社會總產品的實物形態後，緊接著又分析了它的價值形態。馬克思指出：「這兩個部類中，每一部類借助於這些資本而生產的全部年產品的價值，都分成：代表生產上消費掉的、按其價值來說只是轉移到產品中去的不變資本 c 的價值部分和由全部年勞動加入的價值部分。後者又分成：補償預付可變資本 v 的部分和超過可變資本而形成剩餘價值 m 的部分。因此，每一部類的全部年產品的價值，和每個個別商品的價值一樣，也分成 $c+v+m$。」②

馬克思把社會生產劃分為兩大部類，把社會總產品的價值劃分為三個部分，顯然是與勞動二重性學說和剩餘價值理論直接聯繫的，這兩個理論因此是馬克思社會總資本再生產理論分析的重要前提和必要條件。有了這種劃分，分析社會總產品的實現問題，就可以集中於兩大部類之間如何通過交換去實現各自需要的生產資料和消費資料的物質補償和價值補償，從而揭示社會總資本再生產的運動規律。

第二節　社會總資本簡單再生產及其實現條件

一、社會總資本簡單再生產的假定條件

資本主義再生產的特徵並不是簡單再生產，而是擴大再生產。但是，考察社會總資

---

① 馬克思, 恩格斯. 馬克思恩格斯全集：第 23 卷 [M]. 北京：人民出版社，1972：207.
② 馬克思, 恩格斯. 馬克思恩格斯全集：第 24 卷 [M]. 北京：人民出版社，1972：439.

本再生產問題，應當從分析簡單再生產開始。原因有兩點：第一，簡單再生產不僅是擴大再生產的基礎，也是它的重要組成部分和一個現實的因素。擴大再生產只有在原有的生產規模能夠保持的基礎上才能進行，而且簡單再生產所創造的剩餘價值為擴大再生產所需要的資本累積提供了前提條件；第二，考察社會總資本再生產的實現問題，在理論分析上的主要困難是簡單再生產的實現條件。這個困難解決了，再分析擴大再生產的實現問題也就容易了。

社會總資本的簡單再生產就是生產規模不變的社會總資本再生產。其特點是全部剩餘價值都用於資本家的個人消費，不進行資本累積。

為了研究方便，我們假定：

（1）整個社會生產都是資本主義性質的，社會上只有資本家和工人兩個階級。

（2）生產週期為一年，全部不變資本都在一年內消耗掉，它的價值全部轉移到新產品中去；一切商品都按價值出售，商品的價值和價格也不發生背離。

（3）不存在對外貿易。

在以上假定條件下，為了實現簡單再生產，兩大部類各個部分的產品都必須通過交換使它們在價值形態和實物形態上得到補償。

馬克思為分析社會總資本簡單再生產，用下列公式來假定再生產的現實狀態：

第Ⅰ部類——生產資料的生產

資本：$4,000c + 1,000v = 5,000$；$c:v = 4:1$，$m' = 100\%$

商品產品：$4,000c + 1,000v + 1,000m = 6,000$

第Ⅱ部類——消費資料的生產

資本：$2,000c + 500v = 2,500$；$c:v = 4:1$；$m' = 100\%$

商品產品：$2,000c + 500v + 500m = 3,000$

全年總商品產品：

$$\text{Ⅰ}：4,000c + 1,000v + 1,000m = 6,000 \quad \text{生產資料}$$
$$\text{Ⅱ}：2,000c + 500v + 500m = 3,000 \quad \text{消費資料}$$

$$9,000 \quad \text{社會總產品}$$

二、社會總資本簡單再生產的實現條件

現在，如果研究簡單再生產基礎上的各種必要的交換，撇開作為交換媒介的貨幣流通，那麼，上面的例子包括以下三個交換關係：

第一，Ⅱ（$500v + 500m$）的交換。它是第Ⅱ部類內部通過各個生產者之間的交換實現的。因為第Ⅱ部類本身就是生產消費資料的，而$500v$和$500m$指的是工人和資本家的消費。第Ⅱ部類內部有無數個從事消費資料生產的單位。第Ⅱ部類生產的是消費資料，需要補償的也是消費資料，因此，Ⅱ（$500v + 500m$）可以在本部類內部通過交換來

實現。

第二，Ⅰ（1,000v＋1,000m）和Ⅱ2,000c 的交換。它們的交換只能通過兩大部類之間的交換來實現。兩大部類之間的交換解決了兩方面的問題：一方面，使第Ⅱ部類的資本家把他的 c 價值從消費資料的形式變成生產資料的形式，以便使第Ⅱ部類的再生產能順利進行；另一方面，使第Ⅰ部類的（v＋m）由生產資料的形式變成消費資料的形式，以便為第Ⅰ部類的資本家和工人提供消費品。

第三，Ⅰ（4,000c）的交換。它是在第Ⅰ部類內部通過各生產者之間的交換實現的。因為第Ⅰ部類本身就是生產生產資料的，而 4,000c 表示的是在一年生產中實際耗費的生產資料價值。要維持簡單再生產，就需要補償同樣多的生產資料及價值，就只能從本部類內部的交換中解決。

以上三種交換關係如圖 5－1 所示：

```
            ③
Ⅰ.  ┌4 000c┐ + ┌1 000v+1 000m┐ = 6 000 生產資料
          └──────②──────┘
Ⅱ.  ┌2 000c┐ + ┌500v+500m┐ = 3 000 消費資料
       ①
```

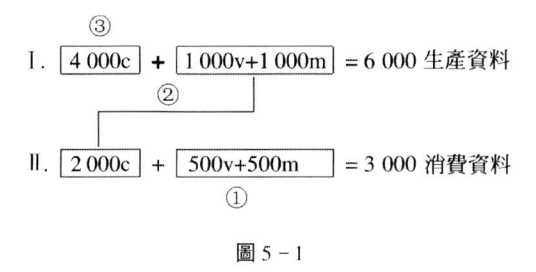

圖 5－1

圖 5－1 中：①表示第Ⅱ部類內部的交換，②表示兩大部類之間的交換，③表示第Ⅰ部類內部的交換。通過上述三方面的交換，社會總產品的各個部分不僅在價值上得到了補償，而且在實物上得到了替換。這樣，簡單再生產就可以繼續進行了。

在以上三個交換關係中，Ⅰc 和Ⅱ（v＋m）都可在自身部類內部通過交換實現，而Ⅰ（v＋m）與Ⅱc 的交換則必須在兩個部類之間進行，交換要實現就困難得多。所以，分析簡單再生產的實現問題，應該以它為基礎。

首先，實現社會總資本簡單再生產的基本條件是兩大部類的生產之間必須保持一定的比例關係，也就是遵循圖 5－1 中②所顯示的規律：

$$Ⅰ（v+m）＝Ⅱc$$

它說明：要實現簡單再生產，第Ⅰ部類新創造的價值產品必須全部用於補償第Ⅱ部類消耗掉的生產資料，第Ⅱ部類產品中相當於不變資本的部分必須能夠維持第Ⅰ部類工人和資本家原有的生活需要。

這個平衡公式反應了簡單再生產中第Ⅰ部類生產資料的生產和第Ⅱ部類對生產資料的消費之間，以及第Ⅱ部類消費資料的生產和第Ⅰ部類對消費資料的消費之間，必須保持一定的比例關係。如果Ⅰ（v＋m）＞Ⅱc，那麼第Ⅰ部類就會發生生產資料過剩，從而影響再生產，而這個部類的工人和資本家對消費資料的需求也不能得到充分的滿足；

如果 Ⅰ (v+m) < Ⅱc，那麼第Ⅱ部類就不能全部補償已經消耗掉的生產資料，從而不能維持簡單再生產，而它所生產的消費資料也不能全部得到實現。

所以，Ⅰ (v+m) = Ⅱc 是社會總資本簡單再生產順利進行的基本條件。

其次，由圖 5-1 可知：

$$Ⅱ (2,000c + 500v + 500m) = Ⅰ (1,000v + 1,000m) + Ⅱ (500v + 500m)$$

這反應出實現社會總資本再生產還要求「每年生產的消費資料的總價值，等於當年再生產的第Ⅱ部類的可變資本價值和新生產的第Ⅱ部類的剩餘價值（即等於第Ⅱ部類當年生產的價值），加上當年再生產的第Ⅰ部類的可變資本價值和新生產的第Ⅰ部類的剩餘價值（也就是加上第Ⅰ部類當年生產的價值）。」[①] 用公式表示為：

$$Ⅱ (c+v+m) = Ⅰ (v+m) + Ⅱ (v+m)$$

這一實現條件說明了在簡單再生產的條件下，第Ⅱ部類消費資料的生產（供給）與兩大部類工人和資本家對消費資料消費（需求）之間的關係。第Ⅱ部類生產的全部產品價值應該等於兩大部類的可變資本和剩餘價值的總和，第Ⅱ部類生產的全部消費資料必須和兩大部類的工人和資本家對個人消費品的需要相等。

為什麼 Ⅱ (c+v+m) 必須等於 Ⅰ (v+m) + Ⅱ (v+m) 呢？這是因為在簡單再生產的前提下，當年新創造的全部價值即兩個部類的可變資本和剩餘價值，都要用於購買消費資料，完全用於實現個人消費。如果 Ⅱ (c+v+m) > Ⅰ (v+m) + Ⅱ (v+m)，第Ⅱ部類生產的消費資料就會有一部分賣不掉；如果 Ⅱ (c+v+m) < Ⅰ (v+m) + Ⅱ (v+m)，那就表明第Ⅱ部類生產的消費資料不足以維持工人和資本家原有的生活狀況，從而使簡單再生產無法進行。

因此，Ⅱ (c+v+m) = Ⅰ (v+m) + Ⅱ (v+m) 是社會資本簡單再生產實現的又一個必要條件。

應該指出，從使用價值方面看，Ⅱ (c+v+m) 都是當年生產的新產品；但從價值看，就不全是這樣。其中第Ⅱ部類 2,000c 的價值是本年以前的生產資料的舊價值轉移到新產品中得來的，它和第Ⅰ部類的新創造的價值 1,000v + 1,000m 相交換，實際上是過去的舊價值和當年的新價值的交換。Ⅱ (c+v+m) = Ⅰ (v+m) + Ⅱ (v+m)，絕不意味著全部社會產品都分解為個人收入，用於生活消費（如果這樣，簡單再生產也維持不了），而是意味著第Ⅱ部類所消耗的生產資料要由第Ⅰ部類新創造的價值來補償。

最後，圖 5-1 還顯示：Ⅰ (4,000c + 1,000v + 1,000m) = Ⅰ4,000c + Ⅱ2,000c

社會總資本簡單再生產的實現，還要求「生產資料（Ⅰ）的總價值，等於以生產資料（Ⅰ）形式再現的不變資本價值同以消費資料（Ⅱ）形式再現的不變資本價值之和，

[①] 馬克思，恩格斯. 馬克思恩格斯全集：第24卷 [M]. 北京：人民出版社，1972：474.

所以，等於在社會總產品中再現的不變資本價值之和。」① 就是說，全年生產的生產資料的總價值，等於當年再現的第Ⅰ部類的不變資本價值和第Ⅱ部類的不變資本價值。用公式表示為：

$$\mathrm{I}\ (c+v+m)\ =\mathrm{I}c+\mathrm{II}c$$

這說明，在簡單再生產條件下，第Ⅰ部類生產的全部產品價值應該等於兩大部類的不變資本價值的總和，第Ⅰ部類生產的生產資料必須全部用來補償兩大部類消耗掉的生產資料。

需要說明，在商品經濟條件下，兩大部類之間的交換不是物物交換，而是通過貨幣流通來實現的，即是以貨幣流通作為媒介來實現的。貨幣流通對兩大部類之間的交換具有決定意義。如果沒有貨幣流通，兩大部類之間的交換就不能進行，資本主義再生產就不能實現。在這裡的分析中，把貨幣流通加進來並不會改變問題的性質，因此，我們把貨幣流通媒介兩大部類交換的過程「舍象」掉了。

第三節　社會總資本的擴大再生產

一、累積和擴大再生產

資本主義再生產的特徵是擴大再生產，其特點是資本家不把全部剩餘價值用於個人消費，而是把其中的一部分累積起來，作為追加的資本投入生產。所以，社會總資本擴大再生產的最主要前提條件是資本累積，即剩餘價值的資本化，也就是把社會的一部分剩餘產品（包括生產資料和生活資料）轉化為生產要素，從而使生產規模擴大。

累積是擴大再生產的基礎和源泉，但累積不是擴大再生產的唯一源泉。本章考察的是以累積為源泉的擴大再生產。

在資本主義經濟中，剩餘價值是資本累積的源泉。為了進行擴大再生產，資本家就不能將全部剩餘價值用於生活消費，必須將其中的一部分用來購買新的生產資料和勞動力，變成追加的生產資本，從而實現資本累積和擴大再生產。單個資本的擴大再生產是如此，社會總資本的擴大再生產也是如此。

是不是任何一個由剩餘價值轉化而來的貨幣額都可以變成追加的生產資本？不是。要實現資本累積，必須具有兩個條件：

1. 貨幣貯藏到一定的數量

在一定的生產技術條件下，擴建一個老企業或者開辦一個新企業都有一個起碼的投資量，低於這個數量，就無法投資。資本家在每次資本週轉後可能累積的剩餘價值是有

---

① 馬克思，恩格斯. 馬克思恩格斯全集：第24卷［M］. 北京：人民出版社，1972：481.

限的。因此，在進行實際累積和擴大再生產以前，在剩餘價值不斷貨幣化的基礎上，有一個貨幣貯藏或貨幣累積的長期過程。

2. 要有擴大再生產的物質條件

當貨幣貯藏到一定數量，可以進行實際的累積時，貨幣必須能夠買到追加的生產資料和勞動力。馬克思認為，在資本主義條件下，追加的勞動力是經常存在的。因此，問題在於能否買到追加的生產資料。這就要求，社會生產要事先擴大。

由此可見，資本累積的過程，必須經過從剩餘價值轉化為貯藏貨幣，再由貯藏貨幣轉化為生產資本這兩個環節。

累積的貨幣只有最終轉化為生產要素，才能實現資本累積和擴大再生產。這裡存在一個問題：擴大再生產所需要的物質要素即生產資料究竟從哪裡來？馬克思通過對第Ⅰ部類追加的不變資本的分析，說明這是從簡單再生產內部創造出來的，即通過對簡單再生產內部的結構調整，為擴大再生產創造物質條件。

首先，第Ⅰ部類的剩餘產品在實物形式上必須分為兩部分：一部分是生產生產資料所需的生產資料，用於第Ⅰ部類本身的累積；另一部分是生產消費資料所需的生產資料，用來和第Ⅱ部類相交換。可見，簡單再生產和擴大再生產的前提條件的區別，首先不在於價值量的改變，而在於Ⅰm產品結構的不同，即產品使用價值的改變。在簡單再生產的場合，第Ⅰ部類的剩餘產品全部用於補償第Ⅱ部類消耗的生產資料；在擴大再生產的場合，第Ⅰ部類的剩餘產品必須同時為兩個部類提供生產資料。

其次，在兩大部類之間量的關係上，必須使Ⅰ（v＋m）＞Ⅱc，這是擴大再生產的基本前提。只有Ⅰ（v＋m）＞Ⅱc，第Ⅰ部類本身才有可能進行生產資本的累積；只有Ⅰ（v＋m）＞Ⅱc，第Ⅰ部類才有可能為第Ⅱ部類不變資本的累積提供追加的生產資料，就像第Ⅱ部類要為第Ⅰ部類可變資本的累積提供追加的生活資料一樣。

最後，第Ⅱ部類的不變資本和用於累積的剩餘價值之和，必須大於第Ⅰ部類的可變資本和資本家用於個人消費的剩餘價值之和。擴大再生產需要追加的消費資料是由第Ⅱ部類提供的。為了適應社會總資本的擴大再生產，為追加勞動力提供追加的消費資料，第Ⅱ部類生產的全部產品除了要滿足原來工人和資本家所需要的消費資料外，還必須有一個餘額，以保證滿足擴大再生產對追加的消費資料的需要。如果用m/x代表資本家個人消費的剩餘價值，用m－m/x代表用於累積的剩餘價值，則社會總資本擴大再生產的另一個基本前提條件用公式表示為：Ⅱ（c＋m－m/x）＞Ⅰ（v＋m/x）。

二、社會總資本擴大再生產的實現條件

上面分析的擴大再生產實現的兩個前提條件，只是社會總資本的擴大再生產必須具備的可能條件。要使擴大再生產最終得到實現，兩大部類之間的交換必須達到平衡。這就要進一步分析擴大再生產的實現條件。

為分析方便，我們做如下假定：

（1）兩大部類的剩餘價值率都為100%。

（2）第Ⅰ部類各年的累積率為50%，第Ⅱ部類的累積率是在與第Ⅰ部類的交換中確定的。

（3）資本有機構成歷年相同，沒有變化。Ⅰc：v＝4：1，Ⅱc：v＝2：1。

根據社會總資本擴大再生產的前提條件，假定社會總產品各個組成部分情況如下：

第一年

$$\text{開端公式}\begin{cases} \text{Ⅰ } 4,000c + 1,000v + 1,000m = 6,000 \\ \text{Ⅱ } 1,500c + 750v + 750m = 3,000 \end{cases} 9,000$$

開端公式的內容是代表上一年末、這一年初社會總產品各組成部分的組合情況。

擴大再生產是這樣進行的：首先是兩大部類的累積。

1. 第Ⅰ部類先行累積

（1）第Ⅰ部類按剩餘價值的50%累積：1／2m＝1,000／2＝500（m－m／x）

（2）500m如何累積？按有機構成把500分成兩部分，分別追加到c和v中，即分為400ΔC＋100ΔV。其中400Δc的實現是通過第Ⅰ部類內部的交換進行的。

（3）第Ⅰ部類追加的100v就是用來購買追加勞動力的可變資本，工人又要用它來向第Ⅱ部類購買消費資料。為了滿足第Ⅰ部類的需要，第Ⅱ部類就要相應進行累積。

2. 第Ⅱ部類相應累積

（1）第Ⅱ部類要相應追加100c。

（2）按有機構成Ⅱc：v＝2：1，第Ⅱ部類還要相應追加50v。

（3）第Ⅱ部類追加的100c與50v只能從Ⅱm中扣除。

經過以上累積過程，兩大部類的資本結構為：

$$\begin{cases} \text{Ⅰ }(4,000+400)c + (1,000+100)v + (1,000-400-100)m = 6,000 \\ \text{Ⅱ }(1,500+100)c + (750+50)v + (750-100-50)m = 3,000 \end{cases} 9,000$$

在這個變化中，要特別注意資本量的變化。

$$\text{現資本}\begin{cases} \text{Ⅰ } 4,400c + 1,100v = 5,500 \\ \text{Ⅱ } 1,600c + 800v = 2,400 \end{cases} 7,900;$$

$$\text{原有資本}\begin{cases} \text{Ⅰ } 4,000c + 1,000v = 5,000 \\ \text{Ⅱ } 1,500c + 750v = 2,250 \end{cases} 7,250。$$

經過累積，在m′＝100%的情況下，兩大部類擴大再生產的結果為：

$$\begin{cases} \text{Ⅰ } 4,400c + 1,100v + 1,100m = 6,600 \\ \text{Ⅱ } 1,600c + 800v + 800m = 3,200 \end{cases} 9,800$$

這樣得到9,800的社會總產品，而原來是9,000，這說明這一年生產規模擴大了。

按上述方法可以推出以後幾年的情況。

通過以上對擴大再生產的推算分析，得到以下結論：

（1）不管是第Ⅰ部類還是第Ⅱ部類的總資本量都增加了。

（2）總剩餘價值量也增加了，特別是在總剩餘價值量增加過程中，m 用於消費的那部分也增加了。由此可以清楚地看到，那種認為「擴大再生產會使資本家犧牲個人消費」的說法是錯誤的。相反，隨著擴大再生產的進行，資本家用於個人消費的部分會愈來愈大。

（3）在技術條件不變從而資本有機構成也不變的情況下，第Ⅰ部類累積的時候，第Ⅱ部類不僅必須隨之累積，而且第Ⅱ部類有可能比第Ⅰ部類累積得快。

根據上述分析，可得出社會總資本擴大再生產的實現條件：

第一，社會總資本擴大再生產的基本實現條件為：

$$Ⅰ(v + \Delta v + m/x) = Ⅱ(c + \Delta c)$$

說明：在社會總資本擴大再生產的條件下，社會總產品的構成在兩大部類之間應當保持一定的比例關係，即第Ⅰ部類原有的可變資本，加上追加的可變資本，再加上第Ⅰ部類資本家用於個人消費的剩餘價值，三者的總和應當等於第Ⅱ部類原有的不變資本加上追加的不變資本。

第二，社會總資本擴大再生產的第二個實現條件為：

$$Ⅱ(c + v + m) = (Ⅰv + Ⅱv) + (Ⅰm/x + Ⅱm/x) + (Ⅰ\Delta v + Ⅱ\Delta v)$$

說明：要進行擴大再生產，第Ⅱ部類的全部生產物價值，除了補償兩個部類原有工人所需的生活資料和兩個部類的資本家所需要的生活資料外，還必須能夠滿足兩個部類新追加的工人所需要的生活資料。

第三，社會總資本擴大再生產的第三個實現條件為：

$$Ⅰ(c + v + m) = (Ⅰc + Ⅱc) + (Ⅰ\Delta c + Ⅱ\Delta c)$$

說明：在擴大再生產時，第Ⅰ部類的全部生產物價值，除了補償兩個部類已消耗的生產資料外，還必須能夠滿足兩個部類進行累積時需要追加的生產資料，即第Ⅰ部類的全部產品必須滿足兩個部類進行規模擴大的再生產時對生產資料的全部需要。

擴大再生產的三個實現條件證明，擴大再生產要順利實現，生產與消費必須互相適應，各部門的發展必須按比例進行。它和簡單再生產一樣，根本問題仍然是按比例發展的問題。這個一般規律提示：兩大部類的累積是相輔相成的，任何一方都不能孤立地擴大和發展。

三、外延擴大再生產與內涵擴大再生產

社會總資本再生產的逐年擴大一般取決於兩個因素：一是投入的生產要素的增長，二是生產要素的質量的提高。馬克思從決定擴大再生產的因素來考察，把擴大再生產劃分為外延的擴大再生產和內涵的擴大再生產。

如果生產技術不進步，單純依靠增加生產資料和勞動力的數量而實現的擴大再生產，叫作外延擴大再生產。我們上面考察的就是單純依靠追加不變資本和可變資本來實現的外延擴大再生產。而以技術進步為基礎，依靠提高生產資料和活勞動的使用效率而實現的擴大再生產，叫作內涵擴大再生產。內涵擴大再生產的關鍵是技術創新。外延擴大再生產和內涵擴大再生產作為擴大再生產的兩種具體形式，既互相聯繫，又互相區別。

外延擴大再生產，通過新建和擴建企業，不僅可以迅速發展社會生產力，還可以發展新興產業，從而調整、充實和完善國民經濟結構；同時，外延擴大再生產還可以實現社會生產力的合理佈局，發揮各地區的資源優勢，促進各地區經濟共同繁榮。除此以外，外延擴大再生產在擴大再生產規模的同時，可以吸收較多的勞動力就業。而內涵擴大再生產從根本上說，就是通過提高勞動生產率的途徑來實現的擴大再生產，它具有技術進步性和投資的高效性。

外延擴大再生產是內涵擴大再生產的出發點，內涵擴大再生產是外延擴大再生產的進一步發展和提高。外延擴大再生產與內涵擴大再生產相互滲透，互相包含。

就個別企業來說，純粹的外延擴大再生產和純粹的內涵擴大再生產是可能存在的。但是，從社會再生產來看，這種狀態是不可能長期存在的。社會擴大再生產一般都是外延擴大再生產和內涵擴大再生產有機地結合在一起的。當然，是以外延擴大再生產為主還是以內涵擴大再生產為主，不同國家或者同一國家的不同時期是各不相同的。一般說來，一個國家在工業化的初期，擴大再生產的外延性比較明顯，其主要特徵是：大規模建設新工廠，大量的投資集中在基本建設戰線。當工業發展到一定水準時，擴大再生產的內涵就比較明顯了，其主要特徵是：基本建設戰線相對縮短，大量投資用於原有企業的革新、改造。這個時期，就整個社會來說，內涵的擴大再生產就突出了。中國社會主義市場經濟經過三十幾年的建設，國民經濟有了長足的發展和累積。正是有了這樣的基礎，黨的十八大明確提出：「要適應國內外經濟形勢新變化，加快形成新的經濟發展方式，把推動發展的立足點轉到提高質量和效益上來……著力增強創新驅動發展新動力，著力構建現代產業發展新體系……」[①] 明確提出以技術創新為驅動，將主要通過內涵擴大再生產推動中國經濟的增長。

馬克思在論述社會資本再生產問題時，考察的是純粹的外延擴大再生產，即生產技術和資本有機構成都不變的條件下的擴大再生產。

四、兩大部類累積的辯證關係

擴大再生產實現的前提條件和實現條件表明，兩大部類的累積不是各自孤立的，而

---

① 胡錦濤. 堅定不移沿著中國特色社會主義道路奮進 為全面建成小康社會而奮鬥——在中國共產黨第十八次全國代表大會上的報告 [R]. 北京：人民出版社，2012：20.

是辯證統一的關係。

首先，進行擴大再生產，兩大部類必須同時具有累積的物質條件。

雖然 I（v+m/x）可以等於、大於或小於 II c，但是 II（c+m）必須總是大於 I（v+m/x）。這就是說，第 II 部類產品中的不變資本和剩餘價值之和，必須大於第 I 部類產品中的可變資本和資本家消費的剩餘價值之和，其差額就是第 II 部類資本家消費的剩餘價值以及兩個部類追加的可變資本（I Δv + II Δv）。用平衡式表示就是：

$$II (c+m) = I (v+m/x) + II m/x + I \Delta v + II \Delta v$$

這說明，要進行擴大再生產，第 II 部類也必須有累積的物質基礎，以便為兩個部類提供追加的生活資料。總之，擴大再生產不僅要有相應的生產資料，而且要有相應的生活資料。

其次，兩大部類的累積是互為前提、互為條件的。拿第 II 部類來說，它從自己的剩餘價值中拿出一部分追加到不變資本中去，和第 I 部類的追加可變資本相交換，這既是第 II 部類本身不變資本的累積，同時又為第 I 部類可變資本的累積提供了必要的條件，並且這也保證了第 I 部類不變資本的累積。

最後，兩大部類的累積規模是相互制約的。一方面，第 I 部類的累積規模規定了第 II 部類的累積規模；另一方面，「第 II 部類擴大生產的最低限度，就是第 I 部類本身進行實際累積，即實際擴大再生產所不可缺少的最低限度。」①

所以，從擴大再生產的一般規律來看，兩大部類的累積是相輔相成的，任何一方都不能脫離另一方孤立地發展。

馬克思在論述社會資本再生產問題時，考察的是純粹的外延的擴大再生產，即生產技術和資本有機構成各年都不變的條件下的擴大再生產，而並沒有專門提出和論述兩大部類的增長誰快誰慢的問題。但是，資本主義的擴大再生產也具有內涵擴大再生產的特徵。這種擴大再生產涉及技術進步和資本有機構成的提高，因而會發生第 I 部類比第 II 部類增長更快的現象。

生產資料生產優先增長作為一個規律，是列寧在《論所謂市場問題》一書中明確提出來的。他把生產技術進步和資本有機構成提高的因素引入馬克思的擴大再生產公式，得出了「在資本主義社會中，生產資料的生產比消費資料的生產增長得更快」的結論。之所以如此，是因為在技術進步的條件下，勞動生產率的提高主要表現為活勞動生產率的提高，同一勞動時間可以作用於更多的生產資料。這就使資本有機構成提高，不變資本比可變資本增長得更快；在累積起來的剩餘價值中，轉化為不變資本的部分越來越大，而轉化為可變資本的部分必然相對減少。這種變化反應在整個社會的生產上，就要求第 I 部類的增長比第 II 部類增長得更快一些。因此，在技術進步、資本有機構成不斷

---

① 馬克思，恩格斯. 馬克思恩格斯全集：第 24 卷 [M]. 北京：人民出版社，1972：585.

提高條件下的擴大再生產，增長最快的是製造生產資料的生產資料的生產，其次是製造消費資料的生產資料的生產，增長得最慢的是消費資料的生產。[①]

　　生產資料生產優先增長是經濟發展中的一種內在的客觀趨勢，但是，不能對這種趨勢作片面的、絕對化的理解，也就是說，它並不排斥在某些時期，消費資料生產的增長速度可以快於生產資料生產的增長速度。也不能把生產資料生產優先增長理解為無條件地增長：一方面，第I部類擴大再生產所追加的對消費資料的需要，要靠第II部類生產的增長來滿足；另一方面，第I部類生產的增長，歸根到底是為了滿足第II部類對生產資料的需要。所以，生產資料生產的發展，總是要受到消費資料生產的制約，必須和消費資料生產保持必要的比例關係。

[閱讀專欄]

社會總產品的實現與社會總供給的平衡

　　社會總產品的實現問題是社會再生產的核心問題。社會總產品的實現是通過市場交換進行的，這樣就包含了兩個層次的問題：①社會供給與社會需求的總量平衡問題；②供求總量內部構成比例平衡問題，即結構平衡問題。馬克思不僅研究了社會總供給與總需求平衡的條件，而且指出了實現總量平衡的重要意義。同時，馬克思還從結構上分析了社會總產出的平衡。社會總產品在實現過程中的三大交換關係，即兩大部類之間的交換、第I部類內部各部門之間的交換、第II部類內部各部門之間的交換，都包含著社會供給結構與社會需求結構均衡的思想。馬克思還明確指出，供求的平衡是社會總產出的理想狀態。但在現實的市場運行中，供求平衡是偶然的，不平衡才是經常的，供求的平衡總是寓於不平衡之中，是作為市場供求波動的平均值而得到體現的。

　　（以上資料來源於：張家祿.《資本論》與社會主義市場經濟 [M]. 北京：經濟管理出版社，1998.）

第四節　資本主義的經濟危機

一、經濟危機的實質和根源

　　資本主義社會在進入大機器工業時期以後，從 19 世紀初葉開始，每隔若干年就要經歷一次經濟危機。每當經濟危機爆發，資本主義國家的經濟生活和整個社會生活就像受到一次瘟疫或戰爭一樣被破壞，突然陷入癱瘓和混亂的狀態。在危機期間，商品流通停滯，大量商品由於找不到銷路而堆滿倉庫，甚至被成批地毀掉；工廠減產、停工甚至

---

① 列寧. 列寧全集：第 1 卷 [M]. 北京：人民出版社，1955：71.

倒閉，生產猛烈下降；信用關係遭到嚴重的破壞；大批企業破產，失業人數急遽增長，工人和其他勞動者的收入顯著下降，生活困苦不堪。

在不同的資本主義國家和不同的時期，危機的表現形式和具體進程雖然有所不同，但一般說來，每一次經濟危機都是由「生產過剩」這個根本原因引起的，危機時期的各種現象都是直接或間接由生產過剩引起的，都是生產過剩在社會經濟生活各個方面的表現。

這種生產過剩的經濟危機，是資本主義以前一切時代的人們從來不曾經歷過的。在資本主義以前的各個社會裡，由於戰爭、天災或瘟疫等原因，在或長或短的時期內生產也會陷於癱瘓，造成社會生產的危機。但是，這種危機的特徵並不是生產過剩，而是生產嚴重不足，同資本主義生產過剩的危機是根本不同的。資本主義經濟危機的根本特點是：一方面是堆積如山的找不到銷路的過剩商品，另一方面卻是饑寒交迫的廣大人民。這種相對的生產過剩，就是資本主義經濟危機的實質。

生產過剩的經濟危機是資本主義經濟的特有現象。不過，經濟危機的可能性卻早就潛伏在簡單商品經濟中了。

經濟危機首先是由貨幣的流通手段職能引起的。經濟危機的最一般的表現，是商品買和賣的脫節，也就是商品賣不出去。我們在前面分析貨幣的職能時曾經說過，商品買賣脫節的可能性早在以貨幣為媒介的商品交換即商品流通出現時就產生了。在商品流通的條件下，買和賣在時間上和空間上分裂成了兩個互相獨立的行為。這時，如果有一些商品生產者在出賣了自己的商品之後不接著完成購買，就會有另一些商品生產者的商品賣不出去。

其次，經濟危機是由貨幣作為支付手段的職能引起的。隨著商品生產和商品流通的發展，商品買賣越來越多地採取賒購賒銷的方式，在商品生產者之間，逐漸形成了錯綜複雜的債務連鎖關係。如果有某一些債務人在債務到期時不能支付，就會使其他一些生產者也不能支付債務，從而使整個信用關係遭到破壞。

但是，在簡單商品經濟的條件下，危機只是一種可能性，它並沒有變成現實。這主要是因為：第一，小商品生產者的目的是為了換取生產資料和生活用品來維持自己的生產，滿足生活需要，他們生產的目的是使用價值而不是價值。第二，在資本主義以前的社會經濟中，占統治地位的是自給自足的自然經濟，商品生產所占的比重不大，因此，商品買賣脫節和支付連鎖關係被破壞雖然對某些商品生產者會發生較大的影響，但不至於牽動整個社會經濟。第三，在商品生產的領域內，小商品生產者之間的聯繫不是很廣泛，一般被限制在比較狹小的範圍內。在這種情況下，即使某個地方發生了買和賣的脫節或者支付方面的困難，它對商品經濟本身的影響也是很有限的。再加上小商品生產者通常是為自己所熟悉的本地市場或者固定的買主進行生產，因而供求關係也是比較穩定的。因此，馬克思說：「這些形式包含著危機的可能性，但僅僅是可能性。這種可能性要發展為現實，必須有整整一系列的關係，從簡單商品流通的觀點來看，這些關係還根

本不存在。」①

经济危机只有在资本主义制度下才具有现实性和必然性,这是由资本主义经济制度本身决定的。资本主义生产方式区别于以往任何生产方式的地方是:一方面,此时社会的生产力获得了巨大的发展,生产达到了高度社会化的水准;另一方面,社会的生产资料和生产成果却被极少数资本家私人占有。这种生产的社会性同生产资料和生产成果的资本主义私人占有形式之间的矛盾,即资本主义生产方式的基本矛盾,是生产过剩的经济危机的根源。

在生产高度社会化的条件下,社会生产各个部门和各个企业之间的联系空前地扩大和加强,整个社会经济已经结成一个统一的有机体。这种社会化的大生产,客观上要求由社会共同占有生产资料,对社会生产进行统一计划和管理,同时还要求生产成果也归社会共同占有和分配。只有这样,才能使社会生产各个部门和各个企业之间的比例关系以及生产和消费之间的关系协调起来,从而使社会再生产得以顺利地进行。但是,资本主义的现实情况并非如此。随着资本主义的发展,社会的生产资料和生产成果日益集中到少数资本家手里,归他们私人占有,服从于他们攫取剩余价值的目的。这样,就不能不在资本主义的经济生活中引起一系列的对抗和冲突,并不可避免地导致经济危机的爆发。

资本主义生产方式的基本矛盾表现为两组具体矛盾。它首先表现为个别企业内部生产的有组织性和整个社会生产的无政府状态之间的矛盾。

资本主义的生产是社会化的大生产。生产社会化要求相互联系的各生产部门、企业、工段、工种之间互相密切配合。生产社会化的这种客观要求在一个资本主义企业的范围内是能够实现的。因为在资本主义企业里,全体工人都必须服从资本家的支配,而且资本家为了提高生产效率,取得尽可能多的利润,也会加强组织管理,使企业内部协调发展。但是,资本主义所有制却使生产资料和劳动成果属于各个资本家所有,每一个资本家都是自己企业的主人。各个企业生产什么、生产多少,是资本家的私事,谁也管不了谁,所以整个社会生产是处于无政府状态的。个别企业的生产越有组织,整个社会的生产就越是处于无政府状态。随着竞争和生产无政府状态的加剧,资本主义各生产部门之间的比例失调现象就会日益严重。当这种比例失调的现象达到一定程度之后,社会总产品尤其是其中的某些重要产品的实现条件就要遭到破坏,普遍性的买卖脱节就会不可避免地产生,生产过剩的经济危机就爆发了。

资本主义的基本矛盾还表现为资本主义生产无限扩大的趋势和劳动人民有支付能力的需求相对缩小之间的矛盾。

资本主义生产之所以具有无限扩大的趋势,是由资本主义的基本经济规律即剩余价值规律决定的。资本家对剩余价值的无限贪欲,以及外部竞争的压力,促使他们不断改

---

① 马克思,恩格斯. 马克思恩格斯全集:第 23 卷 [M]. 北京:人民出版社,1972:133.

進生產技術和擴大生產規模。所以，在資本主義經濟中，客觀上存在著一種不顧市場限制而盲目提高生產能力和擴大生產規模的趨勢。同時，生產的社會性質也有可能使生產迅速擴大起來。這是因為高度社會化的大生產是以現代機器工業作為技術基礎的。大機器工業擁有先進的生產技術，它可以在新的合理的基礎上改造生產，可以系統地將新的科學成就應用於生產。這樣，生產就取得了一種突然的跳躍的伸張力，產生了生產規模無限擴大的可能性。但另一方面，和資本主義生產無限擴大的趨勢同時並存的，卻是勞動人民有支付能力的需求相對縮小的趨勢。因為資本主義生產規模的擴大總是伴隨著技術進步和資本有機構成的提高，這不僅會加重對在業工人的剝削、降低在業工人的工資，還會導致大量的相對過剩人口和無產階級貧困化。這個生產無限擴大的趨勢和勞動人民有支付能力的需求相對縮小的矛盾，是資本主義基本矛盾在生產和消費的對抗關係上的突出表現。當這個對抗性關係發展到較為尖銳的程度時，一些重要的商品由於群眾無力購買而找不到銷路，社會總產品的實現條件遭到猛烈的破壞，普遍性的生產過剩的危機就會爆發。

馬克思曾經強調指出：「一切真正的危機的最根本的原因，總不外乎群眾的貧困和他們的有限的消費，資本主義生產卻不顧這種情況而力圖發展生產力，好像只有社會的絕對的消費能力才是生產力發展的界限。」[1]

必須明確，資本主義制度下之所以不可避免地會爆發生產過剩的危機，並不是因為資本主義社會生產的巨大增長超過了人民大眾的絕對需要，而僅僅是因為它超過了人民大眾有支付能力的需要。馬克思曾經說過：「生產過剩同絕對需要究竟有什麼關係呢？生產過剩只同有支付能力的需要有關。」「如果僅僅在一個國家的全體成員的即使最迫切的需要得到滿足之後才會發生生產過剩，那麼，在迄今資產階級社會的歷史上，不僅一次也不會出現普遍的生產過剩，甚至也不會出現局部的生產過剩。」[2] 事實的確如此。在危機期間，千百萬勞動者比任何時候都更加感到生活必需品的缺乏。他們之所以挨餓受凍，正是由於他們生產了「太多的」的糧食和燃料。正如空想社會主義者傅立葉所說：「富裕變成貧窮和困苦的源泉。」所以，資本主義制度下的生產過剩，並不是絕對的過剩，即超過了人民大眾的絕對需要而形成的過剩，而只是一種相對的過剩，即相對人民大眾有支付能力的需要而言的過剩。經濟危機實際上就是資本主義商品生產的相對過剩的危機。

所以，生產過剩的危機，完全是資本主義生產方式內在矛盾的產物。經濟危機的深刻根源在於資本主義所固有的基本矛盾。只要存在著資本主義制度，經濟危機就不可避免。

---

[1] 馬克思，恩格斯. 馬克思恩格斯全集：第25卷 [M]. 北京：人民出版社，1975：548.
[2] 馬克思，恩格斯. 馬克思恩格斯全集：第26卷第2冊 [M]. 北京：人民出版社，1974：578.

二、資本主義經濟危機的週期性

在資本主義存在的整個歷史時期內，資本主義的基本矛盾以及由它所引起的一系列對抗和衝突是經常存在的。但是這並不意味著資本主義經濟會一直陷於危機之中。資本主義的經濟危機每隔一定時期重演一次，是一種週期性出現的現象。

早在18世紀末和19世紀初，英國就發生過個別工業部門的局部生產過剩的經濟危機。1825年，英國第一次爆發了全國範圍的工業危機。1836年，英國又發生了經濟危機，這次危機後來還波及美國。1847—1848年的經濟危機席捲了英國、美國和歐洲大陸的許多國家，實際上已具有世界經濟危機的性質。接著，在1857年、1866年、1873年、1882年和1890年都爆發了世界性的經濟危機。在19世紀的經濟危機中，1873年的危機最為深刻，它大大加速了資本和生產的集中，促進了壟斷組織的形成和發展。從此以後，資本主義就開始了向壟斷階段的過渡。

在20世紀初，發生了1900—1903年和1907年的兩次經濟危機。以後，資本主義世界又經歷了1920—1921年、1929—1933年和1937—1938年三次經濟危機。其中，1929—1933年的經濟危機是以往各次資本主義危機中最深刻、最嚴重的一次。它不僅席捲了資本主義世界的一切國家，而且在各主要資本主義國家中，由於工業危機和農業危機又互相交織在一起，具有特別嚴重的性質。這次危機持續了四年之久，使整個資本主義世界的工業產量下降了44%，貿易總額下降了66%。1933年，整個資本主義世界完全失業的人數高達3,000萬人。

第二次世界大戰以後，資本主義總危機進一步加深，美國在1948年、1953年、1957年、1960年、1969年和1974年先後爆發了六次經濟危機。其中，1957—1958年的危機曾經波及加拿大、日本和西歐的主要資本主義國家，成為第二次世界大戰後第一次世界性的經濟危機。1974—1975年的危機也是一次世界性的經濟危機，曾經被認為是第二次世界大戰後資本主義世界最嚴重的一次經濟危機。但是，2008年美國爆發的金融危機，引發了一系列的世界性金融、經濟危機，其危害性有目共睹，甚至被認為百年不遇；然而，更讓人措手不及的是，僅僅時隔三年的2011年，歐洲債務危機就再次將世界經濟帶入谷底，這次危機導致的經濟蕭條甚至比2008年還要嚴重。

為什麼資本主義經濟危機會是一種週期出現的現象呢？

經濟危機是由資本主義固有的矛盾決定的。因此，經濟危機的週期性爆發也只能從資本主義矛盾的運動中來尋找原因。資本主義的各種矛盾是經常存在的，但只有當它們發展到極其尖銳的程度，再生產的比例發生嚴重失調的時候，才會爆發經濟危機。在危機期間，大批工廠關門，生產迅速下降，社會生產力遭到巨大破壞。經濟危機導致了資本主義生產與低下的消費水準暫時相適應的局面，再生產所需要的比例關係又重新建立起來，資本主義的生產又得以繼續「正常」地進行。

但是，危機不過使資本主義再生產過程中各種矛盾得到暫時強制解決，這些矛盾並

沒有消失。隨著危機過後資本主義經濟的恢復和發展，資本主義所固有的各種矛盾還會重新發展和激化，再生產過程中比例失調的現象還會重新嚴重起來。這樣就導致了另一次危機的爆發。

由於上述原因，經濟危機成了一種週期性出現的現象。恩格斯指出，市場的擴張趕不上生產的擴張，衝突變得不可避免，而且它們在把資本主義生產方式本身炸毀以前不能使矛盾得到解決，所以它就成為週期性的了。資本主義生產產生了新的「惡性循環」。從一次危機開始到下一次危機開始，中間的時間便是一個再生產週期。一個週期一般包括危機、蕭條、復甦和高漲四個階段。其中，危機是週期的決定性階段，它是上一個週期的終點，同時又是下一個週期的起點。

在不同的資本主義國家，在一個國家的不同發展時期，由於具體的歷史條件不同，週期的整個進程和週期的每個階段又會有這樣或那樣的特點。下面，我們就根據一般情況來說明資本主義再生產週期各個階段的特點。

危機通常是在資本主義經濟最繁榮，也就是資本主義矛盾最尖銳的時候爆發的。在危機階段，大量商品找不到銷路，存貨堆滿倉庫，資本週轉困難，利潤率急遽下降。這迫使資本家縮小生產規模，解雇大批工人，縮短開工時間，使成千上萬的工人陷於失業和半失業的狀態。而大批工人失業又為資本家提供了進一步壓低在業工人工資的條件。這樣，工人的工資水準和工資總額在危機階段便急遽下降。與此同時，由商品銷售困難引起市場競爭空前加劇，又使競爭力量比較薄弱的廣大小生產者紛紛破產。這一切都使得資本主義社會的基本消費群眾即廣大勞動人民的購買力急遽降低。社會購買力的急遽降低，引起商品價格猛烈下跌。許多工商企業特別是中小企業由於經受不住危機的沉重打擊而紛紛破產。

在危機階段，許多工商企業由於商品銷售困難而不能按期償還債務，又會引起整個資本主義支付關係的緊張，引起貨幣信用的危機。這時，資本家都不願再以賒銷方式出賣商品，而要求以現金支付。由於對現金的需求急遽增加，而金融市場上借貸資本的供給又遠遠不能滿足這種需求，利息率急遽提高。利息率提高，企業股息降低，再加上資本家大量拋售股票、公債等有價證券，有價證券的行市暴跌。資本家為了追求現金，普遍向銀行大量提取存款，這就使許多銀行特別是中小銀行因現金準備不能滿足償還債務的要求而不得不宣告破產。危機所造成的經濟動盪局面，還會引起對外貿易收入的減少和其他國外收入的減少，從而形成國際收支方面的巨額逆差，使黃金外流、儲備減少。

危機持續一段時期以後，市場上的商品數量由於資本家關閉企業、縮減生產和銷毀存貨而減少了，商品供應超過有支付能力需求的情況便逐漸發生了變化。於是，資本主義經濟就從危機階段轉入蕭條階段。

蕭條階段是週期中的停滯階段。它的特徵是生產不再下降，企業停止倒閉，失業人數不再增加，物價低落，商業萎縮，遊資充斥。資本家為了擺脫這種困境，竭力降低成本，以便在劇烈的競爭中站穩腳跟，在物價低落的情況下獲得超額利潤。為了降低成

本，他們一方面加強對工人的剝削，另一方面改進生產技術，更新固定資本。新的投資逐漸增加，對生產資料和勞動力的需求也逐漸增加，推動整個社會生產恢復和發展起來，工人就業人數因此逐漸增加，商業和信用事業也逐漸活躍。蕭條階段便逐步轉入復甦階段。

復甦階段是週期中的經濟恢復階段。它的特徵是市場銷售擴大，生產逐漸回升。資本家開始進行大規模投資和固定資本更新，生產逐漸擴大，就業人數逐漸增加，社會購買力開始提高，市場容量擴大，物價慢慢回升，企業利潤增加，信用事業日益發展，社會生產逐漸恢復到危機前的水準。當生產超過危機以前的最高點時，復甦階段就進一步過渡到高漲階段。

高漲階段又叫繁榮階段。在這個階段，投資大量增加，生產迅速發展，就業工人增加很快，物價上漲，利潤增多，工資水準也有提高，市場興旺，信用關係普遍發展，利息率降低，股票價格上漲。隨著生產規模擴大，生產產品增多，生產增長很快又超過了勞動群眾的購買力。當生產和消費的矛盾達到極其尖銳時，整個社會生產又重新陷入嚴重的生產過剩狀態。高漲階段出現的生產過剩起初是不明顯的。商業投機造成的市場的虛假需求掩蓋了社會購買力的真實情況，信用膨脹造成的虛假繁榮掩蓋了生產與消費的脫節，以至於當商品供應已大大超過需求時，資本家還在盲目擴大生產。只要幾種主要商品的流通發生阻塞，就會成為導火線，經濟危機再次突然爆發，整個社會經濟生活又重新陷入癱瘓和混亂狀態。

上述各個階段在資本主義經濟發展中不斷交替和反覆出現，就形成了資本主義再生產的週期性。

資本主義經濟危機的週期性發展是有其物質條件的。馬克思指出：「雖然資本投下的時期是極不相同和極不一致的，但危機總是大規模新投資的起點。因此，就整個社會考察，危機又或多或少地是下一個週轉週期的新的物質基礎。」[①] 在資本主義經濟危機的週期性發展中，固定資本的更新具有特殊的意義。這是因為固定資本的更新為資本主義再生產擺脫危機提供了物質條件。在危機進入蕭條階段時，資本家所想的就是怎樣提高勞動生產率，降低成本，盡快使自己的生產恢復和發展起來。他們會為此採取各種手段，其中一個很重要的方面，就是實行固定資本的更新和投資。這時，社會遊資充斥，利息率、商品價格水準、工資水準等都較低，為固定資本的更新和投資提供了良好的客觀條件。這樣，固定資本的大量更新和投資帶動了兩大部類生產的發展，資本主義經濟復甦起來。

同時，固定資本的更新又為下一次經濟危機的到來創造了新的物質條件。因為固定資本的大規模更新意味著先進技術被廣泛採用、舊設備為新設備所代替，勞動生產率普遍提高，生產規模擴大，生產迅速增長起來。同時，由於先進技術的採用，固定資本投

---

① 馬克思，恩格斯. 馬克思恩格斯全集：第24卷［M］. 北京：人民出版社，1972：207.

資大量增加，資本有機構成提高，相對過剩人口增加，對勞動者的剝削加重，其結果是勞動者有支付能力的需求下降。這樣，資本主義生產迅速擴大的趨勢和勞動者有支付能力的需求相對縮小之間的矛盾又尖銳起來，當社會再生產的比例遭到嚴重破壞時，經濟危機又爆發了。

固定資本的更新，只是爆發週期性經濟危機的物質基礎，而不是爆發週期性經濟危機的原因。如果沒有資本主義生產方式，沒有資本主義基本矛盾時而緩和時而尖銳的運動，固定資本的更新是不會引起經濟危機的。

[閱讀專欄]

有關經濟週期原因的理論介紹

經濟週期的原因一直是各經濟學派理論爭論的焦點，也是各派週期理論分歧的關鍵所在。除了馬克思的經濟危機理論，還有諸多經濟理論討論經濟週期的成因，現介紹其中主要的一些理論。

一、外部力量理論

該理論的代表人物是英國的杰文斯（H. Jevons）。該理論把經濟週期的根源歸結為經濟制度之外的某些事物的波動，包括太陽黑子、星相、革命、政治事件、金礦的發現和人口及移民的增長、新疆域和新資源的發現、科學發明、技術進步，等等。

二、消費不足論

該理論可以追溯到19世紀初法國的西斯蒙第（Simode de sismondi）和資產階級改良主義經濟學家霍布森（J. A. Hobson）。該理論認為衰退的原因是收入中的儲蓄過多而消費不足。這種收入與消費的不平衡或者因為收入分配不公或者是消費習慣等所致，這導致生產過剩及其週期性的出現成為必然。

三、心理因素理論

該理論的代表人物是庇古（A. C. Pigou）。心理因素理論強調心理預期在經濟週期各個階段形成中的決定作用。在經濟繁榮時期，人們往往過於樂觀。樂觀預期會帶動相關需求，導致過多投資。當這種盲目的樂觀情緒所造成的錯誤判斷產生後果的時候，衰退開始了，此時人們的樂觀情緒則被悲觀情緒代替，並隨著經濟的衰退而走向過度悲觀，導致失誤，最終引起蕭條。

四、投資過度理論

投資過度理論包括貨幣投資過度論和非貨幣投資過度論。

（1）貨幣投資過度理論。該理論的代表人物有奧地利學派的現代代表者哈耶克（F. A. Hayek）、米塞斯（L. Mises）和倫敦經濟學院的羅賓斯（T. C. Rohbins）等。這一理論把經濟週期產生的原因歸咎於投資過度或者生產資料生產過剩，而這是由投資活動超過貨幣資本供給引起的。危機的根源在於貨幣供給落後於貨幣需

求。這一學派反對任何人為地干預市場機制的措施，主張回到「自由放任」，認為只要讓自由競爭的市場體系自動調節經濟運行，銀行自動調節信用，生產過剩的現象和經濟危機就會逐步消除；反之，經濟蕭條就會持續下去。

（2）非貨幣投資過度論。這一理論的代表人物有「合法馬克思主義者」杜岡卜巴拉諾夫斯基（Tugan-baranowski）和德國的司匹托夫（A. Spiethof）以及熊彼特（J. A. Schumpeter）等。該理論著重從生產過程本身來解釋危機，並不把貨幣因素視為引起經濟週期的基本動因，認為經濟週期產生的機制是：新的因素（新技術的發明、低利率等）引起投資活躍，投資的進一步增加，最終引起投資過度，導致生產資料和耐用消費品生產過剩，經濟危機爆發。

五、凱恩斯經濟週期理論

凱恩斯認為消費傾向的波動、流動偏好的波動以及資本邊際效率的波動都會影響經濟週期。在繁榮後期，人們過度樂觀，加上投機的推波助瀾，利率成本上升到很高的水準，勢必引起資本邊際效率突然崩潰，導致人們對未來充滿不確定預期，從而使流動偏好急遽上升，利率提高，結果引起更為嚴重的投資下降。所以，資本邊際效率崩潰是從擴張進入收縮的轉折點。經過一段時間，資本、剩餘存貨和流動資本減少，最終它們的稀缺性會明顯恢復，因而資本邊際效率又開始上升；加上蕭條時期對貨幣的交易需求減少，利率也會因此降低，這導致成本下降。這一切都刺激投資增加，經濟開始復甦，在經濟乘數的作用下，經濟逐漸進入繁榮。根據這一理論，凱恩斯提出推行財政干預以幫助經濟復甦。

六、貨幣主義週期理論

現代貨幣主義主要代表人物是弗里德曼（M. Friedman）。該理論把經濟週期的主要原因歸結為貨幣因素：蕭條是流通中貨幣量劇減的結果，而工業高漲是由貨幣供應量增加所引起的。這種貨幣需求與不穩定的貨幣供給之間的不協調是由凱恩斯主義調節「有效需求」政策引起的，也會受政治形勢影響。總之，該理論認為貨幣供應量的波動是經濟週期波動的根本原因。

上述經濟週期理論從不同的側面和角度研究經濟週期發生的原因，對具體國家、具體歷史時期的經濟波動有一定的解釋力，但大都沒有深入到經濟波動的根源，有些甚至相互衝突，這也說明經濟週期的複雜性。

（以上資料來源於：劉恒，等. 中國社會主義經濟週期理論研究［M］. 成都：西南財經大學出版社，2007.）

三、第二次世界大戰後資本主義週期性經濟危機的特點

資本主義社會的生產力和生產關係會隨著時代的進展而發生變化，資本主義基本矛盾有時緩和、有時尖銳的發展運動也會隨之發生變化。第二次世界大戰後，由於第三次科學技術革命的興起，國家壟斷資本主義的發展以及資產階級國家對經濟生活的干預，

生產和資本的國際化，第三世界的興起，資本主義經濟發展不平衡的加劇等，這些經濟條件的變化使週期性經濟危機出現了新的特點。

首先，危機頻繁，週期縮短。在自由競爭的資本主義階段，每隔十年左右會發生一次經濟危機。20世紀，資本主義進入帝國主義階段後，直到第二次世界大戰以前，大約每隔七八年會爆發一次經濟危機。第二次世界大戰以後，差不多五年就要發生一次經濟危機，各主要資本主義國家平均再生產的週期是：美國為5年零4個月，日本為4年零10個月，英國為4年零8個月，法國為7年，聯邦德國為5年零7個月，義大利為5年零4個月。顯然，第二次世界大戰後經濟危機頻繁，經濟危機的週期縮短了。

其次，資本主義世界各國經濟危機由非同期性向同期性發展。第二次世界大戰前，由於資本主義世界市場的發展，資本的國際聯繫的加強，各資本主義國家的再生產週期運動具有統一性，經濟危機的爆發有明顯的同期性。第二次世界大戰後，由於資本主義各國遭受戰爭破壞的程度不同，經濟恢復的時間不同，它們的再生產週期的恢復在時間上參差不齊。如美國1948—1949年第一次經濟危機爆發時，西歐各國和日本還處於戰後的經濟恢復過程中。而當西歐的一些國家和日本爆發1951—1952年和1964—1966年的經濟危機時，美國則由於先後發動侵朝戰爭和侵越戰爭，經濟危機分別推遲到1953—1954年和1969—1971年才爆發。這段時期的危機明顯地表現為非同期性。但資本主義生產社會化的發展，特別是跨國公司的發展引起的生產和資本的國際化，使資本主義經濟危機又由非同期性逐步轉入同期性。1957—1958年、1973—1975年以及1980—1982年爆發的世界性經濟危機，就具有明顯的同期性。看來，隨著生產與資本的進一步國際化，資本主義國家間的經濟聯繫和相互影響日益密切。特別是隨著經濟一體化的發展和跨國公司的發展，各主要資本主義國家越來越多地採取措施協調其經濟政策，以應對其共同面臨的經濟問題，這樣就促成了世界經濟危機在各主要資本主義國家爆發的同期性。隨著資本主義的發展，經濟危機的世界同期性，已成為一種發展趨勢。

再次，危機的破壞作用一般不如第二次世界大戰前嚴重，危機、蕭條、復甦、高漲四個階段的特徵不像過去那樣明顯。第二次世界大戰以前，在經濟危機階段，生產猛烈下降，在經歷高漲階段後又迅速回升，蕭條和復甦階段也能較為明顯地劃分。第二次世界大戰後，危機階段持續時間較短，生產下降幅度一般較小。如美國第二次世界大戰後發生過六次經濟危機，工業生產連續下降時間分別為15個月、9個月、13個月、13個月、13個月和16個月，工業生產下降幅度分別為10.1%、9.4%、13.5%、8.6%、6.8%和15%。而第二次世界大戰前的1929—1933年的經濟危機，美國工業生產連續下降50個月，下降幅度達46.2%。第二次世界大戰後，復甦階段緩慢無力，經濟回升到危機前的最高點日趨困難，因而蕭條階段與復甦階段不易明顯劃分；在高漲階段，又經常存在著企業開工不足的現象，生產增長緩慢。

最後，生產過剩危機與通貨膨脹交織並發，危機期間物價上漲，出現了「滯脹」局面。第二次世界大戰前，特別是自由競爭的資本主義時期，在危機階段，由於商品供過

於求、現金短缺、信用收縮、物價大幅度下降。第二次世界大戰後，由於資產階級政府大力推行種種「反危機措施」，如增加貨幣發行量、推行通貨膨脹措施、採取擴張信用和降低利率的金融政策、實行赤字財政政策等，釀成了嚴重的通貨膨脹。此外，壟斷組織人為地保持壟斷價格，以及個人消費需求和投資需求在危機期間下降幅度縮小等，使危機期間的物價不但沒有跌落，反而出現持續上漲的現象。第二次世界大戰後，除了初期的幾次危機期間的物價稍有下降以外，從 1957—1958 年的危機開始，各資本主義國家在每一次危機中的物價均有上漲。以美國為例：美國的物價在 1957—1958 年的危機時期上漲了 4.2%，在 1960—1961 年的危機中上漲了 4.7%，在 1969—1970 年的危機中上漲了 6.18%，在 1973—1975 年的危機中上漲了 14.5%，在 1980—1982 年的危機中上漲了 13.5%。其他發達資本主義國家在危機期間的物價上漲幅度也很大。危機期間的通貨膨脹和物價上漲，使過剩的商品不能充分消散，危機不能充分展開，生產和消費的矛盾被累積下來，危機過後的回升乏力，導致了生產長期停滯和失業率長期偏高的局面。同時，通貨膨脹和物價上漲，又大大加重了勞動者的負擔，削弱了勞動人民有支付能力的需求，進一步阻礙了經濟的增長。「滯脹」局面的出現，是資本主義國家推行「反危機措施」的惡果，是資本主義制度的一個新的頑症。

四、經濟危機暴露了資本主義制度的歷史過渡性

經濟危機是資本主義基本矛盾發展到對抗程度的表現，同時又是這一矛盾暫時的、強制的解決方式。經過危機時期對生產力的破壞，引起生產的縮減，使生產和消費的矛盾趨於緩和，再生產的比例關係強制性地達到平衡。但是，經濟危機在強制解決資本主義現有矛盾的同時，又使資本主義固有的各種矛盾進一步加深了。

第一，經濟危機加深了資本主義的基本矛盾。經濟危機期間，大批中小企業由於經受不住危機的衝擊而破產，而大企業趁機大肆掠奪、吞並或控制中小企業。這樣就大大加速了生產和資本的集中進程。危機既提高了生產社會化的程度，又使生產資料和勞動產品更加集中到大資本家手中，從而導致資本主義基本矛盾進一步加深。

第二，經濟危機加深了資本主義社會的階級矛盾。危機期間，大批工人被解雇，加入失業行列，在業工人的工資普遍下降，勞動強度大大提高，無產階級和資產階級的矛盾趨於尖銳。

第三，危機期間，發達資本主義國家總是力圖把危機轉嫁給殖民地和附屬國人民。它們通過各種保護性措施和擴大資本輸出、商品出口以及壓低進口原料價格等手段，進一步加重了對殖民地、附屬國人民的剝削，也加深了殖民地、附屬國人民和發達資本主義國家之間的矛盾。危機期間，各主要資本主義國家在世界範圍內爭奪商品銷售市場和資本輸出範圍的鬥爭也更尖銳了。

經濟危機暴露了資本主義制度的歷史的、過渡的性質。危機期間，機器設備和商品被銷毀或者閒置，生產力遭到巨大破壞，這表明了以資本主義私有制為基礎的資本主義

生產關係與在這種生產關係下發展起來的社會生產力存在著深刻的矛盾，資本主義生產關係對社會化的生產力的駕馭能力遇到越來越大的挑戰，以至於只有通過大規模破壞生產力，才能使生產關係和生產力的對抗性矛盾得到暫時解決。這就充分表明資本主義制度已經成為生產力發展的嚴重桎梏。生產力要進一步發展，必然要衝破資本主義生產關係的束縛，以生產資料公有制為基礎的社會主義生產關係必然取代資本主義生產關係。

小　結

（1）社會總資本的運動比單個資本運動具有更為複雜的關係，因為社會總資本的再生產運動不僅包括預付資本價值的運動，而且包括全部剩餘價值的流通；不僅包括生產消費和資本流通，而且包括資本家和工人的個人消費以及媒介個人消費的一般商品流通。

（2）社會總資本再生產的核心問題是社會總產品的價值補償和物質補償的問題，也就是社會總產品的實現問題。研究社會總資本運動有兩個理論前提：一是將社會生產分成兩大部類——第 I 部類是生產生產資料的部門，第 II 部類是生產消費資料的部門；二是每個部類的產品價值都劃分為三個部分——不變資本 c、可變資本 v、剩餘價值 m。

（3）社會總資本的簡單再生產和擴大再生產有一定的交換過程和規律。兩大部類之間的交換要成功，必須滿足社會總資本簡單再生產和擴大再生產的實現條件，這些條件揭示了社會生產各部門按比例協調發展的內在規律及其相互之間的辯證關係。

（4）資本主義經濟危機是生產過剩的危機。危機的可能性在簡單商品生產條件下就存在，而在資本主義條件下危機具有了現實性和必然性。資本主義經濟的基本矛盾是危機產生的根源。危機具有週期性。週期性危機的反覆發生，說明資本主義經濟的發展是在經濟的巨大震盪中、在生產力遭到破壞的過程中自發運行的。

複習思考題

1. 解釋下列名詞概念：
社會總資本　　社會總產品　　社會總資本的簡單再生產　　外延擴大再生產
內涵擴大再生產　　經濟危機
2. 社會總資本運動的特點是什麼？
3. 研究社會總資本再生產的核心問題是什麼？
4. 簡述社會總資本簡單再生產和擴大再生產的實現條件及其意義。
5. 什麼是資本主義經濟危機？其根源是什麼？
6. 如何理解固定資本更新是資本主義經濟危機週期性存在的物質基礎？

閱讀書目

1. 馬克思. 資本論：第 2 卷［M］//馬克思，恩格斯. 馬克思恩格斯全集：第 24 卷. 北京：人民出版社，1972.
2. 列寧. 論所謂市場問題［M］//列寧. 列寧全集：第 1 卷. 北京：人民出版社，1963.
3. 恩格斯. 反杜林論［M］//馬克思，恩格斯. 馬克思恩格斯選集：第 3 卷. 北京：人民出版社，1972.
4. 張熏華.《資本論》脈絡［M］. 上海：復旦大學出版社，1999.

參考文獻

1. 馬克思. 資本論：第 2 卷［M］//馬克思，恩格斯. 馬克思恩格斯全集：第 24 卷. 北京：人民出版社，1972.
2. 劉詩白. 政治經濟學［M］. 成都：西南財經大學出版社，1998.
3. 列寧. 論所謂市場問題［M］//列寧. 列寧全集：第 1 卷. 北京：人民出版社，1963.
4. 恩格斯. 反杜林論［M］//馬克思，恩格斯. 馬克思恩格斯選集：第 3 卷. 北京：人民出版社，1972.
5. 熊彼特. 資本主義、社會主義與民主［M］. 吳良健，譯. 北京：商務印書館，1999.
6. 劉詩白. 論經濟過剩運行［J］. 宏觀經濟研究，1999（4）.
7. 劉詩白. 馬克思主義政治經濟學原理［M］. 成都：西南財經大學出版社，2006.
8. 胡錦濤. 堅定不移沿著中國特色社會主義道路奮進 為全面建成小康社會而奮鬥——在中國共產黨第十八次全國代表大會上的報告［R］. 北京：人民出版社，2012.

第六章 剩餘價值的分配

學習目的和要求：通過本章的學習，瞭解利潤、利息、地租等剩餘價值的各種具體形式以及不同部門的資本是怎樣參與剩餘價值分配的，明確平均利潤和生產價格的實質以及剩餘價值的分配過程，理解在信用制度發展的條件下虛擬資本的特點和作用。

第一節 平均利潤和生產價格

一、剩餘價值轉化為利潤

（一）成本價格與利潤

商品價值由三部分組成，即生產中所耗費的不變資本的價值（c）、可變資本的價值（v）和剩餘價值（m）。用公式表示即 $W = c + v + m$。這三部分價值中，c 是原有價值的轉移，代表過去的勞動；v 和 m 是工人新創造的價值，代表現在的勞動。這三部分的總和就是生產商品時實際耗費的勞動量。但是，對資本家來說，生產商品所耗費的僅僅是用於購買生產資料的不變資本價值和用於購買勞動力的可變資本價值，因此，這兩部分就構成了商品的成本價格或稱為生產費用。如果用 K 表示成本價格，商品價值就由 $c + v + m$ 轉化為 $K + m$。

成本價格範疇形成以後，不變資本和可變資本的區別消失了。本來僅僅是由可變資本帶來的剩餘價值，現在卻變成了成本價格（K）以上的增加額，表現為全部預付資本的產物。因為在資本家看來，不變資本和可變資本在剩餘價值生產過程中都發揮了同等重要的作用。他們認為如果只有不變資本購買的廠房、機器設備、原材料而沒有可變資本購買的勞動力固然不能生產剩餘價值，但只有可變資本而沒有不變資本同樣也不能生產剩餘價值。因此，當「剩餘價值，作為全部預付資本的這樣一種觀念上的產物，取得了利潤這個轉化形式。」[1] 由此可見，利潤和剩餘價值實際上是同一個東西，在量上是相等的。但是在質上，剩餘價值作為工人在剩餘勞動時間內創造的那部分價值，表現為勞動的產物，可以清楚地看到它的來源；利潤則表現為全部預付資本的產物，在利潤這一概念下，不變資本和可變資本在生產剩餘價值中的不同作用消失了。由此可見，剩餘價值是本質，利潤只不過是剩餘價值的轉化形式。

---

[1] 馬克思，恩格斯. 馬克思恩格斯全集：第 25 卷 [M]. 北京：人民出版社，1974：44.

(二) 利潤率及其影響因素

當剩餘價值轉化為利潤以後，利潤就用 P 代表，W＝K＋m 的公式就變成 W＝K＋P 這個公式。既然利潤是將剩餘價值看作全部預付資本的產物而形成的一個概念，那麼資本家的實際獲利程度就不是由剩餘價值和可變資本的比率決定，而是由剩餘價值和預付總資本的比率即利潤率決定。事實上，當我們使用利潤這一範疇時，它已經是剩餘價值與預付總資本比較的結果，即剩餘價值率已經轉化為利潤率了。

我們用 P′ 代表利潤率，用 C 代表預付總資本，利潤率的公式則為 $P'=\dfrac{m}{C}$。由於利潤率和剩餘價值率是用同一個剩餘價值量與不同的資本量相比得出的比率，它的相對值必然不相等，利潤率總是比剩餘價值率小。例如，一個資本家有預付資本 10 萬元，其中不變資本為 8 萬元，可變資本為 2 萬元，得到剩餘價值 2 萬元；則剩餘價值率為 100%，而利潤率為 20%。利潤率不僅在數量上小於剩餘價值率，而且反應的經濟關係也不一樣。剩餘價值率反應的是資本家剝削工人的程度，而利潤率反應的是預付總資本的增殖程度。由此可見，剩餘價值率轉化為利潤率，不但模糊了資本對勞動的剝削關係，還掩蓋了資本家對工人的剝削程度。

利潤率是經常變動的。決定和影響利潤率變動的因素主要有：①剩餘價值率。在其他條件不變的情況下，剩餘價值率越高，利潤率就越高；反之，剩餘價值率越低，利潤率也越低。②資本有機構成。在其他條件不變的情況下，資本有機構成愈低，總資本中不變資本的比重愈小，可變資本的比重就愈大，生產的剩餘價值就多，利潤率就高；反之，資本有機構成愈高，總資本中不變資本的比重就愈大，可變資本的比重就愈小，生產的剩餘價值就少，利潤率就低。總之，利潤率的高低是同資本有機構成的高低反方向變動的。③資本週轉速度。利潤率同資本週轉速度成正比例變化。資本週轉愈快，利潤率愈高，反之愈低。因為資本週轉快，可用同量資本甚至更少量資本購買更多的勞動力，獲得更多的剩餘價值。例如，有甲、乙兩個資本家，其企業的可變資本都是 5,000 元，剩餘價值率都為 100%，但可變資本週轉速度不一樣，甲企業一年週轉 4 次，乙企業一年週轉 2 次。甲企業資本家一年可以獲得 20,000 元剩餘價值，而乙企業資本家一年只能獲得 10,000 元剩餘價值。剩餘價值量越大，利潤率就越高。所以，可以通過加速資本週轉的方式，提高利潤率。④不變資本的節省。因為不變資本減少，預付總資本就會減少，在剩餘價值量和剩餘價值率已定的情況下，資本家就可以用較少量的資本獲得更多的剩餘價值，提高利潤率。

二、利潤轉化為平均利潤

從上面的分析可以看到，在決定利潤率高低的因素作用下，各個生產部門的利潤率有很大的差別。例如，同量的資本投放在不同部門，由於資本有機構成和資本週轉速度不同，利潤率也就有高有低。但是，在現實的資本主義經濟生活中，不論資本投在哪一

個部門，等量資本大體上都要取得等量的利潤。這是什麼原因導致的呢？現實經濟生活中這種狀況的形成是競爭的結果。在這裡，我們要研究兩種競爭：一種是部門內部的競爭，一種是部門之間的競爭。

(一) 部門內部的競爭與社會價值的形成

部門內部的競爭是指生產同種商品的同一生產部門的各個企業，為了爭取更有利的商品生產和銷售條件，為了獲得超額剩餘價值、提高利潤率而進行的競爭。假定某生產部門有優、中、劣三等企業，由於生產技術和經營管理等條件不同，它們生產同種商品的個別價值也就各不相同。而在市場上，商品不是按照個別價值出售，而是按照這種商品的社會價值出售，即按生產該商品的社會必要勞動時間決定的價值出售。

社會價值亦即市場價值。「市場價值，一方面，應看作是一個部門所生產的商品的平均價值，另一方面，又應看作是在這個部門的平均條件下生產的、構成該部門的產品很大數量的那種商品的個別價值。」[①] 一般情況下，市場價值是由該部門占大多數的、在中等生產條件下生產的產品的個別價值來決定的。只有在特殊情況下，那些在最壞條件下或在最好條件下生產的商品才會調節市場價值。這個特殊情況就是指：如果優等或劣等生產條件下生產的產品數量很大，市場價值就由這些產品的個別價值來調節。馬克思在《資本論》中分析過兩種含義的社會必要勞動時間。事實上，這兩種含義的社會必要勞動時間共同決定了商品的社會價值。

[閱讀專欄]

第二種含義的社會必要勞動時間

馬克思在《資本論》第一卷中分析的決定商品價值量的社會必要勞動時間是在生產同種商品的不同生產者之間形成的。它涉及的是同種商品生產上的勞動耗費，可稱之為第一種含義的社會必要勞動時間。社會必要勞動時間還有另一種含義，即在生產不同商品的生產者之間形成的社會必要勞動時間。它涉及的是社會總勞動時間在各種商品上的分配，其體現的是不同商品的使用價值量被社會接受的程度。馬克思說：「如果說個別商品的使用價值取決於該商品是否滿足一種需要，那麼，社會產品總量的使用價值就取決於這個總量是否適合於社會對每種特殊產品的特定數量的需要，從而勞動是否根據這種特定數量的社會需要按比例地分配在不同的生產領域。」[②]這裡指社會總勞動中按一定比例用來生產社會需要的某種商品所耗費的勞動時間。不同商品的供求狀況會直接影響或決定社會必要勞動時間的生產條件。結合供求關係和競爭關係來理解市場價值，反應了按比例分配社會勞動的規律的內在要求。正如馬克思所說：「不僅在每個商品上只使用必要的勞動時間，而且在社會

---

① 馬克思，恩格斯. 馬克思恩格斯全集：第25卷 [M]. 北京：人民出版社，1974：199.
② 馬克思，恩格斯. 馬克思恩格斯全集：第25卷 [M]. 北京：人民出版社，1974：716.

總勞動時間中，也只把必要的比例量使用在不同類的商品上。」① 這就是人們通常說的第二種含義上的社會必要勞動時間。

　　社會必要勞動時間的兩種含義具有相關性，共同決定商品的價值。如果說第一種含義是價值的決定，那麼，第二種含義則是價值的實現。不過，兩種含義在分析角度上又各有區別：第一種含義是從社會生產條件的角度來說明社會必要勞動時間的，第二種含義則是從社會需要的角度來說明社會必要勞動時間的；第一種含義決定的是單位商品的價值，第二種含義決定的則是部門總商品的價值；第一種含義涉及勞動消耗，第二種含義則涉及社會規模的使用價值。從調節社會總勞動在各個生產部門的分配來說，社會必要勞動時間是經濟調節的目標。社會總勞動時間是有限的，經濟調節的目標就是社會總勞動時間按社會必要勞動時間配置到各個部門。

　　（以上資料摘編自：逄錦聚，洪銀興，林崗，等. 政治經濟學［M］. 北京：高等教育出版社，2005.）

　　用貨幣表現的市場價值被稱為市場價格。市場價值形成後，生產技術和經營條件好的企業的商品的個別價值低於社會價值，獲得超額利潤。資本家為了追逐超額利潤，都競相採用新技術、改善經營管理以降低商品個別價值。當企業普遍採用了新技術、改善了經營管理時，整個生產部門的平均有機構成就會提高，利潤率就會下降。由於各個生產部門都會通過內部的競爭形成自己的商品社會價值和不同的利潤率，這就勢必引起利潤率低的生產部門與利潤率高的生產部門展開爭奪利潤的競爭，這就是部門之間的競爭。

　　（二）部門之間的競爭與平均利潤率的形成

　　部門之間的競爭使得各個部門的不同利潤率轉化為平均利潤率，各個部門依據平均利潤率和所投入的資本量來獲得平均利潤。

　　假定社會上有食品、紡織、機械三個生產部門，每個部門的總資本都是100萬元，剩餘價值率都是100%，週轉速度相同，但資本有機構成不同，其中食品工業的有機構成為70c：30v，紡織工業的有機構成為80c：20v，機械工業的有機構成為90c：10v。它們的利潤率見下表6-1：

表6-1　　　　　　　　　　　　　　　　　　　　　　　　　　　　　單位：萬元

生產部門	不變資本(c)	可變資本(v)	剩餘價值率(m′)	剩餘價值(m)	利潤率(P′)
食品工業	70	30	100%	30	30%
紡織工業	80	20	100%	20	20%
機械工業	90	10	100%	10	10%
合計	240	60		60	

---

① 馬克思，恩格斯. 馬克思恩格斯全集：第25卷［M］. 北京：人民出版社，1974：716.

從表6-1可以看出，三個剩餘價值率相同的生產部門，因為有機構成不同，同樣投入100萬元資本，其利潤率就不相同：食品工業的利潤率為30%，紡織工業為20%，機械工業為10%。等量資本不能得到等量利潤。怎樣才能使等量資本無論投到有機構成高還是有機構成低的部門都能得到相等的利潤呢？競爭和資本的轉移解決了這一問題。食品工業的利潤率比機械工業高，出於追求利潤最大化的本性，機械工業的資本家就要把他的資本轉移到食品工業去。結果，食品工業的廠家增多，各類食品因供過於求，價格逐漸下跌，食品工業的利潤率隨之下降；而在機械工業部門，由於資本流出，投資減少，生產逐漸縮減，導致機械產品供不應求，價格上漲，利潤率隨之提高。當機械工業部門的利潤率上漲到超過食品工業部門時，資本又會從食品工業部門轉移到機械工業部門。這種資本的轉移和價格的漲落將一直持續到不同生產部門之間的利潤率大體相等的時候才會暫時穩定下來。這個大體相等的利潤就是平均利潤率。由此可見，正是部門之間的競爭和資本的自由轉移才使平均利潤率得以形成。所謂平均利潤率，就是按照社會總資本平均計算的利潤率，是剩餘價值總額與社會總資本的比率。用公式表示為：

$$平均利潤率 = \frac{剩餘價值總量}{社會總資本}$$

平均利潤率的高低取決於兩個因素。①各部門的利潤率水準。各部門利潤率水準越高，平均利潤率就越高；反之則低。②社會總資本在各部門之間的分配比例。在社會總資本中，投在資本有機構成高、利潤率低的部門的資本比重越大，平均利潤率就越低；反之則越高。在這裡需要指出的是，平均利潤率不是各部門利潤率的簡單的、絕對的平均，而是一種利潤率平均化的總的發展趨勢。

在利潤率平均化的條件下，各部門的投資者就可以根據平均利潤率獲得與其投資量大小相適應的利潤，即平均利潤。

$$平均利潤 = 平均利潤率 \times 投入資本量$$

表6-2　　　　　　　　　　　　　　　　　　　　　　　　　　　　　單位：萬元

生產部門	資本	剩餘價值（m）	剩餘價值率（m'）	平均利潤率（$\overline{P'}$）	平均利潤（$\overline{P}$）	平均利潤與剩餘價值之差
食品工業	100	30	100%	20%	20	-10
紡織工業	100	20	100%	20%	20	0
機械工業	100	10	100%	20%	20	+10
合計	300	60			60	

從表6-2可以看出，利潤率的平均化過程，實際上是各生產部門的剩餘價值重新分配的過程。平均利潤率形成以後，各部門按照等量資本獲得等量利潤的原則分配剩餘價值。

有機構成高的部門的資本家所得的利潤高於本部門工人所創造的剩餘價值，有機構成低的部門的資本家所得的利潤低於本部門工人所創造的剩餘價值，而且有機構成高的部門的資本家多得到的利潤與有機構成低的部門的資本家失去的剩餘價值在量上剛好相等，只有有機構成等於社會平均有機構成的部門的所獲利潤才與本部門工人創造的剩餘價值相等。

利潤轉化為平均利潤以後，資本主義的剝削關係便進一步被掩蓋起來了。前已述及，當剩餘價值轉化為利潤時，已經掩蓋了剩餘價值的真正來源，但那時利潤量和剩餘價值量畢竟是相等的，還能看到利潤和剩餘價值之間的關係、利潤和工人勞動之間的關係。在利潤轉化為平均利潤以後，一些部門所得的利潤量同本部門工人所創造的剩餘價值量已不相等了，不同生產部門所得利潤的多少完全取決於投入資本的多少。這就造成一個假象，好像利潤的多少只與投入資本有關，同工人的勞動無關，利潤的本質和來源也就完全被歪曲和掩蓋起來了。

馬克思的平均利潤學說的重大意義就是揭示了平均利潤的實質。一方面，它揭露了等量資本取得等量利潤的實質是剩餘價值在各部門的資本家之間被重新分配了，工人階級不僅受本企業資本家剝削，而且受整個資本家階級剝削；另一方面，也揭示了無產階級要改變受剝削、受壓迫的地位，要從資本主義制度下徹底解放出來，就不僅要同直接剝削他們的資本家進行鬥爭，而且要與整個資本家階級進行鬥爭。

平均利潤率的形成，利潤轉化為平均利潤，是就一般趨勢而言的。事實上，各部門內部的各個企業仍然存在著技術裝備的差別，存在著追逐超額剩餘價值的競爭，同時各個部門之間資本轉移的競爭也會經常發生。因此，利潤平均化的過程也不會停止。

三、價值轉化為生產價格

利潤轉化為平均利潤的過程，也就是價值轉化為生產價格的過程。平均利潤形成以後，商品就不再按照成本價格加利潤出售，而是按成本價格加平均利潤即生產價格出售。用公式表示：

$$生產價格 = K + \overline{P}$$

生產價格的形成過程如表 6-3 所示：

表 6-3

生產部門	資本有機構成 (c：v)	剩餘價值 (m)	商品價值 (c+v+m)	平均利潤率 ($\overline{P}'$)	平均利潤 ($\overline{P}$)	生產價格 ($K+\overline{P}$)	生產價格與價值之間的差額
食品工業	70c + 30v	30	130	20%	20	120	-10
紡織工業	80c + 20v	20	120	20%	20	120	0
機械工業	90c + 10v	10	110	20%	20	120	+10
合計	240c + 60v	60	360		60	360	0

從表 6-3 可以看出，生產價格形成後，資本有機構成高的部門，其商品的生產價格高於價值；資本有機構成低的部門，其商品的生產價格低於價值；只有有機構成等於社會平均有機構成的部門，其商品的生產價格與價值才大體一致。

上述發生的生產價格與價值背離的現象是不是對價值規律的否定呢？事實上，價值轉化為生產價格以後只是改變了價值規律的作用形式，即商品的市場價格不再是圍繞商品的價值上下波動，而是圍繞生產價格上下波動，並沒有否定價值規律。因為：①從個別部門來看，資本家獲得的平均利潤與本部門工人創造的剩餘價值不一致，但從全社會來看，整個資本家階級所獲得的平均利潤總額和整個工人階級所創造的剩餘價值總額還是相等的。②從個別部門來看，商品的生產價格同價值不一致，但從全社會來看，商品的生產價格總額也必然和價值總額相等。③生產價格隨商品價值變動而變動。生產商品的社會必要勞動時間減少了，生產價格就會降低；反之，生產價格就會提高。

同商品價值有個別價值和社會價值的區別一樣，商品的生產價格也有個別生產價格和社會生產價格的差別。社會生產價格是指部門內由社會平均生產條件所決定的生產價格，等於社會成本價格加平均利潤。個別生產價格等於個別成本價格加平均利潤。商品的市場價格不是取決於個別生產價格，而是取決於社會生產價格。所以個別生產價格低於社會生產價格的差額便形成超額利潤。因此，平均利潤形成以後，各部門中少數先進企業由於其個別生產價格低於社會生產價格，仍然可以得到超額利潤。

生產價格理論不僅在邏輯上是對勞動價值論的發展，而且從歷史的發展過程來看也是同商品經濟的發展過程相一致的。歷史上，人們在簡單商品生產中相互交換自己的勞動產品，交換的唯一尺度是耗費在各種商品生產上的社會必要勞動時間。那時，商品交換大體上是按照價值進行的。隨著簡單商品經濟向發達的商品經濟轉化，利潤轉化為平均利潤，價值轉化為生產價格，商品因此就按生產價格出售了。馬克思的平均利潤和生產價格理論解決了價值規律同等量資本獲取等量利潤在形式上的矛盾，解決了從價值、剩餘價值這些本質範疇上升到更具體、更接近經濟外部表現的範疇時所遇到的難題，使勞動價值論和剩餘價值理論得到了更進一步的證明。

四、平均利潤率趨向下降的規律

平均利潤率的高低主要取決於剩餘價值率和資本有機構成的高低。隨著資本累積的增加和資本有機構成的提高，平均利潤率有下降的趨勢。

各商品生產者為了追求最大限度的剩餘價值或利潤，增強競爭力，就必須不斷地改進技術、擴大生產規模、提高勞動生產率，從而引起各個企業的資本有機構成不斷提高。資本有機構成的提高，一方面，使可變資本在總資本中所占比重相對減少，使同量資本需要的勞動力減少，剩餘價值或利潤量也隨之減少；另一方面，使固定資本在總資本中所占的比重增大，使資本週轉速度減慢，從而使平均利潤率下降。

平均利潤率下降，並不與資本家獲得的利潤總量的增加相矛盾。雖然資本有機構成

提高，導致平均利潤率下降，但由於投入資本總量增加，使總資本推動的勞動總量增加，剩餘價值或利潤也將增加。要保持利潤總量的增加，就必須使總資本增加的速度快於平均利潤率下降的速度。否則，利潤總量也會下降。此外，平均利潤率的下降規律，還表現在單位商品價格下降的同時，商品總價格中包含的利潤量有可能相對增加。因為隨著科技的進步，勞動生產率大大提高，單位勞動時間內生產產品的數量大大增加，因而每個產品消耗的活勞動減少，商品的價值和價格也就下降，但單個商品中所包含的利潤量會由於剩餘價值率提高的速度快於新價值下降的速度而增加。

平均利潤率下降也不意味著剩餘價值率的降低。因為剩餘價值率僅僅是影響平均利潤率的一個因素，但不是唯一的因素。資本有機構成高低和資本週轉速度快慢都會對平均利潤率產生影響，因此即使在剩餘價值率不變，甚至提高時，資本有機構成提高和資本週轉速度減慢也可導致平均利潤率下降。

平均利潤率並非直線下降，而是一種「趨向下降」。因為有許多因素在阻礙平均利潤率的下降。一般而言，在資本主義經濟中，有利於利潤率提高的因素都可能成為阻礙平均利潤率下降的因素。

第二節　商業資本與商業利潤

前面的分析是以產業資本為典型進行的，工人所創造的剩餘價值全部被產業資本家佔有。實際上，在資本主義社會，除了產業資本家之外，還有商業資本家、借貸資本家、銀行資本家、農業資本家和大土地所有者。工人所創造的剩餘價值也不是全部被產業資本家佔有，其他資本家也要參與剩餘價值的瓜分，而商業資本家也是參與瓜分的一員。剩餘價值會轉化為如表 6-4 所示的不同的形式：

表 6-4

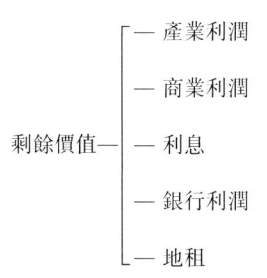

剩餘價值
- 產業利潤
- 商業利潤
- 利息
- 銀行利潤
- 地租

一、商業資本

商業資本又叫商人資本，是一種古老的資本形式，產生於奴隸社會初期，並在奴隸社會和封建社會中得到一定程度的發展。馬克思指出：「不僅商業，而且商業資本也比

资本主义生产方式出现得早，实际上它是资本在历史上更为古老的自由的存在方式。」①但它不同於资本主义的商业资本。资本主义的商业资本是從产业资本中分離出來獨立發揮作用的商品资本，它同产业资本有著緊密的聯繫，為产业资本的流通服務。

产业资本運動要順次通過三個階段，採取三種形式，執行三種職能。在资本主义初期，生产規模很小，产业资本家身兼二任，既從事生产，又搞經行銷售，产业资本循環的三個階段都是由产业资本家自己完成的。隨著商品生产的發展，流通區域擴大，一部分商品资本逐漸從产业资本中分離出來，成為獨立的资本形式——商业资本。

由此可見，商业资本是资本主义發展到一定階段的產物，是产业资本運動中的商品资本的獨立化形式。

值得注意的是，在社會總產品中，總有一部分商品的買賣是在产业资本家之間或企業與消費者之間直接進行的，不需要商业资本的介入；所以商业资本不是全部，而只是一部分商品资本的轉化形式。

商品资本要獨立化為商业资本，必須具備一定的條件：①产业內部的分工演變為部門之間的分工，從而使商品的買賣活動不再作為产业资本家的附帶業務，而成為一種流通當事人的專門職能。②獨立化的流通當事人必須自己預付资本，成為獨立的商品經營者。商业资本的運動形式是 G—W—G′，即商业资本家把一定貨幣額投入流通，購買商品，再把它賣出去，取回更多的貨幣。這樣，對商品的最終實現起仲介作用，就成了商人的專門業務。正是通過這種活動，商业资本家手中的貨幣轉化為资本，發生增殖。

商业资本的獨立化，大大地推動了资本主义的經濟發展，縮短了资本流通時間，節約了流通资本，加速了资本週轉。但商业资本發揮作用是有前提的，即商业资本的數量必須保持在社會再生产需要的範圍內。如果商业资本數量和規模超過了社會生产所需要的比例和限度，就會造成流通環節過高，費用過大，投資浪費，那就不僅不能發揮促進作用，反而還會阻礙社會再生产的順利進行。同時，也應該看到，由於一部分商品资本獨立出來成為商业资本，專門從事商品的買賣，這就使得生产和消費脫節的現象更加嚴重，往往會造成市場虛假繁榮的景象，從而使资本主义再生产的矛盾進一步加劇。

二、商业利潤

商业资本家幫助产业资本家推銷商品，其目的是為了獲得商业利潤。但商业资本是流通領域的资本，它只是實現商品的價值和剩餘價值，不創造價值和剩餘價值。那麼，商业利潤從哪裡來呢？

從表面看，商业利潤好像是商业资本家購買和出賣商品之間的差額，是通過賤買貴賣獲得的。但是，如果把包裝、保管、運輸等生产活動排除在外，單純的商品買賣活動是不創造任何價值和剩餘價值的。商业利潤不在流通中產生，其真正來源同产业利潤一

---

① 馬克思、恩格斯. 馬克思恩格斯全集：第 25 卷 [M]. 北京：人民出版社, 1974: 363.

樣，只能是產業工人在生產中創造的剩餘價值的一部分。

由於商業資本獨立出來，分擔了產業資本的一部分職能，產業資本家就不能獨占全部剩餘價值，而必須把剩餘價值的一部分以商業利潤的形式轉讓給商業資本家。這種讓渡是通過商品購買價格和售賣價格的差額來實現的，即產業資本家按照低於生產價格的價格把商品賣給商業資本家，然後商業資本家再按照生產價格把商品賣給消費者。這種購買價格和售賣價格之間的差額就是產業資本家讓渡給商業資本家的那部分剩餘價值，也就是商業利潤。

商業資本家獲得的商業利潤不能低於平均利潤。如果商業利潤低於平均利潤，商業資本的利潤率低於產業資本的利潤率，那麼商業資本家就會把商業資本轉移到產業部門中去。同樣，商業資本的利潤率也不能高於產業資本的利潤率，否則產業資本家的資本也會轉移到商業部門。部門之間的競爭和資本的轉移，使商業利潤率和產業利潤率趨於平均化，形成了整個社會資本統一的平均利潤率。

假定一年內，整個社會墊支的產業資本為720億元（c）＋180億元（v）＝900億元，剩餘價值率為100%，不變資本的價值全部轉移到新產品中去。這裡，一年內生產出來的社會總產品價值或總生產價格為720億元（c）＋180億元（v）＋180億元（m）＝1,080億元。剩餘價值為180億元，平均利潤率是$\frac{180}{900}$＝20%。為了把1,080億元的商品拿到市場上出賣，在流通領域中需要追加商業資本100億元。這樣，社會預付資本總額為900億元＋100億元＝1,000億元。由於商業部門的純粹買賣行為並不創造價值和剩餘價值，剩餘價值總額仍為180億元。但是，現在商業資本參加進來分配剩餘價值了，因此，平均利潤率就應為$\frac{180}{1,000}$＝18%。按照18%的平均利潤率再進行分配，產業資本家獲得的平均利潤則為900億元×18%＝162億元，而商業資本家獲得的平均利潤則為100億元×18%＝18億元。這樣，產業資本家便按照720億元（c）＋180億元（v）＋162億元＝1,062億元的出廠價格把商品賣給商業資本家，而商業資本家則按照1,062億元＋18億元＝1,080億元的價格把商品賣給消費者。由此，商業資本家投資100億元，就可以獲得平均利潤18億元。商業資本參與剩餘價值的分配後，平均利潤率公式變為：

$$平均利潤率 = \frac{剩餘價值總額}{產業資本總額 + 商業資本總額}$$

商業資本家參加了剩餘價值的分配以後，生產價格的公式就應為成本價格（K）＋產業利潤（P）＋商業利潤（h）。表面上看起來商業資本家拿走一部分剩餘價值使平均利潤率降低了，似乎對產業資本家不利，其實不然：假設沒有商業資本家參加，產業資本家完全自己經營商業，或許增加的流通資本比100億元還更多，平均利潤率的下降還會更厲害。

由此可見，商業利潤是通過商品的購銷差價來獲得的。它不在流通中產生，而在流通中實現，它是產業工人創造的一部分剩餘價值的轉移，是商業資本參與利潤平均化的結果。商業利潤的整個實現過程並不違背價值規律。

三、商業流通費用及其補償

商業資本家除了墊支一定數量的資本購買商品外，還要支付一定量的流通費用。所謂流通費用，就是商品流通過程中支出的各種費用。

流通費用分為兩類：一類是由商品使用價值的運動引起的，是同生產過程在流通領域的繼續有關的生產性流通費用，如運輸費、保管費、包裝費等。在運輸、保管、包裝等方面所耗費的勞動是生產性勞動，它不僅把生產資料的價值轉移到商品中去，還要創造價值和剩餘價值，使商品價值增大。這類流通費用可以從已經提高了的商品價值中得到補償，並從中獲得平均利潤。

另一類是由商品價值形態的變化所引起的費用。這是一種純粹流通費用，如店員的工資、廣告費、辦公費、簿記費、商品信息費等。這類開支是非生產性的，耗費的勞動是非生產性勞動，不創造價值和剩餘價值，也不是商品價值的構成部分，因而不能從售賣商品的實際價值中得到補償。但商業資本家必須把這些費用作為商品的一種加價加到商品的售賣價格中去，從售賣價格中得到補償。而且，對商業資本家來說，墊支的純粹流通費用和生產性流通費用不僅是個補償問題，它們都是預付資本，還必須參與利潤的分配，取得相應的平均利潤。因此，平均利潤率還要下降。我們還是用前面的例子來說明這一問題。如果產業資本為 900 億元，帶來 180 億元的利潤，商業資本除原來 100 億元外，還追加純粹流通費用 50 億元。這時，平均利潤率就為：$\frac{180}{900+100+50}=17.14\%$，其中產業資本家獲得平均利潤為 154.29（900×17.14%）億元，商品的出廠價格為 1,054.29（900+154.29）億元。產業資本家按此價格把商品出售給商業資本家，商業資本家再加上他應得的商業利潤和支出的流通費用出賣給消費者。這樣商業資本家從售賣商品的價格中，不僅收回了他預付的資本，而且取得了相應的平均利潤，即按 1,130（1,054.29+150×17.14%+50）億元的價格出賣給消費者。

由此可見，純粹流通費用的補償和獲利都是對社會剩餘價值的分配，都在商品價值內得到實現。從表面上看，流通費用的補償似乎增加了社會負擔，減少了產業資本的利潤；但實際上，產業資本之所以願意讓渡這部分剩餘價值，是因為只要純粹流通費用在社會需要的範圍內，商業資本經營商品就比產業資本分散經營流通業務更經濟，可以大大減少流通中的資本，其節約的資本遠遠超過耗費的純粹流通費用，有助於產業資本的節約和利潤率的提高。

商業活動是由店員即商業工人來完成的。商業工人和產業工人一樣，都是雇傭工人。但是，商業工人的勞動與產業工人的勞動有本質的不同：產業工人在生產過程中從

事的勞動可以創造價值和剩餘價值，是生產性勞動；而商業工人的勞動除了一部分是生產性勞動（如保管、包裝、運輸等）外，絕大部分是從事商品買賣活動的勞動，並不創造商品的價值和剩餘價值。但商業勞動是實現商品的價值和剩餘價值所需的勞動，是社會必需的勞動。商業工人的勞動也分有酬勞動和無酬勞動，商業工人從社會總剩餘價值中分得的那部分剩餘價值也分為商業工人的勞動力價值和商業利潤。在有酬勞動時間，商業工人通過商業勞動實現勞動力的價值，用於補償商業資本的可變部分；在無酬勞動時間，商業工人為商業資本家實現了產業資本讓渡的商業利潤。商業勞動與創造剩餘價值的勞動一樣，對商業資本來說，是商業利潤的源泉。

四、商業資本的週轉

（一）商業資本週轉和社會再生產的關係

商品資本轉化為商業資本後，其週轉既受產業資本週轉的影響，又形成獨立於產業資本的特點。表面看來，商業資本的週轉似乎是獨立於產業資本週轉之外的，只代表買賣行為的週期更新；而產業資本的週轉則代表再生產行為的週期更新，對商業資本來說，這個週期更新只表現為外部條件。實則不然，商業資本的週轉取決於再生產過程的週期更新。生產與流通的依存性，在這裡只是改變了形式，但並未消失。商業資本的週轉要受到兩個限制：①產業資本生產和再生產過程越迅速，商業資本的週轉越迅速，反之則越緩慢。②商業資本的週轉還要受個人消費的規模和速度的限制。因此，它的週轉一方面依存於生產，一方面依存於消費。生產與消費的更新是商業資本週轉的兩個界限。

同時，商業資本週轉是有「外部的獨立性」的。雖然社會再生產是商業資本週轉的基礎，但它對商業資本週轉的制約是帶有長期性、具有一定伸縮性的，這就是商業資本運動在一定限度內可以脫離這種制約而獨立運動的原因。這主要表現為商業資本可以在一定時期和限度內不受消費的制約，連續向產業資本購買商品，合理囤積。而信用制度的發展，又使商業資本不受自有資本量的制約，可以支配社會總貨幣資本的很大部分，繼續向產業資本購買商品，使商品超出合理囤積的範圍。而持續的購買又會給產業資本一個「虛假的需求」信號，從而推動生產進一步擴大。從這一角度來講，商業資本的週轉可以不受生產過程的限制，又可以不受消費和資本量的制約。然而，這種獨立性是有限的。當商業資本的運動超出了社會再生產的承受限度，它「內部的依賴性和外部的獨立性」的矛盾尖銳化，「這時，內部聯繫要通過暴力即通過一次危機來恢復」[1]。

（二）商業資本週轉的作用

商業資本的週轉速度對平均利潤率和商品銷售價格都有重要影響。

---

[1] 馬克思，恩格斯. 馬克思恩格斯全集：第 25 卷 [M]. 北京：人民出版社，1974：340.

1. 商業資本的週轉速度對利潤率的影響

商業資本對利潤率的影響是不同於產業資本的。產業資本週轉速度越快，年利潤率越高。而商業資本不創造價值和剩餘價值，其週轉快慢並不直接影響利潤率的高低，只是間接影響利潤率。在利潤率既定的條件下，商業資本獲得利潤的多少取決於商業資本在社會總資本中所占的比重。商業資本所占的比重大，利潤就越高；反之，則越低。從這個意義上講，商業資本參加了平均利潤率的決定。因此商業資本週轉速度會影響商業資本在社會總資本中的比重，進而影響平均利潤率的高低。在社會總資本既定的條件下，商業資本週轉越快，需要的商業資本的絕對量就越小，產業資本的絕對量就越大，生產的剩餘價值就越多，利潤率就越高；反之，利潤率就越低。在產業資本和總剩餘價值量既定的條件下，商業資本週轉越快，需要的商業資本的絕對量就越小，社會總資本就越少，利潤率也就越高；反之，則相反。

2. 商業資本週轉對商品銷售價格的影響

如果商業資本的相對量已定，則屬於它的利潤總量就已定，不同商業部門資本週轉上的差別不會影響屬於一定商業資本的利潤總量，更不會影響一般利潤率。不過，不同商業部門資本週轉上的差別卻會直接影響不同商業部門「商業加價」的大小。如年平均利潤率為15%，預付商業資本為100，商業利潤就是15。如果商業資本每年只週轉一次，該商業部門就會按115的價格出售商品；當另一個部門其他情況相同時，其資本年週轉5次，該部門就會按103的價格出售商品。前一部門加價為15，後一部門加價為3。所以，不同商業部門週轉速度的不同，並不能給該部門的資本家帶來不同的利潤。如果不是這樣，不同商業部門就會有不同的利潤率，甚至商業資本會隨著它週轉次數的增加，賺取比產業資本更多的利潤。而這是和一般利潤率規律相矛盾的。

但從上面的分析也可以看出，商業資本週轉速度的快慢，明顯影響到商品上「商業加價」的大小。「因此，不同商業部門的商人資本的週轉次數，會直接影響商品的商業價格。商業加價的多少，一定資本的商業利潤中加到單個商品的生產價格上的部分的大小，和不同營業部門的商業資本的週轉次數或週轉速度成反比。」① 同一平均利潤率，會根據這種商業資本週轉的快慢，以不同方式分配在單位商品價格上。由此可見，商業資本只是根據它自身週轉的快慢，把應得的商業利潤率以不同的百分比加到它負責週轉的商品上。所以，「一定量商品資本週轉一次獲得的利潤，同實現這個商品資本的週轉所需的貨幣資本的週轉次數成反比。」② 利潤小，週轉快，是零售商業的一個原則。

應當指出，商業資本這一週轉規律總是適用於該部門的平均週轉的。如果單個商業資本的個別週轉快於平均週轉，他就可以獲得商業上的超額利潤。如果這種週轉的加速是由於店鋪地理位置的優越造成的，他就要為此支付額外的租金。

---

① 馬克思，恩格斯. 馬克思恩格斯全集：第25卷 [M]. 北京：人民出版社，1974：348.
② 馬克思，恩格斯. 馬克思恩格斯全集：第25卷 [M]. 北京：人民出版社，1974：351.

第三節　借貸資本、銀行資本與虛擬資本

資本家除了使用自有的資本從事生產和經營外，還會通過借入或融通資本來擴大生產規模。這樣，隨著借貸關係和信用關係的發展，產生了借貸資本、銀行資本以及一種特殊形式的資本——虛擬資本。

一、借貸資本與利息

在資本主義社會中，貨幣資本家構成了一個獨特的資本家集團。他們既不像產業資本家那樣經營商品的生產，也不像商業資本家那樣經營商品的流通，而是憑藉自己所掌握的貨幣資本從事貸放資本的活動，並據此同產業資本家和商業資本家一起分配勞動者創造的剩餘價值。

（一）借貸資本及其產生

借貸資本是貨幣資本家為了取得利息而暫時貸給職能資本家使用的貨幣資本，是生息資本的一種形式。它是一種通過貨幣的借貸關係來參與剩餘價值分配的資本形式。

借貸資本的形成與資本主義再生產過程有著密切的聯繫。在資本主義再生產過程中，一些資本家為了擴大生產和經營規模，需要使用大量資本。這些資本單靠自身累積是很難在短期內積聚起來的。而另一些資本家手中又出現了大量的暫時閒置的貨幣資本。這些閒置資本主要來源於三個方面：①固定資本折舊的價值。其價值尚未達到更新固定資本之前，這部分資本就會在貨幣形式上暫時閒置起來。②在資本週轉的過程中，也會有一部分流動資本成為閒置資本。比如，當商品已銷售出去，而原材料的購買還未到期時，就會有部分流動資本暫時閒置起來。③資本家預定用於累積部分的剩餘價值，只有當它達到一定數量時，才能實際上變為追加資本，在它還不足以用於追加資本時，也會暫時閒置起來。然而，資本的本性是要帶來剩餘價值，而閒置的貨幣是不會增殖的。於是，持有閒置貨幣的資本家便將它們貸放給急需貨幣的資本家使用，從中獲取利息。這樣，閒置資本就轉化為借貸資本。

借貸資本是一種作為財產的資本，只有當它轉到職能資本家手裡時，才能真正發揮資本的職能。因此在這裡，同一個資本取得了雙重的存在：對於借貸資本家來說，它是財產資本；對於職能資本家來說，它是職能資本。借貸資本在這裡發生了所有權與使用權的分離。

（二）借貸利息和企業利潤

借貸資本家把閒置的貨幣資本貸給職能資本家使用不是無代價的。職能資本家必須把他所獲得的剩餘價值的一部分分給借貸資本家，這樣利息就產生了。利息是借貸資本家憑藉貨幣資本的所有權從貨幣使用者（職能資本家）那裡取得的剩餘價值。在一般情

況下，利息只能是平均利潤的一部分，而不能是全部。

借貸資本的運動公式是：G - G′。G′ = G + ΔG，ΔG 表示利息。利息在形式上表現為資本所有權的產物，是資本帶來的，但本質上講仍然是剩餘價值的轉化形態。

由於借貸資本所有權與使用權的分離，借貸資本家是貨幣資本的所有者，他憑藉所有權向職能資本家索取利息收入；而職能資本家（產業資本家和商業資本家）作為貨幣資本的使用者，必須獲得支付利息後剩下的剩餘價值。這樣，平均利潤就分割為兩部分：一部分為利息，一部分為企業利潤。馬克思指出：利息和企業利潤「二者不過是剩餘價值的不同部分，並且它的分割絲毫不能改變剩餘價值的性質、它的起源和它的存在條件。」①

利息量是根據利息率來計算的。利息率是一定時期內利息量與借貸資本量的比率，通常可分為按月計算的月息率和按年計算的年息率。利息率的計算公式為：

$$利息率 = \frac{利息量}{借貸資本量} \times 100\%$$

比如，10,000 元借貸資本每年得到利息 500 元，那麼資本的年利率就是 $\frac{500}{10,000}$ = 5%，按照習慣的說法，就是年利五厘。

利息是平均利潤的一部分，所以平均利潤率便構成了利息率的最高界限。利息率不能高於平均利潤率，也不能低於零，只能在平均利潤率與零之間上下波動。利息率的變動一般取決於兩個因素：一是平均利潤率的水準。在其他條件不變時，平均利潤率提高了，利息率就會相應提高；反之，平均利潤率下降了，利息率就會相應降低。二是借貸資本的供求狀況。借貸資本供不應求，利息率就提高；反之，借貸資本供過於求，利息率就降低。當借貸資本的供求基本平衡時，利息率就只能由社會的習慣和法律等因素決定。

二、信用制度、銀行資本與銀行利潤

（一）信用制度與銀行

信用實際上就是指一種以加值償還為條件的借貸行為，一般分為商業信用和銀行信用兩種形式。

商業信用是指職能資本家之間用賒帳的方式買賣商品時彼此提供的信用。作為資本主義信用制度基礎的商業信用，其產生遠比資本主義要早。在簡單商品生產條件下，就已經出現了賒購賒銷的現象。只是到了商品生產和商品流通很發達的資本主義社會，商業信用才得到廣泛發展。商業信用的基本作用是通過在商品買賣雙方之間建立一種規範的債權債務關係，突破商品流通在時間、空間以及支付決算上的局限，擴大商品流通範

---

① 馬克思，恩格斯. 馬克思恩格斯全集：第 25 卷 [M]. 北京：人民出版社，1974：427.

圍，加速商業資本的週轉。但是商業信用本身又有局限。首先，商業信用的規模要受各個職能資本家的資本數量的限制；其次，信用的規模還要受到各個職能資本家資本回流的數量、速度的限制；再次，商業信用還會受到不同行業、產業的不同商品流通的限制，例如不需要紡織品的機器生產者就不會向紡織品生產者賒購商品。這些局限使商業信用不能滿足商品生產擴大的需要，於是在其基礎之上產生了銀行信用。

銀行信用是銀行或貨幣資本家以貸款方式向職能資本家提供的信用。銀行通過借貸關係，將再生產過程中游離出來的閒置貨幣集中起來，再把它們貸給需要貨幣的企業和生產者。銀行信用產生後，就形成了以銀行信用為主要形式的社會信用體系，也即信用制度。銀行信用的產生，突破了商業信用的局限性，擴大了信用規模和範圍。它能夠向任何貨幣的使用者提供更多的借貸資本，並允許更長期的借貸期限和更靈活的信用方式。在這種信用關係中，現代銀行產生並發展起來。

銀行是經營貨幣資本業務、充當貨幣資本借貸關係仲介和貨幣支付仲介的企業。充當債權人和債務人的仲介，是銀行最一般的職能——將閒置的貨幣集中起來，以貸款方式提供給需要貨幣的企業和生產者。隨著市場經濟的發展，銀行在不斷擴大自身經營規模的同時，也在不斷擴大自己的經營範圍和業務內容。除了傳統的借貸仲介和貨幣支付仲介業務，銀行還積極向證券、保險、信託等領域發展。如：購買工商企業的股票，開展證券經營業務；充當公司的財務顧問；拓展信託租賃業務；代理保險；提供國際貿易中的信用擔保、信用證及其他單證服務；向客戶提供各種諮詢信息服務；等等。此外，還不斷創造新的金融工具包括衍生金融工具，提供各種金融服務以滿足金融市場的需求。銀行的地位和作用隨著銀行的大型化和銀行業務的擴大也有了很大變化。當資本集中形成了銀行壟斷組織後，銀行就由過去的借貸仲介人變成了萬能的壟斷者，傳統銀行的業務界限甚至行業界限就被打破了。不過，銀行作為貨幣資本的經營者，充當借貸仲介人的一般職能卻始終如一。

(二) 銀行資本與銀行利潤

銀行資本的來源包括兩部分：一部分是銀行資本家自己投入銀行的自有資本，這只占銀行資本的一小部分；另一部分是從外面吸收進來的存款，即借入資本，這部分在銀行資本中所占的比重比前者要大得多。銀行存款的來源主要有三個方面：首先，來自職能資本家暫時閒置的貨幣資本。其次，來自貨幣資本家或食利者階層。最後，來自其他不同階層的居民的儲蓄存款。這些小額貨幣一經集中，就會形成巨額的借貸資本。

銀行資本形成後，具有如下特點：①銀行資本在形式上也有兩個部分，一是現金，二是有價證券。這與借貸資本是真實的貨幣資本不同，在銀行資本中以有價證券存在的資本可能是虛擬資本（關於虛擬資本我們稍後再作分析）。②銀行資本的運動除了以銀行信用的形式存在外，還會以買賣有價證券的形式存在。在有價證券的買賣中，因為股票等有價證券只付息而不還本，所以銀行資本的運動形式不會都呈現為借和還兩個階段。③銀行資本是一種部門資本，與產業資本、商業資本並存。作為部門資本，如果用

於借貸就屬於借貸資本，如果不用於借貸則不屬於借貸資本。銀行資本的相當一部分處於不流動狀態，如存款準備金等。處於這種狀態下的資本不進入市場，也不具有借貸資本的屬性。

銀行家經營銀行業務，也和工商業資本家經營工商業一樣，是為了獲取利潤。銀行利潤來自存款利息和貸款利息之間的差額。貸款利息比存款利息高，貸款利息減存款利息，再扣除銀行的業務費用，其餘額就是銀行利潤。利息既然是剩餘價值的一部分，銀行利潤歸根究柢就是來自工人所創造的剩餘價值。銀行利潤在量上也要求不能低於社會上的平均利潤。因為在競爭的條件下，銀行資本如得不到平均利潤，銀行家就會把資本轉移到工商業等其他部門去；自發競爭的結果，必然是銀行利潤接近於產業利潤和商業利潤的水準。

銀行利潤是通過銀行資本家經營銀行業務來實現的。銀行業務主要包括兩個方面：一方面是負債業務，即吸收資金或吸收存款的業務；另一方面是資產業務，即投放或貸出資金的業務。

銀行的資產業務是通過多種形式來進行的，主要的形式有票據貼現、抵押貸款和長期投資等。

票據貼現即票據持有者為了融通資金，將未到期的票據交給銀行，兌取現金，這相當於銀行用現款購進沒有到期的票據（如期票）。由於銀行只有在期票到期時才能持票向債務人兌取現款，期票貼現實際上就是銀行發放的短期貸款，銀行要按當時的貸款利率從期票價值中獲取回扣，即貼現利息。這裡的利率就是貼現率。

抵押貸款包括以商品、提貨單、期票、有價證券和不動產等作抵押的各種活期的或定期的貸款。借款者到期如不能歸還貸款，銀行就有權處理抵押品。銀行對於自己確信有償還能力、有信用的借款人，也可以發放沒有抵押品的貸款即信用貸款，不過利息較高。

長期投資是銀行以購買股票的方式向各種企業進行的投資以及銀行購買的政府公債和企業債券等。前者使銀行成為企業的股東，後者則形成銀行的一種長期貸款。

三、股份公司與股票

股份公司是由若干股東以入股方式籌集社會資本而形成的一種企業的資本或財產組織形式，是資本集中的重要手段。

市場競爭迫使每一個資本家都想要不斷擴大他的資本，但資本的擴大僅依靠單個資本家自身的積聚是十分有限的，資本家必須在依賴信用制度的條件下實現資本集中，才可能迅速擴大資本。股份公司為資本集中提供了一個優於以前企業的企業組織形式，使分散的資本可以在有限債務責任的條件下集中為一個大資本。

股份公司的資本是通過發行股票集中起來的。持有股票的人是股份公司的股東、公司資產的所有者。股東享有作為公司所有者的種種權利，如參加股東大會、選舉公司董

事、參與公司決策等。但股東之間享有的權利的大小並不相同，因為股東大會的表決權不是以一人一票計算，而是按照一股一票計算。大股東只要掌握一定的股票控制額，就可以控制整個股份公司的活動。

股票是股份公司發給股東的借以證明其股份數額並取得股息的憑證。股票作為股份資本所有權的憑證及分配收益的權利證書，具有以下特點：①不可兌回性。股票被股東認購後，股東不能退股兌回本金。如果他不轉讓股票，他就只能靠逐年獲得股息和紅利慢慢地收回投入的資金。②風險性。股東購買股票，必須以出資額為限對公司承擔債務責任。如果公司虧損或破產，股東就會承擔相應的風險。同時，股票價格除了受公司本身經營狀況的影響外，還要受到股票市場內外多種因素的影響，經常波動，因此，股東手裡的股票的市值並不穩定，股東的風險是很大的。③流通性。股票是一種有價證券，它可以作為買賣對象被轉讓，也可作為抵押物。持股人通過轉讓股票，可以收回購買股票時投放出去的資金，而購買股票的人則獲得與股票相應的分配股息和紅利的權益以及其他權益。

股票持有者憑股票獲得的收入，叫作股息。股息的分配以股東的股票面額為依據。由於股票分為普通股和優先股，凡優先股票都按固定的股息率計算，普通股則在支付優先股的股息之後，以企業經營狀況確定的股息率從剩餘的企業利潤裡分配。股息實質上是工人所創造的剩餘價值的一部分。

股票是一種有價證券，本身並沒有價值，但可以買賣，有價格。這是因為持有股票能夠領取一定的股息收入。所以，股票價格不外是資本化的收入。股票價格形成的基本因素有兩個：預期股息和銀行利息率。股票價格與預期股息的大小成正比，而與銀行利息率的高低成反比。用公式表示：

$$股票價格 = \frac{預期股息}{利息率} = \frac{股票面額 \times 預期股息率}{利息率}$$

例如，某公司的股票面額為 2,000 元，預期該公司股息為 5%，當年銀行利息率為 4%，那麼，股票價格 $= \frac{2,000 \times 5\%}{4\%} = 2,500$ 元。在股票持有人看來，在該公司預期股息為 5% 時，一張 2,000 元的股票能帶來 100 元的收入。這相當於在銀行利息率為 4% 的情況下，把 2,500 元存入銀行所得的收入。

股息和利息率是影響股票價格的基本因素。但在實際經濟生活中，影響股票價格的具體因素很多。從企業內部看，公司經營狀況及利潤高低是直接影響股息的因素，因而也影響到股價的波動。從企業外部看，股票供求關係、經濟週期、貨幣供應量、物價變動、政府政策甚至戰爭、重大政治事件等經濟的、政治的因素都可能導致股價波動。股市投機者人為地操控股價、炒作股票以牟取暴利，也常是股價產生波動的原因。

四、虛擬資本

(一) 虛擬資本及其與現實資本的關係

所謂虛擬資本，就是指能定期帶來收入、以有價證券形式存在的資本。虛擬資本包括資本市場上的金融工具如股票、債券及其衍生品。而在貨幣市場上的信用工具如商業票據（期票和匯票）、銀行承兌匯票、大額可轉讓存單等各種有價證券或債權債務憑證是不是虛擬資本，關鍵要看它們是否進行交易並給持有者帶來資本化的收入。典型的虛擬資本形式是股票和債券。

有價證券之所以是虛擬資本，是因為有價證券本身並沒有價值。它也不是價值符號，只是現實資本的所有權或債權證書。以股票為例，當人們用貨幣購買了股票以後，真正的資本就轉移到公司方面去了，進入了企業的運行；而此時留在股票持有者手裡的股票，不過是投入的現實資本的所有權證書或「現實資本的紙制復本」[①]，人們可以憑藉它從公司領取一定的收入。但也正因為持有股票便能佔有一部分剩餘價值，因此，對它的所有者來說它就是資本，即使它並不是實際在再生產過程中運行的資本。

現實資本就是以實物或貨幣形式存在的、投入生產經營過程並能生產剩餘價值的資本，也稱為真實資本或實際資本。虛擬資本的產生和存在是以生息資本為基礎的，它本身只是現實資本的「紙制復本」，不能發揮資本的職能作用，並不是真正意義上的資本。但虛擬資本的產生卻使同一資本表現出了兩個不同的運動，即作為虛擬資本基礎的現實資本在現實的再生產過程中運動，以及作為現實資本「紙制復本」的虛擬資本在證券市場上運動。如有一筆資本，數額為 10 萬元，被用於購買某個企業的股票。這進入該企業的 10 萬元就是現實資本，它開始了職能資本的循環過程；而投資者手中持有的 10 萬元股票進入股市運行，則成為虛擬資本，開始它獨特的另一個運動過程。

虛擬資本與現實資本之間存在既統一又矛盾的關係。

從統一性來看，虛擬資本是現實資本的所有權證書，因此它的存在和運動也必然要以現實資本為基礎。反過來，它對現實資本也會有重要的影響和作用。首先，現實資本對虛擬資本的基礎作用是從長期的、根本的方面來說的。股票和債券的發行取決於現實經濟運行中企業對貨幣資本的需求，而證券發行者的生產經營狀況又決定著證券投資者的收益；現實資本運用的規模決定了有價證券的發行規模，而社會再生產規模決定了證券投資規模；而且，現實資本的循環週期影響著虛擬資本的週期波動。其次，虛擬資本對現實資本的運動也有重要的作用。有價證券的發行就是貨幣資本集中的過程；作為現實資本循環運動的起點，虛擬資本能否按計劃目標順利發行，會影響現實資本運動的過程和規模；虛擬資本在市場上的流向會影響現實資本的分配比例和結構；由於虛擬資本的流通性很強，它也擴大了現實資本的活動範圍。

---

① 馬克思，恩格斯. 馬克思恩格斯全集：第 25 卷 [M]. 北京：人民出版社，1974：540.

從矛盾性來看，虛擬資本雖然代表著現實資本的價值，但其價格卻不是由現實資本的價值決定的，而是由預期收入和平均利息率決定的。這樣一來，虛擬資本的價格變動就會與現實資本的價值變動相背離，而呈現出相對獨立的運動狀態。正如馬克思所說：「作為紙制復本，這些證券只是幻想的，它們的價值額的漲落，和它們有權代表的現實資本的價值變動完全無關，儘管它們可以作為商品來買賣，因而可以作為資本價值來流通。它們的價值額，也就是，它們在證券交易所內的行情，利息率的下降與貨幣資本特有的運動無關，而單純是利潤率趨向下降的結果時，會隨著利息率的下降而必然出現上漲的趨勢」[1]。虛擬資本的價格與預期收益大小和預期收益的可靠程度成正比，與利息率成反比。而且其價格與資本市場上的貨幣供應量相關：當貨幣供應量不足時，價格會下跌；貨幣供應量增加，價格則上漲。

虛擬資本不僅在質上不同於現實資本，在量上也不同於現實資本。虛擬資本的數量等於各種有價證券的價格總額，虛擬資本數量的變化取決於各種有價證券的發行數量和它們的價格水準。

在有的情況下，虛擬資本數量的變化可以反應現實資本數量的變化。發行新的股票和債券會引起現實資本增加，或者企業停業或倒閉會引起股票價格下跌以致廢棄就是例證。但在通常情況下，虛擬資本數量的變化並不反應現實資本數量的變化。仍以股票為例，假設商品價值不變，那麼，不管股票行市怎樣暴漲或暴跌，即不管虛擬資本的數量如何變動，在工商企業中發揮作用的現實資本數量是不會變的。

虛擬資本與現實資本這種數量上的差異，是由虛擬資本運動脫離了現實資本的運動而具有自身的獨立性所引起的。也正由於虛擬資本運動的這種獨立性，隨著信用制度的發展和平均利息率的下降，虛擬資本的增長速度往往快於現實資本的增長速度。

(二) 虛擬資本的作用

虛擬資本可以在市場上買賣，成為一種資本商品，有獨立的價格（這種價格決定的方法與一般商品不同），也有獨立的運動。從表象上看，虛擬資本對於投資人來說，與其他資本一樣，是可以增殖、能夠帶來收入的資本。只有在遇到金融危機或信用緊縮導致證券及衍生證券價格大幅度下降、虛擬資本大幅度縮水時，人們才能明顯感到它的虛擬性質。但是，虛擬資本不等於虛無資本。虛擬資本是市場經濟和信用制度的產物，它在市場經濟的運行中也有著十分重要的作用。

1. 虛擬資本的存在和發展有利於貨幣資本的有效配置

有價證券通過資本市場（如證券交易所）進行交易。這種交易在社會經濟中起著自發地分配貨幣資本的作用，貨幣所有者手裡所掌握的貨幣資本通過購買有價證券而被分配到國民經濟的各個部門。在這裡，貨幣所有者找到了一條直接投資、直接分享投資收益的渠道，更主要的是可以通過證券交易使自己的貨幣增殖；而企業則找到了直接融資的途徑，

---

[1] 馬克思, 恩格斯. 馬克思恩格斯全集：第25卷 [M]. 北京：人民出版社, 1974：540-541.

通過發行有價證券把證券持有者的貨幣資本轉化為企業的法人財產而加以獨立自主地運用。虛擬資本推動了股份制經濟和證券市場的發展，而後者成了企業有效融資、擴大生產經營規模的有力工具。虛擬資本的交易使社會分散的閒置的貨幣可以最大限度地被集中起來加以利用，人們在以往社會裡長期不能擁有的生產力今天在短時間裡就可以成為現實。

2. 虛擬資本的運動有利於提高社會經濟的運行效率

虛擬資本的價格變動自發地調節著貨幣資本在社會生產各部門中的流向和流量。在證券市場上，當某一個行業由於供求關係的變化出現產品滯銷、開工不足，或是某一個企業由於經營不善出現虧損，這一行業或企業的股票價格會因人們預期收益的下降而下跌，人們會紛紛拋售這一行業或企業的股票。這導致貨幣資本向有市場前景和經營效益好的行業或企業流動，有利於整個社會經濟效益的提高。此外，隨著虛擬資本的發展，資本日益證券化，資本交易方式不斷創新，新的金融衍生工具不斷出現，不僅拓寬了企業的融資渠道，分散了企業經營風險，而且有利於企業充分利用資本市場實現資產重組，優化資源配置，在低成本的基礎上實現規模擴張。

3. 虛擬資本加速了新的社會經濟部門的形成和發展，但也導致財富虛擬化

隨著有價證券及其他衍生證券交易規模的擴大，圍繞著金融市場、資本市場、證券市場的各種服務部門和經營部門迅速發展起來，形成了新的產業。它們在創造社會 GDP（國內生產總值）的同時，也創造了更多的就業機會，加速了新經濟的形成。社會的金融資產獲得了驚人的發展，其增長的速度大大超過了社會總產品實際價值的增長速度。20 世紀 90 年代後期，全球上市公司的總市值已超過了全球每年生產的所有產品的總價值。而在 1989 年，全球股票的總市值還僅相當於全球年度總產值的 42%。虛擬資本的急遽膨脹，是由虛擬資本的獨立運動引起的。這種現象被一些人稱為「虛擬經濟」。虛擬經濟一方面加速了社會資本的配置和流通，促進了社會經濟的發展；一方面又導致了財富的虛擬化，虛擬資本價值更加脫離現實資本的價值。

4. 虛擬資本的膨脹引發了「泡沫經濟」等新經濟問題

泡沫經濟是指虛擬資本過度膨脹引起股票、債券以及房地產價格上漲而形成的經濟虛假繁榮的現象。在虛擬資本交易規模膨脹的情況下，貨幣供應量被分割為兩部分：一部分成為商品和勞務的交換媒介，一部分成為有價證券的交易媒介。在貨幣供應量不變的條件下，用於虛擬資本交易的貨幣量越多，用於現實經濟的貨幣量就越少。現實經濟中的貨幣量越少，購買實際商品和勞務的總需求就越少。總需求越少，商品和勞務的價格水準就越低。商品和勞務的價格水準越低，貨幣購買力就越強。由於貨幣購買力是某種貨幣匯率的基礎，所以長期來看，虛擬資本越是膨脹，其貨幣購買力越高，其匯率也就越是被高估。相反，如果虛擬資本大幅度減少，貨幣就會從虛擬資本交易中流出——不是流向國外，就是流向國內實現實經濟領域，導致物價上漲、貨幣匯率貶值。此外，證券市場上存在的廣泛的投機行為，也在不斷地增加著虛擬資本的泡沫。當虛擬資本過度膨脹、價格上漲預期逆轉，就會導致泡沫經濟破滅，引發嚴重的信用危機，使金融領

域壞帳、呆帳大幅度增加，信用緊縮，造成經濟衰退。20世紀90年代，在日本、墨西哥等拉美國家以及東南亞地區發生的金融危機和信用危機都說明，泡沫經濟是虛擬資本、虛擬經濟過度膨脹的直接結果，如果缺乏宏觀調控，它就可能對經濟運行產生災難性的影響。2007年發生在美國的次貸危機在2008年演變成世界性的金融危機，對全球經濟的衝擊一直影響到現在，更進一步說明了這一點。

[閱讀專欄]

關於虛擬資本和虛擬經濟

「虛擬資本」的概念是馬克思最早提出來的。他在《資本論》第3卷第25章及以後幾章中，對虛擬資本進行了詳細的分析，其主要內容可歸納為兩條：一是虛擬資本是在借貸資本和銀行信用的基礎上產生的，包括股票、債券、不動產抵押單等；二是虛擬資本本身沒有價值，但可以通過循環運動產生利潤，獲取某種形式的剩餘價值。儘管經過一百多年後，世界經濟的發展出現了許多新事物（例如期貨、期權及各種衍生產品等）和新情況（例如貨幣脫離了金本位、經濟全球化等），但馬克思對虛擬資本的分析在當前關於虛擬經濟的研究中仍然具有重要的指導意義。

對於虛擬經濟，國際上沒有一致的定義和系統的研究，而且由於翻譯的緣故，混淆了三個不同概念，將以下三者均譯為虛擬經濟。一是與證券、期貨、期權等虛擬資本的交易有關的經濟活動（Fictitious Economy）；二是以信息技術為工具所進行的經濟活動（Virtual Economy），也有人稱之為數字經濟或網絡經濟；三是用計算機模擬的可視化經濟活動（Visual Economy）。成思危主張將Fictitious Economy譯為「虛擬經濟」，並認為網絡經濟是指經濟的運行方式，虛擬經濟是指經濟活動的模式，必須將二者區分開來。

國內目前對虛擬經濟有三種不同理解。第一種是經濟學家的理解，認為虛擬經濟是一個虛擬的價值系統，也就是從傳統的理論經濟學的角度來研究虛擬經濟、財富和價值。第二種是金融學界對虛擬經濟的理解，認為虛擬經濟就是金融。第三種是系統科學家的理解，認為虛擬經濟是與實體經濟相對應而在經濟系統中存在的經濟活動模式（包括結構及其演化）。

(以上資料摘自：成思危. 虛擬經濟理論與實踐 [M]. 天津：南開大學出版社，2003：4-6.)

第四節 資本主義地租

在資本主義農業中，大土地所有者擁有土地的所有權，農業資本家擁有土地的經營權，因此農業工人創造的剩餘價值要在大土地所有者和農業資本家之間分配。地租是土地所有者憑藉對土地的所有權獲得的部分剩餘價值。地租體現了農業雇傭工人、農業資

本家和土地所有者之間的經濟關係。

一、資本主義地租的本質

任何地租都是土地所有權在經濟上的實現，資本主義地租也不例外。

資本主義土地所有制是從封建土地所有制和個體農民所有制演變而來的。從絕大多數資本主義國家土地所有制形成的歷史來看，其發展道路可以歸結為兩類：①美國式道路。其特點是通過資產階級革命摧毀封建地主經濟，經過小農經濟迅速分化，使資本主義大土地所有制逐漸替代農民的小土地所有制。於是，封建地主蛻變為資本主義土地所有者，小農淪為工農業中的雇傭勞動者，掌握土地經營權的農業資本家採取雇傭勞動方式經營資本主義農場。南北戰爭後的美國農業，便是走這條道路的典型。這條道路比較徹底地擺脫了封建關係的束縛，從而使資本主義經濟能夠迅速地發展。②普魯士式道路。其特點是封建地主通過改革，在允許農奴向地主繳納大量贖金的條件下，贖免封建農奴的義務，並把原來所使用的土地交給地主，從而使農奴轉變為自由勞動者。而地主階級則按照資本主義生產方式改造地主經濟，組織資本主義農場，從事生產經營活動。普魯士、義大利、日本等國家屬於這一類。這條道路是在保留地主特權和保存封建農奴制殘餘的條件下，發展資本主義道路。

資本主義土地所有制雖然是從封建土地所有制和個體農民所有制演變而來的，但是，資本主義土地所有制和封建土地所有制又有明顯區別：

（1）土地所有權與土地使用權完全分離。在資本主義社會，農業資本家從大土地所有者那裡租來土地，雇傭農業工人耕種，從而使資本主義土地所有制存在著三個階級，即大土地所有者、農業資本家和農業工人。

（2）土地所有權和人身依附的分離。在資本主義土地所有制條件下，無論是大土地所有者和農業資本家之間，還是農業資本家和農業工人之間，都擺脫了封建土地所有制下的人身依附關係，變成了純粹的經濟關係。

由此可見，在資本主義農業中，大土地所有者擁有土地，並將其租賃給農業資本家，農業資本家雇傭農業工人耕種土地，因此農業工人創造的剩餘價值要在大土地所有者和農業資本家之間進行分配。而農業資本家將資本投到農業如同將資本投到工商部門一樣，要求獲得平均利潤，否則他就寧可把資本轉移到其他部門去。而大土地所有者所獲得的地租就是超過平均利潤以上的剩餘價值部分。

由此還能看出資本主義地租和封建地租的區別：①封建地租體現著封建地主同農民之間的剝削與被剝削關係，而資本主義地租則體現了農業資本家和土地所有者共同剝削農業雇傭工人的經濟關係。②封建地租無論是勞役地租、實物地租還是貨幣地租，在數量上一般包括農民的全部剩餘勞動或剩餘產品；而資本主義地租則是農業工人創造的超過平均利潤的那部分剩餘價值，即農業超額利潤。

二、資本主義地租的形式

資本主義地租根據形成的原因和條件，可以分為級差地租和絕對地租兩種基本形式。

(一) 級差地租

土地是農業生產的基本生產資料，但這種生產資料不是等同和劃一的，它有優等、中等、劣等之分。在其他條件相同的情況下，同樣的資本投在優等地上會比投在中等地上得到更多的收益，投在中等地上又會比投在劣等地上得到更多的收益。租賃不同等級土地的農業資本家需繳納的地租也就不盡相同。這種同土地等級差別相聯繫的地租，就是級差地租。

不過，土地等級差別只是產生級差地租的自然條件。那麼，級差地租產生的原因是什麼呢？

級差地租的產生是由於農業中存在著資本主義土地經營權的壟斷，使農業中的超額利潤固定化。首先，工業中的超額利潤是通過個別企業採用先進技術，提高勞動生產率，使個別生產價格低於社會生產價格而得到的。但是，工業中的超額利潤極不穩定，當其他企業也採用先進技術、提高勞動生產率時，這種超額利潤就會隨之消失。因此，工業中的超額利潤只是一種暫時現象。農業中的超額利潤則不同。農業中的超額利潤是以土地肥沃程度的不同為基礎的。因為土地面積是有限的，是不能隨意增添的。好地更是有限，好地一旦被資本主義農場主租種，經營權就被壟斷，從而阻礙了農業資本家之間的競爭，其他資本家便只能去種劣等地。這樣，經營較好土地的資本家就能長期擁有較高的勞動生產率，他們農產品的個別生產價格就會低於社會生產價格，從而穩固地獲得超額利潤。其次，工業中的超額利潤只有先進企業可以獲得，因為工業品的社會生產價格是由中等生產條件決定的。而農產品的社會生產價格卻不是由農業中平均的生產條件決定，它必須由劣等土地的生產條件決定。如果農產品和工業品一樣，都由平均的中等生產條件決定社會生產價格，經營劣等地的資本家得不到平均利潤，就沒有資本家願意經營劣等地了。這時，如果劣等地退出耕作，那就勢必造成農產品的供不應求，價格上漲。農產品的價格要一直漲到經營劣等地的資本家也能獲得平均利潤時，才會有人願意投資經營劣等地。所以，農產品的社會生產價格是由劣等地的生產條件決定的。由此可見，經營比劣等地較好的各級土地都能穩定地獲得超額利潤，並把它作為級差地租交給大土地所有者。

從上面的分析可以看出，級差地租產生的原因是農業中存在著對土地經營權的壟斷，土地自然條件的差別只是產生級差地租的條件。

根據級差地租形成的條件不同，可以將其分為兩種形態：級差地租 I 和級差地租 II。

級差地租 I 是土地肥沃程度不同或距離市場遠近不同而產生的超額利潤。下面以同

量資本投資在等級不同的三種土地上的效果為例,列表說明。如表6-4所示(1百斤＝50千克,下同):

表6-4

土地等級	投入資本	平均利潤	產量(百斤)	個別生產價格 全部產品	個別生產價格 每百斤	社會生產價格 每百斤	社會生產價格 全部產品	級差地租Ⅰ
劣等地	100	20	4	120	30	30	120	0
中等地	100	20	5	120	24	30	150	30
優等地	100	20	6	120	20	30	180	60

從表6-4可見,三種土地面積相同,投入資本相同,平均利潤相同,但土地肥沃程度不同,其產量就不一樣。單位產品的個別生產價格分別為優等地20元,中等地24元,劣等地30元。農產品都按每百斤30元的社會生產價格出售。這樣,除經營劣等地的資本家沒有獲得超額利潤外,經營中等地和優等地的資本家除了獲得平均利潤外,還分別獲得30元和60元超額利潤。這些超額利潤便轉化為級差地租Ⅰ。

土地的位置差別,即距離市場遠近的不同,也是形成級差地租Ⅰ的條件。因為土地距離市場遠近不同會導致農產品運輸費用的差異。經營位置距離市場近的土地,花費的運輸費用就少,它的農產品個別生產價格就低;經營位置距離市場遠的土地,花費的運費就多,它的農產品個別生產價格就高。農產品的社會生產價格是由距離市場較遠的土地的個別生產價格決定的。這樣,經營距離市場較近的土地的資本家,便可以獲得超額利潤。這部分超額利潤形成了級差地租Ⅰ。

級差地租Ⅱ是在同一塊土地上連續追加投資,從而形成較高的勞動生產率所獲得的超額利潤。隨著資本主義的發展,可開墾的荒地越來越少,但農產品不能滿足社會需要。這時,為了增加生產,資本家必須對土地採取集約化經營,如在同一塊土地上追加投資、採用先進技術、改良品種、加強田間管理等,這種辦法與投資在劣等土地上比較起來具有更高的勞動生產率。這樣,在同一塊土地上連續追加投資所獲得的超額利潤便形成級差地租Ⅱ。如表6-5所示:

表6-5

投資次數		投入資本	平均利潤	產量(百斤)	個別生產價格 全部產品	個別生產價格 每百斤	社會生產價格 每百斤	社會生產價格 全部產品	級差地租Ⅱ
優等地	初次投資	100	20	6	120	20	30	180	60
	追加投資	100	20	8	120	15	30	240	120
劣等地		100	20	4	120	30	30	120	0

原來投入優等地上的資本為100元,獲得60元超額利潤,形成級差地租Ⅰ。現在追

加投資100元，由於勞動生產率提高，每百斤農產品個別生產價格降低為15元，但仍以社會價格30元出售。這樣，追加資本就能獲得120元超額利潤，形成級差地租Ⅱ。

連續在同一塊土地上追加投資所產生的超額利潤是否轉化為級差地租還要取決於農業資本家和土地所有者之間的鬥爭。比如在租約有效期間，連續追加投資所獲得的超額利潤歸農業資本家所有，因此當租約期滿、需重新締結租約時，土地所有者就會通過提高地租佔有這部分超額利潤。有鑒於此，農業資本家便力爭簽訂長期租約，以便獲得追加投資的利潤，而土地所有者則力求簽訂短期租約，企圖盡早把超額利潤占為己有。可見，在資本主義制度下，大土地所有者不僅同工人階級的利益對立，同資本家階級的利益也是對立的，它的存在不利於土地的改良和合理利用，阻礙了資本主義農業的發展。

（二）絕對地租

農業資本家租種劣等地不向土地所有者繳納級差地租，但並不是說不繳納任何地租。實際上，在土地私有制條件下，不論租種哪一類土地，即使最劣等的土地，也必須繳納地租，否則土地所有者寧肯讓土地荒蕪，也不會白白地讓資本家使用。這種由土地私有權的壟斷所獲得的地租，稱為絕對地租。

對於各種等級土地的租種，農業資本家都必須繳納絕對地租，所以租種劣等地的資本家也得繳納絕對地租。那麼，絕對地租又從哪裡來呢？絕對地租來自農產品價值超出農產品社會生產價格的差額。因為：①資本有機構成不同的生產部門，其商品的生產價格和商品價值是不一致的。具體來講，資本有機構成低於平均有機構成的生產部門，生產價格低於價值；資本有機構成高於平均有機構成的生產部門，生產價格高於價值。而農業部門的資本有機構成低於工業部門的資本有機構成，故農產品的價值高於農產品的生產價格。②平均利潤的形成是以資本和勞動力的自由轉移為前提的，而農業中土地私有權的壟斷阻礙了工業部門的資本向農業轉移，農業便不參與平均利潤的形成，農產品仍然按價值出售，其價值高於生產價格的部分，就形成絕對地租，由農業資本家交付給大土地所有者。現將絕對地租的形成列表，如表6-6所示：

表6-6

生產部門	資本有機構成	剩餘價值	平均利潤	產品價值	生產價格	絕對地租
工業	80c：20v	20	20	120	120	0
農業	60c：40v	40	20	140	120	20

從表6-6中可以看出，農業的資本有機構成較工業低，農業為60c：40v，工業為80c：20v；當剩餘價值率為100%時，農產品的價值為140元，生產價格為120元。工業品的價值和生產價格都是120元。如果農產品按價值出售，其價值與生產價格之間的差額為20元，這20元便轉化為絕對地租。

可見，絕對地租產生的原因是土地所有權的壟斷，產生的條件是農業資本有機構成

低於工業資本有機構成，農產品價值高於生產價格。但是，絕對地租的來源，仍然是農業工人創造的剩餘價值。

(三) 建築地段地租和礦山地租

建築地段地租是經營住宅業的房地產資本家或工商業資本家為建築住宅、工廠、商店或其他建築物而支付給土地所有者的地租。這種地租像農業中的級差地租那樣，受著相同規律的支配，但它也有自己的特徵：首先，位置對級差地租具有決定性的影響。凡是遠離大城市的建築物，地租同農業土地相差不大；愈是靠近城市特別是大城市繁華中心或碼頭車站附近，建築地段地租就愈高。其次，土地所有者只會利用社會發展的進步去提高建築地段地租，而對這些進步並無促進作用，不像產業資本家那樣對社會的進步起一定的作用。最後，壟斷地租對於建築地來講占顯著優勢。居民住房要用建築地，而土地所有者要索取一定貢物，作為其他人使用土地的代價。隨著人口的增加，人類對住宅的需要也將增大，必然會提高建築地段的地租；而且如鐵路、碼頭、倉庫、廠房等扎根於土地上的固定資本的發展，也必然會提高建築地段的地租。土地既可以用於生產或開採礦石，又是人類從事其他各種活動不可缺少的空間。「土地所有權都要求得到它的貢賦。對建築地段的需求，會提高土地作為空間和地基的價值，而對土地的各種可用作建築材料的要素的需求，同時也會因此增加。」①

關於礦山地租，馬克思指出，「真正的礦山地租的決定方法，和農業地租是完全一樣的。」② 首先，租地開採礦藏也要支付級差地租。礦山級差地租Ⅰ的數量取決於礦藏的種類、蘊藏豐度、開採的難易程度以及運輸條件等，級差地租Ⅱ的數量取決於追加投資帶來的超額利潤的多少。但礦山地租和農業地租也有不同的內容：農業級差地租Ⅰ形成的條件是土壤肥力的高低，礦山級差地租Ⅰ形成的條件是礦藏的豐度。前者「只要處理得當，土地就會不斷改良」③，即不會因耕用而衰竭；後者則會不可避免地因採掘而使礦藏日益減少。從二者的級差地租Ⅱ來講，農地的追加投資能不斷改良土地，礦山的追加投資則是加速蘊藏量的採掘。其次，同農業一樣，採礦業也需要支付絕對地租。劣等礦山的絕對地租部分也是由礦產品的價值超過其一般生產價格的餘額轉化來的。即採礦業通常的資本有機構成低於工業的平均有機構成，而採礦業又不需要購買原料，因此礦產品的價值高於它的生產價格。如果礦產品按價值出售，經營礦山的資本家就能夠向礦山所有者提供絕對地租。由於某些珍貴的礦產品可以按壟斷價格出售，因而需要向礦山所有者支付壟斷地租。

(四) 壟斷地租和壟斷價格

因獨占而形成的價格與一般生產價格或產品價值所決定的價格無關，是一種壟斷價格。在農業中，憑藉某種獨特的自然條件生產出的某些獨特的產品也會形成壟斷價格，從

---

① 馬克思，恩格斯. 馬克思恩格斯全集：第25卷 [M]. 北京：人民出版社，1974：872.
② 馬克思，恩格斯. 馬克思恩格斯全集：第25卷 [M]. 北京：人民出版社，1974：873.
③ 馬克思，恩格斯. 馬克思恩格斯全集：第25卷 [M]. 北京：人民出版社，1974：880.

而形成一種超額利潤，並轉歸土地所有者佔有，形成壟斷地租。比如一個葡萄園所產的葡萄酒特別好時（這種葡萄酒一般來說只能進行比較小量的生產），就會形成一個壟斷價格（它超過產品價值的餘額，只決定於飲酒者的財富和嗜好）。葡萄種植者由此將實現相當高的超額利潤。這種超額利潤由於土地所有者對這塊具有獨占性質的土地的所有權而轉化為地租，並以這種形式落入土地所有者手中。在這裡，壟斷價格產生了壟斷地租。

由此可見，壟斷地租既不同於級差地租，也不同於絕對地租。級差地租和絕對地租是通常存在的兩種地租形式，而壟斷地租則是一種特殊的現象。

三、土地價格

大土地所有者不僅可以憑藉土地所有權獲取地租，而且還可以通過出賣土地取得貨幣收入。原始土地是天然存在的自然物，不是勞動產品，沒有價值。土地成為買賣的對象，是因為憑藉土地所有權可以獲得地租收入。土地所有者出賣土地或出租土地，實際上是出賣或出租獲取地租收入的權利。因此，土地價格不是其價值的貨幣表現，而是類似於股票價格。股票價格是資本化的股息，土地價格則是資本化的地租。也就是說，土地所有者把出賣土地所得到的貨幣收入存入銀行所取得的利息，必須與他原來的地租相等，他才願意出賣土地。因此，從理論上講，土地價格的高低由地租和利息率兩個因素來決定。用公式表示：

$$土地價格 = 地租 \div 利息率$$

例如，土地所有者有一塊土地，每年收地租 200 元。賣掉這塊土地所得的貨幣如果存入銀行，每年必須得到 200 元利息。假定利息率為 5%，這塊土地的價格便是 4,000 元。可見，土地價格同地租成正比，同利息率成反比。

小　結

（1）當剩餘價值被看作成本價格以上的增加量，作為全部預付資本的產物時，剩餘價值轉化為利潤。生產者為追求超額利潤而展開競爭。部門內的競爭不僅形成了同類產品的社會價值，還促使部門內利潤率降低；由此而引發了以資本自由轉移為特徵的部門之間的競爭，競爭的結果是各部門利潤率趨於平均化。各部門的資本家依據當時的平均利潤率及其所投入的資本量獲取平均利潤。隨著利潤轉化為平均利潤，商品的價值也就轉化為生產價格。生產價格的形成並不違背價值規律，只是價值規律發生作用的形式發生了變化。

（2）商業資本是從產業資本中分離出來，在流通領域獨立發揮作用的資本。商業資本通過從事商品買賣活動獲取商業利潤。商業利潤來源於產業工人創造的剩餘價值，其形式表現為平均利潤。加快商業資本週轉，有利於降低商品價格和提高利潤率。

（3）借貸資本是貨幣資本家為了獲取利息而暫時貸放給職能資本家使用的貨幣資本。借貸利息來源於產業工人創造的剩餘價值，是平均利潤的一部分。

銀行資本家通過經營銀行獲取銀行利潤。銀行利潤首先來源於貸款利息和存款利息之差，也來自承辦各種中間業務的手續費。銀行利潤本質上仍然是剩餘價值的轉化形式。

股份公司是通過發行股票合資經營的企業。股票是投資入股並獲取股息的憑證。股票可以轉讓並有價格，股票價格是股息收入的資本化。像股票這種以有價證券形式存在並能給它的持有人帶來收入的憑證稱為虛擬資本。虛擬資本是實際資本的「紙制復本」。

（4）資本主義地租是農業工人創造的超過平均利潤的那部分剩餘價值即農業超額利潤。其基本形式有兩種：級差地租和絕對地租。級差地租的產生是由於農業中存在對土地的經營壟斷導致的超額利潤固定化。絕對地租產生的原因是土地私有權的壟斷。土地價格是地租收入的資本化。

複習思考題

1. 解釋下列名詞概念：

| 成本價格 | 利潤 | 平均利潤 | 生產價格 |
| 利息 | 股票 | 虛擬資本 | 地租 |

2. 試述平均利潤的形成及馬克思平均利潤學說的意義。
3. 價值轉化為生產價格後，價值規律的作用形式有何變化？
4. 商業利潤的來源及其獲得途徑是什麼？
5. 在存在借貸資本的情況下，怎樣認識平均利潤的分割？
6. 試述虛擬資本與實際資本的關係。
7. 地租的本質是什麼？試述級差地租、絕對地租產生的條件及原因。

閱讀書目

1. 馬克思. 資本論：第3卷 [M]. 北京：人民出版社，1975.
2. 本·法因. 重讀《資本論》 [M]. 魏塤，等，譯. 濟南：山東人民出版社，1993.
3. 伊利·莫爾豪斯. 土地經濟學原理 [M]. 騰維藻，譯. 北京：商務印書館，1982.
4. 洪遠朋. 《資本論》難題探索 [M]. 濟南：山東人民出版社，1985.

參考文獻

1. 馬克思. 資本論：第 3 卷 [M] //馬克思，恩格斯. 馬克思恩格斯全集：第 25 卷. 北京：人民出版社，1975.
2. 劉詩白. 馬克思主義政治經濟學原理 [M]. 成都：西南財經大學出版社，2006.
3. 成思危. 虛擬經濟理論與實踐 [M]. 天津：南開大學出版社，2003.
4. 逄錦聚，洪銀興，林崗，等. 政治經濟學 [M]. 北京：高等教育出版社，2002.
5. 程恩富. 現代政治經濟學 [M]. 上海：上海財經大學出版社，2000.

第七章　壟斷資本主義的發展演變與經濟全球化

學習目的與要求：通過本章的學習，在理解生產的集中和資本的社會化如何形成壟斷，壟斷的性質、特徵及與競爭的關係的基礎上，正確認識壟斷資本主義的基本經濟特徵。進一步把握資本主義由一般私人壟斷資本主義向國家壟斷資本主義轉化的必然性，以及這種轉化所導致的當代資本主義經濟運行的新特點。通過剖析經濟全球化的發展及其社會經濟影響，正確認識資本主義生產方式發展演變的規律以及經濟全球化趨勢下資本主義的歷史地位。

第一節　資本的社會化與壟斷資本主義的形成

19世紀末20世紀初，各主要資本主義國家先後從自由競爭的資本主義過渡到壟斷資本主義即帝國主義階段。壟斷資本主義的形成，為經濟的發展開拓了新的空間。第二次世界大戰後，在發達資本主義國家中發生的新的科學技術革命推動了生產力的進一步發展，促使壟斷資本主義逐漸轉變為國家壟斷資本主義，即現代壟斷資本主義。資本主義生產力與生產關係在整個過程中發生了巨大變化。

一、生產和資本的集中與壟斷的形成

（一）生產和資本的集中

資本主義生產是社會化的生產。伴隨著資本主義生產的發展，生產社會化程度的不斷提高，生產集中的趨勢不斷加強。生產集中是指生產資料、勞動力和商品的生產日益集中在少數大企業中，使生產規模擴大。生產集中是競爭的結果，又由於科技進步和信用制度的完善而不斷得到強化。

首先，同一部門內不同企業的競爭會引起生產和資本集中。在價值規律的作用下，同一部門中的企業必然產生分化：那些技術先進、勞動者素質高、管理先進的企業自我累積、自我發展能力強，必然不斷壯大生產經營規模、擴大市場份額；而那些生產條件和管理水準較差的企業則會縮小生產經營規模，停產甚至退出市場。其結果是在客觀上造成了生產和資本向優勢企業的集中。

其次，不同部門企業間的競爭也會引起和擴大生產和資本的集中。不同產業企業間

的競爭：一是爭奪有利的投資領域，表現為企業在不同部門的進入和退出；二是企業生產經營多元化引起的產業融合及產品替代程度的提高。而這兩種競爭通常是結合在一起的。由於現實中的進入和退出都是有障礙的，為了超越進入壁壘，弱化退出壁壘，減少沉沒成本，不同部門企業爭奪有利的投資領域的競爭越來越主要採取組建集團企業、實現跨行業多元化經營的方式來實現，從而導致規模巨大、經營多元化的巨型企業或企業集團的出現，直接推動了生產和資本的集中。

再次，競爭引起的資本集中具有越來越充分的技術基礎。機器大工業體系確立後，勞動生產率飛速提高，社會分工越來越細，為生產、資本向技術先進企業的集中創造了基本條件。以電力的發明和應用為代表的第二次工業革命和第一次世界大戰以後的科技革命，呼喚出一系列需要採取大規模生產方式的新型產業部門，如汽車、鋼鐵、電子、石化、宇航等。規模經濟效應是這類產業的生命源泉。

最後，信用和股份公司是競爭引起的生產和資本集中得以加速的槓桿。如果說技術進步既為資本集中提供了必要條件，也提出了資本集中的客觀要求的話，那麼信用制度、股份公司則為生產與資本的集中提供了最有效的手段。隨著信用制度的發展，股份公司制度逐漸成為現代企業的最重要的資本組織形式。在股份公司制度下，一方面，企業可以憑藉社會信用體系，通過發行股票的辦法，把中小資本和其他分散的資本集合起來，進行巨額投資活動，組建大型企業，直接加速資本集中；另一方面，股份公司制度也為大資本兼併中小資本及大資本與大資本、中小資本與中小資本之間的合併提供了最簡便的形式，即通過參股、控股的辦法實現不同企業之間的購並，形成更大的企業。

(二) 生產和資本的集中導致壟斷的形成

當生產和資本高度集中時，就必然會形成壟斷。生產集中是壟斷形成的物質基礎。壟斷就是獨占，就是少數大企業或若干企業通過一定的形式聯合起來獨占生產和市場。生產和資本集中之所以會引起壟斷，是因為把持了某個部門或幾個部門的大部分生產和銷售的少數壟斷企業之間容易達成協議，對產量和價格進行控制，以獲取高於自由競爭條件下平均利潤水準的高額利潤。同時，正是企業的規模巨大，限制了資本在部門間和部門內的自由轉移，壓制了競爭，從而導致了壟斷趨勢的產生。競爭引起的生產和資本集中為壟斷的產生提供了可能性與必要性。

首先，生產和資本日益集中使壟斷成為可能。列寧曾深刻地指出：「生產集中發展到相當程度，可以說，就自然而然地直接走向壟斷。」[1] 這是因為隨著以股份公司為代表的企業組織創新以及生產和資本集中的發展，社會生產越來越集中於少數大企業，這使它們在生產和銷售中占據絕對優勢。這也使得少數大企業有可能超越單個企業組織，在一個產業部門或若干個相關產業部門之間進行更高層次的組織協調，如通過公開或非公開合約限制競爭，通過聯合、互相參股組成企業集團等都變得更加容易。

---

[1] 列寧. 列寧全集：第22卷 [M]. 北京：人民出版社，1958：189.

其次，生產和資本集中也使壟斷具有必要性和必然性。①生產集中使企業規模擴大，生產能力迅速膨脹。在一定時期的特定市場上，需求總是有限的；如果企業仍然遵循自由競爭的規律各自開足馬力進行生產，勢必導致生產過剩、利潤減少，也會造成資源的損失與浪費。為了保持與擴大利潤，大企業間有必要結成壟斷組織，瓜分市場份額，以調節生產。②生產集中使大企業規模巨大、資本雄厚，其產品及企業形象在公眾中擁有一定地位，這對中小企業進入大企業的生產經營領域構成較高的進入壁壘，使自由競爭受到限制，並逐步形成少數大企業寡頭壟斷的格局。③少數大企業之間勢均力敵，為了避免過度競爭造成兩敗俱傷的災難性後果，常常不得不謀求某種妥協，以這種或那種形式聯合起來結成壟斷同盟，壟斷或控制一個部門或幾個部門的生產和市場，以保證大家都能獲得高額利潤。

（三）壟斷的實質

壟斷是在自由競爭的基礎上形成的，是和自由競爭對立的。壟斷在生產領域表現為同類產品中，絕大部分的生產要素和產品被一個或幾個生產者排他性地佔有，在流通領域則表現為少數大企業在同類商品市場上通過控制供給量或需求量控制價格變動。壟斷的實質就是壟斷資本家對生產和市場進行操縱和控制，以保證獲得大大高於一般平均利潤的壟斷高額利潤。壟斷在形成以後，就成為自由競爭階段之後的資本主義最深厚的經濟根源和社會基礎。

生產和資本的集中是競爭的結果，生產和資本的集中又必然走向壟斷，壟斷形成後又會反過來進一步加快生產和資本的集中。但是，生產和資本的集中要受到生產力發展的限制，不能無限制地擴張，企業的規模也不是越大越好。在現代資本主義經濟中，由於科學技術的發展變化十分迅速，中小企業往往能夠根據各方面的信息迅速改革工藝、更新設備、製造新產品，應變能力較強。相反，有些大企業往往因惰性大、應變能力差，不能適應市場和科學技術上出現的新變化，不得不緊縮和分拆，有的甚至歇業倒閉，這也是現代資本主義經濟發展中的一個重要的新現象。

二、壟斷組織的形式及其發展

壟斷組織是指少數大企業控制一個或幾個部門的生產和市場，以保證獲得高額壟斷利潤的聯合組織形式。在經濟發展過程中，由於生產社會化和生產集中的發展程度不同，以及大企業聯繫程度不同等因素的影響，在各個歷史時期不同國家的壟斷組織表現為不同的形式。

（一）壟斷組織的基本形式

壟斷是通過各種組織形式來實現的。比較重要或常見的壟斷組織形式有以下幾種：

（1）卡特爾（Cartel）。卡特爾是生產同類商品的大企業為劃分銷售市場而建立的壟斷聯盟。參加卡特爾的企業在生產、銷售和法律上仍然是各自獨立的，它們通過協議瓜分商品市場、規定商品產量，並規定商品的售價，等等。它最早在1865年出現於德國，

並在德國廣泛流行。正是這個原因，德國曾被稱為卡特爾國家。

（2）辛迪加（Syndicate）。辛迪加是生產同類商品的企業為統一銷售商品和採購原料而建立的壟斷聯盟。參加辛迪加的企業在生產和法律上仍然是獨立的，但在商業上喪失了獨立性，其產品的銷售和原料採購都由辛迪加建立的組織機構按協議份額來統一辦理。辛迪加比卡特爾的聯合程度更高，也更為穩定。這種組織形式最早出現的時間與卡特爾大致相同，19世紀末20世紀初在西歐特別是法國廣為流行。

（3）托拉斯（Trust）。托拉斯是由許多生產上有密切聯繫的企業合併組成的大型壟斷企業。參加托拉斯的企業在生產和法律上都已喪失了原來的獨立性，變成按股份獲得股息和紅利的股東。托拉斯由董事會委任的總經理統一經營管理生產、流通和財務等活動。它是一種穩定的壟斷組織形式。1882年，托拉斯在美國出現並廣泛流行；第一次世界大戰以後，托拉斯也曾經在西歐各國得到廣泛發展。

（4）康採恩（Konzern）。康採恩是以實力最為雄厚的大企業為核心，把許多不同部門的企業聯合起來而形成的企業集團。核心企業通過收買股票、人事參與和財務控制等辦法，把其他企業置於自己的控制之下。康採恩的出現已經突破了生產部門的界限，壟斷的廣度和深度都進一步加強。康採恩於20世紀30年代首先在法國出現，以後又在德國、日本和歐洲其他國家中得到迅速發展。

總的來說，19世紀末20世紀初壟斷組織的資本集中主要是採取「橫向合併」，即同一部門內各企業合併的形式。到20世紀20年代，壟斷組織的資本集中更多地採取「縱向合併」，即採取「縱向」托拉斯的形式，將不同部門在生產上相互聯繫、彼此供應原材料和半成品的企業加以合併；由此減少了生產週期各個階段的環節和風險，加快了資本的週轉，有益於經濟效益的提高。

（二）壟斷組織形式的新發展

第二次世界大戰以後，以原子能和電子計算機等為主要標誌的科學技術革命，推動了資本主義社會生產力的迅猛發展，並帶來了壟斷組織形式的新發展。

第一，跨行業、跨部門混合經營的大公司成為現代壟斷組織的核心。第二次世界大戰以後，伴隨著產業結構的迅速轉變，出現了投資和合併多樣化、多部門化的新趨勢，大公司日益向綜合性、多樣化經營的方向發展，出現了許多大型的「混合聯合公司」。現在，美國、西歐和日本的很多大型壟斷公司都是從事多樣化經營的公司。混合聯合企業已成為發達國家中普遍的占主導地位的壟斷形式。據統計，1981年美國500家最大工業公司中，有412家是混合聯合公司。到20世紀80年代後期，發達資本主義國家中的大壟斷企業，絕大部分已經成為混合聯合公司。在美國，500家最大的工業公司中只有6%仍然從事單一部門的經營；在日本，混合聯合公司在製造業中也占到企業總數的75%。這些大公司一般都從事幾十個部門和相關產品的生產經營。

壟斷企業規模急遽擴大，巨型壟斷組織不斷湧現。例如在美國，資產在10億美元以上的大公司1964年只有43家，到1976年猛增到467家；資產超過100億美元的巨型

公司也由 1960 年的 1 家發展到 2014 年的 258 家。生產集中及大型壟斷企業規模的急遽擴大，使大公司在社會生產的主要部門的壟斷控制權進一步加強。1986 年，美國各主要產業部門的前三大公司在本主營產業部門銷售額的比重，計算機工業為 85%，制鋁工業為 90%、煉鋼工業為 79%，美國通用、福特和克萊斯勒三大公司控制著美國汽車產量的 90%，豐田、日產和本田控制著日本汽車產量的 3/4，德國戴姆勒—奔馳、大眾和阿佩爾公司控制著德國汽車產量的 3/4。

第三，跨國兼併成為壟斷企業增強壟斷實力的重要途徑。20 世紀 90 年代以來，伴隨著經濟全球化和金融全球化進程的加快，壟斷企業跨國兼併呈上升趨勢。1993 年起，全球掀起了以美國為中心的企業跨國兼併活動高潮，全球兼併交易額逐年迅速擴大，由當年的 2,269 億美元上升到 1997 年的 14,000 億美元。到 21 世紀初，壟斷企業跨國兼併浪潮已席捲歐亞和世界各地，歐美發達國家之間，以及歐美發達國家與發展中國家的兼併越來越多。跨國兼併的迅猛發展，進一步推動了壟斷企業規模的急遽擴大。據聯合國貿發會議《2001 年世界投資報告》的統計，世界最大的 100 家跨國公司交易額占全球國民生產總值（GNP）的比重已由 1990 年的 35% 上升到 2000 年的 43%。該組織公布的位居世界經濟百強的國家和地區以及大經濟體中，跨國壟斷企業就占了 29 家。

第二次世界大戰後壟斷組織形式的變化，是一個適應生產集中和生產社會化要求、由低級向高級發展的過程。捨棄其資本主義壟斷的社會屬性，就這些組織形式本身來說，它們把握了具有生產力發展和科學管理的內涵，在一定程度上是適應現代社會化大生產的要求的。

三、壟斷利潤和壟斷價格

壟斷利潤是壟斷企業憑藉對生產要素、技術專利等排他性的獨占權和市場勢力所獲得的超過平均利潤以上的超額利潤。壟斷高額利潤一般包括平均利潤和壟斷利潤。在個別壟斷企業中還包括因採用新技術降低個別成本而比其他企業多得的超額利潤。很顯然，壟斷利潤只是壟斷高額利潤的一部分。

追逐壟斷高額利潤是壟斷企業生產的唯一目的和動機。在自由競爭階段，企業一般只能獲得平均利潤。雖然個別企業通過改進技術、提高勞動生產率可以獲得超額利潤，但這只是暫時的現象。一旦新技術被普遍採用，少數企業所獲得的超額利潤就會歸於消失。而在壟斷階段，壟斷資本卻可以憑藉其在生產和流通中的壟斷地位，長期獲得大量的壟斷高額利潤。因為在壟斷條件下，資本等生產要素在不同產業部門之間的自由轉移受到壟斷造成的一系列「進入壁壘」與「退出壁壘」的限制，所以，在自由競爭階段充分發揮作用的利潤率平均化就難以發揮作用。一般說來，壟斷高額利潤具體表現為壟斷組織所得的利潤率經常高於一般企業所得的利潤率。

壟斷資本獲取壟斷利潤的主要手段是規定壟斷價格。壟斷價格是指壟斷組織憑藉在經濟上的壟斷地位制定的能夠帶來壟斷利潤的價格。它包括壟斷高價和壟斷低價兩種形

式：前者是指壟斷組織在商品銷售時規定的超過商品價值和生產價格的壟斷價格，後者是指壟斷組織利用其壟斷地位在購買和傾銷商品時人為壓低的價格。壟斷低價包括兩種情況：一是壟斷組織在向非壟斷企業、小生產者和其他國家購買商品時，憑藉自己的壟斷地位把價格壓到商品價值或生產價格以下；二是壟斷組織為了擠占競爭對手的市場份額和處理過剩、滯銷商品，實行低價傾銷政策。一旦上述目標實現，壟斷組織會再從提高商品售價中挽回過去的損失。

在現代西方國家中，壟斷組織在規定商品價格時，實際上遵循的是「價格領頭制」的原則，即由該部門最大的壟斷企業確定商品價格，其他企業跟隨定價。最大壟斷企業在定價時，先定出一個納稅後應達到的目標利潤率，再根據這個利潤率測算利潤，把利潤加在成本上面，由此形成超過商品生產價格、能保證高額利潤的市場價格。

但是，壟斷組織不能無限制地提高商品的售價，也不能任意壓低商品的價格。因為壟斷價格的制定要受到一系列因素的制約：一是要考慮商品的需求。如果商品價格定得太高，消費者會減少需求（在收入水準一定的情況下），或尋求低價的替代商品，從而迫使高價商品的價格下降。二是要考慮商品的供給。商品供給過多，超過需求，同樣會引起商品價格下跌，這正是壟斷企業在制定壟斷高價時必須限制產量的原因。同時，為了不使高價成為誘導新資本進入該產業展開競爭的因素，壟斷價格也要定在能夠成功阻止其他資本進入的適當高度。這被稱為「進入阻止價格」。由於壟斷不能完全排除競爭，在同一部門中常常存在若干壟斷組織，它們之間的競爭在一定程度上對壟斷價格起著抑製作用。三是要考慮產品的成本。過高的價格必然會導致產品銷售量與產量的相應減少，引起設備利用率下降和產品成本上升，最終使利潤減少。壟斷企業在制定壟斷高價時必須在價格和產量之間進行權衡，使之符合長期利潤最大化目標。任何企業都不能不考慮市場容量而任意提高壟斷價格。

根據價值規律，雖然壟斷高價和壟斷低價都偏離價值，但壟斷價格的形成並不違背價值規律。它只是進一步改變了價值規律作用的表現形式，使商品的市場價格比較長期地、穩定地背離生產價格和價值。從全社會來看，整個社會的商品價值仍然是由生產它們的社會必要勞動所決定。壟斷價格既不能增加也不能減少整個社會生產的價值總量，而只是對商品價值和剩餘價值做了有利於壟斷資本的再分配。

四、壟斷與競爭

壟斷的出現意味著自由競爭時代的結束，資本主義進入了一個新的歷史階段。壟斷是對自由競爭的否定，在沒有約束的條件下，它總是會破壞自由競爭的市場規則，因此壟斷在本質上是排斥競爭的。但壟斷又不能消除競爭，而只能與競爭共存。對於壟斷條件下的競爭，列寧做了精闢的論述：「從自由競爭中生長起來的壟斷並不消除自由競爭，

而是凌駕於競爭之上，與之並存，因而產生許多特別尖銳特別激烈的矛盾、摩擦和衝突。」① 壟斷之所以不能消除競爭，是因為：其一，競爭是商品經濟的產物，壟斷的出現並沒有也不可能消滅商品經濟，競爭規律必然存在並起作用。其二，任何壟斷都無法達到「純粹的壟斷」的地步，壟斷組織與非壟斷組織並存、壟斷企業與「局外企業」並存是壟斷資本主義社會的一般現象。其三，各壟斷企業、各部門的發展由於技術的和經濟的原因總是不平衡的。因此，在大量中小企業競爭中成長起來的壟斷，不可能消除競爭，而只能是壟斷與競爭並存，並賦予競爭新的特點。壟斷條件下的競爭改變了競爭的具體目的、手段和後果，有其新的特點和形式。

（一）壟斷競爭的特殊性

第一，壟斷企業競爭的目的是追求壟斷高額利潤等特殊利益，而不是一般的平均利潤，甚至也不是一般的超額利潤。第二，壟斷競爭的手段和方法更加多樣化。不僅有一般的價格競爭和傳統的經濟手段，如加強經營管理、改善服務質量和商品質量、提高生產技術水準等，還有包括促銷競爭、質量和服務競爭等在內的多種非價格競爭。甚至還包括利用經濟以外的手段，如採取收買、訛詐、玩弄金融上的計謀，通過控制和利用政府採取政治軍事手段（包括公開使用暴力）等實現其特殊利益。第三，在競爭的主體上，分散的中小企業之間的自由競爭已經讓位於壟斷組織之間的競爭。第四，競爭範圍不僅在國內進行，而且擴展到國外。第五，由於壟斷組織力量強大，競爭的強度變得更大、更為激烈並具有更大的破壞性。總之，競爭產生壟斷，而壟斷又在相當程度上加劇了競爭。

（二）壟斷競爭的基本形式

壟斷競爭的基本形式有兩種：一是壟斷資本與非壟斷資本的競爭，二是壟斷資本之間的競爭。所謂壟斷資本與非壟斷資本之間的競爭，是指壟斷性企業與部門內部及外部非壟斷的中小企業之間發生的競爭關係。它主要體現在：第一，壟斷企業依靠各種進入壁壘排擠中小企業，使新進入或可能進入的企業因成本過高而無利可圖，從而喪失競爭機會。第二，通過轉包制度或訂立購銷合同等方式，壟斷企業把一部分生產任務交給中小企業去做，從而把它們納入自己的生產體系，達到控制的目的。第三，通過買方壟斷掠奪中小企業。企業既是產品的賣者，又是原材料和其他投入品的買者。當一個市場上購買企業的集中達到較高程度，而它們面對的又是數量眾多而分散的中小企業時，便會發生與賣方壟斷相似的買方壟斷，即幾個佔有較大市場購買份額的企業之間相互勾結，通過聯合行動實施買方壟斷，壓低供應品的購買價格，犧牲賣者的利益來謀取買者的利益。

所謂壟斷資本之間的競爭主要在同一部門內部的壟斷企業之間或不同部門的壟斷企業之間展開。同一部門內部壟斷企業之間競爭的形式，首先表現在壟斷企業在進行價格

---

① 列寧．列寧選集：第 2 卷［M］．2 版．北京：人民出版社，1972：807-808．

協調的同時，還可能繼續進行公開的、隱蔽的價格競爭，如暗地裡降低價格或增加產量，以擴大自身的銷售份額，獲得更多利潤。其次表現在壟斷企業還進行著廣泛的非價格競爭和市場外競爭。前者的具體形式主要包括促銷手段、產品質量、服務等競爭，後者主要指各壟斷企業在爭奪原料、技術專利、熟練工人、專業人員、運輸條件和優惠信貸等方面的鬥爭。此外，通過改進生產技術和經營管理降低成本，也是壟斷部門內大公司之間的一種競爭手段。不同部門之間壟斷企業的競爭主要發生在兩個方面：一方面是壟斷企業在相關部門之間的競爭。當壟斷部門具有某種縱向經濟聯繫，如一個壟斷部門為另一個壟斷部門提供原材料或半成品時，它們之間便會形成雙邊壟斷的競爭關係。在這種情況下，實際產品價格決定於兩部門壟斷企業實力的對比。另一方面，壟斷企業在非壟斷部門內的競爭。大壟斷企業累積的高額利潤需要在部門外尋求投資出路，一些非壟斷部門便成為壟斷企業競相投資和擴大壟斷勢力的重要場所。研究結果表明，在壟斷部門占統治地位的大公司往往在許多中小企業數量眾多的競爭性部門中也佔有重要地位。

(三) 壟斷條件下的中小企業及自由競爭

壟斷沒有消除競爭還表現在數量眾多的中小企業的存在，這決定了壟斷條件下競爭乃至自由競爭的客觀存在。

在當代西方發達國家，尤其是在農業、建築業、服務業和商業等部門中，非壟斷的中小企業在數量上仍占絕對優勢。甚至在寡頭壟斷相當普遍的美國製造業中，也還有相當數量的部門基本上還是小企業的天下。美國 1989 年共有非農業企業 2,010 萬個，其中雇員超過 500 人的大企業不到 7,000 個，僅占全部企業數的 0.03%，中小企業則占 99.97%。

中小企業的廣泛存在決定了它們之間的自由競爭是必然的。非壟斷部門內部的中小企業會力圖通過自由競爭取得較好的銷售地位和較高的利潤；非壟斷部門之間的中小企業為了獲得較高的利潤率，也不斷進行資本或資金的自由轉移。在一定條件下，中小企業甚至可能向某些進入壁壘較低的壟斷部門滲透，以分享壟斷價格帶來的利益。

儘管如此，壟斷條件下中小企業之間的自由競爭已經與傳統意義上的自由競爭不可同日而語。這是因為：從中小企業的經濟地位來看，壟斷條件下的自由競爭雖然在範圍上仍十分廣闊，但其重要性和影響已退居次要地位，壟斷競爭則成為資本競爭的主要形式；從中小企業的利潤水準來看，由於中小企業的一部分利潤或收入已轉移到壟斷資本家手中，中小企業在自由競爭中所形成的一般利潤率，必然低於沒有壟斷存在時應達到的水準；從中小企業的市場行為來看，它們在市場上的自由競爭也可能在不同程度上受到壟斷大資本的直接制約。

綜上所述，從形式上看，壟斷時期的競爭，既存在壟斷組織內部的競爭、各壟斷資本集團之間的競爭，又存在壟斷組織和非壟斷的中小企業之間的競爭。從性質看，既有壟斷競爭，又有非壟斷的自由競爭。壟斷競爭成為主要的競爭形式及其與自由競爭並

存，反應了壟斷條件下資本競爭關係的新特點。這一變化對資本主義經濟的運行機制及其後果產生重大影響。從市場經濟的觀點看，壟斷和壟斷競爭會破壞公平競爭原則，使市場調節的作用部分地失靈，從而影響資源的最優配置，不利於工人、消費者和中小企業，造成社會資源的浪費和居民福利的損失。

五、壟斷資本主義的基本經濟特徵

（一）私人壟斷資本和壟斷組織在社會經濟生活中占據了支配地位

生產和資本集中高度發展，必然在主要產業部門乃至整個社會經濟生活中形成居支配地位的壟斷組織。私人壟斷資本是壟斷資本主義的主要經濟基礎。如本章前面所述，私人壟斷資本及其組織在急速發展中已經成為這個歷史階段上資本主義經濟最重要的經濟現象，支配著社會再生產過程中幾乎所有的重要環節。

（二）工業壟斷資本與銀行壟斷資本日益緊密地融合為金融資本和金融寡頭

在工業壟斷形成的同時，銀行資本的集中和銀行壟斷出現了，並使銀行的作用發生了根本性變化。在自由競爭的資本主義時期，銀行的主要作用是充當信貸和支付的仲介，銀行和工業企業的關係還純粹是一種借貸關係。但當工業和銀行資本高度集中以後，情形就大不相同了。一方面，由於工業生產集中，工業企業常常需要銀行提供數量較大、期限較長的貸款，從而對銀行形成了依賴。另一方面，銀行業的集中，使得大銀行有足夠的資本為企業提供數量大、期限長的貸款。由於企業的很多金融活動都是通過銀行進行的，銀行不僅有充分的條件來確切地瞭解企業的業務情況，還可以通過各種信用手段來影響企業經營的規模和方向，甚至最終決定企業的命運，從而在生產和資本的集中過程中起重要的作用。這時，銀行已經不再是簡單的支付仲介人，而成了萬能的壟斷者。「他們支配著所有資本家和小業主的幾乎全部的貨幣資本，以及本國和許多國家的大部分生產資料和原料來源。」[1]這樣，通過金融聯繫，銀行壟斷資本和工業壟斷資本日益融合在一起形成一種新型資本，即金融資本；掌握這種龐大的金融資本的最大資本家或資本家集團（又稱財團）就是金融寡頭。金融資本和金融寡頭的形成標誌著資本主義已從自由競爭階段過渡到壟斷階段。金融寡頭憑藉強大的經濟實力，控制著國家的經濟命脈，操縱著國家的政治，是國家的真正統治者。

金融寡頭在經濟領域的統治，主要是通過參與制來進行的。所謂「參與制」，就是壟斷資本家通過掌握一定數額的股票對企業實行控制的一種制度。金融寡頭以自己掌握的總公司作為「母公司」，收買其他公司一定數額的股票，使之成為自己控制的「子公司」；「子公司」又以同樣的方法控制其他更多的公司，使之成為「孫公司」。如此逐級控制，在經濟上就形成了金字塔式的控制體系，而站在塔頂上的極少數的金融寡頭，就是利用這種層層「參與」的制度，控制和支配著比自己的資本大幾倍、幾十倍甚至上百

---

[1] 列寧. 列寧選集：第2卷 [M]. 2版. 北京：人民出版社，1972：753.

倍的他人資本，大大加強了自己在經濟上的統治地位。

除了參與制之外，金融資本還可以通過發行有價證券、創辦新企業、改組中小企業、組織各種壟斷組織等辦法來獲取高額利潤，實現壟斷統治。金融資本的基本形式是財團。財團是銀行業、工業和其他部門壟斷組織在參與制、個人聯合、長期財務關係以及其他聯繫基礎上實現的聯合。

金融寡頭不僅控制國家的經濟，還操縱著國家的政治，將其勢力滲透到上層建築的各個領域。金融寡頭主要通過「人事聯合」對社會進行統治。人事聯合有兩種方式：一是通過贊助選舉、提供政治捐款等，拉攏決策人和高級官員，並通過他們影響政府制定和執行有利於壟斷資本的內外政策；二是派代理人或親自出馬參與競選或出任政府要職，直接掌握國家機器，實現政治統治。西方國家政府的總統、總理、部長、大臣、議員等，往往就是大壟斷組織的經理、董事等。正如列寧指出的，這些人「今天是部長，明天是銀行家；今天是銀行家，明天是部長」①。此外，金融寡頭還憑藉自己的經濟力量建立許多企業、事業機構，掌握新聞出版、廣播、電視等宣傳工具，並插手文化、教育、科學、藝術、體育、衛生、慈善事業等，把其統治和影響擴展到社會生活的一切方面。

(三) 資本輸出具有特殊的意義

資本輸出是資本的所有者、經營者或其國家政府，基於一定經濟利益或政治、軍事目的的對外投資。資本輸出按其形式可分為借貸資本輸出和生產資本輸出兩種類型。前者又叫間接投資，主要指由政府、金融機構和企業對他國政府、企業和金融機構提供貸款或購買其發行的有價證券，以獲取股息、利息或紅利的行為。後者則是直接投資，指政府、企業和金融機構在其他國家投資開辦公司、企業以從事經營並獲取利潤的活動。

列寧曾經指出：「自由競爭占完全統治地位的舊資本主義的特徵是商品輸出。壟斷占統治地位的資本主義的特徵是資本輸出。」②

壟斷資本主義時期資本輸出除了反應社會生產力高速發展、生產國際化的客觀要求外，更是由經濟發達資本主義國家的壟斷統治所造成的。首先，過剩資本的出現是資本輸出的物質基礎或必要前提。由於資本累積一般規律的作用，在壟斷條件下，發達資本主義國家國內市場相對狹小，資本過剩。在國內缺乏更為有利的投資場所的情況下，為了追逐高額壟斷利潤，這些「過剩」資本就必然要輸往國外。其次，壟斷競爭的激化是資本輸出的重要推動力。壟斷造成的大規模生產使商品銷售和原材料來源的問題更加突出，為此而展開的國際競爭不斷激化。資本輸出一方面可以帶動商品輸出甚至可以越過對方國家的貿易壁壘，在國外就地生產、就地銷售；另一方面在其他國家投資資源開發時，也可獲取比較優勢，保證穩定的相對廉價的勞動力或原材料的供應。最後，壟斷資

---

① 列寧. 列寧全集：第24卷 [M]. 北京：人民出版社，1957：97.
② 列寧. 列寧選集：第2卷 [M]. 北京：人民出版社，1972：782.

產階級國家的積極參與為資本輸出提供了可靠保障。

較有規模的資本輸出始於19世紀下半期，但直至19世紀末，資本輸出的增長仍十分緩慢。第二次世界大戰以前的資本輸出主要採取三種方式——國際信貸、國際債券交易和國際股票交易，主要通過這三個資本市場來進行，對外直接投資在這一時期較少。第二次世界大戰後，隨著生產力的飛速發展和國際經濟聯繫的日趨加強，資本輸出不僅得到了迅猛發展，採取的形式也發生了非常重要的變化。以跨國公司為代表的國際直接投資開始成為資本輸出的重要形式，不僅以綠地投資和股權併購為特徵的私人資本直接投資的規模急遽擴大，而且在發達國家之間、發達國家與發展中國家之間、發展中國家之間，資本輸出的範圍擴大了，相互滲透的程度也大大加強。

發達資本主義國家的資本輸出，在本質上是壟斷資本獲取壟斷高額利潤、爭奪世界經濟霸權的重要手段。對東道國而言，外資的流入也帶來了某些先進的生產技術和管理經驗。資本輸出到經濟落後的國家，客觀上加速了這些國家市場經濟和商品貨幣關係的發展，還彌補或緩解該國經濟發展的資金、外匯的不足，因而在一定程度上是有利於其經濟發展的。

值得注意的是，隨著經濟的發展和對外開放的擴大，自20世紀60年代以來，一些發展中國家也開始對外投資。發展中國家進行對外投資是它們加強國際經濟聯繫，充分利用國內、國際兩個市場和兩種資源，更有效地發展對外經濟貿易，獲取盡可能大的開放效應的有效途徑。

（四）國際壟斷同盟從經濟上瓜分世界

伴隨著資本主義由自由競爭走向壟斷、商品輸出和資本輸出大量增長，資本主義國家壟斷組織間對全球商品銷售市場、有利投資場所和廉價原材料產地的爭奪變得更加激烈。在激烈的國際競爭中，生產和資本在世界範圍內集中加速。某些商品的生產和銷售被經濟發達國家的少數大壟斷組織控制起來，這些組織彼此勢均力敵。為了避免在激烈的競爭中兩敗俱傷，確保各自的利益，它們往往會在一定時期內相互妥協，暫時達成某種協議，結成國際壟斷同盟。國際壟斷同盟就是資本主義各國的大壟斷組織根據協定成立的國際性的聯盟。它通過瓜分世界市場、制訂壟斷價格、控制生產規模、壟斷原材料來源、分割投資場所、組織聯合生產等，從經濟上分割世界。

國際壟斷同盟的主要形式有卡特爾、辛迪加、托拉斯和康採恩。從19世紀末20世紀初壟斷資本主義的統治地位確立起，直到20世紀40年代，國際卡特爾一直是經濟發達國家壟斷組織從經濟上瓜分世界市場的最普遍形式。據不完全統計，在第一次世界大戰前，締結有正式協定的國際卡特爾已達116個，1939年更達到1,200個。當時40%以上的世界貿易由這些國際卡特爾或具有卡特爾職能的國際組織所控制。國際卡特爾在世界經濟生活中的主導作用和在世界市場上的壟斷地位是十分明顯的。

第二次世界大戰後，國際壟斷同盟的形式發生了變化。首先，以跨國公司為主要代表的國際托拉斯和國際康採恩得到了極為迅速的發展，並逐步取代國際卡特爾而成為主

要資本主義國家的壟斷組織爭奪銷售市場、投資場所和原材料產地的重要工具。其次，資本主義國家政府親自出面，組成國際壟斷同盟。這種資產階級國家對國際經濟關係的直接調節，是第二次世界大戰後國家壟斷資本主義國際協調的基本形式。

（五）主要發達資本主義國家從經濟和政治上控制世界

隨著自由競爭資本主義向壟斷過渡，主要發達資本主義國家都曾不同程度地捲入爭奪殖民地、建立殖民體系的狂潮。1876—1914 年，帝國主義各列強共掠奪了近 2,500 萬平方公里土地，占全球土地總面積 2/3 的部分淪為殖民地，占世界總人口 56% 以上的人口被迫接受殖民統治。為了爭奪殖民地和世界霸權，列強之間展開了激烈的鬥爭，並最終釀成兩次世界大戰。第二次世界大戰結束之後，隨著民族解放運動的興起，舊的殖民體系瓦解了，但壟斷資本主義強烈的擴張性並未消失。壟斷資本主義發達國家仍通過各種途徑，不僅以政治的和軍事的手段，更以經濟的手段，力圖加緊或維持對經濟落後的發展中國家的政治控制和經濟掠奪，企圖長久地控制世界市場。

由本節的分析不難看出，作為資本主義生產關係的部分質變，壟斷資本主義的產生與發展在一定程度上適應了社會化大生產條件下的生產力發展，使得資本主義社會經濟在一定時期保持了較快增長。但壟斷沒有也不可能改變資本主義經濟制度的本質，因而不可能使資本主義的基本矛盾根本緩解。從主要資本主義國家不時出現的經濟衰退，以及頻繁爆發的金融危機和主權債務危機中，這些已充分地反應出來。

第二節　國家壟斷資本主義及其對經濟的干預和調節

一、國家壟斷資本主義的產生及其原因

國家壟斷資本主義是國家政權和壟斷資本融合在一起的壟斷資本主義。列寧最早提出國家壟斷資本主義的概念。按照列寧的定義，國家壟斷資本主義是指「國家同擁有莫大勢力的資本家同盟日益密切地融合在一起」。

（一）國家壟斷資本主義的產生和發展

由自由競爭發展為壟斷，再由一般壟斷發展為國家壟斷，這是資本主義發展的一般規律。概括來講，國家壟斷資本主義的產生和發展大體經歷了三個時期：

（1）19 世紀 70 年代到第一次世界大戰，是國家壟斷資本主義的產生時期。這一時期，國家壟斷資本主義主要表現為帝國主義國家為了戰爭的需要，通過直接投資和將私人企業國有化，建立了國有經濟，並且對整個國民經濟實行集中統制。戰爭爆發前後，各交戰國為了動員全國的人力、物力和財力投入戰爭，普遍加強了國家對社會經濟和人民生活的統治和管理，各主要資本主義國家都先後對生產、分配和消費等環節實行了監督、管制和調節，使全國的人力、物力和財力置於國家的控制之下，國家壟斷資本主義獲得了迅速的發展。但在戰爭結束後，與軍事相關的戰時措施隨之取消，國家壟斷資本

主義也就削弱了。

（2）第一次世界大戰結束到第二次世界大戰，是國家壟斷資本主義應對週期性經濟大危機的實踐與理論形成時期。這一時期，國家壟斷資本主義主要表現為國家對整個國民經濟進行干預和調節。1929—1933年的世界經濟大危機造成的嚴峻形勢打破了罩在「看不見的手」上的神祕光環，要求國家進一步加強對經濟的干預。

1933年美國羅斯福總統實行「新政」，通過一系列國家對經濟的干預措施治理經濟衰退，刺激經濟的恢復和發展，取得了顯著成效。英國則提出「產業合理化」，以改進技術基礎，用加強許多重點工業部門的壟斷聯合等方法來提高工業產品的競爭能力，並對倫敦的客運實行國有化，將郵政、電信也收歸國家經營。而德國、義大利和日本等法西斯國家則通過擴軍備戰，以經濟軍事化方式干預和組織國民經濟。這一時期推動國家壟斷資本主義發展的一個重要因素是反危機。經濟大危機過去後，國家對經濟的干預再次收縮，而德、意、日等法西斯國家則加緊擴軍備戰，逐步走上了國民經濟軍事化的道路。第二次世界大戰期間，各國相繼建立起戰時經濟管理體制，國家對戰時經濟進行了全面的管理和調節。這一時期發展起來的國家壟斷資本主義帶有濃厚的應對經濟危機或戰爭需要等特定條件的應急性和臨時性色彩。

英國經濟學家凱恩斯於1936年發表了《就業、利息和貨幣通論》，在書中將經濟危機的原因歸結為「有效需求不足」，主張國家通過財政和貨幣政策創造需求，以實現總供給和總需求的平衡，保證整個宏觀經濟的穩定運行。該著作的發表標誌著作為國家壟斷資本主義理論基礎的凱恩斯主義產生了。

（3）第二次世界大戰後至今，是國家壟斷資本主義全面滲入社會再生產的各個環節，並成為當代資本主義生產方式重要特徵的新時期。第二次世界大戰後，隨著科技革命的迅速開展和生產社會化程度的提高，以及西方各國面臨的國內外經濟和政治鬥爭形勢的變化，國家壟斷資本主義以多種形式廣泛而迅速地發展起來，達到了前所未有的規模。這時的國家壟斷資本主義已經成為涉及各國的生產、流通、分配、消費各環節的生產關係體系，並成為社會再生產和經濟運轉的有機組成部分。這最突出地表現在主要資本主義國家財政支出的增長及其在國民生產總值中所占比重的增加上。如美國聯邦政府的支出1950年為426億美元，1977年的支出比1950年增長9.2倍，為4,028億美元。目前，主要資本主義國家預算支出占國民收入的比重為1/4～2/5，這些開支的相當部分被投到社會資本再生產過程中，因而在一定程度上反應了各主要資本主義國家對經濟的調節作用加強。與以往相比，該階段國家與壟斷資本的結合，具有了新的特點：其一，這種結合不再是僅著眼於暫時的利益和需要，而是形成了穩定的機制；其二，這種結合已經具備了生產高度社會化的客觀基礎；其三，這種結合不是某一個方面的結合，而是社會再生產和資本運動全過程的結合。

（二）國家壟斷資本主義產生和發展的原因

國家壟斷資本主義的形成和發展不是偶然的，它是科技進步和生產社會化程度進一

步提高的產物，是資本主義基本矛盾進一步尖銳化的必然結果。具體來講，國家壟斷資本主義產生和發展的主要原因是：

（1）它是第二次世界大戰以後經濟恢復的需要。英、法、日、德等國家在第二次世界大戰後都面臨著恢復和發展經濟的迫切、艱鉅任務。而這僅靠私人壟斷資本是無能為力的，必須借助國家的力量。西歐國家還以政府出面的形式，結成了經濟共同體，借助一體化的力量來發展經濟。這種區域性的國際壟斷聯盟標誌著國家壟斷資本主義發展到了一個更高水準。美國也亟須擴大社會總需求以適應由於科技和社會生產的發展而急遽膨脹起來的社會總供給；同時，其推行的單邊主義全球戰略，以及作為世界霸主而奉行的遏制其他國家力量的擴軍備戰的冷戰思維政策，也都促使其加速了國家壟斷資本主義的發展。

（2）社會生產力的發展和生產社會化程度的提高，要求生產資料佔有形式發生變化，這是國家壟斷資本主義產生的物質基礎。壟斷的形成使資本關係的社會化程度得以提高。但一般壟斷資本主義生產關係，即個別的或集團的壟斷資本，其生產資料仍然是少數人佔有。隨著科學技術的快速發展和社會分工的日益擴大，以及生產的高度社會化，資本關係與生產力之間的矛盾也日趨發展和尖銳：現代化的生產規模巨大，需要巨額資本；重大科技項目的研究和開發往往是耗資巨大的系統工程，需要許多專業科技人員和科研單位進行更大範圍的協作；經濟結構有待調整和演變；科技和教育事業要求得到大力發展；環境和生態平衡需要治理；社會分工的發展要求打破國界、協調各國之間的經濟關係；等等。這些問題往往不是私人壟斷資本能夠和願意解決的，這就不能不突破私人壟斷資本的局限，由作為「總資本家」的國家直接出面加以解決。

（3）它是緩解社會基本矛盾，克服經濟危機，實現經濟穩定發展的需要。在資本主義社會，由資本主義經濟矛盾所決定的生產的巨大膨脹和有支付能力的需求相對縮小之間的矛盾，使社會不斷爆發週期性的經濟危機。危機的發展和加深，要求借助國家的力量，借助政府的各種「反危機」措施，來消除危機所造成的影響。

（4）它是應對國際市場日趨激烈的競爭的需要。第二次世界大戰前，發達資本主義國家在國際市場上的矛盾主要是通過各國之間爭奪殖民地附屬國的戰爭表現出來的，其中國家壟斷資本主義的軍事性質尤為突出。第二次世界大戰後，隨著舊殖民體系的瓦解，西方各國直接統治的地盤大大縮小，它們在爭奪原料產地、投資場所和商品的銷售市場等方面的競爭也更為激烈。各國壟斷集團為在國際競爭中取得有利地位，必須依靠國家力量，發展國家壟斷資本主義。

總之，在壟斷統治下，隨著現代科技的進步以及生產社會化的發展，資本主義生產關係同現代生產力的矛盾與衝突使得國家壟斷資本主義的產生和迅速發展成為必然。「這是作為私人財產的資本在資本主義生產方式本身範圍內的揚棄」①，是生產力水準和

---

① 馬克思, 恩格斯. 馬克思恩格斯全集：第 25 卷［M］. 北京：人民出版社，1974：493.

生產社會化高度發展條件下資本主義生產關係的局部調整或新的部分質變。而國家壟斷資本主義的發展又將生產和資本的社會化推進到更高的程度。

二、國家壟斷資本主義的表現形式

國家壟斷資本主義的具體形式是多種多樣的。但不論採取什麼形式，其本質都是相同的，即都是國家政權與壟斷資本的融合。這種融合包含幾重含義：其一，國家直接佔有壟斷資本。國家是國有壟斷資本的所有者，並以真正的總壟斷資本家的身分參與社會再生產的全部過程。其二，國有壟斷資本與私人壟斷資本在社會再生產過程中結合運動。國有壟斷資本一經形成，就成為社會總資本的一個有機組成部分，在社會總資本的再生產過程中與私人壟斷資本緊密地結合在一起。其三，國家運用財政金融等經濟槓桿和必要的行政手段對社會再生產進行干預和調節。

根據國家與壟斷資本融合的不同方式以及國家參與社會再生產過程的不同情況，國家壟斷資本主義主要通過以下幾種具體形態表現出來：

（一）作為國家壟斷資本主義典型形式的國家所有的壟斷資本

作為生產資料資本家佔有社會化的最高形式，主要以國有企業形式出現的國有壟斷資本一般是通過兩個途徑建立起來的：一是國家財政撥款直接投資開辦建立企業；二是通過「國有化」，即國家高價收購或以其他補償損失的辦法，把某些私人企業收歸國有。國有壟斷企業不僅包括國家直接經營的國有企業，也包括許多租讓給私人壟斷組織經營的國有企業。在國有企業裡，國家是生產資料、壟斷資本的直接所有者，企業的各種生產經營活動由國家調節，在社會資本再生產過程中，同私人壟斷企業的各種經營活動相結合。

國有壟斷資本在不同發達資本主義國家的發展是不平衡的。第二次世界大戰以後，國有經濟在西歐各國一度得到持續穩定的發展，在國民經濟中佔有相當大的比重，到20世紀70年代達到了高峰。在一些產業，特別是基礎設施和原材料工業，如郵電、通信傳媒、煤炭、鐵路運輸、航空、電力、煤氣等部門，半數乃至全部的企業由國家經營。在一些新興工業和尖端技術工業，如電子工業、宇航工業、原子能工業等部門中，國有企業也占相當比重。許多國家的國有企業占全國企業資產、投資總額和就業工人總數的10%～30%。與此相對應的是，美國、日本、加拿大等國的國家所有制發展要緩慢許多。這些國家更偏重於採取經濟計劃化或政府的財政、貨幣、金融等政策工具對宏觀經濟進行調節。

20世紀80年代後，西歐主要國家興起了一股國有企業私有化浪潮。有的國有企業將股份全部出賣給私人，成為私營企業；有的將一部分股份賣給私人，成為國私共有合營企業；有的以租賃或承包方式讓給私人經營。但這種私有化浪潮並沒有完全改變國有壟斷資本在社會再生產過程中的重要地位。

（二）作為國家壟斷資本主義基礎的國家與私人共有的壟斷資本

在這種形式下，國家以資本所有者的身分與同樣作為資本所有者的私人壟斷資本合

資經營企業。其形成途徑主要包括：國家購買私人壟斷企業的部分股票，私人壟斷組織購買國有企業的部分股票，國家和私人壟斷企業共同出資建立新企業，國有企業和私人壟斷企業合併，國有企業轉由私人壟斷租賃、承包經營。

國私共有壟斷資本在形式上表現為股份公司，但它不同於單純由私人壟斷資本組成的股份公司。這種股份公司從所有權、經營管理權到利潤分配等方面都體現了國家和私人壟斷資本在企業內部的結合，國家可以直接干預私人資本的再生產過程。與私人壟斷企業相比，國私共有壟斷企業的性質有一些新的特點：其一，國私共有企業可以利用國有資本來加強自己的經濟實力，這類企業可以更方便地從國家補貼、信貸、稅收、訂貨等方面得到優惠。與此同時，它在資本運作上也將更多地受到國家的調節與控制。其二，國私共有企業的經營目標是企業利潤的最大化，得不到適當的利潤時，私人股份就會撤出。但國家的參股或控股，在一定程度上有助於企業在經營時考慮到國家的宏觀社會經濟目標。由於存在上述特點，國私共有企業總的說來呈發展的趨勢。

（三）與國家有密切聯繫的私人壟斷資本

這在外部形式上表現為私人壟斷資本在經濟運動過程中不能離開國家或國有壟斷資本的支持。這些支持通常包括：國家通過各種形式的補貼，直接、間接地資助私人壟斷企業；國家投入巨額資金，發展基礎設施和基礎產業，以及教育、勞動力訓練和科研等，為私人資本的擴大再生產提供有保障的外部條件；國家以政府採購等方式，積極為私人壟斷資本開闢國內外市場；國家通過社會福利開支，提高社會購買力，擴大消費需求，為私人壟斷企業創造市場條件；國家通過國有壟斷資本的輸出、財政和信貸支持，積極為私人壟斷資本開闢海外市場。在這種情況下的私人壟斷資本，雖然仍舊保留著私人資本的性質，但已在再生產過程的各個環節中同國家內在地結合起來了。國家在更直接地服務於私人壟斷資本的同時，對私人壟斷資本的影響力也明顯加大。私人壟斷資本已成為國家壟斷資本主義表現形式的一個重要方面，在現代壟斷條件下它已不能離開國家的支持而獨立實現再生產運動。

（四）國家運用多種手段對社會再生產過程進行干預和調節

1. 市場調節的局限及國家干預的目標

第二次世界大戰以來，發達國家政府普遍實施和加強了對經濟的干預和調節。這既是國家壟斷資本主義的一種表現形式，又是現代資本主義市場經濟的一個基本特徵。國家之所以要對經濟進行干預，是因為市場調節具有局限性。這主要表現在：市場調節難以解決經濟活動中產生的外部性問題；市場調節具有自發性、盲目性和滯後性；市場調節難以解決「公平」問題，無法抑制微觀經濟主體拼命擴張，導致了壟斷，導致市場經濟秩序被破壞；市場調節也不能自動解決社會再生產中總供給和總需求、產業結構和經濟協調發展等諸多矛盾。正是因為市場自發調節的上述局限，所以加強對經濟的干預已成為國家壟斷資本主義具有普遍性的重要形式。國家壟斷資本主義對經濟進行干預就是為了彌補市場的不足：在微觀經濟方面，通過國家的干預和管制，抑制壟斷和惡性競

爭，維持基本的市場秩序和起碼的公平；在宏觀經濟方面，通過國家的宏觀調控，謀求總供給與總需求的基本平衡，以增加就業，穩定物價，保持國際收支平衡，促進經濟增長。從根本上說，國家壟斷資本主義對經濟的干預和調節無非是為了協調社會經濟利益關係，緩和經濟危機和由此引起的社會經濟矛盾，維護資本主義制度和壟斷資本的統治。但是，它不可能從根本上消除資本主義經濟的基本矛盾。

2. 國家對經濟的干預和調節

在微觀經濟方面，國家對經濟的干預和調節主要是反對壟斷，實現有效競爭。

過度競爭和壟斷，都無法實現資源的優化配置。在實踐中，既要使競爭機制正常而有效地發揮作用，又要防止壟斷的弊害，關鍵是要實現有效競爭。所謂有效競爭，就是指既有利於維護競爭，又有利於發揮規模經濟作用的競爭格局。發達國家實現有效競爭的做法主要包括兩個方面：

一是直接管制政策。直接管制政策是指政府針對公共生產部門和某些具體產業部門實施的帶有分類指導性質的具體規範與制約措施，主要通過政府機關借助於法律賦予的權限，通過許可或認可等手段來加以實施。其主要內容包括：設定進入條件，實施產量和價格限制，規範產品與服務質量，干預設備管理，等等。管制可能使政府管理經濟職能過度膨脹，產生一系列負效應。所以，20世紀70年代以後，西方國家出現了所謂「管制放鬆」的浪潮。儘管如此，也不可能別除所有管制，管制政策仍有存在的充分理由。

二是反壟斷政策。反壟斷政策通常是通過立法（反壟斷法）對壟斷行為進行規範與制約，具有較強的約束力。反壟斷政策的具體內容有：①預防形成壟斷性市場結構的政策，包括保護中小企業生存和發展的政策以及對企業合併的審查制度等；②對壟斷性市場結構的事後調節政策，包括對壟斷性企業實行肢解、分立的政策等；③禁止或限制企業間的共謀、卡特爾和不正當的價格歧視，對欺騙、行賄和壓制競爭者的行為進行裁定等。

[閱讀專欄]

微軟壟斷案大事回顧

從20世紀90年代開始，創立於1975年的微軟在全球多個國家和地區不斷遭到反壟斷訴訟。

美國：1990年，美國聯邦貿易委員會就微軟與IBM在個人電腦軟件市場可能產生的衝突進行調查，後由美國司法部接管。

1997年10月，美國司法部指控微軟壟斷操作系統，將瀏覽器軟件與視窗操作系統軟件非法捆綁銷售。

1998年10月，微軟壟斷案開始審理。

2000年6月，美國地方法院做出對微軟拆分的判決。

2001年6月，微軟躲過被拆分的命運，但其違反反壟斷法的罪名成立。

2001年11月，微軟和美國司法部達成協議。

2002年，美國聯邦法院批准了和解協議，微軟面對至少為期5年的懲罰性措施。

歐盟：1998年12月，歐盟對微軟公司的反壟斷調查開始。

2004年3月，歐盟委員會認定微軟公司濫用了在個人電腦操作系統市場上的優勢地位，要求其作相應改變，並開出4.97億歐元的巨額罰單。

2006年7月，歐盟委員會決定對微軟公司再次處以總額2.8億歐元的罰款。

2007年3月，歐盟委員會威脅對微軟公司再次處以每天300萬歐元的罰款。

2007年10月，微軟答應履行處罰決定。

2008年2月，歐盟又對微軟開出高達8.99億歐元的罰單。

韓國：2001年4月，韓國Daum通信公司控告微軟及其韓國子公司涉嫌在即時通信軟件業務上有不公平的商業行為。

2004年11月，微軟被指控在其視窗操作系統中捆綁MSN即時通信軟件的行為違反了公平競爭的原則。

2005年，KFTC（韓國公平交易委員會）判定對微軟處以3,543萬美元的罰款，並令其在操作系統中取消對MSN即時通信軟件的捆綁。

2005年11月，微軟為了平息反壟斷起訴，向Daum支付1,000萬美元現金。

2007年10月，微軟最終接受3,543萬美元的巨額罰款，並在視窗系列操作系統中解除對MSN即時通信軟件的捆綁。

日本：2004年7月，微軟受到日本公平貿易委員會指控，稱微軟與日本個人電腦銷售商的部分許可協議違反了日本反壟斷法，微軟涉嫌迫使個人電腦銷售商接受一些強制性條款，要求它們保證不將微軟訴上法庭。

（以上資料來源於：李國訓. 微軟或成中國《反壟斷法》「第一被告」[N]. 財經時報，2008-07-11.）

在宏觀經濟方面，國家主要是通過各種政策和手段進行調控，以達到一定的宏觀目標。主要運用的政策有：

（1）通過實行「鬆」「緊」不一的財政政策，對經濟衰退和經濟過熱的現象進行調控。在經濟衰退時，實行「鬆」的財政政策，減少稅收，擴大政府投資，刺激總需求；在經濟過熱時，採取「緊」的財政政策，增加稅收，削減政府支出，抑制總需求。財政調節的特點是政府可以根據經濟週期的需要，適時調整經濟政策，以直接影響消費需求和投資需求，使總需求與總供給達到平衡。

（2）通過制定金融政策、參與金融活動來影響社會再生產。國家通過建立以中央銀行為中心的貨幣金融體系，主要運用三大貨幣政策工具（再貼現政策、存款準備金政策

和公開市場業務政策）和其他貨幣政策工具，控制和調節貨幣供應量，從而影響利率水準，調節信用規模，間接影響投資，改變需求水準，對整個再生產過程發生影響。除了實行量的控制外，中央銀行還使用直接信用控制、間接信用控制、消費者信用控制、證券信用控制和不動產信用控制等其他貨幣政策工具對經濟進行控制。

（3）通過產業政策調節經濟。產業政策是政府為資源優化配置、實現經濟發展目標，以產業和企業為對象實施的以產業結構轉換和生產集中為核心內容的一系列政策的總和。產業政策包括產業結構政策和產業組織政策。20世紀50年代以來，西方發達國家就開始運用產業政策指導產業結構調整和產業組織重組。以日本為例，第二次世界大戰以後，為實現「經濟復興」和「自立」，日本制定並實施了以傾斜生產方式來扶植煤炭、電力、鋼鐵和造船等骨幹產業為主要內容的產業政策；20世紀60年代，日本經濟進入高速增長時期，日本產業政策的重點目標轉向「重化工業」和「產業結構高級化」，鋼鐵、電力、海運、重型機器、機電和化學工業以及汽車、石油化工、合成橡膠成為政府重點扶助和發展的產業；20世紀七八十年代，重點產業進一步從基礎產業、出口產業轉移到高科技產業。日本政府長期重視並實施產業政策，有力地推動了日本產業結構的合理化和高級化，從而促進了日本經濟的發展。

（4）運用收入政策調節。收入政策調節是指國家通過工資和稅收政策，調節工資、利潤和其他收入之間的比例關係，以控制通貨膨脹，進而抑制失業上升和經濟衰退。其主要形式有：①工資—物價「指導線」，即由政府根據長期勞動生產率增長趨勢來確定工資和物價的增長標準，把工資—物價增長率限制在全社會勞動生產率平均增長幅度以內；②工資—物價管制，即由政府頒布法令對工資和物價實行管制，甚至暫時加以凍結，一般是在通貨膨脹嚴重時採用；③收入指數化措施，即將名義收入與某種物價指數聯繫起來，名義收入隨物價指數變動而變動，其作用在於避免或減輕物價上漲對實際工資的影響；④以稅收作為懲罰或獎勵手段來限制工資增長，如果工資增長保持在政府規定的界限以下，則以減少個人和公司所得稅作為獎勵，如果工資增長率超過政府所規定的界限，則以增加公司所得稅作為懲罰。

（5）計劃調節。計劃調節是指國家通過編製並實施短期、中期和長期計劃對整個國民經濟進行綜合調節。它是西方國家為了減少市場經濟運行產生的自發性破壞作用，集中資金發展重點或關鍵部門、加強國民經濟薄弱環節、改善部門和地區的結構、保證國民經濟協調穩定發展普遍採用的一種干預和調節經濟的方式。西方國家的經濟計劃主要有三個特點：一是預測性。經濟計劃一般包括中期和長期計劃兩種，每類計劃都有一定的側重點和相應的指標、措施。計劃指標一般都是些宏觀經濟方面的預測性指標，如國內生產總值，物價總水準，工資收入，進出口、總消費、總投資的增長率等，旨在反應經濟發展的方向和趨勢。二是指導性。各項指標並不具強制性。政府為保證計劃目標的實現，通常會通過財政、貨幣及產業政策和措施來調節企業的投資活動，使之符合政府計劃的要求。三是協商性。西方國家制定經濟計劃的過程就是政府和企業密切磋商，企業為了自身利益與政府

討價還價，政府在企業中貫徹自己的干預和調節意圖的過程。這使經濟計劃從一開始就成為協調國家與私人壟斷資本的關係、實現經濟長期穩定發展的工具。發達國家的經濟計劃的實施和推行，表明國家對經濟的干預和調節已經從分散的、局部的領域發展到全面的、綜合的領域。

國家壟斷資本主義的不同形式，表現了資本主義生產關係在一定範圍內的調整和改變，並成了當代資本主義經濟基礎的重要組成部分。當然，這種調整和改變並沒有改變資本主義生產關係的實質。

三、國家壟斷資本主義的實質及其作用

（一）國家壟斷資本主義的實質

國家壟斷資本主義儘管有著多種形式，並在第二次世界大戰之後得到空前發展，但它並沒有從根本上改變以資本主義私有制為基礎的生產關係，其實質仍然是資本主義和壟斷資本主義。它與以往資本主義相比，差別在於：在國家壟斷資本主義歷史階段，壟斷資產階級通過控制國家機器，充分利用國家政權加強對國內外勞動人民的剝削，以獲取穩定的高額壟斷利潤。作為一般私人壟斷資本基礎之上的、資本社會化的最高形式的國家，不僅具有傳統的作為上層建築性質的國家政權的功能，而且已經與壟斷資本融為一體，以總資本家的身分直接參與社會再生產的總過程。但是，國家並不是單方面、無條件地服從某個或某些壟斷組織。在為壟斷資本服務的同時，它也要顧及非壟斷資本的中小企業以及普通民眾的利益，以此緩解社會基本矛盾，並保證壟斷資產階級的長遠利益。

（二）國家壟斷資本主義的作用和局限性

國家通過國有壟斷資本與私人壟斷資本結合，以宏觀政策手段的直接和間接的經濟調節參與社會再生產過程，改變了傳統的自發市場調節的運行機制，在一定程度上適應了生產社會化的要求，因而在一定時期有利於經濟的發展和某些社會矛盾的緩和。首先，國家對經濟的調節和干預，通過國有壟斷資本的活動和各項經濟政策，特別是財政政策與貨幣政策的運用和經濟計劃的實施，能較大地影響經濟週期的變化，減弱經濟危機的程度和衝擊。其次，市場調節和國家調節相結合，有利於科學技術進步、經濟局部比例和宏觀比例的協調、地區結構與產業結構的改善、生態環境惡化的緩解，有利於彌補單純市場調節的某些弱點。最後，國家調節使壟斷與非壟斷經濟成分的矛盾以及勞資矛盾得到一定的緩解，因而有利於經濟和社會的穩定。

國家壟斷資本主義的產生和發展，是資本主義生產方式範圍內壟斷資本主義生產關係的自我完善和局部調整，是壟斷資本主義由一般私人壟斷向國家壟斷的部分質變。它在一定程度上適應了現代科技革命和生產高度社會化條件下社會生產力的發展。它又是壟斷資產階級利用國家機器干預社會經濟生活、緩解社會基本矛盾並保證其獲取壟斷高額利潤的新形式。然而，國家對社會經濟活動的參與和調節是建立在私有制基礎上的，要以政府的龐大支出為條件；國家參與再生產的規模越大，財政支出規模也越大。這或

者會使稅收加重、稅率提高，從而挫傷私人壟斷資本的投資積極性，也使勞動者有支付能力的購買力下降；如果政府發行國債、實行赤字財政，又會形成經常性的巨額財政赤字，引起通貨膨脹，結果使購買力下降或引起物價與工資輪番上漲，從而加劇勞資矛盾，最終對經濟發展和社會穩定造成不良影響。第二次世界大戰後，發達國家的經濟運行並未因為國家壟斷資本主義的發展和國家的干預調節在根本上消除自發性以及由此帶來的一系列經濟問題。比如資本主義經濟自1974年危機後曾經陷入了經濟上的長期滯漲；日本經濟在經歷了第二次世界大戰後較長時期的高速增長之後，自20世紀90年代開始陷入長達10餘年的持續蕭條，2007年爆發的美國金融危機及其後歐美的主權債務危機，以及美國財政懸崖問題，這些都充分說明，國家壟斷資本主義及其對宏觀經濟的干預雖然可以改變資本主義經濟週期的表現形式，進而對社會經濟的發展起到一定的積極作用，但無法從根本上消除資本主義的基本矛盾。

第三節　經濟全球化與資本主義的歷史地位

本節在闡明經濟全球化的廣泛發展及其原因、經濟全球化的性質特點和社會經濟後果的基礎上，進一步就經濟全球化趨勢下資本主義的歷史地位與發展前景做了必要的分析論證。

一、經濟全球化的廣泛發展及其社會經濟影響

（一）經濟全球化及其特點

1. 經濟全球化的概念

對於經濟全球化的概念，國際和國內經濟學界有著不同的理解和多種表述。國際貨幣基金組織對經濟全球化的定義是：「全球化是指跨國商品與服務交易及國際資本流動規模和形式的增加，以及技術的廣泛傳播使世界各國經濟的相互依賴性增強。」[1]

經濟全球化反應的各國在經濟上相互依存、相互影響又相互滲透的關係，是一個長期的、漸進的發展過程。早在一百多年前，馬克思和恩格斯在《共產黨宣言》中就已指出：隨著世界市場的形成，生產和交換日益越出國界，「使一切國家的生產和消費都成為世界性的了」，「過去那種地方的和民族的自給自足和閉關自守狀態，被各民族的各方面的互相往來和各方面的互相依賴所代替了。」[2] 經濟全球化是世界經濟發展的產物，它以市場經濟和經濟的國際化為基礎。如果從更深層次上理解經濟全球化的概念，它描述的是一種全球範圍的深刻變化。自從1492年哥倫布遠航美洲使東西兩半球相互聯繫起，

---

[1] 國際貨幣基金組織. 世界經濟展望［M］. 北京：中國金融出版社，1997.
[2] 馬克思，恩格斯. 馬克思恩格斯選集：第1卷［M］. 北京：人民出版社，1972：254-255.

經濟全球化過程就已萌芽。在機器大工業出現及資本主義生產方式在歐美國家確立之後，伴隨著資本主義國家在全球的擴張、國際分工與世界經濟的形成，經濟全球化事實上進入了它的起步階段——經濟國際化階段。這一階段是以商品資本的國際運動為特徵的。以生產資本和金融資本的國際運動為主要特徵的經濟全球化在第二次世界大戰結束後特別是20世紀80年代以來得到廣泛而快速的發展。1989年柏林牆的坍塌，1992年蘇聯的解體，以及統一的歐洲大市場的建立，意味著統一的世界市場的形成和真正意義的經濟全球化時代的到來。市場經濟的全球化和信息傳播的全球化，應該是經濟全球化時代的最重要標誌。只有在當代，這一過程才達到了一個質的轉折點，經濟全球化才成為一種現實的、影響廣泛的現象和趨勢。

綜上所述，經濟全球化可以概括為：生產要素的配置和經濟活動的開展不僅跨越了國界，相對自由地以全球範圍為空間運行，而且世界各國在生產、分配、交換和消費諸環節的相互聯繫和交織日趨緊密，向融入全球經濟整體的方向發展。從本質上看，經濟全球化就是指生產力和與之相關的生產的社會關係在時間與空間上的全球維度的擴展。它具有客觀必然性。

2. 經濟全球化的主要特點

經濟全球化發展到現階段，主要表現出以市場經濟為基礎、以生產力和新科技革命的迅猛發展為動力、以跨國公司為載體、以經濟發達的資本主義國家為主導等若干特點。

經濟全球化是以市場經濟為基礎的。經濟全球化隨著市場經濟的產生、發展及其在世界範圍的擴展而萌芽、發展。從15世紀地理大發現所引致的經濟全球化的萌芽階段，到機器大工業產生後的經濟生活國際化，再到第二次世界大戰後以資本的國際流動為主體的經濟全球化，都是在市場經濟的發展中出現的。20世紀80年代以後，伴隨著中國的改革開放以及蘇聯和東歐國家傳統的中央集權計劃經濟模式的瓦解，市場經濟作為世界上絕大多數國家經濟發展模式的自主選擇，其固有的運動規律和內在機制成為經濟全球化的內在動因，在客觀上也成為各國經濟行為走向規範和趨同的共同基礎。

然而，經濟全球化產生和發展的根本動力還在於第二次世界大戰後科學技術和生產力發展所導致的經濟生活國際化。20世紀50年代以來，以原子能、電子計算機及空間技術的應用為主要標誌的第三次科技革命，以及80年代開始的、以在當今世界上蓬勃發展的以微電子信息技術、生物和海洋工程、新型材料應用等高科技為代表的新科技革命所帶來的生產力的巨大飛躍，不僅使世界各國之間生產的國際分工和協作達到空前水準，還使得商品資本、生產資本、金融資本以及其他生產要素的國際流動大大加快，從而導致世界各國在社會再生產的各個環節的聯繫大為密切。這種建立在現代科技與生產力高速發展基礎之上的經濟生活的國際化，以及世界經濟體系中的相互依賴，客觀上要求打破傳統的國家的界限，走向全球範圍的經濟協調與聯合。

以跨國公司為主要載體，是當代經濟全球化的又一特點。按聯合國貿發會議《2001

年世界投資報告》的統計，2000年全球國際直接投資增長速度高達18%，遠遠超過同年世界產量、資本形成和貿易等其他經濟指標的增長。而這主要是由在國外擁有180多萬個子公司的6萬多家跨國公司驅動的。這些跨國公司控制了全球生產的1/3、全球貿易的2/3、國際直接投資以及技術專利轉讓的70%，形成了一個規模龐大的全球性生產和銷售體系。儘管近年世界經濟出現動盪，2011年全球外商直接投資（FDI）流量較2007年峰值降低約23%，但仍超過了金融危機前的平均值，達到1.5萬億美元。其中，流入發達國家的FDI增長了21%，達7,480億美元；流入發展中國家的FDI增長了11%，達到創紀錄的6,840億美元；轉型經濟體上升了25%，達920億美元。這當中，跨國公司（TNCs）的國際擴張起著主導作用。2011年TNCs的國外分支機構雇用職工約6,900萬人，銷售額達28萬億美元。其中以石油產品為經營主體的埃克森—美孚公司，以及通用、福特、戴姆勒—克萊斯勒和殼牌等跨國公司的實力甚至超過許多發展中國家，達到富可敵國的程度。在跨國公司的推動下，企業國際競爭和跨國兼併之風愈演愈烈。全球產業結構的調整不僅表現為資金、技術等生產要素在不同國家和不同產業之間轉移，更表現為各國生產的國際分工和跨國合作日益密切。以跨國公司為主要代表的國際資本流動，成為當代經濟全球化的主要載體。

當代經濟全球化以發達國家為主導也是一個客觀現實。既然經濟全球化是社會生產力高度發達的產物，則對於生產力高度發達的西方發達國家來說，經濟全球化最符合其生產要素在全球範圍配置及自身利潤最大化的需要。西方發達國家雖然僅有世界20%的人口，卻佔有世界80%左右的GDP；它們所擁有的數量眾多、規模巨大的壟斷企業和跨國公司，以其強大的國際競爭力和市場競爭經驗，左右著全球的生產和市場銷售，它們是當代各種國際經濟組織的實際操縱者。經濟全球化所帶來的利益和損失的分配比例，對經濟發展水準不同的國家而言，是全然不同的。作為經濟全球化主導者和積極推行者的經濟發達國家，顯然是經濟全球化帶來的利益的主要獲得者；而廣大發展中國家受益有限，有些甚至根本就被排斥在經濟全球化所帶來的利益之外。

(二) 經濟全球化的性質和社會經濟後果

1. 經濟全球化的性質

經濟全球化的基本要求，是使全球成為一個統一的無阻礙的自由市場，實行自由貿易和自由競爭，在全球範圍內實現資源的合理、有效配置，生產、消費、金融及資本流動、競爭規則全球化。經濟全球化從本質上考察，其性質具有二重性：一方面，它是生產社會化及經濟國際化高度發展，在時間和空間上多維度拓展，因而它反應了科學技術進步和人類社會生產力發展的客觀要求；另一方面，經濟全球化又是在當代資本主義的主導下進行的，是由以美國為首的發達資本主義國家積極推動起來的。這些國家從自身的利益和社會價值觀出發，利用受其控制的國際經濟組織，制定並竭力推行資本主義的生產方式及市場經濟模式。由此，在現在及今後相當長一個時期內，經濟全球化必然帶有資本主義生產關係全球性擴張的色彩。

2. 經濟全球化的社會經濟後果

經濟全球化是把「雙刃劍」，它對世界經濟的影響有利也有弊。

經濟全球化給世界經濟發展帶來的最大好處是實現了資源的優化配置。一國經濟運行的效率無論有多高，總要受到本國資源和市場的限制。只有資源和市場實現了全球化配置，才能使一國經濟在既定條件下最大限度地擺脫資源和市場的束縛。經濟全球化作為當代世界經濟發展的最根本的特徵，表現在隨著當代科技革命的不斷深入，不同社會制度、不同發展水準的國家都被納入全球經濟體系之中。這種發展所帶來的令人向往的結果是：生產效率提高，生產的商品更符合消費者的需要，人類社會生產活動的總體收益和社會福利得到明顯提高。

經濟全球化也為發展中國家實現經濟發展和趕超發達國家提供了前所未有的大好機遇。經濟全球化帶來了國際分工的發展、產業的轉移和資本及技術等生產要素的流動，這對發展中國家彌補資本、技術等生產要素缺口，利用後發優勢迅速實現產業演進、技術進步、制度創新和經濟發展都是非常有利的。經濟全球化使新技術產生和應用的速度大大提高，發展中國家只有積極參與，才能充分享有經濟全球化帶來的好處，從而加快本國經濟發展的進程；否則同先進國家的差距將被不斷拉大。

與此相對應，經濟全球化的發展也給世界經濟帶來了新挑戰或消極影響。如前所述，這種挑戰或消極影響首先表現在經濟全球化所帶來的收益在不同國家間的分配不平等。經濟全球化涉及政治、經濟以及社會發展的各個領域，而構成這種關係的基礎——舊的國際經濟關係就是不平等的，建立世界經濟和國際貿易體系的方式是不平等的，貿易條件、金融、投資和技術轉移是不平等的，經濟全球化所帶來的利益和損失的分配也是不平等的。在當代歷史條件下，經濟全球化是以增加發展中國家以各種方式向發達國家交納的「貢賦」為條件的。

經濟全球化的發展給世界經濟帶來的新的挑戰或消極影響，還表現為在全球治理機構尚未形成、超國家主權的基礎還不夠牢固的情況下，經濟全球化發展將引發世界性的、多方面的衝突和相當大的震盪。在當代世界經濟格局中，發達國家占主導地位，世界市場基本上受它們支配，世界經濟運行的一些慣例和準則主要也是由它們確立的。它們只考慮最大化自己的利益，很少考慮發展中國家的利益，或根本忽視甚至完全犧牲發展中國家的利益。一方面，它們大肆宣揚自由貿易，目的只是要他國特別是發展中國家向它們開放市場，而自己卻大搞種種形式的貿易保護主義；另一方面，某些經濟發達的西方國家還把發展中國家的迅速發展視為威脅，為它們搞貿易保護主義和對發展中國家實行其他種種限制製造借口。近些年來，有些發達國家把人權、民主等非經濟問題與對外經濟關係掛起鉤來，並將環保、勞工等條款的單方面標準強加於人，動輒對發展中國家施加壓力。在經濟全球化進程中，不僅獲得巨大利益的發達國家和未獲甚至喪失巨大利益的發展中國家之間的對立將更加嚴重，少數跳躍式發展的新興工業化國家與力圖保持其原有市場份額的發達國家之間也將會產生持久的利益不一致和衝突，經濟全球化引

發的部分欠發達國家內部經濟的衰退和失控也可能激化這些國家的內部矛盾而導致動亂和戰爭。

經濟風險國際傳導機制的強化，是經濟全球化發展給世界經濟帶來消極影響的另一個突出方面。這一狀況是經濟全球化下國與國之間經濟聯繫加強，以及貿易和投資自由化的伴生物。在經濟全球化條件下，世界各國經濟週期的相互影響或同步性進一步得到加強。西方主要發達國家和地區特別是美國、歐盟和日本中的任何一個國家和地區的經濟動盪或衰退都將對整個世界經濟產生衝擊。在經濟全球化趨勢下，金融自由化和全球化的發展會使一些國家和地區的金融動盪和危機迅速向全球蔓延傳播，進而引發並形成全球性金融危機。這在1997年的亞洲金融危機，以及2008年美國華爾街金融風暴和其後發生的歐債危機對世界其他國家產生的巨大衝擊中，都得到了印證。

除此而外，經濟全球化還使各國政府的宏觀調控遇到新的困難。經濟全球化和與之相應的國際經濟一體化在增強了一系列國際經濟組織以及超國家行為主體的經濟和政治協調功能的同時，勢必使傳統意義上的國家主權削弱。以生產、交換、分配及消費的國際化為特徵的世界經濟全球化及區域經濟一體化是以參與國的國家主權的一定讓渡和轉移為條件的。在特定的領域內，主權國家必須服從國際機構的領導或協調，這勢必在某種程度上對傳統的國家主權形成挑戰，並使各國政府的宏觀經濟決策的獨立性和國民經濟宏觀調控能力不同程度被削弱。在傳統的國家主權向國際經濟組織及超國家行為主體讓渡的過程中，其進程及銜接不當都可能對國際經濟的運作產生巨大的衝擊。

由此可見，利用經濟全球化提供的有利條件，積極促進經濟全球化朝著有利於實現共同繁榮的方向發展，趨利避害，使各國特別是發展中國家都從中受益，是世界各國特別是發展中國家面臨的一個重要課題。發展中國家除了要在國內採取正確的戰略，實行一整套有效的政策措施外，還必須正確處理對外經濟關係中的矛盾。一方面，要在平等互利原則的基礎上加強對外經濟合作，另一方面，要同那些有損本國核心利益、侵犯國家主權的無理要求和行徑進行堅決鬥爭。

[閱讀專欄]

亞洲金融危機的發展過程

1997年6月，一場金融危機在亞洲爆發。這場金融風暴首先席捲泰國，泰銖貶值。不久，這場風暴掃過了馬來西亞、新加坡、日本、韓國等地，亞洲經濟飛速發展的局面被打破。這場危機的發展過程十分複雜。到1998年年底，這場危機大體上可以分為三個階段：

第一階段：1997年7月2日，泰國宣布放棄固定匯率制，實行浮動匯率制，引發了一場遍及東南亞的金融風暴。當天，泰銖兌換美元的匯率下降17%，外匯及其他金融市場一片混亂。在泰銖波動的影響下，菲律賓比索、印度尼西亞盾、馬來西亞林吉特相繼成為國際炒家的攻擊對象。8月，馬來西亞放棄保衛林吉特的努力。

一向堅挺的新加坡元也受到衝擊。印度尼西亞雖是受「傳染」最晚的國家，但受到的衝擊最為嚴重。10月下旬，國際炒家移師國際金融中心香港，矛頭直指香港聯繫匯率制。臺灣當局突然棄守新臺幣匯率，使其一天貶值3.46%，加大了對港幣和香港股市的壓力。10月23日，香港恒生指數大跌1,211.47點；28日，下跌1,621.80點，跌破9,000點大關。接著，11月中旬，東亞的韓國也爆發金融風暴。17日，韓元對美元的匯率跌至創紀錄的1,008∶1。21日，韓國政府不得不向國際貨幣基金組織求援，暫時控制了危機。但到了12月13日，韓元對美元的匯率又降至1,737.60∶1。韓元危機也衝擊了在韓國有大量投資的日本金融業。1997年下半年，日本一系列銀行和證券公司相繼破產。至此，東南亞金融風暴演變為亞洲金融危機。

　　第二階段：1998年2月11日，印度尼西亞政府宣布將實行印度尼西亞盾與美元保持固定匯率的聯繫匯率制，以穩定印度尼西亞盾。此舉遭到國際貨幣基金組織及美國、西歐的一致反對。國際貨幣基金組織揚言將撤回對印度尼西亞的援助。印度尼西亞陷入政治經濟大危機。2月16日，印度尼西亞盾同美元比價跌破10,000∶1。受其影響，東南亞匯市再起波瀾，新元、馬幣、泰銖、菲律賓比索等紛紛下跌。直到4月8日，印度尼西亞同國際貨幣基金組織就一份新的經濟改革方案達成協議，東南亞匯市才暫告平靜。東南亞金融危機使得與之關係密切的日本經濟陷入困境。日元對美元的匯率從1997年6月底的115日元兌1美元跌至1998年4月初的133日元兌1美元；五六月間，日元對美元的匯率一路下跌，一度接近150日元兌1美元的關口。隨著日元的大幅貶值，國際金融形勢更加不明朗，亞洲金融危機繼續深化。

　　第三階段：1998年8月初，趁美國股市動盪、日元對美元的匯率持續下跌之機，國際炒家對香港發動新一輪進攻。恒生指數一直跌至6,600多點。香港特區政府予以回擊，金融管理局動用外匯基金進入股市和期貨市場，吸納國際炒家抛售的港幣，將匯市穩定在7.75港元兌換1美元的水準上。經過近一個月的苦鬥，國際炒家損失慘重，無法再次實現把香港變成「超級提款機」的企圖。受亞洲金融危機影響，俄羅斯中央銀行8月17日宣布年內將盧布兌換美元匯率的浮動幅度擴大到6.0～9.5∶1，並推遲償還外債及暫停國債交易。9月2日，盧布貶值70%，俄羅斯股市、匯市急遽下跌，引發俄羅斯金融危機乃至經濟、政治危機。俄羅斯政策的突變，使得在俄羅斯股市投下巨額資金的國際炒家大傷元氣，並帶動了美歐國家股市和匯市的全面劇烈波動。如果說在此之前亞洲金融危機還是區域性的，那麼，俄羅斯金融危機的爆發，則說明亞洲金融危機已經超出了區域性範圍，具有了全球性的意義。到1998年年底，俄羅斯經濟仍沒有擺脫困境。1999年，金融危機結束。

　　（以上資料來源於：http://wiki.mbalib.com，MBA智庫百科，經整理所得。）

(三) 反全球化運動的興起及其影響

經濟全球化迅猛發展的同時，反全球化浪潮在一些國家和地區也日益高漲。1999年11月底12月初發生在美國的「西雅圖風暴」拉開了世界範圍內的反全球化運動的序幕。儘管反全球化的手段和形式可謂五花八門，但總體而言，其基本形式不外乎以示威遊行為表現形式的街頭抗議浪潮，以及以反全球化為宗旨的世界社會論壇。反全球化運動是在經濟全球化帶來一系列負面影響的背景下興起的，其發展十分迅速，涵蓋領域廣泛，參與者包括不同國家的不同階層人士。

反全球化運動的參與者的出發點和動機是多樣的。有的批判經濟全球化傷害了民族主義和愛國主義感情，有的批判經濟全球化在推動世界經濟財富增長的同時又導致社會分配更加不公平，也有的批判經濟全球化導致了宏觀經濟管理的混亂和失控，還有的批判資本主義制度、資本主義市場經濟和新自由主義，等等。

從反全球化運動參與者的主張可以看出，反全球化運動是一種有廣泛社會基礎的特殊的國際運動。這個運動一開始就直接指向以美國為首主導全球化的七國集團，指向主要依照七國集團制定的規則推行全球化的國際組織——世界貿易組織、國際貨幣基金組織和世界銀行。反全球化運動對全球化的質疑和批判主要集中在主導當前經濟全球化的新自由主義，並剖析了這種全球化所帶來的消極影響和危害性後果。一些發達資本主義國家的共產黨人則把反全球化同他們反對資本主義制度、爭取社會主義的鬥爭結合起來，把鬥爭的矛頭直接指向世界資本主義制度及國際經濟政治秩序。

總體而言，反全球化運動的興起是對標榜公正與平等、繁榮與富足的全球化的一個極大諷刺，它成了全球化時代一個極不和諧的音符。反全球化已越來越成為一場世界性的運動，其本身也已全球化了。它的產生和發展在一定程度上有利於減少或糾正經濟全球化帶來的負面效應。

二、經濟全球化趨勢下資本主義的矛盾及歷史地位

(一) 經濟全球化趨勢下資本主義的矛盾

資本主義經濟制度是一種以生產資料私有制為基礎、以資本家無償佔有雇傭工人剩餘勞動為特徵的剝削制度。與資本主義之前的其他社會制度相比，這種剝削有著自己的特性：首先，它以商品生產與商品交換為起點，價值規律是其他各種經濟規律得以展開和發生作用的基礎，其中資本對剩餘勞動的佔有採取的是等價交換形式；其次，它以勞動力轉化為商品為前提條件，以剩餘價值的生產為直接目的和動機。

作為人類社會發展的一個歷史階段，相對以前的其他社會經濟制度，資本主義制度有著歷史進步性的一面。對此，馬克思主義經典作家曾經給予高度評價：

其一，資本主義為商品經濟的最廣泛發展提供了條件。正如馬克思、恩格斯指出的那樣，「資產階級在它已經取得了統治的地方把一切封建的、宗法的和田園詩般的關係

都破壞了。它無情地斬斷了把人們束縛的封建羈絆」①，這種普遍的商品關係是對傳統的自給自足的自然經濟和封建等級制度對人類社會發展的嚴重束縛的否定，取而代之的是生產的社會化和社會分工的廣泛發展，並日益突破國家的疆域和民族的界限。這些已經被經濟全球化和國際經濟一體化的現實所證實。

其二，商品經濟固有的市場競爭和價值規律的內在要求，以及資本對剩餘價值和超額利潤的瘋狂追逐，為科學技術的進步和社會生產力的迅猛發展提供了強勁的動力。正因為如此，才如馬克思和恩格斯所說：「資產階級在它不到一百年的階級統治中所創造的生產力，比過去一切世代創造的全部生產力還要多，還要大。」② 資本主義生產方式在創造和發展生產力方面所取得的成就，在馬克思、恩格斯之後的一百多年來，繼續得到了實踐的驗證。

其三，資本主義擺脫了奴隸社會和封建社會對勞動者的超經濟強制，以及勞動者對統治階級的人身依附，首次實現了人在法律上的平等和人身自由。這顯然有利於勞動者生產積極性和創造性的發揮，為勞動者素質及勞動技能的提高和科技進步創造了必要的條件。

相對於人類社會的全面發展，資本主義制度又有著其消極落後的一面，這主要反應在資本主義生產方式固有的基本矛盾的存在及發展上。

生產力與生產關係的矛盾在資本主義生產方式中表現為生產的社會化與生產資料資本主義私人佔有這一基本矛盾。對此恩格斯作了深刻和全面的說明。他認為，在資本主義制度下，生產資料成了社會真正的生產資料，但是這些社會化生產資料和產品已經不歸那些真正作用於生產資料和真正生產這些產品的人所佔有，而歸資本家佔有。「生產方式雖然已經消滅了這一佔有形式的前提，但是它仍然服從於這一佔有形式。這個使新的生產方式具有資本主義性質的矛盾，已經包含著現代的一切衝突的萌芽。」③

資本主義的基本矛盾是商品經濟基本矛盾發展到一定階段的必然產物。在商品經濟社會中，一方面，生產者的勞動是為了滿足社會的需要，這種勞動具有社會的性質；另一方面，生產資料的私有制又使得生產者獨立進行生產決策，生產出的產品歸生產者私人佔有，生產者的勞動又具有私人勞動的性質。私人勞動與社會勞動之間的這種矛盾，只有通過市場交換的實現才能得以解決。隨著簡單商品經濟發展到資本主義商品經濟，商品經濟的基本矛盾——私人勞動與社會勞動的矛盾，就進一步發展成為資本主義的基本矛盾。這一基本矛盾在自由競爭的資本主義時期，在資本累積的過程中，通過平均利潤的下降、資本和人口的相對過剩以及生產過剩的經濟危機表現出來。恩格斯在對資本主義基本矛盾的分析中也指出，只要資本主義還存在，就免不了危機的襲擊，其中包括經濟危機，也包括社會危機。在自由競爭的資本主義經濟中，經濟運行完全是靠市場機

---

① 馬克思，恩格斯．馬克思恩格斯選集：第1卷 [M]．北京：人民出版社，1972：253．
② 馬克思，恩格斯．馬克思恩格斯選集：第1卷 [M]．北京：人民出版社，1972：256．
③ 馬克思，恩格斯．馬克思恩格斯選集：第3卷 [M]．北京：人民出版社，1972：428．

制來調節的。國家的作用僅限於維護法律和秩序，至多也只是承擔某些公共工程和最基本的社會保障，而不是對經濟運行過程進行干預，這對於打破封建制度的束縛、促進市場經濟和生產力的發展起到了積極的推動作用。但是，隨著機器大工業的產生和社會化大生產的發展，自由市場經濟的問題就逐步暴露出來了。

19世紀70年代發生的以電力和化工為先導的工業革命，不僅引起了冶金業、機械製造業、交通運輸業等傳統工業部門的質的飛躍，而且推動了電力、電信、廣播、日用電器、化工等一系列新興工業部門的興起，推動了生產規模的進一步擴大和生產社會化程度的進一步提高，為生產和資本的迅速集中奠定了物質技術基礎。19世紀末20世紀初，壟斷組織迅速發展，自由競爭的資本主義變成了壟斷的資本主義。壟斷是生產社會化的產物，它可以在更大程度上適應生產社會化的發展；但壟斷的存在又造成了財富的過度集中，導致了金融寡頭在經濟和政治上的統治地位，阻礙了社會生產力的發展。壟斷資本主義時期，生產和資本的國際化加強，資本主義大國對世界市場、投資場所和原料產地的爭奪激化。為此，它們變本加厲地推行殖民主義，搶占和分割世界領土。所以，列寧在分析資本主義矛盾時，著重從世界範圍內和從資本主義對外關係的角度，指出資本主義世界的矛盾包括資本主義國家之間的矛盾，資本主義國家與殖民地、半殖民地之間的矛盾，各大資本集團之間的矛盾。這些矛盾的激化導致了各種危機，特別是導致了世界大戰。

1929—1933年發生的震撼世界的資本主義經濟大危機迫使資本主義生產關係進行局部調整。第二次世界大戰後，資本主義社會出現了一系列依靠私人壟斷資本無法解決的問題，社會化生產的進一步發展迫使壟斷資本主義國家持續、全面、穩定地介入資本主義經濟生活，私人壟斷資本主義被國家壟斷資本主義所代替。國家壟斷資本主義在某些方面突破了私人壟斷資本的局限性，使得資本主義基本矛盾及其在各方面的表現比過去有所緩和：國家對經濟進行宏觀調控，使社會生產的計劃性加強，資本主義經濟比例失調和由此產生的危機有所緩和；國家之間的相互政策協調加強，對涉及國際經濟關係中共同性問題經過協調，互相妥協，求得解決；在發達資本主義國家，由於社會生產的發展和工人階級長期不懈的鬥爭，工人階級的狀況有了很大的改善，社會福利制度的廣泛實行，也在一定程度上有助於社會矛盾的緩和。但另一方面，國家壟斷資本主義並沒有從根本上改變資本主義經濟的性質，資本主義基本矛盾依然存在並支配著資本主義發展過程。在第二次世界大戰結束後半個多世紀的時間內，在資本主義矛盾趨向緩和的情況下，不同國家、不同時期、不同領域的矛盾往往表現得十分尖銳，衝突和鬥爭仍十分激烈。

20世紀80年代以來特別是「冷戰」結束後經濟全球化的迅猛發展對當代資本主義制度產生了巨大影響。在發展高科技的有力推動下，向信息社會轉變，是資本主義社會經濟的一個階段性變化。在發展高科技的有力推動下，資本主義經濟又有了令人矚目的新發展。但在資本主義經濟規律如資本累積規律、價值規律、發展不平衡規律等仍在發揮作用的同時，資本主義的矛盾也有了新變化，產生了發達國家之間的矛盾、發達國家

與發展中國家之間的矛盾、發展中國家之間的矛盾、國際區域組織內部的矛盾等。發達資本主義國家的經濟矛盾，特別是由於高新技術發展和全球化趨勢的加強所帶來的新矛盾和危機，進一步表現為科學技術和生產力的迅猛發展與經濟體制的矛盾、生產發展與分配不公的矛盾、經濟與社會發展不協調的矛盾、物質生產高水準與精神文化危機的矛盾。在經濟全球化和國際經濟一體化日趨發展、深化的今天，這些矛盾及其引發的社會各方面的失調和危機也日益突出，且正在向全球蔓延。

(二) 經濟全球化趨勢下資本主義的歷史趨勢

1. 壟斷資本主義的發展為社會主義最終取代資本主義奠定了物質基礎

首先，壟斷使資本主義生產走向全面社會化。壟斷使各產業部門產生了規模巨大的企業，這些企業控制了其所在行業國內及國際市場產品生產、銷售和科研的主要部分。在國家壟斷資本主義階段，國家政權同壟斷組織的結合、經濟力量和政治統治的結合、跨國公司和形形色色的國際壟斷同盟的發展以及由國家政權出面的國際經濟協調等，使生產社會化和國際化達到空前程度，這在客觀上為向社會主義過渡創造了物質基礎。

其次，壟斷使生產管理社會化大大加強。伴隨著壟斷特別是國家壟斷的發展，社會性組織管理機構不斷發展和完善。在銀行、交通、郵政通信等全國規模的組織管理機構廣泛擴展的基礎上，在國民經濟各部門及社會再生產的各個環節中，各種現代社會管理機構和組織形式紛紛出現，這就為社會主義準備了社會性的組織管理機構。

最後，壟斷使資本社會化程度進一步提高。作為資本家私人所擁有的資本，在股份制度和信用制度發展的條件下，其所有權和使用權的分離已成為一種普遍現象。尤其是國家壟斷資本主義統治地位的確立使資本的使用不僅突破了資本家個人的私有範圍，也突破了壟斷組織的私有範圍，它們聯合起來為社會所使用，資本的社會化程度空前提高。顯然，資本的社會化已經成為將其變為公共佔有的過渡點。

2. 由壟斷資本主義向社會主義的過渡是一個相當長的歷史階段

列寧在闡述帝國主義的垂死性或過渡性時指出：「帝國主義是衰朽的但還沒有完全衰朽的資本主義，是垂死的但還沒有死亡的資本主義。」[1] 這個垂死到死亡的過程，從世界資本主義制度整體來講，是一個很長的歷史階段，包括資本主義制度相對穩定甚至較快發展的一定時期在內。雖然在壟斷資本主義條件下，現有的生產關係已越來越成為高度發展了的生產力前進的桎梏，但正如馬克思所說的那樣，「無論哪一個社會形態，在它們所能容納的全部生產力發揮出來以前，是決不會滅亡的；而新的更高的生產關係，在它存在的物質條件在舊社會的胎胞裡成熟以前，是決不會出現的。」[2] 生產關係作為人們之間的社會關係，有著自己產生和運動的規律，而推動這一過程的動因只能是社會的生產力。生產關係與生產力既相適應又相矛盾的結果，推動了人類社會的前進。當一定

---

[1] 列寧. 列寧全集：第 24 卷 [M]. 北京：人民出版社，1957：431.
[2] 馬克思，恩格斯. 馬克思恩格斯選集：第 2 卷 [M]. 北京：人民出版社，1972：83.

社會形態的生產關係最終形成之後，生產關係和生產力的矛盾必然會導致這一生產關係走向自己的反面，被一種新的更高級的生產關係所替代。但是，生產關係的這種變化並不能否認它本身經過局部調整，可在一定程度上緩和與生產力發展的矛盾。資本主義生產關係的發展變化也是如此。在以機器大工業為基礎的社會化大生產形成而最終確立資本主義生產方式的統治以後，股份公司的出現、壟斷的形成以及國家壟斷資本主義的廣泛發展正是資本主義私有制基礎上生產關係的局部調整。離開了這種變化，就很難解釋資本主義生產方式在形成後，為什麼在一個較長時期內還具有生命力，生產力在一定階段還有較快的發展。

此外，壟斷資本主義向社會主義過渡的長期性，還體現在：

其一，壟斷資本主義是一個龐大的世界體系。根據列寧的理論和社會主義革命的實踐，社會主義革命只能在一國或少數國家首先取得勝利，而其餘大多數國家將仍然處於資本主義體系內。由於種種原因，現在已經取得社會主義革命勝利的，都是資本主義未獲得較充分發展的國家，因而還不足以給資本主義世界體系以致命打擊。而眾多經濟發達的資本主義國家儘管已經具備了向社會主義社會轉化的物質條件，但這一轉化的實現離不開一定的國際、國內社會政治環境。即在這些國家，還未出現階級矛盾的激化導致無產階級和人民大眾只有從推翻資產階級的統治中才能找到自己的出路這樣一種形勢。從目前的情況看，當代資本主義適應其生產力發展的要求，適度調整了其生產關係，在理論和政策實踐上推行諸如國民經濟計劃化、福利國家和全民資本主義等改良主義手法，其國內社會的階級矛盾總體上得以暫時緩和，要經過相當長的一段時期，實現這種轉化的社會政治條件才能成熟，因而社會主義在全世界範圍內最終取代資本主義，還將有一個長期的過程。

其二，已經實現了社會主義革命、初步建立了社會主義制度的國家，集中精力抓好經濟建設，創造出比資本主義更高的生產力，這不僅是解決社會主義社會主要矛盾的實際需要，也是體現社會主義制度優越性、進而從根本上戰勝資本主義的物質保證。現有的社會主義國家，由於原有經濟文化的落後，前資本主義的經濟殘餘尚存和小生產自發勢力強大等原因，在解放生產力和發展生產力方面顯然面臨著長期而艱鉅的任務。

其三，社會主義革命和建設沒有一個現成的統一模式，其經濟制度和政治制度的鞏固及完善有一個探索的漸進過程。壟斷資本主義的對立物——國際社會主義的力量在自身的發展過程中遇到挫折或產生失誤也是難免的。無產階級及其先鋒隊如果不能從實際出發，創造性地把馬克思主義的基本原理和本國的國情及實踐相結合，就會在革命和經濟建設的過程中犯這樣或那樣的錯誤，甚至出現一時的倒退——在國際共產主義運動的歷史上，這種情況曾多次發生。這當然也會給壟斷資本主義以更多的喘息機會。

儘管如此，從根本上看，人類歷史上最後一種人剝削人的制度最終過渡到社會主義和共產主義，是歷史前進的必然。

小　結

（1）競爭必然引起生產和資本的集中。當生產和資本的集中發展到一定階段時，自然而然地會形成壟斷。壟斷就是獨占，就是少數大企業或若干企業通過一定的形式聯合起來獨占生產和市場。壟斷的實質是壟斷資本家通過對生產和市場的操縱和控制以獲得壟斷高額利潤。壟斷會排斥競爭，但不能消滅競爭。壟斷競爭的基本形式是壟斷資本與非壟斷資本的競爭、壟斷資本之間的競爭。

壟斷是自由競爭資本主義之後的資本主義生產方式在新的歷史階段上的最本質的特徵和最深厚的經濟基礎。

（2）國家壟斷資本主義是國家政權和壟斷資本融合在一起的壟斷資本主義。這種融合的客觀基礎是社會生產力的發展、生產社會化程度的提高。在不同國家、不同歷史階段，國家壟斷資本主義的具體形式是多種多樣的，主要表現為國有壟斷資本、國私共有壟斷資本以及國家運用財政金融等經濟槓桿對社會再生產進行干預和調節等基本形式。不論採取何種形式，其本質都是相同的，都是為壟斷資產階級利益服務的。

（3）經濟全球化從本質上考察，具有二重性：一方面，它是生產社會化及經濟國際化在時間和空間上的多維度拓展，反應了科學技術進步和人類社會生產力發展的客觀要求；另一方面，經濟全球化又是在當代資本主義的主導下進行的，在現代及今後相當一個時期內，必然帶有資本主義生產關係全球性擴張的色彩。經濟全球化是把「雙刃劍」，它對世界經濟的影響或帶來的社會經濟後果有利也有弊。

經濟全球化趨勢下當代國際經濟關係的基礎——國際壟斷同盟的產生，是資本主義生產方式國際擴展的必然結果。國家壟斷資本主義的國際經濟協調成為第二次世界大戰後國際壟斷同盟發展及發達資本主義國家經濟關係的一個突出特點。

（4）資本主義經濟制度作為一種以生產資料私有制為基礎、以資本家無償佔有雇傭工人剩餘勞動為特徵的剝削制度，相對於資本主義之前的其他社會經濟制度，有著歷史進步性的一面。然而，相對於人類社會的全面發展，資本主義制度又有著消極落後的一面，這主要反應在資本主義生產方式固有的基本矛盾——生產的社會化與生產資料私人佔有這一矛盾的存在及發展上。儘管生產力與生產關係的矛盾運動以及資本主義生產關係的局部自我調整使得資本主義生產方式在一定時期內還能為社會生產力的發展提供空間，但資本主義基本矛盾決定了資本主義生產方式必然成為社會經濟發展的桎梏，資本主義社會制度最終會被社會主義制度所取代，這是人類社會歷史發展的必然歸宿。

複習思考題

1. 解釋下列名詞概念：
壟斷　　　壟斷利潤　　　金融寡頭　　　參與制　　　資本輸出
國際壟斷同盟　　　　國家壟斷資本主義　　　　經濟全球化
2. 壟斷是如何形成的？它具有哪些組織形式？
3. 什麼是壟斷利潤和壟斷價格？
4. 壟斷與競爭的關係是什麼？壟斷競爭有何特殊性？
5. 由私人壟斷資本主義發展到國家壟斷資本主義的必然性是什麼？
6. 國家壟斷資本主義的表現形式有哪些？
7. 試述經濟全球化發展的特點及其社會經濟後果。
8. 如何正確理解資本主義歷史地位的二重性？

閱讀書目

1. 馬克思. 資本論：第 3 卷 [M]. 北京：人民出版社，1975：第 14 章，第 15 章.
2. 列寧. 帝國主義是資本主義的最高階段 [M]. 北京：人民出版社，1960：第 1～9 章.
3. 列寧. 大難臨頭，出路何在？[M] //列寧. 列寧選集：第 3 卷. 北京：人民出版社，1960.
4. 保羅·斯威齊. 資本主義發展論 [M]. 陳觀烈，秦亞男，譯. 北京：商務印書館，1997.
5. 逄錦聚，洪銀興，林崗，等. 政治經濟學 [M]. 北京：高等教育出版社，2002.

參考文獻

1. 馬克思. 資本論：第 1 卷 [M] //馬克思，恩格斯. 馬克思恩格斯全集：第 23 卷，第 25 卷. 北京：人民出版社，1972.
2. 馬克思. 資本論：第 3 卷 [M] //馬克思，恩格斯. 馬克思恩格斯全集：第 25 卷. 北京：人民出版社，1974.
3. 馬克思，恩格斯. 馬克思恩格斯選集：第 1 卷 [M]. 北京：人民出版社，1972.

4. 列寧. 帝國主義是資本主義的最高階段 [M]. 北京：人民出版社，1960.

5. 考茨基. 帝國主義 [M]. 上海：上海三聯書店，1964.

6. 吳大琨. 當代資本主義：結構、運行、特徵 [M]. 北京：中國人民大學出版社，1986.

7. 劉詩白. 馬克思主義政治經濟學原理 [M]. 成都：西南財經大學出版社，2006.

8. 逄錦聚，洪銀興，林崗，等. 政治經濟學 [M]. 北京：高等教育出版社，2002.

9. 李琮. 當代資本主義的新發展 [M]. 北京：經濟科學出版社，1998.

10. 姜凌. 經濟全球化趨勢下南北經濟關係 [M]. 成都：四川人民出版社，1999.

11. 姜凌，等. 當代資本主義經濟論 [M]. 北京：人民出版社，2006.

第八章 社會主義經濟制度的建立及初級階段

學習目的與要求：本章主要分析和概述社會主義經濟制度的建立過程和基本特徵、社會主義初級階段理論的基本內涵。通過本章的學習，認識社會主義經濟制度、經濟體制、社會主義初級階段等基本問題，瞭解為什麼中國現在和將來較長一段時期處於社會主義初級階段，社會主義初級階段質的規定性及其依據，提出這一論斷的理論和實踐意義，中國在社會主義初級階段的主要矛盾和根本任務，以及所有制關係的基本特徵。

第一節 社會主義經濟制度的建立

一、科學社會主義理論的誕生

（一）社會主義理論：從空想到科學

社會主義革命和社會主義經濟制度的建立是在馬克思主義科學社會主義理論的指導下進行的。馬克思主義認為，人類社會形態的更迭是一個不以人們的意志為轉移的自然歷史過程。社會主義代替資本主義這一歷史發展的客觀趨勢，根源於資本主義生產方式的基本矛盾，是資本主義社會生產關係和生產力矛盾運動的必然結果。現存的社會主義制度是分別在第一次世界大戰和第二次世界大戰後的特殊環境中產生的。

科學社會主義理論是在科學地總結和揭示人類歷史發展規律、批判地繼承人類已有思想成果的基礎上產生的。

「社會主義」是一個極有爭議的概念，自從這個名詞出現以來，許多彼此極不相同的社會思潮、政治流派、思想學說都使用過這個名詞，以至很難界定一個各流派的社會主義者都接受的定義。

從歷史上看，近代的社會主義是在對資本主義經濟的抗議和反擊中產生的。最初的空想社會主義者出現在資本原始累積時代，其代表人物托馬斯·莫爾在1516年出版了《烏托邦》，控訴了「圈地運動」所造成的「羊吃人」現象。法國大革命為資本主義生產方式奠定了政治基礎，隨後就出現了批判當時社會現狀的聖西門和傅立葉的空想社會主義學說。18世紀英國的產業革命最終確立了資本主義生產方式，隨後就出現了力圖否定這種制度的歐文的空想社會主義實驗。聖西門、傅立葉、歐文這三大空想社會主義者確定的關於社會主義的基本主張包括：譴責財富分配不均，反對私人財富的集中；社會

生產組織是生產者的合作社；痛恨「資產階級秩序」（即商品經濟），認為這種社會是建立在貪婪、利潤和商人精神的基礎上的；認為人類貧困的根本原因是自由競爭和市場的無政府狀態；提倡人與人的和諧與合作，實行生產資料公有制，為所有人提供口糧，等等。

1848年馬克思、恩格斯發表《共產黨宣言》，標誌著科學社會主義理論的誕生。馬克思、恩格斯運用歷史唯物主義和辯證唯物主義的哲學觀對當時的資本主義社會進行了科學研究。馬克思在其勞動價值論的基礎上揭示了資本與勞動的關係，發現了資本主義社會特有的規律——剩餘價值規律。正是唯物史觀和剩餘價值理論的確立，摒棄了空想社會主義關於未來社會的烏托邦幻想，使社會主義由空想變成了科學。馬克思主義的唯物史觀揭示了人類歷史發展的客觀規律，即生產關係一定要適應生產力的規律，指出「社會的物質生產力發展到一定階段，便同它們一直在其中活動的現存生產關係或財產關係（這只是生產關係的法律用語）發生矛盾。於是這些關係便由生產力的發展形式變成生產力的桎梏。那時社會革命的時代就到來了。隨著經濟基礎的變更，全部龐大的上層建築也或慢或快地發生變革。」[①]

馬克思運用唯物史觀分析了資本主義經濟的運動過程，揭示出資本主義的發展，尤其是產業革命所帶來的機器大工業的產生和發展，創造了空前巨大的生產力，極大地提高了勞動生產率，迅速地推進了生產社會化的進程。日益社會化的生產力越來越迫切地要求體現其社會性質，但與此同時，生產資料卻越來越集中在少數人手中，資本主義的基本矛盾——社會化生產力同資本主義私有制之間的矛盾進一步加劇。頻繁出現的經濟危機表明，以生產資料資本主義私有制為基礎的資本主義生產關係已經很難容納發展起來的社會化生產力。在社會化生產力的強製作用下，資產階級不得不一再調整資本主義生產關係，在不觸動資本主義私有制這一根基的條件下，使資本越來越具有社會化的形式：由私有資本到股份資本，由私人壟斷資本到國家壟斷資本。資本主義生產關係的調整雖然起到了緩和矛盾的作用，但卻不能從根本上解決資本主義的內在矛盾。現代生產力的社會性質，客觀上要求廢除生產資料私有制，建立與之相適應的生產資料公有制。資本主義在其發展過程中創造了社會化大生產和社會化管理機構，這就為社會主義準備了物質條件。資本的社會化形式也為「剝奪剝奪者」帶來了便利。在資本主義不斷為社會主義創造著客觀物質條件的同時，資產階級也為自己造就了掘墓人——無產階級。無產階級是埋葬資本主義制度和創建社會主義制度的主要力量。

（二）科學社會主義理論的內涵

馬克思主義的科學社會主義理論包含著豐富的思想內涵。

第一，「科學社會主義」和「共產主義」是兩個同義語，所表達的是同一種生產方式和社會形態。進一步講，「社會主義」一開始並不是作為無產階級利益要求的理論表

[①] 馬克思，恩格斯. 馬克思恩格斯選集：第2卷 [M]. 北京：人民出版社，1972：82-83.

現被提出來的，它主要表達的是小資產階級的要求，並為資產階級所利用；而「共產主義」更符合這種生產方式和社會形態的本質。正是基於這一原因，馬克思和恩格斯經常使用的是「共產主義」，而不是「社會主義」，他們只是為了同空想社會主義和形形色色的社會主義相區別，才把共產主義也同時稱為科學社會主義。即使按照列寧的界定，社會主義和共產主義在生產方式上也並無質的區別，二者的差別主要是生產力的發展程度不同。這種差別體現在消費品的分配上，社會主義實行按勞分配，共產主義實行按需分配。

第二，共產主義只能在資本主義生產方式所創造的物質文明的基礎上產生。在共產主義的生產方式和社會形態中，勞動者能夠佔有和支配整個社會的生產力，人們既擺脫了人的統治也擺脫了物的統治，人們所追求的是自由全面的發展和才能智慧的充分發揮。這樣的生產方式和社會形態只有在生產力高度發達的基礎上才能產生，而這種高度發達的生產力只有在資本主義生產方式下才能被創造出來。

第三，共產主義的實質是人的解放。共產主義生產方式的產生，主要是解決兩個問題：一是解除人的依賴關係，即統治和服從的關係；二是解除物對人的支配關係。只有在解決了這兩個問題之後，人們才既不依賴個別人，也不依賴物，才能支配全部社會生產力。

第四，共產主義既是對資本主義的繼承和發展，又是它的直接對立物。在生產力方面，在人類的一切文明成果方面，共產主義都是對資本主義的繼承和發展。但就制度特徵來說，它們又是兩個對立物。共產主義生產方式的基本特徵主要有：①土地和由勞動創造的生產條件由社會成員共同佔有，成為集體財產，勞動者之間在同生產條件的關係上是平等的；②採取聯合勞動的形式，共同生產，民主管理，協同勞動；③整個社會生產由統一制定的社會計劃來調節；④個人的勞動直接作為社會總勞動的構成部分而存在，產品不再表現為商品，勞動不再表現為價值；⑤生產的直接目的是滿足社會成員的需要和個人自由全面的發展；⑥對社會共同產品實行統一分配，在共產主義的初級階段（社會主義社會）按照個人的勞動量分配，在共產主義的高級階段（共產主義社會）按照個人的實際需要分配。

第五，共產主義生產方式的形成需要具備很高的生產力條件和社會進步條件。共產主義生產方式形成的條件，也就是消滅階級的條件、每個人都能自由全面發展的條件。

二、中國社會主義經濟制度的建立

馬克思和恩格斯既是思想家，又是革命實踐家，他們親自參加並領導工人運動，為實現社會主義而鬥爭。但是，在他們生前，社會主義僅僅是一種學說而不是一種現實的社會主義制度。偉大的馬克思主義者列寧繼承和發展了馬克思主義，領導並取得了俄國「十月革命」的勝利，建立了世界上第一個實行社會主義制度的國家——蘇聯。按照馬克思主義理論和社會主義運動的實踐，建立社會主義制度的基本道路是：第一，無產階

級在其政黨的領導下，通過暴力革命推翻資產階級政權；第二，依靠無產階級政權力量建立社會主義制度，其基礎是通過政權力量變資本主義私有制、小私有制為社會主義公有制。

社會主義經濟制度是以公有制為基礎的新型經濟制度。生產資料公有制是社會主義經濟制度區別於資本主義經濟制度的最本質的特徵。社會主義經濟制度取代資本主義經濟制度是公有制取代私有制，不同於一種私有制度取代另一種私有制度。從歷史上看，封建制度取代了奴隸制度，資本主義制度取代了封建制度。由於這些制度同屬於私有制度，新興的生產關係是在舊社會的「母體」中萌芽和生長起來的。例如，公元1世紀中葉，古羅馬奴隸制已出現衰落的徵兆，在奴隸制度衰落過程中逐漸產生了封建經濟成分——隸農制。在中國春秋時期，由於鐵制農具的使用和牛耕的推廣，出現了「私田」。「初稅畝」的實行確認了在奴隸制「母體」中產生的封建生產關係。在14～15世紀，地中海沿岸的威尼斯、熱那亞、佛羅倫薩和米蘭等城市已經稀疏地出現了資本主義生產關係的萌芽。在中國明代中期的江南絲織業中，已出現擁有三四十張織機的「大戶」和受雇於大戶的「機工」，並產生了包買商，這標誌著中國封建社會內部資本主義生產關係的萌芽。而以公有制為基礎的社會主義經濟制度的建立，是以無產階級上升為統治階級作為政治前提的。迄今為止，社會主義經濟制度都是在無產階級掌握國家政權後，利用國家政權的力量，通過改造私有制度而建立起來的。

（一）中國從新民主主義到社會主義的選擇

建立社會主義經濟制度是一項十分複雜而艱鉅的任務，實現這一任務需要經歷一個過渡時期。這個過渡時期是從資本主義向社會主義轉變的歷史時期。這一時期從無產階級掌握國家政權起，直到生產資料私有制的社會主義改造基本完成止。由於取得無產階級革命勝利的各國的社會歷史條件不同，經濟、政治和文化狀況各異，因而各國的過渡時期有長有短，對私有制度的改造途徑也各有特點，但各國過渡時期的主要矛盾、基本經濟特徵和主要任務是相同的。在過渡時期，社會的主要矛盾是工人階級同資產階級的矛盾、社會主義同資本主義的矛盾，社會的基本經濟特徵是多種經濟成分並存。在多種經濟成分中，既有舊社會遺留下來的資本主義經濟和小私有經濟，又有新成長起來的社會主義性質的經濟。這一時期的主要任務是改造資本主義私有制和小私有制，建立以公有制為基礎的社會主義經濟制度。

在半殖民地半封建的舊中國，帝國主義和中華民族的矛盾、封建主義和人民大眾的矛盾，成為近代中國社會的主要矛盾。封建主義、官僚資本主義和帝國主義形成壓在中國人民頭上的「三座大山」。歷史證明，在當時的國際國內條件下，中國無法選擇資本主義道路。這是因為：①中國不具備選擇資本主義道路的國際條件。進入20世紀，世界資本主義已經發展成為帝國主義，而中國淪為半殖民地半封建社會，成為帝國主義世界體系的一個組成部分。帝國主義為了維護在華的政治控制和既得利益，絕不允許中國發展獨立的、完整的工業體系，不允許中國走上獨立發展的資本主義道路。②中國不具

備發展資本主義的民眾基礎。在中國發展資本主義，不僅要經歷比老牌資本主義國家曾經走過的更加血腥、更加殘酷的道路，給廣大人民群眾帶來無窮無盡的災難，而且即使最終能夠發展起來，也絕對不可能是躋身先進行列的現代化國家，而只能是西方列強的附庸。1840年以來，帝國主義對中華民族的統治和壓迫，在中國人民心中留下了深刻的創傷，選擇這種受帝國主義控制的資本主義道路，不符合中國各族人民的利益。③近代中國沒有能夠領導人民群眾走獨立發展資本主義道路的社會力量。封建主義為了維持自身的統治和既得利益，必然極力阻礙西方資產階級政治經濟制度在中國的實施。代表中國民族資本主義的民族資產階級，雖然在一定程度上有反對帝國主義、封建主義和官僚資本主義的要求，希望能夠擺脫它們的壓榨而獲得獨立的發展，但是，他們在政治上和經濟上都比較軟弱，具有很大的動搖性和妥協性，無力與之對抗。而中國的大資產階級則是完全依附於外國帝國主義，並且和國內的封建主義相結合，形成官僚買辦資本主義。它同封建主義、帝國主義一樣是社會生產力發展的嚴重阻礙，不可能建立獨立自主的資本主義制度。

正是在這樣的歷史條件下，中國共產黨領導中國人民選擇了經過新民主主義革命走上社會主義的道路。中國共產黨把馬克思列寧主義的普遍真理與中國革命的具體實踐相結合，揭示了舊中國半殖民地半封建的社會性質，指出中國革命的過程必須分兩步走：第一步，進行新民主主義革命，即無產階級領導的人民大眾反對帝國主義、封建主義和官僚資本主義的革命，這是社會主義革命的必要準備；第二步，進行社會主義革命，建立社會主義經濟制度，這是新民主主義革命的必然趨勢。1949年中華人民共和國的成立，標誌著新民主主義革命的勝利。從此，中國開始進行社會主義革命，著手建立社會主義經濟制度。

由此可見，半殖民地半封建的舊中國選擇社會主義道路是中國歷史發展的必然，是廣大人民根據歷史必然性做出的正確選擇。從1840年鴉片戰爭到新中國誕生的一百年來，人民不斷進行革命鬥爭來選擇中國的前途，一些仁人志士也曾為在中國建立資產階級共和國而努力奮鬥，甚至獻出生命。但是，他們的這些努力和追求在帝國主義和國內封建主義的雙重打擊下都以失敗告終。只有在中國共產黨領導下，通過新民主主義走向社會主義，是中國人民經過一百多年鬥爭得出的合乎中國近代歷史發展的必然結論。事實證明：「只有社會主義才能救中國，只有社會主義才能發展中國。」① 這是中國近代歷史發展的必然結論。

(二) 中國社會主義經濟制度的建立

在中國，無產階級奪取政權後，就進入了從新民主主義社會到社會主義社會的過渡時期，即革命的轉變時期。因為社會主義的生產關係不可能在資本主義社會內部自發地產生。無產階級政權建立的開始時期，大量非社會主義經濟，包括資本主義經濟和其他

---

① 鄧小平. 第三代領導集體的當務之急 [M] //鄧小平文選：第3卷. 北京：人民出版社，1993：311.

私有經濟依然繼續存在。要把這些非社會主義經濟改造為社會主義公有制經濟，需要經歷一個相當長的歷史時期。中國的這個時期，從 1949 年 10 月中華人民共和國成立開始，到 1956 年「三大改造」基本完成結束。無產階級在過渡時期的基本任務，就是把資本主義私有制和農業、手工業中的個體私有制轉變為社會主義公有制，建立社會主義經濟制度。

中國建立社會主義經濟制度的基本途徑是：

首先，沒收官僚資本，建立社會主義全民所有制。在舊中國，資本主義私有制經濟分為官僚資本和民族資本兩個部分。其中，官僚資本依附於帝國主義，並和封建主義相勾結，壟斷了舊中國的經濟命脈。它是國民黨反動統治的基礎，代表著舊中國最反動、最落後的生產關係，嚴重阻礙了中國生產力的發展。所以，當中國新民主主義革命在全國勝利後，立即在全國範圍內沒收了官僚資本所控制的企業，為建立社會主義全民所有制經濟，從而掌握國家的經濟命脈，實現對中國生產資料私有制的社會主義改造和社會主義建設奠定了物質基礎。

其次，和平贖買民族資本，壯大社會主義全民所有制。民族資本主義經濟在民主革命時期和社會主義革命時期都具有兩面性，既有積極作用的一面，又有消極作用的一面。與此相聯繫，民族資產階級在對待無產階級革命的政治態度上也具有兩面性，既有希望發展資本主義的一面，又有擁護共同綱領、接受共產黨和人民政府領導的一面。因此，我們有必要也有可能對民族資本實行「和平贖買」政策。

中國對民族資本的贖買，採取了利用、限制和改造的政策，即利用民族資本主義經濟對國計民生有利的作用，限制其不利於國計民生的作用，並把民族資本主義經濟改造成為社會主義全民所有制經濟。

中國對民族資本主義工商業的社會主義改造是通過國家資本主義形式實現的。中國的國家資本主義經歷了初級形式到高級形式兩個階段的發展過程。第一步是把資本主義工商業變成初級形式的國家資本主義，在工業中主要是搞委託加工、統購包銷，在商業中主要是搞經銷代銷。國家從流通領域入手，通過控制原料、商品貨源和市場，切斷資本主義企業與自由市場的聯繫，削弱和限制它的投機性和盲目性，形成其依賴社會主義國有經濟的條件，逐步將其生產和流通納入國家計劃的軌道。第二步再把初級形式的國家資本主義工商業變成高級形式的國家資本主義，也就是實行公私合營。這分為個別企業的公私合營和全行業的公私合營兩個階段。全行業公私合營的企業基本上是社會主義性質的企業。1956 年實行全行業公私合營後，國家對資本家實行定息制度，即資本家按私有股份額取得固定的股息，企業的生產資料完全由國家支配。到 1966 年 9 月，國家原定的向資本家支付定息的年限已滿，決定不再支付定息，公私合營的企業就變成了完全社會主義性質的全民所有制企業。

最後，改造個體私有制，建立社會主義勞動群眾集體所有制。中國民主革命勝利後，在對資本主義私有制進行社會主義改造的同時，還要把廣泛存在於農業和手工業中

的個體私有制改變為社會主義公有制，引導個體農民和個體手工業者走上社會主義道路。

按照馬克思主義的原則，對個體勞動者不能剝奪財產，只能在其自願的基礎上，通過典型示範、思想教育和國家幫助，引導個體勞動者走上合作化的道路，建立社會主義勞動群眾集體所有制。中國對農民個體經濟的改造，是通過採取帶有社會主義萌芽性質的互助組、半社會主義性質的初級農業生產合作社、完全社會主義性質的高級農業生產合作社這樣三個互相銜接、逐步前進的形式和步驟實現的。高級農業生產合作社的建立，標誌著農業個體經濟變成了社會主義勞動群眾集體所有制經濟。中國對個體手工業的改造，也是通過合作化的道路進行的。從流通領域入手，首先採取手工業供銷小組、手工業供銷合作社組織形式，然後進入生產領域的合作，建立生產合作社。到1956年年底，中國基本上完成了對農業和手工業的社會主義改造。

三、社會主義基本經濟制度的特徵及其認識過程

社會主義經濟制度是社會主義本質的表現形式之一，是社會主義本身所固有的價值的規定性在社會經濟關係上的體現，其內容和特徵涵蓋整個社會發展的歷史過程。

馬克思主義創始人在他們的著作中多次強調，消滅私有制而代之以公有制，是無產階級掌握政權後生產資料所有制變革中必須遵循的一項基本原則。馬克思、恩格斯曾經設想過，社會主義公有制的一般規定性是：全部生產資料歸全體社會成員共同佔有，勞動者為了共同的利益而進行生產等。馬克思、恩格斯還深入分析了共產主義兩個階段公有制實現形式的差別性，即：在共產主義的高級階段，生產力高度發達，國家已經消亡，社會直接佔有全部生產資料，公有制採取的是社會所有制的形式；在共產主義的初級階段（也就是列寧所說的社會主義階段），由於經濟上還不完全成熟，還存在著階級差別，還存在著國家，因此生產資料公有制最初是以國有制的形式出現的。馬克思、恩格斯在《共產黨宣言》中提出：「無產階級將利用自己的政治統治，一步一步地奪取資產階級的全部資本，把一切生產工具集中在國家即組織成為統治階級的無產階級手裡，並且盡可能快地增加生產力的總量。」[1]「共產黨人可以用一句話把自己的理論概括起來：消滅私有制。」[2]

1. 馬克思和恩格斯對未來社會主義經濟制度的基本設想

馬克思主義創始人通過對生產社會化和資本社會化發展趨勢的分析，得出了公有制必然取代資本主義私有制的結論，並就未來社會提出了一些初步設想。最初他們認為，社會主義革命將在資本主義最發達的國家首先取得勝利，因而可以通過無產階級取得政權的力量，利用自己的政治統治，一步一步地奪取資產階級的全部資本，把一切生產工

---

[1] 馬克思, 恩格斯. 馬克思恩格斯選集：第1卷 [M]. 北京：人民出版社，1972：272.
[2] 馬克思, 恩格斯. 馬克思恩格斯選集：第1卷 [M]. 北京：人民出版社，1972：265.

具集中在國家手裡，實行單一的全民所有制。後來他們注意到，許多資本主義國家的城鄉之間，由於經濟政治發展不平衡，農業中還存在大量的小農經濟。為此，他們又提出了農業合作社的集體所有制思想。馬克思在寫作《哥達綱領批判》的前半年，曾經針對歐洲國家的現實指出，無產階級掌握政權後，「一開始就應當促進土地私有制向集體所有制的過渡，讓農民自己通過經濟的道路來實現這種過渡」①。恩格斯在逝世前所寫的《法德農民問題》一書中再次強調：「我們對於小農的任務，首先是把他們的私人生產和私人佔有變為合作社的生產和佔有，但不是採用暴力，而是通過示範和為此提供社會幫助。」② 上述設想是最早的關於社會主義取代資本主義之後兩種公有制並存的思想來源，並被後來的蘇維埃政權付諸實踐。

雖然馬克思主義創始人後來認識到，在落後的資本主義國家實行社會主義應該允許兩種公有制並存，但是他們一直認為，在未來的公有制社會裡，將不存在商品貨幣關係。這大概是因為他們還沒有來得及深入考慮，在兩種不同的公有制之間將怎樣進行經濟交往和產品交換，也是由於他們當時對資本主義市場經濟無政府狀態這一嚴重缺陷認識深刻。所以，馬克思主義創始人十分肯定地認為，未來社會的經濟體制將實行計劃經濟體制。馬克思在《資本論》中曾描繪過計劃經濟的情景：一旦自由人聯合體用公共的生產資料進行勞動，就會自覺地把他們許多個人的勞動力當作一個社會勞動力來使用，這時，「勞動時間的社會的有計劃的分配，調節著各種勞動職能同各種需要的適當的比例」，從而整個社會的生產將處於人的有意識、有計劃的控制之下。③

2. 列寧和斯大林在實踐中對社會主義經濟制度的認識和總結

列寧繼承並發展了馬克思、恩格斯關於社會主義經濟制度和體制的思想。在「十月革命」前後的一段時間裡，列寧認為，社會主義應實行單一的全民所有制，其任務是把一切生產資料轉歸全體人民所有，實行集中的計劃經濟體制。他把這種單一的公有制經濟稱作社會主義托拉斯。列寧的這一思想，在「戰時共產主義」時期得到了更徹底的體現：禁止一切私人貿易，取消商品貨幣關係，依靠國家政治力量，試圖對一切生產資料甚至生活資料實行公有制和供給制。

列寧試圖利用戰時共產主義政策直接向社會主義過渡，結果挫傷了人們的生產積極性，加重了連年戰爭所造成的困難。面對這種情況，列寧不是固守馬克思、恩格斯的個別結論，而是從實際出發，及時地修正錯誤，實行符合實際情況的新經濟政策。1921 年 3 月，俄共召開第十次全國代表大會，決定由戰時共產主義政策轉向新經濟政策。這個轉變標誌著列寧建設社會主義的思想逐步形成。新經濟政策的實施以及列寧晚年對它的總結，使這一思想日臻完善。其主要內容是：以恢復和發展大工業為中心，奠定社會主義物質基礎；以商品交換為仲介，加強城鄉之間的經濟交流；以合作社為仲介，將小農

---

① 馬克思，恩格斯. 馬克思恩格斯選集：第 2 卷 [M]. 北京：人民出版社，1972：635.
② 馬克思，恩格斯. 馬克思恩格斯選集：第 4 卷 [M]. 北京：人民出版社，1972：310.
③ 馬克思，恩格斯. 馬克思恩格斯全集：第 23 卷 [M]. 北京：人民出版社，1972：95-97.

經濟逐步引向社會主義經濟；改革國家機關，發展文教事業，實行對外開放。

列寧曾預計，新經濟政策至少要實行 25 年。但是，列寧逝世後不久，斯大林便實施向資本主義全線進攻的方針，建立起被稱作「斯大林模式」的社會主義經濟制度和體制。它主要表現為：在城市以國家所有制為基礎，在農村以集體所有制為基礎，通過國家的指令性計劃來控制整個國家經濟運行。1936 年，蘇聯制定的第一部社會主義憲法中明確宣布已經消滅了私有制，建成了兩種公有制並存的社會主義基本經濟制度。這一「斯大林模式」的思想在 20 世紀 50 年代曾對許多社會主義國家產生了十分重要的影響，中國也不例外。

3. 中國社會主義經濟制度的探索與認識過程

新中國成立以後，由於在如何建設社會主義問題上沒有任何其他的經驗可以借鑑，因此中國共產黨當時基本上全盤照搬了斯大林的所有制結構和計劃經濟體制的模式。隨著社會主義建設的不斷推進，中國共產黨在實踐中察覺到這種模式與中國的現實生產力狀況以及實際經濟情況不相符合，因而一直以來都沒有放棄探尋一種更能適應中國生產力狀況的社會主義經濟制度和體制。由於沒有先例可循，這一探索過程十分艱難和曲折。概括起來，這一探索過程大致可以分為中國共產黨十一屆三中全會前後的兩個階段，以及鄧小平「南方談話」以後的第三個階段。

（1）1978 年 12 月以前曲折的探索過程。中國共產黨在 1956 年完成生產資料的社會主義改造之後，便開始了大規模的社會主義經濟建設活動。在社會主義經濟建設的實踐中出現的許多問題促使中國共產黨的一些領導人開始對「斯大林模式」及社會主義經濟的一些基本問題進行反思和探索，其中最有決定意義的是關於社會主義所有制結構和商品貨幣關係以及高度集中的計劃經濟體制的反思和探索。當時中國共產黨的領導者們雖然在基本思想上繼承了自馬克思、恩格斯、列寧和斯大林以來關於社會主義單純的兩種公有制經濟思想，但在實踐中也認識到，為加強社會主義經濟建設，應該允許並且完全可以在公有制之外存在一種對社會主義經濟建設有利的非公有制經濟。這是中國共產黨在實踐中探索社會主義道路所得到的十分有益的經驗。只是由於這些思想在全黨沒有形成共識，也就沒有形成一個完整的理論體系。

對於非公有制經濟，雖然當時認為它在中國有存在的必要性，但在基本性質上總是把它當作社會主義的「異己物」，在實踐中一直把它作為「資本主義尾巴」，作為需要限制和取消的對象。當時中國共產黨在社會主義所有制問題上一直追求的是「一大二公」。

（2）1978 年 12 月以後的探索和認識過程。十一屆三中全會以後，中國共產黨恢復了馬克思主義實事求是的思想路線，打破了「左」傾思想的禁錮，在改革的實踐中開始了對傳統的單一公有制模式及其體制認識上的思想突破。這一突破如同中國的經濟改革一樣，也經歷了一個漸進式的認識過程。

由於中國生產力發展水準總的來說還比較低，地區差異比較大，又很不平衡，在很長時間內需要多種經濟形式同時並存。國有經濟和集體經濟是中國基本的經濟形式，一

定範圍的勞動者個體經濟、私營經濟、外資經濟是公有制的必要補充。勞動者個體經濟、私營經濟一定程度的發展，有利於促進生產，活躍市場，擴大就業，更好地滿足人民多方面的需求，是公有制經濟必要的和有益的補充。隨著對外開放政策的確立、實施，經濟特區的設立和大規模建設，部分沿海城市的開放，利用外資、吸引外商來中國舉辦合資經營企業、合作經營企業和獨資企業，成為中國社會主義經濟必要的、有益的補充，同時有利於中國加快技術進步和提高產品出口創匯能力，提升中國在國際經濟競爭中的整體實力。這一時期，黨的重要會議和文件明確了作為非公有制的個體私營經濟、外資經濟在社會主義經濟中的合法地位，承認它們是社會主義經濟的補充形式，充分肯定了它們在社會主義經濟建設中的作用和存在的價值。

由此可見，在這一段時間，中國共產黨和理論界在構成社會主義經濟基礎的所有制問題上，不再固守傳統的單一公有制模式思想，對實踐中存在的有生命力的非公有制經濟做出了客觀、科學的評價，承認了它們在社會主義經濟中應有的地位。

關於社會主義經濟中計劃與市場的關係，已經充分認識到社會主義計劃經濟也要利用市場的作用，並先後提出社會主義經濟要實行計劃調節與市場調節相結合，以計劃經濟為主，市場調節為輔。但是對社會主義經濟在本質上是計劃經濟還是市場經濟，還沒有形成一個統一的認識。1984 年黨的十二屆三中全會第一次明確提出了社會主義經濟必須自覺依據和利用價值規律，社會主義經濟是公有制基礎上有計劃的商品經濟。「有計劃的商品經濟」的提出在理論上是一個重大突破，但它還不是根本性的突破；它的本義在於強調國家自覺利用價值規律，有計劃地發展商品經濟。這樣一來，商品貨幣關係及市場經濟仍然被看作資本主義無政府狀態下的自發力量。所以，合乎邏輯的推論就是：只有把商品經濟納入國家的計劃之中，才能擺脫資本主義自發力量的陰影。這種認識在理論上就為計劃經濟和市場經濟「姓社」「姓資」的爭論提供了條件。

（3）1992 年 2 月後的認識深化和理論創新過程。1992 年 1 月至 2 月，鄧小平在「南方談話」中指出：「計劃多一點還是市場多一點，不是社會主義與資本主義的本質區別。計劃經濟不等於社會主義，資本主義也有計劃；市場經濟不等於資本主義，社會主義也有市場。」[1] 鄧小平關於社會主義可以實行市場經濟的思想，為中國在 20 世紀 90 年代明確提出以公有制為主體的多種所有制經濟共同發展的基本經濟制度，以及確立社會主義市場經濟體制的改革目標奠定了基礎。

理論認識的深化和創新主要圍繞著非公有制經濟的地位展開。最初僅僅把非公有制經濟看作公有制的「補充」，隨著改革開放的不斷推進，個體、私營經濟等非公有制經濟已經是中國社會主義市場經濟的有機組成部分，是中國經濟社會發展的重要基礎。在社會主義市場經濟體制確立的初期，還沒有徹底擺脫傳統教條的束縛。1992 年中國共產黨的十四大報告明確指出：「在所有制結構上，以公有制經濟為主體，個體經濟、私營

---

[1] 鄧小平. 鄧小平文選：第 3 卷 [M]. 北京：人民出版社，1993：373.

經濟、外資經濟為補充，多種經濟成分長期共同發展，不同經濟成分可以自願實行多種形式的聯合經營。國有企業、集體企業和其他企業都進入市場，通過平等競爭，發揮國有企業的主導作用。」① 從這段話可以看出，十四大報告雖然指出了以公有制為主體的多種不同經濟成分共同發展與公平競爭的方針，但並沒有明確把它確定為社會主義的基本經濟制度，仍然把非公有制經濟看作公有制的「補充」。

20世紀90年代後期，在總結了中國改革開放近二十年，特別是社會主義市場經濟體制建設近五年的新鮮經驗的基礎上，在社會主義基本經濟制度問題上，中國共產黨第十五次全國代表大會明確提出：「公有制為主體、多種所有制經濟共同發展，是中國社會主義初級階段的一項基本經濟制度。」② 這不僅在我黨歷史上，而且在馬克思主義思想史中，都是第一次把非公有制經濟與公有制經濟「一視同仁」地納入社會主義基本經濟制度的框架內。同時，中國共產黨糾正了對公有制僅僅局限於國有和集體兩種經濟形式的認識，創造性地提出：「公有制經濟不僅包括國有經濟和集體經濟，還包括混合所有制經濟中的國有成分和集體成分。」並且認為，「公有制實現形式可以而且應當多樣化。一切反應社會化生產規律的經營方式和組織形式都可以大膽利用。」③ 在關於公有制主體地位的認識上，以前一直把公有制的數量優勢作為衡量公有制在社會主義經濟中主體地位的唯一標準，十五大報告則認為：「公有制的主體地位主要體現在：公有資產在社會總資產中占優勢；國有經濟控制國民經濟命脈，對經濟發展起主導作用……主要體現在控制力上。」④ 國有經濟在整個社會經濟中需要控制的四大行業和領域，就是涉及國家安全的行業、自然壟斷行業、提供重要公共產品和服務的行業以及支柱產業和高新技術產業中的重要骨幹企業。國有經濟控制力的內涵體現在三個方面：一是國有經濟的控制力既可以通過國有獨資企業來實現，又可以大力發展股份制，通過國有控股和參股企業的形式來實現；二是國有經濟要在關係國民經濟命脈的重要行業和關鍵領域占支配地位，以引導和帶動整個社會經濟的發展；三是國有經濟控制力不是通過數量而是應該通過其分佈的優化和質的提高來實現。基於改革實踐的需要而得出的關於社會主義基本經濟制度的新的認識和理論，為解決社會主義公有制與市場經濟的結合提供了思想基礎和制度基礎。

堅持和完善社會主義基本經濟制度，必須堅持公有制為主體，同時，創造更加寬鬆的環境積極促進非公有制經濟發展，使二者統一於社會主義現代化建設的進程中，而不能把兩者對立起來。各種所有制經濟完全可以在市場競爭中發揮各自優勢，相互促進，共同發展。強調公有制為主體，既要有必要的數量和比例，更重要的是注重其素質和活力，必須繼續尋找能夠極大促進生產力發展的公有制實現形式，使公有制（包括國有

---

① 中國共產黨第十四次全國代表大會文件匯編 [G]．北京：人民出版社，1992：22-23．
② 中國共產黨第十五次全國代表大會文件匯編 [G]．北京：人民出版社，1997：21．
③ 中國共產黨第十五次全國代表大會文件匯編 [G]．北京：人民出版社，1997：21-22．
④ 中國共產黨第十五次全國代表大會文件匯編 [G]．北京：人民出版社，1997：21．

制）和市場經濟很好地結合起來。除了極少數必須由國家獨資經營的企業外，應積極推行股份制，發展混合所有制經濟。要完善政策法規，進一步鼓勵、支持和引導個體、私營經濟健康發展。放寬民間資本市場准入領域，在投融資、稅收、外貿經營權等方面採取措施，實現公平競爭。多種所有制經濟的發展，給國有企業帶來了好的市場競爭環境，並為國有企業改革創造了有利條件，推動了國有企業的改革和發展。

2003年中國共產黨在十六屆三中全會通過的《關於完善社會主義市場經濟體制若干問題的決定》中，對公有制和非公有制之間的關係方面有了更全面、更深刻的認識，第一次提出「使股份制成為公有制的主要實現形式」。第一次提出「放寬市場准入，允許非公有資本進入法律法規未禁入的基礎設施、公用事業及其他行業和領域。非公有制企業在投融資、稅收、土地使用和對外貿易等方面，與其他企業享受同等待遇」。第一次提出「建立健全現代產權制度。產權是所有制的核心和主要內容。建立歸屬清晰、權責明確、保護嚴格、流轉順暢的現代產權制度，有利於維護公有財產權，鞏固公有制經濟的主體地位；有利於保護私有財產權，促進非公有制經濟發展；有利於各類資本的流動和重組，推動混合所有制經濟發展；有利於增強企業和公眾創業創新的動力，形成良好的信用基礎和市場秩序」。十六屆三中全會在社會主義所有制理論上實現了根本性突破，跳出了理論上的一些誤區，從而為社會主義市場經濟奠定了堅實的體制基礎，對中國的經濟體制改革產生了極大的推動作用。

經過近30年改革開放的實踐，我們對社會主義經濟制度，尤其是公有制為主體的理論內涵有了更加透澈的理解，豐富了中國特色社會主義理論。公有制為主體、多種所有制經濟共同發展的基本經濟制度，是中國特色社會主義制度的重要支柱，也是社會主義市場經濟體制的根基。堅持社會主義初級階段基本經濟制度，就是要堅持公有制為主體，毫不動搖地鞏固和發展公有制經濟。要發揮國有經濟在國民經濟中的主導作用，促進社會主義市場經濟健康發展。個體、私營經濟等非公有制經濟是中國社會主義市場經濟的有機組成部分，是中國重要的經濟增長點，是提供新就業崗位的主渠道，是滿足全國人民不斷增長的多樣化的物質和文化生活需要的生力軍，必須繼續毫不動搖地鼓勵、支持、引導它們健康發展。應把形成各種所有制經濟平等競爭、相互促進的新格局作為堅持和完善基本經濟制度的重要著力點，以便更好地促進國民經濟平穩、快速和健康發展。2007年中國共產黨的十七大再次重申：「堅持和完善公有制為主體、多種所有制經濟共同發展的基本經濟制度，毫不動搖地鞏固和發展公有制經濟，毫不動搖地鼓勵、支持、引導非公有制經濟發展，堅持平等保護物權，形成各種所有制經濟平等競爭、相互促進新格局。」[1]

非公有制經濟對中國國民經濟建設和提高人民生活水準的促進作用已經不可替代，

---

[1] 胡錦濤. 高舉中國特色社會主義偉大旗幟為奪取全面建設小康社會新勝利而奮鬥——在中國共產黨第十七次全國代表大會上的報告 [R]. 北京：人民出版社，2007：25.

非公有制經濟也不再是公有制經濟的「補充」，它與公有制經濟都是社會主義市場經濟的重要組成部分，都是中國經濟社會發展的重要基礎。這是由中國所處的發展階段和國情決定的。中國仍然處於而且將長期處於社會主義初級階段，在建設中國特色社會主義過程中，發展非公有制經濟，對於促進經濟增長、推動技術創新、提供就業崗位、增加居民收入、增加國家稅收、滿足人民群眾日益增長的多方面的物質和文化需要等，都具有重要的和不可替代的作用。新的工業革命和技術革命昭示我們，未來許多產品將向個性化、差異化發展，生產社會化、規模化不斷發展並不是普遍適用的鐵的規律。因此，我們要堅持非公有制經濟同公有制經濟一樣，都是中國經濟社會發展的重要基礎這一認識，在制定各項方針政策和實際工作中消除所有制歧視，包括消除各種隱性壁壘，繼續支持非公有制經濟健康發展，激發非公有制經濟的活力和創造力。同時，積極發展混合所有制經濟，促進公有制實現形式的多樣化。國有資本、集體資本、非公有資本等交叉持股、相互融合的混合所有制經濟，是基本經濟制度的重要實現形式，有利於國有資本放大功能、保值增殖、提高競爭力，有利於各種所有制資本取長補短、相互促進、共同發展。允許更多國有經濟和其他所有制經濟發展成為混合所有制經濟。國有資本投資項目允許非國有資本參股。允許混合所有制經濟實行企業員工持股，形成資本所有者和勞動者利益共同體。2013年11月中國共產黨十八屆三中全會通過的《中共中央關於全面深化改革若干重大問題的決定》提出，「公有制與非公有制是社會主義市場經濟重要組成部分」，這是黨的文件第一次將公有制經濟與非公有制經濟這樣並列提出，是我們黨對中國特色道路、社會主義規律認識不斷深化的結果。這也是對社會主義市場經濟發展實踐的新概括，是對經濟制度內涵的豐富和發展，反應了社會主義市場經濟發展的客觀要求，是新形勢下更好體現和堅持公有制主體地位，進一步增強國有經濟活力、控制力、影響力的一個有效途徑和必然選擇。

[閱讀專欄]

從數字看中國改革開放的主要成就

1978年中國國內生產總值為3,645.2億元人民幣，而到2013年年底達到56.88萬億元，在世界上的排名上升到第二位，僅次於美國。1978年中國的GDP占全球的1%，2013年提高到12%。1978年，中國人均國內生產總值只有379元人民幣；而到了2013年，中國人均國內生產總值已達到41,908元。1978年，中國的進出口總額僅為206.4億美元，占全球進出口總額的比重不足1%，外匯儲備僅有1.67億美元；到2013年，中國外貿進出口總值超過4萬億美元，占全球的12%，2013年12月末，國家外匯儲備餘額達到3.82萬億美元。1978年城鎮居民的人均居住面積僅為3.9平方米；2012年，城鎮居民的人均住房建築面積32.9平方米。1978年恢復高考後有40萬大學生走進大學，2013年則有727萬大學生走出校門。1978年私人轎車擁有量為零，2012年，私人轎車擁有量達到了8,838萬輛，有2億多人擁有

機動車駕駛證。經過幾十年的不懈努力，主要農產品中，穀物、肉類、棉花、花生、油菜籽、茶葉、水果等產品產量已位居世界第一，甘蔗、大豆分別居第三位、第四位。主要工業產品中，鋼、煤、水泥、化肥、棉布、糖產量居第一位，發電量居第二位，原油產量居第六位，其他主要產品產量的位次也明顯前移。

2012 年，黨的十八大報告指出到 21 世紀中葉，中國要實現從全面建成小康社會到基本實現社會主義現代化的宏偉戰略目標。十八大報告準確判斷重要戰略機遇期的內涵和條件變化，從新的歷史起點出發，根據中國經濟社會發展實際和新的階段性特徵，針對現階段中國發展面臨的突出矛盾，圍繞人民最關心、最直接、最現實的利益問題，從戰略全局上對中國改革發展做出規劃和部署，科學制定適應時代要求和人民願望的行動綱領和大政方針，全面推進中國特色社會主義事業，是全面建成小康社會的行動綱領。黨的十八大對我們中國特色社會主義的認識達到了一個新高度。對發展中國特色社會主義 30 年來，我們的經驗、成就、成果進行了系統深入的闡述，特別是關於中國特色社會主義的三大成果，開闢了中國特色社會主義道路，形成了中國特色社會主義理論體系，確立了中國特色社會主義制度，讓我們對發展中國特色社會主義更加自信。

2017 年，黨的十九大報告進一步指出，中國特色社會主義進入新時代，意味著近代以來久經磨難的中華民族迎來了從站起來、富起來到強起來的偉大飛躍，迎來了實現中華民族偉大復興的光明前景。報告提出了新時代中國特色社會主義思想，其主要內容包括：①明確堅持和發展中國特色社會主義，總任務是實現社會主義現代化和中華民族偉大復興，在全面建成小康社會的基礎上，分兩步走在 21 世紀中葉建成富強民主文明和諧美麗的社會主義現代化強國；②明確新時代中國社會主要矛盾是人民日益增長的美好生活需要和不平衡不充分的發展之間的矛盾，必須堅持以人民為中心的發展思想，不斷促進人的全面發展、全體人民共同富裕；③明確中國特色社會主義事業總體佈局是「五位一體」、戰略佈局是「四個全面」，強調堅定道路自信、理論自信、制度自信、文化自信；④明確全面深化改革總目標是完善和發展中國特色社會主義制度、推進國家治理體系和治理能力現代化；⑤明確全面推進依法治國總目標是建設中國特色社會主義法治體系、建設社會主義法治國家；⑥明確黨在新時代的強軍目標是建設一支聽黨指揮、能打勝仗、作風優良的人民軍隊，把人民軍隊建設成為世界一流軍隊；⑦明確中國特色大國外交要推動構建新型國際關係，推動構建人類命運共同體；⑧明確中國特色社會主義最本質的特徵是中國共產黨的領導，中國特色社會主義制度的最大優勢是中國共產黨的領導，黨是最高政治領導力量，提出新時代黨的建設總要求，突出政治建設在黨的建設中的重要地位。十九大的召開，意味著中國特色社會主義道路、理論、制度、文化不斷發展，拓展了發展中國家走向現代化的途徑，給世界上那些既希望加快發展又希望保持自身獨立性的國家和民族提供了全新選擇，為解決人類問題貢獻了中國智慧和中

國方案。十九大提出的新時代中國特色社會主義思想，是對馬克思列寧主義、毛澤東思想、鄧小平理論、「三個代表」重要思想、科學發展觀的繼承和發展，是馬克思主義中國化最新成果，是黨和人民實踐經驗和集體智慧的結晶，是中國特色社會主義理論體系的重要組成部分，是全黨和全國人民為實現中華民族偉大復興而奮鬥的行動指南。

（以上資料來源於：厲以寧. 中國改革開放30年成就三件大事[EB/OL]. [2008-03-03]. http://finance.qq.com/a/20080303/000568.htm. 東方財富網①）

第二節　社會主義初級階段及其規定性

一、社會主義初級階段理論的確立和發展

社會主義發展要不要劃分階段，如何劃分階段，曾經歷過相當長的探索過程。早在社會主義制度建立之前，馬克思主義經典作家就作過預測，認為從資本主義滅亡到共產主義實現要經過三個歷史階段，即從資本主義向共產主義的過渡時期、共產主義的第一階段和共產主義的高級階段。共產主義的第一階段即通常所說的社會主義社會。至於社會主義社會在其發展過程中還要經過哪些階段，特別是經濟文化落後的國家建設社會主義要經過哪些階段，馬克思沒有也不可能做出具體的回答。列寧曾依據從資本主義向社會主義過渡時期的實踐，指出在向共產主義前進的過程中會出現若干重要階段，並提出了「初級形式的社會主義」「發達的社會主義」「完全的社會主義」等概念。但是，這仍然是一般的構想，當時還缺乏足夠的實踐經驗來做出科學概括。列寧同時還認為，人類社會要經過哪些階段到達共產主義，需要實踐來回答。

經過多年對社會主義的艱苦探索，1981年6月召開的黨的十一屆六中全會通過了《關於建國以來黨的若干歷史問題的決議》，首次提出了社會主義初級階段的科學範疇，並做出了「中國仍處於社會主義初級階段」的論斷。這是依據中國的基本國情提出來的，是對馬克思主義科學社會主義理論的豐富和發展。

新中國成立之初，在進行社會主義經濟建設的同時，中國就對國情問題進行了初步的探討。從1949年10月新中國成立到1956年，從當時的國情出發，中國有步驟地實現了從新民主主義到社會主義的轉變，迅速恢復了國民經濟並開展了有計劃的經濟建設，在全國絕大部分地區基本上完成了對生產資料私有制的社會主義改造。包括過渡時期的總路線在內的一系列正確的指導方針和基本政策，保證了這一時期繁重的經濟、社會任務的順利完成，取得了輝煌的勝利。社會主義改造基本完成之後，中國開始轉入全面的、大規模的社會主義經濟建設。在這樣的情況下，毛澤東指出，中國的社會主義制度

---

① 中華人民共和國國家統計局. 中國統計年鑑（2013）[M]. 北京：中國統計出版社，2013.

還剛剛建立，還沒有完全建成，還未完全鞏固，還需要一個繼續建立和鞏固的過程。其後，從1957年起至「文化大革命」前夕這十年中，中國做了大量的工作，積極進行社會主義經濟建設，取得了很大的成就：工業產品的產量實現了巨大增長，工業佈局有了改善；農業基本建設和技術改造開始大規模展開並逐步收到成效；科技、教育事業也有了較大的發展。中國現在賴以進行現代化建設的物質技術基礎，很大一部分是在這個時期建立起來的。但是，在這一期間，也發生了脫離國情、超越社會主義發展階段、照搬「蘇聯模式」、實行中央高度集權的計劃經濟體制的一些嚴重錯誤，諸如：在經濟建設中搞高指標和「大躍進」；在所有制形式上盲目求大、求公，將個體經濟當作「資本主義尾巴」割掉等；在意識形態領域片面強調階級鬥爭，嚴重干擾了經濟建設，並導致了1966年5月至1976年10月災難性的「文化大革命」。經濟指導思想上的許多是非觀念被混淆、顛倒，經濟建設的正常秩序被嚴重破壞，國民經濟運行陷入混亂狀況，社會主義建設事業遭受了新中國成立以來最嚴重的挫折和損失。

中國共產黨的十一屆三中全會以後，在深刻總結歷史經驗教訓的基礎上，中國恢復了實事求是的思想路線，在社會主義建設實踐中不斷深化對國情的認識。鄧小平提出，現在搞建設，要適合中國情況，走出一條中國式的現代化道路。在總結實踐和理論發展的基礎上，1981年6月黨的十一屆六中全會通過的《關於建國以來黨的若干歷史問題的決議》中第一次提出：「我們的社會主義制度還處在初級階段」，「我們的社會主義制度由比較不完善到比較完善，必然要經歷一個長久的過程。」1982年9月，黨的十二大肯定，「中國的社會主義社會現在還處在初級發展階段」。1986年黨的十二屆六中全會通過的《關於社會主義精神文明建設指導方針的決議》中進一步指出：「中國還處在社會主義初級階段……在相當長歷史時期內，還要在公有制為主體的前提下發展多種經濟成分，在共同富裕的目標下鼓勵一部分人先富起來。」黨的十三大對社會主義初級階段做了全面的論述，指出「正確認識中國社會現在所處的歷史階段，是建設中國特色社會主義的首要問題，是我們制定和執行正確的路線和政策的根本依據。對這個問題，我們黨已經有了明確的回答：中國正處在社會主義的初級階段。」黨的十三大以後，中國根據改革開放和現代化建設的發展，不斷深化對社會主義初級階段問題的認識。1992年黨的十四大把社會主義初級階段理論作為鄧小平理論的重要組成部分加以概括。黨的十五大進一步闡述了社會主義初級階段問題，指出中國現在處於並將長期處於社會主義初級階段，並且具體闡述了中國社會主義初級階段的基本綱領和要實現的目標。黨的十六大強調指出，中國正處於並將長期處於社會主義初級階段，現在達到的小康還是低水準的、不全面的、發展很不平衡的小康，人民日益增長的物質文化需要同落後的社會生產之間的矛盾仍然是中國社會的主要矛盾。黨的十七大報告全面分析了當前中國發展的階段性特徵，同時強調，「經過新中國成立以來特別是改革開放以來的不懈努力，中國取得了舉世矚目的發展成就，從生產力到生產關係、從經濟基礎到上層建築都發生了意義深遠的重大變化，但中國仍處於並將長期處於社會主義初級階段的基本國情沒有變，人民日

益增長的物質文化需要同落後的社會生產之間的矛盾這一社會主要矛盾沒有變。當前中國發展的階段性特徵，是社會主義初級階段基本國情在新世紀新階段的具體表現。」至此，中國對基本國情和科學社會主義的階段劃分有了更加全面、客觀的認識。黨的十八大報告，針對中國發展面臨的突出矛盾，圍繞人民最關心、最直接、最現實的利益問題，從戰略全局上對中國的改革發展做出規劃和部署，要求全黨、全軍、全國各族人民，要更加緊密地團結在黨中央周圍，堅定不移沿著中國特色社會主義道路前進，全面落實經濟建設、政治建設、文化建設、社會建設、生態文明建設五位一體總佈局，為實現全面建成小康社會的宏偉目標不懈奮鬥。黨的十九大報告，明確新時代中國社會主要矛盾是人民日益增長的美好生活需要和不平衡不充分的發展之間的矛盾，必須堅持以人民為中心的發展思想，不斷促進人的全面發展、全體人民共同富裕，這是對中國社會基本矛盾的全新判斷；同時，十九大也為中國決勝全面建成小康社會，開啟全面建設社會主義現代化國家新徵程提供了新發展理念，即中國經濟已由高速增長階段轉向高質量發展階段，正處在轉變發展方式、優化經濟結構、轉換增長動力的攻關期，建設現代化經濟體系是跨越關口的迫切要求和中國發展的戰略目標。

二、社會主義初級階段質的規定性及其依據

中國經過長期的社會實踐和艱苦的理論探索得出的社會主義初級階段理論，不是泛指任何國家進入社會主義社會都要經歷的起始階段，而是特指我們這樣一個脫胎於半殖民地半封建社會的國家，在生產力落後、商品經濟不發達條件下建設社會主義必然要經歷的階段。它有科學的規定性，即：

第一，從社會性質來說，中國已經進入社會主義社會，這是共產主義的初級階段。我們必須堅持而不能離開社會主義，我們所進行的一切改革和建設事業都必須堅持社會主義的方向和道路，都要不斷逼近而不是偏離共產主義的遠大目標。

第二，從發展程度和發展水準來看，中國的社會主義制度還不完善，生產力與生產關係之間、經濟基礎與上層建築之間還存在諸多不相適應的部分，社會主義社會還處在不發達階段。我們必須從這個實際出發進行改革開放和現代化建設，而不能超越這個階段，採取不合實際的路線和政策。

確認中國處於社會主義初級階段，有其客觀的依據。

首先，這是由中國生產力發展狀況決定的。在一個落後的半殖民地半封建國家，沒有經過資本主義的充分發展而直接走上社會主義道路，這是馬克思主義的基本原理同中國實際相結合而取得的重大歷史性勝利。但由此產生的問題是，中國無可選擇地接受了生產力水準低、社會化大生產不發達、商品經濟落後等「歷史遺產」。這一歷史事實決定了中國在對生產資料私有制的社會主義改造基本完成以後的相當長的歷史時期內，生產力的落後與生產關係之間的矛盾仍然是主要的矛盾。從1956年進入社會主義初級階段以後，雖然經過幾十年的發展，中國社會生產力、綜合國力、人民生活水準都有了很大

提高；但總的來說，中國人口多，底子薄，生產力的總體水準還不高，自主創新能力還不強，人均國民生產總值居於世界後列，同世界發達國家相比仍然處於比較落後的狀況。中國的經濟增長方式比較粗放，付出了過大的資源和環境代價，勞動生產率、經濟效益、經營管理水準不高；生產社會化程度低，市場經濟還不發達，自然經濟、半自然經濟還占相當大的比重；結構性矛盾依然突出，第三產業比重遠低於發達國家，城鄉結構、地區結構也不合理；一部分現代工業與大量落後的工業並存，手工勞動特別是農村中的手工生產仍佔有很大比重；大部分人口從事農業生產，城市化程度不高；國民經濟整體實力較差，國際競爭力不強；經濟建設與人口增長、資源利用、環境保護之間還存在較大矛盾。由這些情況所決定，在相當長的時期內中國的社會主義只能是處於初級的、不發達的階段。

其次，這是由中國的生產關係和上層建築性質決定的。從生產關係來看，經過長時間的努力，作為社會主義基本特徵的生產資料公有制和按勞分配的主體地位已經確立，這使中國實現共同富裕、避免兩極分化的社會主義目標有了根本保證，並由此確立了中國經濟的社會主義性質。但是，中國社會主義市場經濟體制還不完善，影響發展的體制機制障礙依然存在，改革攻堅面臨深層次矛盾和問題。對於公有制的實現形式、公有制的生產資料與勞動者的結合方式、按勞分配的具體實現形式以及如何處理好效率與公平的關係等問題的認識還有待加深。由於生產力總體水準不夠高及其多層次、不平衡發展，在相當長的歷史時期，我們還必須允許和鼓勵多種非公有制經濟成分的發展，允許某些非勞動要素參與分配過程，從而不可避免地會存在某些分配不公、居民收入差距過大的問題，所有這些都還需要長期繼續探索。從上層建築來看，社會主義的上層建築已經確立，社會主義基本政治制度已占社會統治地位，勞動人民成為國家主人，由此確立了中國社會的社會主義性質。但是，我們的政治體制還有待改革，民主和法制兩個方面都還有待進一步完善。在具體的領導制度、組織形式和工作方式上，還存在一些缺陷，官僚主義、封建殘餘思想、腐敗現象還時有發生，有時還相當嚴重。這些都說明，完善社會主義民主，健全社會主義法制，改革上層建築中不適應經濟基礎的部分，任務還是長期和繁重的。

三、社會主義初級階段的主要矛盾

任何社會都存在多種矛盾，其中有一種矛盾居於主要地位，決定並制約著其他矛盾的發展，這種矛盾稱為主要矛盾。根據馬克思社會矛盾的學說，任何社會的主要矛盾都產生於社會基本矛盾，主要矛盾是社會基本矛盾在不同歷史發展階段的集中表現。

在社會主義制度建立之前的剝削階級社會，社會的基本矛盾具有對抗性，表現為激烈的階級鬥爭，因而階級鬥爭始終是社會的主要矛盾。社會主義制度建立後，剝削制度和剝削階級已被消滅，社會的基本矛盾不再是對抗性的，階級矛盾也不再是主要矛盾。

在中國，1956年以後，隨著生產資料的社會主義改造基本完成，剝削階級作為一個

完整的階級已經退出了歷史舞臺。雖然生產力和生產關係、經濟基礎和上層建築之間的矛盾仍然是社會基本矛盾，但其主流已不表現為階級矛盾。由中國社會主義初級階段的國情所決定，人民不斷增長的物質文化需要同落後的社會生產之間的矛盾日益突出，貫穿於中國社會主義初級階段的整個過程和社會生活的各個方面，成為社會主義初級階段的主要矛盾。在這個主要矛盾中，矛盾的主要方面是落後的社會生產。所謂落後的社會生產，一是特指中國社會生產力還不是很發達，還沒有實現現代化，社會主義的物質基礎還沒有充分建立起來，人民還沒有完全擺脫貧窮的狀況；二是相對於發達資本主義國家的生產力發展狀況而言，中國目前的生產力水準還有相當大的差距。這就決定了中國必須把經濟建設作為全黨、全國工作的中心，各項工作都要服從和服務於這個中心。只有牢牢抓住這個矛盾和工作中心，才能清醒地觀察和把握社會矛盾的全局，有效地促成各種社會矛盾的解決。

　　對於社會主義初級階段主要矛盾的認識，我們經歷了一個長期而曲折的過程。早在1956年黨的第八次全國代表大會上，就形成了對中國社會主要矛盾的初步認識，大會的報告指出：「國內的主要矛盾，已經是人民對於經濟文化迅速發展的需要同當前經濟文化發展不能滿足人民需要的狀況之間的矛盾。這一矛盾的實質，在中國社會主義制度已經建立的情況下，也就是先進的社會主義制度同落後的社會生產力之間的矛盾。」[①] 基於對社會主義主要矛盾的這種判斷，黨的八大及時提出轉移工作重點，指出中國當前的主要任務就是要集中力量解決社會主義主要矛盾，把中國盡快從落後的農業國發展為先進的工業國。實踐證明，當時關於中國社會主義社會基本矛盾的判斷是正確的。遺憾的是，這種正確的認識未能得到實施。從1957年到1978年的二十多年裡，階級鬥爭仍然被作為主要矛盾，甚至在長時期內「以階級鬥爭為綱」，結果導致了「文化大革命」的悲劇，生產力的發展遭到嚴重破壞，人民物質文化生活水準的提高受到極大阻礙。黨的十一屆三中全會以後，中國在對社會主義發展階段問題進行認識的同時，也對社會主義社會的主要矛盾問題進行重新認識，在總結中國社會主義建設正反兩方面經驗的基礎上，得出了科學、正確的結論。1981年6月黨的十一屆六中全會通過的《關於建國以來黨的若干歷史問題的決議》，在重新肯定黨的八大路線的基礎上，對中國社會的主要矛盾做了新的概括，指出：「在社會主義改造基本完成以後，中國所要解決的主要矛盾，是人民日益增長的物質文化需要同落後的生產之間的矛盾。」[②] 隨著對社會主義社會主要矛盾正確認識的重新確立和工作中心轉移到經濟建設上來，中國的社會生產力迅速發展，綜合國力不斷增強，人民生活水準日益提高。2017年，黨的十九大報告將中國的社會基本矛盾界定為「人民日益增長的美好生活需要和不平衡不充分的發展之間的矛盾」，這一重大政治判斷，是符合中國社會發展歷史階段客觀實際的真理性認識，為制定黨和

---

① 中國共產黨第八次全國代表大會關於政治報告的決議 [R]. 北京：民族出版社，1956.
② 關於建國以來黨的若干歷史問題的決議中國共產黨第八次全國代表大會關於政治報告的決議，見http://www.people.com.cn/GB/shizheng/252/5098/5103/5208/20010428/454965.html.

國家大政方針、長遠戰略提供了重要依據。我們需要正確理解中國社會主要矛盾的「變」和「不變」——「變」指的是主要矛盾發生了變化；「不變」就是沒有改變我們對中國社會主義所處歷史階段的判斷，中國仍處於並將長期處於社會主義初級階段的基本國情沒有變，中國是世界最大發展中國家的國際地位沒有變。

四、社會主義初級階段的根本任務

社會主義初級階段的主要矛盾決定了社會主義初級階段的根本任務。中國社會主義初級階段的主要矛盾貫穿於社會生活的各個方面，決定了在整個社會主義初級階段，解放和發展生產力是中國特色社會主義的根本任務。準確地把握中國社會生產力的發展趨勢和要求，堅持以經濟建設為中心，以科學發展為主題，全面推進經濟建設、政治建設、文化建設、社會建設、生態文明建設，實現以人為本、全面協調可持續的科學發展。為此，採取切實措施不斷促進生產力的發展，是中國的首要任務。

生產力的發展是人類社會發展的最終決定力量。人類社會的發展，就是先進生產力不斷取代落後生產力的歷史進程。任何一種社會形態的產生和更替，生產力是最根本的因素。社會主義是一種比過去任何社會形態都更高級的社會形態，應該有更高的生產力發展水準作為它的物質基礎。不發展生產力就建設不成真正的社會主義，貧窮落後不是社會主義，社會主義現代化必須建立在發達的生產力的基礎上。

處於社會主義初級階段的當代中國，集中精力發展生產力具有特殊的重要性和迫切性，必須把發展生產力擺在首要地位。這是因為：

第一，只有大力發展生產力，才能不斷鞏固和完善社會主義制度，最終建立共產主義制度。中國生產力總體水準不高，物質技術基礎比較薄弱，只有大力發展生產力才能建立起社會主義的雄厚物質技術基礎，鞏固和發展社會主義經濟制度。鄧小平提出：「社會主義的任務很多，但根本一條就是發展生產力，在發展生產力的基礎上體現出優於資本主義，為實現共產主義創造物質基礎。」[1] 現階段，要改變相對落後的面貌，必須大力發展生產力。將來進入社會主義的高級階段，也必須大力發展生產力。

第二，只有大力發展生產力，才能滿足人民群眾不斷增長的物質文化需要，實現社會主義生產的根本目的，這也是由社會主義的本質所決定的。只有發展生產力，才能向社會提供日益豐富的物質文化產品，不斷提高人民的生活水準。就中國的現實情況來看，由於生產力總體水準不高，要實現全面建成小康社會的目標，大力發展生產力具有更重要的意義。

第三，只有大力發展生產力，才能建設高度的社會主義精神文明。社會主義不僅要建設高度的物質文明，而且要建設高度的精神文明，這是中國社會主義現代化建設的一個根本方針。一定的精神文明是以一定的物質文明為基礎的，高度的精神文明只能建立

---

[1] 中央財經領導小組辦公室. 鄧小平經濟理論學習綱要 [M]. 北京：人民出版社，1997：29.

在高度的物質文明基礎之上。在現階段，中國社會生產力水準不高，決定了教育科學文化事業的發展水準還不高，這在一定程度上制約著精神文明的建設。為此，必須大力發展生產力，加快物質文明建設速度，才能更好地為精神文明建設提供必要的物質基礎，最終建立起與社會主義要求相適應的高度的精神文明。

第四，只有大力發展生產力，才能維護國家主權和獨立。世界格局向多極化發展的趨勢不可阻擋，和平與發展仍是當今世界兩大主題。科技革命和經濟全球化的發展，使經濟日益成為當今國際關係中的決定性因素。世界各國特別是大國都著眼於提高以經濟和技術水準為標誌的綜合國力。為維護國家主權和獨立，實現和平統一祖國的大業，我們需要有強大的國力。而強大的國力首先需要有強大的經濟實力和先進的科學技術來支撐。所以，只有大力發展生產力，建立雄厚的物質技術基礎，才能增強國家的經濟實力，增強綜合國力，從而為維護國家主權和獨立、建立強大的國防奠定可靠的堅實基礎。

總之，是否有利於發展社會主義社會的生產力，是否有利於增強社會主義國家的綜合國力，是否有利於提高人民生活水準，是中國現階段考慮一切問題的出發點和落腳點。

第三節　社會主義初級階段的基本經濟制度

一、社會主義初級階段的基本經濟制度

生產資料所有制關係是社會經濟制度的基礎，是區別不同經濟制度的重要標誌。經過反覆的探索，我們確認公有制為主體、多種所有制經濟共同發展是中國社會主義初級階段的一項基本經濟制度。這無論是在理論上還是在實踐中，都是一個重大的突破。

社會主義究竟實行什麼樣的所有制關係呢？在過去很長一段時間內，由於認識上的偏差，我們在實踐中曾脫離中國生產力的發展狀況，急於建立單一的公有制經濟，急於擴大全民所有制經濟的比重。其間雖然也做過一些調整，但由於實踐和認識上的局限性，沒有從根本上解決生產關係適應生產力發展的問題。黨的十一屆三中全會以來，我們從社會主義初級階段的實際出發，確定了以公有制為主體、多種所有制經濟共同發展的方針，逐步消除了所有制結構不合理對生產力的羈絆，促成了多種經濟成分共同發展的局面，走出了一條正確的路子。黨的十八屆三中全會指出，必須毫不動搖鞏固和發展公有制經濟，堅持公有制主體地位，發揮國有經濟主導作用，不斷增強國有經濟活力、控制力、影響力；必須毫不動搖鼓勵、支持、引導非公有制經濟發展，激發非公有制經濟活力和創造力，反應了中國對社會主義建設和發展規律認識的深化。這對於完善社會主義的生產關係，進一步解放和發展生產力，具有重要意義。

把公有制為主體、多種所有制經濟共同發展作為社會主義初級階段的基本經濟制度

確立下來，是由中國社會主義初級階段的國情決定的。

第一，中國是社會主義國家，必須堅持以公有製作為社會主義經濟制度的基礎。在社會主義初級階段，公有制不是唯一的經濟成分，要同時發展多種經濟成分；但為了發展社會化大生產，為了逐步達到共同富裕的目標，必須堅持公有制的主體地位。

第二，中國處於社會主義初級階段，生產力發展不平衡。與這種狀況相適應，需要在以公有制為主體的條件下發展多種所有制經濟。生產資料所有制形式一定要與生產力發展水準相適應，才能促進生產力的迅速發展；反之，就會對生產力的發展起阻礙作用。與生產力發展狀況相適應，中國公有制經濟只能在經濟中占據主體地位，不能成為社會經濟的唯一形式，這就需要多種所有制經濟共同發展，即在公有制經濟發展的同時，積極發展混合所有制經濟，鼓勵非公有制經濟共同發展，以促進生產力的迅速提高。

第三，以公有制經濟為主體，多種所有制經濟共同存在、共同發展已成為中國現實經濟中客觀存在的事實。2012年年底，中國內資工業企業主營業務收入為707,343億元，其中，國有（含國有獨資）、集體、私營、混合所有制工業企業總產值分別為110,635億元、10,970億元、285,621億元、300,117億元，分別占內資工業企業總產值的15.6%、1.6%、40.4%和42.4%[1]。實踐證明，這種所有制結構的變化有利於社會生產力的發展，有利於增強綜合國力，有利於提高人民生活水準。

完善產權保護制度是堅持和完善基本經濟制度、完善社會主義市場經濟體制的迫切需要。隨著改革的深化和多種所有制經濟的發展，國有資本、集體資本不斷壯大，個體、私營、外資等非公有資本和城鄉居民私有財產迅速增加，各種資本流動、重組、融合日益頻繁，投資主體多元化、各種所有制經濟交叉持股的混合所有制經濟已成為發展的必然趨勢，各類財產權都要求有完善的產權保護制度作為保障。完善產權保護制度，將有利於維護公有財產權，鞏固公有制經濟的主體地位；有利於保護私有財產權，促進非公有制經濟發展；有利於各類資本的流動和重組，推動混合所有制經濟發展；有利於增強企業和公眾創業創新的動力，形成良好的信用基礎和市場秩序，是一項堅持和完善基本經濟制度、完善社會主義市場經濟體制的基礎性制度建設。

二、社會主義公有制的實現形式和主體地位

所謂公有制，是指一個社會群體（一個社會的全體成員或部分成員）共同佔有生產資料的所有制形式。其本質是生產資料的所有者可以自己或委託他人在全社會或社會的部分範圍內運用生產資料進行生產，並憑藉其對生產資料的所有權獲得經濟利益。

社會主義公有制是生產資料歸社會主義國家的勞動者共同佔有和支配的一種新型的所有制。實行社會主義公有制，有利於社會化大生產的進行，有利於保證勞動者在生產

---

[1] 中華人民共和國國家統計局. 中國統計年鑒（2013）[M]. 北京：中國統計出版社，2013.

資料佔有上平等的地位，有利於勞動者之間在社會生產和生活中建立新型的互助合作關係，有利於保證社會生產目的和勞動成果分配的社會主義性質。社會主義公有制是社會主義生產發展的基礎和最根本的特徵，是全體勞動人民物質文化生活水準不斷提高的基本條件。

社會主義公有制的本質是由勞動者在全社會或社會的部分範圍內運用生產資料進行生產，並憑藉其對生產資料的所有權獲得經濟利益。至於如何運用生產資料進行生產，則是公有制的實現形式。社會主義公有制有多種實現形式，不僅包括全民所有制經濟和集體所有制經濟，還包括混合所有制經濟中的國有經濟成分和集體經濟成分。

社會主義全民所有制是生產資料歸全體勞動人民共同佔有的一種公有制形式。由於中國的全民所有制經濟主要是在新中國建立過程中，通過沒收帝國主義、封建主義和官僚資本主義的資本而形成的，所以中國全民所有制採取國家所有制形式，國家作為人民的代表，行使對生產資料的所有權。但是，這並不意味著生產資料在歸國家所有的同時，也必須由國家直接佔有、支配和使用，也不意味著必須由國家在全社會範圍內直接組織具體的生產經營活動。無論是從理論上來說還是從實際中來看，全民所有制經濟的所有權和經營權可以而且應當分離，即必須把全民所有制生產資料的佔有權、使用權和具體經營權交給企業，形成法人財產權利，並保證企業行使這些權利，得到必要的經濟利益。在過去一段時期內，我們對這個問題的理解不完全準確，比較流行的看法是把國家所有與國家經營直接等同。實踐證明，這種認識和做法是不合乎生產力發展要求的，所以從1978年開始中國對國有企業進行了改革，對國有經濟的佈局進行了調整。這種改革和調整今後還要繼續深化下去。

社會主義集體所有制是部分勞動群眾共同佔有生產資料的一種公有制形式。它和全民所有制形式一樣，都是勞動者共同佔有生產資料的所有制形式，都排除了依靠生產資料所有權而無償地佔有他人勞動成果的剝削關係。這是集體所有制與全民所有制帶有共性的一面，但同時兩者又有明顯的區別，表現在：與全民所有制下的生產資料為全社會勞動者佔有相比，集體所有制下的生產資料只為集體範圍內的勞動者共有。在一個集體經濟內部，人們在生產資料佔有關係上是平等的，但在不同的集體單位之間則是不平等的。每一個集體單位作為生產資料的所有者，具有獨立的經濟利益，是自主經營、自負盈虧的社會主義商品生產者和經營者。不同集體單位耗費等量的勞動，卻獲得不同數量和質量的產品，即表現為勞動收入和報酬上的差別。

中國的集體所有制包括農村集體所有制和城鎮集體所有制。農村集體所有制經濟是中國農業中的主要經濟形式。城鎮集體所有制經濟廣泛存在於城鎮的手工業、工業、建築業、運輸業、商業和服務業等許多行業。其中的一部分是在20世紀50年代對個體手工業、個體商販進行社會主義改造時建立起來的；一部分是由勞動群眾集資，組織街道開散勞動力興辦起來的。集體所有制經濟是社會主義公有制經濟的一個重要組成部分。它是同中國現階段生產力發展水準和生產社會化程度相適應的一種公有制形式，具有很

大的靈活性，能夠容納不同發展水準的生產力和不同的生產社會化程度。集體所有制經濟在促進三次產業的發展、擴大商品流通、活躍城鄉市場、發展對外貿易、滿足人民生活需要、擴大勞動就業以及為社會主義現代化建設累積資金等方面起著重要作用。

隨著社會主義基本經濟制度的不斷完善，中國的公有制形式出現了許多新的變化，一些新的公有制形式出現了。其中比較多的是在中國農村和城鎮大量出現的、由勞動者自願聯合起來共同進行經營的多種多樣的合作經濟組織，這當中又有很大一部分屬於以勞動者的勞動聯合和勞動者的資本聯合為主的股份合作經濟，它兼有股份制與合作制的經濟特徵。在國有企業改革中，不少企業以建立現代企業制度為目標，以資本為紐帶，實行了國有企業之間、國有企業與其他所有制企業之間的改組、改造、聯合和兼併，形成了多種所有制共存，你中有我、我中有你的混合所有制形式。這種混合所有制的組織形式就是股份制。

股份制是一種現代企業的資本組織形式，它適應現代市場經濟和社會化大生產發展的要求，有利於所有權和經營權的分離，有利於提高企業和資本的運作效率，有利於把分散的資本集中起來，迅速擴大企業的生產經營規模。股份制企業的治理結構比較合理，既有利於保證經營者有充分的經營權和決策權，又有利於保證所有者對經營者的有效監督，保證所有者的利益不受侵害，而且它在不同的社會經濟制度下都可以實行，應該大力發展。多種多樣的股份合作經濟，是群眾在實踐中進行的企業制度創新，對於搞活中小型國有企業有比較明顯的作用，應該給予肯定和支持。對以勞動者的勞動聯合和資本聯合為主的集體經濟，尤其要給予提倡和鼓勵。

公有制實現形式可以而且應當多樣化。一切反應社會化生產規律的經營方式和組織形式都可以利用。實踐表明，改革開放以來，我們一直在努力尋找和探索公有制和基本經濟制度有效的實現形式。混合所有制經濟就是社會主義基本經濟制度的重要實現形式。我們通常所講的混合所有制經濟，是國有資本、集體資本、非公有資本等交叉持股、相互融合的一種組織形式。發展混合所有制經濟，一方面，有利於國有資本放大功能，保值增殖，提高競爭力。國有資本對自己應承擔的公共建設項目，積極引進社會資本一同建設，可以直接放大國有資本功能，還可由於投資主體多元化而改善公司治理，提高效率和競爭力。另一方面，有利於各種所有制資本取長補短、相互促進、共同發展。混合所有制經濟有利於國有資本和其他民間資本在企業（公司）內部實現同等使用生產要素和公平受益，所以對民間資本也是有利的。

[閱讀專欄]

股份有限公司和股份合作制企業

股份有限公司又稱股份公司，它是把確定的資本劃分為若干股份，由一定人數的有限責任股東組成的公司。它的主要特徵是：①股東對公司只負有限責任，即以投入的股金為限對公司的債務負責。公司的全部資本劃分為若干等額的股份，以股票的形

式在社會上公開發行出售。②它是典型的財產或資本的組合公司，股東只有在持有股票時才是公司財產的所有者之一。③股票可以在市場上隨意轉讓、買賣，公司對此不加以限制，股票的價格隨行就市。④股東有法定最低人數的限制。⑤公司財務必須公開。⑥多數股份公司的股東不直接參與公司的經營管理，公司的所有者與經營者通常是分開的。⑦股份公司的股東人數眾多，資本籌集較容易，競爭能力較強。

股份合作制企業是兩個或兩個以上的個人或組織，以各自的資金、實物、技術等生產要素為股份，自願組織起來從事生產經營活動的企業組織形式。股份合作制企業遵循自願互利、民主管理、風險共擔、利益共享的原則建立，即：入股財產仍歸入股者所有，新增資產歸入股各方共有；經營所得利潤可以按勞分配，也可以按股分配；經營風險由入股者共同承擔。這是一種由勞動者的勞動聯合和資本聯合形成的具有中國特色的企業財產組織形式。它既具有股份制的某些特點，又具有合作制的某些特點。它避免了在合作中容易產生的合併財產和平調勞動力的弊病，同時把分散的生產資料集中起來，較快地形成新的生產經營規模。由於其組織形式與產權結構適應中國當前的生產力發展水準，因而為發展初期的鄉鎮企業以及後來的一些國有中小企業所借鑑，表現出相當的發展活力。

關於公有制的主體地位，我們也經歷了一個由不明確到比較明確的認識過程。在過去一段時間內，講以公有制為主體，往往只強調公有制在數量上占優勢而忽視了公有制資產質量的提高，而且往往認為公有制在整個國民經濟中的比重只能增加而不能減少。實際上，這樣的認識不符合社會主義發展的要求。改革開放以來，隨著社會主義市場經濟體制的不斷完善，公有制也呈現出，產權形式多元化和多層次性，產權主體逐漸明晰化，公有產權可交易性、交易中的平等性的特徵，公有制的存在和變化同樣受市場經濟規律的制約。

實踐證明，堅持以公有制經濟為主體並不意味著以國有經濟為主體，也不意味著公有制經濟在整個經濟中的比重越大越好。公有制的主體地位，主要體現在兩個方面：一是公有資產在社會總資產中占優勢；二是國有經濟控制國民經濟的命脈，對經濟發展起主導作用。而國有經濟的主導作用主要體現在控制力上。所以，堅持以公有制為主體，關鍵是要提高公有制經濟的整體質量，提高公有經濟的控制力和競爭力，這樣才能夠真正發揮公有制經濟的優越性。按照這樣的認識，除了繼續深化國有經濟內部的改革外，還要從戰略上調整國民經濟的佈局。對關係國民經濟命脈的行業和關鍵領域，國有經濟必須占支配地位。在其他領域，可以通過資產重組和結構調整，加強重點，提高國有資產的整體質量。在堅持公有制為主體，國家掌握國民經濟的命脈，國有經濟的控制力和競爭力得到加強的前提下，國有經濟比重適當減少一些，不會影響中國的社會主義性質。

三、鼓勵和引導非公有制經濟健康發展，形成多種所有制經濟平等競爭、相互促進的新格局

中國社會主義初級階段的生產資料所有制除了公有制形式外，還存在非公有制形式。當前，中國社會主義初級階段實行的是以公有制為主體、多種所有制形式共同發展的所有制結構。也就是說，既要積極發展和壯大公有制經濟，又要鼓勵和支持其他非公有制經濟的發展。之所以要這樣做，是由生產關係一定要適應生產力發展狀況的規律決定的，是由中國的生產力發展狀況和其他經濟條件決定的，具有客觀必然性。中國原來是一個半殖民地半封建性質的國家，生產力十分落後，進入社會主義社會之後，雖然為生產力的發展開闢了廣闊的道路，生產力獲得了很大發展，但生產力總的水準仍然很低，特別是在部門、地區之間發展很不平衡。同時，生產力發展水準呈現出多層次，既有高度社會化的生產和經營，又有中等社會化的生產和經營，甚至有社會化程度很低的生產和經營；既有技術水準和自動化水準比較高的大機器生產，又有半機械化、半手工操作的生產，還有落後的手工勞動方式的生產。因此，針對中國社會主義初級階段的生產力現狀，除了建立全民所有制以外，還必須根據生產力的具體情況建立其他所有制。

中國社會主義初級階段的非公有制形式主要有個體所有制、私營經濟、外資經濟等。

個體所有制是指生產資料歸勞動者個人所有，並由勞動者個人及其家庭成員直接支配和使用的一種私有制形式。在中國，現階段個體所有制經濟（以下簡稱個體經濟）主要存在於城鄉的工業、農業、商業、交通運輸業和服務行業。個體所有制是同中國現階段生產力水準比較低、使用手工工具進行手工操作和分散經營相適應的一種所有制形式。中國現階段存在的個體經濟主要是改革開放以後發展起來的。改革開放之前，中國對個體經濟實際上採取了逐步消滅的政策。改革開放之後，國家調整了對個體經濟的政策，允許其存在和發展，從而使個體經濟迅速恢復和發展起來，安置了大量城鎮人員、農村剩餘勞動力和其他閒散人員，個體經濟已成為中國社會主義公有制經濟的重要補充。

個體經濟具有規模小、分散經營、工具簡單、主要依靠手工勞動等特點。在中國當前的生產力狀況下，個體經濟的生產經營活動能更好地節約勞動力，方便群眾的生活，從多方面滿足群眾的需要，而且還可以增加國家財政收入，累積資金和安排就業。可見，個體經濟所起的作用，在一定時期之內，是社會主義公有制經濟所不能取代的。個體經濟在許多社會形態中都存在，它是一種依附於一定社會中占主導地位的經濟形式的補充經濟形式，可以為不同的社會經濟發展服務。在社會主義公有制占主體地位的社會主義制度下，個體經濟可以為社會主義經濟的發展服務。因此，國家應鼓勵個體經濟在政策允許的範圍內進一步發展。

私營經濟是指企業資產屬於私人所有，存在雇傭勞動關係的私有制經濟，從本質上

講，它是資本主義性質的經濟。在社會主義初級階段，在發展市場經濟的過程中，私營經濟的存在和適當發展是必要的。它有利於促進生產的發展，活躍市場，擴大就業，更好地滿足勞動者的物質文化需要。國家應保護它的合法權益，鼓勵它在國家政策允許的範圍內有一定的發展。中國現階段的私營經濟主要是在改革開放以後迅猛發展起來的。據統計，2012年年底，中國私營企業有1,085.7萬戶，從業人員11,296.1萬人[①]。中國私營經濟成長的途徑主要有兩條：一是在個體經濟發展的基礎上形成的；一是由那些不適宜繼續實行公有制的企業轉化而來的，如有些中、小型公有企業被拍賣而轉化為私營企業等。與個體經濟相比，私營經濟的生產經營規模、技術層次以及社會化程度都要高出很多。私營經濟的存在同樣是由中國的生產力狀況決定的。總的來看，私營經濟的存在和發展對中國國民經濟的發展有積極的促進作用，尤其是競爭可激發公有制經濟的活力。但是，也不可忽視私營經濟的發展所帶來的一些消極影響。因此，國家對私營經濟應本著興利除弊的原則，有效地發揮它的積極作用，同時要加強對私營企業生產經營活動的指導、監督和管理，通過經濟立法和加強管理給予必要的調節，限制其不利於社會主義經濟發展的消極方面，引導其健康發展。

社會主義制度下的外資經濟，是指社會主義國家「能夠加以限制、能夠規定其範圍的資本主義」。中國現階段的外資經濟主要有三種形式：①中外合資經營企業。這類企業是由中外雙方投資主體共同投資建立起來的，根據雙方出資比例確定雙方的權益和責任，利潤分享，風險共擔。②中外合作經營企業。採用這種形式，合營雙方要提供一定的投入要素，按照雙方都能接受的條件達成協議，興辦企業，合作經營，並根據協議確定雙方的投入、權責和收益分配比例。③外商獨資企業。這是由外國和中國港、澳、臺地區的商戶或個人單獨投資、獨立經營、自負盈虧的企業。上述三種外資經濟形式，在中國又被簡稱為「三資」企業。「三資」企業都是受中國政府監督和管理，在社會主義公有制經濟的影響和制約下進行經營的，因而它們在本質上都屬於社會主義制度下的外資經濟。

現階段，中國外資經濟的存在和發展，不僅有利於利用外資，緩解國內建設資金不足的矛盾，而且有利於創造更多的就業機會，促進中國勞動力資源的有效利用；不僅有利於引進先進設備、先進技術和先進的管理方法，而且有利於促進中國技術水準和管理水準的提高；不僅有利於發展外向型經濟，拓展國際市場，而且有利於提高中國資源開發和利用的能力。由此可見，這種經濟的存在和適當發展，對於發展中國的社會主義經濟有重要的作用。但是，外資經濟的發展，也會帶來一些消極影響，對此我們應有充分的認識，並採取措施盡可能地限制或減少其消極影響。

非公有制經濟是中國社會主義市場經濟的重要組成部分，它們對滿足人們多樣化的需要、增加就業、促進國民經濟的發展都有重要作用。就中國目前的情況來看，除全民

---

① 中華人民共和國國家統計局. 中國統計年鑒（2013）[M]. 北京：中國統計出版社，2013.

所有制經濟以外，其他經濟成分不是發展得太多，而是還很不夠。對於城鄉合作經濟、個體經濟、私營經濟和外資經濟，都要繼續鼓勵和引導它們健康發展，以形成適應中國市場經濟發展的所有制結構。

2004年3月14日，第十屆全國人大二次會議通過憲法修正案，「公民的合法的私有財產不受侵犯」被寫入憲法。未來中國將毫不動搖地鞏固和發展公有制經濟，毫不動搖地鼓勵、支持、引導非公有制經濟發展，堅持平等保護物權，形成各種所有制經濟平等競爭、相互促進的新格局。

近幾年，中國非公有制經濟迅猛發展的事實證明，非公有制經濟在支撐增長、促進創新、擴大就業、增加稅收等方面的作用不可替代。要大力發展和積極引導非公有制經濟，堅持權利平等、機會平等、規則平等，廢除對非公有制經濟各種形式的不合理規定，消除各種隱性壁壘，制定非公有制企業進入特許經營領域的具體辦法。允許非公有資本進入法律法規未禁入的基礎設施、公用事業及行業和領域。非公有制企業在投融資、稅收、土地使用和對外貿易等方面，與其他企業享受同等待遇。要改進對非公有制企業的服務和監管，掃清非公有制經濟發展的制度性障礙。同時，鼓勵非公有制企業參與國有企業改革，鼓勵發展非公有資本控股的混合所有制企業，鼓勵有條件的私營企業建立現代企業制度。

小　結

（1）社會主義革命和社會主義經濟制度的建立是在馬克思主義科學社會主義理論的指導下進行的。社會主義代替資本主義這一歷史發展的客觀趨勢，根源於資本主義生產方式的基本矛盾，是資本主義社會生產關係和生產力矛盾運動的必然結果。

（2）社會主義經濟制度是以公有制為基礎的新型經濟制度。生產資料公有制是社會主義經濟制度區別於資本主義經濟制度的最本質的特徵。社會主義經濟制度是社會主義本質的表現形式之一，是社會主義本身所固有的價值的規定性在社會經濟關係上的體現，其內容和特徵涵蓋整個社會發展的歷史過程。

（3）關於社會主義的發展階段以及在各個發展階段社會經濟制度的基本特徵，是中國共產黨在建設社會主義的實踐中逐步認識到的，中國共產黨一直沒有放棄探尋一種適應中國國情和生產力狀況的社會主義經濟制度和體制，這就是中國特色社會主義。

（4）社會主義初級階段理論不僅豐富和發展了馬克思主義關於社會發展階段的基本思想，而且為科學地確定社會主義政治經濟學的研究對象提供了理論指導，從而成為當代社會主義政治經濟學的基石。社會主義初級階段理論確認了人類歷史上社會形態發展的階段性和多樣性，從而要求建立能夠指導這個特定歷史階段經濟發展的政治經濟學。社會主義初級階段理論正確地把握了中國的基本國情，從而為經濟理論的探索和創新提

供了更廣闊的空間。社會主義初級階段理論把集中力量發展社會生產力擺在首要地位,指明了經濟理論研究的任務和方向。

複習思考題

1. 解釋下列名詞概念:
科學社會主義　　　　社會主義經濟制度　　　　社會主義初級階段
社會主義初級階段基本經濟制度
2. 按照馬克思、恩格斯的科學社會主義理論,社會主義經濟制度的建立需要哪些基本條件?
3. 中國在建設社會主義的實踐中是如何逐步認識社會主義基本經濟制度的?
4. 為什麼說中國處於社會主義初級階段?認識這一問題的理論意義和實踐意義是什麼?
5. 社會主義初級階段的主要矛盾和根本任務是什麼?為什麼?
6. 確定中國社會主義初級階段基本經濟制度的根據是什麼?

閱讀書目

1. 中國共產黨第十八屆三中全會:中共中央關於全面深化改革若干重大問題的決定.
2. 中國共產黨第十八次全國代表大會報告:堅定不移沿著中國特色社會主義道路奮進　為全面建成小康社會而奮鬥.
3. 中國共產黨第十七次全國代表大會報告:高舉中國特色社會主義偉大旗幟　為奪取全面建設小康社會新勝利而奮鬥.
4. 中國共產黨第十六次全國代表大會報告:全面建設小康社會,開創中國特色社會主義事業新局面.
5. 中國共產黨第十六屆三中全會:中共中央關於完善社會主義市場經濟體制若干問題的決定.
6. 鄧小平. 鄧小平文選:第3卷 [M]. 北京:人民出版社,1993.
7. 馬克思. 哥達綱領批判 [M] //馬克思,恩格斯. 馬克思恩格斯選集:第3卷. 北京:人民出版社,1972.
8. 中共中央宣傳部理論局. 建設有中國特色社會主義若干理論問題學習綱要 [M]. 北京:學習出版社,1998.

參考文獻

1. 馬克思. 資本論：第 1 卷 [M]. 北京：人民出版社，1975.
2. 馬克思，恩格斯. 共產黨宣言 [M]. 北京：人民出版社，1975.
3. 馬克思. 哥達綱領批判 [M] //馬克思，恩格斯. 馬克思恩格斯選集：第 3 卷 [M]. 北京：人民出版社，1972.
4. 鄧小平. 鄧小平文選：第 3 卷. 北京：人民出版社，1993.
5. 江澤民. 在慶祝中國共產黨成立八十週年大會上的講話 [J]. 求是，2001（13）.
6. 馬洪. 建立社會主義市場經濟新體制 [M]. 鄭州：河南人民出版社，1992.
7. 劉詩白. 構建面向 21 世紀的中國經濟學 [M]. 成都：西南財經大學出版社，2001.
8. 中共中央宣傳部理論局. 建設有中國特色社會主義若干理論問題學習綱要 [M]. 北京：學習出版社，1998.
9. 逄錦聚，洪銀興，林崗，等. 政治經濟學 [M]. 北京：高等教育出版社，2002.
10. 谷書堂. 社會主義經濟學通論 [M]. 北京：高等教育出版社，2000.
11. 習近平. 決勝全面建成小康社會 奪取新時代中國特色社會主義偉大勝利 [R]. (2017－10－18) [2017－10－27]. www. xinhuanet. com/2017／10／27／c_ 1121867529. htm.

第九章　社會主義市場經濟體制

學習目的與要求：通過本章的學習，瞭解和掌握關於市場經濟體制的基礎理論知識，弄清資源配置方式與經濟體制的關係，瞭解中國選擇社會主義市場經濟體制的客觀必然性，明確社會主義市場經濟體制的特徵和基本框架，掌握社會主義市場運行中的市場機制，掌握市場體系的構成及特徵，深入認識健全社會主義市場體系的四個重點，瞭解市場規則的含義和分類。

第一節　資源配置與經濟體制

前面一章對社會主義的一般規定性和社會主義初級階段的特殊規定性進行了制度分析，從本章開始，本書將對社會主義初級階段的經濟運行進行研究。一定社會經濟制度都是按一定的資源配置方式所決定的經濟體制實現經濟運行和發展的。為此，本章首先研究社會主義市場經濟體制。

一、經濟體制同經濟制度的關係

1. 經濟體制（System）與經濟機制（Mechanism）

經濟體制是組織和管理經濟的一整套具體制度和形式，是基本經濟制度下國家組織生產、流通和分配的具體形式或者說就是一個國家經濟制度的具體形式。通常，經濟體制包括了在一定的生產資料所有制結構基礎上所形成的整個國民經濟的組織管理制度以及經濟運行機制兩個層次。其中：①國民經濟的組織管理制度，規定了國家、地方、部門、企業和個人的責權利關係，它的作用是使國民經濟按一定的方向運轉，有時也被稱為經濟管理體制，是經濟體制的核心。②經濟運行機制即經濟機制，是指一定經濟機體內各構成要素之間相互聯繫和作用的制約關係及其運作機理，是經濟運行的具體制度安排或運行方式。它通過一系列規則，為各經濟行為主體構建了制度框架或行為空間，其具體運行過程表現為借助於經濟機制調節資源配置的過程。

根據這一分析，現代經濟體制的分類除了市場經濟體制和計劃經濟體制這兩種基本形式外，還可根據國民經濟組織管理制度分為集權型和分權型兩種類型。如社會主義傳統的計劃經濟體制多屬於集權型，發達商品經濟條件下的市場經濟體制屬於分權型。

[閱讀專欄]

經濟體制的分類

第一，按社會形態發展順序，以資源佔有方式或所有制形式劃分。

這是通常採用的方式，這種方式也往往用於區分社會基本制度或經濟制度。如馬克思把西歐社會的發展歷程劃分為原始社會、奴隸社會、封建社會、資本主義社會和共產主義社會，這是以所有制形式為基本準則的。

第二，按所有制和意識形態劃分。

這種方式往往與意識形態聯繫在一起，即「所有制＋運行機制＋意識形態或某種主義的經濟制度」。熊彼特把經濟體制分為資本主義、社會主義和民主主義三類。哈姆把經濟體制分為資本主義、馬克思主義和自由社會主義三類。

第三，按資源配置方式分類。

瑞典的艾登姆等按照資源是集中配置還是分散配置，把經濟分成三類：完全集中的模式、完全分散的體制模式和中間模式。

埃岡‧紐伯格等人認為，經濟體制包括決策結構、信息結構和動力結構三方面，並以決策作為主要標準，把經濟體制分成以下幾類：傳統體制、分散市場、集中市場、計劃市場、分散計劃、集中計劃。

1985年，亞諾什‧科爾奈在中國參加「宏觀經濟管理國際研討會」時，提出了按行政協調與市場協調兩種方式劃分經濟體制的主張。

第四，按資源佔有方式與資源配置方式的組合分類。

經濟體制是資源佔有方式與資源配置方式的組合，資源佔有方式可抽象為公有制與私有制兩種，資源配置方式可抽象為計劃配置與市場配置兩種，這樣，就可以把經濟體制劃分為四大類：公有制計劃經濟體制、私有制計劃經濟體制、公有制市場經濟體制、私有制市場經濟體制。

這四類體制可以基本反應現實體制模式。但私有制計劃經濟體制在現實中沒有相應的體制實例。資本主義私有制基礎上的市場經濟國家在引入計劃機制中並未放棄市場機制，因而這類體制可稱為以私有制為主導的計劃市場經濟體制。

2. 經濟體制與經濟制度（Institution）

經濟制度和經濟體制是兩個既有聯繫又有區別的概念。

經濟制度是人類社會歷史階段的生產關係的總和。一定社會的經濟制度是由社會生產力發展狀況所決定的，並作為該社會的經濟基礎，決定其政治制度和社會意識形態，受政治法律制度所保護。經濟制度主要揭示人與人之間的所有制關係。比如迄今為止的五大經濟制度包括：原始社會的經濟制度、奴隸社會經濟制度、封建社會經濟制度、資本主義社會經濟制度和社會主義經濟制度。

經濟制度與經濟體制的區別具體表現在：①在社會經濟關係中所處的地位不同。在政治經濟學中，二者同屬生產關係的範疇，但是前者與一定社會的生產資料所有制關係直接聯繫，是一種深層次的生產關係，體現一個社會生產關係的根本性質；而後者是一種表層次的生產關係，反應一定社會發展階段上特定的生產關係的具體形式和運行方式（或資源配置方式）。②在經濟運動中的穩定程度不同。在一定社會形態下，經濟制度具有相對穩定性。如果說有變化，那是指某種經濟制度由不成熟發展到成熟、由不完全到完全、由發展到衰落的變化，該社會的基本屬性貫穿始終。經濟體制的變化具有相對獨立性，不可能像經濟制度那樣穩定。經濟體制的變化不一定會改變經濟制度的屬性。

經濟制度和經濟體制是內容與形式、本質與表現形式的關係。①在社會化大生產條件下，一定社會經濟制度決定著其經濟體制的根本性質和主要特點，規定著經濟體制的發展方向和活動範圍，影響著經濟體制運行效率的高低。②一定社會經濟制度都是按一定的資源配置方式所決定的經濟體制實現經濟運行和發展的。而經濟體製作為社會經濟關係的具體表現形式，是較為靈活的。它在不同經濟制度中或同一經濟制度中的不同發展階段並非一成不變，而是隨著社會生產力狀況的變化而發生變化。為此，同一社會經濟制度及其不同發展階段的國家可以實行不同的經濟體制，不同社會經濟制度的國家也可以選擇同樣的經濟體制。③經濟體製作為一定的生產資料所有制結構基礎上形成的整個國民經濟的組織管理制度和經濟運行機制，所有制結構是經濟體制的出發點，經濟體制的一切改革都要從所有制的具體形式的變革開始。

二、資源配置的基本方式

(一) 資源配置的經濟學含義

所謂資源配置，是指社會如何採用一定的調節機制，在不同使用者和不同用途之間分配各種有限資源，使這些資源能以最小的投入獲得最大效益。①

這裡所說的資源概念是非常廣泛的，它包括自然資源（天然存在的一切可以為人們所利用的土地、礦藏、水、生物、海洋、氣候、環境等資源）和社會資源（主要是指勞動力、資本、科學技術、管理、制度、信息等資源）。在經濟學中往往把最基本的資源表述為勞動、資本、土地、企業家才能等經濟資源或生產要素。

資源配置作為經濟學的一個重要概念，是基於這樣一種前提，即在一定的時間和一定的科學技術條件下，社會所擁有的可以實際利用的資源總是有限的（資源的稀缺性）。因此，使用者（企業和個人）必須針對各種資源的自然特性，對資源在各自可能的生產

---

① 馬克思將經濟資源歸結為社會勞動時間，資源配置即社會總勞動時間的配置。馬克思說：「社會必須合理地分配自己的時間，才能實現符合社會全部需要的生產。因此，時間的節約以及勞動時間在不同的生產部門之間有計劃的分配，在共同生產的基礎上仍然是首要的經濟規律。這甚至在更加高得多的程度上成為規律。」（馬克思、恩格斯. 馬克思恩格斯全集：第46卷 I [M]. 北京：人民出版社，1979：120.）社會勞動按比例分配是一個客觀規律，是自發地由市場調節來實現社會勞動按比例分配，還是自覺地通過計劃調節來實現社會勞動按比例分配，不過是這一客觀規律借以實現的不同形式。

用途之間進行比較，然後做出選擇，以使這些資源能以最小的投入獲得最大的效益。如果我們將這種企業內部的資源配置稱之為微觀層次的資源配置的話，那麼，在現代化大生產條件下，由於社會分工的存在，社會經濟領域被分成許多部門，這些部門之間存在著一定的客觀比例關係，各種經濟資源必須按照這種比例關係的要求分配到各部門、各地區，社會生產才能正常進行、協調發展、增進效益，即所謂的宏觀層次的資源配置。總之，資源配置的核心內容是如何按不同比例和不同結合形式合理地分配和有效地利用有限的資源，最大限度地實現生產目的，這是每個經濟社會都存在並且必須解決的基本問題。[1]

（二）資源配置方式和經濟機制

資源配置方式表明了通過什麼途徑和手段實現社會資源的合理、優化配置。在經濟生活中，稀缺資源的配置是通過經濟機制的調節來實現的。

在這裡，如果我們把經濟體制理解為資源佔有方式與資源配置方式的有機組合，那麼其構成要素有三個層次：核心要素，即所有制或產權制度；支配要素，包括決策結構和利益結構；運行要素，包括組織結構、動力結構、信息結構和協調（監督）結構。有的學者將其歸納為建立在一定產權制度基礎上的決策機制（Decision Making Structure）、信息機制（Information Structure）和動力機制（Motivation Structure）[2]，並把它們作為區別不同經濟體制的標準。概括地講，共有三點：①決策機制的基本內容是經濟決策權在組織成員之間的分配格局，它表明由什麼人作出什麼樣的經濟決策，實質上是人們在決策勞動方面的分工體系。決策權有多種來源：傳統、強制、所有權和信息佔有。②正確的決策依賴對信息及時而充分的掌握。信息機制就是人們在收集、傳遞、整理信息方面的分工體系，它表明什麼人以什麼方式對什麼信息進行整理。與資源配置決策相關的信息包括成本價格信息、供求量的信息、資源效用信息以及個人效用信息等。③動力機制（也叫激勵約束機制）是激勵者與被激勵者之間以及約束者與被約束者之間的一種關係，它表明激勵者如何使被激勵者採取某種有利於激勵者的經濟行為，約束者怎樣使被約束者不採取某種有損於約束者的經濟行為。這三個機制也正是資源配置的內容。

其中第二個機制，即信息傳遞和協調機制決定和解決了生產什麼、如何生產與為誰生產的問題，是傳統的區別經濟體制的重要標準：按照供求、價格和競爭機制來配置資源，協調經濟各部分關係的是市場經濟；依靠行政指令、計劃的分解、調撥、由政府直接調節經濟各部分關係並進行資源配置的是計劃經濟。

因此，市場經濟以及計劃經濟反應的是經濟運行中兩種不同的資源配置方式。現代

---

[1] 帕累托和巴羅尼證明了：建立在國有制基礎上的集中計劃經濟條件下的資源配置及競爭與市場制度條件下的資源配置的本質相同，都不過是求解一組資源配置的聯立方程式（熊彼特. 資本主義、社會主義和民主主義 [M]. 顧準，譯. 北京：商務印書館，1979：214-233.）。換言之，如果該比例是通過成千上億次的市場交易所確定的，那就是資源的市場配置；如果是通過某一「生產部」即計劃機關直接計算出來的話，就是資源的計劃配置。

[2] 埃岡·紐伯格，威廉·達菲，等. 比較經濟體制：從決策角度進行的比較 [M]. 榮敬本，吳敬璉，陳國雄，等，譯. 北京：商務印書館，1986.

解決資源配置和資源利用的方式可以概括為市場配置和計劃配置兩種最基本的方式。

(三) 現代經濟中的資源配置方式和經濟體制：市場經濟與計劃經濟

1. 市場配置方式和市場經濟體制

在商品經濟條件下，生產產品的目的是交換，生產者擁有的資源是按照他人的需要來配置的。商品通過交換才能實現其社會屬性。這時，市場不僅是商品交換的場所，還具備了配置資源的功能。市場配置方式就是通過市場機制（供求、價格和競爭等經濟機制）發揮作用，使社會資源以最小投入獲得最大效益的資源配置方式。市場機制的相關內容將在第三節中詳細介紹。

進行市場配置資源的經濟體，其基本的資源佔有關係特徵是：資源基本歸具有明晰產權的自然人或自然人組成的法人所有；各經濟主體都是獨立、平等的，也是受法律保護的，可以在自身利益的驅動下，自由進出市場，自由地開展競爭與合作，同時承擔各自相應的權利和義務。

在市場這種資源配置方式中，生產什麼、生產多少、如何生產和為誰生產完全由經濟主體獨立決策，決策權高度分散。企業和消費者作為市場的主體，作為一個理性經濟人[①]，在進行獨立決策時，企業以利潤最大化為目標，消費者以效用最大化為原則。自主決策能力充分發揮決策的主動性；分散決策快速及時，有利於抓住機會，充分利用資源。這種資源配置又叫「看不見的手」。

市場配置方式中的信息機制是相對價格。價格由供給者和需求者雙方通過競爭來決定。價格提供的信息量是巨大而充分的，可以從中瞭解市場上各種商品供給的數量、需求的多少、成本的高低、收益的大小。價格提供的信號簡單、明了、透明度大、公開性強；市場價格信號可以橫向和無限地傳遞，收集、整理快速，可以節省成本。

這種資源配置方式中的激勵約束效應是強大的。與計劃經濟條件下以實物和使用價值為經濟追求的目標不同，市場經濟下經濟追求的目標是貨幣和價值。由於貨幣在量上是無限的，追求貨幣的慾望永遠不會被完全滿足，因而它能提供強大的動力機制。同時，競爭作為一種外部壓力，是一種最好的激勵約束機制。競爭是一個優勝劣汰、擇優選擇的過程，在競爭的壓力下，人們力求獲得別人也在追求的東西。因此，競爭是創造效率的行為、創新的激勵，為了應對競爭，人們必須以最好、最便宜、最符合需求的產品供應市場。

從理論上說，產權清晰、經濟人假設、信息完全和完全競爭四個條件是發揮市場機制優越性、實現市場有效配置的必備條件。但是在現實生活中，這些條件均難以得到完全保證，又由於市場機制特有的自發性、盲目性、事後性和時滯性特點，結果容易導致市場失靈。

[①] 經濟人是自由經濟主義理論最基本的假定，今天的自由經濟主義學者所津津樂道的仍然是古典自由主義的經濟人的自利和他利，即個人（其實首先是資產階級個人）在追求個人私利的同時也造福於他人，推動社會的發展。它以人的無限度的物質需求為人的本性的基礎，認為人不過是一個追求無限度的物質需要的動物而已。

2. 計劃配置方式和計劃經濟體制

計劃的本意是指事先的預測和安排。作為配置資源方式的計劃機制，是指社會經濟調解中心通過過去形成的社會生產和社會需要對將來經濟發展進行預測，預先確定比例，並在此基礎上附加上計劃者的偏好，有意識地對社會資源進行統一、強制性地安排和調節，以避免可能的經濟混亂和波動，以有利於實現社會共同目標。計劃調節有狹義和廣義之分，前者主要指計劃當局用計劃手段對經濟的干預，後者還包括國家通過行政、法律等手段對經濟生活的干預。

計劃的作用方式可以分為直接計劃和間接計劃兩種形式。直接計劃也稱指令性計劃，是計劃當局或機構把計劃指標直接下達給經濟主體執行的計劃，具有行政干預的強制性特徵。在計劃作為資源配置方式的中央集權經濟體制中，它是計劃的主要形式。間接計劃也稱指導性計劃，是把計劃目標化解為市場參數，並通過市場間接影響市場主體行為來調節目標的計劃。在市場作為基本資源配置方式的經濟體制中，這種計劃方式可以在一定程度上彌補市場配置資源的不足。

在此，我們以指令性計劃為代表闡釋計劃配置資源的特點。指令性資源配置方式是通過中央當局或機構決定的計劃確定生產目標和生產方式、指定分配規則，並借此實現社會資源的資源配置方式，反應在經濟體制上就是中央集權的計劃經濟。

實行計劃配置資源的經濟體制，其基本的資源佔有關係特徵是：資源基本歸國家所有，經濟的組織和管理由中央計劃機關負責，整個社會就像一個大工廠，成千上萬個國有企業是其中一個工段或一個車間。經濟社會發展的決策權高度集中在中央計劃機構，依靠強制力、所有權及自身掌握的信息進行決策，但本身並不從事經濟活動。企業和居民則根據政府的決策生產、就業以及獲得收入進行消費。

在這種資源配置方式中，資源的配置和利用是政府在公共產權基礎上採用國家計劃的方式解決的。政府的中央決策機構控制全社會的一切經濟活動，它在預先決定資源配置比例的基礎上，以指令性計劃指標把各種資源和生產任務直接分配到各部門、各行業、各企業中去，層層下達。它有可能在全國範圍內短期動員和集中起有效的人力、物力、財力投入重點部門建設，集中力量辦大事，促成國民經濟的強行「起飛」。

在計劃配置資源的情況下，企業按國家計劃從相關企業獲得生產所需的各種物資和勞動力，生產的產品交給計劃指定的有關部門和企業。雖然在形式上企業與企業之間還保持著交換關係，仍然用貨幣核算、計價，但這並不是真正的市場買賣關係，因為這些價格是由計劃規定的，並不一定遵照價值規律要求和受供求關係影響，跟企業也沒有太大的利害關係，這種交換關係實質上還是一種分配關係。

在這種資源配置方式中，信息的收集、整理和傳遞是通過政府計劃部門縱向進行的。國家在制訂計劃時，由各企業上報上半年計劃執行情況，逐級整理後再上報中央，計劃部門經過測算、平衡，根據自己掌握的國內外有關該部門的供需、價格的信息和動態，制訂出計劃後再逐級下達到企業，企業將計劃作為指令執行。這種信息收集和傳遞

機制缺乏公開性和透明度，信息收集和傳遞速度緩慢，組織費用較高，而且容易失真。依靠這樣的信息制訂的計劃很難符合瞬息萬變的客觀實際的需要，最後往往異化成主觀主義或官僚主義的計劃，造成資源配置不當。

這種資源配置方式中的動力機制在於，經濟主體的任務主要是完成中央下達的計劃指標，經濟發展的動力主要依靠行政動員、精神激勵以及道義力量。在「物質財富像泉水一樣湧出來以滿足人類無限需要」和人的全面發展的理論前提下，社會主義全民所有制使個人、集體和社會的利益完全一致，社會主義生產的目的是滿足人們不斷增長的物質文化需要，政治上、道義上的一致成了社會和經濟發展的動力。而所謂的競爭僅限於圍繞完成計劃、提出合理化建議的勞動競賽。

同樣，計劃（尤其是指令性計劃）配置資源的有效性是建立在完全信息和單一利益主體假設[①]上的，但是在現實生活中，這些條件也難以得到完全保證，加上指令性計劃往往帶有較強的主觀性、隨意性，容易助長官僚主義，結果往往導致計劃失靈。

[閱讀專欄]

關於市場與計劃的論戰

自20世紀二三十年代計劃經濟體制出現，一場非常著名的關於市場經濟與計劃經濟的大論戰正式爆發，經濟學說史稱之為社會主義大論戰。

奧地利經濟學家路德維希·馮·米塞斯（Misses）等懷疑主義者認為，社會主義不可能獲得維持經濟運行的信息。米塞斯於1922年4月在《社會科學文摘》上發表了著名的題為《社會主義制度下的計算》的署名文章，認為高度集中的計劃當局既不能獲得所有生產單位有關生產技術、成本、需求等方面的信息，也無從得到全部消費者的偏好，更不能解出數以百萬計的供給和需求聯立方程組。退一步講，即使這些信息可以獲得，方程可以解出，但得到的結果也許已經因為人們消費偏好的改變、企業技術條件的變化而無任何用處了。因此，經濟社會不可能獲得社會計劃所需要的信息並合理地使用這些信息，因而社會主義不可能成功。

論戰另一方的核心人物蘭格則認為，市場採用「試錯法」，根據經濟關係的變化來提高或降低價格，就可以確定供求相當的均衡價格，使每種產品的供求保持平衡，按照這種均衡價格就可以合理地配置資源；或者讓每個企業根據邊際成本等於中央計劃委員會所制定的產品價格來確定生產水準，是完全可以實現資源的優化配置的。他甚至認為，中央計劃模擬市場過程以實現均衡所需程序遠比資本主義私有制下通過市場競爭達到的均衡狀態簡單得多、好得多，因為中央計劃機關對整個經濟活動所掌握的信息、知識比任何私人企業家都要寬廣得多、準確得多。1965年，蘭格發表了題為《計算機與市場》的論文，認為電子計算機的出現使中央計劃機構

---

① 即上述的整個社會的利益、價值觀大體一致；不存在不同的價值判斷。

模擬市場構成變得更容易、更簡單。計算機和市場是中央計劃機構進行經濟計算、調控經濟運行的兩個基本工具，計算機的出現證明他的模式是可行的。

蘭格的模式後來被人們稱為競爭社會主義或市場社會主義。他主張，在以公有制為基礎的計劃經濟中，在消費品和勞動力市場範圍內，由市場機制發揮調節作用；在資本、貨物，即生產資料市場範圍內，由中央計劃機構模擬市場過程，利用「試錯法」確定價格，不斷進行調整，直至達到均衡狀態。這種按不同領域和經濟活動範圍實現市場與計劃相結合的思想，對後來人們討論社會主義經濟中計劃與市場的關係起到了重要的先導和啟示作用。

3. 市場與計劃相結合的混合配置方式和混合經濟體制

以上我們分別分析了市場配置和計劃配置兩種資源配置方式，以及與其相對應的市場經濟和計劃經濟的特點，清楚地看到兩種資源配置方式和經濟體制都不是完美的，都有其約束條件和適用範圍。事實上，現代市場經濟通常採用的是市場與計劃相結合的混合配置方式，即在以價格機制為主進行市場配置的基礎上，輔之以計劃指導的資源配置方式，反應到經濟體制上也被稱為混合經濟。

這種「國家之權威與私人策動力量互相合作」[①] 的混合經濟，其基本的資源佔有關係特徵是：資源的民間所有和國家所有相結合，市場和計劃相結合，自由競爭與國家干預相結合。結合的基本原則是：市場主要作用於家庭、企業及個人等微觀領域，他們能解決且效率高於政府的問題，由他們自己解決；計劃調節主要側重於宏觀經濟領域，目的在於解決市場調節所不能解決的問題。

在這種混合配置方式中，決策機制既不能完全集中，也不能完全分散，其決策是一種受控制的或有管理的分散決策。消費決策權在消費者手中，生產決策權在生產者手中，有關公平分配、穩定增長以及社會公共目標的問題則由國家來決策。在資源配置中，以市場為基礎，國家的指導性計劃和政府宏觀政策干預結合起來進行調節。如計劃和干預可在以下方面發揮其作用：解決市場機制解決不了的經濟衰退、失業、通貨膨脹及維繫本國貨幣的價值等保持宏觀經濟穩定的問題；調節個人、地區、部門間收入和財富的分配；提供如國防、道路、橋樑、污染控制、公共教育和科學知識等「公共產品」；界定產權，保護產權；彌補市場的不完全性和信息的不對稱性；限制壟斷；掌握國民經濟運行方向，優化經濟結構；保持經濟發展與社會發展之間的平衡，促進經濟穩定增長和可持續發展。

混合經濟中的信息機制，主要是價格機制，同時增加了大量的國家計劃和政策信息。國家圍繞社會目標所制定的中長期規劃以及年度計劃首先是對國家經濟發展的預測，為企業和個人提供重要的、全面的、前瞻性的信息。國家為了實現計劃，還將制定

---

① 凱恩斯. 就業、利息和貨幣通論 [M]. 高鴻業，等，譯. 北京，商務印書館，1997.

一系列的政策，如產業政策、就業政策、稅收政策、利率政策、匯率政策等。所有這些無論對企業還是個人而言，都是有指導作用的信息。有了市場價格信息，以及更宏觀、全面和權威的計劃和政策信號，企業和個人就能更有效地配置資源。

在混合經濟中，除市場提供的激勵約束效應不變外，另外又補充了指導性計劃和政策的激勵約束效應。這就是說，企業和個人的行為，凡是符合社會發展方向和計劃要求的，將會得到鼓勵和獎勵，如享受貸款、稅收等方面的優惠。當然，任何違規行為，也將會受到經濟制裁，如受到財政、貨幣等方面的約束。

第二節　中國社會主義市場經濟體制的選擇及其改革和完善

一般來說，隨著社會經濟的不斷發展，經濟制度也會隨著新的經濟現象不斷發展和完善。為了適應經濟制度的新變化，必須深化經濟體制改革，否則經濟體制運行效率就會很低。反過來，經濟體制的改革也要求經濟制度不斷完善，以使二者相互適應，而不合理的經濟體制則有礙於經濟制度的完善與發展。所以，一定的經濟制度建立後，經濟體制的選擇和改革是至關重要的。

一、中國建立社會主義市場經濟體制的必要性

（一）中國社會歷史上的特殊矛盾和特殊道路，是中國建立社會主義市場經濟體制的深層次原因

1. 中國建立計劃經濟體制的原因

中國共產黨在取得革命勝利，並經過短暫時期的經濟恢復後，於1953年提出了「過渡時期總路線」，結果僅僅用了不到3年的時間便在全國全面建立了原計劃用15年甚至更長時間完成的「以國有和集體所有兩種公有制為唯一經濟基礎的集權的社會主義計劃經濟體制」，並在隨後的實踐中不斷進行改革與探索。新中國之所以能夠在成立後短短3年內順利建立計劃經濟體制，主要原因如下：

（1）從理論上講，新中國成立初期，由於缺乏經驗，中國與其他社會主義國家一樣，也毫無例外地以「蘇聯模式」為藍本建立了社會主義計劃經濟體制。「蘇聯模式」的計劃經濟的特點是：國家動用指令性計劃，直接掌握與控制人力、財力、物力資源；權力主要集中在中央，所有的經濟活動都在計劃規定的範圍內進行。它一方面反應了馬克思主義經典作家關於社會主義社會不存在商品貨幣的計劃經濟思想，另一方面也反應了社會主義原始累積階段大規模工業化的迫切要求。

（2）從政治背景來看，新中國成立之初，為了對抗西方資本主義國家的封鎖和可能進行的干預和侵略，加強國防力量被提到了議事日程的首位。為此，中國領導人選擇了集中動員和配置資源的制度安排，以便把有限的資源運用到以軍事工業為核心的重工業

中去。而高度集權的計劃經濟體制正好能適應這種需要。

（3）承受過一百多年殖民地、半殖民地屈辱的中國人，從領導人到普通群眾，普遍懷有趕超西方發達國家的強烈願望，從當時的知識水準與發展階段來看，迅速地引進在西方社會已經發展成熟並為蘇聯學習到的現代社會分工體系以及部分管理制度，依靠已經取得的國家權力，充分動員和集中使用人力、物力、財力，能夠在較短的時間內快速實現社會主義原始累積和中國的現代化。

（4）任何制度變遷都存在一個「路徑依賴」① 的問題。中國在很長時期內是一個小農經濟的國家，「行政權力支配社會」形成了牢固的歷史傳統，這可以說是建立集權體制的文化基礎。不可否認，這種高度集中的計劃經濟體制在國民經濟發展水準比較低、經濟結構較為簡單的情況下，對原始累積起到了積極的作用。這主要表現在：通過集中人力、財力和物力，保證了國家重點建設，實現了國民經濟的較快發展並增加了財政收入，抑制了惡性通貨膨脹，穩定了物價，實現了較為公平的分配，使廣大勞動者迅速擺脫了貧困狀況。

2. 中國傳統計劃體制的內在矛盾

由於計劃經濟的運行要求國家計劃機關必須及時、全面、準確地掌握所有的經濟信息，這樣才能制訂出正確的計劃；全體社會成員的經濟利益完全一體化，這樣國家計劃機關配置資源的行政指令才能暢通無阻。但是，這兩個基本條件在現實的生活中顯然都不容易滿足。隨著社會主義經濟制度的建立和社會主義改造的完成，經濟規模不斷擴大，經濟聯繫日益複雜，這種經濟體制在實踐中的矛盾伴隨著高速工業化的負面效應逐漸凸顯了出來。這種體制與實踐的矛盾主要表現在：

（1）組織結構上的條塊分割與社會化大生產的矛盾。隨著經濟的日益發展，社會化的大生產程度越來越高，分工越細，聯繫越緊密，開放度越高。各個企業、各個部門、各個地區之間存在著千絲萬縷、錯綜複雜的分工協作關係，只有通過市場才能得到有機聯繫和協調。但是，原有的計劃經濟體制一般是按照行政體系來組織管理經濟的。這些行政管理機構按照行業和產品的特徵而細分，各管一攤，人為地阻隔了國民經濟的內在分工協作關係，阻礙了社會化大生產的發展。它造成了政企不分，條塊分割。這種條塊分割的局面進而促使各地區、各部門採取地方保護主義和部門保護主義政策，各自「畫地為牢」、「封關設卡」，企業之間、部門之間、地區之間的經濟聯繫被割斷，低水準的重複建設泛濫，在一定程度上形成互相封閉的所謂的「諸侯經濟」，使個量資源難以通過橫向流動實現優化組合，同時也造成了社會資源的巨大浪費和交易成本的增加。

---

① 路徑依賴本來是在研究非線性系統時發現的系統演化的一種特性。諾斯（Douglass C. North）把這一理論推廣到制度變遷方面，指出「人們過去作出的選擇決定了他們現在可能作出的選擇的範圍」，制度變遷一旦走上了某一路徑，它的既定方向就會在往後的發展中得到自我增強。因此，經濟和政治制度可能沿著正確的路徑逐漸優化；也可能沿著錯誤的路徑，離目標愈來愈遠；弄得不好，它們還會被鎖定在某種無效率的狀態之下。（參見：吳敬璉. 何處尋找大智慧 [M]. 北京：生活・讀書・新知三聯書店，1997：351-358.）

（2）政府權力的過分集中與政企關係危機。傳統計劃經濟體制是建立在政府高度集權的基礎上的，經濟運行和發展表現為完全的「政府過程」。國家在授予企業組織一定的社會資源支配權利的同時，還把國家的意志與一些社會性職能相應地單位化，形成「企業辦社會」的政企職責不分的現象，束縛了企業手腳，扭曲了企業行為。企業成了行政機構的附屬物，無權根據市場需要和自身的生產條件、經濟利益決定產品生產、產品銷售、產品價格。久而久之，企業普遍產生了與資源配置要求相悖的兩種行為：一是企業只關心完成計劃指標而不關心滿足市場需要；二是企業普遍從事計劃體制下的投機行為，如多要資金和物資、拉關係、走「後門」、爭取「寬鬆」的計劃等。企業行為的扭曲，必然阻礙經濟發展。

（3）平均主義的分配傾向與勞動效率損失。原有計劃經濟體制在動力機制上忽視企業和職工有獨立的經濟利益的事實，平均主義盛行。經濟主體沒有獨立的經濟利益，難以產生持久的創新熱情和效率，靠行政動員和精神激勵調動起來的積極性既不具有普遍性，也無法長期維持。有資料表明，1952—1978年，全民所有制工業企業的全員勞動生產率年均增長3.8%，全民所有制工業企業職工的實際工資平均每年僅增長0.6%。與此同時，國家在財政上實行統收統支、大包大攬，造成職工吃企業的大鍋飯，企業吃國家的大鍋飯，再加上鐵飯碗的勞動制度，勞動者在通過自身的勤奮努力提高生產技術和勞動效率，為企業和國家創造更多利益時，自身的收入與「不干者」「少干者」毫無區別。平均主義的泛濫，挫傷了工人的生產積極性，他們往往放棄進取的努力，選擇「閒暇」作為利益補償。也就是說，在監督機制不健全、監督成本較高的情況下，出工不出力的「在職閒暇」現象很難被發現，即便被發現，領導也無權扣發其工資，報酬照樣不變。這也是在計劃經濟國家，勞動者的上班時間要遠遠高於市場經濟發達國家，並且經常加班加點，但勞動績效卻大大低於市場經濟發達國家的原因。

（4）社會資源的行政化配置與經濟失衡。原有計劃經濟體制以計劃為配置資源的基本方式，並且基本上忽略了價值規律和市場的調節作用。這種排斥市場、取代市場的經濟資源行政化宏觀配置方式，導致了宏觀經濟失衡。其一，在調節機制上，不利用市場機制，而只靠行政手段，造成長官意志和官僚主義盛行，宏觀經濟失控。政府集財產所有者、經濟調節者、社會管理者的職能於一身，就好像在運動場上，政府既是運動員，又是裁判員，還是裁判規則的制定者。職能混亂、責任不明，必然導致經濟秩序的混亂，從而使形式上的計劃變成實際上的長官意志，造成經常的比例失調和經濟震盪。其二，在信息機制上，具有無法克服的缺陷，不能適應複雜多變的企業勞動生產率和供求關係的變化。生產社會化的發展使經濟規模越來越大，企業分工越來越細，科學技術日新月異，產品品種和規格不計其數，從而使企業勞動生產量和供求關係越來越複雜多變。所有這些千變萬化的信息，只靠一個中心難以做到了如指掌，更難以在計劃上進行及時反應和調整。這就使得計劃總是落後於已經變化了的實際，從而導致產銷脫節、供需脫節。

（5）「一大二公」的所有制結構與生產力狀況之間的矛盾。生產資料所有制作為生產關係的基礎和重要內容，是由生產力水準決定的，必須反應生產力狀況，適應生產力發展和變化的要求。實行傳統計劃體制的國家都是在生產力相對落後、小農經濟占很大比重的基礎上走上社會主義道路的，並且經濟發展水準越低，生產社會化層次就越多。中國更是脫胎於生產力水準極為低下、自然經濟占相當大比重的半殖民地半封建社會，所以生產力水準發展更為複雜多變。在特定歷史條件下建立起來的計劃經濟體制以及作為其主要內容的「一大二公」的所有制結構，雖然使生產力水準比過去有了很大的提高，但總體來說，經濟不發達的局面還遠遠沒有改變，也越來越不適應生產力跨越式發展的要求。

隨著中國社會主義經濟建設條件的變化，高度集中的計劃經濟體制越來越不適應進一步提高生產力以及現代化建設的需要。中國共產黨的十一屆三中全會以後，鄧小平總結了歷史經驗，指出要解放生產力，經濟體制改革是必由之路。[①]

（二）中國依然存在著商品經濟賴以生存的條件，是建立社會主義市場經濟體制的間接原因和社會主義經濟發展的內在要求

從根本上講，建立社會主義市場經濟體制，是中國社會主義經濟發展的內在要求和必然結果。

市場經濟是高度發達的社會化的商品經濟，其產生除了必須具備商品經濟的兩個基本前提，即社會分工和建立在此基礎上的生產者之間在產權和經營活動上的獨立性之外，還必須具備另外兩個重要條件，即社會化大生產和建立在此基礎上的整個資源與生產要素配置的市場化。這些條件都內在地存在於社會主義初級階段的經濟之中，導致社會主義市場經濟必然產生。

現實的社會主義經濟首先是一種商品經濟。在社會主義初級階段，由於存在著廣泛的社會分工和勞動交換關係，存在著國有經濟、集體經濟、個體經濟、私營經濟及外資經濟等多種所有制的經濟形式，國有經濟內部各企業之間在經濟利益和經營活動上又具有獨立性，整個社會的產品交換必然要求採用商品交換的形式，社會主義經濟必然是商品經濟。社會主義的這種商品經濟與前資本主義社會存在的小商品經濟不同，它不是以個體勞動為基礎、作為自然經濟形態的補充的經濟形式，而是以社會化大生產為基礎的發達的商品經濟。社會化大生產使社會分工得到廣泛深入的發展，使各部門、各企業之間的相互交換更加頻繁，相互依賴關係更加密切，自給自足的狹隘封閉的生產方式被徹底摒棄，整個社會的經濟活動和資源配置都建立在商品貨幣關係的基礎上，價值規律支配下的市場機制必然成為資源配置的基本方式。由此可以看出，這種經濟體制是以商品經濟為基礎，是高度發達的社會化的商品經濟，即市場經濟。從社會資源配置過程來看，在資源稀缺和利益多元化的條件下，有效配置資源必然要求資源的有償使用，要求資源能夠按照供求關係和稀缺程度來加以分配和調節，要求資源配置的市場化。這是現

---

① 鄧小平. 鄧小平文選：第3卷［M］. 北京：人民出版社，1993：138.

階段社會主義經濟運行的必然選擇，是社會主義市場經濟理論確立的根本原因。

（三）進一步促進和發展社會生產力，是建立社會主義市場經濟體制的直接原因

當前，中國進行社會主義建設的首要任務是發展生產力，建立強大的社會主義物質文明。應當在這一根本原則下來思考問題、處理問題。根據這一原則，「社會主義和市場經濟之間不存在根本矛盾。問題是用什麼方法才能更有力地發展社會生產力。」[1] 現代經濟運行的實踐反覆證明，有宏觀調控的市場機制發揮決定調節作用的現代市場經濟體制，比起單一的計劃經濟或市場經濟體制，資源配置效率更高。所以鄧小平反覆強調：我們搞的經濟體制，用的是計劃和市場相結合的體制，不是過去只搞計劃體制，也不是計劃經濟為主的體制。為此，我們嘗試將市場和計劃兩大經濟手段結合起來，自覺調整生產關係不適應生產力發展的各個方面和環節，以發展生產力。這是一種體制上的改革和制度上的創新，同時也是社會主義制度的自我完善。

與此同時，中國 30 多年來的改革經驗也表明，在市場調節作用得以發揮的時期，生產發展得快，經濟充滿活力。市場調節作用得到充分發揮的地區或企業，機制靈活，生產增長迅速，人民生活水準提高快；而受傳統體制影響較大的地區或企業，機制較為僵化，生產增長緩慢。人們從改革的實踐中體會到，市場經濟是有效推動生產力發展的資源配置方式。對傳統體制進行全面改革，選擇市場經濟體制，解放和發展了生產力。在此意義上，改革也是解放生產力。[2]

（四）世界經濟全球化、市場化發展，是建立社會主義市場經濟的外部原因

市場化、信息化、全球化是當代世界經濟的三大趨勢，任何一個國家都不可能脫離世界經濟體系來發展自己的經濟。經濟全球化、一體化在世界範圍內形成了一種包括發達國家和發展中國家在內的你中有我、我中有你的錯綜複雜的開放的經濟格局。馬克思曾經說過，商品就其本身來說是超越一切宗教、政治、民族和語言限制的。它們的共同語言是價格，它們的共性是貨幣。[3] 國與國之間的經濟交往離不開市場機制的調節。在市場經濟這種有效的資源配置方式的作用下，出現了世界統一的市場，世界經濟向國際化、市場化發展的趨勢越來越明顯。

現在幾乎所有參與國際貿易活動的國家實行的都是市場經濟。因此，國際經濟體系的實質是國際範圍內的市場經濟，並在此基礎上形成了一整套國際慣例、國際規則，凡是參與國際貿易活動的國家都要按國際規則辦事。中國要積極參與國際貿易活動，參與國際分工和國際競爭，利用國內和國際兩個市場、兩大資源，就要實行市場經濟體制，與世界經濟接軌。

---

[1] 鄧小平. 鄧小平文選：第 3 卷 [M]. 北京：人民出版社，1993：148.
[2] 鄧小平. 鄧小平文選：第 3 卷 [M]. 北京：人民出版社，1993：370.
[3] 馬克思，恩格斯. 馬克思恩格斯全集：第 13 卷 [M]. 北京：人民出版社，1972：142.

二、中國社會主義市場經濟體制的建立及完善

中國社會主義市場經濟體制的確立，從根本上說，是社會主義經濟發展的內在要求，但是也必須通過改革開放政策的實施來踐行。

（一）社會主義市場經濟體制的初步確立

新中國成立以後到1978年年底黨的十一屆三中全會以前的30年間，由於沒有認識到社會主義經濟仍然是商品經濟，雖然有眾多爭議，但基本上是否定價值規律和市場機制對社會主義經濟運行的調節作用的。高度集權的計劃經濟體制的弊端，其實並不在於用國家計劃部署和指導國民經濟的宏觀運行，而在於微觀經濟領域完全排斥了市場的作用，把本來應該由市場發揮作用的部分代之以強制性的指令性計劃形式的直接管理，抑制了基層企業的主動性和積極性。針對這一弊端，改革的方向是探索一種能「大的方面管住管好，小的方面放開放活」的經濟體制，即一種計劃和市場相結合，能同時發揮計劃和市場兩種資源配置方式之長的經濟體制。黨的十一屆三中全會以來中國的經濟體制改革正是循著這樣的方向前進的。

1979年，中國提出了「計劃調節和市場調節相結合，以計劃調節為主」的方針，第一次使市場調節在經濟體制中取得了一席之地。1982年黨的十二大提出了「計劃經濟為主、市場調節為輔」的原則，不僅肯定了市場調節作為計劃調節的補充是必需的和有益的，而且把計劃調節區分為指令性計劃和指導性計劃，指出對許多產品和企業適宜實行指導性計劃。1984年黨的十二屆三中全會通過的《中共中央關於經濟體制改革的決定》中指出，改革是為了建立充滿生機的社會主義經濟體制，增強企業活力是經濟體制改革的中心環節。改革現行的計劃體制，要有步驟地適當縮小指令性計劃的範圍，適當擴大指導性計劃的範圍。並且第一次提出「社會主義是公有制基礎上的有計劃的商品經濟」。1987年黨的十三大又進一步提出，「社會主義有計劃的商品經濟體制應該是計劃與市場內在統一的體制」，指出以指令性計劃為主的直接管理方式不能適應社會主義商品經濟發展的要求，國家對企業的管理應逐步轉向以間接管理為主；計劃和市場的作用範圍都是覆蓋全社會的；新的經濟運行體制，總體上來說應當是「國家調節市場，市場引導企業」的機制。這樣，計劃與市場的關係，就從黨的十二大時以計劃經濟為主、市場調節為輔，到黨的十三大轉為計劃與市場平起平坐，並且逐漸把重點向商品經濟市場經濟的方面傾斜。

作為對應的實踐產物，在自1979年以來至此的這段時期中[①]，形成了一種特殊的生產資料流通和定價的「雙軌制」，即在物資的計劃調撥和行政定價的「計劃軌」之外開

[①] 1979年，國務院轉發的《關於擴大國營工業企業經營自主權的若干規定》開始允許企業按照「議價」自銷超計劃產品。於是，物資流通和產品定價的「第二軌道」就完全合法化了。

闢出物資買賣和協商定價的「市場軌」。① 它由兩個部分組成：其一，作為計劃經濟基礎的國有經濟（存量部分）仍然按照指令經濟的邏輯運轉；其二，新成長起來的民營經濟成分雖然仍然在不同程度上依附或隸屬於基層政府，但其供產銷則大體上是由市場導向的。這種「雙軌制」的制度環境所造成的經濟和社會後果也是雙重的：一方面，它給民間創業活動一定的空間，使各種類型的民營企業迅速成長起來。1981 年，中國民營企業的數量僅僅為 183 萬戶，到 1985 年已經增長到 1,171 萬戶，年均增長速度超過 159%。同時，在對外開放政策的推動下，中國的對外貿易總額和外國直接投資快速增長。另一方面，它造成了廣泛的尋租環境，埋下了腐敗蔓延的禍根。到 20 世紀 80 年代末，中國的經濟體制改革一度曾出現了短時期的停止與徘徊，計劃與市場關係的提法調回到「還是計劃經濟與市場調節相結合」。鄧小平 1992 年初的「南方談話」② 使全黨重新統一了認識。隨後，黨的十四大正式明確提出中國社會主義初級階段的經濟是社會主義市場經濟，提出要把建立社會主義市場經濟體製作為中國經濟體制改革的目標。

從以上簡略的回顧中可以看出，中國在市場經濟體制形成過程中，圍繞著計劃與市場的關係，有著清晰的觀念更新軌跡：

第一，對資源配置的認識。過去人們人為地將計劃和市場「提升」到基本經濟制度層次範疇，並將二者加以對立，所以造成了許多理論上的紛爭。事實上，資本主義在搞市場經濟的同時也有計劃，社會主義在搞計劃的同時也在改革中引入了市場。兩者都是資源配置的調節手段，能夠而且必須相互結合，都可以為社會主義服務。

第二，對計劃配置的認識。社會主義經濟從一開始就是有計劃的，而且原來大多傾向於認為社會主義經濟只有指令性計劃一種形式，後來國家對指導性計劃這種計劃配置方式有了更深刻的認識。與這種認識上的轉變相一致，國家對國有企業逐步放權讓利，企業逐步獲得了自主經營的權利和自我發展的動力。同時，社會主義經濟在宏觀領域並不排斥計劃的調節作用，「國家計劃是宏觀調控的重要手段之一」③。

第三，對市場配置資源的認識。原來只看到市場配置的消極作用，後來逐步認識到它積極的一面；原來只提「市場調節」，只承認它是計劃經濟的一種輔助手段，後來提「市場經濟」，認識到它在社會主義條件下也可以成為經濟運行體制。同這種觀念上的轉變相一致，在實踐中，中國逐步縮小甚至取消指令性計劃的作用範圍，逐步擴大指導性

---

① 1985 年 1 月國家物價局和國家物資局發出《關於放開工業生產資料超產自銷產品價格的通知》，允許企業按市場價出售和購買「計劃外」的產品，從此開始正式實行生產資料供應和定價的「雙軌制」。它的具體的辦法是，對那些在 1983 年以前有權取得計劃內調撥物資的國有企業，仍然根據 1983 年調撥數（即「83 年基數」），按照調撥價供應所需生產資料；超過「83 年基數」的部分，則按照市場價格從市場購買。

② 1992 年年初，鄧小平視察南方時提出「計劃多一點還是市場多一點，不是社會主義與資本主義的本質區別」，同時指出，計劃與市場不是劃分社會制度的標誌，而是社會主義和資本主義都可以利用的配置資源的手段。

③ 江澤民. 加快改革開放和現代化建設步伐，奪取有中國特色社會主義事業的更大勝利——在中國共產黨第十四次全國代表大會上的報告 [R] //江澤民. 江澤民文選：第 1 卷. 北京：人民出版社，2006.

計劃和市場調節的作用範圍。① 國家進一步對企業放權，並提出國有企業要轉變經營機制，成為依法自主經營、自負盈虧、自我發展、自我約束的商品生產和經營單位。

第四，對計劃與市場相結合的總體認識。自從在理論認識上把計劃和市場視作「經濟手段」，將之從基本制度層次範疇降位到經濟運行層次範疇後，社會主義在資源配置層次上成功地解決了計劃和市場的關係問題和結合點問題。進一步地，從原來突出計劃經濟轉變到突出市場經濟，把市場經濟作為經濟運行體制的基礎。黨的十四屆三中全會提出要「建立社會主義市場經濟體制」，指出「社會主義市場經濟體制，就是要使市場在社會主義國家宏觀調控下對資源配置起基礎性作用」。

中國在計劃與市場問題上進行觀念更新的上述過程，是在從黨的十一屆三中全會到十四大14年的時間內逐步實現的。這一觀念更新的過程表明，把建立社會主義市場經濟體製作為中國經濟體制改革的目標，是在不斷總結實踐經驗的基礎上提出來的，是生產力和社會主義商品經濟發展的客觀要求。

（二）社會主義市場經濟體制的完善

1. 完善社會主義市場經濟體制的重要性

到21世紀初，中國已經初步建立起社會主義市場經濟體制，市場機制在資源配置中日益明顯地發揮基礎性的作用，以公有制為主體、多種所有制經濟共同發展的基本經濟制度已經確立，全方位、寬領域、多層次的對外開放格局基本形成。

但是，中國經濟發展也面臨著經濟結構不合理、分配關係尚未理順、農民收入增長緩慢、就業矛盾突出、資源環境壓力加大、經濟整體競爭力不強等問題，生產力發展仍面臨諸多體制性障礙。②從本質上看，中國經濟中存在的問題，正是全面改革尚未到位造成的體制、機制缺損，促使許多矛盾凸現和發展的結果。改革過程中出現的矛盾，也只有通過推進改革、完善體制來解決。

黨的十六大把「完善社會主義市場經濟體制」確立為「21世紀頭二十年經濟建設和改革的主要任務」③之一。黨的十七大突出強調了「從制度上更好發揮市場在資源配置中的基礎作用」④，這也就意味著要將那些經過實踐檢驗、行之有效的建立社會主義市場經濟體制的經驗上升到制度這個層面。黨的十八大提出了到2020年要建成比較完善的社會主義市場經濟體制，我們的制度要更加的成熟、更加的定型，明確了今後中國發展的根本動力仍然還是改革，所以，「要全面深化經濟體制改革。深化改革是加快轉變經濟發展方式的關鍵。經濟體制改革的核心問題是處理好政府和市場的關係，必須更加尊

---

① 除壟斷性行業和少數重要領域外，市場機制在經濟運行中基本取得主導地位，無論是國民經濟的總體市場化程度，還是產品的市場化程度以及部分要素的市場化程度，都有了相當程度的提高。
② 中共中央關於完善社會主義市場經濟體制若干問題的決定. 北京：人民出版社，2003：12.
③ 江澤民. 全面建設小康社會，開創中國特色社會主義事業新局面——在中國共產黨第十六次全國代表大會上的報告 [R]. 北京：人民出版社，2002.
④ 胡錦濤. 高舉中國特色社會主義偉大旗幟 為奪取全面建設小康社會新勝利而奮鬥——在中國共產黨第十七次全國代表大會上的報告 [R]. 北京：人民出版社，2007.

重市場規律，更好發揮政府作用。」「更大程度更廣範圍發揮市場在資源配置中的基礎性作用」①。這一論斷反應了社會主義市場經濟的本質要求，也具有很強的現實針對性。

儘管多年來一直在強調市場對資源配置的基礎性作用，但資源要素價格至今尚未由市場決定，資源行政配置的特點仍然突出。十八屆三中全會提出，「經濟體制改革是全面深化改革的重點，核心問題是處理好政府和市場的關係，使市場在資源配置中起決定性作用和更好發揮政府作用。」② 這一新提法是一個重大的突破，體現的是政府對自身定位和目標的清晰界定，以及黨和政府對全局性戰略發展目標的進取心，要求在厘清了政府與市場、與社會之間的關係後，政府的「手」在資源配置中轉變為支持和輔助作用。這一新提法使得中國的社會主義市場經濟發展又往前走了紮實的一步，推進了市場化改革，這對增強市場活力、經濟活力具有決定性的影響。黨的十九大進一步具體要求「經濟體制改革必須以完善產權制度和要素市場化配置為重點，實現產權有效激勵、要素自由流動、價格反應靈活、競爭公平有序、企業優勝劣汰」。

2. 深化改革、完善社會主義市場經濟體制的核心問題：市場與政府的關係③

隨著中國社會主義市場經濟體制的建立和發展，市場化程度大幅度提高，我們對市場規律的認識和駕馭能力不斷提高，宏觀調控體系更為健全，主客觀條件具備，我們應該在完善社會主義市場經濟體制上邁出新的步伐。

進一步處理好政府和市場關係，實際上就是要處理好在資源配置中是市場起決定性作用還是政府起決定性作用這個問題。經濟發展就是要提高資源尤其是稀缺資源的配置效率，以盡可能少的資源投入生產盡可能多的產品，獲得盡可能大的效益。理論和實踐都證明，市場配置資源是最有效率的形式。市場決定資源配置是市場經濟的一般規律，市場經濟本質上就是市場決定資源配置的經濟。健全社會主義市場經濟體制必須遵循這條規律，著力解決市場體系不完善、政府干預過多和監管不到位問題。黨的十八屆三中全會做出了「使市場在資源配置中起決定性作用」的定位，有利於樹立關於政府和市場關係的正確觀念，有利於轉變經濟發展方式，有利於轉變政府職能。當然，中國實行的是社會主義市場經濟體制，我們仍然要堅持發揮中國社會主義制度的優越性，發揮政府的積極作用。市場在資源配置中起決定性作用，並不是起全部作用，但市場作用和政府作用的職能是不同的。黨的十八屆三中全會全會決定對更好發揮政府作用提出了明確要求，強調科學的宏觀調控、有效的政府治理是發揮社會主義市場經濟體制優勢的內在要求，強調政府的職責和作用主要是保持宏觀經濟穩定，加強和優化公共服務，保障公平競爭，加強市場監管，維護市場秩序，推動可持續發展，促進共同富裕，彌補市場失

---

① 胡錦濤. 堅定不移沿著中國特色社會主義道路奮進 為全面建成小康社會而奮鬥——在中國共產黨第十八次全國代表大會上的報告 [R]. 北京：人民出版社，2012.

② 中共中央關於全面深化改革若干重大問題的決定（2013 年 11 月 12 日中國共產黨第十八屆中央委員會第三次全體會議通過）[N]. 人民日報，2013 - 11 - 16.

③ 習近平. 關於《中共中央關於全面深化改革若干重大問題的決定》的說明 [N]. 人民日報，2013 - 11 - 16.

靈。黨的十九大報告的多個部分強調了構建政府與市場的雙重關係。首先，政府要守護市場。「守護」的具體含義包括規則制定與有效監管。在規則制定上，政府不代替市場機制配置資源——這是構建政府與市場關係的基礎保障，報告強調要繼續發揮市場在資源配置中的決定性作用，推進簡政放權，深化商事制度改革，打破行政性壟斷，防止市場壟斷，加快要素價格市場化改革；在監管上，構建新時期的政府與市場關係要求政府利用有限行政資源強化監管效果、創新監管方式，增強政府公信力和執行力。其次，政府要激活市場。「激活」的要義為出抬引導性政策。十九大報告強調「著力構建市場機制有效、微觀主體有活力、宏觀調控有度的經濟體制，不斷增強中國經濟創新力和競爭力」，由此可見，「科技創新」是新時期構建政府與市場關係的關鍵詞。此外，在政府與人民的關係上，十九大報告明確提出新時期將建設讓人民滿意的服務型政府，保證全體人民在共建共享發展中有更多獲得感。

三、社會主義市場經濟體制的主要特徵及中國社會主義市場經濟基本框架的內容

（一）社會主義市場經濟體制的主要特徵

市場經濟作為資源配置方式和經濟體制，是存在於不同社會制度形態的共同現象，從這個意義上說，它本身沒有「姓社」或「姓資」的區別。但是，完全脫離具體條件而獨立存在的一般市場經濟只是一種理論抽象，現實中的市場經濟總是同一定的社會制度相結合的。從歷史上看，市場經濟與私有制相伴而生，現在西方國家的市場經濟仍然是同資本主義私有制相伴而發展的，因而過去人們一提起市場經濟就難免將其與資本主義制度聯繫在一起，而計劃經濟是社會主義公有制下長期奉行的資源配置方式，於是就產生了怎樣正確理解「社會主義市場經濟」的問題。[1]

由於市場經濟與不同的社會制度相結合，形成了不同的市場經濟類型。構建社會主義市場經濟，就是為了有效利用市場作用來發展社會主義，一方面要發揮市場機制在資源配置中的決定作用，另一方面應堅持完善社會主義基本經濟制度和分配制度，實現共同富裕和保障公平正義。這兩個方面有機結合，才能完整、準確地體現社會主義市場經濟的本質和社會主義市場經濟改革方向的要求。

因此，社會主義市場經濟體制，就是在社會主義公有制基礎上，使市場在社會主義國家宏觀調控下對資源配置起決定作用的經濟體制。由於它是同社會主義基本制度結合在一起的，因此，除了具有市場經濟的一般特徵外，與資本主義市場經濟相比，它還具

---

[1] 對於市場經濟是否屬於社會制度範疇，西方學者也有兩種不同的觀點。一種觀點認為，市場經濟屬於社會制度範疇，是資本主義的制度規定。如野尻武敏、百百合等在其所著的《經濟政策學》中將市場經濟的體制要素歸納為：保證經濟主體活動自由的生產資料私有制；分權式經濟決策；通過市場機制自動調節生產過程。另一種觀點認為，市場經濟屬於資源配置組織範疇，可以與不同社會制度相結合。《麥克米蘭現代經濟學辭典》對市場經濟的解釋是：「市場經濟是一種以價格為基礎來作出關於資源配置和生產決策的經濟體制，而價格是在生產者、消費者和生產要素的所有者之間自願形成的。市場經濟可以發生於私有制的資本主義經濟，也可以在某種程度上作用於社會主義公有制經濟。」

有反應社會主義基本制度的鮮明特徵。

第一，在所有制結構上，以公有制為主體，多種所有制經濟共同發展，不同所有制經濟的企業還可以自願從事多種形式的混合所有制經營。社會主義市場經濟以公有制為基礎，這是它區別於資本主義市場經濟的根本點，它決定著社會主義市場經濟的性質和發展方向。同時，堅持公有制為主體，能防止財富佔有中的私人壟斷，從根本上保障分配公正；能有效利用公共資源，加快基礎產業、基礎設施和公共事業的發展；富有競爭力的國有制大型企業是實現科技進步的帶動力量；公有制經濟具有啓動快速和對國民經濟實施強拉動的功能，特別是公有金融體系本身具有宏觀調控手段的性質，而一個保有恰當的公有制的經濟結構，則能成為強化宏觀調控能力的體制保證。① 針對市場機制與傳統公有制模式的不兼容性，要花大力氣、深入進行和搞好公有制具體形式的創新，增強公有制經濟內生發展能力，使市場體制下經濟發展與公有制經濟壯大和控制力、影響力增強相並進。②

第二，在分配制度上，以按勞分配為主體，多種分配方式並存，兼顧效率與公平，逐步實現共同富裕。在社會主義市場經濟體制下，由於公有制經濟占主體地位，因此按勞分配在收入分配中占主體地位；要使市場對資源配置起決定作用，就必須相應地發展資本市場、勞動力市場、土地市場、技術市場等生產要素市場，這樣就必然要承認按生產要素的貢獻分配收入。在社會主義市場經濟條件下，初次分配和再分配都要兼顧效率和公平，再分配更加注重公平，國家通過各種調節機制和社會政策防止在大力發展市場經濟的同時收入差距過分擴大，最終實現共同富裕的目標。這樣的分配原則和經濟目標，也是社會主義市場經濟體制區別於資本主義市場經濟體制的一個重要特徵。

第三，在宏觀調控上，社會主義國家將通過科學的宏觀調控、有效的政府治理，使社會主義市場經濟的發展服從社會主義發展的大目標，為提高人民生活水準、改善民生服務，為社會主義制度的鞏固和發展服務。社會主義市場經濟具有現代市場經濟的一般特徵，國家的宏觀調控和計劃指導是社會主義市場經濟的內在要求，也是其健康發展的必要條件。同時，社會主義國家代表全體人民的利益，政府在人民的授權和監督下行使宏觀調控的職能，有利於在科學發展觀的指導下，從全體人民的長遠利益和整體利益出發，完善宏觀調控體系，更加靈活有效有度地進行宏觀調控，實現經濟平穩、協調、可持續發展。

[閱讀專欄]

社會主義經濟體制的不同模式

社會主義國家在社會主義經濟制度建立之後，面臨著一個重大的理論和實踐問

---

① 劉詩白．發展社會主義市場經濟體制需要不斷的理論探索 [J]．經濟學家，2009（10）：7．
② 劉詩白．改變中國命運的偉大戰略決策——論中國構建社會主義市場經濟的改革（下）[J]．經濟學家，2008（5）：10．

題，那就是如何根據本國的基本國情，選擇適合本國經濟發展的具體經濟體制。在各國社會主義的具體實踐中，大致出現了六種不同的經濟體制模式：

（1）軍事共產主義模式；
（2）傳統的集中計劃經濟模式，也叫「斯大林模式」；
（3）競爭性社會主義經濟體制模式，也叫「蘭格模式」；
（4）市場社會主義模式，也叫「南斯拉夫模式」或「自治社會主義制度」；
（5）含有市場機制的計劃經濟模式，也叫「布魯斯模式」或「分權模式」；
（6）計劃性市場經濟模式，也叫「錫克模式」。

（二）中國社會主義市場經濟體制基本框架的內容

正如社會主義市場經濟體制是同社會主義基本制度結合在一起的，它與資本主義市場經濟既有共同點，又有所區別。其共同點是由市場經濟決定的，區別則是由社會制度決定的。因此，社會主義市場經濟體制的基本框架既要反應社會主義經濟制度的本質，又要反應現代市場經濟體制的共同特徵。中國社會主義市場經濟體制的基本框架正是依據現代市場經濟運行的一般要求提出來的，完全符合現代市場經濟運行的一般規律。按照現代市場經濟體制的一般要求，中國社會主義市場經濟體制的基本框架，可簡要地概括成如下五個主要環節：

第一，建立符合市場經濟要求的現代企業制度，使企業切實成為市場主體。

市場經濟是通過市場機制引導企業去合理配置資源的經濟。企業是市場活動的主體，是市場經濟運行的微觀基礎，也是經濟體制轉型的關鍵環節。因此，社會主義市場經濟體制中的所有企業，都應當具有明晰的產權關係，成為自主經營、自負盈虧、自我發展、自我約束的經濟行為主體和法人實體，適應市場調節的要求，同時平等地參與市場競爭，在市場競爭中求得生存和發展。目前，要繼續積極推進現代企業制度建設，轉換國有企業特別是大中型企業的經營機制，塑造充滿活力的微觀經濟主體。

第二，建立統一開放、競爭有序的完善的市場體系。

沒有統一、開放、完善的市場體系，是不可能實現社會資源的優化配置的。社會主義市場經濟體制下的市場體系，應當是包括商品市場以及勞動力市場、金融市場、房地產市場、技術市場、信息市場等要素市場和各類產權市場在內的完整的市場體系。要打破舊體制下條塊分割局面，形成城鄉市場緊密結合、國內市場和國際市場相互銜接的全國統一的大流通、大市場格局，在此基礎上逐步形成社會化的市場體系、市場服務體系和市場調節體系，促進社會資源的優化配置。

第三，建立以間接手段為主的宏觀調控體系。

國家對國民經濟的宏觀調控體系，是社會主義市場經濟體制的有機組成部分。在市場經濟體制下，政府不直接干預企業的生產經營活動，但政府必須運用經濟手段、法律手段和必要的行政手段管理經濟，以彌補市場調節的不足。為此，應當轉變政府管理經濟的職能，創新和完善以間接手段為主的有度的宏觀調控體系，健全財稅、貨幣、產

業、區域、和外匯經濟政策協調機制,保證國民經濟的持續、快速、健康發展。

第四,實行按勞分配為主體,多種分配方式並存的收入分配制度。

社會主義市場經濟體制應避免資本主義市場經濟體制下的那種兩極分化現象。因此,個人收入分配要堅持按勞分配為主體、多種分配方式並存的制度,堅持按勞分配原則、按生產要素貢獻分配的體制機制,兼顧效率與公平。在一部分地區、一部分人先富起來的同時,通過鼓勵勤勞守法致富,擴大中等收入群體,增加低收入者收入,調節過高收入,取締非法收入,促進收入分配更合理、更有序。

第五,建立可持續的多層次的社會保障制度。

社會保障制度是社會化大生產的產物,是經濟發展和社會進步的重要標誌,也是市場經濟健康運行和社會安定的重要保證。在勞動者就業實現自由流動,充滿著競爭和經營風險的市場經濟中,企業的破產和職工的暫時失業都是不可避免的。通過建立包括社會保險、社會救濟、社會福利、優撫安置和社會互助、個人儲蓄累積保障等在內的、覆蓋全民、城鄉統籌、權責清晰、保障適度、可持續的多層次的社會保障制度,解決職工養老、醫療、失業救濟等方面的困難,為城鄉居民提供同中國國情相適應的社會保障,改善民生、增進社會福利,促進經濟發展和社會穩定,是社會主義市場經濟體制的重要內容。

第三節 社會主義市場經濟運行中的經濟機制和市場體系

一、社會主義市場經濟運行中的經濟機制

(一) 市場經濟運行中的市場機制構成

「機制」源於希臘文,本意是指機器的構造與運作機理,後來被引入經濟學中,用於描述經濟有機體的運行功能。市場機制是指在市場機體內價格、供求、競爭、風險等基本要素相互作用的機理。我們可以對市場機制做如下描述,它是指謀求自身利益的市場主體在進行競爭和承擔風險的基礎上,其交易行為引起價格變動和供求變化,從而實現資源配置的機理和功能。

在現實中,市場機制的構成要素為價格機制、供求機制、競爭機制和風險機制等。價值規律就是通過上述機制實現資源配置的。

1. 市場機制的核心是價格機制

價格機制是指在競爭過程中與供求相互聯繫、相互制約的市場價格的形成和運行的機理和功能,是從價格變動角度描述市場機制。價格機制是市場機制的核心,是價值規律的直接作用形式。

在市場配置資源過程中,價格最主要的功能是信號誘導功能和利益調節功能,它通過市場價格變動—生產規模變動—市場供求變動—價格變動這樣一種循環往復的運動方

式，調節生產者與消費者的關係，實現價值規律的作用。價格機制的具體內容包括價格體系和價格形成機制。

所謂價格體系，就是各種商品和要素價格在市場上形成的一個相互聯繫、相互制衡的有機整體。它可以從比價體系和差價體系兩個角度來考察。比價是指在同一時間同一市場上不同商品和要素價格之間客觀存在著的比例關係；差價是指同種商品和要素的價格因質量、花色、式樣不同，或因生產所處的階段、地區、季節不同而形成的比例關係。

比價本身又是一個複雜的體系。它可以指市場體系中各個子市場中的價格關係，如生產資料、勞動力、資本等生產要素之間的價格比例，又可以指各個市場中各類商品或要素之間的價格比例。這些價格比例關係還存在子系統、孫系統。以商品市場為例，人們首先可以考察工業品與農產品之間的比價，又可以進一步考察各種農產品之間的比價，如農林牧副漁業產品之間的比價。其中，農業（種植業）中又有糧食作物、經濟作物的比價之分，在糧食作物中還有各種糧食的比價關係。

差價主要有購銷差價、批零差價、地區差價、季節差價、質量差價等。

價格形成機制也稱價格形成方式。中國價格形成的基本方式有三種：

（1）市場價格，或稱為自由價格。它通過市場競爭和供求關係形成。隨著中國社會主義市場經濟體制框架的基本形成，市場價格已經成為最基本的價格形成。

（2）國家指導價格，它是國家為達到特定的經濟社會目標，通過政府物價管理部門對市場價格進行一定程度干預而形成的價格。它又可以分為三種具體形式：一是以保護消費者利益為目的的最高限價；二是以保護生產者利益為目的的最低限價；三是由政府價格管理部門制定的中準價和浮動範圍的浮動價格。

（3）政府定價，也稱政府統一價格。它是各級政府價格管理部門按照價格管理權限制定的價格。在計劃經濟體制下，政府定價是價格形成的主要方式。隨著市場經濟體制的發展，這種價格形成的範圍和數量已大大縮減，並將進一步減小，但不可能取消。在市場經濟中，這種價格形成主要適用於少數戰略性物資、部門公益事業收費、壟斷性行業，另外也適用於在非常時期的價格管制，如經濟大幅度波動時期或戰爭時期。需要指出的是，採取這種價格形成不等於說政府可以隨意定價，這種價格也應盡可能反應其成本和市場供求狀況，也不意味著價格可以長期固定不變，而應該隨著市場供求關係和成本變化經常調整。

2. 市場機制發揮作用的具體形式

（1）供求機制。供求機制是指在競爭過程中供求決定價格，價格有調節和平衡供求的內在聯繫和自行調節的機理。它是供求規律在市場運行中發揮作用的具體形式，包括供求決定價格機制和價格調節供求機制。為此，價格機制與供求機制實際上是同一市場機制的兩個側面。

供求機制的主要功能是反應供求與價格的聯繫和供求之間通過價格實現自我平衡。

供給是指某種商品或要素的賣者、生產者、供應者的總和。它強調的是這些市場主體在某一時刻在各種可能的價格水準上，願意並且能夠向市場提供的商品和要素量，即供給量。一般說來，商品的價格和其供給量是同方向變化的。商品的價格越高，表示在成本既定的情況下，生產者的利潤越大，因此，生產者的生產積極性越高，生產領域的生產者越多，這種商品的供給量也就越多；反之反是。這種在其他條件不變的情況下，商品供給量和其價格同方向變化的規律被稱為供給規律。

需求是指某種商品或要素的買者、消費者、需求者的總和。它強調的是這些市場主體在某一時間、某一市場、某一價格水準上受購買力限制的對商品和要素的需要量，即有購買能力的需要量。一般說來，商品的需求量和價格變動的方向是相反的：一種商品的價格越高，消費者願意購買的數量就越少；價格越低，消費者願意購買的數量就越多。這種在其他條件不變的情況下，商品價格變動引起需求量反方向變動的規律被稱作需求定律。

需求和供給二者共同決定價格。當某一商品價格上漲時，需求量減少，供給量增加，供給量超過需求量，結果是供過於求導致價格下降，趨於平衡；相反，當某一商品價格下跌時，需求量增加，供給量減少，需求量大於供給量，結果是供不應求導致價格上漲，趨於平衡。需求和供給二者相互作用，最後會使這一商品的需求量和供給量大致相等，這時既沒有過剩，也沒有短缺。需求量與供給量相等時的商品數量就是均衡數量，而需求量和供給量相等時的價格就是均衡價格。

這裡描述的只是價格變動引起供求變化的機理和趨勢，而沒有涉及價格變動與供求變動之間的具體數量關係。這種關係可以用供求彈性及彈性係數來表示。

（2）競爭機制。競爭機制是指市場主體之間的競爭同供求關係、價格變動之間聯繫和作用的機理和功能，是眾多市場活動參與者為追求自身利益最大化和占據有利市場地位而共同行動所形成的一種經濟機制。

競爭的類型多種多樣，依據不同標準，可以分為以下幾種類型：從競爭主體構成看，包括供給者之間的競爭、需求者之間的競爭以及供給者與消費者之間的競爭；從競爭範圍看，有生產同種商品的企業在部門內部展開的競爭、生產不同商品的企業在部門間的競爭、國內市場競爭和國際市場競爭；從競爭的內容看，有商品（包括質量、價格、花色品種等方面）競爭、廣告競爭、技術競爭、信息競爭、人才競爭等。無論哪一種競爭，其本質都是一種利益的競爭，是競爭規律在市場運行中發揮作用的具體形式。

物質或經濟利益是市場主體展開競爭的內在動力，而競爭的開展又從外部給市場主體以壓力，使市場主體的利益得以強化。為此，競爭機制正是通過影響商品生產者的切身利益，來促進商品經濟的有效運行，從而使競爭機制對市場經濟發揮了如下功能：第一，競爭機制使優勢廠商獲取較多利益，激勵市場主體改善經營，提高資源配置效率；第二，維護市場主體的權益，實現市場公平；第三，促進市場經濟優勝劣汰機制的形成，提高市場主體乃至整個國民經濟的素質。

（3）風險機制。風險是指市場中存在的不確定性因素，它的存在使市場主體在從事

市場牟利性活動時面臨受損的可能。風險主要來源於未來事物的不確定和市場競爭。風險機制是指在競爭中經濟行為可能產生的成功或失敗的不確定性對市場主體決策產生影響和發生作用的機理和功能。它強化了市場機制運行的壓力機制和約束功能，是保證市場正常運行的一個基本要素。

追求自身利益最大化是市場經濟主體的內在動力，趨利避害也是理性市場主體的一種本能。市場經濟之所以不容易成為謀求私利的市場主體的逐利場，能形成正常的市場運行秩序，在很大程度上是因為存在風險及其機制。這是因為在正常情況下，獲利大小與風險大小成正比關係，追求更大利益就必須承擔更大的風險。所以市場風險及其機制的作用對追逐私利的市場主體形成強大的外在制衡，並強化市場主體的自律意識，迫使他們審慎地衡量風險成本，進行風險選擇，謹慎行事，減少決策的盲目性，促進資源的合理利用和經濟行為合理化。

(二) 市場機制的一般作用及其局限性

1. 市場機制的一般作用

由市場調節經濟或配置資源，對任何性質的商品經濟都有積極作用。它的最大優勢表現為自利性的市場主體按照市場信號，通過周密計算後進行分散決策來追求自身利益最大化，並通過全體市場主體的類似行為和市場的自行調節引致社會財富的增長和實現資源的有效配置。

這種優勢可以具體表述為：第一，市場機制通過價格、稅率和利率等經濟參數誘導市場主體按照市場供需關係靈活地優化生產要素組合，從而調節經濟資源在社會各部門、各地區和各企業間的分配。第二，市場的競爭和優勝劣汰機制一方面可以激發企業和勞動者的生產積極性，使經濟具有生機和活力；另一方面也可以把個體的逐利動機和行為轉變為一種社會壓力，迫使其節約資源，通過科學技術創新和經營管理創新來提高勞動生產率，從而實現自身利益最大化。

2. 市場機制的局限性

市場機制配置資源或者說調節經濟不是萬能的，也存在自身不能克服的缺陷和局限性。市場的這種局限性又稱為「市場失靈」或「市場失敗」。

(1) 市場調節存在自發性、盲目性、事後性和時滯性。市場調節以價格為基本信號，但價格的變動，只有在供求出現矛盾時才會發生，往往容易造成盲目投資和擴大生產，這就必然造成資源的浪費和破壞。同時，由於從價格形成、信號反饋到生產有一定的時間差，企業和個人掌握的經濟信息不足，加之社會生產活動具有一定的慣性，從而在供求已經平衡甚至供給已經過剩時，生產仍有進一步增長的可能，而在供求平衡甚至供給已經短缺時，生產卻會繼續收縮。這些都將導致社會勞動的浪費。

(2) 市場配置資源過程中的優勝劣汰競爭法則，容易導致嚴重的收入不均和兩極分化現象。嚴格說來，從經濟人的角度看，每一個市場活動的參與者所關心的都是個人利益最大化。但是，由於個人之間在體格、天分、知識、技能、環境以及其他條件上存在

著客觀差別，市場的自發分配勢必造成個人與個人之間得到的經濟和社會成果有差別。在一定意義上，市場經濟就是靠這種差別及其示範效應來刺激人們不斷參與競爭、追求財富，並由此帶來效率的。但這樣往往同時也會加劇社會矛盾和衝突，影響社會公平和安定。可見，市場本身雖然可以比較好地解決人們行為的效率問題，但是不能解決社會財富分配不平等問題。①

（3）市場調節難以解決經濟活動中產生的外部性問題。這裡所講的外部性問題包括外部經濟和外部不經濟兩個方面。所謂外部經濟，是指有些經濟主體不付任何代價便可得到來自外部的經濟好處，如興建道路可以帶來附近地價上漲，出現所謂「搭便車」現象。公共產品一般都具有這種特徵。所謂外部不經濟，是指經濟主體在追求自身利益的過程中，對其他經濟主體的利益構成損害。例如，有些經濟主體的活動會造成外部主體遭受經濟損失而得不到補償，如工廠排放污染物使附近居民受損害。此外，有些產品產生的個體效益與社會效益相互衝突，如毒品、武器、黃色書刊等，經營者可以大獲其利，但公民健康、社會治安和社會風尚則會受到損害。這些都是市場機制的自發作用難以解決的。所以自發的市場調節不利於社會公益事業的發展，並會破壞資源環境。

（4）市場調節的微觀性決定了它難以實現和解決國民經濟的總量平衡和長期問題。市場調節對經濟主體的自利性激勵機制，使其在單個商品的供求平衡方面具有靈活、便利的特點，但可能會引發個別利益和社會利益、短期利益與長遠利益的衝突。從短期來看，僅依靠市場調節難以保證宏觀經濟總量的持續平衡，週期性的經濟危機不可避免；從長期來看，它在社會重大經濟結構調整和在實現國民經濟長遠目標上容易出現失靈。

（5）自發的市場調節會導致壟斷的產生。一旦壟斷形成，就會使競爭走向反面，競爭者將不再依靠競爭優勢獲利，而是憑藉地區壟斷、行業和部門壟斷等壟斷形式，影響公平競爭的展開和價格信號的真實性。

由於市場經濟中一些不利局面需要政府來控制，所以當今世界幾乎沒有哪個國家完全依賴市場經濟體制。

二、社會主義市場體系

（一）市場體系的特徵

1. 市場與市場體系

市場的本意是商品交易的場所，歷史上的集市，現代的商場、貿易中心、交易所，

---

① 市場經濟導致的分配不公問題，是西方經濟學家也不諱言的。1981年諾貝爾經濟學獎獲得者J. 托賓在當年12月3日美國的《紐約書評》雜誌上發表了一篇題為《里根經濟學和經濟學》的文章，對當時的里根政府進行抨擊。托賓寫道：「機會均等一向是美國的理想或美國的辯解借口……當然經濟和社會成果是極不平均的，其辯解借口是大家的機會都是平等的……然而實際上是極不平等的。美國雖然沒有舊世界的封建等級制，卻也形成了自己的一套特有的種族、宗教和民族方面的障礙。即使克服了這些障礙，收入多、地位高的父母，其子女也會在競賽中得到優先起步的地位，這仍是鐵一般的現實……他（里根）肯定能夠做到的不過是把財富、權力和發展機會重新分配給富裕而有勢力的人們及其子女而已。」

都是這種意義上的市場。隨著商品經濟的發展，許多交易行為不再與固定場所發生聯繫，市場也就超出了原來的地理含義，泛指交易行為、交易組織機構以及市場配置資源的機制等。馬克思還在更深的理論層次上把市場視為商品所有者社會關係的總和。

原始的市場僅指商品市場，因此不存在市場體系問題。到了近代，隨著勞動力成為商品，貨幣轉化為資本，勞動力、資本生產要素與消費資料、生產資料一樣通過市場交易來進行配置，從而產生了勞動力和資本這兩個重要的要素市場，它們與傳統的商品市場一道構成了最早的市場體系。到了現代，隨著市場經濟的發展，市場體系的成員不斷增加，技術、信息、房地產、產權等生產要素的交易也成了市場體系中相對獨立的子市場。

2. 市場體系的構成

市場體系是由諸多市場構成的有機統一體。現代市場體系是指與現代市場經濟相適應的、市場功能完備、市場機制能夠得以充分發揮的各類市場相互聯繫和相互作用的有機整體。市場體系是市場機制發揮作用的必要條件，完善的市場機制只能體現於相互依存、相互制約的各種市場的共同作用之中。

按劃分依據的不同，可以把市場體系中的各種市場分為不同的類型。

（1）按客體結構劃分。這是從交易對象角度劃分市場體系，也是最常用的市場體系劃分。市場上所有被用來交換的東西都屬於市場客體。這種客體結構又可以從兩個不同角度把握，即按市場客體的經濟功能和按市場客體的存在形態劃分。

按市場客體的經濟功能劃分，可將市場體系分為一般商品市場和生產要素市場。一般商品市場指消費品市場和生產資料市場。生產要素市場指資本市場、勞動力市場、技術市場、房地產市場、信息市場等。

按市場客體存在的形態劃分，可將其分為有形商品市場、無形服務商品市場、混合形態市場和特殊商品市場。有形商品市場是指交易各種實物形態的商品的市場，如消費品市場和生產資料市場；無形服務商品市場主要指交通、郵電通信等市場；混合形態市場是指音像製品、圖書報刊、旅遊、信息、技術、運輸等市場；特殊商品市場是指勞動力市場、資本市場等。

（2）按主體結構劃分。這是以企業和個人為核心，並以政府機構和其他社會組織外圍所構成的一個系統。對市場主體的結構同樣可以進行多視角的考察。

按在社會生產中的作用不同，市場主體可分為生產者、消費者、交換仲介者和市場調節者。生產者代表市場供給。從生產的前提看，生產者是以購買者的身分出現在市場上的；從生產的終結看，生產者是以出售者的身分出現的，因而生產者兼有消費者（指生產性消費）的角色。消費者代表市場需求，由從事生產活動的消費者和單純的消費者組成。交換仲介者是買賣雙方的中間聯繫人，以商人、經紀人、代理人的面貌出現，起著生產與消費媒介的功能。市場調節者指國家和各級政府機構，它們在市場活動中發揮著組織協調、管理監督的作用，推動市場合理運轉。

按所有制的性質及資本組織形式的不同，市場主體分為國有經濟單位、集體經濟單位、合作經濟單位、個體勞動者、私營業主、外商以及股份企業等。由於現階段中國實行公有制為主體的多元經濟形式，它們一起活躍在市場舞臺上，通過千姿百態的交換活動，追求自身的經濟利益，受財產權利的約束。這些不同類型的企業和個人在市場活動的目的、方式和行為方面都有區別，顯示出市場主體之間的差異。

　　（3）按空間結構劃分。市場空間是市場主體和市場客體的活動區域或範圍。社會主義市場的空間結構是以多層次的地區市場為脈絡，以全國市場為骨架，以國際市場為大環境的縱橫交錯的網絡。地區市場是商品和勞務交換以某一特定地區為活動空間的市場。地區市場應是經濟性的、超越行政區劃的一定地域範圍內的市場。如果地區市場是行政性的，容易造成「地區封鎖」，出現人為阻止商品和勞務的自由流動及交易的問題。全國市場是交換客體以全國範圍為活動空間的市場。商品或勞務之所以會在全社會範圍內流通，主要在於交換比較利益的存在使它具有向全國各地擴散的內在動力；反之，則該商品或勞務就沒有必要也不可能輻射全國。國際市場是商品或勞務交換超越國界在世界範圍內活動形成的市場。國際市場上通行國際價值規律或國際生產價格規律，國際市場的規模受國際分工和國際協作的制約。在大多數情況下，一國商品不可能進入世界所有國家，而只能進入若干國家。尤其是發展中國家，其商品即使打進國際市場，市場覆蓋率也是極低的。改變這種狀況的主要途徑是大力發展外向型企業集團。

　　（4）按時間結構劃分。市場時間是指市場主體交換客體過程的持續性和順序性。市場的時間結構是由現貨交易、期貨交易和信用交易構成的。現貨交易是交易成立後立即或在極短的期限內完成交割的一種買賣。這種交易存在的歷史最悠久，是最基本的方式，適合於批量較小和其他事先不能確定的商品流通。由於現貨交易時間極短，「當面成交，銀貨兩訖」，當事人之間的權利讓渡和交換對象的位移大體同步進行，因而價格信號不易失真，不易造成虛假需求。這種交易對生產者行為和消費者行為都有靈活的引導和調節作用，但不適合於大批量交易。期貨交易是在交易成立時約定一定日期再進行交割。它適合於大宗商品、有價證券、外匯等交易。在市場經濟中，期貨交易佔有相當重要的地位，但因為付款和交割之間間隔的時間較長，當事人的權利讓渡和市場客體的位移在時間上分離，因而具有雙重效應：一方面分散了生產經營者的價格風險，促進了市場預測和再生產的順利進行；另一方面可能產生買空賣空等投機行為，對市場運行將產生一定的破壞作用。信用交易主要有兩種方式：先付款，後取貨；先取貨，後付款。儘管兩種方式有一定的區別，但有一個共同點，即取貨與付款在時間上分離。這種分離有利於協調供求關係，繁榮市場，融通短期資金，並推動銀行信用的發展。但是，延期付款的交易有可能導致資金互拖的「三角債」，預先付款之後也有可能出現不能及時按質取貨的現象。

　　3. 現代市場體系的特徵

　　市場體系是市場主體交易行為的基礎，是市場經濟中經濟利益實現的載體，集中體

現了市場主體之間的經濟關係。同時，各類市場的相互作用、制約是實現市場一般均衡的基礎。現代市場體系的特徵集中反應在四個方面：

（1）統一性。在一個完整的市場體系中，各類市場在運行中雖有各自的特點，但在結構、運行的基本要素以及功能優化的目標等方面又是統一的。市場體系的統一性具體表現在：市場體系是一個結構完整、層次合理的統一體。首先，市場體系的結構應該是完整的，既包括商品市場也包括要素市場，同時各要素市場互相補充、互相促進，缺一不可。其次，市場體系是市場要素共同作用的統一體。從其內部的每一個空間組成部分看，市場體系在規模、結構、佈局等方面均有區別，從而形成合理的多層次市場系統。市場體系的運行取決於各類市場的形成和發展，而各類市場的形成和發展又取決於市場主體、市場客體、競爭、供求和價格等要素的存在及作用狀況。為此，市場體系正是上述各市場要素共同作用的統一體。再次，市場體系是一個要求實現整體功能優化目標的有機統一體。市場體系的要素有機統一於市場體系中，形成了市場體系結構，相應地產生了市場體系的整體功能。市場體系整體功能的優化是建設社會主義市場體系的基本目標。市場體系整體功能的優化，既有賴於市場體系結構的完整，又離不開市場機制的健全與完善。

（2）開放性。社會主義的市場體系不應是封閉式的市場體系，而應是合乎生產社會化和國際化潮流、符合現代市場經濟要求的市場體系。市場體系的開放性是現代市場經濟運行的基本要求。

市場體系的開放性表現為：它不是自我封閉的，而是內外全方位開放的；不是獨家壟斷的，而是充滿競爭的；不是相互割裂的，而是相互補充、相互聯繫、有機統一的；不是完全自發的分散性開放系統，而是由宏觀調控指導的。社會主義市場經濟要正常運行與發展，沒有一個競爭的、統一的、開放的市場體系是不可能實現的。市場體系的開放性也是由市場經濟的內在要求與商品流通的屬性決定的，它對合理配置社會經濟資源、增強國民經濟活力具有重要意義。

（3）競爭性。市場體系的競爭性是指市場應成為保護經濟主體競爭的場所。競爭是追求各自利益的經濟活動當事人之間的複雜的相互作用過程，是市場體系有效運作的必要條件。市場價值的形成、市場價格的運行都必須借助於市場競爭，都是競爭的結果。沒有競爭的市場無疑是無效率的，它既不可能提供準確的價格信號，又不能給市場活動者以激勵和壓力，因而無法實現社會資源的合理配置。建立競爭性的市場體系，應當充分認識到合理利用競爭機制是加速市場發育和成熟的重要條件。一方面必須堅持通過市場競爭來判斷經濟主體的優劣，在競爭中實現優勝劣汰；另一方面，必須防止壟斷的產生，保護公平競爭。

（4）有序性。市場體系的有序性是市場經濟運作規範化、秩序化的必要條件。市場經濟作為發達的商品經濟，其市場必須形成健全的網絡、合理的結構，各類市場都必須在國家法令和政策規範要求下有序、規範地運作。市場無序、規則紊亂是市場經濟正常

運行的嚴重阻礙,它會損害整個社會經濟運行的效率,容易導致社會經濟發展的無政府狀態。在社會主義市場經濟條件下,實現和保持市場有序運行表現在:市場主體及其行為規範化,市場體系環境完善化,市場交易和管理規範化、制度化和法制化,市場有序運行和發展。

(二) 中國社會主義現代市場體系的健全

經過改革開放30多年來的實踐,中國社會主義市場體系已經初步建立。要在更大程度上發揮市場在資源配置中的決定性作用,必須加快形成統一開放、競爭有序的現代市場體系。其重點主要有以下四個方面[①]:

1. 進一步發展各類生產要素市場

經過多年改革,中國包括產權、土地、資本、勞動力和技術市場等在內的生產要素市場迅速發展,商品交易市場規模龐大,服務市場不斷完善,同時消除了行政壁壘,打破了地區封鎖,全國統一的市場體系初步形成。在新世紀新階段,發展各類生產要素市場主要要求:

(1) 完善金融市場體系。金融市場是現代市場體系中最國際化、最現代化、最核心和起主導作用的要素市場,對於資源的合理配置和有效運用起著舉足輕重的作用。按照市場對資源配置發揮決定性作用的要求,完善金融市場體系主要包括:

擴大金融業對內對外開放,在加強監管前提下,允許具備條件的民間資本依法發起設立中小型銀行等金融機構。推進政策性金融機構改革。健全多層次資本市場體系,推進股票發行註冊制改革,多渠道推動股權融資,發展並規範債券市場,提高直接融資比重。完善保險經濟補償機制,建立巨災保險制度。發展普惠金融。鼓勵金融創新,豐富金融市場層次和產品。

完善人民幣匯率市場化形成機制,加快推進利率市場化,健全反應市場供求關係的國債收益率曲線。推動資本市場雙向開放,有序提高跨境資本和金融交易可兌換程度,建立健全宏觀審慎管理框架下的外債和資本流動管理體系,加快實現人民幣資本項目可兌換。

落實金融監管改革措施和穩健標準,完善監管協調機制,界定中央和地方金融監管職責和風險處置責任。建立存款保險制度,完善金融機構市場化退出機制。加強金融基礎設施建設,保障金融市場安全高效運行和整體穩定。

(2) 要建立和健全統一規範的勞動力市場。勞動力市場資源豐富,是中國的一大優勢。要形成城鄉勞動者平等就業的制度,使數以億計的農村剩餘勞動力平穩有序地向城市和第二、三產業轉移,以提高中國的社會勞動生產率。與此同時,還要發展各類人才市場,完善技術創新、管理創新等激勵機制和市場環境。

---

① 胡錦濤. 高舉中國特色社會主義偉大旗幟 為奪取全面建設小康社會新勝利而奮鬥——在中國共產黨第十七次全國代表大會上的報告 [R]. 北京:人民出版社,2007:26.

(3) 建立城鄉統一的建設用地市場。

中國社會二元結構和城鄉差別長期存在的根本原因在於城鄉要素不能平等交換，公共資源沒有均衡配置。在明確賦予農民更多的財產權的條件下，建立城鄉統一的建設用地市場對加快完善現代市場體系具有特殊的重要意義。其舉措主要有：在符合規劃和用途管制前提下，允許農村集體經營性建設用地出讓、租賃、入股，實行與國有土地同等入市、同權同價。縮小徵地範圍，規範徵地程序，完善對被徵地農民合理、規範、多元保障機制。擴大國有土地有償使用範圍，減少非公益性用地劃撥。建立兼顧國家、集體、個人的土地增值收益分配機制，合理提高個人收益。完善土地租賃、轉讓、抵押二級市場。

此外，還要進一步發展技術、產權等生產要素市場。

2. 完善反應市場供求關係、資源稀缺程度、環境損害成本的生產要素和資源價格形成機制

隨著社會主義市場經濟體制的建立和完善，中國不僅理順了價格體系，而且初步形成了與社會主義市場經濟相適應的價格形成機制和價格管理體制，價格機制在資源配置中發揮著主導作用，除了少數關係國計民生的工、農業產品實行政府指導價外，在社會商品零售總額、農副產品收購總額和生產資料銷售總額中，市場調節價比重分別達到95.6%、97.7%和91.1%。

但是，市場在資源配置中的決定性作用沒有制度化的硬約束，在一些地方和一些領域，價格機制在資源配置中的決定性作用常常得不到有效發揮。例如：從資金資源看，中國長期實行低利率政策，加上間接融資占主導地位，利率和貸款的投向不能正確反應資金的市場供求，資金的市場配置常常被扭曲；從土地資源看，國家規定工業用地必須採用招標、拍賣、掛牌的方式出讓，但一些地方為吸引投資，仍然採用協議方式或「零地價」，土地資源被大量浪費，市場配置資源的基礎作用沒有得到落實；從礦產資源看，對一些關係國計民生的煤炭、金屬等礦產，國家要求實行資源有償使用制度，但一些地方任意採用變通的辦法，無償或低價發包，沒有形成反應市場供求關係、資源稀缺程度、環境損害成本的有效的資源價格形成機制，導致一些不可再生資源被浪費。

為此，今後應根據經濟發展需要和社會承受能力，按照價格機制的要求，完善反應市場供求關係、資源稀缺程度、環境損害成本的生產要素和資源價格形成機制。

3. 規範發展行業協會和市場仲介組織

市場仲介機構是介於政府和市場之間的組織，是建立社會主義市場經濟不可或缺的重要環節。市場仲介組織包括會計師、審計師、律師事務所、公證和仲裁機構、專利事務所，信息、諮詢公司，商品檢驗所，消費者協會，職業介紹所以及行業協會和商會等。它們遵循國家的法律、法規，對企業和居民個人實行溝通、服務、協調和監督。中國應制定必要的政策措施，規範和引導市場仲介組織；仲介組織本身也要加強建設，在服務的同時承擔相應的責任。

為避免政府對企業的直接干預和行政壟斷（包括地區壟斷，又稱地方保護主義；假借「自然壟斷」而實施的部門壟斷，又稱行業壟斷；通過規模經營實施的集團壟斷），一方面應當完善政府的市場監管體制、創新監管方式、強化監管效果，另一方面可引導企業組建行業協會，進一步提高企業的經營自主權。

行業協會（商會）是依法註冊登記的、獨立的社會團體法人，是為實現共同願望，自願組成的、按照章程活動的非營利性組織，是同行業市場主體的聯合組織，是自律性行業管理組織和民間性的社會經濟組織。行業協會是企業與市場之間的仲介組織，代表會員企業利益和行業利益，維護企業和行業的合法權益。行業協會不是國家政府機關或其授權組織的附屬機構，但以服務企業、行業、政府和社會為宗旨，是企業與政府間的橋樑和紐帶。改革開放以來，中國行業協會有了較大發展，在社會主義市場經濟體制中，已經初步建立了「宏觀調控、行業協會商會自律服務、企業自主經營」的體制框架。但是，當前行業協會、商會不能適應改革發展新形勢和新任務的要求，規範和發展相對滯後，存在不少問題和困難，具體體現為：政社關係不清，行政色彩較重，法制建設滯後，自律作用不突出，服務水準不高，行為不規範；組織結構不合理，人員素質不高；制度不完善，外部環境也亟待改善。這些問題若不盡快加以解決，勢必影響行業協會、商會的健康成長，影響經濟體制的深化改革和建設事業的持續發展。因此，應當按照市場原則和國務院《關於規範和發展行業協會的若干意見》等有關政策法規進一步加強其規範發展。

4. 健全社會信用體系

社會道德意義上的信用，是指人們在為人處事及進行社會交往中應當遵循的道德規範和行為準則，它要求人們遵守諾言，以取得他人的信任。經濟學意義上的信用，是指以償還為條件的價值運動的特殊形式，它主要存在於交易雙方非同一時空的交易過程中。信用的上述雙重含義是相互聯繫、彼此制約的。在市場經濟條件下，經濟學意義上的信用賦予一般社會道德意義上的信用以特有的經濟內涵；同時，經濟學意義上的信用也要以一般社會道德意義上的信用為依託。信用是現代市場經濟的基石，信用機制缺損，市場機制就不可能有效運行；信用機制扭曲，會降低市場的有序性，從而使市場經濟難以健康發展。社會主義市場經濟具有一般市場經濟的共性，因而完善的信用體系也是社會主義市場經濟內在運行機制不可或缺的重要組成部分。

目前，中國政府監管機制建設及社會綜合管理徵信體制建立尚處起步階段，社會信用體系的發育程度仍然較低，遠不能適應發展社會主義市場經濟的需要。社會信用體系不健全、不完善，是市場交易活動中失信行為屢禁不止的主要原因。社會信用缺失，嚴重破壞了市場秩序，增加了市場交易成本，降低了交易效率，成為市場體系健康成長的重大障礙。改革與發展的實踐表明，建立健全社會信用體系的任務繁重而緊迫。

與社會主義市場經濟的要求相適應的社會信用體系，應以道德為支撐，以產權為基礎，以法律為保障。道德是人們的自身行為和人際交往的準則和規範，是社會公認並倡

導的價值理念和傳統文化習慣。道德通過人們的自律，可以對社會經濟行為產生一定的約束作用。在全社會提倡社會主義道德，弘揚中華民族誠實守信的傳統美德，可以為建立健全社會信用體系提供必要的社會自律機制。信用關係是產權制度的延伸，明晰產權是建立健全社會信用體系的制度前提。產權明晰可以使經濟主體意識到只有講信用、重信譽，才能保證自身長遠利益的實現，由此增強追求長遠利益的動力。進一步推動產權制度改革，明晰經濟主體間的產權關係，可以為建立健全社會信用體系提供必要的制度基礎。市場經濟是法制經濟，法律體系可以為建立健全社會信用制度提供代表國家權威的強制性保障。建立起完備的法律體系，可以用法律上的嚴格他律促進道德上的自律，可以通過防範和懲治經濟主體的不當行為，保證社會信用體系的有效運行。

當前，應增強全社會的信用意識和信用觀念，為建立健全社會信用體系奠定堅實的社會倫理基礎；加快相關法律法規的制定，使社會信用體系的建立與運行有法可依、有章可循；推動社會信用體系的商業化運作，以降低運行成本，提高服務水準；完善信用監管和失信懲戒制度，形成有效的失信懾止機制；逐步開放信用服務市場，增加國內信用機構的競爭壓力和發展動力，以推動中國社會信用體系的建立和完善。

此外，加快形成現代市場體系，還要進一步發展商品生產，整頓和規範市場秩序。要發展現代化流通方式和新型流通業態，促進行銷方式轉變，培育各類市場流通主體，降低流通成本和交易費用，提高國際競爭力。構建農村現代流通體系，支持龍頭企業、農民專業合作組織和農戶聯結，提高農民進入市場的組織化程度和增收能力。在整頓和規範市場秩序方面，當前要特別注意維護食品、藥品安全，打擊各種商業詐欺活動和哄抬物價行為。

(三) 社會主義市場規則：市場秩序的保證

社會主義市場經濟是法制經濟，這決定了調整市場經濟的手段主要是法治。市場經濟尊重價值規律，維護自由競爭。但是，對價值規律的盲目遵從，會導致市場失靈；無節制的自由競爭，會產生壟斷。市場經濟需要市場調節，但是不能僅靠市場調節，法律是調整市場經濟不可或缺的手段。

市場秩序是市場在運行中形成的各種市場參與者都必須遵循的各種規則與法律規範的總稱。市場秩序本質上是市場內在的各種規定性在市場運行中實現所產生的各種具體要求的法律和規則形式。首先，市場秩序體現的是市場內在的規定性。市場經濟的基本特徵是平等交換和公平競爭。平等交換和公平競爭在市場運行中的實現，必然導致一系列的特定規則和規範的形成，表現為市場秩序。其次，市場運行的內在秩序一旦形成，就必然不同程度地上升為法律形式，使市場運行的內在要求或秩序法制化，轉換為市場運行的法律規範。因此，市場秩序具有兩重性質，其一是市場內在的客觀規定性，其二是這些市場內在規定性的法律表現或實現形式。通常所說的市場秩序，就是指市場運行的內在規定性的法律形式。

市場運行秩序主要表現為分散的市場活動主體進入市場交易所要遵守的市場規則。市場規則是國家為了保證市場有序運行而依據市場運行規律所制定的規範市場主體活動

的各種規章制度，包括法律、法規、契約和公約等。就實質而言，市場規則就是以具有法律效力的形式確定或規定的市場運行準則。市場規則可以有效地約束和規範市場主體的市場行為，使其有序化、規範化和制度化，保證市場機制正常形成並發揮應有的優化資源配置的作用。

市場規則的具體內容涉及市場運行的主要方面和主要環節，大體上可以分為市場進出規則、市場競爭規則、市場交易規則和市場仲裁規則四個方面。

1. 市場進出規則

市場進出規則是市場主體和市場客體（即商品）進入或退出市場的法律規範和行為準則，從具體內容上可以區分為市場進入規則和市場退出規則兩個方面。

市場進入規則要求：凡是符合市場進入規則的主體和商品，都可以自由地進入市場；凡是不符合市場進入規則的主體和商品都不能進入市場。市場退出規則要求：凡是符合市場退出規則的主體和商品，都必須讓其退出市場。市場進出規則是使市場主體和商品進出市場的行為規範化，以及保證市場有序運行的重要制度基礎。

市場進出規則對市場運行的積極作用主要體現在兩個方面。首先，它可以規範市場主體及其行為，例如規範市場主體進入市場的資格與條件、市場主體的經營規模與範圍、市場主體退出市場的行為等。其次，它可以淨化進入市場的商品：①商品必須名副其實，不得假冒偽造；②商品必須質量合格，劣質商品不得入市；③商品必須不損害購買方特別是消費者的經濟利益；④商品的價格、計量及包裝都必須符合有關規定和要求，價格標寫不明、短斤少兩、包裝破損的商品不得入市。

2. 市場競爭規則

市場競爭規則是市場主體間地位平等、機會均等、進行公平競爭的競爭關係的制度體現，是依法確立的市場競爭行為規範。它要求各市場主體都有均等的機會從市場選購生產要素，進出市場，在平等競爭中由市場形成價格、稅負公平等。為保證公平競爭，各國普遍制定市場競爭規則和反不正當競爭法、反壟斷法。通過這些規則的確立，可以有效地消除特權和壟斷，為所有市場主體進行公平競爭創造或提供一個平等的制度環境，保證市場競爭機制形成並充分發揮作用。

3. 市場交易規則

市場交易規則是各市場主體在市場上進行交易活動所必須遵守的行為準則與規範，是市場規則的最主要內容。它主要包括：禁止強買強賣、囤積居奇、哄抬物價；公平交易，明碼標價，禁止黑市交易；等價交換，實行交易貨幣化；市場交易要規則化，包括交易場所、計量器具、批發和零售等，都要遵守相應的規則。

4. 市場仲裁規則

市場仲裁規則是市場仲裁機構在對市場主體之間的經濟糾紛進行仲裁時必須遵守的準則和規範。各種市場主體在進出市場、進行交易和開展競爭的過程中，彼此之間難免發生各種經濟糾紛。為瞭解決這些經濟糾紛，必須建立凌駕於所有市場主體之上的具有

法律權威的仲裁機構，並確立和遵守相應的仲裁規則。仲裁規則最重要的是遵循公平原則，對發生糾紛的雙方必須一視同仁，不能偏袒任何一方。

小　結

（1）按比例配置社會資源是一切社會化生產的共同規律，這一客觀規律在當代的具體實現形式主要有市場和計劃兩種類型。計劃和市場作為資源配置的經濟手段，不具有獨立的社會或制度屬性，可以在任何所有制社會裡相互結合、混合使用，形成混合經濟體制。但是，當它作為反應經濟運行規律及其特點的經濟體制時，卻與社會經濟制度有著緊密的聯繫。

（2）中國之所以選擇市場經濟體制，是基於中國計劃經濟體制的內在矛盾、社會主義商品經濟存在的客觀必然性，以及中國社會主義初級階段促進生產力和世界經濟全球化發展的要求。中國的社會主義市場經濟體制是同中國的社會主義基本制度結合在一起的市場經濟體制，具有不同於資本主義市場經濟體制的特徵。

（3）借鑑現代市場經濟體制的一般框架，中國構建了社會主義市場經濟的基本框架，其內容可以歸納為三個「制度」和兩大「體系」，即：既與社會主義基本經濟制度相適應，又符合市場經濟要求的現代企業制度；按勞分配為主體、兼顧效率公平的收入分配制度；多層次的社會保障制度；統一開放的市場體系和以間接手段為主的宏觀調控體系。

（4）市場運行機制的構成要素為價格機制、供求機制、競爭機制和風險機制。價格機制包括價格體系和價格形成機制，是市場機制的核心。而供求機制、競爭機制和風險機制是市場機制發揮作用的具體形式。市場機制的運行既有優點也有局限性。

（5）市場體系是由諸多不同類型的市場構成的有機統一體。社會主義必須健全統一、開放、競爭、有序的現代市場體系。為加快現代市場體系的建立健全，要發展各類生產要素市場，完善反應市場供求關係、資源稀缺程度、環境損害成本的生產要素和資源價格形成機制，規範發展行業協會和市場仲介組織，健全社會信用體系。

（6）市場規則是國家為了保證市場有序運行而依據市場運行規律所制定的規範市場主體活動的各種規章制度，包括法律、法規、契約和公約等。它可以分為市場進出規則、市場競爭規則、市場交易規則和市場仲裁規則。

複習思考題

1. 解釋下列名詞概念：
計劃經濟　　市場經濟　　經濟體制　　經濟制度　　社會主義市場經濟體制
價格機制　　供求機制　　競爭機制　　風險機制　　市場體系
2. 試比較分析市場經濟和計劃經濟的不同。
3. 試述中國經濟體制改革目標為什麼選擇建立社會主義市場經濟體制。
4. 試述市場運行中的市場機制的構成及其特徵。
5. 試述中國社會主義市場經濟體制基本框架的內容。
6. 試論當前加快形成統一開放、競爭有序的現代市場體系的重點有哪些。

閱讀書目

1. 馬洪. 什麼是社會主義市場經濟 [M]. 北京：中國發展出版社，1993.
2. 吳敬璉. 當代中國經濟改革 [M]. 上海：上海遠東出版社，2003.
3. 約瑟夫・E. 斯蒂格利茨. 社會主義向何處去——經濟體制轉型的理論與證據 [M]. 周立群，等，譯. 長春：吉林人民出版社，1998.
4. 劉詩白. 劉詩白文集：第 7 卷 [M]. 成都：西南財經大學出版社，1999.
5. 林毅夫，蔡昉，李周. 中國的奇跡：發展戰略與經濟改革 [M]. 上海：格致出版社，1999.
6. 許成鋼，錢穎一，等. 中國經濟改革為什麼與眾不同——M 型的層級制和非國有部門的進入與擴張 [M] //錢穎一. 現代經濟學與中國經濟改革. 北京：中國人民大學出版社，2003.
7. 中國共產黨第十四次、十六次、十七次、十八次全國代表大會上的報告，十五屆中央委員會第五次全體會議公報，十四屆三中全會《關於建立社會主義市場經濟體制若干問題的決定》等文件。

參考文獻

1. 劉詩白. 劉詩白文集：第 7 卷 [M]. 成都：西南財經大學出版社，1999.
2. 劉詩白. 改變中國命運的偉大戰略決策——論中國構建社會主義市場經濟的改革

[J]. 經濟學家，2008（4）.

3. 吳敬璉. 當代中國經濟改革 [M]. 上海：上海遠東出版社，2003

4. 吳敬璉. 中國經濟改革三十年歷程的制度思考 [J]. 21 世紀經濟報導，2008 - 09 - 23.

5. 劉詩白. 社會主義市場經濟理論 [M]. 成都：西南財經大學出版社，2005.

6. 埃岡·紐伯格，威廉·達菲. 比較經濟體制——從決策角度進行的比較 [M]. 榮敬本，吳敬璉，陳國雄，等，譯. 北京：商務印書館，1984.

7. 約翰·麥克米蘭：重新發現市場——一部市場的自然史 [M]. 餘江，譯. 北京：中信出版社，2014.

8. 中共中央關於全面深化改革若干重大問題的決定（2013 年 11 月 12 日中國共產黨第十八屆中央委員會第三次全體會議通過）[N]. 人民日報，2013 - 11 - 16.

9. 習近平. 關於《中共中央關於全面深化改革若干重大問題的決定》的說明 [N]. 人民日報，2013 - 11 - 16.

10. 沈越. 現代社會主義經濟理論 [M]. 北京：經濟科學出版社，2005.

第十章　社會主義市場經濟的微觀基礎

學習目的和要求：本章從一般意義分析市場經濟微觀基礎的內涵、構成與基本特徵。市場經濟的微觀基礎是市場經濟運行的基本前提，其核心是產權界定與保護的制度安排。而企業、個人、農戶則是市場經濟微觀基礎的構成要素，它們各自的經濟行為選擇及經濟行為特徵，是對市場經濟微觀基礎更為具體和更為深層次的展現。其中，市場經濟中國有企業的制度改進及其經濟行為方式選擇的演進，是一條值得關注和理解的有關社會主義市場經濟微觀基礎形成和發展的重要線索。

第一節　市場經濟的微觀基礎概述

一、市場經濟微觀基礎的內涵與構成

在市場經濟活動中，交換關係是最基本的經濟關係，市場作為交換關係的總和，將各個由社會分工所形成的處於分離狀態的利益主體有機地聯繫在一起，形成在社會分工基礎上的交換關係和協作關係。這些參與市場交換的利益主體就是市場經濟的交換主體，在經濟學上也被稱為微觀經濟主體。廣義的市場經濟微觀基礎就是指市場經濟中微觀經濟主體的總和以及這些主體所具有的基本特徵；而狹義的市場經濟微觀基礎僅僅是指微觀經濟主體。市場中的微觀經濟主體主要有三類，即企業（含一切以盈利為目的的經濟組織）、個人（主要是城鎮居民）和農戶（即農民家庭）。我們所指的狹義的市場經濟微觀基礎也就是由企業、個人和農戶這三類微觀經濟主體構成的。

企業是一種生產性組織，是市場經濟中最重要的微觀經濟主體。在市場經濟中，企業一方面是產品和服務最主要的供給者，國內生產總值（GDP）的絕大部分是由企業創造出來的；另一方面，企業為了維持自身的生產活動，必須大量地從要素市場上購買各種生產要素（包括勞動力），從而又是生產要素最大的購買主體。企業對大量的產品和服務的供給以及大量的生產要素的購買在整個社會所有交換活動中的比重佔有支配性地位，進而決定了企業是構成市場經濟微觀基礎最重要的組成部分。

在市場經濟條件下，由於社會分工的日益細緻化，個人絕無可能通過自給自足的方式來實現自己所有的生活需要；其必然的選擇是參與市場交換，在交換中實現或滿足自己部分或全部的需要。個人首先作為勞動力的供給者在勞動力市場上與企業進行交換，

進而獲得足以滿足自己生活需要的收入，同時個人利用所獲得的收入在產品或服務市場上充當消費者的角色與企業進行交換，以獲得能夠滿足生活需要的各類產品或服務。個人提供勞動力並用其所獲得的收入購買產品或服務的活動是國內生產總值生產和實現的最終力量。因此，個人是構成市場經濟微觀基礎的又一個重要的組成部分。但個人不是直接的生產性組織，這裡個人包括市場經濟中所有的居民及其家庭，這裡的家庭也只被看作個人的擴充形式，而不是生產的組織形式。

農戶，即農民家庭，與企業和個人有相當的不同，所以單獨列出予以考察。農戶是中國農村最基本的微觀基礎，農戶佔有一定量的土地、勞動工具等生產資料，是相對獨立的小型生產者，是農產品的主要供給者。因而農戶首先是一種生產性的經濟組織，而不是單一的個人，這一點與企業組織很相似。同時，除了部分的生活需要可以通過自給自足的方式予以滿足外，農戶作為消費者在市場上購買其他產品或服務方面以及在農村剩餘勞動力的供給方面，農戶與個人的經濟行為特徵是完全一致的。從一點上看，農戶又只是個人的特殊表現形式。因此，農戶兼有企業和個人的行為特徵，是中國農村特殊生產方式的基本形式。

除上述三類主要的市場經濟微觀基礎外，還有兩類微觀基礎值得注意：一是政府，二是境外的個人、企業和政府。後者在經濟開放條件下越來越受到重視，也是構成市場經濟微觀基礎的重要組成部分。至於前者，嚴格地講，政府不是市場經濟的微觀基礎（這一點本節第二部分將予以分析），但政府為了維持自身正常運作而進行的辦公用品的政府採購以及不管出於何種目的的政府投資都是以微觀經濟主體的身分並以市場化的方式進行的，這與一般的微觀基礎又有相似之處，因而也可以視為市場經濟微觀基礎的組成部分之一。

二、市場經濟微觀基礎的基本特徵

前面提到的廣義的市場經濟微觀基礎不僅僅指構成微觀基礎的各類微觀經濟主體，還包括各類主體的基本特徵。微觀基礎的基本特徵也是判斷某一主體是否構成市場經濟微觀基礎的主要依據。具體地講，微觀基礎的基本特徵包括平等性、自主性、逐利性和自發性四個特徵。

第一，平等性。平等性是指構成微觀基礎的微觀經濟主體之間的地位是相對平等的，不存在任何超經濟的強制性權利和義務關係。市場經濟的重要原則之一就是等價交換原則。只有當交換雙方均處於相對平等的地位時等價交換才有可能進行。如果其中一方能夠凌駕於另一方的地位之上，該方為了自身的利益就會利用這種地位影響交易的過程和結果，這就會導致市場經濟的公平等價交換不能得到滿足。當然，在市場經濟中絕對的平等是不存在的，例如壟斷、供求關係失衡等均可導致交換雙方地位的不平等。因此，市場經濟微觀基礎的平等性是一種相對的平等，重點強調的是交換雙方之間不存在超經濟的權利和義務關係。

第二，自主性。市場經濟微觀基礎之間的平等性直接決定了微觀基礎的自主性，即市場經濟中各類微觀基礎獨立自主地按照自己的真實意思決定自己的經濟行為而不受其他主體的干涉，並由自己獨立承擔其經濟行為的結果。對於企業而言，自主性特徵包括自主經營、自負盈虧、自我發展和自我約束四個方面。其中：自主經營是指企業擁有經營自主權，企業作為獨立的經營主體和交易主體自主地決定「生產什麼」「生產多少」「怎樣生產」等；自負盈虧是指扣除成本、稅收後的盈利歸企業所有，虧損則由企業自己承擔，這樣企業才會有足夠的生產經營動力；自我發展是指企業規模的擴張、經營鏈條的延伸、跨行業跨國經營等都取決於企業自身能力，企業根據市場狀況及其預期自主決策；自我約束是指企業除了受外界的諸如法律法規、政策、道德等約束外，還要從自身的利益出發，在成本、風險和收益的比較中形成自覺的約束機制和風險防範機制。對於個人而言，自主性主要體現在個人進行消費、儲蓄、投資、就業等經濟活動時，根據市場信息和主觀預期，自主地對自己現有的經濟資源（如收入、時間、個人資產等）進行合理的配置，以達到自身受益最大的目的。農戶的自主性兼有企業和個人的特徵，這裡不再贅述。

第三，逐利性。逐利性是指在市場經濟中，微觀基礎或微觀經濟主體的一切經濟行為都以實現自身利益的最大化為最終目標。這裡包含兩個內容：一是經濟主體的自利性，其所有經濟行為均以自身的利益為出發點和歸宿；二是經濟主體的理性，即經濟主體為了自身利益所做出的經濟行為都是最優的（至少他認為是這樣），從而能夠為其帶來現有約束條件下盡可能最大的收益或滿足感（效用）。例如，企業在市場經濟中，不管其為社會創造的財富多麼龐大，也不管其生產的產品多麼精美，並為人類帶來多大的方便，其最終的目的不在於產品本身，企業真正關心的是這些產品是否能夠給其帶來收益或利潤；同時，為了最大限度地實現利潤，就必須最大限度地增加收益和減少成本，企業最終會在一個利潤最大化的產量水準上生產，並且用最為經濟的生產方式進行生產。很顯然，微觀經濟主體的自主性是其逐利性的權利性保障。

第四，自發性。上面談到市場經濟微觀基礎是相互平等的，各經濟主體為了自身的利益可以自主地決定自己的經濟行為，並且努力尋找一條最優的途徑以實現自身利益的最大化。從各微觀經濟主體的角度看，其經濟行為表現出計劃性；但是從整個社會的角度看，上述的經濟行為又帶有整體上的自發性或盲目性，這一點在社會分工日益細化、經濟活動日益頻繁和複雜的今天表現得尤為突出。微觀基礎整體自發性的主要原因在於，隨著市場經濟的日益繁榮和交換關係的日益複雜，經濟主體不可能完全掌握來自市場的全部信息並加以正確分析，從而也不能得出完全準確的市場預期，進而針對市場預期作出的經濟行為就帶有了盲目性，極有可能給市場帶來供求嚴重失衡的後果。

以上四點分別說明了市場經濟微觀基礎的四個基本特徵，我們可以發現平等性是自主性的直接條件，自主性又是逐利性的前提，而自發性則是市場經濟微觀基礎總體上的特徵。

市場經濟微觀基礎的前三個特徵，尤其是逐利性特徵，是市場機制或「看不見的手」原理的直接基礎。關於「看不見的手」原理，經濟學鼻祖亞當·斯密 1776 年在《國富論》（即《國民財富的性質和原因的研究》）一書中論述道，每個人都在力圖應用他的資本，來使其生產的產品能夠得到最大的價值，這樣他就必然竭力使社會的財富盡量增大。一般說來，他並不企圖增進社會福利，也不知道其所增進的社會福利為多少，他所追求的僅僅是其個人的安樂和利益，但在他這樣做的時候，有一只「看不見的手」引導他去盡力達到一個並非他本意想要達到的目標，而且往往使他能比在出於其本意的情況下更有效地促進社會福利。「看不見的手」原理實質上是「主觀為自己，客觀為別人」哲學的反應，也極其形象地描述了市場經濟微觀基礎的基本特徵。

但是「看不見的手」並不總是有效的。正如我們在自發性特徵中所提到的那樣，在市場經濟關係高度複雜的情況下，微觀經濟主體的自發性很可能帶來市場供求的嚴重失衡，這樣就不是增進社會福利而是給社會經濟帶來災難了，也即會產生經濟危機。為了克服這種自發性或「看不見的手」的缺陷，政府作為一只「看得見的手」，利用公眾賦予的公共權力對微觀市場進行強制性的規制並對經濟進行宏觀調控，因而政府與微觀經濟主體之間的地位是不平等的。另外，政府也不以自身盈利為目的，不具有逐利性特徵。因此，從一般意義上講，政府不是市場經濟微觀基礎的構成者。

三、市場經濟微觀基礎的形成條件：明確的產權界定

產權（Property Rights）是由社會或法律規定的一組財產權利，這些權利的所有者能夠在法律的保護下，自主地行使相應的財產權利，並取得一定的收益，不受他人的干涉，從而使財產權利的所有者有動力去運用這些權利積極地從事經濟活動，增進自己的福利。理解產權應當把握以下幾個產權的特徵：

第一，產權具有排他性，同一產權在同一時間只可能由某一經濟主體單獨享有，其他任何主體不得行使相應財產權利。

第二，產權是一種權利束，它可以包括佔有權、使用權、收益權和處分權四項基本財產權利，也可以僅僅體現上述四項權利的某一項權利，還可以分解為多種權利並統一呈現一種結構狀態。

第三，產權應當有確定的界限或範圍。即在規定某一產權時必須明確該項產權具體包括哪些權利以及這些權利的行使方式，告訴產權主體可以做什麼、不能做什麼以及各自相應的後果，這一點也被稱為產權的有界性。

第四，產權可以轉讓或授權他人行使，市場經濟中的交換實質上就是不同產權的相互交換。

總之，產權是一種社會工具，其作用在於幫助從事經濟活動的主體形成一種可以合理把握的預期。由於產權具有排他性和有界性的特點，一項明確的產權就應當對該產權的主體以及相應權利範圍做出明確的規定，告訴他可以做什麼、不能做什麼以及能獲得

什麼、不能獲得什麼，並用法律的強制力予以保護或懲戒。微觀經濟主體可以根據產權的界定對自己的經濟行為的結果做出相對準確的預測，進而採取符合預期目標的經濟行為。

產權界定是指通過法律明確規定產權的主體和其相應擁有的財產權利範圍的過程和結果狀態，本章特指後者，即不研究產權界定的具體過程，只研究產權界定的結果。產權的界定實質上是通過社會契約的形式對微觀經濟主體財產權利的確認和保護，必須是明確的。根據產權的特徵，產權界定一般包括兩個方面的內容：一是產權主體的界定，二是產權範圍的界定。產權主體的界定，也就是誰擁有該項產權的問題，是基於產權的排他性特徵而提出的。產權的排他性要求享有某一產權的經濟主體在同一時間必須是唯一的，不能就同一產權規定兩個或兩個以上的擁有者。產權範圍的界定，也就是某項產權所包含的財產權利的邊界問題，是基於產權的有界性特徵提出的。有界性要求某一產權必須有一個明確的權利範圍，即上面自主性特徵中所提到的產權的主體能做什麼、不能做什麼、能獲得什麼、不能獲得什麼等問題均應有明確的規定。

明確的產權界定是市場經濟微觀基礎形成的條件或前提。首先，市場經濟中的交換實質上是不同產權的交換，而交換的前提是財產權利隸屬於不同的微觀經濟主體。產權界定中的產權主體界定就直接地為市場交換創造了前提條件，從而間接地決定了微觀基礎的形成。當然，對主體的界定必須是明確的。其次，從微觀基礎的核心特徵——逐利性上講，產權界定中的權利範圍界定直接明確規定了構成微觀基礎的經濟主體的權利義務範圍，使經濟主體知道自己可以做什麼並能獲得什麼樣的利益，從而使經濟主體擁有了對自己某種利益相對準確的預期，進而才有可能為了自己利益做出最優的、能使自身利益最大化的經濟行為。也就是說，明確的產權權利範圍的界定是微觀基礎逐利性的前提，因為逐利性是微觀基礎的核心特徵，所以明確的產權權利範圍界定又是市場經濟微觀基礎形成的決定性前提。最後，明確的產權界定也是微觀基礎平等性特徵和自主性特徵的物質前提。在市場經濟中，法律以各種形式普遍確立了個人財產權利神聖不可侵犯的原則，作為微觀基礎的經濟主體在享有法律賦予的某項產權時，就可以理所當然地在法律的保護下，就該項產權平等地與其他微觀經濟主體進行交換，並可以對自己享有的產權自主地進行符合自己意思的處分。

第二節　社會主義市場經濟中的企業

一、市場經濟中的企業與行為選擇

（一）市場經濟中的企業

市場經濟中的企業，無論是何種類型，首先都應當擁有獨立的產權，這是取得經濟

主體地位的前提，也是企業享有平等、自主權利的前提，更是企業追求利益最大化的動力。自然人企業包括個人獨資企業和合夥企業。此類企業不具有法人資格，投資人一般親自參與企業的經營管理，並以個人所有財產對企業的債務承擔無限清償責任。自然人企業的產權一般包括對企業財產的佔有權、使用權（或經營權）、收益權和處分權四個內容，是完備的產權。它與所有權的範圍恰好相等，是一種所有權與經營權不分離的傳統企業產權形式。具有法人資格的現代企業在中國主要是指現行公司法規定的三類公司，即有限責任公司、國有獨資公司和股份有限公司。這類企業是其所有權與經營權完全相分離（企業的投資者不直接參加經營管理）的現代企業，其產權範圍比所有權狹窄，主要包括對企業所屬財產的佔有權、使用權（或經營權）以及部分收益權（主要是企業留利），而企業財產的處分權以及另一部分的收益權仍然由企業的投資者所擁有。我們經常講的明確界定企業產權，尤其是明確界定國有企業的產權，指的是企業與投資者（對於國有企業則是政府或政府的授權組織）之間的財產權利劃分問題。明確的產權界定是產權排他性和有界性要求的，但企業產權的界定不是任意的，應當以能夠最大限度地使企業平等參與市場、能夠自主決策並獲得最大利潤為界定標準。

[閱讀專欄]

關於企業的性質
——交易費用論的解釋（科斯）

從交易費用的角度研究企業制度始自羅納德·科斯1937年發表的經典論文《企業的性質》。在科斯以前的經濟學研究中，由於假定市場的運行是無摩擦的資源配置過程，故而對企業之所以存在的一種較好的解釋是有勞動分工才出現企業。科斯否定了這一回答，提出市場與企業是兩種可相互替代的資源配置方式，只不過市場的配置是通過價格機制實現的，而企業的配置是通過權威關係完成的。科斯拋棄了價格機制（市場）零成本的假設，將交易費用概念引入經濟分析當中，提出企業之所以存在是因為市場運行具有交易費用，當市場交易成本大於企業組織成本時，資源配置就會以企業這種經濟組織來進行。

正是由於市場的運行是有成本的，故通過創建企業並允許某個權威來支配資源，可以將交易內部化，以一個長期契約代替一系列短期契約，減少契約的數量，簡化契約調整過程，節約交易費用。科斯還指出企業的運轉也是有組織成本的，當企業規模持續擴張時，管理的邊際收益遞減，要素供給價格上升等因素使得組織的交易費用增加，進而限制了企業的邊界擴張。科斯在比較、權衡市場和企業兩種交易費用的基礎上提出：「企業規模的邊界應該定在其運行範圍擴展到企業內部組織附加的交易費用等於通過市場或在其他企業中進行同樣交易的費用的那一點上。」

（以上資料選編自：劉東.微觀經濟學新論[M].南京:南京大學出版社,1998:142-143.）

(二) 市場經濟中企業的行為選擇

企業是生產性組織，企業的一切經濟行為都是圍繞著企業的生產展開的，並且遵循利潤最大化原則。具體地講，企業的經濟行為主要包括三個類別的行為：企業的投資行為、企業的生產行為和企業的創新行為。[①] 其中企業的生產行為處於核心地位。

1. 企業的投資行為

企業的投資行為是指企業運用其所控制的資金購買用於生產的各種生產要素的行為。企業的這種購買實際上又是企業在要素市場上充當需求者的行為。企業對要素的具體需求是由企業的具體生產行為決定的，我們將在企業的生產行為部分作詳細的討論。

企業的投資行為還派生出企業的另一個相關的行為——企業的融資行為。企業的融資行為是指企業在金融市場上，運用各種金融工具籌集生產所需資金的行為，其中金融工具實際上是企業或其他主體在籌集資金時與他人形成信用關係的憑證。金融工具包括傳統的金融工具和金融衍生工具兩類，傳統的金融工具主要有債券、股票、商業票據（本票、匯票）等；金融衍生工具主要有金融期貨、金融期權等。另外，金融工具是針對籌資主體（發行者和出售者）而言的，對於持有者和購買者來說，金融工具就是金融資產。企業進行融資的時候具體運用哪種或哪幾種金融工具，主要取決於該企業的經營業績、財務狀況、抗風險能力等因素，當然也與金融市場的狀態相關。

2. 企業的生產行為

企業的生產行為是指企業運用生產要素進行生產的過程。為了便於討論，我們將生產過程分為兩個階段來進行分析：第一階段先分析既定總成本下的最優產量以及相應所耗費的要素組合；第二階段再分析變動成本下的最優產量以及相應的要素組合。另外，我們假設只使用資本（K）和勞動（L）兩種要素，而且資本和勞動的價格是已知且確定不變的。

首先我們來討論既定總成本（或總投資）的情況。由於總投資和要素價格都是已知且確定的，故而企業可以用全部總投資（總成本）從要素市場上購得若干單位的資本和若干單位的勞動共同用於生產。但是，企業到底購買多少單位的資本和多少單位的勞動合適呢？我們知道企業具有逐利的特性，所以，企業所購買的資本與勞動數量的組合，是能在既定總成本下實現最大產量的要素組合，這個組合對企業來說是最優的，我們將之記作（K_i，L_i）。如果我們將相應的總成本記作 C_i，相應的產量記作 Q_i，這樣就可以得到與總成本 C_i 相對應的生產要素最優組合（K_i，L_i）和相應的最優產量 Q_i。

接下來我們考察總成本變動時的情況。我們可以將總成本的變動看成無數個既定總成本的情況組成的集合。也就是說，我們可以假設一個既定總成本的集合，這個集合能夠包含企業所有可能的總成本 $\{C_1, C_2, \cdots, C_n, \cdots\}$，其中 n 為正整數；變動的總成

[①] 嚴格地講，企業的經濟行為中還包括企業的儲蓄行為，例如提取各種公積金，但它不是企業的特徵性行為。本書省略了相關內容。

本則是這個集合中所有既定總成本的連續化。按照上面一個既定總成本對應一個最優要素組合和一個最優產量的原則，C_1，C_2，…，C_n，…都分別對應一系列最優要素組合（K_1，L_1），（K_2，L_2），…，（K_n，L_n），…，以及一系列最優產量 Q_1，Q_2，…，Q_n…。企業要做的是從上述三組序列中找出一個總成本 C_e 以及與之對應的一個最優要素組合（K_e，L_e）和一個最優產量 Q_e，使得企業的利潤達到最大。當然，C_e、（K_e，L_e）和 Q_e 是存在的且代表了企業的具體生產行為。

這裡的要素組合（K_e，L_e）就是企業在投資時，需要在要素市場上購買的資本和勞動數量；這裡的能實現企業利潤最大化的最優產量 Q_e 就是企業的最優生產規模。值得注意的是：企業的最優生產規模 Q_e 不一定對應著最低的平均成本（即單位產出的成本），因為利潤不僅受成本的影響，還受市場需求的影響；但在完全競爭的市場上，兩者是一致的，因為在完全競爭市場上，單一企業的產量變動不足以影響市場的需求。

另外，企業為了尋找最優生產規模，會不斷增加總投資，總產量也就隨之而不斷增加，規模逐漸擴大。在這個過程中，平均成本將呈現出先逐漸下降、達到最低點後又逐漸上升的狀態。隨著生產規模的逐漸擴大，平均成本在達到最低點前逐漸下降的狀態稱為規模經濟，在平均成本達到最低點後逐漸上升的狀態稱為規模不經濟。

3. 企業的創新行為

在現代市場經濟中，企業的創新行為越來越受到關注。企業的創新實際上是為企業提供一種新的優勢，這些優勢可以歸結為成本優勢和市場優勢。成本優勢是指產品的單位成本低於其他生產同類產品的企業；市場優勢是指企業在某一市場上占據絕對的份額。企業的創新主要集中在產品創新、技術創新、組織創新、原料來源創新、市場創新五個方面，其中技術創新、組織創新和原料來源創新能為企業提供成本優勢，產品創新和市場創新則可以為企業提供市場優勢。

創新也是需要成本的，而且企業也要承擔創新失敗的風險，因而企業創新行為首先取決於企業對創新成本和創新預期收益的比較，如果收益大於成本，企業才會產生創新行為。企業家是企業創新行為的主導者和推動者，企業具體的創新行為是由企業家的才能決定的。

二、現代企業制度與法人治理結構

（一）現代企業制度的含義

現代企業制度即現代股份公司制度，其核心是其法人產權制度。現代企業的法人產權制度的確立，產生了兩個相對於古典企業的質變結果：一是使資本的所有權與企業的經營管理權發生徹底分離，產生了職業化的「支薪管理人員」，即企業的經理階層；二是資本社會化導致企業規模擴大，在企業內部形成了「管理層級制」，即企業層級組織包含兩個以上決策層級，在企業的高、中層級的決策者之間形成了較為複雜的決策分工體系。美國企業史專家錢德勒在其論述美國企業制度演進歷史的專著中，對現代企業組

織下的定義是：由一組支薪的中、高層經理人員所管理的多單位企業。錢德勒對現代企業組織所下的定義進一步證實了現代企業制度不同於古典企業制度的複雜性。現代企業在內部管理控制權的職業化和管理權配置方式的層級制，表明市場交易內部化已取得某種組織規範，這就是錢德勒所說的美國企業的管理革命，即以「管理上的看得見的手取代了市場機制的看不見的手」。

隨著現代企業制度的出現，現代企業特別是一些現代巨型公司，本身就是一個龐大的「帝國」，一年可以實現幾百億乃至上千億美元的銷售額。它們內部有龐大而層級嚴密的管理機構，其外部又有極為廣闊的市場空間。它們對內實行行政化的權力層級控制，對外適應市場制定和調整經營戰略。可見，現代企業在適應及適用「市場」和「行政」兩種協調方式上，是嚴格執行「內」「外」有別的。這表明現代企業已經是一種兼備對外市場協調和對內行政協調的現代經濟組織。

構成現代企業制度的制度要素主要有法人產權制度、法人治理制度、有限責任制度和管理層級制度等。其中，法人產權制度是基礎，法人治理制度是核心，有限責任制度是保障，管理層級制度是工具。

現代企業所具有的多元產權結構、管理層級制、委託代理制以及多種協調方式和多元戰略目標組合等，都表明現代企業已逐漸成為一種複雜的組織系統：它既有內部層級化的組織結構，又有需要適應和協調的外部市場結構（多樣化、多層次的市場）；既有內部的行政協調機制，又有適應外部環境的市場經營機制；既有控制權配置的治理結構，又有規範企業組織和行為的法制體系；既有對管理層的內部激勵約束，又有對企業及企業管理者的外部市場篩選和淘汰機制；等。現代企業的組織體系又是一個開放的系統，其要素配置、技術及產品創新等都必須與市場系統對接，規則及調整方式受到它賴以生存的那個社會的政治法律制度的深刻影響。現代企業還是一個不斷創新的組織系統，它要適應不斷變化的市場，對各種生產要素進行新的組合，並因此而進行包括制度創新、技術創新和管理創新的一系列組織及運作方式的變革活動，以使組織系統趨於完善。

(二) 現代企業制度的基本特徵

(1) 現代企業擁有由出資者出資形成的獨立的法人所有權，並取得由法律認定的獨立的企業法人地位。現代企業的法人產權與自然人企業的私人產權有著本質的區別：法人企業享有的法定財產權是以「組織」名義行使的，不被自然人（公司所有者）的意志和行為左右；法人企業具有永續存在的「生命」，不受自然人生命週期的限制；法人企業取得了企業法律形態，由公司法規範其組織形式、組織原則和商事權利、義務。總之，現代企業的法人化特徵，是資本社會化的一種成熟制度規範，並為現代企業的規模擴張拓展了廣闊的空間。同時，由企業法人明確界定的產權邊界，也為現代企業進行有效的內部管理和經營運作奠定了產權基礎。

(2) 現代企業的投資者對企業債務承擔有限責任。這意味著投資者以其投入企業的

資本額（股本）為限承擔有限責任，即當企業虧損到資不抵債、依法破產時，投資者所承擔的最大責任僅僅是收不回投資（股本）而已，這與由投資者承擔企業經營虧損的無限責任有著本質的不同。這有利於降低和分散投資風險，也有利於資本的流動和優化配置。在投資者承擔有限責任的同時，企業法人則要以全部資產對企業的經營風險承擔責任，投資者的投資（股本）只能轉讓，不能抽回；投資者以其投入的資本額享有終極所有者的權力，但不能直接干預企業的生產經營活動。這就把企業投資者的有限責任和企業法人的無限責任有機地結合起來，使兩者互為存在條件，從而真正體現了權利和責任統一、利益和風險對稱的原則。

（3）現代企業是具有管理層級制的科層組織。科層組織也即等級組織，是企業內部組織專業化分工並進行協調管理的方式。現代企業科層組織的出現有三個原因：一是企業規模擴張；二是企業專業化分工協作趨於強化；三是市場內部化的要求。現代企業的科層組織包含至少兩個以上的決策層級，先後採用過三種科層組織結構：第一種是控股公司結構，簡稱 H 型結構；第二種是集中的、按職能劃分部門的結構，簡稱 U 型結構；第三種是多分支單位結構（Multidivisional Structure，或譯為事業部制），即 M 型結構。科層組織出現並趨於多樣化和複雜化，表明現代企業內部行政協調機制的強化和對市場協調機制的替代效應的增強。這是古典企業所不具備的。

（4）現代企業制度的經營管理走向職業化，並造就了一個職業管理階層。這是現代企業制度法人產權獨立、企業委託代理制興起的必然結果。同時，分工的專業化發展，使管理在科層組織的基礎上逐步獨立化為一種專門的職能，這種職能已不能為一般的資本所有者勝任，而由具有管理知識的專業人員來承擔，這樣就逐漸產生了職業管理階層也即職業經理。與此相應的是，在外部市場結構中出現了經理市場，以及市場化的經理篩選機制。職業經理的產生既使現代企業的經營管理趨於成熟，又對現代企業內部控制權的配置產生了巨大影響，使對資本的所有權和對資本的實際控制權不僅在產權制度上而且在人事安排上實現了徹底分離。

（5）現代企業行為目標轉移，由直接追求利潤最大化轉變為在企業長期穩定的發展中實現利潤最大化。傳統經濟學中的「經濟人利益最大化」行為假定，也即追求利潤最大化假設，已經受到現代企業存在的委託代理制的挑戰。職業經理追求的目標與單純資本所有者（股東）追求的目標偏離的可能性顯示出企業決策管理層目標的多元化，利潤最大化目標已不是唯一的目標。以完全理性為前提條件的個人利益最大化行為假設，在市場日益表現出的不確定性、多樣性和複雜性的衝擊之下，事實上已不可能成立，「滿意」的利潤也是企業投資者所能接受的目標。面對多變的市場，面對日益增加的市場風險，現代企業不得不把追求企業的長期穩定發展放在首位。當然，也不排除在企業內部激勵約束機制和外部市場（如證券市場、經理市場）約束機制的共同作用之下，職業經理會把追求企業長期穩定發展的目標和實現利潤最大化的目標有機地統一起來。

（三）現代企業制度的法人治理結構

對現代企業制度也稱公司制度的法人治理結構的研究，源於對公司制度中的資產所

有權和經營管理權（現在更多的人稱之為「控制權」）相分離所產生的代理問題的關注。由於在公司這種企業制度之下，資產所有者通過持股而外在於企業的運作和控制，經營管理者則內在於企業的實際控制著企業的運作，這樣，在資產所有者（委託人）和經營管理者（代理人）之間就存在著信息的不對稱，而信息不對稱背後的實質問題是兩者利益目標可能出現差異。為此，資產所有者就會尋求某種制度化的方式來解決對經營管理者的監督約束和利益激勵，以實現自身利益的最大化。所以，在公司裡存在的所謂委託代理關係問題實質上是資產所有者對企業控制者的權力制衡問題。正因為如此，公認的公司治理結構的含義是：在所有權與控制權分離的情況下，為解決代理問題而設計的制度安排。在這裡，公司治理結構的實質是解決所有權對控制權的制衡和配置問題，目的是提高公司運作績效。

公司的法人治理結構主要是解決兩權分離下的代理問題，其關鍵是解決委託人如何有效地監督和激勵代理人的問題。由於在委託人和代理人之間存在著利益目標差異和信息不對稱的問題，代理人有自利動機而委託人難於監督。委託人作為理性的投資者，為使其資本權益和投資回報最大化而自願地將資本的經營控制權交給代理人時，他要解決的核心問題是在給代理人以充分的經營控制權的同時，如何才能使代理人盡職盡責地履行對委託人的義務，為委託人謀取利益。從理論上講，給代理人以相當的「好處」（激勵）使其自願為委託人「賣力」，同時給代理人以約束（監督）限制其自利行為（損害委託人利益之行為）都是沒有問題的，但問題是怎樣使委託人對代理人的激勵與約束制度化的同時又是監督成本相對較少的可操作方式，這就涉及公司的法人治理結構以及法人治理結構的有效性問題。

公司的法人治理結構包括三個層次：公司內部治理機制、公司外部治理市場以及有關公司治理的法律法規。公司內部治理機制的主要內容是在公司內部構造一個合理的權力結構，從而在股東、董事會與經理人之間形成一種有效的激勵、約束與制衡機制，以保證公司遵守有關法律法規，並實現公司及股東利益的最大化。公司外部治理市場主要是指與公司密切相關的外部市場，包括產品市場、資本市場、經理市場三大市場，通過產品與價格競爭、公司控制權競爭、經理人才競爭等方式對公司經理人產生激勵約束作用。有關公司治理的法律法規主要是指國家及政府監管部門為了保護廣大投資者的利益，保證公司遵守國家法律與社會道德規範而制定的一系列法律規範。這些法律法規構成了有關公司治理的法律約束。

（四）建立現代企業制度的意義

1. 利於適應市場結構變化，抵禦日益增大的市場風險

現代企業的資本經營和多元發展戰略以及適度規模擴張的發展方式有利於其適應多變的市場，其社會化的融資方式和有限責任制度又能較為有效地抵禦市場風險。

2. 利於形成有效的內部激勵約束機制和外部市場制衡機制

現代企業的法人產權一般延伸為以委託代理制為依託的治理結構，從而形成對企業

控制權的內部制衡；同時企業外部存在的證券市場和經理市場又形成對企業管理者行為目標和經營績效的評價機制，並由此實現企業管理者的篩選和淘汰。

3. 利於進行科學的管理和企業創新機制的形成

現代企業一般是由具有專業管理知識的支薪職業經理控制的，職業經理以追求企業長期穩定發展來實現自身利益的最大化。現代企業存在的對經理行為偏差的校正機制，也會促使職業經理追求優化管理以滿足企業有效發展的目標。另外，現代企業的層級管理制和市場導向的經營理念，也有利於企業適應市場不斷創新。

4. 利於推動完善法律規範性和國際慣例性

現代企業既進行國內經營，又進行跨國經營，經濟的國際化已使現代企業逐漸形成了適應國際市場和國際慣例的一些經營模式。隨著現代企業制度的成長，一方面國家對企業制定的法律規範更趨完備，另一方面也要求其按國際慣例來進行運作。現代企業制度運作遵循的國際慣例主要包括：企業股東財富最大化是企業的宗旨；企業通過一個法人治理結構實施經營管理，經營者往往由非股東的職業經理擔任；企業法人產權具有獨立性、整體性和連續性，因而企業具有永續壽命；企業實行有限責任制度；企業以登記註冊的章程作為企業營運的行為準則；企業建立管理層級制的組織結構；等等。現代企業完善的法律規範性和國際慣例性是與其競爭水準和競爭質量的提高聯繫在一起的。

5. 利於資本的流動和資源的優化配置

現代企業往往通過控股、兼併、收購、合併等方式進行資產重組和資本經營，從而優化資源配置，實施規模經濟，提高經濟效益和市場競爭力。美國從 20 世紀初至今，已先後進行了五次大規模的公司兼併重組浪潮，而每一次公司兼併重組浪潮都給美國工業和國民經濟帶來了前所未有的影響，極大地促進了一批巨型、超巨型跨國公司的產生和發展，完成了資產規模的迅速擴張和增值，推動了產業升級和資產結構在社會範圍內的優化配置，極大地提高了企業的經濟效益和市場競爭力。1994 年至今的美國第五次企業兼併重組浪潮已經演化為世界性的企業兼併重組浪潮，資源的優化配置已跨越國界，擴展到國際範圍。

三、社會主義企業的演變與類型

關於企業歷史演變的研究多以企業的產權制度或產權結構變遷為線索，將其描述為由古典企業（主要包括業主制與合夥制這兩類企業）向現代企業（主要指股份制企業）演變的歷史過程，其突出特徵是企業產權由單純個人財產權到多元產權結構演變。伴隨企業以產權結構為基礎的演變，企業的規模結構、治理結構、競爭結構等都會發生相應的變遷，從而推動企業走向成熟和完善。而對中國社會主義企業的演變過程的分析，核心是要揭示中國企業由行政性集權到市場化分權的演變過程。這個過程也是中國社會主義企業逐漸獲得獨立產權或產權結構清晰的過程。

（一）中國社會主義企業的演變

企業是市場經濟中最重要的微觀基礎。在中國，以經濟體制改革的啟動為分水嶺，

企業的歷史演變在總體上可分為兩大階段，一是經濟體制改革之前的計劃經濟時期，二是從 1978 年開始至今的經濟體制改革時期。

在計劃經濟時期（1956—1978 年），企業是單一的國有企業，這些企業是在繼承解放區的軍工企業、沒收官僚資本、對資本主義工商業進行社會主義改造以及計劃經濟時期各個階段國家財政投資的基礎上建立起來的。這一時期的企業基本直接由中央政府統一集中管理。1953 年之前，中國國有企業除了華北地區由中央直接管理外，其他各地基本由大行政區管理。1954 年，國家撤銷了大行政區制度，將原各大行政區所管理的絕大多數大中企業劃歸中央各工業部門管理，這些企業和原中央直屬企業由各歸口部委統一編製計劃，統一組織物資供應，統一分配和統一銷售產品，其財務收支、職工工資、人員配備也由各部委直接管理，這樣，由中央政府高度集中統一、直接管理的企業管理體制初步形成。到了 1957 年，中央政府直屬的企業由 1953 年的 2,800 家增加到 9,300 家，各類統配物資由 1953 年的 50 種增加到 231 種，這些企業的生產計劃和基本建設接受指令性計劃指導，生產和物資供應大量使用實物指標，產品和物資實行統分統配制度。[①]當然，這樣的企業管理體制有其歷史必然性，而且在醫治戰爭創傷、恢復國民經濟和迅速建立完整的工業體系等方面發揮了重要的歷史作用。但隨著國民經濟的恢復和發展，這種高度集權的企業管理體制的弊病就顯現出來了，如政企不分，企業完全隸屬於政府，企業沒有自主產權，政府與企業及工人之間權責利不明等，造成了企業管理機制上的混亂並使企業喪失了持久生產的動力。從市場經濟的角度看，這樣的企業並非真正意義上的企業（沒有獨立的產權，不能自主經營、自負盈虧和自我發展），其本質是中央高度集權的計劃經濟體制下的行政附屬物。

在經濟體制改革時期（1978 年至今），企業開始向多元化的格局發展，市場由原來單一的國有企業向國有企業與非國有企業並存的格局發展，我們首先來回顧一下國有企業的改革歷程。

國有企業由於高度集權的管理體制上的缺陷，喪失了持久生產的原動力，企業自身一再地陷入困境，國有企業的改革迫在眉睫。沿著由「放權讓利」到「轉換經營機制」的路徑，又可以將 30 多年來的國有企業改革大致分為兩個階段。[②]

第一階段的國有企業改革（1979—1992 年）主要是以「放權讓利」為主線，是一種不對傳統體制形成根本性衝擊的表層化分權式改革。由於是初始性改革，沒有明確的目標和堅實的理論基礎，以放權讓利為誘餌啟動的國有企業改革不免帶有濃厚的功利主義色彩，其目的主要是對國有企業及其職工形成激勵，以改變企業生產效率低下的狀況。這一階段改革的主要缺陷在於國有企業的改革目標不明確，對當時國有企業效率低下的原因分析不足，認為國有企業效率低下的原因只是國有企業缺乏必要的自主權和激

---

① 逄錦聚，洪銀興，林崗，等. 政治經濟學 [M]. 北京：高等教育出版社，2002：343.
② 戴歌新. 中國國有企業制度創新研究 [M]. 成都：西南財經大學出版社，1999：51.

勵，沒有涉及產權等體制上的根本性問題。

第二階段的國有企業改革（1992年至今）是以建立現代企業制度為主線展開的。鄧小平「南方談話」和中共十四大之後，國有企業的改革開始由分權讓利轉向企業經營機制的改革，由表層的行政性分權轉向企業制度創新——創建公司制，由企業改革的單項突進轉向以企業改革為主線的綜合配套、整體推進式改革。這一階段的國有企業改革基本上是沿著明晰企業產權和實現政企分開的主線展開的，在實踐上則以推行股份制、進行國有企業產權制度變革為基點，深入到對國有企業自身體制的改革；並在國有企業建立現代企業制度的目標導向下，推出了價格、稅收、財政、金融及外匯管理體制等諸多方面的總體配套聯動式改革。因而第二階段的國有企業改革在廣度和深度上均超過了第一階段改革，其改革的難度也遠遠超過了前一階段。

在國有企業改革的同時，市場經濟體制的改革還孕育了大量的非國有企業，也即我們常說的民營企業。這些企業的生長是市場經濟的客觀要求和必然結果，是公有制和其他所有制形式共同發展的直接結果。非國有企業的形式是多樣的，可以是個人獨資企業、合夥企業，也可以是公司制的企業，包括有限責任公司、股份有限公司。另外，非國有企業中有一類特殊的企業，即鄉鎮企業，它是指農村集體經濟組織或者農民投資為主，在鄉鎮（包括村）舉辦的各類企業。鄉鎮企業的前身是農村的社隊企業，是農村剩餘勞動力自我內部轉移和消化的結果。

開放的市場經濟條件下，企業的格局向多元化方向發展，除了包括上述的國有企業和非國有企業外，還包括外商投資的企業，即所謂的「三資」企業，包括中外合資經營企業、中外合作經營企業和外商獨資企業三種。三資企業起初是經濟體制改革和對外開放過程中為引進生產技術和管理經驗，促進中國的生產力發展而設立的，而現在「三資」企業在國民經濟尤其是在就業、出口等方面發揮著更為重要的作用。

（二）社會主義市場經濟中企業的類型

在市場經濟中，企業的格局是多元化發展的，企業的類型也是多樣的。根據不同的劃分標準可將企業分為以下主要類型：

（1）根據所有權性質不同，可以將企業劃分為國有企業、非國有企業和外資企業。國有企業是指國有獨資及國家授權的組織在企業的股權結構中擁有控制地位的企業，其餘的均屬於非國有企業。外資企業特指中外合資經營企業、中外合作經營企業和外商獨資企業三類外商投資的企業，外資企業也可以參股或控股中國的國有企業或非國有企業，但其投資後的企業產權性質是不變的。

（2）根據企業組織的類型不同，可以將企業劃分為業主制企業、合夥制企業和公司制企業。業主制企業是一種自然人企業（不具有法人資格），是由單個自然人（公民）投資設立並自己經營的企業，投資人以其所有個人財產對企業的債務承擔無限清償責任；合夥制企業也是一種自然人企業，是由兩個或兩個以上的自然人（公民）按照書面協議共同出資、共同經營、共同承擔經營風險的企業，合夥人對企業債務承擔連帶的無

限清償責任；公司制企業是一種具有法人資格的企業，出資人以佔有股權的方式對企業投資，並以其出資額為限，對企業債務的清償承擔有限責任，但出資人一般並不直接參與企業的經營管理。

中國法律規定或確認的企業類型，主要包括有限責任公司、國有獨資公司（一種特殊的有限責任公司）、股份有限公司（含上市公司）、個人獨資企業、合夥企業、中外合資經營企業、中外合作經營企業、外商獨資企業等。其中，有限責任公司、國有獨資公司和股份有限公司是公司制的企業，具有法人資格；個人獨資企業和合夥企業是自然人企業，不具有法人資格；外商投資企業中中外合資經營企業和外商獨資企業採用有限責任公司的形式，具有法人資格，而中外合作經營企業可以是法人型的公司制企業，也可以採用合夥制企業形式。

四、社會主義市場經濟中的國有企業

（一）傳統計劃經濟體制下國有企業的基本特徵

如前所述，傳統計劃經濟體制下的國有「企業」基本上是政府的行政附屬物，不具備能夠作為市場經濟微觀主體的基本經濟特徵。因此，對國有「企業」進行改革，首先就要求除去它既有的體現計劃經濟體制要求的行政化管制和運行特徵。這些特徵主要有：

（1）形成了取消（排斥）市場的行政導向機制，對企業的管理和控制是以行政命令（指令性計劃）的方式直接地進行的。

（2）國有企業既有自己的上級行政主管部門，又有自己固有的行政級別，企業管理者首先是某一級行政幹部，其次才是企業家。這種制度不利於培養真正意義上的企業家。

（3）形成了以低工資、全福利推動的企業型保障體制，以「企業辦社會」，形成了「大而全」「小而全」的自我封閉機制和非公開化的待遇機制。

（4）導致了國有資產的低效或無效運行。對國有資產流動嚴格限制的體制性障礙，又使大量國有資產變成低效或無效的存量資產。

可見，傳統體制下的國有企業，既無明晰的產權，又不能自主經營、自負盈虧，顯然是不能適應市場經濟的要求的。因此，明晰國有產權主體，建立並強化其自負盈虧的權責機制，使其逐步成為真正能夠參與市場競爭的微觀經濟主體，就是國有企業改革的基本取向。

（二）深化國有企業改革面臨的主要問題

中國國有企業經歷了從「放權讓利」到「產權變革」的改革以後，在一定程度上引入了市場機制，也取得了明顯的成效，但由於種種原因，仍然存在以下一些突出的問題。

第一，冗員問題。國有企業的冗員問題源於「企業辦社會」「企業辦保障」的體制

性積澱。但國有企業的改革必然涉及「減員增效」「減員轉制」的問題。若不能徹底解決國有企業的冗員問題，既難以實質性地解決企業的負擔，也難以實現企業資源的優化配置。

第二，國有改制企業中內部人控制問題。一般意義上的內部人控制問題有兩層意思：一是公司內部人員脫離了出資者的所有權約束；二是公司的控制權不能有效地轉移，即難以通過證券市場形成對代理權的競爭和接管。內部人控制問題既是國有產權模糊或缺位的直接結果，又是公司法人治理失效的直接表現，扭曲了國有企業公司化改造的既定目標。

第三，佈局與結構問題。雖然經過多年改革，中國國有企業在佈局上仍然存在戰線長、主業多、分佈廣的問題。不僅在壟斷行業，甚至在競爭性行業，如家電、汽車、機械等製造行業中，國有企業仍佔主導或規模優勢地位。這對發揮國有企業在行業中的競爭活力是有不利影響的。

第四，大型國有企業或國有企業集團的產權結構與治理問題。在這類國有企業中，仍然存在國有獨資和行政性壟斷帶來的諸如效率低、透明度低等問題。國有商業銀行在改制中，通過引入戰略投資者，實行股權多元化，在治理與效率上有了一定的改善。但相當部分的大型國有企業或國有企業集團以股權多元化為基礎的公司化改制仍然是不徹底的，其行政性壟斷和行政性管制的色彩還比較濃厚。

上述問題既有國有企業傳統體制在改革進程中的延續，也有國有企業在改革進程中新出現的問題。要對國有企業進行進一步深化改革和制度創新，使這些問題得到實質性的解決。

(三) 國有企業進一步深化改革的目標和任務

國有企業進一步深化改革的目標，就是要實現投資主體的多元化，健全和完善公司制度，使以規範的股份制為典型形式的現代企業制度成為國有經濟的主要實現形式。同時，還要堅定不移地優化國有經濟的佈局和結構，增強國有經濟活力、控制力和影響力。要深化對國有壟斷行業的改革，引入競爭機制，加強政府監管和社會監督，使其發揮出應有的效率。

規範運作的股份制企業，是從業主制、合夥制等傳統企業形式演進而來的，實質上是一種具有多元產權結構的混合所有制企業。在規範的股份制企業中，首先，它的兩權分離是法律化、制度化和組織化的。它實現了投資者股權和股份制企業法人產權的徹底分離。法人產權既是一種聚合產權，又是企業的實際經營控制權，它由企業法人獨立享有。而投資者股權是對企業法人的最終約束權，它既可以形成對投資收益和風險的制度預期，也可以在必要時通過共同行動對企業實際經營控制權形成替代。股權和法人產權的共同特徵是其人格化的權責利機制。其次，它的法人治理結構體現了分權制衡的權責機制。股份制企業的法人治理結構實質上是投資者所有權對企業控制權的最終約束，其制度路徑是通過股東會對董事會、董事會對經理層的授權以及經理層對董事會、董事會對股東會承擔相應責

任的權責對稱的制度設計實現的。這樣，在法人企業內部就形成了權力機構、決策機構、監督機構和經理層之間的制衡機制。最後，它的職業經理聘任制度和分權的專業化管理層級組織，是其實施科學管理的人事與組織保障。職業經理人在規模化經營管理中的獨特價值，是所有權從股份制企業的直接經營管理中退位的最重要原因，而分權的專業化管理層級組織，既是職業經理人可以指揮和控制的管理團隊，又是職業經理人所不能替代的專業化管理職能的組織的延伸，它可以保證各專業化管理職能的落實和到位。

把國有企業改造成為規範運作的股份制公司企業，從根本上革除國有企業傳統固有的產權不清、權責不明、政企不分、管理不科學的歷史積弊，還需要從以下方面進一步進行國有經濟的制度創新：

第一，繼續深化國有資產管理和監督體制改革，以塑造清晰的國有產權主體，切實保障國有資產的保值增殖。建立由中央政府和地方政府的專職機構分別代表國家履行出資人職責，享有所有者權益，權利和責任相統一，以管資產為主的國有資產管理體制。組建國有資本投資營運公司，使國有資本的投資經營「去行政化」，真正做到符合市場規律和市場機制的要求。要堅持政府公共管理職能和國有資產出資人職能分開的原則，由國有資產管理機構獨立地對授權監管的國有資產依法履行出資人職責，維護所有者權益，完善國有資產有進有退、合理流動的機制，以實現國有資產的保值增殖，防止國有資產的流失。要建立國有資本經營預算制度，使政府作為國有資產的出資人能夠以資本所有者身分取得收入，並用於公共性的財政支出，為此必須明確國有資本經營收益上繳國家公共財政的比例，這是國有資本經營真正從產權屬性上體現國有民享的要求。

第二，進一步健全和完善國有股份制企業的法人治理結構，有效地控制內部人控制問題。一要進一步堅持混合所有制的改革，改變國有經濟的股權結構，切實推進國有股的減持和流通，實現國有企業的股權多元化，以逐步形成可以「用腳投票」的在資本市場上的控制權替代機制；二要健全和完善獨立董事制度，對內部人形成較為有效的制度性制約，從而保證董事會決策的公正性和科學性；三要協調和處理好「老三會」與「新三會」的關係，特別是要處理好其中黨委與董事會在企業重大決策問題上的權責關係，做到權責明確、分工合理、協調配合；四要建立和完善競爭性的職業經理人市場，以逐步形成在國有企業中以職業經理人取代「職業官員」的人力資本替代機制，使職業經理人對董事會負責，以其專業化的管理素質立足於企業，從而真正推動企業的科學管理；五要深化國有企業的內部管理，一方面要建立國有企業內部的長效激勵約束機制，另一方面也要落實國有企業內部的投資經營責任制。

第三，要進一步推動和完善對國有經濟的分類改革，優化國有經濟的佈局與結構。在經濟市場化的條件下，國有資本要有進有退，除少數涉及國家安全的企業和投資營運公司可採用國有獨資形式外，要放開包括自然壟斷行業競爭性業務在內的所有競爭性領域，通過混合所有制改革，為民間資本提供大顯身手的舞臺。要打破國有企業在若干競爭性行業的壟斷，既要引入競爭機制，又要加強政府監管和社會監督。通過對國有經濟

的結構調整和戰略性重組，有效解決國有經濟分佈太廣、戰線太長的問題，從而實現國有經濟的做強做優做大。

此外，還應為國有企業進一步進行制度創新創造一個良好的外部環境。尤其是應創造條件，逐步卸掉國有企業的「三大包袱」，即過度負債問題、企業辦社會問題和冗員分流問題，要建立和健全相應的社會保障體系。

要把握深化國有企業改革的正確方向，使深化國有企業的改革有利於繼續發揮中國國有經濟的主導作用；有利於不斷增強國有經濟活力、控制力和影響力；有利於增強國企社會責任感。總之，是為了有利於進一步發展壯大而不是削弱國有經濟。

[閱讀專欄]

國有企業改革全面推進　成效顯著

中共十八大以來，國企改革重大舉措相繼落地，重點難點問題不斷取得新突破。中央企業分類改革全面推開，功能定位更加明確。改革試點搞了十項，這些試點都取得了重大進展，形成了一批可複製的經驗。全國國有企業公司制改革面達到90%以上，中央企業各級子企業公司制改制面達92%。混合所有制改革穩步推進，超過三分之二的中央企業已經或者正在引入各類社會資本，正在推進股權多元化。重組整合紮實推進，通過重組國有資本佈局結構不斷優化。國資監管職能進一步轉變，國有資產監督不斷強化。國企改革紅利逐漸釋放，成效日趨明顯。隨著改革的不斷深入，國有企業市場化運行機制更加完善，集團化管控能力不斷提升，企業運行質量、效率、活力和動力不斷提升。截至2016年年底，中央企業資產總額達到50.5萬億元，和前一個五年相比增加了80%；從效益來看，這五年（2013—2017年）的效益是6.4萬億元，增加了30.6%，增加幅度比較大。上交各種稅費10.3萬億元，增加了63.5%，2017年1~8月份繼續保持這樣一個良好的態勢，中央企業實現營業收入同比增長15.7%，利潤總額同比增長17.3%，都是歷史同期增加量最高的。

（肖亞慶：十八大以來國有企業改革全面推進 成效顯著，文載2017年9月28日人民網－財經頻道http：//finance. people. com. cn/n1/2017/0928/c/1004－29565045. html）

第三節　社會主義市場經濟中的個人經濟行為

一、市場經濟中個人經濟行為的一般分析

在第一節中已經提到，在市場經濟條件下，由於社會分工日益細緻化，個人不可能通過自給自足的方式來實現自己的全部生活需要，必須參與市場交換，在交換中實現或

滿足自己的需要；而個人賴以交換的資源是勞動和勞動獲得的收入以及由此衍生的其他收入（如利息）。根據經濟主體的一般特徵，我們可以將個人的經濟行為定義為：個人根據現有的經濟資源（如可以用於勞動的時間、各種收入、既有資產等）合理地進行一系列的經濟活動，從而使自己的需要最終得到最大的滿足或使自身的利益最大化。個人經濟行為實質上是對自身經濟資源重新選擇組合，其方法是與他人交換。

個人經濟行為包括消費行為、儲蓄與投資行為、就業行為等。我們可以將消費看作個人在貨幣與商品以及各種類別的商品之間進行合理選擇的結果，儲蓄可以被看成個人在當前消費與未來消費以及各類金融資產之間合理選擇的結果，就業行為則可認為是個人在工作所獲得的收入與不工作所享受的閒暇之間進行合理選擇的結果。

個人的經濟行為均是某種合理選擇的結果，這些選擇雖然是自主的，但仍然必須在一定的約束條件下進行，這個約束條件就是現有的或可預期的經濟資源所構成的預算約束。也就是說，個人在做出經濟行為選擇時，必然受到自身資源稟賦的制約，個人僅能夠在有限的範圍內做出選擇。根據微觀基礎的逐利性特徵，個人總是企圖在現有的可選擇範圍內找到能使自己利益最大化的個人行為的最優組合。

二、社會主義市場經濟中個人經濟行為的選擇

（一）個人消費行為

個人消費行為是指個人作為消費者在評價、購買和使用商品或服務時做出選擇並實際行動的過程。個人消費行為的產生有兩個方面的要件：一是個人有消費的慾望或需要，二是個人有相應的支付能力。第一個要件實質上是說沒有消費需要就不可能產生消費行為。第二個要件實質上就是我們前面所說的約束條件，這個約束條件是個人的支付能力，也就是個人可支配的收入，它決定個人消費行為可選擇的範圍；沒有相應的支付能力即意味著超過了這個可選擇的範圍，此時即使有消費慾望也不可能產生消費行為。可見，消費行為的兩個要件缺一不可。

在個人可支配收入一定的條件下，個人的消費與儲蓄（投資）選擇是一種消長關係；在個人可支配收入增長的條件下，如果其基本消費一定（如恩格爾系數下降），則其儲蓄與投資可能增加。

（二）個人儲蓄與投資行為

儲蓄是指個人可支配收入中不用於當前消費而暫時以各種金融資產（包括貨幣）的形式保有的那部分個人收入。個人儲蓄行為涉及對兩個方面內容的選擇：第一，個人對當前消費和未來消費（現在的儲蓄即未來的消費）之間的選擇；第二，個人對各種金融資產的選擇。個人對各種金融資產的選擇是最一般、最普遍的個人投資行為。

個人對當前和未來兩個時期消費的選擇實質上屬於消費行為選擇，其遵循的原則和影響因素參見個人消費行為部分的相關內容。值得一提的是，一般來說，個人消費符合邊際消費傾向遞減、邊際儲蓄傾向遞增的心理假設。由於邊際消費傾向的遞減，平均消

費傾向（即個人消費占個人收入的比重）也隨著收入的增加不斷減少；由於邊際儲蓄傾向是隨收入的增加而遞增的，相應地，平均儲蓄傾向（個人儲蓄占個人收入的比重）也是增加的。

在個人對各種金融資產的選擇問題上，我們可以將各種金融資產看成各種商品，將個人對各金融資產的預期總收益看作商品的效用。這樣我們又可以按照收益最大化原則，以儲蓄份額為約束條件，再根據個人對各種金融資產的主觀評價或預期來確定個人的具體儲蓄行為。與個人的消費行為一樣，個人對各種金融資產的主觀評價或預期以及具體的儲蓄行為也是受多種因素影響的，主要影響因素有：

第一，金融資產的預期收益率。金融資產的預期收益率是個人選擇金融資產時所考慮的第一要素。預期收益率越高，就意味著個人在購買該金融資產並持有一段時間後，所獲得的淨報酬越大。根據個人的逐利性特徵，個人在選擇金融資產的時候，顯然偏好於選擇預期收益率較高的金融資產。

第二，金融資產的風險。風險是指一種狀態，在這種狀態下，未來出現的基本後果並不唯一，但同時經濟主體對可能出現的基本後果以及各種後果出現的可能性均有確定的瞭解。金融資產的風險就是指可能出現多種收益或虧損的結果或各種收益或虧損的可能性（概率）可以憑經驗或分析得到（儘管不可能那麼準確）的狀態。在選擇金融資產時，傾向於風險較低的金融資產的人被稱為風險規避者（或風險厭惡者），而傾向於風險較高的金融資產的人被稱為風險愛好者，另外還有一部分人對風險持無所謂態度，即風險中性者。經驗表明，絕大多數人傾向於選擇風險較低的金融資產，也就是說絕大多數人屬於風險規避者。

第三，金融資產的流動性。金融資產的流動性是指金融資產通過轉讓的方式轉換為現金或其他形式的金融資產的難易程度。如果這個轉換過程比較容易，隨時都可以進行，那麼流動性較好；反之，則流動性較差。個人在選擇金融資產的時候，往往偏好於選擇流動性較好的金融資產，這樣有利於個人在對市場的預期發生改變或發生突發事件時，迅速做出資產調整，減少損失。

第四，金融資產的期限。金融資產的期限是指金融資產兌現和獲得收益的期限。金融資產的期限只在流動性較差的時候才具有意義，因為流動性較好時，金融資產的持有者幾乎隨時都可以將金融資產變現並從買賣差價中獲得收益。一般說來，金融資產的流動性較差的時候，個人往往偏好於選擇期限較短的金融資產；一方面是因為人們對長期的預期不像短期預期那樣確定；另一方面，流動性差而期限較長時，金融資產不能滿足人們用現金應付突發事件的需要。

以上四個因素對個人的具體儲蓄行為的影響是對立的。一般而言，收益率較高的金融資產，往往其風險較大、流動性較差、期限較長；相反，風險較小、流動性較好、期限較短的金融資產，其收益率往往較低。個人對某一具體金融資產的評價也是因人而異的，即使是在同一約束條件下，其具體儲蓄行為也是不同的。但個人儲蓄行為的原則卻

是一致的，即在用於儲蓄的收入一定的約束下，謀求使自身收益最大的儲蓄行為。

(三) 個人的就業行為

個人的就業行為實質上是個人在工作所獲得的收入與不工作將享受的閒暇之間進行合理選擇的結果，其約束條件是為個人所擁有並可以自由支配的有限的時間。也就是說，個人的就業行為是個人如何將有限的時間分別分配給工作（勞動）和休息的問題，而工資（收入）是工作的報酬，從而收入可以看作是用於工作的那部分時間的效用，而用於休息的那部分時間稱為閒暇，休息所帶來的身心愉悅則是閒暇的效用。

毋庸置疑，收入增加可以增加個人的福利（或效用），閒暇的增加也可以增加個人的福利，但用於增加收入和用於閒暇的時間總和卻是一定的，所以工作和休息是互為代價的。過多的時間用於工作則會使休息的要求得不到滿足，過多的休息則會減少工作可以帶來的收入。以1天為例，1天只有24小時，個人絕不可能將24小時全部用來工作，也顯然不會全部用來休息，那麼到底多少小時用於工作、多少小時用於休息呢？個人追求自身利益最大化的特性將幫助我們找到最合理的（工作，休息）或（收入，閒暇）組合點。

但是，每個人對收入和閒暇的評價都是不同的，所以具體的就業行為也不相同，但我們可以從經驗中得出有關個人就業行為的一般規律。

可以肯定的是，個人就業行為中願意付出的工作時間的長短與工資率有關。一般而言，工資率越高，個人願意工作的時間就越長。工資率較高的時候，個人對增加一單位工作時間的工資（即工資率）的評價，即工作時間的邊際效用，往往高於閒暇的邊際效用，增加一單位工作時間的收益往往高於增加一單位閒暇的收益，增加一單位工作時間的成本小於增加享受一單位閒暇的成本。成本收益比較下來，個人往往傾向於增加工作的時間，而相應地減少享受閒暇的時間。

然而，個人工作時間隨工資率的上升而增加，這種增加也不是無限的。當工資率增加到一個很高的水準，工作時間也隨之增至一個較長的水準上時，用於休息的閒暇變得相對很稀少，個人對增加享受一單位閒暇的評價（閒暇的邊際效用）變得很高；與此同時，由於總收入提高，個人對增加一單位工作時間的工資（即工資率）的評價，即工作時間的邊際效用，會變得較低。這樣，工作時間的邊際效用就可能會低於閒暇的邊際效用，從而增加一單位工作時間的收益低於增加一單位閒暇的收益，而增加一單位工作時間的成本卻高於增加享受一單位閒暇的成本，所以，當工資率增加到一個很高的水準並繼續上升時，個人不會再增加工作的時間，相反會增加享受閒暇的時間，減少工作的時間。

個人工作時間（勞動供給）先隨工資率上升而增加，當工資率達到一個很高的水準後，工作時間又隨工資率的上升而減少。這個規律帶有一定的普遍性。但是在實際生活中，工資率是否很高，對於不同的個人而言是不同的，而且高於這個水準的工資率也很少出現。

第四節　社會主義市場經濟中的農戶

一、農戶是中國農村最基本的微觀基礎

新中國成立初期，由於廢除了地主階級的土地所有制，廣大農民分得了土地，並在自己的土地上進行獨立的生產經營。在開始於20世紀50年代末的人民公社化運動中，「三級所有、隊為基礎」制度的確立使農民剛剛分得的土地又在集體化的名義下被收回，原有農戶獨立的經濟權益開始從屬於農村集體經濟組織，農戶不再是一種生產單位，而僅僅是基於婚姻和血緣關係的純粹家庭。這一狀況一直延續到20世紀70年代末80年代初農村家庭聯產承包責任制的推行。

家庭聯產承包責任制是在基本生產資料集體所有的前提下，農戶作為基本承包單位，獨立自主地在所承包的土地上進行生產經營，並有權獲得超過承包基數之外的所有經營收益的一種農業生產制度。家庭聯產承包責任制的推行使農戶再次成了獨立的農業經濟主體，同時也確立了農戶在現階段中國農村最基本的微觀基礎地位。

中國農業為何以家庭為主要生產單位？當今世界各國，不論其自然條件及經濟條件存在多大差異，生產的社會化程度如何，農業中占主流的經營形式都是家庭經營。如在人口較少、耕地面積相對較多的美國，家庭農場占美國農場總數的90%；又如在人多地少的日本，其家庭農業占日本農業總量的97%。事實上，家庭作為農業的主要生產單位是有其特殊的優越性的：以家庭為基本單位的農業生產有一個與工業生產不同的特點，那就是家庭成員是主要的勞動者，非特殊情況下，無須雇傭大量的工人，家庭就是一個合作的生產團隊；家庭又是一個以血緣、婚姻關係為基礎的非經濟因素起著超強作用的組織，家庭內部凝聚力強，家庭成員之間有著共同的價值取向和目標，家庭內部幾乎沒有交易成本，決策管理和分配收益的成本也比較低；等等。家庭的這些基本特點決定了家庭作為農業生產團隊的經濟效率較高。中國以及各國的農業生產均以家庭生產為主要形式，這是一種適合農業生產特點與要求的有一定效率的制度安排。

家庭聯產承包責任制的實行是符合中國現階段的基本國情的。中國人口總數居世界首位，而且絕大部分是農村人口，同時中國耕地面積很少，人均耕地面積更少，人多地少是中國農村的基本國情。解決問題的途徑有兩條：一是農村人口向城鎮轉移，然而由於中國工業、服務業生產力水準和社會分工水準都比較低，農村人口向城鎮轉移必然是一個很緩慢的過程，因此，這一途徑不足以立即緩解農村的經濟困難；二是像日本那樣走「精耕細作」的道路，也就是說，在相同面積的土地上投入更多的勞動，以期換得更多的產出。家庭聯產承包責任制突出的一點就是「交足國家的，留足集體的，剩下全是自己的」。作為一種權責利明確的利益激勵機制，它促使農民家庭為了獲得更多的經濟

利益而盡量多地提供勞動。顯然，這種家庭承包農業生產的制度是適合中國人多地少的國情的。

實踐也證明了家庭聯產承包責任制是符合中國國情並且富有效率的制度，它的推行極大地解放了農村生產力，短期內就使農村的經濟面貌得到巨大的改觀。一方面，這一制度有力地促進了農業生產的高速增長。1978—1984 年，中國糧食年產量從 3 億噸上升到 4 億多噸，棉花從 217 萬噸上升至 626 萬噸，油料從 522 萬噸上升至 1,191 萬噸；農業總產值以不變價格計算，增加了 42.23%，其中 46.89% 來自家庭聯產承包責任制的作用。另一方面，家庭聯產承包責任制的推行還有力地促進了農民收入水準的提高，農民人均收入由 1980 年的 191.3 元增加至 1985 年的 397 元，5 年增長了一倍。[1] 另外，家庭聯產承包責任制的廣泛推行，使農戶成為獨立自主的經濟主體，從而確立了農戶在中國農村最基本的微觀基礎地位。

在家庭聯產承包責任制制度下，農戶成為中國農村最基本的微觀基礎，因為：

第一，農戶作為承包主體，其與集體經濟組織的產權關係是明晰的，農戶擁有土地及大型生產工具的承包經營權（使用權），還擁有一些包括生產工具在內的私人財產所有權，農戶用以上的各種生產條件進行農業生產，在所得的收益按承包合同部分上繳給國家和集體之後，農戶享有其餘收益的所有權。

第二，農戶在產權明晰的前提下擁有相當大的自主經營權（法律禁止的除外），並且為自己的利益而平等地參與市場競爭，這些已經具備了市場經濟微觀基礎的基本特徵。

第三，家庭聯產承包責任制在中國農村的普遍推行，已經使農戶成了農村最普遍、最基本、最重要的生產單位或經濟主體。

二、社會主義市場經濟中農戶的經濟行為

從經濟行為上看，農戶兼有企業和個人的特徵。在生產方面，農戶投入相應的生產要素，並按照要素的最優組合進行生產。但要注意的是，在家庭聯產承包責任制這種制度下，由於農戶的資金、勞動力和土地等經濟資源是有限的，所以農戶僅能在現有的資源約束下，按收益最大化的原則和相應的最優要素組合進行生產，而不是像企業那樣可以用籌資的方式擴大企業的生產規模，最終在利潤最大化的規模上生產。也就是說，現階段中國農村的農戶基本上不可能像企業那樣擴大生產規模，追求規模經濟，更不可能按利潤最大化的原則在最優的生產規模上進行生產。在單純的家庭消費方面，農戶與個人的消費行為幾乎沒有差別，但農戶的消費是與生產行為相聯繫的，故又有其特殊的地方。

總之，農戶的經濟行為除了具有企業或個人的一般特徵外，還與農戶的自身特徵以

---

[1] 於革非，馮春安. 新編政治經濟學 [M]. 北京：經濟管理出版社，2001：128.

及中國農村的現實狀況有高度的相關性。下面我們重點討論後者，前者從略。

（一）農戶的主體特徵與經濟行為

農戶的第一大特點是生產主體和消費主體的合一。農戶既是一個生產組織，又是一個生活消費的單位，因而其消費行為與個人的消費行為有著不同的約束條件，並明顯地從屬於生產行為。個人消費行為是在現有和預期的收入約束下，對各種商品以及當前消費與未來消費的合理選擇；而農戶的消費行為除此之外，更主要的是在現有經濟資源約束下，對經濟資源投入於生產還是用於消費的選擇。而且，這種選擇是從屬於生產的，當市場前景暗淡、生產經營出現困難時，農戶會盡可能地減少生活消費，將有限的資金用於生產，以保持生產的連續性；而當市場前景看好時，農戶同樣會將生活消費盡可能地減少，更多地增加生產投入，以期獲得更多的收益。農戶的這一行為特徵，實質上是農戶生產尚未達到最優生產規模的反應。

農戶的第二大特點是勞動者和經營者的合一。農戶的家庭成員都是承包單位的經營者，同時又都是相應的勞動者。一方面，家庭是基於血緣和婚姻關係而組成的組織，所有的家庭成員作為經營者共同進行生產經營是有其獨特的優勢的，這一點我們上面已經討論過。而另一方面，家庭成員作為勞動者，又具有勞動者（個人）的行為特性，即供給勞動力。這一點在農村家庭勞動力普遍相對過剩的情況下，就表現為農戶的剩餘勞動力大規模地向城鎮轉移，也就是家庭成員轉變為單純的勞動力供給者。這時，農戶轉移勞動力的行為與個人的就業行為基本類似。

（二）農業規模經濟

在現階段的中國農村，由於人多地少的矛盾突出，農戶經營的極度分散，以及由此造成的農戶家庭經濟資源和土地資源的有限性，農戶不可能像企業那樣擴大總投資，追求規模經濟，並在能實現利潤最大化的最優生產規模上生產。這表明，儘管家庭聯產承包責任制在一定程度上提高了農村的生產效率，解放了農村的生產力，但是這種以農戶為單位的農業生產方式的效率仍然是低下的。因此，以小塊土地的分散經營和以手工勞動為基礎的農戶，並不能代表中國未來農村的微觀基礎，而以規模化、集約化、產業化和社會化為特徵的家庭農場或農業合作組織才是中國農村未來的微觀基礎。

農業的規模經濟不僅僅是農產品產量上的要求，而且也是農業產業上的要求。一些特殊的農業產業，如花卉盆景、無公害蔬菜、特種養殖等，必須達到一定的規模才有可能盈利，否則平均成本就高，最終無利可圖。

農業規模經濟是解決農戶生產方式低效率的必由之路，而集中生產、農業產業化又是實現農業規模經濟的基本前提。當前解決農業規模經濟問題，最突出的就是要解決中國農村土地資源極度分散經營的問題。為解決中國農村土地集中經營的問題，首先應改革和完善農地制度，賦予農民對其承包地佔有、使用、收益、流轉及抵押、擔保的權能。其次，鼓勵農民承包經營權在公開市場上向專業大戶、家庭農場、專業合作社、農業企業流轉，以利於逐步構建中國集約化、專業化、組織化、社會化相結合的新型農業

經營體系。

解決農村土地資源稀缺問題的途徑有兩條：

第一條途徑是加快城市化步伐，減少農村居民的人口數量和農戶數量。其直接結果是使農村的人均土地數量增加，單一農戶的土地使用量也會增加，這顯然是有利於農業向規模經濟的方向發展的。為達此目的，關鍵是要加快完善城鄉發展一體化體制機制，促進城鄉要素平等交換和公共資源均衡配置，形成以工促農、以城帶鄉、工農互惠、城鄉一體的新型工農、城鄉關係。

第二條途徑是採取類似合夥企業或合作組織的方式，由若干個農戶合夥共同承包一塊成片的土地或者由若干個農戶用自己的勞動力、資金和所承包的土地成立合夥組織。也可採取以農戶承包土地流轉或以土地入股的方式，建立超越於現存農戶的農村經濟合作組織。這種合夥組織或合作組織與合夥企業相似，由所有合夥農戶共同管理合夥組織的事務，共同生產同種類的農產品，各合夥農戶對外承擔連帶責任，對內按份承擔責任和享受各種權利。這樣就解決了單個農戶不能解決的資金和土地稀缺問題，使農業的規模經濟成為可能。

小　結

（1）市場經濟的微觀基礎即靠交換生存的微觀經濟主體，主要由企業、個人、農戶等構成。微觀基礎具有平等性、自主性、逐利性和自發性四個基本特徵。

（2）明確的產權界定是市場經濟微觀繼承的形成條件；而產權界定和保護的機制一旦形成某種制度安排，它又是市場經濟微觀基礎的制度核心，因為市場主體的生存以其產權的界定、佔有、權責對稱、交易保護等為轉移。

（3）企業是市場經濟中最重要的微觀基礎。企業可以有不同的類型，也可以有不同的市場行為選擇，但企業的本質是在產權明確界定的前提下，對市場交易費用的替代或節約。社會主義國有企業經歷了由計劃經濟向市場經濟的轉變，它天生不是市場主體，但它必然要轉變為市場主體。中國國有企業要成為真正的市場經濟微觀基礎，必須堅持進行以戰略性調整為前提的、真正意義上的多元化股權結構的股份制改造。

（4）個人是市場經濟微觀基礎的重要構成者之一。保證個人經濟的自由選擇是個人作為市場主體的必要條件。個人經濟行為主要包括個人消費行為、個人儲蓄行為、個人投資行為以及個人就業行為幾個方面。

（5）農戶作為市場經濟微觀基礎的構成者之一，具有自身的特殊性：生產主體與消費主體合一，勞動者和經營者合一。在中國，由於地少人多的矛盾突出和農戶經營極度分散等原因，以農戶為單位的農業生產方式的效率仍然是低下的，農業經營必須走農業產業化、農業規模經濟的道路。

複習思考題

1. 解釋下列名詞概念：
市場經濟微觀基礎　　產權制度　　企業　　現代企業制度　　法人治理結構
內部人控制問題　　個人經濟行為　　家庭聯產承包責任制　　農業規模經濟
2. 為什麼說明確的產權界定是市場經濟微觀基礎的形成條件？
3. 你認為要使中國國有企業成為真正的市場經濟微觀基礎，需要解決哪些主要問題？
4. 試分析個人消費行為選擇的影響因素。
5. 試分析中國農戶經營的利弊。你認為應當如何改進？

閱讀書目

1. 李維安. 公司治理學［M］. 北京：高等教育出版社，2005.
2. 費方域. 企業的產權分析［M］. 上海：上海三聯書店，2006.
3. 王漢亮. 中國國有企業產權問題研究［M］. 北京：北京大學出版社，2003.
4. 白永秀，任保平. 中國市場經濟理論與實踐［M］. 北京：高等教育出版社，2007.

參考文獻

1. 戴歌新. 中國國有企業制度創新研究［M］. 成都：西南財經大學出版社，1999.
2. 高程德. 現代公司理論［M］. 北京：北京大學出版社，2004.
3. 逄錦聚，洪銀興，林崗，等. 政治經濟學［M］. 北京：高等教育出版社，2002.

第十一章　收入分配、社會保障與居民消費

本章學習目的與要求：通過本章的學習，要求瞭解和掌握國民收入及其相關概念、初次分配與再分配、收入差距的度量、按勞分配與生產要素按貢獻參與分配、收入分配中的效率與公平、中國分配制度改革等，掌握社會保障的含義、功能和主要內容以及中國社會保障制度的改革思路等，掌握影響居民消費需求變動的主要因素，瞭解中國市場經濟條件下消費需求與經濟發展的基本理論與實踐，瞭解現階段構建和諧消費模式的重要任務等。

第一節　國民收入的分配

一、國民收入及其相關概念

(一) 關於國民收入的兩種定義

按照馬克思主義經濟學和傳統社會主義國家國民經濟核算體系（即物質產品平衡體系，簡稱 MPS 體系）的理解，國民收入是指物質生產部門的勞動者在一定時期（通常為一年）內所生產的淨產品的價值，它是社會總產品價值的一部分。所謂社會總產品，是社會各個物質生產部門的勞動者在一定時期內所生產的全部物質資料的總和。在實物形態上，社會總產品是當年生產的生產資料和消費資料的總和；在價值形態上，社會總產品表現為社會總產值，包括三個部分：①生產過程中被消耗掉並已經轉移到新產品中去的生產資料價值（c）；②勞動者為自己勞動所創造的價值（v）；③勞動者為社會勞動所創造的價值（m）。

國民收入，從實物形態上看，是社會總產品中扣除已經消耗掉的生產資料之後的那部分社會總產品；從價值形態上看，國民收入是在社會總產值中扣除消耗掉的生產資料價值之後剩下來的那部分價值，即勞動者當年活勞動所創造的新價值。與社會總產值相對應，國民收入也稱社會淨產值，用公式表示為：

$$國民收入 = (c+v+m) - c$$
$$= v+m$$

關於國民收入的另一種定義，是按照現代經濟學和市場經濟國家普遍採用的國民經濟核算體系（即國民經濟帳戶體系，簡稱 SNA 體系）來理解的。按照這種理解，國民收入又被分為廣義的國民收入和狹義的國民收入。廣義的國民收入通常泛指國民生產總

值（GNP）或國內生產總值（GDP），宏觀經濟學中講「國民收入的核算」「國民收入的決定」等即是指廣義的國民收入。狹義的國民收入（NI）是指各種生產要素所得報酬的總額，它是國民生產總值扣除資本折舊和間接稅以後的餘額。

（二）國民生產總值、國民收入與個人收入

1. 國民生產總值（GNP）與國內生產總值（GDP）

國民生產總值是指一個國家或地區的居民在一定時期（通常為一年）內所生產的最終產品和勞務的市場價值總和。國內生產總值是指一定時期（通常為一年）內在一國領土範圍內生產的最終產品和勞務的市場價值總和。國民生產總值和國內生產總值既有區別，又有聯繫。從區別看，國民生產總值按國民原則計算，包括本國居民在國內和國外的生產要素所獲得的收入，它不包括外國居民的生產要素在本國獲得的收入。它是一個收入的概念，表明原始收入的總規模，能全面反應一國國民的收入水準與生活狀況。而國內生產總值則是按國土原則計算，即不論本國居民還是外國居民，凡是在本國國土範圍內的生產要素所獲得的收入都計算在內，但不包括本國居民在國外的生產要素所獲得的收入。它是一個生產的概念，表明社會生產活動的最終成果，能較為準確地反應一國經濟活動的總體規模。從聯繫看，國民生產總值（GNP）＝國內生產總值（GDP）＋本國居民得自國外的要素收入－付給外國居民的要素收入＝國內生產總值＋國外淨要素收入。

「國外淨要素收入」指本國居民得自國外的要素收入與外國居民得自本國的要素收入之間的差額。在一個封閉的經濟中（與世界其他國家沒有貿易往來和資本流動），GNP 和 GDP 是相等的，但在開放的經濟中，兩者通常會出現差異。GNP 和 GDP 都是國際上通常使用的反應一國經濟發展水準和經濟活動總成果的重要綜合性經濟指標。在 20 世紀 90 年代以前，國際上通常採用 GNP 來反應一國經濟總量，而在這以後，則更多地採用 GDP 指標。

2. 國民生產淨值（NNP）

它等於國民生產總值扣除固定資產折舊後的餘額。國民生產總值是最終產品的價值，包含了固定資產折舊，而國民生產淨值則扣除了折舊，是一個沒有任何重複計算的社會最終成果指標。

3. 國民收入（NI）

國民收入是一國國民所有生產要素所獲得的報酬總額，它等於國民生產淨值（NNP）扣除間接稅淨額（即間接稅與政府補貼的差額）。國民收入是生產要素提供生產性服務所得到的報酬，即工資、利息、租金和利潤等要素收入的總和。這裡的國民收入（NI）就是我們前面所說的狹義的國民收入。

4. 個人收入（PI）

國民收入（NI）並不會全部成為個人的收入，因為企業利潤的一部分要繳納企業所得稅，而企業通常也不會把所有的可分配利潤都分給個人。同時，勞動者個人收入中的

一部分要上繳各種社會保障金。此外，部分居民還會從政府那裡得到各種轉移支付，如失業救濟金、養老金、困難補助等。因此，從國民收入中減去企業所得稅、企業未分配利潤和社會保障金，再加上政府對個人的各種轉移支付，就是個人收入（PI）。

5. 個人可支配收入（DPI）

個人收入並不能全部歸個人支配使用，因為個人還要繳納個人所得稅。只有稅後的個人收入才是個人可以隨意支配、用於消費或儲蓄的收入。

上述幾個概念的數量關係可以大致用如下公式表示：

國民生產總值（GNP）－折舊＝國民生產淨值（NNP）

國民生產淨值（NNP）－間接稅淨額＝國民收入（NI）

國民收入－（企業所得稅＋企業未分配利潤＋社會保障金）＋轉移支付＝個人收入（PI）

個人收入（PI）－個人所得稅＝個人可支配收入（DPI）

[閱讀專欄]

國民經濟核算體系與國內生產總值的核算方法

國民經濟核算，簡稱國民核算（national accounting），是指對國民經濟運行過程的系統描述。世界上曾經存在兩種國民經濟核算方法或核算體系：一種是物質產品平衡體系（The System of Material Product Balances），簡稱為 MPS 體系；另一種叫作國民帳戶體系（The System of National Accounts），簡稱為 SNA 體系。

MPS 體系和 SNA 體系所依據的理論基礎、核算的範圍、內容、方法存在很大差別。MPS 體系的理論基礎是馬克思的勞動價值論和社會再生產理論。它將整個國民經濟分為物質生產部門和非物質生產部門，認為只有生產性勞動才能創造價值和國民收入，非生產性勞動不創造價值和國民收入，非生產性部門獲得的收入是生產性部門創造和轉讓的，屬於國民收入的再分配過程。SNA 體系的理論基礎是西方經濟理論，認為生產物質產品和提供服務的活動都創造價值和國民收入。這兩大核算體系的國民收入等指標反應了不同的經濟內容，需要經過適當的調整和換算才能進行比較。

中國從 20 世紀 50 年代起一直採用 MPS 核算體系，它與高度集中的計劃經濟體制相適應，在過去的經濟管理中發揮了積極作用。隨著計劃經濟體制向市場經濟體制的轉軌，MPS 核算體系同國民經濟發展的不適應性日益突出。從 1983 起，中國國家統計局開始採用國民生產總值統計指標，以後逐漸採用了市場經濟國家通行的 S 核算體系。

關於國內生產總值（GDP）的核算，一般採用支出法、增加值法和收入法。

（1）支出法。

支出法就是通過核算在一定時期內整個社會購買最終產品的總支出即最終產品

的總賣價來計量 GDP。在經濟生活中，產品和勞務的最後使用有四種可能：用於個人消費（C）、用於投資（I）、被政府所購買（G）、用於出口（X）。因此，用支出法核算國民收入，就是核算一個國家在一定時期內消費、投資、政府購買和出口的最終產品價值。在開放的條件下，因為消費、投資和政府購買的產品中有一部分是本國的最終產品，也有一部分是進口的產品（M），因而計算 GDP 時應把進口扣除，即：

$$GDP = C + I + G - M + X$$
$$= C + I + G + (X - M)$$

（2）增加值法。

這種方法通過把各部門所生產的增加值加總，從而得到 GDP。因為大多數產品都是分階段進行生產的，每個階段增加的價值，就是最終產品增加的價值總和。以汽車的生產為例，生產的第一階段是開採鐵礦石等礦產品，第二階段是把這些原材料運到鋼鐵廠，第三階段是鋼鐵廠用這些原料來煉鋼，第四階段是鋼鐵和橡膠等其他材料被汽車廠用來生產汽車。汽車製造者為鋼鐵和橡膠等中間產品支付的費用與他出售汽車獲得的收入的差額就是汽車的增加值，同樣，鋼鐵生產者出售鋼鐵的收入與他們購買原料之間的差額就是鋼鐵的增加值。把全社會所有部門的增加值加總就得到了 GDP。

（3）收入法。

這種方法是用要素收入即企業生產成本核算國民收入。最終產品的價值除了生產要素收入構成的成分外，還有間接稅、折舊、未分配利潤等內容，因此用收入法核算的 GDP 包括以下內容：①工資、利息和租金等生產要素的報酬。②非公司企業主的收入，如醫生、律師、農民等的收入。他們使用自己的資金，自我雇用，他們的收入也是 GDP 的一部分。③企業的稅前利潤，包括企業應交的所得稅、應分與的紅利及未分配利潤等。④企業的轉移支付及間接稅。⑤固定資產折舊。最後兩項雖然不是要素收入，但也計入企業的總成本中，也應計入 GDP。

二、國民收入的初次分配與再分配

按照傳統物質產品核算體系（System of Material Product Balames，簡稱 MPS）理解，國民收入的初次分配是指在直接創造價值的物質生產部門內部所進行的分配，而國民收入再分配則是指非物質生產部門獲得收入的過程以及政府對初次分配結果進行調節的活動。按照這一理解，服務業（如商業、金融業、旅遊業等）獲得的收入屬於再分配範疇。

按照國民帳戶體系（System of National Accounts，簡稱 SNA）的理解，國民收入的初次分配是在提供商品或勞務的生產部門（包括物質生產部門和非物質生產部門）內部進行的分配，其核心是通過市場機制按照生產要素對生產的貢獻來進行收入分配，而國民

收入再分配則是指政府對初次分配結果進行調節的活動。按照這一理解，服務業通過市場機制獲得的收入屬於初次分配範疇。中國已經採用了國際通行的 SNA 核算體系，因此，國民收入分配活動應當按照 SNA 體系的理解來劃分初次分配和再分配。

通過市場機制進行的初次收入分配，形成社會各個要素所有者的要素收入。經過初次分配，國民收入大致被分割為如下幾個部分：

第一，勞動收入。這是指勞動者通過付出勞動而獲得的各種工資、獎金、津貼等收入。在市場經濟國家，勞動收入通常占整個國民收入的70%左右。

第二，資本收入。這是指資本所有者通過借出資本而獲得的利息，以及作為投資者獲得的股息、紅利、企業利潤等。

第三，土地等自然資源的租金收入。這是指土地等自然資源的產權主體通過出租土地等而獲得的各種租金收入。

第四，技術、專利以及其他知識產權收入。這是指有關產權主體出讓技術、專利和其他知識產權的所有權或使用權獲得的收益。

第五，管理者報酬。這主要是指企業管理者付出的一種獨特要素——經營管理才能而獲得的相應收入。

國民收入經過市場機制的初次分配，被分割成各類要素所有者的收入。依據各類要素所有者獲得收入的來源和形式的不同，我們可以把社會居民劃分為不同的階層和社會集團，比如工薪階層、技術階層、管理者階層等。

市場機制所形成的初次分配結果，不一定能完全符合國家、社會的普遍利益和意願，因此，在現代市場經濟國家，出於各種考慮，政府通常會採取多種手段對初次分配結果進行調節，也就是進行收入再分配。關於收入再分配的理由，主要有以下幾個方面：

（1）控制收入差距、促進社會公平的需要。市場機制進行的初次分配，通常會出現較大的收入差距，有的時候會出現嚴重的貧富分化。太大的收入差距和貧富分化通常被認為不利於社會的普遍利益（比如不利於社會穩定，容易引發不同階層和集團之間的劇烈衝突等），不符合社會的公平原則。因此，為了控制收入差距，緩解貧富分化，促進社會公平，政府應當出面進行收入再分配。

（2）政府行使社會管理者職能的需要。政府作為社會管理者，需要保衛國家，維護社會秩序，支持教育、文化、衛生和社會公益事業，提供各種公共產品等，這些活動需要通過收入再分配（比如徵稅）來獲得所需要的資金。

（3）政府進行宏觀經濟調控的需要。現代政府的一項重要職能是進行宏觀經濟調控，而收入再分配（比如徵稅、轉移支付等）為政府進行宏觀調控提供了途徑和資金。

（4）政府協調地區發展、支持戰略性行業發展的需要。在地區發展不平衡的國家，出於協調地區發展的需要，政府會進行收入再分配（如地區之間的財政轉移支付）。為了支持某些戰略性行業（如某些高科技產業、先導產業等）的發展，政府需要通過收入

再分配來籌集資金。

（5）建立社會保障制度和社會後備基金的需要。這需要收入再分配來籌集資金。

在現代市場經濟國家，政府進行收入再分配的手段主要有：①稅收，比如徵收個人所得稅、財產稅等；②財政轉移支付，比如對低收入居民的財政補貼等；③社會保障，比如通過社會保險（包括養老保險、失業保險、醫療保險等）、社會救助、社會福利等社會保障機制，保障人民生活，調節社會分配，縮小居民之間的收入差距。

經過初次分配和再分配，國民收入最終被分割為國家（政府）、企業和個人分別佔有的三個部分。分析這三個部分的比例及其變化，可以大致瞭解一個國家的國民收入分配格局及其變化。

三、收入差距的產生與度量

（一）收入差距的產生

在市場經濟中，不同的居民、家庭和階層之間存在普遍的收入差距，有的國家甚至出現了很大的收入差距和嚴重的兩極分化。在市場經濟中，收入差距產生的原因可以歸納為以下兩個方面：

（1）居民之間擁有的要素數量、質量和種類存在較大差異。通常，居民之間累積和佔有的生產要素（如勞動、資本、土地、技術、管理者才能等）存在較大的差異。在市場化的分配機制中，那些在佔有生產要素方面具有優勢（比如數量多、質量好、要素價格高等）的人將獲得較高收入，反之，則只能獲得較少的收入。這是市場機制進行初次收入分配的必然結果。

（2）分配規則不公平、機會不均等。佔有要素條件完全相同的人，也可能因為分配規則不公平、競爭機會不均等而出現較大的收入差距。比如，如果要素市場競爭不充分，存在壟斷，要素所有者之間將出現較大收入差距。又如，如果分配規則不公平，明顯地偏袒某些人，歧視另一些人（比如勞動力市場的身分歧視等），那也將帶來較大的收入差距。

（二）收入差距的度量

度量收入差距的常用工具是洛倫茲曲線和基尼系數。在圖 11-1 中，縱軸表示國民收入的百分比，我們將其五等分，每一等分代表 20% 的國民收入。橫軸表示居民家庭的百分比，也將其五等分，第一等分代表收入最低的 20% 的家庭，而最右邊的那個等分則代表收入最高的 20% 的家庭。在這個正方形中，我們將每一百分比的家庭所獲得的收入的百分比累計起來，並將相應的點畫在圖中，連接這些點，便得到一條洛倫茲曲線。

洛倫茲曲線能直觀地表現出國民收入或社會財富在各階層家庭中的分佈情況。如果國民收入完全平均地分配於所有家庭，那麼洛倫茲曲線就是對角線 OE，OE 被稱為絕對平均線，因為這樣的洛倫茲曲線表示所有家庭都得到完全相同的收入。另一極端是完全不平等的洛倫茲曲線 OFE，因為這一折線意味著唯一的一個家庭擁有 100% 的國民收入，

圖 11-1

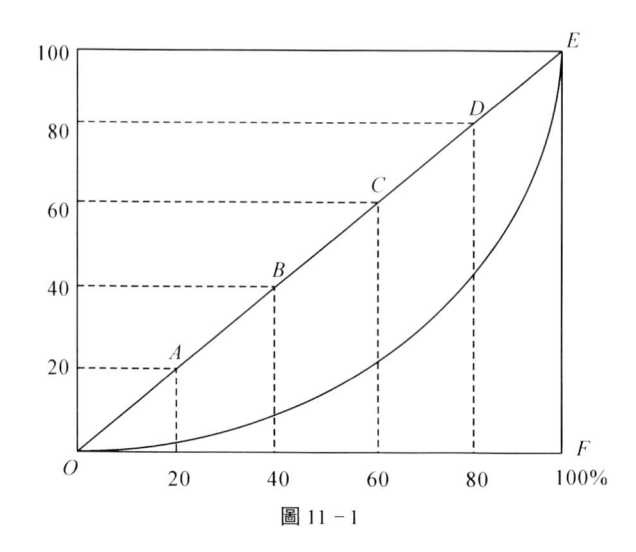

而其他所有家庭一無所有。當然，當今世界上任何一個經濟體都處於兩種極端的收入分配之間，如圖中的弧形曲線 OE。曲線越靠近對角線，則社會收入分配越平等，而曲線越靠近邊框 OFE，則越不平等。

在洛倫茲曲線的基礎上，可以計算一個反應收入差距的具體指標——基尼系數。在圖 11-1 中，用絕對平等線 OE 和實際洛倫茲曲線圍成的面積，除以三角形 OEF 的面積，其比值就是基尼系數。基尼系數在 0～1 之間變動，反應收入分配從絕對平等到絕對不平等的變化。通常，基尼系數在 0.2 以下，表明收入分配高度均等；基尼系數在 0.2～0.3 之間，表明收入分配相對均等；基尼系數在 0.3～0.4 之間，表明收入差距相對合理；基尼系數在 0.4～0.5 之間，表明收入差距偏大，基尼系數在 0.5 以上，表明收入分配出現了兩極分化。在基尼系數的變動中，人們通常把 0.4 作為判斷一個國家或地區收入差距是否合理的臨界點或「警戒線」。

另外，居民收入差距還可以通過貧困率（即貧困人口占全部總人口的比率）、庫茲涅茨指數（一個社會最富有的 20% 人口所佔有的收入份額）、阿魯瓦利亞指數（一個社會 40% 最低層人口所佔有的收入份額）、收入不良指數（一個社會最高收入的 20% 的人口所佔有的收入份額與最低收入的 20% 的人口所佔有的收入份額之比）等指標來度量和觀察。

四、經濟發展與收入差距

關於經濟發展與收入差距的關係，是最近幾十年經濟學界富有爭議的話題。美國著名經濟學家、統計學家庫茲涅茨在 1955 年提出了著名的「倒 U 假說」，用以解釋經濟發展中收入差距的演變趨勢。他根據經濟發展早期階段的普魯士（1854—1875 年）、處於經濟發展後期階段的美國、英國和德國薩克森地區（1880—1950 年）收入差距的統計資

料，提出「收入分配不平等的長期趨勢可以假設為：在前工業文明向工業文明過渡的經濟增長早期階段迅速擴大，爾後是短暫穩定，然後在增長的後期逐漸縮小」[①]（即收入差距的變動軌跡類似於倒寫的英文字母「U」）。在庫茲涅茨看來，發展中國家向發達國家過渡的長期過程中，居民收入分配的差距「先惡化，後改善」的趨勢是不可避免的。

[閱讀專欄]

圍繞庫茲涅茨倒 U 假說的爭論

由於庫茲涅茨佔有資料和國別案例並不充分，他所提出的「倒 U 假說」是否有普遍性，一直在經濟學界備受爭議。有些經濟學家贊同這一理論，例如諾貝爾經濟學獎獲得者劉易斯在他的二元經濟結構理論中，也得出了與庫茲涅茨一致的看法。[②] 劉易斯認為，在經濟發展的初級階段，存在著傳統的自然農業經濟和現代工業經濟兩個部門，在前一部門勞動力大量過剩，累積只發生在後一部門的假設下，劉易斯認為經濟發展將主要表現為現代工業部門的擴張和傳統農業部門比重的相對縮小，實現這一目標的主要途徑是工業部門在擴張中對農業部門剩餘勞動力的吸收。由於經濟發展主要取決於儲蓄或資本累積，而儲蓄或資本累積又來源於資本家階級，所以資本累積和技術進步的全部收益都歸資本家階級。而這種分配方式的存在，是因為農業部門大量剩餘勞動力的存在決定了工業部門勞動者的工資在略高於維持生計的低收入水準上保持不變，而資產收益卻一直在增加。上述推理表明了初級發展階段兩種收入差距的擴大：一是資本家階級同勞動階級之間收入相對份額的差額擴大，而且越來越大；二是在勞動階級內部，收入差距也擴大了，即現代工業部門工人的工資高於傳統農業部門農民的收入，但這一差距大致不變。劉易斯的二元經濟結構理論進一步指出，經濟增長中收入差距擴大的格局只是經濟發展初級階段的經濟規律，當經濟繼續發展，現代部門吸收的勞動力越來越多，工人的工資將逐步上升，勞動階級和資本家階級之間的收入差距將可能縮小或不變，社會總收入差距可能停止上升，處於穩定時期。當經濟發展進入較高級階段時，農業部門的剩餘勞動力逐步消失，勞動從無限供給變為稀缺要素，而資本要素則處於相對充裕的狀態，這時，工資上升，勞動階級的收益上升，而資本階級的收益則下降，整個社會總收入差距縮小。

但是也有一些經濟學家在研究分析中發現了許多倒 U 假說的反例。最典型的例子是被稱為亞洲「四小龍」的韓國、新加坡、臺灣和中國香港的經濟發展過程。在工業化初期階段，它們的收入不平等程度都有所緩和而不是惡化，臺灣地區的情況尤為突出。從 20 世紀 50 年代到 70 年代，臺灣地區的經濟迅速增長，人均 GDP 從

[①]　Kuznets. Economic Growth and Income Inequality [J]. American Economic Review, 1955, 45 (1): 18.
[②]　劉易斯. 二元經濟論 [M]. 北京：北京經濟學院出版社, 1989.

1964年的500美元上升到1974年的1,000多美元，年平均增長率為6.6%，而收入不平等現象卻在不斷改善，基尼系數從1953年的0.57下降到1972年的0.29。另外，日、美和歐洲的發達國家在工業化後期的收入分配差距的變動也沒有像「倒U假說」所預測的那樣逐漸縮小，相反卻出現了擴大趨勢。[①]

世界銀行的《世界發展報告》分別在1985年和2000年兩次發布了其研究報告，這兩次研究所用方法不同，其結論也不相同。1985年《世界發展報告》利用剖面數據對58個國家的樣本進行了分析，其結果顯示低收入國家、中等收入國家、中上收入國家以及市場經濟工業國的基尼系數呈倒U形排列。2000年《世界發展報告》利用時間序列資料對65個發展中國家的人均消費增長與基尼系數變化的相關關係進行了分析，認為各個國家的經濟增長與基尼系數變化並沒有系統相關關係。

第二節 中國分配制度的改革與分配關係的調整

一、按勞分配與生產要素按貢獻分配

（一）按勞分配

按照馬克思的設想，在共產主義的第一階段即社會主義社會階段實行按勞分配的制度，這一設想後來在社會主義國家付諸了實踐。馬克思在《哥達綱領批判》一文中提出，未來社會按勞分配的基本要求是：①在全社會範圍內，社會在對社會總產品作了各項必要的扣除之後，以勞動者提供的勞動（包括勞動數量和質量）為唯一的尺度分配個人消費品，實行按等量勞動領取等量報酬和多勞多得、少勞少得、不勞動者不得食的原則；②按勞分配所依據的勞動排除任何客觀因素，如土地、機器等生產資料的影響，只包括勞動者自身腦力與體力的支出；③作為分配尺度的勞動，既不是勞動者實際付出的個別勞動，也不是決定商品價值的社會必要勞動，而是勞動者在平均熟練程度和平均勞動強度下生產單位使用價值所耗費的社會平均勞動。[②]

需要指出的是，要實現馬克思所設想的按勞分配制度需要具備一些前提條件，包括：①在全社會範圍內實現生產資料公有制。消費資料的分配是生產條件本身分配的結果，只有實行全社會範圍的生產資料公有制，才可能使全體勞動者平等地佔有和使用生產資料，才能消除由於生產條件佔有的不同造成的勞動者在分配上的差別，使勞動成為決定消費品生產與分配的唯一因素。②經濟、社會條件能夠保證勞動者各盡所能。這些條件包括：要有足夠的生產資料可供投入生產，要有足夠的就業機會並且勞動者有充分

[①] 紀玉山. 庫茲涅茨倒U理論質疑 [J]. 社會科學戰線, 1997 (3).

[②] 馬克思. 哥達綱領批判 [M] //馬克思, 恩格斯. 馬克思恩格斯選集: 第3卷. 北京: 人民出版社, 1972: 5-15.

選擇職業的自由。只有這樣，才能實現按勞分配所要達到的目標。③商品經濟已經消亡。在沒有商品貨幣關係的條件下，每個人的勞動，無論其特殊用途是如何的不同，從一開始就成為直接的社會勞動，而不需要著名的「價值」插手其間。這樣，勞動者付出的勞動可以簡單地用時間來衡量，一般都可以得到社會的承認。④社會可以統一對社會總產品作各項扣除。勞動者除了可供個人消費的消費資料之外，沒有任何東西可以成為個人的財產。①

按勞分配是人類歷史上分配制度的一場深刻革命。實行按勞分配，可以排除憑藉對生產資料的佔有而佔有他人勞動成果的可能，從而對消滅剝削具有重要意義；實行按勞分配，能夠把每個勞動者的勞動和報酬直接聯繫起來，從而使每個勞動者從物質利益上關心自己的勞動成果，有利於調動勞動者的積極性，促進社會生產力的發展；實行按勞動分配，實現了勞動平等和報酬平等，有利於實現社會分配的公平與公正，促進社會和諧與穩定。

(二) 生產要素按貢獻參與分配

生產要素按貢獻參與分配是市場經濟中基本的收入分配制度。生產要素主要包括勞動、資本、土地、技術、管理等。所謂生產要素按貢獻參與分配是指生產要素所有者憑藉要素所有權，按照生產要素在生產中的貢獻參與收入分配的制度。生產要素按貢獻參與分配的基本要求是：①參與分配的主體是要素所有者，依據是要素所有權；②分配的客體是各種生產要素共同作用創造出來的財富；② ③分配的標準是生產要素在生產中的貢獻。在市場經濟中，生產要素按貢獻參與分配意味著勞動獲得工資，資本獲得利息，土地獲得地租，技術和管理也獲得相應的要素報酬。

生產要素按貢獻參與分配遵循的是市場經濟的通行法則，即平等交易、市場定價、按貢獻分配。這種分配制度有利於調動各種要素所有者參與生產的積極性，有利於生產要素的優化配置，有利於生產力的發展。

二、按勞分配為主體、多種分配方式並存的分配制度

在計劃經濟時期，中國探索和實踐了馬克思所設想的按勞分配制度，但在收入分配的實踐中存在著平均主義等諸多問題。改革開放以來，隨著經濟體制的改革和經濟社會的發展，中國逐漸探索和建立了按勞分配為主體、多種分配方式並存的分配制度，將按勞分配與生產要素按貢獻參與分配有機結合。

當前，中國仍處於並將長期處於社會主義初級階段，實行按勞分配為主體、多種分

---

① 馬克思. 哥達綱領批判 [M] //馬克思，恩格斯. 馬克思恩格斯選集：第 3 卷. 北京：人民出版社，1972：8–13.

② 學術界對按生產要素分配的客體存在著較大的分歧，有人認為分配的客體是各種生產要素共同創造的價值，也有人認為非勞動要素不創造價值，因而分配的客體是各種生產要素共同創造的財富。相關討論可參見：谷書堂. 社會主義經濟學通論 [M]. 北京：高等教育出版社，2000；劉詩白. 現代財富論 [M]. 北京：生活·讀書·新知三聯書店，2005.

配方式並存的分配制度，是與中國社會主義初級階段的基本國情相適應的。具體而言，實行這一分配制度的主要理由包括以下幾點：

（1）公有制為主體、多種所有制經濟共同發展的基本經濟制度決定了中國必須實行按勞分配為主體、多種分配方式並存的分配制度。在生產關係中，生產資料所有制形式是生產關係的基礎，它決定了生產關係的其他方面。分配關係是生產關係的一部分，生產資料的所有制形式決定了分配關係，分配關係和分配制度要與特定階段的所有制形式相適應。在社會主義初級階段，中國實行公有制為主體、多種所有制經濟共同發展的基本經濟制度，這就決定了在社會主義初級階段要實行按勞分配為主體、多種分配方式並存的分配制度。

（2）社會主義市場經濟體制要求實行按勞分配為主體、多種分配方式並存的分配制度。分配制度是經濟體制的一部分，經濟體制必將在一定程度上影響和決定著收入分配制度。改革開放以來，中國探索和建立了社會主義市場經濟體制，需要發展勞動、資本、土地、技術、信息等要素市場，發揮市場對資源配置的基礎性作用，以提高資源配置效率。在商品生產過程中，勞動創造價值，而且隨著科學技術和「知識經濟」的發展，掌握科學技術、擁有知識的勞動所創造的價值越來越大，這就要求實行按勞分配為主體的制度。同時，由於資本、土地、技術、管理、信息等要素是商品生產不可缺少的重要條件，這些要素在生產中也做出了貢獻，這就需要各種要素按貢獻參與收入分配，獲取相應的要素報酬，以調動要素所有者的積極性，優化要素配置。總之，實行按勞分配為主體、多種分配方式並存的分配制度，把按勞分配與生產要素按貢獻參與分配相結合，是社會主義市場經濟體制的必然要求。

（3）社會主義初級階段實行按勞分配為主體、多種分配方式並存的分配制度，歸根到底是由生產力的發展狀況決定的。生產力決定生產關係，分配關係是生產關係的一部分，因此，生產力發展水準決定了相應的分配關係和分配制度。當前，中國社會主義初級階段的生產力發展具有不平衡、多層次的特徵，這是中國當前分配方式呈現多樣化的最深層次原因。

實行按勞分配為主體、多種分配方式並存的分配制度，把按勞分配與生產要素按貢獻參與分配相結合，具有重要的意義：

①有利於調動廣大勞動者的積極性和創造性，提高勞動生產率。
②有利於生產要素的優化配置，提高全社會的資源配置效率。
③有利於調動各種要素所有者的積極性，讓一切創造財富的源泉充分湧流，促進經濟發展和社會進步。

三、收入分配中的效率與公平

（一）效率

在經濟學中，效率是指社會利用現有資源進行生產所提供的效用滿足程度，它不是

生產多少產品的簡單的物量概念，而是一個社會效用或社會福利概念。如果利用現有資源進行生產所提供的效用滿足程度越高，效率也就越高。效率通常包含以下三層含義：

（1）技術效率，又稱為生產效率，它是指生產活動中根據各種資源的物質技術聯繫，建立起符合生產條件性質的經濟關係，合理地組織各種生產活動，充分有效地利用資源，提供盡可能多的產出。技術效率用來表明企業有效率地配置資源以及選擇具有技術效率的生產計劃的能力，它要求企業生產滿足要素投入的最小化。

（2）資源配置效率，這是經濟學上用得更為普遍的含義，它不僅包括企業內部的資源配置效率，而且包括整個社會要素和產品的有效配置是否實現最優。這一效率概念的具體標準就是帕累托效率原則。19世紀末，義大利經濟學家帕累托將最有效率的狀態描述為：如果資源在某種配置下不可能由重新組合生產和分配來使一個人或多個人的福利增加，而不使其他人的福利減少，那麼這種配置就是最有效率狀態。我們把這種狀態稱為帕累托最優狀態。具體來說，帕累托最優狀態滿足三個條件：①消費者之間的商品分配達到帕累托最優，即此時不能通過改變商品的分配使一部分人的福利增加，同時不使其他人的福利減少；②生產要素在生產者之間的分配達到帕累托最優，即此時不可能通過生產要素的重新分配使某些生產者的產量提高，同時又不使其他生產者的產量減少；③消費與生產的帕累托全面最優，表現為生產者與消費者對任意兩種商品的評價是相同的，從而此時不可能通過改變生產要素投入和產品的分配使一部分人的福利增加，而同時又不使其他人的福利減少。

（3）制度效率，是指某種制度安排能夠在成本最小化的狀態下運行。新制度經濟學關注制度運行的效率，它說明了任何一種制度運行都是有成本的，對於完成同樣的交易，或者說資源流動和配置，人們總是尋找運行成本最低的制度。制度運行的成本又被稱為交易成本，交易成本的高低是衡量效率的重要標準。

（二）公平

公平是一個複雜、多維而又充滿分歧的概念，倫理學、經濟學、政治學、法學、社會學等多個學科都對公平展開了廣泛而深入的研究，產生了複雜、多維的公平理論。在經濟學中，人們通常從兩個角度來理解公平，即機會公平和結果公平。

（1）機會公平，是指人們有平等的權利和機會來從事經濟活動，在經濟活動中有平等的機會來按其貢獻獲得相應的報酬，有平等的機會消費社會產品、累積私人財富和取得經濟成就。也就是說，社會提供公平的「遊戲規則」，給予所有人同樣的對待，提供相同的權利和機會。機會公平通常被理解為規則公平、權利公平。

（2）結果公平，是指人們獲得的實際收入和擁有的財富均等。從絕對意義講，結果公平可以理解為人們之間的收入分配結果完全相同，不存在收入差距。如果放寬對結果公平的理解，收入分配的結果比較均等（而不是絕對均等）也可以看作寬泛意義的結果公平。

機會公平和結果公平通常是不一致的，有了機會公平並不必然出現結果公平。在經

濟活動中，由於每個人的努力程度、才能甚至運氣等不同，即使社會實現了機會均等，也會出現收入和財富的較大差異，這符合市場經濟的規律。不過，經濟生活中出現結果的普遍不平等，除了每個人的努力程度、才能、運氣等原因外，在一定程度上也是由於機會不公平而帶來的，比如市場機制不完善、存在壟斷、特權等。因此，經濟學家們普遍認為，社會應當努力消除機會的不公平，而容忍一定程度上的結果不公平。

[閱讀專欄]

複雜的公平觀——一個關於分蛋糕的思想實驗

兄弟二人分配由他們共同「生產」的一個蛋糕，他們為選擇「公平」的分配規則而感到苦惱，因為他們面臨 10 種以上的分配規則，而每一種選擇似乎都有道理：

(1) 二人均分——從人頭的標準上看是公平的；
(2) 誰勞動得多誰多分——從貢獻的標準看是公平的；
(3) 哥哥多分，弟弟少分——從年長的標準看是公平的；
(4) 弟弟多分，哥哥少分——從年幼的標準看是公平的；
(5) 誰多出錢誰多分——從購買力的標準看是公平的；
(6) 用抽籤辦法決定分配份額——從機會的標準看是公平的；
(7) 誰是家長誰多分——從地位或職務的標準看是公平的；
(8) 誰愛吃蛋糕誰多分——從偏好強弱的標準看是公平的；
(9) 誰的工齡長誰多分——從過去的貢獻看是公平的；
(10) 誰的學歷（或學位）高誰多分——從掌握的知識標準看是公平的；
(11) 誰的職稱高誰多分——從能力的標準看是公平的
……

這份關於分配規則的「菜單」還可以開列下去，而每一種分配規則似乎都是公平的。這個思想實驗說明，所謂的「公平的分配」是一個複雜而充滿爭議的話題，公平或平等是一個相對的概念，絕對公平的、讓所有人都滿意的分配規則是難以找到的。

(三) 收入分配中的效率與公平

分配制度對經濟效率和社會公平會產生較大的影響。分配制度通過影響經濟活動當事人的切身利益而影響他們的經濟行為，從而影響經濟活動的效率。如果分配制度會對經濟活動當事人產生正面的激勵作用，將有助於增進經濟效率；如果分配制度對經濟活動當事人產生負面的激勵作用，將會降低經濟效率。

分配制度對社會公平也會產生顯著的影響。如果分配制度為當事人提供了公正的程序和平等的機會，將有助於增進平等；如果分配制度帶有歧視、不公正的程序和「游戲規則」，不能為當事人提供平等的機會，必將有損於社會公平。

有沒有一種「合理」的分配制度，既能增進效率，又能增進公平？很多經濟學家認為，收入分配中的效率和公平存在著明顯的交替性，即追求效率往往以某種程度的公平損失為代價，而追求公平則要以一定的效率損失為代價。在現代市場經濟的實踐中，要追求效率，就必須給生產要素所有者以相應的報酬。由於人們佔有要素的狀況存在很大差異，按照市場經濟通行的要素貢獻原則分配收入，人們的收入和財富必然出現較大的差別和不平等。如果取消或縮小這種差別以實現收入均等化，則必然損害經濟活動當事人的積極性，從而降低經濟效率。比如，如果在工資收入分配上搞平均主義，就會傷害人們工作的積極性，降低工作效率。如果稅收政策中個人所得稅率過高，雖有助於縮小貧富差別，但也會妨礙人們工作、儲蓄和投資的積極性，從而降低經濟效率。

現代經濟社會面臨這樣的兩難選擇：是以效率為主要目標，還是以公平為主要目標，抑或兩者並重？當效率和公平發生矛盾的時候，是以效率優先，還是以公平優先？是犧牲公平換取效率，還是犧牲效率換取公平？是把蛋糕盡可能做得大一些，還是把蛋糕分割得平等些？面對這樣的兩難選擇，經濟學家們的觀點大致可以歸納為三種：

1. 效率優先

這種觀點主張以效率優先，反對把收入分配平等作為社會福利最大化的一個必要條件。他們認為，效率是與自由不可分割的（這裡的自由指自由經營、自由競爭和要素的自由轉移），而這種自由是市場機制正常運行從而實現資源配置效率的前提條件。如果追求公平犧牲了自由，必將破壞市場機制的正常運行，由此損害效率，那麼這種平等就是不可取的。同時他們認為，如果通過立法和行政手段，把一部分人的收入轉移給另一部分人，實際上是把一部分人的努力移作另一部分人所得，把一部分人的偏好強加給另一部分人，這種做法本身就不公平。如果人們的所得是靠「公平」而不是靠努力來決定，社會將缺乏激勵人們努力工作、增加產出的機制，社會將面臨巨大的效率損失。

2. 公平優先

另一些經濟學家則認為，公平應當放在優先地位。他們認為，公平本來是人們的天賦權利，競爭引起的收入差別是對這種權利的侵犯。不僅如此，人們在市場上本來就沒有在同一條起跑線上開展競爭，各人擁有的資源不同，受教育的機會也不均等，競爭引起的收入差別不全是由勤奮和懶惰造成的，因而是不公平的。再說，市場本身並不公平，一些經濟因素如市場中的壟斷和非經濟因素如對性別、種族、年齡、宗教信仰等的歧視也影響著人們的收入，而由此產生的貧富差別便更不公平了。主張公平優先的經濟學家中還有人認為，不平等的收入有可能導致權利和機會的不平等（因為市場經濟中金錢可以和權力相交換，權力又可以成為收入和財富的源泉），這一階段的不公平將會帶來下一階段更大的不公平，社會應努力消除不公平，以便為人們帶來公平的權利和機會。

3. 效率與公平兼顧

這是一種折中的觀點，既不贊成效率優先，也不贊成公平優先，而是主張二者兼

顧。他們認為收入過度不公平不是一件好事情，而收入完全公平也不是一件好事情。市場自發形成的收入分配有可能過度不公平而令人難以接受，但市場機制又有利於促進經濟效率，因而兼顧效率與公平的途徑是通過政府適度干預來彌補市場缺陷，改善收入分配的公平狀況。這些經濟學家試圖找到一條既能保持市場機制的優點，又能消除收入差距過分擴大的途徑，使效率和公平同時增進。

四、深化收入分配制度改革，逐步理順分配關係，形成更合理、更有序的收入分配格局

改革開放以來，在經濟體制和經濟發展雙重轉型的背景下，中國收入分配制度經歷了廣泛而深刻的歷史變遷，逐漸從傳統計劃化的、單一的按勞分配制度演變為按勞分配為主體、多種分配方式並存的分配制度。分配制度的變革對經濟效率和社會公平產生了較大的影響，具體表現為兩個方面：

一方面，同轉型前的傳統分配制度相比，中國分配制度的變革有效地提高了參與分配的當事人從事生產性努力的積極性，改善了各類生產要素的配置效率，促進了社會的經濟發展。

另一方面，伴隨著分配制度的變革和收入分配機制的市場化，中國居民收入差距迅速擴大，總體居民收入差距的基尼系數從20世紀80年代初的0.3左右，迅速上升到20世紀90年代後期的0.4以上，成為同期全球收入差距增幅最大的國家之一。[①] 按照國家統計局公布的數據，2008年中國居民收入基尼系數為0.491，2012年為0.474。[②] 中國從一個收入差距相對較小的國家，迅速變成一個收入差距較大的國家。從收入分配的結果來看，收入差距迅速擴大，社會公平問題日益突出。近年來，中國的基尼系數總體上呈下降趨勢，2012年到2015年，中國居民收入的為基尼系數0.474、0.473、0.469、0.462。2016年是0.465，比2015年提高了0.003，但是它並沒有改變中國基尼系數總體下降的趨勢。[1]

[閱讀專欄]

改革開放以來中國居民收入差距的變遷

筆者收集和整理了相關資料和文獻，對改革開放以來中國居民收入差距的變遷進行了初步的考察，得出如下結論：

（1）改革開放以來，中國總體居民收入差距迅速上升，從一個收入差距相對較小的國家，變成一個收入差距較高的國家，是同期全球收入差距增幅最大的國家之一。

---

① 參見：世界銀行．共享增長的收入：中國收入分配問題研究 [M]．北京：中國財政經濟出版社，1998．
② 參見人民網：《國家統計局首次公布2003至2012年中國基尼系數》2013年01月18日。

改革開放以來，中國是全球收入差距擴大幅度最大的國家之一。20世紀80年代初，中國屬於世界上收入差距較小的國家，基尼系數在0.3左右，和歐洲的荷蘭、芬蘭、波蘭、羅馬尼亞等國的基尼系數相當，但到90年代中期，中國的基尼系數達到0.388，和美國的基尼系數相近，超過了大多數轉軌國家（這些轉軌國家也經歷了收入差距急遽擴大的過程）和西歐許多高收入國家，在有數據可比的所有國家中，中國基尼系數的增幅是迄今最大的。

1998年中國的基尼系數上升至0.403，2001年則達到了0.447（超過了美國的基尼系數），比1978年的0.317上升了43.2%。到2001年，在世界銀行考察的120個國家和地區的基尼系數中，按照由低到高的順序排列，中國居於第85位，按照百分比排位，中國排在70.8%的位置，只有35個國家和地區的基尼系數高於中國。[①] 如果將收入差距狀況簡單地劃分為高、中、低三種類型的話，中國已經屬於全世界收入差距高的類型。按國家統計局公布的數據，全國居民收入基尼系數2003年是0.479，2005年為0.485，2008年為0.491，2010年為0.481，2012年為0.474，2013年為0.473。基尼系數在2008年達到高峰，接著逐年回落。

（2）在總體收入差距的構成中，中國的城鄉居民收入差距特別突出，城鄉差距居於世界前列。

1978年，中國城鄉居民人均收入比率為2.57倍，2009年擴大到3.33倍。2013年城鎮居民人均可支配收入26,955元，農村居民人均純收入8,896元，城鄉居民人均收入比率為3.03。如果再考慮城市居民的各種福利性補貼，城鄉居民實際收入差距將可能達到5~6倍，中國是世界上城鄉收入差距最大的國家之一。

總體上看，城鄉居民收入差距在20世紀80年代初經歷了一個短暫的縮小期，在80年代中期以後持續上升，在20世紀90年代中期又經歷了一個短暫的縮小期，20世紀90年代後期又持續上升。進入21世紀，城鄉收入差距繼續擴大，並不斷創出歷史新高，近年來出現了小幅下降。

（3）改革開放以來，農村內部和城鎮內部的收入差距急遽擴大，增幅驚人。

從基尼系數角度衡量，1978年農村內部的基尼系數為0.21，到2010年迅速擴大到0.378，比1978年大幅上升了80%。

1978年城鎮內部的基尼系數為0.16，到2010年迅速擴大到0.33，比1978年大幅上升了108.75%，可謂增幅驚人。

總體上，在改革開放以來的30多年中，農村內部的基尼系數一直高於城鎮內部的基尼系數。

（以上數據參考了國家統計局、世界銀行、中國社會科學院收入分配課題組的

[①] 參見：World Bank. World Development Report 2005: A Better Investment Climate for everyone. World Bank and Oxford University Press, 2004.

相關數據以及《中國居民收入分配年度報告》(2011) 等相關資料。)

當前，在中國特色社會主義進入了新時代、經濟體制改革和經濟發展進入新階段的背景下，我們需要進一步深化收入分配制度改革，理順分配關係，兼顧效率與公平，逐步形成更合理、更有序的收入分配格局。

（一）在初次分配領域，要健全和完善相關的制度、機制，著重保護勞動所得，在增進效率的同時也增進公平

初次分配是通過市場機制在生產環節對各類要素所有者進行的分配，其基本的分配規則是按照各種生產要素在生產中的貢獻進行收入分配。通過市場機制按要素貢獻進行初次分配，有利於調動各種要素所有者參與生產的積極性，有利於提高生產要素的配置效率。基於此，部分學者認為初次分配應注重效率，堅持效率優先，注重公平不是初次分配的任務，而是再分配的任務。其實，初次分配同樣存在公平問題，有時甚至是嚴重的公平問題。在初次分配中，如果存在著一些體制和制度的缺陷，收入分配就容易出現規則不公平、機會不均等的現象，從而導致效率和公平的雙重損失。只有消除這些體制和制度的障礙，才能實現初次分配的程序公平和機會均等，增進效率與公平。

具體而言，中國當前初次分配領域存在的不公平主要表現在：由城鄉分割體制導致的城鄉勞動力就業的規則不公平和機會不均等；由傳統體制形成的行政性行業壟斷而導致的企業之間的不公平競爭；由「條塊分割」體制限制生產要素自由流動而導致的不公平競爭；由企業對公共資源（土地、自然資源、國有資產等）佔有的巨大差異而導致的不公平競爭；由賄賂和權錢交易而導致的不公平競爭等。

針對這些初次分配領域的分配規則公平和機會不均等，我們需要通過深化體制改革和制度創新，完善勞動、資本、技術、管理等要素按貢獻參與分配的初次分配機制，逐漸消除各種相關的體制和機制的障礙，消除不公平的「遊戲規則」，以促進權利公平、機會公平和規則公平。具體而言，我們可以從以下幾個方面著手：

（1）加大對城鄉分割體制的改革力度，深化戶籍制度改革，逐步消除城鄉勞動力市場的體制性分割狀態，鏟除勞動力轉移的制度性障礙，為城鄉勞動力創造一個公平的競爭環境和「遊戲規則」；

（2）通過推進壟斷行業改革，改革行業壟斷體制，引入多元競爭主體，促進企業之間的公平競爭；

（3）繼續深化行政體制改革，打破行政體制的「條塊分割」，逐步消除部門和地方對要素流動的各種限制，促進各種生產要素的自由流動，促進要素市場的競爭，為各個部門、各個地區的企業創造平等獲得生產要素的機會；

（4）通過體制改革和制度創新，逐步消除不同部門、不同企業對公共資源（土地、自然資源、國有資產等）佔有的不公平狀態，緩解由此帶來不公平競爭；

（5）繼續加大反腐敗的工作力度，堅決打擊腐敗、賄賂和各種權錢交易，為各類市

場主體創造公平的競爭條件和競爭機會。

另外，要健全初次分配制度，著重保護勞動所得，努力實現勞動報酬增長和勞動生產率提高同步，提高勞動報酬在初次分配中的比重。要完善資本、技術、管理等要素按貢獻參與分配的初次分配機制。實施就業優先戰略和更加積極的就業政策，提升勞動者獲取收入的能力。要深化工資制度改革，完善企業、機關、事業單位工資決定機制和增長機制。

(二) 完善再分配調節機制，履行好再分配調節職能

由市場機制所形成的初次分配結果通常會出現較大的收入差距，甚至會出現令人難以接受的兩極分化，這種結果往往並不符合社會基本的公平價值觀，甚至會有損國家、社會的普遍利益（比如影響社會穩定與社會和諧等）。因此，在現代市場經濟國家，出於各種考慮，政府通常會採取多種手段對初次分配結果進行調節，也就是進行收入再分配。

當前，中國居民收入差距不斷擴大的問題已經引起了社會各方面的廣泛關注。中國總體的收入差距狀況，已經處於世界較高的水準，有些領域的收入差距已經引起人們的普遍不滿。當前收入分配存在明顯的城鄉分化、地區分化、行業分化等特徵，其中最突出的是城鄉差距和區域差距。可以說，收入差距問題已經在一定程度上影響到中國的社會穩定與社會和諧。當前，我們要按照再分配更加注重公平的原則，完善以稅收、社會保障、轉移支付為主要手段的再分配調節機制，政府加大稅收調節力度，履行好再分配調節職能，加快推進基本公共服務均等化，縮小收入分配差距。通過「提低」（即提高低收入者收入水準）、「擴中」（即擴大中等收入者比重）、「調高」（即調節過高收入）的思路，使居民之間收入差距較大的問題得到有效緩解，中等收入群體持續擴大，逐步形成「橄欖型」分配格局。

規範收入分配秩序，完善收入分配調控體制機制和政策體系，推動形成公開透明、公正合理的收入分配秩序。建立個人收入和財產信息系統，保護合法收入，調節過高收入，清理、規範隱性收入，取締非法收入。進一步完善個人所得稅制度，加強徵管，打擊偷逃個人所得稅的行為，完善高收入者個人所得稅的徵收、管理和處罰措施，依法做到應收盡收。改革完善財產稅，完善房產保有、交易等環節稅收制度，逐步擴大個人住房房產稅改革試點範圍，研究在適當時期開徵遺產稅的問題。推進結構性減稅，減輕中低收入者和小型微型企業稅費負擔。另外，建立穩定的、有效率的財政轉移支付制度，通過加大財政轉移支付力度，對社會低收入階層、貧困階層和貧困地區予以有效援助。完善慈善捐助減免稅制度，支持慈善事業發揮扶貧濟困積極作用。

(三) 堅持共同富裕的根本原則，實現發展成果由人民共享，千方百計增加居民收入

共同富裕是中國特色社會主義的根本原則，堅持共同富裕是我們處理效率與公平關係的一個基本支點。今天，在中國改革開放和現代化建設取得巨大成就的時候，我們應

當努力創造條件，讓全體國民共同分享經濟發展和社會進步的果實。要調整國民收入分配格局，加大再分配調節力度，著力解決收入分配差距較大問題，使發展成果更多、更公平地惠及全體人民，朝共同富裕方向穩步前進。實現發展成果由人民共享，必須深化收入分配制度改革，堅持在經濟增長的同時實現居民收入同步增長、在勞動生產率提高的同時實現勞動報酬同步提高，著力提高居民收入在國民收入分配中的比重，提高勞動報酬在初次分配中的比重。

我們要建立的是惠及全體中國人的全面小康，而絕不是少數人富裕的小康。現在我們達到的小康還是不全面的、發展不平衡的小康，城鄉二元經濟結構還沒有改變，地區差距問題比較突出，貧困人口還為數不少。因此，在決勝全面建成小康社會的新階段，我們要堅持共同富裕的根本原則，兼顧效率與公平，按照統籌城鄉發展、統籌區域發展的要求，逐步縮小城鄉差距、地區差距。要千方百計增加居民收入，拓寬居民勞動收入和財產性收入渠道，在國內生產總值增長的同時實現城鄉居民人均收入的持續增長。要著力提高低收入者收入，逐步提高扶貧標準和最低工資標準，力爭使中低收入者收入增長更快一些。要建立企業職工工資正常增長機制和支付保障機制，創造條件，多渠道增加居民財產性收入。要逐步縮小全國居民收入差距，讓全體國民更多、更公平地分享經濟發展的成果。

第三節　社會保障

一、社會保障制度的產生

社會保障制度是國家依據一定的法律和規定，對遇到疾病、生育、年老、死亡、失業、災害或其他風險的社會成員給予相應的經濟的、物質的服務和幫助，以保障其基本生活需要的社會經濟福利制度。社會保障包括社會保險、社會救助、社會福利等內容。社會保障制度是社會化生產和市場經濟發展的產物，是人類經濟發展和社會進步的標誌，是維護社會安定、促進經濟與社會協調發展的需要。社會保障制度體現了現代社會以人為本、關懷民生、保障公民生存權的基本價值觀。

社會保障制度誕生於19世紀德國高速工業化時期。在19世紀80年代，德國俾斯麥政府頒布了人類歷史上第一部社會保障法，規定向受傷、病殘和退休工人支付一定數額的保險金，開始建立社會保障制度。20世紀早期，英國和法國先後通過了類似的社會保障立法，美國在1935年也建立了社會保障制度。國際勞工組織在1952年制定《社會保障（最低標準）公約》，規定了社會保障範圍應當覆蓋疾病、生育、年老、殘疾、死亡、失業、工傷、職業病和家庭9個方面，從而滿足勞動者一生基本需要，實現促進經濟發展和社會穩定的目標。

新中國建立後，中國也建立了具有社會保障性質的福利和社會救濟制度。在普遍就

業的背景下，中國城市居民家庭享受了比較全面和有效的社會保障，而針對農村居民的社會保障功能則很弱，社會保障存在很大的城鄉差別。同時，在城鎮居民社會保障系統中，不同部門、不同地區以及不同所有制單位之間的社會保障服務存在較大的差別。總體上看，計劃經濟體制下的社會保障覆蓋面不足、待遇標準差別較大、城鄉差別大、保障功能較弱。

二、社會保障制度的功能

（一）提供社會安全網和減震器，維護社會穩定。

社會保障制度是市場經濟運行的安全網。因為在市場競爭中，老、弱、病、殘、傷等不能正常從事生產勞動的人，是市場經濟中的弱者，其基本生活往往難以維持。而社會保障制度可以給這些社會成員以收入補償，保障其自身及其家人的基本生活。社會保障給市場競爭中的失敗者和弱者編織了一張安全網，解除人們的後顧之憂，為市場經濟的高效運行營造了一個良好的社會環境。社會保障制度也是市場經濟的減震器。社會保障制度通過為社會弱勢群體提供物質幫助和經濟補償，降低激烈競爭和意外風險對他們的衝擊，保障他們的基本生活。可以說，社會保障產生的效應能增強社會成員的生活保障感、心理安全感，增加對政府和社會的信任感，從而可以起到維護社會安定的功能。

（二）調節收入分配，促進社會公平。

市場機制所決定的收入分配，通常會出現較大的收入差距，甚至出現兩極分化，產生分配結果的不公平。社會保障制度通過徵稅和轉移支付，把一部分人的收入轉移給另一部分人（老、弱、病、殘、傷等），起到調節居民收入的作用。社會保障制度通過為老、弱、病、殘、傷等社會成員提供社會保險、社會救助和社會福利，事實上就是進行收入的再分配，它可以降低收入差距，增進社會公平。同時，社會保障制度為社會成員普遍地、無例外地提供獲得社會保障的機會和權利，使社會成員在社會保障面前人人平等。這樣，社會成員就能夠在基本生活獲得保障並解除後顧之憂的條件下參與社會競爭，不會因先天不足或生活無著落而輸在競爭的起跑線上。因此，社會保障具有增進社會成員之間機會平等的功能。

（三）促進經濟與社會的協調發展

社會保障制度有利於提高勞動力素質，保證勞動力再生產順利進行，促進經濟增長和社會發展。在生產過程中，勞動者不可避免地會遇到疾病、意外傷害以及失業的威脅，影響身體健康和正常的勞動收入，從而危及社會勞動力的再生產。而社會保障能為遇險的勞動者提供各種保障，使勞動力得以恢復，勞動力再生產得以延續。例如，醫療保險給患病勞動者提供的醫藥費補貼和基本醫療服務，能減輕疾病所帶來的痛苦，預防病情進一步惡化，保護和改善勞動者的健康狀況。勞動者有了健康的體魄，歸根究柢能提高勞動生產率，促進經濟和社會發展。失業保險所提供的失業保險金能使暫時失去工作機會的勞動者維持基本生活，不致因收入中斷陷於貧困而導致勞動力萎縮、落伍；失

業保險所提供的轉業培訓費，則可以提高失業者的素質，增強競爭能力，為重新上崗創造條件。有了失業保險，能夠穩定社會，安定民心，促進經濟和社會的協調發展。

（四）調節國民經濟的運行

社會保障制度通過保障資金的籌集、支付以及投資活動，會對國民經濟的運行產生調節作用。比如，當經濟衰退、失業率提高時，由於失業保險金給付的增加，抑制了個人收入減少的趨勢，增加社會需求，刺激消費，對經濟衰退起到自動緩解作用；而當經濟高漲、失業率下降時，失業保險金支付相應減少，這樣又可以抑制消費，緩解經濟過熱趨勢。因此，社會保障不僅具有為人們提供基本生活保障的功能，還具有調節國民經濟運行、促進經濟社會協調發展的功能。

三、社會保障的內容

社會保障包括社會救助、社會保險、社會福利等。社會救助是社會保障的最低目標，社會保險是社會保障的基本目標，社會福利是社會保障的最高目標。各種形式的社會保障相輔相成，構成一個完整的社會保障體系。

（一）社會救助

社會救助也稱社會救濟，它是指國家和社會對無勞動能力和生活來源的社會成員以及因自然災害或其他經濟社會等原因導致生活困難者，給予臨時或長期物質幫助的一種社會保障制度。社會救助是社會保障的最低層次，也是最後一道防線。社會救助的對象主要是那些陷於生活困境的社會成員，按照他們致貧的原因，大致可以分為以下三類：第一，無依無靠無生活來源的人，簡稱「三無」人員；第二，各種自然災害造成的生活暫時困難的人；第三，城鄉貧困者。

社會救助的內容主要包括救濟、救災和扶貧。救濟是指對社會貧困者給予必要的物質和經濟援助，以保障其基本生活。救災是指國家或社會對因災害造成生存危機的社會成員進行搶救與援助，以維持其最低生活水準並使其脫離災難和危險的一項社會救助工作。扶貧是指從政策、思想、資金、物資、技術、信息、勞務、就業等方面對貧困戶給予扶持，使其通過發展生產，脫貧致富的工作。

在中國的社會保障制度中還建立了城市居民最低生活保障制度，這是指政府對城市中的貧困居民按照最低生活保障標準進行基本生活保障的制度。最低生活保障是社會救助的基礎和核心，是一項生命線工程，它能保障貧困家庭的起碼生活，保障憲法賦予每個人的生存權利，保持穩定的社會生活秩序。

（二）社會保險

社會保險是由國家通過法律手段對社會全體勞動者強制徵繳保險基金，用以對其中喪失勞動能力或失去勞動機會的成員提供基本生活保障的一種社會保障制度。其內涵包含以下幾個方面：

——社會保險是一種社會政策，是在國家法律或法令保證下實施的，為達到既定社

會目標的一種強制性措施。

——社會保險又是勞動者的一種權利，是由國家法律保證實施的，在履行繳納保險費的義務之後，每一個社會成員都有享用社會保險來保障個人及其家屬的基本生活的權利。

——社會保險又是一種有效的經濟補償手段。它通過所有成員的互助共濟實現對少數遇險成員的收入損失補償，使遇險成員的經濟損失降低到最小。

——社會保險作為現代社會保障體系的一部分，還體現了由國家根據全體社會勞動者的共同需求，採取保險的形式對個人收入實行調節，是一種特殊性質的個人消費品的再分配形式。

社會保險具有強制性、保障性、普遍性、互濟性和福利性等基本特徵。

社會保險由養老保險、失業保險、醫療保險、工傷保險與生育保險組成。

（1）養老保險。養老保險是指勞動者在到達法定退休年齡，喪失勞動能力時，按國家規定退出工作崗位並享有社會給予的一定的物質幫助和服務的一種社會保險制度。養老保險是社會保險中最受社會關注、最重要的一種形式。

（2）失業保險。失業保險是指對勞動年齡人口中有勞動能力並有就業願望的成員，當其因非自願原因暫時失去勞動機會，無法獲得維持生活所必需的工資收入時，由國家或社會為其提供基本生活保障的社會保險制度。失業保險除了為失業者提供基本生活保障外，還負有積極促進其盡快再就業的責任。

（3）醫療保險。醫療保險是指勞動者因疾病、負傷、生育等需要診治時，由社會提供必需的醫療服務和物質幫助的一種社會保險制度。

（4）工傷保險。工傷保險是指勞動者在勞動過程中因意外事故受傷、致殘或職業病傷害等，暫時或永久喪失勞動能力，甚至死亡，國家和社會對勞動者及其家屬提供物質或經濟上的幫助的一種社會保險制度。

（5）生育保險。生育保險指是國家和社會對女職工因懷孕和分娩而暫時中斷生產和工作時給予物質幫助的一種社會保險制度。

（三）社會福利

社會福利是指國家或社會通過有關政策或立法，向全體社會成員提供的、旨在改善和不斷提高其物質文化生活水準和質量的資金保障和服務保障。社會福利是繼社會救助、社會保障制度普遍建立後，面向全體社會成員，為提高其生活水準和質量而建立的一項現代保障制度，是社會保障體系中一個高層次的組成部分，也是評價一個國家或地區社會文明進步程度的重要指標。

社會福利體系由以下三部分組成：

（1）社會補貼。這是政府在出抬某項政策措施時，為確保人們的生活水準不因實施這一政策或措施而下降，對相關社會成員提供一定的資金補助或物資幫助，如物價補貼、副食品消費補貼、交通費補貼以及其他一些補貼等。在社會補貼中，教育福利佔有

很大的比重，如義務教育津貼，高等學校助、獎、貸學金，職業培訓津貼以及其他教育津貼。

（2）職業福利。這是以業緣關係為基礎，為同系統、同行業、同單位職工及其家屬設立的福利設施及發放的福利津貼。其覆蓋範圍基本囊括所有職工甚至家屬。如福利設施就有職工食堂、托兒所、幼兒園乃至小學、中學、浴室、理髮室、電影廳、體育館、閱覽室等。除了提供這些福利設施，職工的工資單上還包括各種福利津貼，如書報費、交通補貼費、洗理費、老年人津貼、特種行業補貼等。

（3）社會服務。這是國家和社會通過社區組織和福利機構為解決脆弱人群的實際困難，有針對性地提供設施與服務的福利項目。社會服務的主要載體是社區，社區服務帶有顯著的地緣性，服務對象可以在其居住地附近享受各種服務。

四、社會保障基金的籌集與營運

（一）社會保障基金的籌集

社會保障基金由社會保險基金、社會救濟基金、社會福利基金、優撫安置基金和其他社會保障基金組成。其中，社會救濟基金、社會福利基金、優撫安置基金主要來源於國家財政撥款、社會集團和個人捐贈、有獎募捐等。社會保險基金則由國家、單位和個人三者共同負擔。所以，這裡主要討論社會保險基金的籌集。

縱觀世界上絕大多數國家的做法，社會保險基金的籌集大致有以下三種模式：

（1）現收現付制，即根據一定時期內（通常為一年）橫向收支平衡的原則籌集社會保險基金的模式。所謂橫向收支平衡，即本期社會保險基金的收入僅僅用來滿足本期保險費支出的需要，本期徵收、本期使用，收支基本保持平衡，不為以後時期的支付儲備資金。

（2）完全累積制，即根據遠期縱向收支平衡原則籌集社會保險基金的模式。採取這種籌資模式時，首先要對全國或本地區社會經濟發展狀況，有關人口的健康水準、就業率、退休率、死亡率、預期平均壽命等進行宏觀預測，然後在此基礎上預測未來時期各項社會保險待遇所需保險基金的總量，確定一個可以保證在相當長的時期內收支平衡的總平均收費率，再按照這個總平均收費率來籌集資金。

（3）部分累積制。這是一種把近期橫向收支平衡原則與遠期縱向收支平衡原則結合起來的籌資模式。在社會保障基金的形式上，一部分採取現收現付式，保證當前開支需要；另一部分採取預籌累積式，滿足將來支付需求。這種方式兼容現收現付式和完全累積式二者的長處，彌補了它們的缺陷，所以被世界上許多國家所採用。

中國社會保險基金的籌集摒棄了傳統的現收現付制，採用部分累積制，並從中國實際出發，結合中國國情，創造了具有中國特色的籌資模式——社會統籌與個人帳戶相結合（以下簡稱統帳結合）。統帳結合在維持社會統籌現收現付制框架基礎上引進個人帳戶，形成了激勵機制。因為累積基金建立在個人帳戶的基礎上，所以個人保險權益十分

清晰，透明度高，個人帳戶已繳納儲存了多少養老保險基金，將來就可以享受多少養老保險待遇，一目了然。它有利於推行個人繳費，明確個人在籌集基金中的責任，樹立自我保障的意識。統帳結合引進了約束和監督機制，個人在樂於繳費的同時，從自身利益出發，也會積極監督用人單位為其及時足額繳費，有利於建立基金的部分累積制，能夠減輕代際的轉嫁負擔和人口老齡化帶來的支付壓力。在統帳結合模式中，政府的責任也十分明確，即政府要為個人帳戶的儲存額承擔保值增值的責任。

綜上所述，統帳結合既體現了社會互濟，又突出了自我保障，既講究公平，又注重效率，既體現了政府的責任，又強調了用人單位和個人的責任，不失為一種較好的籌資模式。

（二）社會保障基金的營運

社會保障基金的營運主要是社會保險基金的營運，即基金的保值增值。投資是社會保險基金保值增值的唯一途徑。社會保險基金的投資必須遵循以下幾個原則：

（1）安全性原則。社會保險基金是一種專項基金，關係社會勞動者及其家庭的基本生活保障，所以必須考慮其安全性，保值是首要目標，其投資必須強調本金能夠及時足額回收。故投資項目的選擇要在嚴格遵守國家有關政策法規的前提下進行，把風險鎖定在最小的範圍內。

（2）收益性原則。社會保險基金投資的最終目標是增值。只有增值，才能消除通貨膨脹的影響，滿足到期支付的需要，增強給付能力。所以必須在確保安全的前提下，力求投資有較高的收益。社會保險基金的投資必須兼顧風險與收益，不能棄風險於不顧，一味追求高收益，因為這與安全性原則相悖。

（3）流動變現原則。變現是指投入營運的基金能及時回流變成現金。之所以要強調變現原則是因為社會保險基金有其特殊的用途，它必須保證勞動者在遭遇各種勞動風險時能獲得及時給付。如果投資凍結於某個項目的固定用途而無法脫手變現，不能應付需要的話，那麼社會保險就有名無實了。

（4）多樣組合原則。保險基金中可用於投資營運的基金通常有三部分：一是預留的後備金；二是由時間差形成的臨時週轉金；三是較長時間內不必動用的累積金。第一、二部分的基金要能及時變現，故只能投資於期限較短、風險較小而收益率也不高的項目。第三部分的基金如個人帳戶養老基金，長期儲存，對變現的要求不高，所以可以投資於期限較長、風險較大而收益率相對也較高的項目。多樣性原則的關鍵是在安全性和收益性之間找到最佳結合點，以分散風險。

（5）社會效益原則。社會保險基金的投資既要考慮經濟效益，還要考慮社會效益。社會保險累積基金是長期基金，穩定性強，適合於投向房屋建設、通信系統、能源設施和碼頭建設等基礎設施項目。這些項目風險小，獲利可靠，有穩定的收益率。社會保險基金用於興建公共基礎設施，是社會效益與經濟效益的有機結合，既可為國家發展經濟融通資金，又實現了基金的增值，使基金營運進入良性循環。

依據社會保險基金的投資原則，投資方式可供選擇銀行存款、國債及其他債券、股票以及投資基金等形式。

五、深化中國社會保障制度改革，全面建成覆蓋全民、城鄉統籌、權責清晰、保障適度、可持續的多層次社會保障體系[①]

隨著中國經濟體制轉軌、經濟發展轉型進程的加速推進，中國現有社會保障制度面臨嚴峻的挑戰，社會保障的壓力非常大。當前，要堅持全覆蓋、保基本、多層次、可持續方針，以增強公平性、適應流動性、保證可持續性為重點，進一步改革和完善現行的保障制度，建立更加公平、可持續的社會保障制度，全面建成覆蓋城鄉居民的社會保障體系。

（一）統籌推進城鄉社會保障體系建設，全面建成覆蓋城鄉居民的社會保障體系

從發達國家社會保障制度的發展看，社會保障最初只覆蓋工業工人，隨後依次逐漸擴展到商業和第三產業的勞動者、公務人員和農業工人、個體勞動者和小業主，甚至工薪勞動者的配偶。當前，中國要統籌推進城鄉社會保障體系建設，擴大社會保障範圍，全面建成覆蓋城鄉居民的社會保障體系，這是中國社會保障制度建設的奮鬥目標，也是實現社會保障制度公平性的必然要求。建立覆蓋城鄉居民的社會保障體系，要以社會保險、社會救助、社會福利為基礎，以基本養老、基本醫療、最低生活保障制度為重點，以慈善事業、商業保險為補充，加快完善社會保障體系。

（二）加快推進社會保險制度改革

（1）堅持社會統籌和個人帳戶相結合的基本養老保險制度，完善個人帳戶制度，健全多繳多得激勵機制，確保參保人權益，實現基礎養老金全國統籌，堅持精算平衡原則。穩定統帳結合的基本制度模式並逐漸定型。以健全機制、明確責任、確保參保人權益為主要內容，進一步完善個人帳戶制度。逐步實現基礎養老金全國統籌，以更高層次的社會統籌來更充分地體現社會公平，更有效地利用社會保障資金造福人民群眾。對養老保險基金收支平衡進行精算預測，為養老保險制度可持續穩定運行提供可靠依據。

（2）推進機關事業單位養老保險制度改革。按照社會統籌與個人帳戶相結合的基本模式，改革機關和事業單位養老保險制度，破除養老保險「雙軌制」，同時建立體現機關事業單位特點的職業年金制度。

（3）完善城鎮職工基本養老保險和城鄉居民基本養老保險制度，盡快實現養老保險全國統籌。整合城鄉居民基本養老保險制度、基本醫療保險制度。把現行的新型農村社會養老保險和城鎮居民社會養老保險整合為統一的城鄉居民基本養老保險制度，把現行的新型農村合作醫療制度和城鎮居民基本醫療保險制度整合為統一的城鄉居民基本醫療

---

① 本部分內容按照黨的十八大、十八屆三中全會和十九大報告精神撰寫，同時參考了尹蔚民（人力資源和社會保障部部長）的文章《建立更加公平可持續的社會保障制度》，《人民日報》2013年12月20日07版。

保險制度，實現城鄉居民在制度上的公平和公共資源上的共享。

（4）完善社會保險關係轉移接續政策，擴大參保繳費覆蓋面，適時適當降低社會保險費率。適應勞動者就業流動性增強的需要，以統籌城鄉和異地就醫結算為重點，進一步完善社會保險關係轉移接續政策。在擴大參保繳費覆蓋面、增強基金平衡能力的前提下，適時適當降低社會保險費率，有效平衡國家、單位和個人的負擔。

（三）加快建立健全保證社會保障制度可持續發展的體制機制

（1）健全社會保障財政投入制度，完善社會保障預算制度。明確政府所承擔的社會保障責任，更好地發揮公共財政在民生保障中的作用。通過實施預算管理，增強社會保障資金管理使用的透明度和約束力。

（2）建立健全合理兼顧各類人員的社會保障待遇確定和正常調整機制。以職工和居民收入為基礎合理確定社會保障水準，建立綜合考慮收入增長、物價變動等主要因素的正常調整機制，實現社會保障待遇與經濟社會發展相聯繫的持續、有序、合理增長。

（3）加強社會保險基金投資管理和監督，推進基金市場化、多元化投資營運。在確保當期養老金發放和保證基金安全的前提下，積極穩妥推進基金的市場化、多元化投資營運，健全基金監管體制，實現保值增值。加強對社保基金的法律監督、行政監督和社會監督，確保基金安全和有效使用。

（4）研究制定漸進式延遲退休年齡政策。綜合考慮中國人口結構、就業結構變化趨勢和社會保障可持續發展要求，採取與此相適應的漸進式調整延遲退休年齡辦法，逐步完善職工退休年齡政策。

（5）健全社會保障管理體制和經辦服務體系，建立全國統一的社會保險公共服務平臺。根據社會保障制度新的改革發展變化，及時調整社會保障行政管理體制，著力整合行政管理職能，提高行政管理效率。加強社會保障經辦管理服務規範化、標準化、信息化建設，優化經辦服務流程，建立標準統一、全國聯網的社會保障管理信息系統，實現精確管理和便捷服務。

第四節　居民消費

生活消費是人類最基本的活動，是人類社會生存發展的最基本的條件。在再生產過程中，從人們耗費客觀物質對象的角度看，有兩種消費活動：一種是生產性消費，即勞動者在生產過程中通過消耗生產資料和勞動力創造出各類產品，顯然這就是生產活動；另一種是生活性消費，即人們為了滿足自身物質生活和精神生活的需要而消耗或享用生產過程創造出來的各種產品（包括消費物品和生活服務，下同）。經濟學及其他社會科

學研究的消費均指生活性消費。馬克思稱生活消費為「原來意義上的消費」①。消費的目的是需要的滿足，消費活動是需要實現的外在形式，滿足需要是消費的內在實質。

消費的內涵表明：消費過程包括主體消費者、客體消費對象和消費環境等幾個基本要素。消費過程即消費者消耗或享用消費對象的過程。任何一種消費過程都是消費主體與消費客體在一定的環境中結合的過程，其中，主體自身的消費需要是消費過程的內在動因；外界消費對象是消費過程存在的必要條件；消費的社會環境和自然環境是消費過程的外在條件。

一、消費與生產、流通、分配的辯證關係

消費是社會再生產過程的一個重要環節。社會再生產過程的生產、分配、交換和消費四個環節相互銜接、相互制約，其中「生產是實際的起點，因而也是起支配作用的要素」②。消費是單個生產過程的結束，但又是下一個生產過程的起點，因而是整個再生產過程能夠持續進行的前提條件。

2017年實現了14.2%的強勢增長，進口和出口更加平衡；全年利用外資規模超8,700億元人民幣，創下歷史新高，和「一帶一路」沿線國家投資合作穩步推進。

馬克思主義關於生產、分配、交換、消費之間的辯證關係原理，為我們認識社會再生產過程運行規律，把握消費在再生產過程中的地位和作用提供了重要的科學依據。

(一) 消費與生產的關係

1. 生產創造出消費，沒有生產就沒有消費

這是因為：第一，生產創造出消費對象。消費對象即消費品（包括消費物品和服務，下同）本身具有特定的使用價值，是具體的生產過程的產物，體現著社會生產力的發展水準。消費以生產作為前提條件，「沒有生產、消費就沒有對象。」③ 第二，生產創造出消費的形式。不同種類的具體勞動創造出不同種類的消費對象，也同時創造出不同的消費形式，即消費過程的自然形式和社會形式。例如，從其自然形式來說，生產小麥的勞動過程不同於生產服裝的勞動過程，也不同於音樂唱片製作勞動，因而麵粉、衣服和唱片分別滿足人們「吃」「穿」「娛樂」的不同需要；從其社會形式來說，建造電影院的勞動不同於生產手機的勞動，由此決定了電影院適用於社會成員共同消費，而手機適用於個人消費。社會生產的發展及社會文明的進步，直接決定了消費形式的發展和進步。例如，「饑餓總是饑餓，但是用刀叉吃熟肉來解除的饑餓不同於用手、指甲和牙齒啃生肉來解除的饑餓。」④ 第三，生產創造出消費的結構。現實的社會生產結構決定了現實的社會消費結構，同時，生產結構的變動直接帶來消費結構的變動。第四，生產創造

---

① 馬克思，恩格斯. 馬克思恩格斯全集：第30卷 [M]. 北京：人民出版社，1995：31.
② 馬克思，恩格斯. 馬克思恩格斯全集：第30卷 [M]. 北京：人民出版社，1995：35.
③ 馬克思，恩格斯. 馬克思恩格斯全集：第30卷 [M]. 北京：人民出版社，1995：32.
④ 馬克思，恩格斯. 馬克思恩格斯全集：第30卷 [M]. 北京：人民出版社，1995：33.

出消費者。「生產不僅為主體生產對象，而且也為對象生產主體。」① 正如馬克思所說，「藝術對象創造出懂得藝術和具有審美能力的大眾，——任何其他產品也都是這樣。」② 生產過程借助其產品，不僅創造出懂得消耗或享用這種產品的消費者，而且直接培養、提升消費者的能力及素質。

2. 消費創造出生產，沒有消費就沒有生產

這是因為：第一，消費完成生產行為。產品只有在被人們消費的過程中才能證實其使用價值即有用性。只有在這時，產品才能從「可能性」的產品變成「現實性」的產品，「產品只是在消費過程中才成為現實的產品」③。因為「產品在消費中才得到最後完成。一條鐵路，如果沒有通車，不被磨損、不被消費，它只是可能性的鐵路，不是現實的鐵路」④。從這個意義上講，生產過程的終點不在生產領域，也不在流通領域，而在消費領域。第二，消費再生產出勞動力，即再生產出勞動者。勞動者的生活消費過程，在很大程度上是勞動力再生產過程。消費過程的狀況，直接決定消費需要的滿足程度，從而直接關係到勞動者素質，決定生產力發展水準，因此，「消費生產出生產者的素質」⑤。持續提升消費水準、優化消費結構，會不斷再生產出身心素質更高、技能更優的勞動者，推動社會生產發展和社會進步。第三，消費創造出生產的需要。滿足需要是社會生產的原動力和最終目的。消費過程使需要得以滿足的同時，既創造出對同種消費品的再需要，又創造出對性能更優、質量更高的消費品的新需要。滿足各類層出不窮的新消費需要，是推動科學技術持續變革、生產力水準持續提高的內在原動力，是社會持續發展的重要條件。

綜上所述，生產與消費具有直接同一性，二者互為條件、相輔相成。生產以其產品為媒介，直接決定和創造出消費；消費不僅完成生產行為，而且以勞動力再生產和需要為媒介，直接決定和創造出生產。因此，「消費，作為必需，作為需要，本身就是生產活動的一個內在要素」⑥。

當然，生產與消費的直接同一性並不否認二者之間存在直接的對立性。在商品經濟條件下，生產與消費之間的矛盾，直接表現為生產供給與消費需求之間在使用價值和價值上存在著數量上和結構上的失衡，特別是價值形態的市場供求矛盾更為複雜。在社會生產力發展的低級階段，市場供不應求成為常態，消費對生產的導向作用受到限制；反之，在生產力相對發達的市場經濟條件下，如果消費需求滯後於生產供給，供求關係表現為供過於求，消費直接制約著生產規模和生產結構。現代科技迅猛發展，新消費催生新需求，消費市場上供求矛盾又呈現出新特點，在傳統產業及產品供給過剩的同時，新興產品供給往往

---

① 馬克思, 恩格斯. 馬克思恩格斯全集：第30卷 [M]. 北京：人民出版社, 1995：33.
② 馬克思, 恩格斯. 馬克思恩格斯全集：第30卷 [M]. 北京：人民出版社, 1995：33.
③ 馬克思, 恩格斯. 馬克思恩格斯全集：第30卷 [M]. 北京：人民出版社, 1995：32.
④ 馬克思, 恩格斯. 馬克思恩格斯全集：第30卷 [M]. 北京：人民出版社, 1995：32.
⑤ 馬克思, 恩格斯. 馬克思恩格斯全集：第30卷 [M]. 北京：人民出版社, 1995：34.
⑥ 馬克思, 恩格斯. 馬克思恩格斯全集：第46卷I [M]. 北京：人民出版社, 1979：31.

又滯後於新的消費需求,這為供給側提供持續動力。宏觀經濟調控的任務就在於科學把握生產與消費的矛盾,適時調控供給與需求,以持續促進生產發展、提高消費需要滿足程度。

(二) 消費與分配的關係

分配是生產與消費的中間環節,生產通過分配作用於消費。同理,消費也通過分配作用於生產。

1. 分配直接制約消費

這是因為:第一,資源配置結構制約現實的消費狀況。撇開對外貿易不說,一個國家的資源要素或生產條件在各個生產部門間的分配結構,形成社會生產結構,直接制約消費品生產在整個社會生產中的份額,決定了社會消費品總量及其結構,從而制約居民消費水準及消費需要滿足程度。第二,國民收入分配格局直接決定社會消費水準。國民收入中的消費基金和累積基金的比例決定社會消費總水準;消費基金中居民個人消費與社會公共消費的比例,直接決定居民個人消費水準和社會公共消費水準。投資增長率、消費增長率和出口增長率之間存在此消彼長的關係。中國依據在社會生產發展基礎上不斷滿足居民對更加美好生活需要的發展理念,適時調整投資基金與消費基金比例以及公共消費與居民個人消費比例。第三,分配水準及分配差距決定消費水準及消費差距。社會成員整體和個體的分配水準、分配結構及分配方式直接決定其整體和個體的消費水準、消費結構及消費方式;不同社會群體和個體的收入分配差距及差距大小直接決定其消費差距及其差距程度。

2. 消費影響分配

這是因為:第一,消費最終決定社會資源配置的規模和結構。各種消費品在市場實現的規模和結構,是決定生產要素和社會資源在各個生產部門流動配置的最終基礎,這就是說,社會生產的規模和結構最終受到消費需求規模和結構的制約。第二,消費是個人分配利益的實現與檢驗。居民以各種途徑和形式參與社會分配所獲得的物質利益,須經過消費來予以實現。不同社會成員消費需要的滿足程度,直接體現其財富分配利益的實現程度。同時,收入分配制度通常須依據消費者實際消費狀況,檢驗和證實該種分配制度的合理程度。消費差異反應分配差異,社會成員收入分配的差距直接表現為消費生活的差距,因而表現為對收入分配的公平性與合理性的訴求,從而直接影響分配制度的調整和變革。特別是社會成員期盼消除不公平、不合理的分配差距,更為改進國民收入初次分配、再分配和政府支出結構提供了決策基礎。第三,現期消費水準對最低消費以及預期分配提出要求。一定時期的社會平均消費水準以及同時期滿足個體生存、享受和發展需要的最低消費額度,直接為社會制定居民最低生活保障標準提供了依據;同時社會成員已經達到的消費水準,勢必又對預期收入分配提出要求(通常表現為「可升不可降」)。

(三) 消費與流通的關係

以貨幣為媒介的交換即流通。在市場經濟系統內,流通一頭聯結生產,另一頭聯結

消費，是生產與消費的橋樑和紐帶。

1. 流通直接制約消費

這是因為：第一，消費品的流通規模、流通結構、流通方式和流通速度直接制約和規定著消費規模、消費結構、消費方式和消費速度。消費品市場的完善程度，對於保障消費者自由選購、等價交換的權益具有重要作用。第二，市場消費品價格直接影響消費水準。在貨幣收入一定的情況下，消費品價格與消費者實際消費水準成反比。第三，消費品進出口貿易影響居民消費。進口消費品可以豐富國內居民的消費選擇，或緩解國內某些消費品的供給不足，這不僅有利於提升居民消費需要滿足程度，而且有利於引進國外生產技術，提高國內消費品生產能力，改進產業結構；出口部分消費品，可以緩解國內需求不足、供給過剩的矛盾，有利於提高企業的國際競爭力，從而增加就業崗位，提高勞動者收入和消費水準。

2. 消費直接制約流通

這是因為：第一，消費是流通最後完成的行為。消費是流通的目的和動機，沒有消費就沒有流通；消費過程是生產過程也是流通過程的結束，生產和流通的發展最終受到消費的制約。從表面上看，是流通在開拓市場、培植消費者，而其實質是消費需要在拓展市場、培植流通者；依據消費需求組織生產和流通，是生產也是流通存在和發展的基本條件。第二，現實的消費水準制約著流通規模，消費結構制約著交換結構。馬克思說：「把再生產消費所造成的限制撇開不說，商人資本的週轉最終要受全部個人消費的速度和規模的限制，因為商品資本中加入消費基金的整個部分，取決於這種規模和速度。」[①]消費物品和服務更新換代的速度直接制約流通資本的週轉速度，從而制約著整個社會再生產過程的運轉規模和速度。消費對市場規模、流通結構、流通方式等的制約程度，是市場經濟發達與完善程度的一個重要標誌。在以現代科技發展為技術基礎的市場經濟中，流通與消費的矛盾，既表現為市場供求之間在總量和結構上的矛盾，也表現為傳統流通渠道和流通方式與新興消費實現方式之間的矛盾。完善的市場機制，市場供給會適時按消費需求予以調整、校正，不斷提升居民消費需要滿足程度。

二、影響消費需求的重要因素

消費需要是人們為了滿足自身的生存、享受和發展，佔有或享用物質和精神產品的一種有意識的願望或慾望。生活消費需要是人們根本的、最終的需要，也是人們經濟需要體系中最重要的需要。滿足人民群眾的生活消費需要是社會主義社會一切發展的根本目的，當然也是一切經濟活動的出發點和歸宿。消費需要是一個多方面、多層次的紛繁複雜的體系。隨著經濟、政治、科技、社會、文化、生態的發展，消費物品和生活服務種類日趨豐盛、層次漸次上升，消費需要體系更趨複雜、新舊需要交替速度更快。

---

① 馬克思，恩格斯. 馬克思恩格斯全集：第 25 卷 [M]. 北京：人民出版社，1975：339-340.

消費需求不同於消費需要。在商品經濟條件下，消費需求表現為市場上購買消費品的貨幣支付能力。馬克思說：「市場上出現的對商品的需要，即需求。」① 恩格斯指出：「在經濟學家看來，只有能夠為自己取得的東西提供等價物的人，才是真正的需求者，真正的消費者。」② 這是消費需求形成的前提條件。

消費需求形成的基本要素有：①市場供給——消費品。數量充足、規格齊全、質量優良的消費物品和服務，這是社會及個人消費需求形成和擴大的物質條件。②消費意願——需求動機。一是對多種消費品使用價值的需要，即對消費對象使用價值的本源性需要；二是對消費對象的社會象徵意義及審美的需要；三是對優質消費環境和消費條件的需要；四是期望消費效果能實現身體和心靈的預期意願，等等，它們共同構成消費需求產生的經濟、社會、文化、環境及心理的動因。③需求能力——與市場商品等價的貨幣購買力，凡不具備貨幣等價物的消費需要不能成為消費需求。③

影響消費需求的因素包括複雜的經濟因素和非經濟因素。

(一) 影響居民消費需求的主要經濟因素

1. 可支配收入

可支配收入指消費者的貨幣收入扣除納稅後的收入，它是影響和決定消費需求最重要的因素。

(1) 消費者的絕對收入及其變化。第一，在其他條件不變的情況下，居民貨幣收入水準直接決定消費需求額，收入變動直接影響消費需求變動。關於收入與消費關係的研究，一直是經濟學探討的重要問題。普遍運用的理論是「絕對收入假說」：「在一般情況下，平均說來，當人們收入增加時，他們的消費也會增加，但消費的增加不像收入增加得那樣多。」④ 一般而言，隨著收入增加，消費需求增長幅度會小於收入增長幅度。由於消費增量小於收入增量，收入 (Y) 中用於消費 (C) 的比例即消費傾向 (APC = C/Y) 會隨著收入的增長而減少。⑤ 在現實經濟生活中，居民會選擇儲蓄，使其當期消費小於當期收入；也可能選擇消費信貸，使當期消費大於當期收入。第二，收入水準變動也會影響消費需求結構變動，一般來說，收入增加，消費支出中用於食物消費的比重即「恩格爾系數」下降，用於耐用消費品與服務消費的比重上升，進而提高物質和精神消費需求檔次及需求品質。第三，社會群體之間收入水準的差異性和層次性決定了消費需求的差異性和層次性；同時，收入差異又直接影響社會平均消費傾向，一般說來，低收入群

---

① 馬克思，恩格斯. 馬克思恩格斯全集：第25卷 [M]. 北京：人民出版社，1974：211.
② 馬克思，恩格斯. 馬克思恩格斯全集：第1卷 [M]. 北京：人民出版社，1956：619.
③ 顯然，有的消費需要並不通過市場來實現和滿足，如農村居民部分生活資料的自產自用以及居民自身家務勞動等，便不表現為市場需求。
④ 凱恩斯. 就業、利息和貨幣通論 [M]. 高鴻業，等，譯. 北京：商務印書館，1999：101 - 102.
⑤ 凱恩斯用邊際消費傾向（消費增量在收入增量中的比例）遞減來解釋現實經濟中消費需求和投資需求不足的現象。後來的一些經濟學家分析收入與消費變動情況表明，凱恩斯的絕對收入假說與消費者短期消費行為相符合，但從長期看無法證明消費傾向一定會隨著收入增長而下降。為此，較多經濟學家從不同的角度陸續提出了多種收入與消費關係理論。

體的消費傾向高，高收入群體的消費傾向低，因而低收入群體規模愈大，社會平均消費傾向愈高；社會高低收入差距大，社會平均消費傾向愈低。

（2）消費者的相對收入水準及其變化。首先，居民的消費行為是相互影響的，他人的消費會對自身形成「示範效應」。在某些條件下，消費需求主要不取決於當期收入的絕對水準，而取決於個人、家庭或社會集團在社會收入總分配中的地位即相對收入水準。在長時期中，儘管收入增加，只要相對收入不變，消費傾向也不會變化；反之，如果在社會分配中的相對位置下降即相對收入下降，受高於該個人、家庭或消費集團的消費示範影響，便會增加其收入中的消費比例，即提高消費傾向，表現出所謂的「攀比效應」。其次，個人消費需求不僅受當期收入水準影響，還會受自身在過去特別是「高收入－高消費」時期形成的消費習慣和消費標準的影響。因而當收入下降時，消費需求並非隨收入同比例降低。由於消費具有這種不可逆的慣性作用，消費支出的變化往往落後於收入的變化，這被稱為消費的「掣輪作用」。消費支出相對於收入變動的這種相對穩定性，在一定程度上起到緩解經濟衰退或抑制經濟上漲勢頭的作用。① 在市場經濟條件下，消費需求的相對穩定性決定了宏觀調控消費增長的任務具有一定程度的複雜性。

（3）消費者的持久收入變化影響消費需求。消費者的收入可分為持久收入和暫時收入，同時消費也可以分為持久消費和暫時消費。持久收入是消費者可預期的連續的穩定性收入（如工薪、房租、利息等），暫時收入是一時的、非連續的偶然性收入。相比較而言，暫時收入同暫時消費沒有穩定的對應關係，而持久收入同持久消費之間具有穩定對應的比例關係，其比例取決於消費者總財產、利息率、消費者年齡及消費偏好等因素。儘管暫時收入和暫時消費會在短期內使這種比例關係發生上下偏離，但從長期來看這種影響會正負抵消，消費者主要以可預期支配的持久收入安排當期消費，現期消費可以超過現期收入，並且大體實現較長期消費生活的穩定。②

（4）生命週期的收入和財產變化影響消費需求。消費者整個生命週期之中的全部消費等於一生所得到的勞動收入和財產。一般來說，人們希望一生的各個階段的消費水準大致相等或增幅大體一致，特別要防止某個時期生活水準大幅下降。為此需要在工作時期進行儲蓄，以便退休後能保持大體相同的消費水準；如果退休後儲蓄為負，則需要動用工作時期的儲蓄進行消費。同時，家庭財產狀況的變化也會直接影響家庭的消費支

---

① 美國經濟學家杜生貝利針對凱恩斯絕對收入理論的弊端提出了「相對收入假定」學說。他從消費者之間相互影響來研究消費，突出消費的社會屬性，提出了消費具有「示範效應」和「掣輪作用」的觀點，有較為普遍的意義，這是西方經濟學關於消費函數理論的一個重要進步。相對收入影響消費理論，可以表示為：C＝kY（C－消費者的當期消費；Y－消費者的當期收入；k－消費與收入之比）。

② 持久收入決定消費的觀點，是美國經濟學家弗里德曼提出的。他解釋了長期消費函數的穩定性原因。同時，這也是他的關於現代貨幣數量理論的一個重要組成部分，他用持久收入的穩定性說明了貨幣供應量變動對經濟的決定性作用。持久收入的消費函數為：Cp＝kYp（Cp－持久消費；Yp－持久收入；k－持久消費與持久收入之比）。

出。① 可見，居民儲蓄和投資在相當大的程度上也直接影響居民消費需求的形成。

綜上所述，在現實經濟生活中，一定時期內居民使用自身可支配收入的方式有下列四種：一是全部收入用於當前消費（即期消費）；二是儲蓄以用於未來消費；三是用於投資；四是借貸（或信貸）消費，即將未來收入提前用於當期消費。這四種方式經常是結合、交叉在一起進行的。為此，居民現實消費需求的形成公式可以表示為：

$$C_t = Y_t - S_t - I_t + (L_t - D_t)$$

其中，C_t 為 t 期實際消費支出；Y_t 為 t 期可支配收入；S_t 為 t 期居民儲蓄；I_t 為 t 期居民直接投資；L_t 為 t 期居民借入的消費額；D_t 為 t 期居民償還信用消費額。

2. 消費品價格

在居民收入不變的條件下，市場消費品價格變動是影響消費需求的重要因素。一是個別商品價格的變動，通常情況下，消費需求量與價格呈反方向變動。不同商品的需求價格彈性不同，一般來說，高檔耐用消費品和服務價格彈性大，生活必需品的價格彈性小。二是價格總水準的變動直接影響消費者的實際收入（名義收入扣除價格因素後的收入）及購買能力，即影響消費品購買的數量、品種和結構。如果價格水準上升，名義收入不變，實際收入會下降，消費需求能力就會降低；反之，如果價格水準下跌，名義收入不變，實際收入會上升，消費需求能力就會提升；如果價格水準與名義收入同時變動，消費需求能力的變化就取決於名義收入變動方向及變動幅度與價格變動方向及變動幅度的比較。當然，消費者在實際生活中難以準確判斷這種變化狀況，易對收入與價格的變動產生某種幻覺。通貨膨脹和通貨緊縮是價格總水準變動的兩種極端情況，直接影響市場消費品總供求的變動，從而影響消費者的消費水準、消費結構和生產經營者的供給水準、供給結構。三是預期價格與收入的變動會對消費行為產生重要影響。在市場經濟生活中，消費者基於對目前收入和價格水準、社會福利保障狀況、未來消費需要等方面的考慮，形成對未來時期消費狀況的預判和估計的心理即消費預期，直接影響到當前及未來時期的消費需求。消費者預期一般建立在過去經驗的基礎上，並且根據現實情況變動加以調整。中國宏觀調控居民消費需求的一個重要任務就是展望更加美好的消費生活前景，建立完善的社會保障體系，激勵在生產發展的基礎上不斷提高收入水準，從而合理引導居民的收入、價格與消費預期，推進消費需求合理增長，促進經濟社會持續發展。

3. 宏觀經濟運行狀況及民生保障水準

在社會總需求中，消費需求是最基礎且所占份額最大的部分。無論是社會還是個人的消費需求水準及消費結構狀況，都是一定的經濟發展水準、社會物質產品和服務產品

---

① 生命週期的收入與財產影響消費的理論，是美國經濟學家莫迪利安尼、布倫貝和安多提出來的。運用生命週期分析法得出的結論，也可以被稱為「持久財產假定」。生命週期的消費函數為：$C_p = kY_p$（C_p——消費者生命週期各階段的現期消費；Y_p——勞動收入和財產收入；k——消費與收入的比例）。

供給狀況、國家財政收入狀況、居民個人收入水準、社會公共福利水準、經濟體制及其運行機制以及社會消費文化、國家消費政策等各方面因素的綜合體現。首先，宏觀經濟運行狀況，例如國內生產總值（GDP）、進出口、社會商品零售、財政收支、投資、信貸、儲蓄、居民收入、消費價格指數以及消費者信心指數等，均會直接和間接影響消費需求增長量和消費結構，從而決定居民消費生活質量及消費需要滿足程度。為此，需要從宏觀經濟運行及市場供求的大背景下把握居民消費需求的現狀及其變動趨勢。其次，現有的產業結構和產品結構直接影響居民消費需求結構的形成及其變動。三次產業結構，特別是農業供給能力及農副產品質量、新興消費品製造業的生產能力和創新水準、三次產業的發展水準及其內在結構，直接影響和決定了消費需求的形成、變動及需求滿足程度。同時，現有的消費需求結構又決定和影響產業結構和產品結構的現狀及其變動。再次，民生保障水準直接影響城鄉居民消費需求的形成。一定時期就業、教育、養老、醫療、住房、社會救助等各項民生保障水準，既影響居民用於相關民生事項的消費支出能力，又影響用於其他各類物質和精神消費需求的能力，同時如上所述，現時的民生保障水準又直接形成居民的收入－消費預期，進而影響當期消費需求水準。

（二）影響消費需求的主要非經濟因素

1. 人口數量與人口結構

首先，全社會人口數量及人口結構對消費需求有顯著的影響作用。在國民收入總額和社會消費品總量已定的條件下，人口數量決定人均國民收入量及居民人均消費量。在單個家庭中，家庭人口數量和素質（尤其是受教育程度）、年齡結構、就業成員數，直接影響家庭負擔系數、家庭人均收入水準，進而影響家庭消費需求水準及需求結構。

2. 消費心理和消費觀念

消費心理，即消費者在市場尋找、選擇、購買、使用及評估消費物品和服務的心理活動，包括消費動機、選擇購買消費品的心理偏好及在消費過程中的自我感覺與評價。消費心理表現了消費者的經濟地位、年齡、性格、情趣、職業等特徵，反應消費者的消費觀念。消費心理的實質是，消費者在一定的社會人生觀、價值觀和生活方式基礎上形成的對消費的價值判斷和價值取向即消費觀，並且外化為消費情趣、消費習慣、消費習俗等，將直接影響消費需求的形成和變動。

3. 消費環境

消費環境是指影響消費心理和消費行為的各種外在因素，包括消費的自然環境和社會環境。自然環境是人類消費的首要環境，無論在何種社會形態下，人類的生產、消費乃至生存都依賴於自然環境。合理開發和利用自然資源，注重節約有限的自然資源，保護和營造優良的自然生態環境，使人與自然協調共生發展，這既是持續提高消費生活質量的重要條件，本身也是居民美好生活需要的重要內容。

消費的社會環境是指消費過程所處的各種社會因素的總和，它包括消費的社會經濟環境，消費的政治、法律和制度環境以及消費的文化環境等。經濟和社會發展水準直接

決定居民消費需求水準；國家政治、法律制度及其消費政策，直接引導、規範居民消費，保障消費者合法權益；消費的文化環境，即消費價值、消費傳統、消費習俗、消費道德、社會輿論及消費制度等組成的社會消費文化環境，對居民消費慾望的產生、消費行為的規範及消費需求的實現和滿足程度都有重要影響。

4. 科技創新

科技發展對居民消費需求具有重要的影響作用。科技創新是科學技術發展的生命線，也是推進居民消費需求發展、提升生活質量的重要基礎。人類史上幾次科技革命，成為推動經濟社會持續發展的第一生產力，大幅度提升了社會生產的質量和速度，同時也顯著改變了人們的生活方式。「創新是引領發展的第一動力，是建設現代化經濟體系的戰略支撐。」[1]。現代科技創新培育層出不窮的新技術、新產品、新產業、新業態、新模式，形成一系列優質新型物質產品和生活服務等的有效供給，源源不斷地進入居民生活消費領域，催生了人們消費方式乃至整個生活方式的大變革，提升了消費生活質量，為經濟提質增效升級提供更持久、更強勁的動力。同時，以新科技為基礎的新消費，又成為催生新技術、新產業不竭的動力源，形成消費引領投資、激勵創新、繁榮經濟、改善民生的良性循環機制。

三、消費需求與經濟發展

消費需求作為社會總需求的重要組成部分，對經濟發展具有重要作用。黨的十九大報告指出：「完善促進消費的體制機制，增強消費對經濟發展的基礎性作用。」[2]滿足人民群眾對美好生活的需要是經濟發展的根本目的。社會主義市場經濟是需求制約與推動型經濟，作為最終需求的消費需求是推動經濟發展最重要、最基本的動力源。全體社會成員能否普遍地、持續地提高消費需求能力及需求滿足程度，改善生活福祉、提高生活質量，這是對經濟增長效益的最終檢驗。

消費需求對經濟增長的基礎性作用主要表現為：第一，在生產供給能力充分發揮的界限之內，消費需求增長直接拉動經濟增長；第二，消費需求增長擴大消費市場，直接擴充消費物品和服務的生產和流通，進而擴大整個社會再生產；第三，消費需求作為最終需求，拉動投資總量的增長及優化投資結構，並且在實現內需為主拉動經濟增長的基礎上，協調帶動進出口增長，促進社會經濟資源有效配置；第四，新興消費物品和服務需求的增長，直接推動科技創新及高新技術產業投資需求增長，推進國民經濟結構優化；第五，消費需求提升勞動力素質及生產能力，質量不斷提升的教育、交通、通信、健身休閒、旅遊、文化娛樂等服務消費需求的滿足，提高城鄉居民身心素質，推動經濟

---

[1] 習近平. 決勝全面建成小康社會 奪取新時代中國特色社會主義偉大勝利——在中國共產黨第十九次全國代表大會上的報告［R］//中國共產黨第十九次全國代表大會文件匯編. 北京：人民出版社，2017：25.
[2] 習近平. 決勝全面建成小康社會 奪取新時代中國特色社會主義偉大勝利——在中國共產黨第十九次全國代表大會上的報告［R］//中國共產黨第十九次全國代表大會文件匯編. 北京：人民出版社，2017：27.

發展、民生改善和社會進步。

改革開放前，中國長期優先發展重工業，農業和輕工業發展水準低，加之實行高度行政指令性的計劃經濟體制，排斥商品經濟，居民收入和消費需求由政府計劃調節和控制，城鄉居民收入絕大部分用於維持基本生存需要，消費結構層次低，且收入和消費增長基本停滯不前。

改革開放40年來，中國特色社會主義事業大踏步前進，中國穩定解決了十幾億人的溫飽問題，總體上實現小康，開啟了進入全面小康的新時代，居民消費需求發生了巨變。首先，消費需求總量迅猛增長，需求滿足程度大幅度提高。在經濟快速增長的基礎上，居民收入持續提升，消費支出受收入限制程度顯著下降；物質文化消費水準大幅度提高，消費結構快速升級換代。人民生活需要從單純物質生活層面，向物質生活與精神文化生活相結合轉變，再向更高品質、更高效益的物質文化生活需要層面遞進。[①] 其次，消費需求對經濟增長的拉動作用日漸顯著。隨著市場取向改革的逐步深入和社會主義市場經濟體制的確立，堅持消費者優先宗旨，發揮市場在資源配置中的決定性作用，積極發現和滿足群眾消費升級需要，順應消費升級和引領規律，以需求為導向的供給側結構性改革取得顯著成效，以消費升級帶動產業升級，消費需求推動經濟增長的作用機制日趨完善。再次，居民消費需要內涵日益拓展，更加多元化。「人民美好生活需要日益廣泛，不僅對物質文化生活提出了更高要求，而且在民主、法治、公平、正義、安全、環境等方面的要求日益增長。」[②]在即將實現的全面小康社會，人民對更加寬裕、更趨殷實的幸福安康生活有更為迫切的期盼，廣大民眾期望能從經濟增長和社會進步中擁有同步的獲得感、幸福感和安全感，共享改革發展成果的意願更強；廣大民眾在物質文化生活水準不斷提升的同時，要求法律和社會關係層面能有效保障全面小康生活的成果，能不斷完善社會條件和自然環境，邁向更加幸福安康的生活。

[閱讀專欄]

消費需求連續4年成為經濟增長主動力

根據國家統計局數據，2017年全年社會商品零售總額達到36.6萬億元，比2016年淨增3.4萬元，同比增長10.2%，連續14年實現兩位數增長。第三產業增加值佔GDP比重為51.6%，對經濟增長貢獻率為58.8%，穩居三大產業之首。最

---

① 需要指出的是，相當一段時間，以GDP至上為重要導向、以投資和出口為主要動力，顯著增強了國家和地方的經濟實力，但也帶來了投資效益降低、資源緊缺、環境污染、居民消費率下降、經濟發展缺乏後勁的弊端。這種強化投資主導、弱化消費主導的發展方式，是傳統不合理的經濟發展方式的主要表現，它未能使人民群眾從經濟增長中得到應有的實惠，社會成員之間收入差距擴大，部分城鄉居民生活困難，影響了社會公平和諧，制約了經濟社會持續健康發展。黨的十八大以來，著力轉換經濟發展方式取得顯著成效，消費需求逐步上升為經濟增長的主引擎。

② 習近平. 決勝全面建成小康社會 奪取新時代中國特色社會主義偉大勝利——在中國共產黨第十九次全國代表大會上的報告［R］//中國共產黨第十九次全國代表大會文件匯編. 北京：人民出版社，2017：9.

終消費支出對經濟增長的貢獻率達 58.8%，比資本形成總額高 26.7 個百分點，連續 4 年成為拉動經濟增長的第一驅動力。2017 年中國消費市場主要有以下特點：一是零售業創新轉型成效明顯，線上線下融合發展。全國網上零售額為 71,751 億元，增長 32.2%，其中實物商品零售額為 54,806 億元，增長 28.0%，增速比社會消費品零售總額高 17.8 個百分點，占社會消費品零售總額比重為 15.0%，比上年提高 2.4 個百分點。當前，零售企業積極轉型升級，互聯網、大數據、人工智能等新技術與傳統零售深度融合，消費市場充滿活力。二是農村和中西部發展加快，消費市場不平衡狀況不斷改善。鄉村社會消費品零售額首次突破 5 萬億元。鄉村消費品零售額增速快於城鎮，城鄉消費差距繼續縮小，消費市場城鄉結構持續優化。西部地區重點零售企業全年銷售額分別比東部、中部高 0.5 和 0.4 個百分點。三是消費結構加快升級，高品質商品和服務需求旺盛。綠色、智能、中高端商品銷售增長明顯，共享式消費、體驗式消費快速發展。其中，旅遊市場需求旺盛，休閒娛樂消費增長加快。四是消費價格溫和上漲。2017 年全國居民消費價格同比上漲 1.6%，漲幅較上年同期收窄 0.5 個百分點，全年基本呈現平穩波動態勢。隨著中國經濟逐步進入高質量發展階段，城鄉居民消費也進入了需求多元發展、規模持續擴大、結構優化升級的發展新階段。

需要指出的是，消費增長對經濟增長的貢獻率，是最終消費支出增量與 GDP 增量之比。在近幾年的三大需求中，投資和出品對經濟增長的貢獻率下降，與此同時，在居民消費支出穩步增長情況下，消費貢獻率相對明顯提升。但是，居民消費率（居民最終消費額占 GDP 的比重）仍然偏低，這源於國民收入分配中居民所得比例較低。因而，擴大內需特別是擴大居民消費需求，實現居民收入增長與經濟增長同步、勞動生產率提高與勞動報酬提高同步，仍然是新時期經濟發展的重要任務。

四、努力滿足人民美好生活的需要

中國的社會主要矛盾已經轉化，即人民日益增長的物質文化需要同落後的社會生產力之間的矛盾已經轉化為「人民日益增長的美好生活需要和不平衡不充分的發展之間的矛盾。」[①]這是中國特色社會主義進入新時代的重要歷史方位。新的社會主要矛盾緊扣新時代「人民需要」這一簡明而又莊重的主題，立足於對人民消費生活需要的變化及制約因素的現實分析；立足於以解決社會主要矛盾全方位推動經濟社會發展的科學論斷，深刻體現了以人民為中心的發展觀對當代中國特色社會主義本質的再凝練、再發展；凝聚了黨的實事求是、與時俱進、求真務實的思想路線和科學精神。需要深刻把握社會主要矛盾轉化對認識居民消費發展的深刻意義，立足於人民美好生活整體需要的豐富內涵，

---

① 習近平．決勝全面建成小康社會 奪取新時代中國特色社會主義偉大勝利——在中國共產黨第十九次全國代表大會上的報告［R］//中國共產黨第十九次全國代表大會文件匯編．北京：人民出版社，2017：9．

拓展把握居民消費問題的視野；從過去以滿足居民溫飽的單一物質消費需要為主，轉向滿足居民更高質量、更高層次的物質和精神文化需要以及民眾對法治、公平、正義、安全、環境等相互交融的多層次需要轉變；不僅注重從經濟運行和行為方式視角探求居民消費，更注重居民的物質文化消費訴求與民生訴求、民主訴求、法治訴求和生態訴求的交叉融合和相互滲透機制，切實提升民眾對生活方式的幸福感和滿意度。

可見，中國人民期盼的美好生活的內涵，既包括更高水準的物質文化生活需要，也包括良好的民主政治權益、完善的安全保障和優美的自然生態環境；美好生活的基礎條件是基本實現全民共同富裕；美好生活實現的社會是富強民主文明和諧美麗的社會主義現代化強國。顯然，中國人民的美好生活即中國邁向社會主義現代化社會的幸福安康生活，是民眾高品質的個體生活和社會生活的形象概括與描述，也是中國人民在擁有溫飽有餘的小康生活、更加殷實的全面小康生活之後，逐步邁向全民富裕的生活的一種新境界。作為世世代代中國人堅持不懈追求的奮鬥目標，這種美好生活既有相當高度的水準和豐富的內涵，同時又是再歷經幾十年艱苦卓絕努力完全能夠實現的美好願景。努力滿足人民美好生活需要，是推進中國中國特色社會主義新時代經濟社會全面發展不竭的強大動力源。

在當前即將實現全面小康的決勝階段，消費需求實現呈現出一系列新趨勢、新業態、新特點：居民消費需求內涵逐步拓展、結構升級加快，由注重消費數量增長轉向追求消費品質和消費效益提升；由注重生存性消費增長轉向注重身心愉悅、享受生活、提高自身素養；城鄉消費者不僅對消費品和服務質量，而且對消費的社會條件和生態環境都提出了新的更高要求和期盼。當前需要深入探析消費市場和消費領域出現的新矛盾和新問題，剖析制約全面小康社會建設和實現人民美好生活需要的不平衡不充分發展的體制機制障礙。第一，深刻認識居民消費在經濟社會發展中的基礎地位和作用。改革單純以 GDP 增長考核各級領導幹部的制度，代之以民生改善、消費提質、生態治理等調控和考核目標，著力完善激勵擴大消費、改善民生的系列政策和制度。第二，深刻把握消費結構演變規律。當前，中國消費市場供求態勢出現系列新問題、新矛盾，一般消費品製造能力嚴重過剩與優質消費品、優質服務有效供給不足並存，國內消費不足與消費外流並存。這需要在繼續提升消費需求總量，解決有效需求不足矛盾的同時，高度重視提升製造業和新型服務業的創新能力，持續推進供給側結構性改革，推進新技術、新經濟與新消費融合，滿足廣大民眾對消費結構再次轉型升級的迫切要求。第三，持續提高保障和改善民生水準。進一步改善民眾的收入－消費預期，擴大消費需求能力，特別加大對貧困家庭、困難群眾的幫扶力度，提升社會平均消費傾向，提升人民群眾的獲得感、幸福感、安全感。第四，加快建立健全消費者權益保護法律體系和消費信用體系。加大消費市場整治力度，特別注重食品、藥品安全，嚴懲消費市場上各種假冒偽劣行徑，切實保障消費者的合法權益。第五，細緻把握消費者層次（以收入、區域、職業、性別、年齡、家庭、文化程度等分層）和各層次消費者的心態和行為，構建有層次的、富有成效

的消費增長機制。

五、建設文明、節約、綠色、低碳消費模式

社會消費模式一般是指人們為了滿足生存、享受和發展需要，佔有、享用或支配消費物品和服務的方式和特徵。消費模式是消費行為的經濟屬性、自然屬性、文化屬性和社會屬性的綜合反應。一定的經濟社會條件形成特定的社會消費模式。與中國國情相適應，消費模式的特徵是「文明、節約、綠色、低碳」，其宗旨是實現消費的經濟效益、社會效益、文化效益和身心效益的和諧，即促進人自身和諧、人與自然和諧、人與社會和諧。現階段構建文明、節約、綠色、低碳消費模式的主要任務包括：

第一，構建文明和諧消費觀。消費是經濟與文化一體化交融的一個結合點，文明和諧消費觀是社會主義核心價值觀的內在組成部分。堅持以先進文化調控與引導消費，是新時代宏觀經濟調控和社會治理的一項重要任務，也是培育和踐行社會主義核心價值觀的一項重要任務。需要引導城鄉居民樹立科學消費觀、誠信消費觀、公平消費觀、可持續消費觀、節儉消費觀和效益消費觀，注重文明和諧消費的公平正義性，發揚中華民族生活傳統中的優良成分，黜奢崇儉，尊重社會、尊重自然、尊重他人，為營建中國特色社會主義消費文化體系和消費模式提供思想導向。必須明確，在社會主義市場經濟條件下，擴大消費的宗旨是實現人的身心健康、和諧、全面發展，擴大的是文明、健康、科學的消費，而絕不是以追逐個人揮霍、縱欲為目的的「享樂主義」或「消費主義」消費。為此，需要明確反對奢侈浪費和不合理消費，大力倡導「以艱苦奮鬥為榮，以驕奢淫逸為恥」，抵制炫耀式、奢靡式消費風氣，並嚴厲打擊「黃、賭、毒」等違法現象，淨化精神文化領域。這對於構建中國特色社會主義消費模式，充分發揮消費導向經濟發展，促進社會進步，具有重要而深遠的意義。

第二，構建生態文明消費觀。生態文明是人類對傳統文明形態特別是工業文明進行深刻反思的結果。馬克思指出：「社會化的人，聯合起來的生產者，將合理地調節他們和自然之間的物質變換，把它置於他們的共同控制之下，而不讓它作為盲目的力量來統治自己；靠消耗最小的力量，在最無愧於和最適合他們的人類本性的條件下來進行這種物質變換。」[1] 生態文明以人與自然、人與人、人與社會和諧共生、良性循環、全面發展、持續繁榮為基本宗旨，以建立持續發展的經濟發展模式、持續健康發展的消費模式及和睦和諧的人際關係為主要內涵，倡導在人與社會和自然和諧發展基礎上，實現物質財富和精神財富的創造和消費，實現生產發展、生活富裕、生態良好的發展目標。當前，與傳統的粗放型經濟增長方式相適應，生活消費領域中也存在著較為嚴重的浪費資源、污染環境的不良行為，有相當部分社會成員的生活方式與文明、節約、綠色、低碳消費模式的要求相比還有較大的差距。

---

[1] 馬克思. 資本論：第3卷 [M]. 北京：人民出版社，1975：926-927.

第三，倡導「簡約適度、綠色低碳」的消費生活方式。黨的十九大報告明確指出：「倡導簡約適度、綠色低碳的生活方式」。① 這是以崇尚儉樸和身心健康為主旨，與節約自然資源、保護生態環境的經濟發展方式相適應的生活方式。其實質是堅持節約資源和保護環境的基本國策，「堅持節約優先、保護優先、自然恢復為主的方針，形成節約資源和保護環境的空間格局、產業結構、生產方式、生活方式，還自然以寧靜、和諧、美麗。」②

當前需要著力解決突出的環境問題。重點加強水、大氣、土壤等污染防治，節約用水，減少廢水、廢氣和廢棄物排放，改善城鄉人居生活環境。「開展創建節約型機關、綠色家庭、綠色學校、綠色社區和綠色出行等行動。」③這就要求每個消費者、每個家庭確立綠色消費觀念，堅持從現在做起、從我做起，從節約每一度電、每一滴水、每一張紙、每一粒糧食做起，倡導選擇有利於保護氣候、保護環境的綠色消費品，盡力減少或拒絕使用對環境造成污染的物品；大力倡導節能減排、節能降耗的消費方式，倡導公共交通，減少小汽車使用與廢氣排放量；倡導重複使用、多次利用物品；倡導垃圾分類、循環回收；減少住房建設占用耕地良田，等等。為此，要建立綠色生產和綠色消費的法律制度和政策導向，持續推進能源生產和消費革命，控制能源消費總量，加強節能降耗，支持節能低碳產業和新能源、可再生能源發展，確保國家能源安全，加大從源頭上控制污染的力度；要發展循環經濟，促進生產、流通、消費過程的減量化、再利用和資源化；要完善有利於資源節約和環境保護的產業政策、財稅政策、價格政策、信貸政策，推進綠色消費產品生產，建立健康的綠色消費市場，維護綠色消費權益。

小　結

（1）國民收入分配的流程可以大致勾勒為：

國民生產總值——國民生產淨值——國民收入——個人收入——個人可支配收入。在市場機制決定初次分配的基礎上，政府還要採取多種手段對國民收入進行再分配。經濟生活中普遍存在著明顯的收入差距。收入差距可以使用洛倫茲曲線和基尼系數來度量。關於經濟發展與收入差距的關係，庫茲涅提出了著名的「倒U假說」。

（2）關於分配制度，馬克思提出了社會主義社會實行按勞分配的設想，而現代市場經濟中通行的是按生產要素分配。改革開放以來，中國逐漸探索和建立了按勞分配為主體、

---

① 習近平. 決勝全面建成小康社會 奪取新時代中國特色社會主義偉大勝利——在中國共產黨第十九次全國代表大會上的報告 [R] //中國共產黨第十九次全國代表大會文件匯編. 北京：人民出版社，2017：41.

② 習近平. 決勝全面建成小康社會 奪取新時代中國特色社會主義偉大勝利——在中國共產黨第十九次全國代表大會上的報告 [R] //中國共產黨第十九次全國代表大會文件匯編. 北京：人民出版社，2017：41.

③ 習近平. 決勝全面建成小康社會 奪取新時代中國特色社會主義偉大勝利——在中國共產黨第十九次全國代表大會上的報告 [R] //中國共產黨第十九次全國代表大會文件匯編. 北京：人民出版社，2017：41.

多種分配方式並存的分配制度，按勞分配與生產要素按貢獻參與分配有機結合。效率與公平是收入分配中需要權衡的重大問題。當前，在經濟體制改革和經濟發展進入新階段的背景下，中國需要進一步深化收入分配制度改革，理順分配關係，兼顧效率與公平，形成更合理、更有序的收入分配格局。

（3）社會保障制度是社會化生產和市場經濟發展的產物，它具有維護社會安定、調節收入分配、促進經濟與社會協調發展等重要功能。社會保障包括社會保險、社會救助、社會福利等內容。當前，中國社會保障制度面臨新的形勢和挑戰，需要進一步深化改革，建立更加公平可持續的社會保障制度，全面建成覆蓋全民、城鄉統籌、權責清晰、保障適度、可持續的多層次社會保障體系。

（4）馬克思關於生產與消費辯證關係的深刻分析，至今仍然是我們認識消費在社會再生產中的地位和作用的基本出發點。著重探析影響居民消費需求變動的諸因素，目的在於深入把握中國現階段消費需求演變態勢，認識消費對於經濟增長的基礎性作用。認識當前中國人民對美好生活的期盼，是推進經濟社會全面發展的強大動力源。構建文明、節約、綠色、低碳消費模式，是建設人與自然和諧共生的現代化社會的重要環節；著力解決當前突出的環境問題，具有重要而緊迫的意義。

複習思考題

1. 解釋下列名詞概念：
國民收入　國內生產總值　按勞分配　生產要素按貢獻分配　效率　公平　消費心理　消費環境
2. 為什麼要進行國民收入再分配？
3. 如何深化分配制度改革、兼顧效率與公平？
4. 社會保障制度的功能是什麼？
5. 馬克思如何分析生產與消費的辯證關係？
6. 如何認識消費對經濟增長的基礎性作用？
7. 構建節約資源、保護環境的消費方式的重要意義是什麼？

閱讀書目

1. 陳宗勝. 經濟發展中的收入分配 [M]. 北京：生活・讀書・新知三聯書店，1991.
2. 趙人偉，李實，卡爾・李思勤. 中國居民收入分配再研究 [M]. 北京：中國財

政經濟出版社，1999.

3. 李實. 中國個人收入分配研究回顧與展望［J］. 經濟學，2003.

4. 阿瑟·奧肯. 平等與效率［M］. 王忠民，等，譯. 成都：四川人民出版社，1988.

5. 馬克思，恩格斯. 馬克思恩格斯全集：第46卷Ⅰ［M］. 北京：人民出版社，1979.

6. 尹世杰. 消費經濟學［M］. 2版. 北京：高等教育出版社，2007.

參考文獻

1. 馬克思. 哥達綱領批判［M］//馬克思，恩格斯. 馬克思恩格斯選集：第3卷. 人民出版社，1972.

2. 習近平. 決勝全面建成小康社會 奪取新時代中國特色社會主義偉大勝利——在中國共產黨第十九次全國代表大會上的報告［R］//中國共產黨第十九次全國代表大會文件匯編. 北京：人民出版社，2017.

3. 克拉克. 財富的分配［M］. 陳富生，陳振驊，譯. 北京：商務印書館，1997.

4. 趙人偉，李實，卡爾·李思勤. 中國居民收入分配再研究［M］. 北京：中國財政經濟出版社，1999.

5. 阿瑟·奧肯. 平等與效率［M］. 王忠民，等，譯. 成都：四川人民出版社，1988.

6. 逄錦聚，洪銀興，林崗，等. 政治經濟學［M］. 北京：高等教育出版社，2007.

7. 伊志宏. 消費經濟學［M］. 北京：中國人民大學出版社，2004.

8. 本書編寫組. 十八大報告輔導讀本［M］. 北京：人民出版社，2012.

9. 本書編寫組. 黨的十八屆三中全會《決定》輔導讀本［M］. 北京：人民出版社，2013.

10. 尹蔚民. 建立更加公平可持續的社會保障制度［N］. 人民日報，2013-12-20（7）.

11. 本書編寫組. 十九大報告輔導讀本［M］. 北京：人民出版社，2017.

第十二章　社會主義市場經濟中的對外經濟關係

學習目的與要求：通過本章的學習，瞭解在經濟全球化的背景下社會主義國家發展對外經濟關係的必要性、理論依據和客觀依據，中國對外開放的形式和戰略，開放條件下經濟宏觀總量平衡的條件和失衡的可能性，以及國際貿易、國際投資、利用外資等理論和知識，為正確觀察國際經濟現象、分析國際經濟問題和以後繼續學習國際經濟的其他知識奠定基礎。

第一節　社會主義國家發展對外經濟關係的必要性及理論依據

隨著經濟全球化的迅速發展，各國的經濟聯繫日益密切，社會主義國家的經濟也必然要融入國際經濟體系。融入國際經濟體系後，社會主義國家市場經濟的運行也會更為複雜。

一、社會主義國家發展對外經濟關係的必要性

所謂對外經濟關係就是指一個國家同其他國家和地區之間經濟聯繫的總稱。人類社會發展的歷史進程已經表明，一個國家在經濟上應以國際市場為紐帶，與其他國家既聯繫又競爭，這是經濟發展的客觀要求，社會主義國家也不例外。

首先，生產社會化和市場經濟的發展客觀要求社會主義國家發展對外經濟關係。一方面，社會主義制度是建立在生產社會化基礎上的。生產力的發展和生產社會化程度的不斷提高不僅使國民經濟各部門、各地區之間建立起日益緊密的聯繫，而且必然使國內的經濟同國外的經濟發生廣泛、密切的聯繫。社會化大生產在國際範圍內的發展要求全球範圍內的國際分工和協作。這種分工和協作關係隨著科學技術和經濟全球化的發展越來越緊密。另一方面，市場經濟從本質上說就是開放的經濟。社會主義市場經濟日益發展，生產力水準日益提高，要求打破社會經濟制度和國家的界限，把世界市場變成一個統一的大市場。在這個統一的大市場中，社會主義國家充分發揮自己的比較優勢，通過商品交換和資本的流動，獲得比較利益。

其次，社會主義建設的實踐有力地說明社會主義國家必須發展對外經濟關係。1949

年新中國成立以來到1978年，中國在對外經濟關係方面取得了一些成就，但也經歷了曲折的過程，從總體上說，對外經濟聯繫不夠廣泛，對外開放的程度不夠大。究其原因，一是歷史條件的制約。由於當時以美國為首的西方國家對中國實行禁運封鎖政策，長期的冷戰思維限制了中國同世界各國的聯繫。二是認識上的局限。在過去的一段時間內，我們曾片面強調自力更生，盲目排外，尤其是「十年動亂」時期的自我封閉使中國對外經濟關係不能正常開展。三是理論上的誤區。如堅持「國家壟斷對外貿易論」，抑制了企業生產經營的活力；強調資本主義和社會主義「兩個市場平行論」，否認了統一的國際市場和廣泛的國際分工的存在；片面理解「外圍—中心論」，認為「外圍」的發展中國家是深受「中心」的發達國家的剝削；等等。由於這些原因，中國的經濟運行長期處於自我封閉狀態。1979年按人均計算的出口額僅為14美元，居世界第110位以後。[①] 中國共產黨的十一屆三中全會以來，我們正確認識了國際經濟、政治形勢，吸取歷史教訓，抓住機遇，加快對外開放步伐。36年來的對外開放取得了顯著成效，同中國發生經濟貿易往來的國家從改革開放前的100個國家或地區增加到200多個。據統計，2016年中國的進出口貿易總額24.34萬億元，是1978年的685.6倍，增速比全世界貿易總增長速度快2.7%，出口額占全世界份額的12.7%。實踐證明，對外開放是強國之路，是中國社會主義建設的重要戰略。

再次，發展對外經濟關係，對促進社會主義國家的經濟發展具有重要作用。第一，有利於社會主義國家充分利用國際和國內兩個市場、兩種資源，優化資源配置。由於受自然資源、技術水準和生產能力的限制，任何一個國家都不可能擁有發展經濟必需的一切資源和技術。因此國家之間互通有無、調劑餘缺，任何時候都是有益的和必要的。第二，有利於社會主義國家參與國際競爭與合作，發揮比較優勢，通過國際市場的競爭和檢驗，促進國內生產更新技術，改善經營管理，降低成本，提高勞動生產率和產品國際化水準，使經濟盡快躋身世界先進行列。第三，有利於社會主義國家吸收西方發達國家在經濟、科技、教育、文化和社會管理、法制建設上所累積的文明成果。第四，有利於社會主義國家加快發展和加快現代化進程，增強國家經濟實力和綜合國力，提高人民生活水準。

最後，發展對外經濟關係，是社會主義國家適應國際形勢的變化和當代世界經濟、科技發展趨勢的需要。面對第二次世界大戰後世界科技、經濟快速增長，國際間的交流空前加快，全球經濟一體化，國際經濟合作與競爭日益廣泛的新格局，社會主義國家必須要以更加積極的姿態，抓住機遇，趨利避害，努力在發展對外經濟關係、利用國內外兩種資源、兩個市場方面有新的突破；堅持「引進來」和「走出去」的戰略，進一步推動全方位、多層次、寬領域的對外開放，促進經濟的現代化建設。

---

① 劉國光，汝信. 有中國特色的社會主義經濟、政治、文化 [M]. 北京：中國社會科學出版社，1993：316.

二、社會主義國家發展對外經濟關係的理論依據

社會主義國家發展對外經濟關係，不僅具有必要性，而且也有充足的理論依據。

（一）國際分工理論和比較優勢理論

國際分工（International Division of Labor）是指世界各國之間的勞動分工。它是社會分工發展到一定階段，國民經濟內部分工超越國家界限廣泛發展的結果。當一國國內社會分工和市場經濟發展到一定程度，商品交換就要突破一國的界限，產生國際貿易。對外貿易的發展必然要求各國按商品生產進行分工，各個國家和地區利用自己的優勢來生產其他國家所需要的商品，進口本國或地區生產成本相對較高的商品。這種國內分工向國際分工的延伸，會促進參與國的經濟發展和世界經濟的繁榮。

英國古典經濟學家亞當·斯密（1723—1790年）是最早深入研究分工理論的經濟學家。他在《國民財富的性質與原因的研究》（又稱《國富論》）中提出了分工的基本原理：第一，分工是提高生產力的主要手段。第二，分工起因於商品交換。第三，社會分工的順序依次是農業—工業—商業。斯密把對國內分工的分析擴大到國家之間的分工，提出了「絕對優勢學說」（Absolute advantage）。他認為，由於各國自然資源的稟賦、勞動生產率有別，生產同種產品的成本和利潤有高有低。從絕對利益考慮，國際分工對參與交易的雙方都是有利的。當一國相對另一國在某種商品的生產上有更高效率，但在另一種商品生產上效率更低，那麼兩國就可以通過專門生產自己有絕對優勢的產品即生產成本絕對低於別國且利潤絕對高於別國的產品，並用其中一部分來交換其具有絕對劣勢的商品。這樣，個人或國家在追求各自的經濟利益時將不自覺地增進全社會的利益，結果使整個世界資源利用效率最高，世界福利最大化。

繼斯密之後，大衛·李嘉圖（1772—1823年）於1817年出版了《政治經濟學及賦稅原理》一書，提出了重要的比較優勢（Comparative Advantage）原理。李嘉圖認為國際分工的基礎在於「比較優勢」，即使在生產上沒有任何絕對優勢的國家，只要這個國家與其他國家在生產各種商品上相對成本不同，就可以通過專門生產其比較成本低的產品以換取它自己生產中相對成本較高的產品，在自由交換中仍存在比較利益。李嘉圖認為，各國進行國際分工都可以「增加生產總額，它使人們都得到好處」，並以此「利害關係和互相交往的共同紐帶把文明世界各民族結合成一個統一的社會」。[①] 相對優勢理論比絕對優勢理論更進一步說明了國際分工和國際貿易的積極意義。當然，利用比較優勢參與國際貿易，發達國家總是要比欠發達國家獲得更多的利益。

約翰·穆勒在《政治經濟學原理》一書中論述了「相互需求原理」。穆勒認為，國際商品交換比率是由兩國對彼此商品的需求程度決定的。實際的國際交換比例介於兩國國內交換比例所確定的界限之內，其大小是由兩國對對方產品的需求強度所決定的。穆

---

① 大衛·李嘉圖. 政治經濟學及賦稅原理 [M]. 豐俊功, 譯. 北京：商務印書館, 1962: 113.

勒不僅說明了國際貿易條件決定於兩國的相互需求，還進一步說明了相互需求對國際貿易的影響。外國對本國商品的需求強度越是大於本國對外國商品的需求強度，實際貿易條件就越接近於外國的國內交換比率，這個比率會使貿易利益的分配對本國越有利；反之，本國對外國商品的需求強度越是大於外國對本國商品的需求強度，實際貿易條件就越接近於本國的國內交換比率，這個比率會使貿易利益的分配對外國越有利。

在古典政治經濟學的基礎上，赫克歇爾和俄林作為現代國際貿易理論的開創者，發展了國際分工理論，提出了「要素禀賦論」(Doctrine of Factor Endownment)。他們認為，由於各國除有不同的勞動生產率外，還有不同生產要素的禀賦與供給，從而影響特殊商品生產的成本。據此他們指出：在各國生產要素存量一定的情況下，一國將生產和出口較密集地使用其較豐富的生產要素的產品，進口較密集地使用其稀缺的生產要素的產品，這就是國際分工的理由。根據這個理由，資本相對豐富的國家可以發展資本密集型的產業，勞動相對多餘的國家可以發展勞動密集型產業。

新要素論進一步豐富了國際分工學說。該觀點認為除了傳統的資本、勞動和自然資源等要素外，人力資本要素、研究與開發、規模經濟與管理、經濟信息等也發揮著重大作用。

以上這些理論從不同的角度說明了國際分工及國際貿易的必然性和對不同國家的必要性，也是社會主義國家進行國際貿易的理論依據。

(二) 國際價值與國際價格理論

隨著國內市場向國際市場延伸，商品價值表現為國際價值，商品價格就轉化為國際價格。國際市場商品價值不是由個別供給國生產該種商品的社會必要勞動時間所決定，而是由國際商品生產的必要勞動時間所決定。具體表現為：商品的價值由商品供給國在現有國際正常的生產條件下，用國際平均的勞動熟練程度和勞動強度製造該種商品所必要的勞動時間決定。這是價值規律的要求在國際市場上的延伸。在世界市場中，同一種商品所含有的社會必要勞動時間要用唯一的尺度衡量，馬克思把這個衡量尺度稱為「世界勞動的平均單位」。他說：「在一個國家內，只有超過國民平均水準的強度，才會改變單純以勞動的持續時間來計量的價值尺度。在以各個國家作為組成部分的世界市場上，情形就不同了。國家不同，勞動的中等強度也就不同；有的國家高些，有的國家低些。於是各國的平均數形成一個階梯，它的計量單位是世界勞動的平均單位。」[1] 在其他的地方，馬克思也曾把世界勞動的平均單位稱為勞動的普遍的通常強度和「世界市場上的平均必要勞動時間」[2]。用這樣的世界勞動的平均單位來計量的價值就是國際價值。

國際市場價格是在一定條件下的國際市場中的價格。它是國際價值的貨幣表現，圍繞國際價值上下波動。通常所說的國際市場價格，是指某種商品在國際市場上的一定時

---

[1] 馬克思，恩格斯. 馬克思恩格斯全集：第23卷 [M]. 北京：人民出版社，1972：614.
[2] 馬克思，恩格斯. 馬克思恩格斯全集：第47卷 [M]. 北京：人民出版社，1979：405.

期內客觀形成的具有代表性的成交價格。例如，某些著名國際市場集散中心的商品在集散地的市場價格，重要的商品交易所的成交價格，某些商品主要出口國或地區的出口價格，某些重要商品的拍賣價格和投標價格等。這種價格通常是以自由外匯表示的、大宗商品進出口貿易的成交價格，是商品價值和貨幣價值的國際交換比例或指數。

在國際市場上，商品價格是經常發生變化的。影響國際市場價格變動的因素主要有三個：一是生產成本，二是供求因素，三是通貨膨脹或緊縮因素。這種價格的變化反應了價值規律的作用形式在國際市場上的變化，因為商品的國際價格的變化最終仍然是圍繞商品的國際價值來進行的。由於商品的國際價值同商品的國別價值即不同國家的個別價值之間存在複雜的矛盾，各國商品只有進入世界市場並且成功地實現其價值，完成國別價值的多元化向國際價值的唯一性的轉化，這種矛盾才能得到解決。而一國的商品能否在國際市場上按照國際價值所確定的國際價格出售，往往會受到多種因素的影響，如發達國家和壟斷性的跨國公司對國際市場的壟斷，國際貿易聯盟對聯盟外國家的排斥，各國對進出口貿易的政策不同及匯率、關稅政策的變化等。這些現象說明價值規律對資源配置所起的基礎性作用在國際市場上與在國內市場上是有重大區別的。

社會主義國家發展對外經濟關係，也必須遵循國際價值規律，國際價值與國際價格理論是對外經濟關係的重要理論依據之一。參與國際市場競爭，不僅有利於激勵國內企業進行技術創新和體制創新，提高勞動生產率，促進生產力發展，而且有利於國內企業通過國際市場在國際範圍內參與資源配置，獲取國內短缺的資源，滿足國內經濟建設的多方面需求。

[閱讀專欄]

關於國際價值理論的不同觀點

馬克思提出了「世界勞動的平均單位」和「國際價值」等概念，遺憾的是他在有生之年沒有來得及對國際價值理論做出完整的論述。而由於研究馬克思主義理論的學者有各自的理解，對國際價值理論的爭論越來越多，出現了各種不同的觀點。

在國際價值形成方面，一種觀點認為，進入世界市場的同類商品是個別企業耗費的具體勞動時間通過競爭形成世界範圍內的社會必要勞動時間，然後直接轉化為一定數量的國際價值。另一種觀點認為，進入世界市場的同類商品都具有不同的國別價值量。各國的國別社會必要勞動時間在世界市場上通過競爭再平均，得出世界範圍內的社會必要勞動時間，然後才轉化為不同的國際價值量。還有一種觀點認為，世界市場上只有國別價值，沒有國際價值，世界市場上的商品交換是通過國別價值之間的比較進行的。

在國際價值轉移方面，個別企業的具體勞動時間，不管是否通過國別價值的中間環節，轉化為世界範圍內的社會必要勞動時間時，數量上發生的變化是不是國際價值量的變化？認同的，得出存在國際價值轉移的結論；不認同的，則得出否定的

結論。

在形成國際生產價格方面，否認國際價值的存在同樣也否認了國際生產價格的存在。在肯定國際價值存在的觀點中，對國際生產價格的存在也有不同的看法。一種觀點認為，由於世界市場上勞動力和資本不能充分流動，因此不存在國際生產價格。國際的商品交換應該以國際價值為標準進行等量交換。另一種觀點認為，當前經濟的發展已經大大超過馬克思所在的時代，形成國際生產價格的條件比以前更成熟了。他們認為，形成國際生產價格的條件只需要一個而不是兩個。這就是說，不管勞動力是否能在國家間充分流動，只要資本能夠在國家間充分流動就可以形成國際生產價格，因為資本在國家間的轉移加上勞動力在一國範圍內不同生產部門間的轉移，就可以使資本在國家間從利潤率低的生產部門轉向利潤率高的生產部門，並且使世界市場上不同商品的生產部門的利潤率平均化，國際價值也就能轉化為國際生產價格。

有關國際價值理論的研究具有非常重要的意義。它對於幫助我們認清世界經濟交往中各類國家（如發達國家與發展中國家）之間的關係和國際階層關係，認清世界經濟關係的本質，把握時代特徵，指導中國的對外經濟貿易關係都有重要的理論意義和現實意義。遺憾的是，至今還沒有一個被絕大多數經濟學家承認並接受的國際價值理論。這是經濟理論界特別是國際經濟理論界需要繼續研究和探討的一個重要課題。

第二節　中國的對外經濟關係

一個國家發展對外經濟關係的中心內容是同世界其他國家或地區進行商品、資金、技術、勞務等的交流，發展對外經濟的基本形式是對外貿易、對外資本交流、對外技術交流、對外承包工程和勞務合作、發展國際旅遊業等。

改革開放30多年來，中國對外開放迅速發展，對外開放的形式和戰略發生了重大變化，對外貿易、對外資本交流等都發揮了積極的作用。在此基礎上，中國堅持對外開放的基本國策，把「引進來」和「走出去」結合起來，迅速擴大開放領域，提高開放型經濟水準。

一、中國的對外貿易

對外貿易是國際經濟交往中傳統的重要形式，是發展對外經濟關係的基礎。所謂對外貿易，就是指一個國家或地區同其他國家或地區進行的貨物和服務交換活動。從一個國家的角度看，這種交換活動稱為對外貿易；從國際的範圍來看，這種交換活動就稱為國際貿易或世界貿易。海島國家如英國、日本，也常用「海外貿易」來表示對外貿易。

對外貿易又稱進出口貿易，包括進口（輸入）和出口（輸出）兩個部分，出口是對外貿易的基礎，但進口又能帶動和促進出口。對外貿易通常是以年度結算的。出口總額與進口總額相等，稱為外貿平衡；出口總額大於進口總額，稱為外貿順差；出口總額小於進口總額，稱為外貿逆差。

社會分工的發展超出國家界限而形成的國際分工是國際貿易產生的前提條件。對外貿易是國與國之間進行經濟聯繫的一般形式。早在資本主義經濟制度建立以前，國際貿易就已經萌芽，但只有在商品經濟發達的資本主義階段，國際貿易才在世界範圍內充分發展起來，成為在經濟活動中起重要作用的因素。

中國的對外貿易已有上千年歷史。在近代國際經濟關係中，中國在國際貿易中曾經受到極不平等的待遇。中國經濟真正融入世界經濟，是在20世紀80年代改革開放以後。對外貿易在中國經濟發展中具有舉足輕重的作用。

（一）對外貿易的作用

對外貿易是國民經濟中不可缺少的環節，是國內外經濟交往的橋樑和紐帶。隨著中國對外開放不斷擴大，與國際經濟聯繫進一步加強，對外貿易在中國國民經濟發展中的地位和作用日益突出。在平等互利的基礎上同世界各國發展貿易，對經濟的發展不僅是有利的，而且是非常必要的，主要表現在：

一是可以彌補國內某些資源的短缺，優化資源的配置，促進經濟增長。由於資源分佈的不均衡性，當國內某些資源短缺不能滿足經濟發展的需要或是限制了經濟發展時，就會產生對國外資源的需求，而發展對外貿易則是滿足這種需求的有效途徑；同時，通過對外貿易又可以把國內相對富裕的資源輸往國外，從而使資源得到優化配置。對外貿易對經濟的推動是十分明顯的。據一些專家分析和計算，中國出口每增長1%，會帶動國民生產總值增長0.1%；進口每增長1%，則會帶動國民生產總值增長0.125%。[①]

二是可以利用國際分工，節約社會勞動，提高經濟效益。在國際市場上，衡量商品價值的標準或尺度不是國別價值而是國際價值。由於各國的自然和經濟條件不同，在國際市場上，會出現一國的國別價值高於或低於國際價值的情況，某一國家在生產同類商品較之其他國家處於相對有利的地位時，它就可以通過國際交換用較少的勞動換回較多的勞動。發展對外貿易就是利用國際分工，生產本國居於優勢的產品，去換取國內需要而又比國外勞動生產率低的產品，最終節約社會勞動，提高國內經濟活動的效益。通過出口本國資源富集的產品換取外匯，轉而進口國內緊缺的資源和產品，也可以獲得比較利益。

三是可以增加外匯收入，擴大國內就業機會。中國是一個發展中國家，實行對外開放，利用外國的資金和技術，需要大量的外匯。中國對外經濟聯繫的規模和程度，經濟建設的規模和進程，在很大程度上取決於中國的出口創匯能力。發展對外貿易，出口商

---

① 馬洪. 什麼是社會主義市場經濟 [M]. 北京：中國發展出版社，1993：131.

品和勞務是取得外匯的主要來源。中國目前的外匯收入總額中，商品出口創匯占了很大的比重。大量的外匯意味著可以從國際市場上獲得更多的生產要素，促進本國經濟的發展。通過國際交換可以開拓新的生產門路，發展相關產業，擴大勞務出口，創造更多的就業條件。這對勞動力資源豐富的中國具有十分重要的意義。

四是有利於提高技術水準和管理水準，增強國家經濟實力。對外貿易的擴大表明國內生產技術和管理水準得到國際社會的認可；反之，則表明有待改善和提高。對外貿易為各個國家和地區在經濟實力方面的競爭提供了客觀的條件和壓力。對外貿易可以促進生產技術的發展和經營管理的改善，提高產品質量，還可以促進科學技術和經營管理的交流，加速科技進步，提高國家經濟的整體素質，增強中國的經濟實力。

五是通過對外貿易，進口國內市場需要的物資，調整國內市場，繁榮國內商業，可以更好地滿足人們多方面的需要。

[閱讀專欄]

外匯與匯率

外匯是以外幣表示的用於國際結算的支付憑證。國際貨幣基金組織對外匯的解釋為：外匯是貨幣行政當局（中央銀行、貨幣機構、外匯平準基金和財政部）以銀行存款、財政部庫券、長短期政府證券等形式所保有的在國際收支逆差時可以使用的債權，包括外國貨幣、外幣存款、外幣有價證券（政府公債、國庫券、公司債券、股票等）、外幣支付憑證（票據、銀行存款憑證、郵政儲蓄憑證等）。

貨幣外匯匯率（Foreign Exchange Rate）是一個國家的貨幣折算成另一個國家貨幣的比率、比價或價格，也可以說是以本國貨幣表示的外國貨幣的「價格」。外匯買賣一般均集中在商業銀行等金融機構。它們買賣外匯的目的是為了追求利潤，方法是賤買貴賣，賺取買賣差價，其買進外匯時所依據的匯率為買入匯率，也稱買入價；賣出外匯時所依據的匯率叫賣出匯率，也稱賣出價。

（二）中國對外貿易的沿革

在舊中國，西方列強操縱了國家的政治和經濟命脈，控制了一切主要通商口岸和對外貿易。從19世紀70年代起，舊中國連續七十多年出現外貿入超，洋貨充斥市場，民族工商業備受摧殘，寶貴資源被掠奪，工業落後，經濟畸形。中華人民共和國成立後，中國同許多國家和地區發生了貿易關係，但由於客觀的歷史原因及長期「左」的經濟指導思想的影響，對外貿易沒有得到應有的發展。1953—1978年的25年間，中國進出口總額從23.7億美元增加為206.4億美元，平均增長率僅為2.4%。

改革開放以來，為促進對外貿易發展，中國對計劃經濟體制下的外貿體制進行了有步驟、分階段的改革：

第一階段（1979—1987年）。這一階段是外貿體制初步改革的階段。一是調整了對外貿易的管理機構，明確了政府部門對外經貿的管理關係。二是地方下放外貿經營權，

各地方、有關部委成立了一批外貿公司，一些大中型企業也開始經營企業產品出口和生產所需物資的進口業務。三是外貿和生產企業開始由收購制改為代理制。這些改革取得了一定成效，但外貿體制的根本問題尚未解決。

第二階段（1988—1990年）。這一階段外貿體制改革的方向是：建立自負盈虧、放開經營、工貿結合、推行代理制的外貿體制。改革的核心是推動外貿企業實行自負盈虧。通過全面推行外貿承包經營責任制，中央和地方在外匯收入和使用上實行「分竈吃飯」，改變了過去財政統負盈虧、「吃大鍋飯」的現象。但由於受財政體制的束縛和整個經濟體制改革所處環境的影響，這種改革還是不徹底的。

第三階段（1991—1993年）。在總結經驗的基礎上，1991年國家開始進一步深化外貿體制改革。改革的核心是深化外貿企業內部機制改革，推動外貿企業轉換經營機制，促進外貿企業向實業化、集團化、國際化經營方向發展。

第四階段（1994—2001年）。中國共產黨十四屆三中全會在1993年11月通過了《中共中央關於建立社會主義市場經濟體制若干問題的決定》，確定了「堅持統一政策，放開經營、平等競爭、自負盈虧、工貿結合、推行代理制」的改革方向，通過改革外匯制度，強化匯率對外貿的調節作用，從而強化外貿企業自負盈虧的機制，完善外貿宏觀管理，加強外貿經營的協調服務機制。這些改革措施使困擾外貿發展的一些深層次的問題得到解決，有利於中國外貿體制向國際規範靠攏。

第五階段（2002—今）。中國加入世界貿易組織（WTO）後，開始全面實行WTO規則，履行入世承諾，也借此推動外貿體制全面改革，同國際接軌。改革取得了明顯的成效，極大地促進了對外貿易的發展。但加入WTO以後，我們又面臨一些嚴峻的新問題，如出口產品自主創新不足，技術含量較低，總體質量低下，附加價值不高，粗放型的外貿發展方式難以為繼。同時，中國出現的巨額貿易順差使國際的貿易摩擦加劇，也反應了中國在經濟結構演變和經濟增長方式的轉變上，在建立創新型企業，提高企業效率、效益和核心競爭力等方面還存在較大的差距。

改革促進了中國對外貿易的快速發展。1978年中國進出口貿易總額只有206.4億美元，居世界第27位；2017年，中國貨物貿易進出口總值為27.79萬億元人民幣，比2016年（下同）增長14.2%，扭轉了此前連續兩年下降的局面。其中，出口15.33萬億元，增長10.8%；進口12.46萬億元，增長18.7%；貿易順差2.87萬億元，收窄14.2%[2]。

[閱讀專欄]

世界貿易組織及其基本原則

世界貿易組織簡稱世貿組織（WTO）。它是根據烏拉圭回合多邊貿易談判達成的《建立世界貿易組織協定》於1995年1月1日建立的，取代了1947年建立的關稅與貿易總協定。世界貿易組織是多邊貿易體系的法律基礎和組織基礎。它規定了

成員方的協定義務，以確定各成員方政府如何制定和執行國內貿易法律制度和規章。同時，它還是各成員方進行貿易談判和解決貿易爭端、發展其貿易關係的場所。世界貿易組織是在關貿總協定的基礎上建立的，並形成了一套較為完備的國際法律規則。它與關貿總協定相比，主要有以下特點：組織機構的正式性；世界貿易組織協定的法律權威性；管轄內容的廣泛性；權利與義務的統一性；爭端解決機制的有效性；與有關的國際經濟組織的一致性。

世界貿易組織奉行以下基本原則：第一，非歧視原則。根據這條原則，世界貿易組織成員不對另一成員採取對其他成員不適用的優惠性或限制性措施。第二，透明度原則。世界貿易組織成員方正式實施的有關進出口貿易的政策、法規、法令、條例以及簽訂的有關貿易方面的條約等必須正式公布；非經正式公布，不得實施。第三，可預測性和擴大市場准入原則，即商品和服務貿易的可預測性和不斷擴大的市場准入。第四，公平貿易原則。各世貿組織成員被要求在進行國際貿易交往中，應進行公平的貿易競爭，不得採取不公平的貿易手段進行國際貿易競爭或扭曲國際貿易競爭。第五，關稅約束和關稅遞減原則。所謂約束性關稅是法定承諾不提升已有水準的關稅，把關稅約束在實際適用關稅以上的水準視為合法的讓步。第六，禁止數量限制原則。原則上取消進出口數量限制。第七，例外和實施保障措施原則。保障措施是一種在緊急情況下可以採取的進口限制措施，即當一個成員方某個產業部門因進口驟增導致嚴重損害或有嚴重損害的威脅時就可以實施進口限制。這種限制以提高關稅為主，數量上的限制只能在某些特定的情況下運用。

二、中國的對外資本交流

資本在國家間的流動，是適應經濟全球化的需要而產生和擴大的。利用外資加速本國經濟和技術發展，是世界經濟中的普遍現象。像美國和日本這樣經濟發達的國家，在其發展過程中就曾經大量利用外資。20世紀30年代，蘇聯利用西方發生經濟大危機的有利時機，接受外國貸款，引進技術和設備，聘請了外國專家，利用美國和德國的資金和技術建成了不少大型企業。

積極而慎重地利用和引進外資，對像中國這樣的發展中大國來說，具有特別的重要作用和意義。第一，它有利於彌補國內建設資金的不足和解決外匯短缺的困難，增加資金投入，加強能源、交通、環保等基礎設施的建設，加快經濟發展；第二，有利於吸收國外先進的技術和裝備，推動國民經濟的技術改造和設備更新，優化中國陳舊的產業和產品結構，開拓新的經濟增長點，提高民族的科技水準，提高勞動效率；第三，有利於擴大勞動就業，增加就業崗位，培養人才，提高經濟管理水準；第四，有利於開拓國際市場，擴大出口貿易，增加外匯收入。總體來說，外資在發展中國經濟、提高技術水準、替代進口、擴大出口、保持外貿順差和國際收支平衡、增加外匯儲備等方面都發揮了積極的作用。外商投資企業在中國進出口總額中一直佔有重要份額。2016年，外商投

資企業進出口貿易交易額 16,871 億美元，同比下降 8.04%，占我外貿總值的 45.78%。其中，出口 9,168 億美元，同比下降 8.75%，占全國比重的 43.71%；進口 7,703 億美元，同比下降 7.18%，占全國比重的 48.52%。①

在對外資本交流中，中國主要是輸入外國資本，即利用外資來進行現代化建設。在 20 世紀 50 年代，中國利用蘇聯政府提供的 74 億舊盧布長期貸款建設了 156 項重點工程，奠定了中國的工業基礎；後來由於受「左」的思潮的干擾，在很長的一段時期內都沒有利用過外資，固守「既無內債，又無外債」的局面。黨的十一屆三中全會以來，中國改變了這種局面，在利用外資方面取得了明顯的進展。特別是改革開放 30 多年來，中國在吸收和利用外資方面取得重大成就。1979—2004 年，中國引進外資共計 7,436.2 億美元，其中外商直接投資 5,603.9 億美元。外商直接投資占 GDP 的比重從 1983 年的 0.2% 上升到 2004 年的 3.7%。② 商務部日前發布外商投資數據顯示，2016 年 1 月至 12 月，全國新設立外商投資企業 27,900 家，同比增長 5%；實際使用外資金額 8,132.2 億元人民幣，同比增長 4.1%（未含銀行、證券、保險領域數據，下同）。③ 外資在中國經濟中發揮著日益重要的作用。

正確吸收和利用外資，必須堅持以下重要原則：第一，吸收和利用外資，要根據中國經濟發展的需要和償還能力以及國內資金、物資配套能力量力而行，合理確定利用外資的規模、結構和流向。第二，必須有利於提高綜合經濟效益。對利用外資要從各方面進行全面分析，對綜合經濟效益做出全面評價，然後正確決策。第三，必須維護國家主權和民族利益，拒絕一切不平等和奴役性條件，堅持平等互利原則。第四，充分發揮外資的作用，保證重點建設和現有企業的技術改造，以利於增強本國的經濟實力和自力更生的能力。第五，改進投資環境，確保雙方經濟權益。

現階段各國利用外資的渠道較多，形式靈活多樣。中國利用外資的形式主要有兩種：一是外國貸款，包括外國政府、國際金融機構、外國商業銀行、出口信貸、民間商業貸款和發行國際債券等。外國貸款構成中國的對外債務，要用外匯或出口產品來償還本金和利息。二是外商直接投資，包括中外合資經營企業、中外合作經營企業、中外合作開發資源企業、外商獨資企業等，我方對這些外來投資一般不承擔償還義務，而是由參加合營的雙方共負盈虧，共擔風險。這種外資不構成對外債務。此外，中國利用外資還採用補償貿易、來料加工、來件裝配、國際租賃等形式。在這些多樣的形式中，我們要選擇最有利的條件、最低的利息和費用。通常，在外國貸款和外商直接投資這兩類形式中，一般更看重直接投資。因為吸收外商直接投資，尤其是興辦合資企業，除了可以解決資金不足的矛盾外，由於是共同投資、共負盈虧、共擔風險，雙方按出資比例分配收益，還有助於調動外商生產經營的積極性，又可以在不花費外匯的情況下，引進一些

---

① http://www.fdi.gov.cn/1800000121_33_7449_0_7.html
② 中華人民共和國國家統計局．中國統計摘要 2005 [M]．北京：中國統計出版社，2005．
③ http://www.sohu.com/a/124422259_115401

用其他辦法難以引進的先進技術、設備和管理經驗，還可以利用外商的銷售渠道，將產品打入國際市場，賺取外匯。

在開放經濟條件下，外資的流入和流出、外匯市場的波動對一國經濟特別是金融系統的影響是非常大的。20世紀90年代末期亞洲金融危機對亞洲地區經濟的衝擊就是一個很好的印證。因此，我們必須加強對外資和外匯的管理。第一，要合理利用外資，加強對外匯的管理，注意外資結構的優化。一般情況下，外商直接投資主要指投向實體經濟的部分，它具有流動性低的特點，不會輕易抽逃；間接投資則相反，金融風險也較大。在外債上，中長期外債較穩定，短期外債穩定性較低，因而我們應側重利用外商直接投資和中長期外債，將金融風險降低到盡可能低的程度。如在1997年亞洲金融風暴發生時，中國吸收亞洲地區的外資數額明顯下降。由於進行了外資來源結構的調整，1998年上半年中國吸收歐盟的合同外資金額比上年同期增長86.64%，來自美國的合同外資金額同比增長80.85%。① 第二，堅持有管理的浮動匯率與保持人民幣幣值的相對穩定相結合。作為發展中國家，我們面臨的是變動中的國際經濟秩序和不穩定的國際匯率體系。因此，要防範金融風險，就必須對本國經濟實行有效的宏觀調控，學會運用靈活的貨幣政策來保護本國經濟安全。根據中國的實際，今後應繼續堅持靈活的有管理的浮動匯率制度，同時保持人民幣市值的相對穩定。第三，保持充足的外匯儲備。足夠的外匯籌備可以保證政府平衡外匯市場的干預能力。因此，我們要注重外匯儲備的不斷累積，並形成科學的外匯累積與管理機制。

在積極引進和利用外資的同時，中國的對外資本交流又適時地步入了積極「走出去」的新階段，嘗試向國外投資，興辦國際化企業。自1979年中國企業開始對外直接投資以來，截至2016年年底，中國境外企業資產總額超過5萬億美元，有2.44萬家境內投資者在國（境）外設立對外直接投資企業3.72萬家，分佈在全球190個國家（地區）；中國對外直接投資累計淨額（存量）達13,573.9億美元，在全球占比提升至5.2%，位居第六。② 投資項目涉及資源開發、貿易、工程承包、機電加工、運輸、保險、醫療、餐館等多種行業。在境外投資辦企業，不僅有利於帶動中國的商品和勞務出口，有助於打破各國的貿易壁壘，實現就地生產、就地銷售，而且還可以獲得穩定的原材料來源，彌補國內部分資源和投資的不足，保證中國經濟的協調發展。隨著中國經濟力量的壯大和綜合國力的增強，中國的對外投資和跨國生產經營將會繼續擴大。

由於中國的資本還不充裕，在一段時期內還不可能大規模地發展對外直接投資，近階段內只能選擇能充分發揮具有比較優勢的投資項目，進行有限的資本輸出，比如向一些發展中的國家投資。為了獲得先進技術和管理經驗或得到某些物資的穩定來源，中國在發達國家也有少量投資。儘管中國對外投資起步遲、規模小，但作為長期發展戰略，

---

① 逄錦聚、洪銀興、林崗，等．跨世紀宏觀經濟難題研究．天津：天津人民出版社，2000：335．
② http://www.sz.gov.cn/szsfzyjzx/ylyd/201711/t20171129_10040468.htm

中國應注意充分發揮自己的比較優勢，立足於全球，大力發展中國式的跨國公司，積極鼓勵和扶植，以加快現代化建設。

三、中國的國際技術交流

中國是發展中國家，經濟技術相對落後，工業設備中技術性能比較先進的所占比重較小，因此更加需要發展對外技術交流，尤其是引進國外先進技術。

(一) 引進國外先進技術對中國的現代化建設有著積極的意義

第一，引進國外先進技術可以推進國民經濟的技術改造和設備更新，提高生產技術水準，提高勞動生產率。在現代化生產條件下，勞動生產率的提高、產業的升級主要依靠在生產上採用先進技術。在發達國家，經濟增長的 60%～80% 來自新技術的應用。因此，先進技術的引進、吸收和推廣能有效地推動國民經濟的技術改造，加速設備更新，提高企業的勞動生產率，而這些又可以進一步降低生產成本，改進產品質量，增加產品的花色品種，增強出口產品的競爭能力，擴大出口。

第二，引進國外先進技術可以避免漫長的摸索過程，為縮小中國與發達國家在生產技術上的差距、趕超世界先進水準贏得時間。據統計，一項技術發明，從科學研究、試驗、設計到成批生產，一般需要 10～15 年時間，而從國外引進技術到投產，平均只需要 3～5 年。日本在第二次世界大戰後用短短 20 年左右的時間走完了歐美各國用了 40～50 年才完成的路程，主要依靠的就是從國外引進先進技術。

第三，引進國外先進技術成果可以節省大量科研和開發試驗費用，彌補中國科研力量不足。購買現成的已經成熟的技術，不僅節約時間，所花經費還比自己研製少得多。從 1950 年到 1975 年，日本從 40 多個國家引進了 25,700 項新技術，耗資大約 60 億美元。如果這些技術由日本自己研製，估計所需經費為 1,800 億美元～2,000 億美元，是引進費用的 30 倍左右。正如馬克思所說的：「一臺新機器初次製造的費用和再生產的費用有很大的差別。」①

第四，引進先進技術的過程，就是學習外國先進科學技術和現代管理方法的過程，可以促進科學技術研究和管理水準的提高。引進國外先進技術的過程，同時就是消化、吸收、創新和提高的過程，這對於幫助中國科技人員盡快地掌握世界先進的科學技術知識，提高自己設計、自己製造、自己創新的能力，加速中國科技的發展，促進中國經濟結構的改造與優化有著重要作用。同時，隨著一項新技術引進的成功，與新技術相聯繫的現代管理方法也隨之被引進，這有利於促進中國整體經營管理水準的提高。

總之，引進技術是一條花錢少、見效快、加速技術發展的有效途徑。

(二) 引進技術要堅持的原則

引進技術必須堅持正確的原則：一是引進技術要注意最新技術、尖端技術和適用技

---

① 馬克思，恩格斯. 馬克思恩格斯全集：第 25 卷. 北京：人民出版社，1974：120.

術相結合，「硬件」與「軟件」相結合，重點是引進先進技術和關鍵設備，並以引進「軟件」為主。二是引進技術必須量力而行，講求經濟效益。在確定引進項目時，要考慮國內的配套能力、利用能力和償還能力。三是引進技術要與消化吸收、改進創新相結合。引進技術要與獨創結合起來，在引進的基礎上加以改造、創新，不能盲目照抄照搬，真正做到「洋為中用」。四是要搞好綜合平衡，防止盲目引進和重複引進。

（三）中國引進技術的主要形式

中國引進技術的主要形式有三種：第一，引進「硬件」，即進口各種設備。在工業基礎薄弱、技術比較落後的情況下，引進一定數量的設備是必要的。考慮到創匯能力，引進「硬件」的重點應放在引進關鍵設備上，這樣花錢少、收效大。第二，引進「軟件」，即通過技術轉讓、生產合作、科技合作、技術諮詢和技術服務等方式引進技術，如購買專利、技術資料等。一般來說，在引進技術和引進設備的關係上，應以引進技術為主。第三，引進智力，包括聘請外國專家來中國企業擔任顧問或領導，組織外國專家來中國講學，交流技術，選擇技術人員、學者到國外學習和考察等。利用外國智力為中國經濟建設服務，有利於促進中國的科研水準和經營管理水準的提高。

（四）中國的技術輸出

對外技術交流的狀況取決於每一國家不同時期的具體經濟條件。中國在積極引進技術的同時，也要努力擴大技術輸出。雖然中國是發展中國家，同世界先進水準相比，科技水準總體上比較落後，這種狀況直接制約了中國的技術輸出，但是也要看到：第一，中國在某些方面、某些項目已達到或接近國際先進水準，具有技術出口的實力。第二，儘管中國的有些技術和設備不如發達國家先進，但價格低廉，適合發展中國家的需要，有一定競爭能力。正因為第二個原因，在技術輸出方面，中國除少數先進技術被經濟發達國家採用外，主要是同發展中國家發展經濟技術合作，提供力所能及的援助。中國出口技術的範圍除了傳統的針灸醫療、烹飪外，還涉及高技術產品（如衛星發射服務）和電子、化工、鋼鐵、機械、計算機、雜交水稻、食品、醫藥等行業，出口的國家和地區包括美國、澳大利亞、日本、西歐等。隨著中國科學技術的發展和經濟發展水準的提高，今後應積極地輸出技術和技術裝備，使中國在國際科技市場上佔有更大的份額。

總之，中國在對外技術交流方面也取得了明顯進步。在引進技術的同時，組織出口技術，改變了長期以來只引進無輸出的狀況；引進方式發生了可喜變化，由以成套設備進口為主，變為以許可證貿易、顧問諮詢、生產合作等方式引進為主，軟件引進比重明顯增加；由現匯引進為主，變為現匯和利用外資等多渠道引進。

四、中國的對外承包工程和勞務合作

國際勞務合作的產生和發展主要受以下幾個因素的影響：

第一，各國之間要素稟賦不同（尤其是人口在國家間的分佈是不平衡的，各國的人口結構存在著明顯的差別）是國際勞務合作產生和發展的主要原因。生產要素在各國間

分佈是不平衡的，任何一個國家都不可能單純依靠自己擁有的生產要素發展經濟。一部分發達國家和地區人口老化和人口增長率下降，不同程度地面臨著勞動力短缺的困難。大多數發展中國家資金不足，技術落後，承受著日益嚴重的人口壓力和就業壓力。還有一些國家資金充足，自然資源豐富，但缺乏勞動力和先進技術。只要存在著國家和地區間的自然資源不平衡和技術上的差異，包括勞動力在內的各種資源在國家和地區間的交流和合作就不可避免。因此，生產要素在國家間分佈的不平衡，是勞務流動產生與發展的基礎和前提條件。

第二，國際分工的發展和深化是國際勞務合作的重要原因。國際分工的深化，使各國和地區間的經濟聯繫和互補性進一步加強。如美國是資本和技術密集型產業發達的國家，但農業機械化的高度發展並不能完全代替手工勞動，農忙季節仍需大批外籍勞工。日本、德國的高新技術產業十分發達，但鋼鐵、建築、汽車製造等傳統工業仍不可缺少，隨著這些國家勞務向高新技術產業的轉移，必須輸入大批外國勞務來補充傳統工業的「空位」。

第三，國際援助的發展。第二次世界大戰後，為了推動發展中國家經濟的發展，世界銀行等一些國際性經濟組織向發展中國家提供了大批的國際援助，用以援建發展中國家的大型基礎設施和工農業生產項目。然而許多發展中國家缺乏技術設備和技術人才，無力自行施工和經營，不得不按國際慣例進行國際招標，吸引他國的技術、設備和技術管理人才。一些國家的政府便專門利用援外的方式發展本國對外勞務的輸出。

中國的勞動人口數量居世界首位，勞動者能吃苦耐勞，工資水準又比較低，因此，在對外承包工程和勞務合作上有很大的優勢和潛力。充分利用中國勞動力資源豐富的優勢，大力發展對外承包工程和勞務合作，對發展中國經濟有積極的意義和作用：①可以擴大勞動就業，使部分勞動者逐步提高對不同自然條件、社會條件及不同技術要求的適應能力；②可以直接學到外國的先進技術和先進管理經驗，提高中國的技術水準和管理水準；③可以增加本國外匯收入，為國家提供建設資金；④可以帶動國內相關產品的出口（比如中國機電產品、建築材料等物資的出口），促進有關行業的發展。

中國對外勞務合作的領域十分廣泛，主要是根據外方所需專業和工種的要求，提供工程技術人員、熟練技術工人或一般技術工人，具體形式有：①對外承建或承包建築工程所帶動的勞務輸出；②對外投資興辦獨資、合資企業所派出的管理人員、技術人員和其他勞務人員；③與外國簽訂的勞務合作合同所派出的勞務人員（包括廚師、演員、教練、醫生、專家等工作者）等。勞務合作的特點是：投資少，風險小，創匯週期短。為了發揮中國勞動力資源優勢，我們應努力擴大勞務出口，在勞務輸出方面進一步放寬政策，簡化手續，制定鼓勵勞務出口的政策措施，培訓和提高輸出人員的文化素質。

五、發展中國的國際旅遊業

旅遊業是第三產業中最具發展潛力的新興行業，具有投資少、見效快、利潤高的特點。發展國際旅遊業也是對外開放的一種重要形式。國際旅遊業是各國對國外旅遊者的

旅遊活動提供服務設施和系列服務的行業。它主要包括旅遊業、飲食業、交通運輸業、商業、娛樂業等。第二次世界大戰後，隨著世界經濟的發展和各國經濟交往的擴大，被稱為「無菸工業」的國際旅遊業迅速發展，成為許多國家對外經濟關係中的重要行業。

發展國際旅遊業，對於一國的經濟發展有著多方面的積極作用。第一，可以增加外匯收入。發展國際旅遊業，可以以較少的投資在短期內獲取大量的外匯收入，是獲取外匯的一種極為重要的手段。第二，可以推動和促進與旅遊業相關的許多經濟部門和行業的發展。國際旅遊業不是一個孤立的行業，涉及國民經濟的許多部門和行業，如旅店、餐飲、交通、通信、特色產品等。國際旅遊業的發展可以帶動這些部門和行業的發展。第三，可以帶動商品出口。在旅遊過程中，外國遊客除了支付服務費外，還會購買各種商品，特別是特色產品，這就等於增加了商品出口。第四，可以增加就業。旅遊人數增加必然需要大量的服務人員和管理人員，這就為國內增加了就業機會。第五，可以擴大本國在國際上的影響，從而有利於推動與各國在經濟、科技和文化等方面的交流，對促進本國經濟、科技和文化的發展和各國人民的友誼起著積極的作用。

世界旅遊組織公布的最新統計數字顯示，1998 年，全球旅遊外匯收入為 4,447.41 億美元，旅遊總產出占世界各國國民生產總值的 10%。2002 年全球國際旅遊者達到 7.15 億人次，比上年增長 3.1%[1]。2016 年全球旅遊總人次首次突破百億，達 105 億人次，較上年增長 4.8%，為全球人口規模的 1.4 倍；全球旅遊總收入達 5.17 萬億美元，較上年增長 3.6%，相當於全球 GDP 的 7.0%；全球旅遊總人次和旅遊總收入增速顯著高於全球 GDP 增速。報告預測，2017 年全球旅遊經濟仍將好於全球經濟，2017 年全球旅遊總人次和全球旅遊總收入將分別增長 7.5% 和 4.2%，達到 113 億人次和 5.39 萬億美元。根據國際貨幣基金組織和世界銀行最新預測，2017 年全球 GDP 增長分別為 3.4% 和 2.8%。顯然，全球旅遊經濟增速繼續領先於全球經濟增速。預計 2017 年旅遊經濟對世界 GDP 增長的貢獻率將達到 5.87%，對發達經濟體 GDP 增長的貢獻率將達 10.13%，對新興經濟體 GDP 增長的貢獻率將為 4.52%。[2]

中國是四大文明古國之一，具有五千年的輝煌歷史，歷史古跡遍布全國，景色秀麗的風景區比比皆是，飲食文化、民俗風情令人向往，無論是自然資源還是人文資源都具有獨特的優勢，旅遊資源十分豐富，具有開發國際旅遊業的條件。我們應該充分利用這一優勢，大力加強旅遊基礎設施建設，不斷提高旅遊服務質量，發展中國特色的國際旅遊業。改革開放以來，旅遊業在中國已經成為繼能源、原料、鋼鐵、紡織之後的又一個主要創匯行業，成為國民經濟的重要組成部分。隨著中國與其他國家經濟聯繫的增多，中國的國際旅遊業也迅速發展。1978 年，中國接待外國人員、華僑及港澳臺同胞僅 180.9 萬人次，全國旅遊業外匯收入 2.63 億美元。2016 年，全域旅遊推動旅遊經濟實現

---

[1] 逄錦聚，洪銀興，林崗，等. 政治經濟學 [M]. 2 版. 北京：高等教育出版社，2003.

[2] http://www.china.com.cn/travel/txt/2017-01/10/content_40067863.htm

較快增長。國內旅遊市場持續高速增長，入境旅遊市場平穩增長，出境旅遊市場增速進一步放緩。國內旅遊人數 44.4 億人次，收入 3.94 萬億元，分別比上年增長 11% 和 15.2%；入境旅遊人數 1.38 億人次，實現國際旅遊收入 1,200 億美元，分別比上年增長 3.5% 和 5.6%；中國公民出境旅遊人數達到 1.22 億人次，旅遊花費 1,098 億美元，分別比上年增長 4.3% 和 5.1%；全年實現旅遊業總收入 4.69 萬億元，同比增長 13.6%。全年全國旅遊業對 GDP 的綜合貢獻為 8.19 萬億元，占 GDP 總量的 11.01%。旅遊帶動直接就業 2,813 萬人，旅遊直接和間接就業 7,962 萬人，占全國就業總人口的 10.26%。[①] 隨著中國對外開放的不斷擴大，各種旅遊資源得以充分利用，新的旅遊活動不斷開展，中國國際旅遊業必將有更快更好的發展。

當前中國發展國際旅遊業需要解決的問題有：第一，進一步提高服務質量，加強科學管理，以高質量的服務吸收更多的遊客，以科學的管理提高經濟效益；第二，積極開發旅遊商品，提高創匯能力；第三，改善和加強交通運輸、通信、住宿、餐飲等方面的基礎設施建設，為國際旅遊業的發展提供良好的基礎條件。

第三節　中國對外開放的發展戰略與優化開放結構

一、中國對外開放的發展戰略

對外開放的實踐已經促進了中國經濟的快速發展，繼續擴大對外開放將保證中國未來經濟的持續發展。中國堅持對外開放的基本國策，堅持打開國門搞建設，積極促進「一帶一路」國際合作，努力實現政策溝通、設施聯通、貿易暢通、資金融通、民心相通，打造國際合作新平臺，增添共同發展新動力。對發展中國家特別是對不發達國家加大援助力度，促進縮小南北發展差距。中國支持多邊貿易體制，促進自由貿易區建設，推動建設開放型世界經濟。[②]

當前重要的是選擇正確的對外開放戰略，推動形成全面開放新格局。開放帶來進步，封閉必然落後。中國開放的大門不會關閉，只會越開越大。要以「一帶一路」建設為重點，堅持引進來和走出去並重，遵循共商共建共享原則，加強創新能力開放合作，形成陸海內外聯動、東西雙向互濟的開放格局。拓展對外貿易，培育貿易新業態新模式，推進貿易強國建設。實行高水準的貿易和投資自由化便利化政策，全面實行准入前國民待遇加負面清單管理制度，大幅度放寬市場准入，擴大服務業對外開放，保護外商投資合法權益。凡是在中國境內註冊的企業，都要一視同仁、平等對待。優化區域開放佈局，加大西部開放力度。賦予自由貿易試驗區更大改革自主權，探索建設自由貿易

---

① http://www.askci.com/news/chanye/20171109/103336111533.shtml
② 習近平. 在中國共產黨第十九次全國代表大會上的報告 [M]. 北京：人民出版社，2017：11.

港。創新對外投資方式，促進國際產能合作，形成面向全球的貿易、投融資、生產、服務網絡，加快培育國際經濟合作和競爭新優勢。①

優化開放結構，提高開放質量，完善內外聯動、互利互贏、安全高效的全面開放型經濟體系，倡導構建人類命運共同體，促進全球治理體系變革。

第二次世界大戰以後，在新的科技革命和生產力提高的基礎上，在國際生產關係變化和國際分工深化的影響下，國際貿易出現了一些新特點。①國際貿易發展迅速，不僅貿易總額絕對增長，而且其增長速度在大多數年份超過了世界生產的增長速度。②國際貿易中國別地位發展不平衡。第二次世界大戰後發達國家在國際貿易中所占比值持續上升，而發展中國家所占比值急遽下降。在發達國家或地區中，西歐、日本的對外貿易發展迅速，美國、英國則相對下降。在發展中國家，石油輸出國的外貿發展迅速，非石油輸出國所占外貿比值減少。而像「亞洲四小龍」這樣的新興工業化國家和地區的出口增長快於其他發展中國家和地區。③國際貿易中的商品結構發生了重大變化。如工業製成品的比重擴大，初級產品的比重減少；在工業製成品貿易中，生產資料和耐用消費品的比重增加，紡織和輕工業品的比重減少；在初級產品貿易中，燃料的比重增加，原料和食品的比重減少。④貿易區域集團化趨勢增強。由於世界經濟發展不平衡，多極化趨勢明顯，市場競爭激烈，貿易保護主義抬頭，單憑一個國家的力量發展經濟已嫌不足，各種區域性貿易集團紛紛成立。集團內部各成員國之間降低關稅、消除或減少關稅壁壘、實行相互優惠待遇和多邊經濟合作等措施使得區域集團內部貿易急速增長，推動了國際貿易的發展。

在這樣的國際貿易背景下，原有的國際經濟關係格局不斷發生變化。世界各國在參與激烈的國際市場競爭的同時要求和平與合作，在維護本國利益、爭取民族利益最大化的同時要求建立和維護共同認可的市場秩序和規則。因此，在 WTO 的框架中建立國家經濟關係，發展國際貿易成為各國的必然選擇。作為一個發展中的大國，要應對國際經濟關係和國際貿易的新變化、新特點，盡快發展本國經濟，就必然要加入 WTO，這也是中國政府做出的戰略性抉擇。

目前，WTO 成員方之間的貿易量占全球貿易的 95%。對中國來說，加入 WTO 要求中國經濟體制特別是外貿體制與世界貿易組織的多邊貿易體制接軌。為此，中國在確立社會主義市場經濟體制、發展多種所有制經濟、改革企業經營機制、推行現代企業制度改革、改革宏觀經濟管理體制、引進外資、設立經濟特區等方面做了大量工作。2001 年 11 月 10 日，在卡塔爾首都多哈舉行的世界貿易組織第四屆部長級會議通過了《關於中國加入世界貿易組織的決定》，完成了中國加入世界貿易組織的所有法律程序。2001 年 12 月 11 日，中國正式成為世界貿易組織成員。

在國際經濟聯繫日益密切的今天，加入 WTO 對中國經濟社會的長期發展具有重要

---

① 習近平. 在中國共產黨第十九次全國代表大會上的報告 [M]. 北京：人民出版社，2017：11.

的戰略意義。一是有利於中國繼續和擴大開放，實現全方位、多層次、寬領域的對外開放，盡快與國際市場接軌，促進中國社會主義市場經濟的快速發展。二是有利於國際貿易環境的改善。中國加入 WTO 後，可以享受到在世界貿易組織內的多邊的、無條件的、穩定的最惠國待遇和普遍優惠待遇，有利於中國商品平等地參與國際競爭，有益於市場多元化的實現，改善中國參與國際競爭的環境和條件，避免一些國家的單方面數量限制和歧視。三是可以享受發展中國家的特殊優惠待遇。在對外經濟貿易關係中，如果發生摩擦和糾紛，可以通過世界貿易組織的有關機構進行協商或仲裁，依據關貿總協定的原則和規定維護雙方合法權益。四是可以為中國企業引進國際競爭機制。加入世界貿易組織後，中國的企業將直接參與國際競爭，國際市場的競爭將有力地迫使企業改進經營管理，採用現代技術，在競爭中不斷進取，不斷提高經濟效益。五是根據世界貿易組織的無歧視待遇原則，中國在引進先進技術方面不再受西方技術出口管制的限制。

　　加入世界貿易組織，極大地促進了中國對外經濟發展，同時也對中國調整經濟結構和深化經濟體制改革形成一種嚴峻挑戰。為迎接這一挑戰，在總的戰略指導下，中國需要努力做好以下幾方面：第一，採取切實措施，轉變政府職能和管理方式。要通過深化政府管理體制改革，健全符合國際通行規則和中國國情的對外經濟貿易體制。加快修訂和完善相關的法律法規。抓緊培養熟悉國際貿易規則的專業人才。進一步加強與發展中國家的經濟技術合作與交流。積極參與國際經濟、貿易、金融等方面的規則制定，維護中國作為發展中國家的正當權益。第二，要進一步調整進出口貿易結構，繼續實施以質取勝、科技興貿戰略。優化出口商品結構，提高高新技術產品比重，增加大宗傳統商品的技術含量和附加值，擴大服務貿易規模。規範加工貿易管理，提高加工貿易的增值率。大力推進市場多元化戰略，開拓新的出口市場。重點進口國內急需的先進技術、關鍵設備和重要原材料，積極參與多邊貿易體系和國際區域經濟合作。第三，要努力提高利用外資水準。有步驟地推進服務領域對外開放，鼓勵外商特別是跨國公司投資高新科技產業、基礎設施等領域以及在中國建立研究開發機構，參與國有企業改組改造。進一步改善投資環境。積極探索採用收購、兼併、風險投資、投資基金和證券投資等形式，擴大利用外資規模。積極引導外資更多地投向中西部地區。要繼續辦好經濟特區、浦東新區。第四，要實施「走出去」戰略。鼓勵和支持有比較優勢的企業到境外投資辦廠，開展加工貿易，合作開發資源，發展國際工程承包，擴大勞務出口等。建立和完善政策支持體系，為企業到境外投資興業創造條件。

二、開放經濟對宏觀經濟運行的影響

　　一國經濟運行是否平穩、順利，很大程度上由宏觀經濟運行中的社會總供求關係所決定。社會總供求關係相互適應，處於平衡狀態，是宏觀經濟運行順利的基本表現。但開放條件下社會總供求關係平衡的條件不同於封閉條件下社會總供求關係平衡的條件。簡單而言，在封閉條件下，總供求關係失衡靠國內總供求的相應增減來調節，增加投資

可以增加供給，增加收入可以增加需求，市場的表現是比較直接的。但開放經濟的主要方面表現為國家間的商品（或服務）流動和資本流動，即商品的進出口和資本的流出流入，這兩方面存在著密切相關、互為補充的關係：貿易收支產生的失衡需要國際資本產生方向相反的流動予以平衡；資本流出流入量出現差額，也需要在貿易收支上安排方向相反的差額予以彌補。因此，在開放條件下，社會總供求關係的平衡較為複雜。

（一）國際收支平衡與社會總供求

商品和資本的進出口會通過一個國家的國際收支平衡表來表現。在國際收支平衡表上，反應國家間商品流動的是經常收支項目，反應國家間資金流動的是資本往來項目。一國的國際收支按照國際收支平衡表採用復式簿記法，借貸雙方總是平衡的。但就實際的對外經濟活動來說，收入與支出不可能總是相等的。對於這種實際生活與簿記不一致的現象，必須借助於自主性交易和調節性交易的區分才可能得到解釋。通常反應在國際收支平衡表上的經濟交易，具有兩種不同性質：一種是自主性交易（Autonomous Transaction）或稱事前交易（Beforehand Transaction）。這類交易純粹出於經濟上的某種目的自動地進行，如商品與勞務的輸出與輸入，政府和私人的援助、贈予，僑民匯款等。另一種是為彌補自主性交易的差額進行的交易，稱為調節性交易（Accommodating or Compensatory Transaction）或事後交易（Afterwards Transaction），如一國的進口商取得出口商或外國銀行延期付款的權利，入超國家得到出超國家或國際貨幣基金組織等金融機構的短期資金融通，入超國家動用黃金、外匯儲備處理逆差，等等。從上述兩種不同性質的經濟交易的區分可以看出，一國的國際收支，當其自主性交易收支不能相抵時，必須以調節性交易來彌補才能維持平衡。但這種平衡是暫時性的，缺乏牢固的基礎，不可能長久維持下去。因此，判斷一國國際收支是否平衡，主要應看其自主性交易是否平衡。如果一個國家在國際經濟交往中其自主性交易相等或基本相等，不需要依靠調節性交易調節，則說明這個國家的國際收支是平衡的；否則，就是國際收支不平衡，或稱國際收支失衡。

在一般情況下，商品和資本的進出對國內總需求會產生如下影響：商品出口引起總需求的擴大；而資本流入引起總需求的擴大，資本流出引起總需求的減少。商品和資本的進出對國內總供給會產生如下影響：商品進口引起總供給的擴大；而資本流入能增加進口，從而擴大總供給，資本流出會減少總供給。如果商品的出口大於進口，總需求大於總供給，就需要增加資本流入或減少資本流出來平衡；如果商品的進口大於出口，總供給大於總需求，就需要減少資本流入來平衡。這樣，表現在國際收支平衡表上，就是要求資本淨流入＝淨進口，或資本淨流出＝淨出口。即國際收支中經常性項目貿易收支的逆差（淨進口）為資本項目（資金流入出）的順差（淨流入）所抵消或前者的順差（淨出口）為後者的逆差（資金淨流出）所抵消，實際上就是要求國際收支平衡。

可見，國際收支平衡的基本依據是社會總供求關係平衡的要求。國際收支平衡與社會總供求的平衡之間存在著密切的關係，恰當地處理二者的關係是社會主義國家進行宏觀調控的重要內容。

(二) 國際收支失衡對經濟的影響

在開放經濟中，社會總供求關係的失衡往往來自國內和國際兩方面的原因，而對於外貿依存度較高的國家來說，國際收支失衡常常是主要的原因。國際收支無論出現順差或逆差都是失衡的表現。國際收支的平衡是相對的，失衡是絕對的，也就是說國際收支失衡是正常的。但是如果一國國際收支表現出長期大幅度順差或逆差，則會對該國經濟甚至對世界經濟產生不利的影響。

國際收支持續大量逆差對經濟發展的不利影響主要表現在以下三個方面：①使本國累積的對外負債超過本國的支付能力，從而引起償還外債的困難，甚至出現債務危機；②耗盡一國的國際儲備，使金融實力減弱，本幣匯率下降，損害該國在國際上的信譽和地位；③由於出口收匯主要用於還本付息，無力進口本國經濟發展所需的生產要素，國民經濟的增長必然受到影響。

國際收支持續大量順差對經濟發展的不利影響也主要表現在三個方面：①國內總供給與總需求平衡遭到破壞。持續大量的順差意味著出口大於進口，這對某些資源型出口國來說意味著國內經濟資源的掠奪性開採。②增大本國的外匯供給。在外匯需求一定的情況下，外匯供給大於需求會使本幣匯率上升，也使國內基礎貨幣的供給增大。前者不利於商品的出口，後者則會增加通貨膨脹的壓力。③一國國際收支順差意味著主要貿易夥伴國的其他國家逆差，如果順差國不採取必要的措施縮減順差，必然引起國際貿易摩擦，不利於國際經濟發展。

國際收支失衡會給一國經濟帶來嚴重的影響。在一個開放經濟中，國際收支平衡是整個宏觀經濟均衡的重要組成部分。宏觀經濟均衡決定了其對內經濟的均衡發展，而國際收支的平衡決定了其對外經濟的均衡發展。國際收支平衡與否對宏觀經濟均衡發展有著深刻的影響。

國際收支平衡狀況會對外匯市場供求關係產生直接的影響，進而影響到國內的總供給和總需求。從貨幣供求的角度看，國際收支記錄的外幣收付實際上反應了外匯供求的變化過程。因此，從原則上講，國際收支的經常項目、資本項目貸方所記錄的是以外幣標價的國際交易，表現為外幣的供給。同樣，借方項目所記錄的交易表現為對外幣的需求。所以說，國際外匯的供求最終是由各國國際收支差額決定的。當一國國際收支為順差時，外匯供給大於對外匯的需求；當國際收支為逆差時，外匯供給小於對外幣的需求。外匯供求的這種此消彼長的關係造成了匯率升降，從而影響到該國商品的進出口和國內總供求。

此外，國際收支平衡狀況是一個動態的過程，今年的國際收支可能影響到一國明年的貿易和收支，甚至影響到下一年的經濟發展。

(三) 國際收支失衡與經濟結構

導致國際收支失衡的原因是多方面的，既有客觀的，又有主觀的，既有內部的，又有外部的，既有經濟的，又有非經濟的，既有經濟發展階段的，又有經濟結構的。而且

這些因素往往共同發生作用。如經濟週期波動、貨幣供應量和物價水準、國民收入和居民儲蓄消費水準、產品市場競爭力、對外債務、政府經濟政策等都可能對國際收支產生影響。開放經濟條件下，國內經濟與對外經濟或國際經濟之間存在著密切的互動關係，一國的經濟結構與國際分工格局和國際市場的供求關係相適應的程度，往往在決定一國的國際收支平衡狀況中有著更加重要的作用。

在經濟結構中，產業結構是影響進出口商品結構層次和優化程度的最直接、最重要的因素，因此產業結構也是影響國際收支的一個決定性因素。這是因為產業結構決定著一個國家的進出口商品結構。如果一國的產業結構不能適應世界商品供給結構和需求結構的變化，該國就可能出現出口減少，進口增加，從而導致國際收支逆差或逆差加大；反之，就會出現國際收支順差或順差加大。例如，許多發展中國家的出口以初級產品為主，進口以製成品為主。近幾十年來，由於國際市場上製成品價格大幅度上揚，而初級產品價格增長相對緩慢，這些國家貿易條件惡化，從而引起國際收支的失衡。所以，在開放經濟條件下，一國的產業結構應當適應國際分工的要求，滿足國際市場對商品供求的內在需要，並且在國際市場發生變化時相應地發生變化，才能夠實現國際收支的基本平衡。如果一國的產業結構與國際分工和國際市場的需求脫節，或者在國際經濟結構發生變化時不能適應這種變化，那麼就可能出現國際收支失衡。

應當看到，在當代國際分工中，任何一個國家都難以享有永恆的比較利益，關鍵在於及時地對國內經濟結構進行調整，以適應世界經濟發展的需要。

三、優化開放結構

所謂開放結構就是指一國的對外經濟結構。對於一個開放型的國家來說，由於國內經濟結構是在適應國際經濟結構的基礎上建立的，從一定的意義上講，優化開放結構也是優化國內經濟結構。

開放經濟是一個龐大的綜合了多種因素的經濟體系。開放結構包括進出口結構、利用外資結構、對外投資結構、引進技術結構、開放地區結構等。它們本身是一個國家經濟結構的重要內容。

進出口結構即一般外貿結構，它是由產業結構決定的。在經濟全球化的背景下，一國產業結構的形成，除了要受到本國的傳統生產力結構的制約外，主要受到國際分工體系的影響。

在開放經濟條件下，世界經濟發展不平衡的局面依然存在，全球出現了新一輪的生產結構轉換和轉移，呈現新的國際分工格局。由於勞動力和土地等要素價格的上漲，發達國家乃至新興工業化國家都要淘汰一批勞動相對密集的夕陽產業，發展技術密集的新興產業。例如美國經過20世紀80年代的調整之後，已首先進入高科技信息時代，高科技產業成為其經濟新的增長點，帶動美國經濟在20世紀90年代持續地增長。日本在20世紀80年代以前曾經是發達國家中經濟增長最快的國家，雖然它在20世紀90年代出現

了困難，但它仍是亞洲經濟實力最強的國家。它在製造業方面是全球最發達的，在高科技和服務業方面也僅次於美國，居亞洲之首。中國香港特區和臺灣地區以及新加坡和韓國經過20世紀80年代的調整和發展，也已基本上把勞動密集型產業轉移出去，進入了新興工業化社會。20世紀80年代大量接受勞動密集型產業的主要是中國內地和泰國、印度尼西亞等國。到了20世紀90年代，中國已在大量吸收資本比較密集和技術比較先進的外商直接投資了。

中國產業結構調整已經取得一定成果，但供求結構性矛盾仍然突出。為此，要著重解決以下幾個問題。一是在三次產業的結構調整中加速發展第三產業，特別是加快信息服務、金融、科技、教育、旅遊、諮詢、物流等現代化服務業的發展。二是在產業內部調整中以高科技改造提高傳統產業，實行信息化和工業化並舉，發展信息、生物工程，新材料和先進製造業等高新技術產業。三是在產品結構調整中壓縮、淘汰技術含量低、附加值低、質量低的產品，增加技術含量高、附加值高的優質產品。四是在產業組織結構調整中，一方面，進一步推動按照市場經濟原則進行的企業兼併重組，建立更多國際競爭力強的企業集團；另一方面，支持和發展眾多中小企業，特別是民營高科技企業。要實現國民經濟的戰略性調整，就要特別強調創新，包括技術創新、制度創新和管理創新，在創新中培育一批具有國際競爭力的跨國公司和國際知名品牌。

與產業結構相聯繫的還有利用外資結構。改革開放以來，中國政府與企業進行了廣泛的國際合作，積極引進外資，開展技術貿易。大量的外國政府和國際組織貸款主要用於基礎設施、能源和原材料工業重點建設，包括大型成套設備的引進，一部分用於開發農業和中小工業企業的技術改造及環境改善。商業貸款主要用於對現有企業進行技術改造或引進中小型技術項目，包括軟件技術的引進。還通過政府財政機構到國際金融市場發行債券，為重點建設項目融資。從總體來看，大規模外商直接投資有利於傳統產業和新興產業得到協調發展，也使產品結構得到有效的調整。隨著國際經濟形勢的變化，要進一步改善利用外資的產業結構，鼓勵引入技術輻射能力強、吸收就業率高、資源節約型的外資企業，鼓勵外資投向高新技術產業、基礎設施、環境保護和服務業。改善利用外資的地區結構，鼓勵外資到中西部地區和經濟欠發達地區投資。

優化對外投資結構。目前中國對外投資的主要部分是國有大型企業在國外的金融、石油化工、建築工程等行業的投資。今後，中國在培育具有國際競爭力的企業的同時，要鼓勵國內各種類型的企業到國外發展，積極鼓勵企業按照國際市場的需求在國外發展多種技術層次、多種產品、多種行業的跨國經營，參與國際資源分配。

優化引進技術結構。在引進技術方面，既要注意引進先進的高新技術，也要注意引進適用技術，特別是在節約資源、環境保護、有利於中小企業產品轉型升級方面可以發揮積極作用的新技術。

優化開放地區結構。要深化沿邊、沿江和內陸開放，實現對內對外開放的相互促進。順應全球經貿發展新趨勢，加快建設中國（上海）自由貿易區，使之成為推進改革

和提高開放型經濟水準的「試驗田」，形成可複製、可推廣的經驗，發揮示範帶動、服務全國的積極作用。這有利於培育中國面向全球的競爭新優勢，拓展經濟增長新空間，打造中國經濟「升級版」；加快沿邊開放步伐，允許沿邊重點口岸、邊境城市、經濟合作區在人員往來、加工物流、旅遊等方面實行特殊方式和政策。建立開發性金融機構，加快同周邊國家和區域基礎設施互聯互通建設，推進絲綢之路經濟帶、海上絲綢之路建設，形成全方位開放新格局；擴大內陸開放。抓住全球產業重新佈局機遇，推動內陸貿易、投資、技術創新協調發展。創新加工貿易模式，形成有利於推動內陸產業集群發展的體制機制。支持內陸城市增開國際客貨運航線，發展多式聯運，形成橫貫東中西、聯結南北方對外經濟走廊。推動內陸同沿海沿邊通關協作，實現口岸管理相關部門信息互換、監管互認、執法互助。

小　結

（1）對外經濟關係是指一個國家同其他國家和地區之間經濟聯繫的總稱。生產社會化和市場經濟的發展客觀要求社會主義國家發展對外經濟關係。社會主義建設的實踐有力地說明了社會主義國家必須發展對外經濟關係。社會主義國家發展對外經濟關係有充足的理論依據，有：國際分工理論和比較優勢理論，國際價值與國際價格理論。

（2）一個國家發展對外經濟關係的中心內容是同世界其他國家或地區進行商品、資金、技術、勞務等的交流。中國發展對外經濟的基本形式是對外貿易、對外資本交流、對外技術交流、對外承包工程和勞務合作、發展國際旅遊業等。

（3）中國要適應 WTO 的基本規則和要求，實施合理的對外開放戰略。開放經濟與一國的宏觀經濟運行存在密切的關係，國際收支平衡對經濟運行有重要影響，而不合理的經濟結構又是導致國際收支失衡的重要因素。調整中國的經濟結構、優化開放結構是拓展中國對外開放的廣度和深度、提高開放型經濟水準的重要途徑。

複習思考題

1. 解釋下列名詞概念：

對外經濟關係　　　國際分工　　　國際價值　　　國際市場價格
對外貿易　　　世界貿易組織　　　對外資本交流　　　對外技術交流
國際旅遊業　　　國際收支平衡　　　開放結構

2. 影響國際市場價格變動的主要因素是什麼？
3. 中國對外開放的基本形式包括哪些？

4. 第二次世界大戰以後，國際貿易出現了什麼新特點？
5. 中國對外貿易的沿革是怎樣的？
6. 開放經濟對宏觀經濟運行有什麼影響？
7. 如何理解對外開放條件下的經濟結構及其調整？

閱讀書目

1. 馬克思. 資本論：第 1 卷 [M]. 北京：人民出版社，1975.
2. 馬克思. 資本論：第 2 卷 [M]. 北京：人民出版社，1975.
3. 馬克思. 資本論：第 3 卷 [M]. 北京：人民出版社，1975.
4. 亞當·斯密. 國富論 [M]. 西安：陝西人民出版社，2001.
5. 大衛·李嘉圖. 政治經濟學及賦稅原理 [M]. 北京：商務印書館，1962.
6. 貝蒂爾·奧林. 地區間貿易和國際貿易 [M]. 北京：首都經濟貿易大學出版社，2001
7. 保羅·A. 薩繆爾森，威廉·D. 諾德豪斯 [M]. 經濟學：上冊. 12 版. 北京：中國發展出版社，1992.
8. 斯蒂格利茨. 經濟學 [M]. 北京：中國人民大學出版社，1997

參考文獻

1. 馬克思. 資本論：第 1 卷 [M]. 北京：人民出版社，1975.
2. 馬克思. 資本論：第 2 卷 [M]. 北京：人民出版社，1975.
3. 馬克思. 資本論：第 3 卷 [M]. 北京：人民出版社，1975.
4. 亞當·斯密. 國富論 [M]. 西安：陝西人民出版社，2001.
5. 大衛·李嘉圖. 政治經濟學及賦稅原理 [M]. 北京：商務印書館，1962.
6. 貝蒂爾·奧林. 地區間貿易和國際貿易 [M]. 北京：首都經濟貿易大學出版社，2001.
7. 劉詩白. 社會主義市場經濟理論 [M]. 成都：西南財經大學出版社，2004.
8. 逢錦聚，洪銀興，林崗，等. 政治經濟學 [M]. 北京：高等教育出版社，2003.

第十三章　宏觀經濟運行與政府的宏觀調控

學習目的與要求：通過本章的學習，瞭解社會總供給與總需求的矛盾運動，以及宏觀經濟中就業與失業、通貨膨脹與通貨緊縮兩大矛盾現象，掌握宏觀經濟運行的內在特點及要求，明確政府在市場經濟中的經濟職能和進行宏觀調控的意義以及實行宏觀調控的目標、手段和主要政策。

第一節　宏觀經濟運行

一、社會總供給與社會總需求

（一）社會總供給與社會總需求的含義

宏觀經濟的運行狀況是通過若干宏觀經濟總量來表現的。由於這些宏觀經濟總量處於不停的變化之中，我們稱之為宏觀經濟變量。在宏觀經濟變量中，社會總供給與社會總需求是最重要的一對變量。

社會總供給是指一個國家在一定時期內（通常為一年）向社會提供的最終產品和勞務的總量。社會總供給在數量上會表現為物質的量和價值的量兩個方面。從價值形態上看，社會總供給是指進入市場可供購買的全部最終產品和勞務的價值總量，它是由國內供給與國外供給兩部分構成的。國內供給從價值形態上說，就是國內生產總值（GDP）減去不可分配的部分。這裡的不可分配的部分是指包括在 GDP 中的林業和畜牧業自然增長的部分。國外供給從價值形態上說，是指海關統計的進口總值（以本幣為單位計算）。社會總供給用公式表示為：

　　社會總供給＝國內供給＋國外供給
　　　　　　　＝國內生產總值（扣除不可分配部分）＋進口總值

社會總需求是與社會總供給相對應的概念。它是指一個國家在一定時期內（通常為一年），社會有支付能力的購買力總和。從實物形態上看，社會總需求包括對物質產品的需求和對服務的需求；從價值形態上看，社會總需求表現為社會購買最終產品和勞務的價值總量。

社會總需求包括投資需求和消費需求。投資需求指整個社會在一定時期內（如一年）貨幣資金的支出所形成的對投資品或生產資料的需求，又稱投資支出。消費需求指

整個社會在一定時期內（如一年）通過貨幣資金的支出所形成的對消費品或消費資料（包括服務）的需求，又稱消費支出，它表現為用於支付消費品需求所形成的商品的購買力。投資需求可區分為固定資產投資需求和流動資產投資需求，消費需求可分為公共消費需求和個人消費需求。在開放條件下，社會總需求還包括國外需求。社會總需求可以用公式表示為：

社會總需求＝投資需求＋消費需求＋國外需求
　　　　　＝固定資產投資需求＋流動資產投資需求＋公共消費需求
　　　　　＋個人消費需求＋出口總值

（二）影響社會總供給與社會總需求的因素

1. 影響社會總供給的因素

（1）總需求規模。供給首先是由需求決定的，因為在任何情況下，商品的供給都只能通過滿足市場的需求來實現其價值。社會對商品的總需求規模，決定著社會總供給的規模。在供過於求的條件下，會形成需求約束，抑制供給規模；而在供不應求的條件下，會產生需求拉動，促進供給規模的擴大。

（2）物價總水準。物價總水準是各種商品價格的加權平均值，每種商品的價格高低對其供應量的影響，最後會表現為宏觀上的物價總水準對總供給水準的影響。這種影響一般是正相關的關係，即：物價總水準上漲，總供給量增加；物價總水準回落，總供給量減少。

（3）一定時期內的資源可供量。資源可供量通常是指一定時期內可供最終產品和勞務生產的資源數量，它是形成潛在的總供給規模的決定因素，也就是說，有多少可供資源，才會有多大規模的總供給。在一定時期內，資源可供量是有限的，當總供給的增加已經趨近於潛在總供給規模時，無論總需求怎樣增加，物價總水準怎樣上漲，總供給水準都難以提高。

（4）資源利用效率。這裡主要指單位資源利用效率。在資源可供量既定的條件下，單位資源利用效率高，則意味著一定量的資源會有更多的產出，從而會形成較大規模的總供給；反之，單位資源利用效率低，則意味著一定量的資源所形成的總供給會減少。

（5）政府及其政策。總供給的形成還會受到社會因素的影響，其中比較重要的是政府及其政策。政府的作用是通過一定的經濟體制和政府所推行的政策來體現的。經濟體制影響著資源的配置及其配置效率，影響著經濟運行是否平穩，從而影響著生產的擴大和供給的增加。政府通過若干宏觀調控政策直接影響總供給的規模，這一點，我們將在後面分析。

在考慮開放經濟的條件下，進出口貿易所引起的國際收支變動，以及國際收支變動所表現的實物運動和價值運動必然對社會總供求關係產生重要影響。從社會總供給方面來看，進口和資本流入的增加會擴大總供給，這是因為進口增長本身意味著供給規模的

擴大，而資本流入的增加則會增加投資需求，從而導致總供給規模擴大。相反，進口和資本流入的減少則意味著總供給規模相應縮小。在一般情況下，如果進口大於出口，國際收支出現逆差，表明總供給規模在擴大。

2. 影響社會總需求的因素

在假定一國經濟是封閉的條件下，社會總需求的規模主要取決於投資需求和消費需求的規模。

影響投資需求的因素主要是：

（1）企業投資傾向。企業投資傾向又取決於投資收益率的預期，它主要是由企業對市場需求量、利潤率和資金利息率的綜合預期來確定。

（2）政府稅收與政府支出。稅收增加，企業和居民相對收入減少，就會使投資規模減小；反之，企業和居民的相對收入增加，就會使投資規模擴大。這裡的政府支出一般分為政府投資和政府購買（政府採購）兩部分，前者直接增加投資需求，後者則是通過增加市場需求來刺激投資需求的增加。

（3）貨幣供應量。貨幣供應量的變化既會影響物價水準也會影響利率變動。貨幣供應量增加，有利於降低利率，企業會增加貸款，擴大投資，投資利潤率也會相應發生變化；貨幣供應量減少，利率上升，企業會減少貸款，縮小投資規模。

（4）市場投資環境。它既包括「硬件」環境如基礎設施、能源供給，它們直接關係到資源能否得到充分利用；又包括「軟件」環境，如政府是否鼓勵投資、稅收、市場秩序等，這些因素關係企業生產經營活動能否正常進行、生產和交易成本的高低等。

影響消費需求的因素主要是：

（1）居民收入水準。它既包括居民現時的可支配收入，也包括居民未來的預期可支配收入。國民收入的分配體制既確定了累積與消費的比重，也確定了居民的收入水準，從而影響著消費需求的規模。

（2）利率及儲蓄傾向。當可支配收入一定時，消費需求的大小就取決於消費與儲蓄的比例。在宏觀經濟分析中，人們一般把居民不用於消費的那部分收入視為儲蓄。儲蓄傾向就是居民用於儲蓄的選擇程度，表明了不用於消費的那部分收入的發展趨勢。居民儲蓄傾向受利率的影響：利率提高，人們會減少消費、增加儲蓄；利率降低，人們則會增加消費、減少儲蓄。

（3）物價水準及其預期。消費者對物價水準變動的支出反應，主要取決於物價水準的變動同消費者可支配收入的變動之間的關係。如果物價水準的變動同消費者可支配收入的變動是同比例的，即實際收入不變，則消費者的消費與儲蓄的比例也不會改變。但是，如果物價水準的變動同消費者可支配收入的變動不是同比例的，就會導致實際收入水準上升或下降，消費需求就會相應增加或減少。另外，消費者對價格的預期也會影響當前的消費支出；如果消費者預期未來物價上漲，就會增加當前的消費支出；相反，如果消費者預期未來物價下降，就會減少當前的消費支出。

（4）政府轉移支付。在政府的財政支出中，轉移支付主要用於社會福利和社會救濟，它們直接構成消費需求的一部分。轉移支付的數額增大，消費需求的規模擴大；轉移支付的數額減少，消費需求的規模也相應縮小。

在開放條件下，社會總需求同樣會受到進出口貿易和國際收支變動的影響。與社會總供給變化不同的是，出口的增加會導致總需求的增加，因為出口意味著世界市場對本國產品的需求，其對總需求的影響與國內需求並無差別。而資本流出的增加會導致總需求的減少，因為資本流出意味著本國資本在外國投資規模的擴大，相應會減少本國的總需求。

(三) 社會總供求的平衡與不平衡

社會總供給與社會總需求（簡稱社會總供求）之間存在著非常密切的互為因果的關係。供給以需求為目的，需求以供給為基礎。在宏觀經濟運行中，總供求這一對變量一方面反應其他宏觀經濟變量如貨幣供應量、投資及消費指數、就業率等的變化，另一方面又會影響其他宏觀經濟變量的變化，所以說總供求是宏觀經濟變量中的核心變量。

在市場機制的作用下，供求關係總是伴隨著價格信號的變化，在平衡與不平衡之間不停地運動和變化著，這種運動會呈現出一種二者不斷地趨近於一致又不斷地出現新的不一致的狀態。平衡始終是相對的，而不平衡則是絕對的。在市場經濟中，社會總供求之間的關係表現為三種形態：

第一，總供求的平衡狀態。

社會總供求的平衡是指社會總供給與總需求處於一種基本平衡或均等的態勢。所謂基本平衡，包括兩個方面：一是總量平衡，即在實物形式和價值形式的總量上，總供給與總需求之間基本平衡；二是結構平衡，即在實物形式和價值形式的結構上，供給結構與需求結構之間基本平衡，合乎客觀的比例。

在社會總供求基本平衡的情況下，國民經濟一般會呈現出比較穩定而又具有活力的發展狀況，在宏觀經濟面上，物價比較穩定，就業充分，經濟增長可以保持一定速度。因此，各國政府都把保持社會總供求的平衡作為宏觀調控的基本目標。

第二，社會總供給大於社會總需求。

這是指總供給過剩或總需求不足，生產總量大於有購買力的需求總量。在這種情況下，經濟的主要表現是：①企業市場急遽縮小，產品賣不出去，導致企業開工不足，對勞動力的需求相應減少，失業人口增加；②經濟增長速度放慢，出現零增長、負增長或只有少量增長的停滯狀態，導致國家稅收大幅度減少，引起財政赤字的增加；③企業生產投資和居民消費減少，貨幣需求量下降，從而形成通貨緊縮。

第三，社會總需求大於社會總供給。

這種情形指總需求大大超過了總供給，總供給嚴重不足的狀況，又叫作需求膨脹。這種情況下經濟的主要表現是：①企業市場擴大，產品不愁銷售，企業由此而喪失技術改造和管理創新的動力，形成競爭不足；②經濟增長過快，超過資源可供能力和國民經

濟所能承受的程度，引起結構失調、效率下降、短線制約突出；③投資基金和消費基金的增長超過國民收入的增長，呈現「雙膨脹」，信貸規模相應擴張，信貸支出額大於存款額，這種情形的必然結果是出現通貨膨脹。在需求膨脹的情況下，社會經濟秩序容易失控，價格信號失靈，資源配置扭曲，居民實際生活水準下降，意味著各種經濟矛盾趨於尖銳化。

總供給過剩和總需求膨脹這兩種形態都表示社會總供求關係的不平衡或失衡。社會總供求關係失衡的原因，從根本上說仍然是商品生產和交換中的基本矛盾。以貨幣為媒介的商品交換產生了買和賣的分離、供給與需求的分離、生產過程與流通過程的分離，商品的內在矛盾所表現的私人勞動與社會勞動之間的對立，本身就存在著供求失衡的可能性。同時，一定的經濟體制對社會總供求關係有著極大的影響。在純粹的市場經濟體制下，當生產與市場的擴大不能同步進行，商品生產的基本矛盾表現為整個社會的經濟矛盾時，很容易出現生產過剩的危機。而在市場機制不充分發揮作用的計劃經濟體制中，一方面資源配置效率、供給效率過低往往使供給不足，另一方面投資需求增長速度往往超過國民收入增長速度，投資需求膨脹，因此常常導致持續的供不應求即短缺經濟的局面。

從理論上說，如果市場是完善的，在市場機制的協調下，總供給與總需求的失衡，會由於價格機制的反向拉動作用，逐漸又趨向於平衡。儘管失衡是經常發生的，但供求趨於平衡的運動也是客觀的。問題在於，市場機制的調節作用有一定的局限性，會導致市場失靈，而一旦總供求發生嚴重失衡，對經濟的破壞性影響會很大。所以，在宏觀經濟的運行中，還需要有一種市場以外的力量對宏觀經濟變量施加影響，這就是政府的宏觀調控。

二、勞動力的供給與需求

社會再生產既是勞動者與生產資料相結合的過程，也是物質資料的生產與人類自身生產相結合的過程。物質資料生產是人類生存和發展的物質基礎，而人類自身的生產是物質資料生產的目的和動力。在市場經濟中，兩種生產的相互關係也要通過勞動力的供求關係來表現。勞動力的供求是宏觀經濟運行的一對重要的變量。

（一）勞動力的供給

勞動力供給指社會在一定時期內可以向社會再生產過程提供的勞動力資源。勞動力供給的主體是具有一定質量的勞動者，勞動力的運用體現為一定數量的勞動時間和一定質量的勞動。從宏觀經濟的角度上說，勞動力供給就是一個社會的總人口能夠提供給經濟活動利用的勞動力總量，也可以看作社會在一定時期內所能獲取的勞動總量。

勞動力供給主要受到社會人口規模及結構、經濟發展水準和經濟體制等多種因素的影響，從而形成一定的供給規模和供給結構。

人口規模決定著一個國家或地區的勞動力資源總量，直接影響著勞動力供給規模。

在一個社會的總人口中，一般有勞動能力的人口等同於勞動年齡人口（大多數國家把年齡在 16~65 週歲之間的人口定義為勞動年齡人口），它是勞動力和就業人口的主要來源。勞動年齡人口減去不願就業或因不同原因（如喪失勞動力或在服刑）不能就業的人口稱為勞動力人口，它構成實際的勞動力供給規模。一般情況下，人口規模與勞動力供給規模呈正相關關係。人口結構則影響著勞動力供給結構，如人口的年齡、性別構成影響著不同勞動力供給的量和男女勞動力構成，人口的文化教育構成影響著勞動力的職業構成。

勞動力供給還受到一定的經濟發展水準和經濟體制的影響。如果一個國家或地區的經濟發展水準低，生產技術水準落後，勞動者受教育的水準低，那麼即使勞動力供給規模較大，在勞動力供給結構上，也會出現低層次勞動力多、高層次勞動力少，勞動力供給的總體質量不高的情況。如果一個國家或地區的勞動力市場不健全，勞動力不能有序流動，勞動力商品價格即貨幣工資不能反應勞動力供求關係，勞動力資源的配置就會出現低效率。這兩種情況都意味著勞動力供給與物質資料生產之間缺乏合理的結合，社會的就業壓力會增長，社會總供求關係也會出現失衡。

（二）勞動力的需求

勞動力需求指一定時期內社會再生產過程所能容納和吸收的勞動力總量。與勞動力供給不同的是，勞動力需求的主體是擁有資本和生產資料並從事生產或服務活動的組織及個人，主要是企業、政府和自我雇傭的勞動者個人。勞動力需求意味著經濟主體將擁有的資本和生產資料與一定的勞動力相結合，從而構成就業崗位。

勞動力需求也有一定的規模和結構。影響勞動力需求的因素主要是經濟發展水準、產業結構和技術進步程度。經濟發展水準體現著一定社會的資本規模和產業規模，它通常決定著勞動力的需求規模，一定的投資總是要求一定的就業崗位與之相適應。產業結構通常決定著勞動力的需求結構，如勞動密集型產業往往需要大量低層次勞動力，而技術密集型產業往往需要大量高層次勞動力。技術進步程度由於決定著資本與勞動力的比例即資本有機構成的高低，從而影響著不同產業和企業對勞動力的需求狀況。在技術進步比勞動效率增進得更快的條件下，對勞動力的需求會相對減少。

在經濟學的分析中，通常把勞動力需求看作市場對商品需求的一種派生需求。就是說，如果市場對商品的需求是充分的、增長的，那麼對勞動力的需求也是充分的、增長的；而如果市場對商品的需求減少，那麼對勞動力的需求也會相應減少。在凱恩斯之前，許多經濟學家都認為，在完全自由競爭的條件下，由於市場機制的自發調節作用，社會總供求關係包括勞動力的供給與需求會自動平衡。凱恩斯則指出，在存在有效需求不足的情況下，會出現大量非志願失業的情況。因此就需要政府通過對經濟的積極干預來提高有效需求，促進生產，增加就業。事實上，市場經濟中的勞動力供求關係是很難自動平衡的。正是由於市場機制的作用，勞動力供給經常與勞動力需求不一致，產生了就業與失業的矛盾。

(三）就業與失業問題

就業是指一定年齡段內的人們所從事的為獲取報酬或為賺取利潤所進行的活動。一個國家的經濟發展，在相當大的程度上要以滿足本國勞動者的充分就業為前提。這是因為，充分就業意味著一國經濟資源，包括勞動力資源和與勞動力相結合的物質資料資源都得到了充分利用。所謂充分就業，就是指在勞動力供給與勞動力需求相均衡的狀態下，國民經濟各部門能夠為願意就業的勞動者提供所需要的全部工作崗位。

失業是就業的對稱，指有勞動能力並願意就業的勞動者找不到工作這一社會現象。在存在失業的條件下，經濟資源就存在非充分利用的問題。衡量一個社會的就業水準或失業水準的主要有就業率和失業率兩個指標。就業率是總就業人口與總勞動年齡人口之間的比率，而失業率是失業人口與勞動力人口之間的比率，用公式表示為：

$$就業率 = \frac{總就業人口}{總勞動年齡人口} \times 100\%$$

$$失業率 = \frac{失業人口}{勞動力人口} \times 100\%$$

勞動力供給和勞動力需求都不等於就業。勞動力供給來自勞動力人口，勞動力需求來自可以提供的工作崗位數量；就業則是勞動力供給與勞動力需求相吻合時的一種狀態，即勞動者願意工作並找到工作時的狀態。就業人口不包括找不到工作的勞動者，因此就業人口是勞動力人口減去失業人口的餘額。

失業是市場經濟中不可避免的現象。在市場經濟中，就業人口的數量是通過勞動力市場的供求關係來決定的，勞動力是供求的對象商品，而工資則是這一商品的價格。從勞動力的供給來說，供給數量取決於工資水準與勞動者付出勞動的代價之間的比較。如果工資水準大於付出勞動的代價，勞動者就願意在這個工資水準下供給勞動，並且工資水準愈高，供給的數量愈多。從勞動力的需求來說，需求數量取決於工資水準與勞動的邊際生產率之間的比較。一般來說，隨著勞動力的增加，勞動的邊際生產率會下降，企業如果增加勞動力，就必須降低工資水準。也就是說，企業對勞動力的需求是隨工資水準的下降而增加、隨工資水準的上升而減少的。當勞動力的供給與需求在市場上趨近於均衡時，就形成了均衡就業量和均衡工資。假設市場是完全競爭的，工資是彈性的，工資就可以隨著供求關係的變化而浮動。當社會的實際工資高於均衡工資時，就會出現勞動力供過於求的現象，在企業不增加工資的情況下，一部分勞動者就會選擇自願失業，即在現有工資水準下選擇不工作。

但是，在實際生活中，工資是具有剛性的，即不能隨時、經常浮動，而是有一個緩慢的調整週期，這一週期是與商品市場的週期相關的。在商品市場蕭條、企業產品滯銷的情況下，企業往往是強制性地裁減雇員，以平衡支出與收入的數量關係。如果社會總需求不足，即國民經濟中對產品的總需求不足以創造出對所有能夠投入生產的勞動力的需求，大量的失業就是不可避免的。這種失業不再是自願失業，而是非自願失業，在這

種狀況下，不是勞動者不願接受現行工資水準，而是他們接受但找不到工作。可見，在工資不能起到調節勞動力市場的供求關係的作用時，勞動力供求就會出現失衡，社會會出現大量失業人口。

在經濟學的分析中，一般根據失業產生的原因，把失業分為三類：摩擦性失業、結構性失業和週期性失業。

摩擦性失業指勞動力供求出現的短期失衡的狀況。處於摩擦性失業的勞動力主要指在一些對勞動力的性別、年齡有特殊要求的行業，在自身條件（如年齡、生育等）發生變化時離開工作崗位的勞動者；或是勞動力在市場流動過程中，由於信息不靈和市場不健全，獲取信息需要較高的成本，這樣出現的暫時未能找到工作的人。處於摩擦性失業的勞動力經常變換工作崗位，或尋找更好的工作，所以人們也把這種失業看作一種「自願的失業」。

結構性失業指勞動力的供給與需求在結構上出現不相吻合的狀況，如對一種勞動力的需求上升，對另一種勞動力的需求下降，而勞動力的供給不能及時適應這種變化，就會出現勞動力供求失衡。產業部門的興衰、演變和重新組合，往往會引起因產業結構變動而產生的勞動力流動，這種流動就意味著結構性失業。結構性失業與摩擦性失業與勞動力在總量上的供求關係並無直接聯繫，就是說，即便是在勞動力的總供求處於均衡狀態時，它們也會發生。因此，這兩種失業又可稱為自然性失業或正常失業。

週期性失業指失業率與經濟週期相聯繫，在經濟衰退時，由於對勞動力的需求大幅度減少而出現的失業。當社會總產出和社會總支出下降時，社會幾乎所有的產業領域都會出現失業率上升的現象；相反，當經濟復甦，社會總產出和社會總支出增加時，失業率就會普遍下降。

[閱讀專欄]

中國轉軌時期失業產生的原因

在不同的經濟條件下，失業的原因可能是多方面的。在中國，除了市場經濟本身的作用外，中國出現失業現象還有其他方面的原因：①由二元經濟結構所產生的農業失業人口。所謂二元經濟結構，是指現代工業部門與傳統農業部門並存的結構。這兩個部門資源配置的方式和經濟運行機制是有區別的，現代工業部門以市場原則作為資源配置的選擇條件，而農業部門則不然。農業部門勞動力與土地的結合是由歷史的、地緣的、居住的種種條件決定的。農業勞動生產率低下，農業勞動力向產業外轉移，不僅農業產值可以保持不變，而且勞動生產率還可以提高。低收入的農業勞動力必然向城鎮工業部門轉移，在城鎮工業部門需要不足的情況下形成大量失業人口。如果這部分勞動力滯留於農業部門，則會形成大量的隱性失業人口。②由體制轉換所形成的失業現象。過去計劃經濟體制下的公有制企業對勞動力的需求是計劃安排的，並不以企業的產出和規模為基礎，企業在犧牲效率的前提下滿足了「充分就業」的要求。實

際上相對於企業的產出來說，企業存在著大量的隱性失業人口。而當計劃體制向市場體制轉移，企業不再以計劃指標的完成為目的，而是以盈利為目的時，企業經營機制的相應轉換，就使原來隱性的勞動力過剩轉化為公開的失業。③由產業結構的調整引起的失業現象。中國實行改革開放以後，傳統的產業結構已經進行了重大的調整。例如，從農業來說，改革開放初湧現了大量以第二產業為主導的鄉鎮企業，對於促進農業發展曾經發揮了重大作用。但在20世紀90年代新一輪的產業結構轉變中，原有的第二產業企業因缺乏規模經濟或技術落後，紛紛倒閉，新興的第三產業還不足以迅速吸收原來企業的勞動力，因而出現了大量從原來的鄉鎮企業中流動出來的失業人口。④由人口的自然增長超過物質資料生產需要而形成的失業現象。國民經濟在一定時間內，人口生產要與物質資料生產相互適應，資源配置和生態環境才能優化。而中國由於20世紀50~70年代人口的過度增長，在20世紀末21世紀初形成就業高峰期。當物質資料生產部門沒有對勞動力的相應需求時，就構成勞動力過剩，其中一部分也會形成失業人口。

較高的失業率往往會使一個國家的經濟蒙受巨大的損失。這是因為：一方面，高失業率意味著社會總供求的失調，它會使資源產生巨大的浪費，本來這些失業人口如果不失業，生產出來的商品和提供的勞務可以滿足社會的需要，現在失業了，就被白白耽擱掉了，社會生產力受到極大破壞。另一方面，高失業率會使成千上萬的失業人口喪失收入來源，陷於生活的困境，從而引發更多的社會矛盾和社會問題，使社會陷入動盪。因此，政府的一個作用，就是抑制高失業率的發生，並且在失業率上升時，通過公共政策的運用，最大限度地減少它的負面作用。

三、通貨膨脹和通貨緊縮

（一）通貨膨脹及其影響

通貨膨脹是指一國經濟中物價水準的普遍上漲。僅僅是一種或幾種商品價格的上漲並不構成通貨膨脹，因為它們很可能被其他商品價格的下跌所抵消。通貨膨脹是指多數商品價格一起上漲而其他商品價格沒有發生下跌的情況。通貨膨脹一發生，就意味著貨幣的供應量增多，貨幣的購買力下降了。所以，通貨膨脹往往表現為物價持續上漲、貨幣不斷貶值。

通貨膨脹一般是通過物價指數來衡量的。物價指數是各種商品價格的加權平均價格。通過對物價水準的比較，可以得到通貨膨脹率。通貨膨脹率表示通貨膨脹的發展速度及程度，用公式表示：

$$通貨膨脹率（t年）= \frac{t年的價格水準 -（t-1）年的價格水準}{（t-1）年的價格水準} \times 100\%$$

一個國家的通貨膨脹可能由多種因素引起。根據通貨膨脹的生成原因，可以把通貨膨脹分為需求拉上型通貨膨脹、成本推動型通貨膨脹、結構型通貨膨脹等幾大類。

需求拉上型通貨膨脹主要是指由過度需求的拉動而產生的物價水準的普遍上漲。這種通貨膨脹源於兩大因素：貨幣因素和實物因素。從貨幣因素來看，如果貨幣供應量擴大，會引起投資需求和消費需求的增加，在商品供給不能滿足需求的情況下，物價水準必然上漲。從實物因素來看，一旦需求超過了現有商品的供給規模，就會引起物價上漲。但是，在供給或生產能力還有相當大的潛在能力沒有發揮的條件下，需求的增長可能導致實際產量的增長而不是物價水準上漲。只有在國民經濟中基本沒有閒置資本和勞動力、供給趨近於生產能力極限的條件下，需求的過度擴張才會引發通貨膨脹。

成本推動型通貨膨脹主要是指由於商品和勞務的供給者因成本上升而提高價格推動的物價水準的普遍上漲。從供給方面來看，自然災害、戰爭或資源供給條件以及某些生產條件的變化，會大幅度提高生產成本而導致供給大幅度減少，從而推動物價的快速上漲。例如，20世紀70年代世界石油價格兩次突然成倍增加，就形成了典型的成本推動型的通貨膨脹。但是，如果物價上漲是由供給因素或成本推動形成的，在供給短缺得到彌補後，價格就會回落或不再上漲。

結構型通貨膨脹主要是指在經濟結構的變動與經濟發展並不同步的情況下，由某一產業部門物價上漲所引起的物價水準的普遍上漲。經濟結構的變動有時會與經濟增長和經濟發展不一致，有的產業或部門隨著經濟增長相應地發展較快，有的發展並不快，但卻是經濟發展所需要的產業或部門，這時可能出現結構型通貨膨脹。例如：工業部門發展較快，會引起對農產品的需求上漲，而農產品的供給缺乏彈性，農業部門發展慢，農產品的價格會隨之上升。農產品價格上升會使城市居民生活費用上漲，由此導致工資成本的上漲，推動整個物價水準的上漲。如果勞動生產率在一些部門的增長快於其他部門，勞動生產率增長較慢的部門也會導致通貨膨脹的發生。比如，製造業的勞動生產率比服務業高，製造業的工資成本相對減少，但絕對數額可能隨勞動生產率的增長而增加，服務業可能會攀比製造業的工資水準而提高價格（不是提高勞動生產率）。事實上，服務業的價格上漲往往快於製造業，從而形成通貨膨脹的一個起因。

從通貨膨脹的生成原因可以看到，通貨膨脹往往是伴隨著社會總供求的失衡產生的。通貨膨脹對國民經濟的影響是多方面的，在高通貨膨脹率的情況下，就會對經濟的運行產生破壞性的影響。首先，在高通貨膨脹率（高通脹）的情況下，價格信號被嚴重扭曲，生產者無法判斷價格高低的真實意義，從而導致供求關係的紊亂，加劇供求之間的矛盾。其次，在高通脹的情況下，貨幣的作用也被扭曲，由於物價上漲很快，貨幣迅速貶值，消費者因貨幣貶值而無法購買消費品，生產者的生產投資因貨幣作用的扭曲也會受到打擊。同時，經濟秩序遭到破壞，市場機制失靈，效率普遍喪失。再次，高通脹改變了收入分配格局，加劇了社會矛盾。高通脹使一部分生產者（因生產成本上升）和消費者（因購買力下降）收入減少，陷於困難境地，同時也會導致政府財政赤字的增加，加大政府投資和轉移支付的壓力。這時，生產過剩會轉化為經濟危機，加劇社會矛盾，甚至引發社會動亂。一些美國經濟學家看到了這一點：「歷史上，惡性通貨膨脹幾

乎總是同戰爭和革命相伴。」①

　　通貨膨脹對經濟運行的影響還表現在通貨膨脹與失業之間的關係上。從短期來看，通貨膨脹率與失業率之間存在一種此消彼長、此起彼落的關係，這種關係在經濟學中被稱為菲利普斯曲線關係。② 如果社會總需求大大超過了社會實際總供給，在低失業率情況下，物價水準會迅速上漲；相反，如果總需求大大低於社會實際的總供給，在高失業率的情況下，物價上漲的壓力很小。就是說，在短期內，低失業率與高通脹率相聯繫，高失業率與低通脹率相聯繫。但從較長時期看，這種關係很難成立。例如，在失業率長期較高的情況下，也可能出現物價高居不下的現象，反之亦然。這種短期存在的關係為政府採取一定的宏觀調控政策對失業和通貨膨脹施加短期影響提供了一定的依據。

（二）通貨緊縮及其影響

　　在宏觀經濟運行中，與通貨膨脹相對應，還可能出現通貨緊縮的現象。通貨緊縮一般指物價水準的持續性下跌。但物價水準的下跌可能是多種因素引起的，從而使通貨緊縮帶來的後果也不一樣。有的學者認為通貨緊縮是指在貨幣供應量持續下降和產出增長率下降的條件下所形成的物價水準持續下跌。

　　通貨緊縮作為與通貨膨脹相對立的經濟現象，其具體表現形式與通貨膨脹完全不同。首先，通貨緊縮表現為流通中的貨幣太少，貨幣流通量少於商品流通對貨幣的需要量；而通貨膨脹卻表現為流通中的貨幣太多，貨幣流通量超過商品流通對貨幣的需要量。其次，通貨緊縮表現為物價水準普遍持續下降，物價指數下降的程度和持續時間表明通貨緊縮的程度；而通貨膨脹則表現為物價水準普遍持續上漲，物價指數上漲的程度和持續時間反應通貨膨脹的程度。

　　通貨緊縮產生的原因從根本上說仍然是社會總供求嚴重失衡。社會總供求的嚴重失衡，使影響價格的諸多因素發生了改變，從而導致物價水準的下跌。

　　首先，通貨緊縮是總需求不足的產物。總需求不足意味著供給過度擴張，生產出現過剩，企業產品賣不出去，這是導致價格下降的基本因素。在生產過剩的條件下，商品滯銷，貨幣流通速度減緩，這很容易引發信用危機。一方面，企業貨幣不能及時回籠，另一方面，銀行因害怕收不回貸款而不得不緊縮信貸，其結果就造成利率上升，物價下跌。

　　其次，通貨緊縮常常由貨幣供應量減少而引起。貨幣供應量減少一方面是由於信用緊縮，流通中所需要的貨幣量減少了；另一方面是政府減少貨幣發行量的結果。政府減少貨幣發行量一般是針對通貨膨脹採取緊縮政策的一項措施，它有利於抑制物價暴漲和貨幣貶值。這種政策措施的效應，就是物價下跌，貨幣升值。

　　再次，通貨緊縮還會由技術進步引起。從經濟週期的角度看，經濟波動與技術進步

---

① 保羅·薩繆爾森，威廉·諾德豪斯. 經濟學 [M]. 北京：華夏出版社，1999.
② 菲利普斯曲線是英國經濟學家 A. W. 菲利普斯對 1862—1957 年近一百年間英國的失業率與貨幣工資變動率的統計資料進行整理後得出的結論，借以說明失業與通貨膨脹的關係。

因素密切相關。技術進步是推動供給的力量，一方面它促進產出的增長，另一方面它推動成本的下降。從供給的角度來分析，它與形成成本推動型通貨膨脹的因素正好是反向作用的。技術進步推動供給，從而推動經濟增長，改變總供求關係，同時又為降低成本創造了條件，如果需求跟不上供給的增長，也會造成通貨緊縮。

通貨緊縮與通貨膨脹一樣，由於產生原因的複雜性，它對經濟運行的影響也是多方面的。在一般情況下，人們都把通貨緊縮與經濟衰退聯繫在一起，因為通貨緊縮常常伴隨著社會購買力減少、生產下降、大批企業破產、失業人口增加這些經濟衰退現象。例如，1929—1933 年大危機期間出現全球性通貨緊縮，與此同時，美國消費物價指數年均下降 6.7%，實際 GDP 年均下降 8.2%，失業率高達 20% 以上。但是通貨緊縮作為一種經濟現象，不能簡單地等同於經濟衰退。歷史上，同樣是美國，在 1866—1896 年間經歷了長達 30 年的通貨緊縮，但這 30 年產出的年均增長率超過 7%，成為美國經濟趕超英國的關鍵時期。因此，通貨緊縮對經濟運行的影響，要從其成因和現實效應等方面進行全面分析。總體來看，通貨緊縮在兩種情況下對經濟增長和經濟發展都是不利的。一種是急遽的大幅度的通貨緊縮。這種通貨緊縮對經濟的衝擊力過大，往往激發各種經濟矛盾和社會矛盾，如需求不足、失業嚴重、居民和企業收入減少、經濟出現嚴重衰退。另一種是長期的持續的通貨緊縮。這種情況下也會出現前述現象，造成供給不足，生產力遭到破壞，經濟沒有活力。如果通貨緊縮是短期的，或只是針對通貨膨脹的一種政策效應，其對經濟運行的負面影響就是有限的。

1997—2003 年，中國消費物價指數持續下降，也出現了一個時期的通貨緊縮現象，而與此同時，中國保持了較高的經濟增長速度（GDP 年均增長 7% 以上）。中國通貨緊縮的成因是多方面的：一是消費需求疲軟（不是投資需求），這是重要的約束因素；二是國有企業營運效率低下引致的信用緊縮促使總需求和物價水準進一步下降；三是貨幣流通速度慢，貸款增長速度慢於存款增長速度；還有基礎貨幣供應量的增幅逐年減少，流通中的貨幣量相應減少。當這些因素逐漸發生改變後，通貨緊縮現象就慢慢消失了。

第二節　市場經濟中政府的經濟職能

從前一節的分析中我們可以看到，宏觀經濟運行可能呈現出良性狀態（如總供求平衡和經濟增長），也可能呈現出非良性狀態（如經濟衰退、通貨膨脹或通貨緊縮）。如果任由市場經濟機制自發地發揮作用，經濟運行就可能出現大幅度擺動，總供求從不平衡到平衡再到不平衡的發展頻繁波動，這對於經濟發展會產生多方面的副作用。同時，市場經濟的自發作用還意味著市場會出現無序、混亂從而損害社會公眾利益的狀態。因此，政府在市場中積極地發揮作用是很重要的。本節和下一節將對此做進一步分析。

一、政府介入市場和政府的經濟職能

政府介入市場是指在市場經濟的運行中，政府通過各種手段履行法律所賦予的職能，對經濟加以干預和影響，以達到一定的預期目標。在經濟學中，曾經有一種觀點認為政府與市場之間存在著替代性，就是說，在市場機制發揮作用的地方是排斥政府干預的，而在政府干預的地方是排斥市場機制作用的。政府究竟該不該介入市場呢？儘管經濟學家在這一問題上爭論很多，但大多數經濟學家認為政府與市場的作用是可以互補的，政府積極有效地介入市場，可以起到市場機制不能起到的作用，這對於一國經濟的發展和社會的進步有著重要意義。

政府介入市場的主要原因是市場存在著明顯的缺陷，會出現市場失靈的現象。我們知道，市場是資源配置的基礎，市場機制的作用可以優化資源配置，並且市場機制有其自身運動的規律，它並不以政府的作用為轉移。但是，市場機制的自發作用並不能保證在任何時候、任何條件下都可以使資源配置實現最優，經濟運行最有效率，並且最合乎社會的公共目標。市場在有些領域中的作用是很有限的，譬如在經濟出現負外部性、壟斷生產和經營、公共產品供給不足以及社會分配不均的情況下，市場自身的調節常常不能取得理想的效果。由於市場機制作用的盲目性，還可能導致宏觀經濟供求關係的失衡，引發一系列經濟問題，導致資源浪費、效率喪失、經濟秩序混亂。在這些市場失靈的情況下，只有依靠政府的作用來調節和引導經濟運行的方向，才可能避免出現大的經濟危機。

政府在市場經濟中的基本作用就是彌補市場缺陷和矯正市場失靈，以保證社會福利的最大化和公共目標的實現。政府的作用根據其目標和範圍可分為宏觀領域和微觀領域。簡要地說，政府在宏觀領域的作用主要是對經濟總量進行調節，促進總供求的市場均衡，在宏觀上保證市場經濟運行擁有良好的法制、文化環境以及生態、結構環境，以引導經濟增長和經濟發展；政府在微觀領域的作用主要是維護市場機制的正常有序運行，監督市場主體的市場行為，實施必要的管制以調節市場自身不能調節好的市場主體之間的相互關係，保護公平競爭和公眾利益。一般把政府在宏觀領域發揮作用概括為宏觀調控，而把政府在微觀領域發揮作用概括為微觀管制。

政府的經濟職能是由政府在經濟活動中應該起什麼作用決定的。在傳統的計劃經濟體制下，政府扮演著家長的角色，大至家庭的生存發展，小至柴米油鹽都由政府說了算。因此，政府的經濟職能是包攬一切的，所有經濟活動都由政府來計劃、組織、實施和管理。政府既是資源的所有者又是資源的經營者，既是運動員又當裁判員，扮演著經濟的統治者、決策者的角色。在中國的經濟實踐中，這種體制由於違背了市場經濟的規律，具有很大的弊病，阻滯了經濟的發展。改革開放以來，隨著市場經濟體制的建立和逐步完善，政府在經濟中的角色和職能都發生了重大的轉變。政府更多地充當著代表公眾利益和公共目標的公益人、公共資源和公共產品的管理人、制定市場規則和維護市場

秩序的管制人、宏觀經濟活動的調節人的角色，發揮著更多的公共服務的職能。

國家對國民經濟的宏觀調控體系，是社會主義市場經濟體制的有機組成部分。在中國進入經濟發展新時代的背景下，在市場經濟體制下，政府不直接干預企業的生產經營活動，但政府必須運用經濟手段、法律手段和必要的行政手段管理經濟，以彌補市場調節的不足。為此，應當積極轉變政府經濟管理的職能，創新和完善以間接手段為主的有度的宏觀調控體系，健全財稅、貨幣、產業、區域和外匯等經濟政策協調機制，保證國民經濟的持續、快速、健康發展。

具體來說，在市場經濟中，政府具有以下主要的經濟職能：

1. 制定與實施經濟社會發展戰略，實行宏觀調控

政府制定一定時期國民經濟和社會發展的戰略規劃，確定全局性的國民經濟和社會發展的重要指標；制定和執行宏觀調控政策，對宏觀經濟變量進行調控；決定其他必須由政府統一決策的重大事項，如對城市建設進行整體規劃、保護土地資源、為保護資源而控制某種資源消費方式、控制人口增長等。

2. 維護公平競爭的市場秩序

政府在法律授權範圍內，通過頒布法規、制度，實行微觀管制，以規範和監督各類經濟主體的行為，限制各種不正當競爭行為，創造公開、公平、公正的競爭環境，維護正常的市場秩序。

3. 管理國有資產

政府作為國有資產所有者的代表，行使國有資產的管理職能。但這種管理不是由政府直接去經營，而是由國家授權的專門機構和部門行使管理權能，在建立現代企業制度、所有權與經營權分離的基礎上由企業自主經營，政府機構不干預企業的生產經營活動，而是實行宏觀管理和調節。

4. 調節收入分配

政府通過制定和實行一定的政策，採取各種調節手段，參與國民收入的再分配，以調節和控制收入分配中不合理的因素，縮小貧富差距，避免兩極分化。例如，通過稅收和轉移支付來調節收入，扶持弱勢階層，貫徹兼顧效率與公平的原則。

5. 提供公共產品和公共服務

政府通過國家預算，以財政投資的方式進行基礎設施、公用事業、科研開發、教育、衛生、國防的建設；通過建立和健全完善的法治體系和制度體系，界定和保護各類經濟主體的產權，提供市場經濟順利運轉的環境條件；維護國家主權獨立與領土完整，維持一個有利於國民經濟發展的和平穩定環境。

二、市場經濟中公共產品的供給

公共產品也稱公共物品（Public Goods），是出自滿足社會公眾的公共利益的需求，提供給社會公眾共同消費的物品。公共產品具有兩個基本的性質：第一，非排他性

（Non-excludability）。與一般商品或私人物品不同，公共產品不具排他性，任何人享受公共產品的權益都是平等的，排除任何人對公共產品權益的共享要花費非常大的成本。第二，非競爭性（Nonrivalous）。一般商品或私人物品具有競爭性，即一個人對某種商品的消費會減少其他人對這種商品的消費。公共產品卻不一樣，一個人對一種公共產品的消費並不會減少其他人對這種公共產品的消費。

例如城市的街道和路燈，大家都可以通行和享受照明，而不因此付費，也不能排除某一個特定的人對這種物品的消費。相似的還有海岸上的燈塔、國防設施等。這種既具有非排他性又具有非競爭性的物品也稱為純公共產品。純公共產品在供給時不能排除任何人對產品的消費，在增加任何人對產品的消費時，也不會增加任何成本。從廣義的角度說，社會公眾的公共消費是多方面的，不僅包括物質產品，還包括非物質的勞務或服務，因此，經濟學家也把政府提供的公共服務作為公共產品。這樣，純公共產品主要有兩類：一類是物質產品如國防、基礎設施、公園、博物館等；另一類是非物質產品如公共秩序、法律制度、社會服務等。

但是在有的情況下，公共產品卻表現出不同的特點。例如有的道路會因為一些人的使用而影響另一些人使用，當一條道路變得擁擠時，使用它的成本就會急遽上升。這時，要將一些人排除在使用者之外（通過收費的方式）也是很容易的。這時的道路雖無排他性但具有競爭性。又如，某些教育和醫療服務雖然就其服務對象來說具有公共性質，但就其消費來說卻具有一定的排他性和競爭性，相當於私人物品，不過由於它們的消費具有很大的正外部性特點，需要通過一定的制度安排，以免費或低費的公共供應方式來保證社會公眾需求的滿足。具有以上情況的公共產品與純公共產品不同，稱為準公共產品。

公共產品由於具有非排他性和非競爭性的特點，很難由市場或私人生產來提供。因為每一個私人生產者都必須通過產品出售收回成本，而不能承擔不收費導致的虧損。這樣，公共產品就只能由代表公共利益的政府來提供。政府必然要承擔起提供公共產品和公共服務的義務，因為只有政府可以通過強制性的方式，要求社會公眾為消費公共產品付費，也就是通過國民收入再分配的途徑，集中社會資金，再把它轉化為公共產品，去滿足社會公眾的公共需求。

政府履行提供公共產品的職能，首先必須保證純公共產品的供給。一般純公共產品是由公有制經濟主體的運作和經營來提供的，這也是市場經濟中公有制經濟存在和發展的一個理由。而準公共產品的供給，卻可能採取比較靈活的供給方式。政府在提供公共產品時所採取的供給方式會受到若干因素的影響：

第一，社會公眾的福利目標。政府提供公共產品的目的就是實現社會公眾福利的最大化，最大限度地滿足社會公眾對公共產品的需求。但國家的政治經濟制度、經濟發展水準和文化價值觀念的不同會造成社會福利目標的差異，公共產品的範圍也會呈現出很大差異，從而使供給方式不一樣。中國在計劃經濟時期，公共產品的範圍很寬，一些本

應屬於準公共產品甚至是私人物品的供給，都採取公共供給方式，由公有制經濟大包大攬。這種供給的效率很低。改革開放以來，中國強調了市場化原則，但又出現了公共產品範圍大幅度縮小、供給嚴重不足的問題。實踐證明，社會主義國家出自社會公共利益的要求，適當擴大以公共供給方式提供公共產品的範圍，有利於社會福利水準的提高，即便是一些準公共產品如教育、醫療衛生等，在一定範圍內也可以作為純公共產品向社會成員免費和低價提供，這有利於提高全民素質和勞動生產率，體現社會公平和建立和諧社會。但這種公共產品的提供方式要適當引入市場機制，特別是要改變公有制經濟的經營方式以提高效率。

第二，資源的稀缺程度。公共產品的供給必須以資源的可供量或可開採量為基礎，如果資源供給與需求之間的差距大，公共產品的供給方式就可能改變。資源稀缺程度低，意味著資源的可供量和可開採量都是充分的，將其作為公共產品提供可以滿足所有人的需求，那麼採取公共供給方式不會影響社會公眾的福利水準。相反，資源稀缺程度高，意味著資源不足以保證所有人的需求，繼續採取公共供給方式可能嚴重影響效率；而採取市場的或私人的供給方式可以改善效率，這就意味著會向消費者收費。在某些情況下，也可以通過政府代消費者付費（如政府的財政補貼和財政轉移支付）的方式來保證公共產品的供給。

第三，社會總供求關係的變動。社會總供求關係與公共產品的提供密切相關。公共產品的提供是以政府財政支出為基礎的，財政支出會形成投資需求和消費需求。一般來說，在總需求大於總供給的情況下，增加對公共產品的投入會進一步推動需求膨脹，因此這時不宜增加對公共供給方式的財政支持；而在總需求不足時，增加對公共供給方式的投入，擴大公共產品消費是有益的。考慮到對宏觀經濟變量的影響，公共產品的提供總是與一定的財政政策的運用密切相關的。

從經濟學角度分析，公共產品的公共供給方式容易造成「搭便車」的結果，從而引起效率的損失，並最終影響社會公眾需求的滿足。因此，許多國家的政府都或者對供給方式（經營方式）進行改革，廣泛引入市場機制，或者減少公共產品的供給範圍，以收費和私有化代替公共供給。但是，政府作為公益人提供公共產品的職能是市場無法替代的，尤其是政府在提供非物質產品的公共服務時，在多數情況下是很難市場化的。這就需要加強政府自身的建設，改革政府行政管理體制，來保證公共產品供給的效率。

三、政府管制與市場經濟運行

(一) 政府管制的意義和內容

政府在市場經濟中的一個重要職能是進行微觀管制，即政府根據自身特殊的地位和職能對市場活動施加直接的影響，對微觀經濟主體進行監督和管理。所謂政府管制，就是政府依據有關法律，對市場主體的經濟活動和經濟行為進行規範和限制的行為。

為什麼市場經濟需要政府管制呢？這仍然是由市場的缺陷引起的。市場不僅難以保

持宏觀經濟總供求關係的平衡，也很難自動維護市場經濟健康有序地運行。政府管制是政府針對市場中出現公共目標的背離和公共利益的受損而做出的一種政策性選擇，管制的理由主要在於以下幾個方面：

第一，政府管制有利於防止壟斷和限制壟斷企業的市場權力，以保護競爭，維護市場主體的平等權利。在生產和流通被少數企業壟斷的情況下，壟斷者往往「享有極大的成本優勢，而且面對的是沒有價格彈性的需求，所以能大幅度地抬高價格，獲得巨額壟斷利潤，導致經濟在很大程度上的非效率。」[1] 政府管制可以抑制壟斷價格和壟斷利潤，調節因此而帶來的分配不公，並通過激勵競爭來減少消費者的交易成本，提高社會福利水準。

第二，政府管制有利於克服市場的負外部性，減少社會福利損失，提高經濟運行的宏觀效益。市場中產生的負外部性，典型的例子是環境污染。企業出自自利動機，往往不會承擔治理污染的成本，其結果是給周圍的居民帶來損失。類似的還有資源的過度開發、土地的掠奪式利用、產業的無序競爭所造成的社會福利損失等。在這些情況下，政府可以充分利用自身的特殊優勢，通過管制去干預企業行為，以保證資源配置的宏觀效率和社會整體利益不受損害。

第三，政府管制有利於市場主體獲取充分信息，保證市場競爭的公平和公正，充分維護消費者的合法權益。市場經濟中存在著廣泛的信息不對稱現象，在缺乏有效監管的條件下，會出現嚴重的機會主義傾向，即生產者有意隱瞞真實信息或提供虛假信息，以損害消費者利益為手段牟取利潤。如醫療藥品市場和金融證券市場，一般消費者和投資者不具有信息優勢，很容易受到虛假信息的誤導和損害。政府通過監管可以提高信息質量，彌補信息的不完全，為公平競爭創造條件。

第四，政府管制有利於保證勞動者的基本權益，維護社會正義。由於勞動力市場存在信息不對稱和權利失衡的狀況，勞動者在生產過程中的一些基本權益常常受到侵害。如勞動者在勞動保護、健康安全、收益分配、教育培訓和社會保障等方面的權益，必須由政府通過法制和監管去加以維護。

政府管制可以分為經濟性管制和社會性管制兩類。經濟性管制主要指政府針對市場競爭秩序和規則，為防止發生資源配置的低效率和確保經濟整體利益，政府通過許可和認可等手段，對企業的進入和退出、價格、產品和服務的質量與數量、信息發布和會計標準等進行控制。管制的對象主要是自然壟斷行業和公共設施提供部門（如城市的供水供電供氣、通信、郵政、公共汽車和地鐵等）、基礎設施產業部門（如鐵路、航空、公路和水路運輸、管道運輸、發電和供電網等）以及一些特殊的產業部門（如廣播電視、銀行、證券、保險業等）。社會性管制主要指政府針對人的生命和健康，以保障消費者和勞動者的健康、安全、衛生和環境保護、防止災害等為目的，通過制定規章和標準、

---

[1] 保羅・薩繆爾森，威廉・諾德豪斯．經濟學．[M]．16版．北京：華夏出版社，1999．

界定產權和權利、提供信息等,對企業行為和產品質量進行控制,如規定衛生和環境保護標準、制定安全規章、頒布產品質量標準等等。這類管制具有範圍較廣的特點。

(二) 政府管制政策及工具

在市場經濟中,政府根據市場經濟及其需求的變化,確定不同的管制目標,並依據目標要求選擇、調整和改變管制政策及手段,稱為管制的政策選擇。管制政策也可視為管制工具。政府常用的管制政策主要是:

准入和禁止制度。准入制度主要是制定行業准入條件和標準,符合條件者可以進入,不符合條件者不能進入。通過這種制度可以保證經濟主體符合某種標準以滿足設定的管制目標的要求。禁止制度是通過頒布法規禁止某種產品的生產和某種市場行為,如禁止某種過期殺蟲劑的生產和使用、禁止利用經濟優勢和行政權力限制競爭等等。

價格、費率和數量控制。這主要是針對壟斷行為或過度競爭產生的市場扭曲所採取的管制政策。價格、費率控制主要針對自然壟斷產業和一些特殊的市場交易行為,如證券和房地產的交易,而數量控制主要針對農產品和自然資源開發領域。

產品質量和技術標準制度。產品質量和技術標準制度是政府為確保生產過程和產品的有效、安全,維護消費者利益而普遍使用的工具。它包括各種技術質量標準和污染排放標準、安全標準等,也包括政府建立績效標準來激勵被管制者採取有效措施達到管制目標。

信息管制。信息管制指政府通過頒布法規要求被管制者向消費者和公眾提供足夠的真實信息,以彌補市場信息不對稱的缺陷,也可以通過自身的行為直接向消費者和公眾發布有關信息。

界定產權和權利。產權和權利的界定可以通過法律界定和行政界定兩種途徑。法律界定是調整和規範經濟關係的基礎,行政界定是法律界定的重要補充。在一定的條件下,行政界定和行政裁決比法律界定和裁決更加節約成本,也更有效率。所以,政府運用行政權力對產權和權利進行界定和裁決也是一個重要的管制工具。

在市場經濟中,政府選擇哪種管制工具、確定什麼管制政策,是根據具體情況定的。放鬆還是加強管制,往往也是根據市場的變化來做出決策。當市場能夠把事情做得更好時,一般就不需要加強管制。

(三) 管制的兩重性和政府行為

政府管制是針對市場缺陷和市場失靈進行的,這並不意味著政府管制可以完全替代市場。政府管制也可能出現失靈而不能彌補市場缺陷。事實上,政府管制存在兩重性:一方面,政府管製作為一種公共產品的供給可以滿足公共需求,通過管制矯正市場失靈以促使資源配置的合理均衡和經濟運行更有效率;另一方面,政府管制也可能損害一些市場運行規則,有時可能會在損害公共目標的情況下使一部分人受益而另一部分人受損,從而損害經濟運行效率。當出現後一種情況時,我們也把它叫作政府失靈。

管制的兩重性與政府行為有密切關係。管制是一種政府行為,它必須由政府的行政

機構通過一系列活動即行為去實施；管制又是一個過程，它是由一系列管制環節所構成的，每一個環節都要通過一定的政府行為來體現。因此，管制是否合理有效，從一定角度來說，取決於政府行為是否合理規範。政府行為合理規範，管制會有積極的效果；反之，管制可能不會有積極的效果。

為什麼會存在政府行為不規範以至於出現政府失靈的現象呢？主要原因在兩個方面。首先，政府在決定某種行為時可能面臨角色衝突。一方面政府作為公益人對公共目標和公共利益承擔著責任和義務，另一方面各級政府機構及其人員因有其獨立的利益而有自利動機（這種自利動機可能表現為對物質利益的追求，也可能表現為對非物質利益的追求）。當政府機構傾向於自利時，管制可能會成為少數政府機構和利益集團獲取利益的途徑。其次，政府從市場上獲得的信息總是不完全的。儘管政府具有信息收集、識別、分析和處理的優勢條件，但仍然不可能獲得完全信息。這樣，政府行為會受到有限理性和外部不確定性的制約，在管制時可能會導致不恰當的選擇，不僅達不到預期的管制目標，反而離目標更遠。

由於管制存在著兩重性，在制訂合理的管制目標的同時設計並規範政府行為機制，預防政府可能產生的不規範行為和管制錯誤，避免管制失靈造成的負面效應，就是十分必要的。特別對於正在進行經濟體制轉軌的國家，這更為重要。

第三節　政府的宏觀調控

一、宏觀調控目標和宏觀調控手段

政府的宏觀調控，是指政府作為經濟調節的主體，運用一定的調節方式和手段，對宏觀經濟運行進行干預和調節，並通過調節市場去影響微觀經濟活動，以引導經濟運行達到一定的經濟目標的行為和過程。經濟調節總是根據一定的目標進行，並為實現一定的目標服務。宏觀調控的目標對整個宏觀經濟的運行起著導向的作用，是宏觀調控的基本依據，各種調節手段的運用和各種宏觀經濟政策的實施都是圍繞著這個目標進行的，它是宏觀經濟運行的出發點和歸結點。

宏觀調控的基本目標是社會總供求的平衡。我們在前面已經指出，在宏觀經濟的若干變量中，總供求是最重要的一對核心變量。社會總供給與社會總需求是否平衡，不僅反應了其他宏觀經濟變量如貨幣供應量、物價水準、失業率等的變動狀況，而且決定著其他變量的變動趨勢。社會總供給與社會總需求平衡是經濟穩定發展的前提。總供求的平衡關係綜合反應了社會經濟運行的全部過程和成果，即總生產、總分配、總流通和總消費的狀況。總供求的平衡單靠市場調節是不夠的，還必須要依靠政府的宏觀調控來實現。

總供求的平衡包括總量平衡和結構平衡。總量調控的目標是避免總供求之間出現較

大差距而導致需求不足或需求膨脹的失衡局面，結構調控的目標是防止結構性的供需失衡，促進產業結構的合理化和資源的合理配置。

宏觀調控的目標除了總供求平衡這一基本目標外，還有若干具體的目標。一般而言，這些具體目標中，比較重要的有以下四個方面：

（一）充分就業

充分就業意味著在一定的貨幣工資水準下，所有擁有勞動能力並願意就業的人都享有就業機會。充分就業一般不排斥摩擦性失業和自願失業。也就是說，在充分就業狀態下，沒有非自願失業的存在，但可能存在摩擦性失業和自願失業。實現充分就業與保持總供求基本平衡的目標是一致的。對於中國這樣一個勞動力供給大國，在經濟轉軌時期，引起失業的因素很多，就業問題尤顯突出，實現充分就業是宏觀調控的一個重要任務。

（二）物價穩定

物價穩定是指保持物價總水準的基本穩定，即將物價變動保持在經濟順暢運行允許而居民又能承受的範圍內，既不發生嚴重的通貨膨脹，也不發生嚴重的通貨緊縮。物價水準的基本穩定不等於零通貨膨脹，對於經濟轉軌時期、面臨經濟增長壓力的國家而言，物價的適當上漲對經濟增長有好處，但通貨膨脹率應當低於經濟增長率。物價穩定與否與總供求的平衡關係、貨幣供應量、社會勞動生產率等都有密切關係，因此，保持物價基本穩定與其他宏觀調控的目標或因素也是分不開的。

（三）經濟增長

經濟增長主要表現為國民經濟的發展速度，通常通過 GNP、GDP 這樣一些總量指標來表示。經濟增長是經濟發展的物質基礎，所以各國都要尋求經濟增長的一定速度，即在一定時期內產量或收入的穩定增長。影響經濟增長的因素很多，經濟增長的總量指標要受其他宏觀經濟變量的影響和制約。在不同的國家和不同的社會經濟條件下，會出現不同的增長方式和增長途徑。政府的宏觀調控不僅要使經濟增長保持合理的速度，而且要促使增長模式保持高效率。政府要通過不同的政策選擇和運用，防止經濟增長出現衰退或過熱的現象。

（四）國際收支平衡

隨著經濟全球化和世界市場的發展，一國經濟越來越多地依賴於世界經濟。在開放性的經濟系統中，國際收支狀況對國民經濟發展具有重要的影響。積極吸引外資，發展對外貿易，可以彌補本國資金不足、技術缺乏和需求不足。但借入外資需要還本付息，進口需要用出口創匯來抵補，反過來也會限制本國經濟的增長。在當今世界經濟中，國際收支的嚴重逆差會損害長期的經濟增長能力；過度順差一方面意味著承擔了更多的國際金融風險，另一方面容易引發國際的貿易爭端。所以，政府要通過宏觀調控來促進對外貿易的發展和國際資本流動，為本國企業走向世界、增強國際競爭能力和國際投資能力創造條件，保持國際收支的平衡。

宏觀調控目標是一個相互聯繫、相互制約的目標體系。各個目標之間的作用有時是一致的，有時卻不一致。例如：總供求的平衡為充分就業和物價基本穩定奠定了基礎，這時它們的作用是一致的；但在經濟增長較快的情況下，會導致通貨膨脹，而通貨膨脹一旦趨高，就可能導致經濟衰退，這時它們的作用就是不一致的。因此，宏觀調控在不同的條件下，不僅目標會有差異，而且有時不得不為了一個更具根本性質的目標而暫時犧牲另外的目標，例如為了滿足充分就業而暫時容忍一定的通貨膨脹率。

　　宏觀調控目標是通過一定的調控方式和手段來實現的。一國政府對宏觀經濟的調控方式，主要是由一個國家的經濟體制所決定的。在計劃經濟體制下，政府對宏觀經濟的調控是一種直接調控方式，即政府運用行政手段編製和實施全面的計劃，直接配置經濟資源，直接干預微觀經濟的運行，以達到某種調控目標。但這種調控方式被實踐證明效率低、效果差。由於排斥市場的作用，計劃平衡往往是紙上的平衡，對經濟增長和經濟發展阻礙極大。

　　在市場經濟體制下，政府對宏觀經濟的調控是一種間接調控方式，即政府綜合運用多種手段調節市場，通過市場影響和引導微觀經濟行為，達到某種宏觀調控目標。間接調控方式與直接調控方式有實質的區別。在間接調控方式下，政府與企業之間的關係是由市場來連接的，政府的宏觀調控也是通過市場來實現的，間接調控的直接對象是市場而不是企業，這種調控以總量調控為主，調控範圍廣泛、靈活。

　　宏觀調控手段是指政府在進行宏觀調控時所採用的具體的方式、方法和工具。一般來說，宏觀調控手段主要是指計劃手段、經濟手段、法律手段和行政手段。

　　計劃手段。計劃手段指政府通過制定經濟發展戰略和長期、中期以及短期經濟計劃，引導國民經濟按照合理的宏觀經濟目標發展。市場化的計劃手段的主要特徵是：計劃的基礎是市場經濟發展的趨勢或規律，計劃的出發點和目的都是按照市場經濟的要求實現宏觀經濟總量的平衡，以保證經濟持續穩定的發展；計劃的實施是利用市場機制的作用，不破壞市場經濟運行的基本規則；計劃表現為從上到下的指導性和引導性，而不是強制性和指令性。

　　經濟手段。經濟手段指政府在依據價值規律的基礎上借助於經濟槓桿的調節作用，對宏觀經濟進行調控。經濟槓桿主要包括價格、稅收、信貸等價值工具。通過這些工具的運用，不僅可以調節不同資源和產品的市場供求關係，而且可以調節收入分配關係，以縮小貧富差距，兼顧公平，解決市場本身不能解決的問題。

　　法律手段。法律手段指政府依靠法制力量，通過經濟立法和司法，運用經濟法規來調節經濟關係和經濟活動，以達到宏觀調控目標。法律對經濟主體具有普遍的約束力，並且具有強制性、穩定性、明確性的特點。法律手段主要運用於界定和保護產權，規範各經濟主體的行為，規範市場運作的程序和市場秩序，明確政府的職能及權限以及規範政府行為，維護公共利益和國家利益等。

　　行政手段。行政手段指政府憑藉政權的力量，通過頒布行政法規、制度等形式，按

行政區域、行政系統、行政層級來管理國民經濟活動的手段。從宏觀經濟的調控來說，行政手段是一種補充性的手段，它必須在法律授權範圍的基礎上由政府按照必要的法定程序來運用。行政手段主要運用於政府對微觀經濟活動的管制、市場管理、公共產品和公用事業的提供、災害等公共安全突發事件的處置等方面。

二、宏觀調控政策及其運用

宏觀調控政策是政府為達到一定的宏觀經濟目標而制定的方針、原則和行為準則，它通過各種調控手段的具體運用來體現。相對於目標來說，政策也是一種手段、一種工具；同一般調控手段不同的是，它表現了一種體現明確目標的原則和行為準則。這種原則決定了其他手段的運用，或者說其他調控手段的運用都是在一定的調控政策的原則下進行的。

政府的宏觀調控政策是一個體系，包括財政政策、貨幣政策、產業政策、外貿政策、匯率政策、收入政策等。從國內經濟的角度看，最基本的是財政政策、貨幣政策、產業政策。前兩者主要是調節社會總需求，後者主要是調節社會總供給，這三類政策是保持社會總供求總量平衡的基本措施和基本工具。

（一）財政政策

財政政策是政府為實現一定的宏觀經濟目標而運用財政調節手段以促使宏觀經濟總量發生變化的原則及措施。財政是一種以政府為主體的分配活動。財政活動包括財政收入和財政支出兩個方面，政府推行的財政政策也可以分為財政收入政策和財政支出政策。財政收支的數量、收支的構成和收支的範圍都對國民經濟運行有顯著的影響；財政收支既是政府管理國家的基本工具，又是調節經濟運行的重要槓桿。

政府的財政收支表現為三種狀況：一是收入大於支出，有結餘；二是收入與支出相等；三是支出大於收入，有逆差，即赤字。財政收支是由國家預算來安排的。國家預算是規定和實現財政政策的基本手段。針對一定時期的宏觀經濟運行狀況，在確定了宏觀調控目標後，政府可以通過國家預算對財政收支的安排來調節社會總供求的相互關係。如在總需求不足時，一方面增加財政支出，另一方面又減少財政收入，也就是採取赤字預算的政策；在總需求膨脹或出現通貨膨脹時，一方面減少財政支出，另一方面又增加財政收入，也就是採取盈餘預算或縮小財政赤字的政策。國家預算在作為宏觀調控手段時，並不是以財政收支平衡作為主要目標，而是以宏觀經濟總量主要是社會總供求的平衡作為主要目標。

國家預算的實施是通過一系列具體的財政工具或手段來進行的，主要包括稅收、國家信用、財政補貼和財政投資。

稅收。稅收是政府憑藉政治權力，對部分社會產品進行分配以取得財政收入的一種形式。稅收又是一種經濟槓桿，稅率的高低、稅種、稅目的設立，都可以調節經濟變量關係和資源配置。例如：減稅可以刺激經濟增長，增稅可以抑制通貨膨脹；對不同行業

實行不同的稅率可以調節產業結構；所得稅可以調節收入分配等。

國家信用。國家信用是政府籌集和供應財政資金的一種分配手段，也是彌補財政赤字的主要方式。其主要形式是發行國債和國家向銀行等金融機構進行財政性借款。利用國家信用能夠調節儲蓄和投資的比重，調節投資結構和產業結構以及貨幣流通量。

財政補貼。財政補貼是政府用以調節供求的一種特殊措施，包括生產性補貼和生活補貼。生產性補貼用於扶持重點行業的發展和保障特種產業，例如對農業的產業保障就是通過財政實行價格補貼來進行的。生活補貼主要用於調節收入分配，例如對弱勢階層的轉移支付和對一些需要扶持的階層如科技人員給予適當補貼等。

財政投資。財政投資即財政安排的預算內投資，是政府直接增加或減少支出以影響社會總需求的一種手段。政府投資主要用於基礎設施等公共產業的建設。在社會總需求不足特別是投資需求不足的時候，政府投資的增加有利於擴張需求，促進經濟增長；相反，在總需求膨脹，特別是投資需求膨脹時，政府緊縮支出有利於抑制需求膨脹。

財政政策按其在調節社會供求中所起的不同作用，可分為擴張性財政政策和緊縮性財政政策。擴張性財政政策是指政府通過擴大財政支出和減少財政收入來擴大社會總需求的政策。政府的財政支出主要構成財政投資和政府購買（政府採購），它們是社會總需求的直接組成部分。在利率和貨幣需求量不變的情況下，由於乘數效應，政府支出增加會使社會總需求的增量遠遠超出政府支出的增量。減少財政收入主要指減稅，它意味著增加企業和居民的可支配收入。由此會產生雙重效應：一方面，增加居民消費和企業投資，從而增加社會總需求；另一方面，刺激企業的積極性而增加供給。擴張性財政政策與赤字預算政策是一致的，它是在總需求不足時適用的政策，而在總需求膨脹或總供求平衡的條件下則不能採用。

[閱讀專欄]

乘數效應和擠出效應

乘數效應指政府支出或政府購買每增加1個單位，可以帶來數倍於該增量的社會總需求或國民收入的增長，這個倍數就是乘數。倍數越大，乘數效應就越明顯。在利率和貨幣需求量不變的情況下，總產出會因乘數作用而發生擴張。在考慮貨幣市場的情況下，總產出增加使總收入增加，導致貨幣需求量增長，從而引起利率上升。利率上升又會引發兩個結果：一是投資下降；二是本幣匯率上升，淨出口下降。這種貨幣市場的變化引起的投資和出口的下降，稱為擠出效應。乘數效應會因投資和出口的下降被部分抵消。因此，在存在擠出效應的情況下，擴張性財政政策的實際效果可能比預期小。

緊縮性財政政策是指政府通過壓縮財政支出和增加財政收入來壓縮社會總需求的政策。它與盈餘預算政策是一致的，主要在總需求膨脹和通貨膨脹時採用。減少財政支出相當於直接壓縮社會總需求。增加財政收入的主要途徑是增稅，它意味著企業和居民的

可支配收入減少，從而投資和消費需求減少。緊縮性財政政策在總需求不足或總供求基本平衡的情況下會造成經濟衰退或加重衰退。

(二) 貨幣政策

貨幣政策是政府通過中央銀行，為實現宏觀調控目標而制定的各種管理和調控貨幣供應量及其結構的原則和措施。貨幣政策通過調控貨幣供應量及其結構，影響信貸規模、利率、匯率，從而達到調控宏觀經濟總量、實現經濟增長和穩定幣值的目的。

貨幣政策目標是通過貨幣政策工具的運用來實現的。貨幣政策工具主要有利率、法定準備金率、公開市場業務、再貼現率等。

利率是一定時期內利息額同存入或貸出本金的比率。它是資金的價格，是調節資金供求的重要手段，是貨幣和信貸政策的重要槓桿。利率作用的發揮需要具備兩個條件：一是利率要隨資金市場供求關係的變化而浮動，通常名義利率不能低於通貨膨脹率；二是微觀經濟主體對利率的變動能夠做出靈敏的反應。這兩個條件的實現，有賴於市場體系和市場經濟體制的完善。沒有完整的市場體系，利率不能正常浮動；沒有獨立自主經營的市場主體，利率就起不到調節供求的作用。利率槓桿的運用，是中央銀行根據宏觀調控的需要，依據一定的貨幣政策來進行的。

法定準備金又稱存款準備金，是指中央銀行規定商業銀行和金融機構按一定比例將所吸收存款的一部分交存中央銀行。交存的準備金與存款額的比例就是法定準備金率，這一比率的變動直接影響著商業銀行的貸款規模。在市場經濟條件下，商業銀行吸收存款後，除一部分作為準備金外，大部分作為貸款放出，這些貸款或者又被貸款人存入銀行，或者被貸款人用於支付購買商品的款項，轉入售貨人手中，由售貨人存入銀行，從而形成與貸款額大體相等的存款。這種存款被稱為居民存款的「派生存款」。同樣道理，這些派生存款又會形成新的派生存款，如此循環往復，最終形成數倍於初始存款的存款總量。派生存款總量與初始存款數量成正比，與存款準備金率成反比。因此，如果中央銀行調低法定準備金率，商業銀行就會減少上繳中央銀行的準備金，相應增加本身的貸款規模，再通過存款倍數派生機制，以數倍規模擴大貨幣供應量，從而刺激有效需求的增加；反之，如果中央銀行調高法定準備金率，則會導致貨幣供應量的收縮，從而抑制總需求的膨脹。

公開市場業務是指中央銀行在公開市場上買賣政府債券如國債、公債等，以調節貨幣供應量的活動。公開市場業務要逆經濟風向行事。當總需求不足、失業增加、經濟衰退時，中央銀行在金融市場上買進政府債券，放出貨幣，可以擴大貨幣供應量，促使利率下降，刺激投資和需求，以推動經濟增長和增加就業；反之，當總需求膨脹、價格水準上揚、經濟過熱時，中央銀行賣出政府債券，收回貨幣，可以緊縮銀根，減少貨幣供應量，以抑制需求擴張和通貨膨脹。

再貼現率是中央銀行在商業銀行以有價證券作抵押的條件下對商業銀行貸款時的利率。商業銀行在資金不足時，可以向中央銀行籌資，它可以把企業向它貼現的票據再貼

現給中央銀行取得資金，也可以開出期票並用政府債券作擔保獲得中央銀行的貸款。中央銀行通過提高或降低再貼現率的辦法，可以影響商業銀行的借款成本，從而達到調節商業銀行放款規模、調節貨幣供應量的目的。

貨幣政策按其在宏觀調控中的不同作用，也可分為擴張性貨幣政策和緊縮性貨幣政策。當經濟衰退、總需求不足、失業率上升時，中央銀行採取擴張性貨幣政策，即放鬆銀根，擴大貨幣供應量，以刺激有效需求的增長。具體措施就是降低利率、法定準備金率或再貼現率，購進政府債券等。當經濟高漲，形成通貨膨脹壓力時，中央銀行採取緊縮性貨幣政策，即緊縮銀根，減少貨幣供應量，以抑制總需求的過度膨脹。具體措施就是提高利率、法定準備金率或再貼現率，賣出政府債券等。

貨幣政策和財政政策都是通過調節社會總需求來實現社會總供求平衡的手段，它們都是從擴張和緊縮總需求兩個方面來發揮作用的，這就意味著它們都只對某種特定的經濟狀態適用。由於它們的作用手段或工具的不同，作用的方向和作用的程度有區別，並且在對總量進行調控的同時，必須考慮對結構進行調控，也就是要針對存在結構差異的不同變量採取不同的對策，因此，這兩大政策經常結合在一起運用。

貨幣政策與財政政策的結合運用一般有四種形式：①擴張性貨幣政策與擴張性財政政策相結合（即「雙鬆」政策）。主要是針對總需求嚴重不足的情況，以加大政策力度的手段來拉動經濟復甦，增加就業。②緊縮性貨幣政策與緊縮性財政政策相結合（即「雙緊」政策）。主要是針對嚴重的需求膨脹和通貨膨脹實行的政策。③鬆的貨幣政策與緊的財政政策相結合（所謂「鬆貨幣緊財政」）。緊的財政政策用於抑制總需求膨脹，防止通貨膨脹，而鬆的貨幣政策用於保證對企業的必要的信貸資金供給，以保持適度的經濟增長。④緊的貨幣政策與鬆的財政政策相結合（所謂「緊貨幣鬆財政」）。緊的貨幣政策用於防止通貨膨脹，鬆的財政政策則通過政府對基礎設施或基礎產業的重點投資來進行結構調整以實現結構平衡。

[閱讀專欄]

中國經濟「軟著陸」的啟示

在20世紀90年代初，中國經濟出現了「過熱」現象：投資增長過快，通脹率上升過快。1992年投資增長率為42.6%，通脹率為5.4%；1993年分別達到58.6%和13.2%；1994年通脹率達到21.7%。宏觀經濟總量出現失調。對政府的宏觀調控來說，可以有三種選擇：第一，繼續維持較高的經濟增長速度，而不考慮通貨膨脹造成的損失。這等於是維持經濟失調的局面，因此不可能選擇。第二，抑制通貨膨脹，降低經濟增長速度。這好比是「急煞車」，又稱「硬著陸」，就是說，治理通脹可能會以影響經濟增長和發展為代價。第三，溫和地治理通脹，既控制住物價水準，又保持經濟增長有一定速度，而不是急遽放緩，導致衰退。這就是「軟著陸」。

中國政府對當時的經濟形勢做出了正確判斷，提出了「軟著陸」的指導思想。

政府在宏觀調控中的主要做法有：一方面是實行適度從緊的財政政策和貨幣政策，通過雙緊政策，壓縮過度投資，嚴格控制銀行貸款規模和貨幣供應量，抑制社會總需求和物價上漲。另一方面又不搞「一刀切」，在總的從緊的政策中注意適度和區別對待，以調整供給結構，增加供給，保持一定的經濟增長速度。比如，鼓勵和支持農業發展，對交通、通信、能源、重要原材料、水利工程等給予資金支持，對效益好的企業實行「點貸」，以滿足其正常的資金需求，等等。與此同時，對宏觀經濟管理體制實行改革，進一步轉換政府職能、改革政府機構，理順政府與市場在體制上的關係，為宏觀調控政策的有效實施創造條件。針對預算外資金失控、民間違規集資導致社會信用膨脹等混亂狀況，中央適時提出了整頓經濟秩序的16項措施。經過幾年的努力，到1996年，通脹率降為6.1%，而經濟增長率為9.6%，保持了較高增長率，「軟著陸」宣告成功。

從20世紀90年代以來，中國工業化過程中就存在著經濟增長方式粗放、產業結構扭曲、體制機制不合理等問題，雖然經濟增長維持了長期的高速度，但潛在的矛盾和問題也越來越多。進入新世紀後，隨著中國工業化、城市化進程的加快和國際經濟形勢的變化，主要依靠投資和進出口拉動的增長模式已難以為繼，自2010年以來，中國出現了一輪持續時間較長的經濟下滑。在這種背景下，2015年11月，中國政府在對新經濟形勢做出研判的基礎上，於2015年11月提出了實行供給側改革的思路。也就是說，中國經濟不僅存在消費不足的問題，還存在供給抑制的問題。在一定時期，供給側的問題還可能更為嚴重。因此，不僅要擴大需求、刺激消費，還要進行供給側改革，提高供給體系的質量和效率。具體做法主要是通過淘汰僵屍企業和產業重組來化解產能過剩問題，通過有針對性的財政稅收政策減少企業的制度性成本，促進企業和國民的創新創業，通過多種途徑和政策手段化解空置過剩的房地產庫存，並採取有效措施防範和化解潛在的金融風險。[1]

進入21世紀後，2008年，在國際金融危機的衝擊下，中國宏觀經濟再次出現急遽的動盪。這一年，中國GDP增速逐季回落，從一季度的10.6%下降到四季度的6.8%，進出口急遽萎縮，企業效益下滑，物價指數由正轉負。面對危機，中國政府及時調整政策，採取了一系列反危機措施，出台了主要包括四項內容的一攬子刺激計劃：大規模增加政府支出和實行結構性減稅、大範圍實施產業調整和振興計劃、大力度推進科技創新和技術改造、大幅度提高社會保障水準；實施了以「保增長、調結構、擴內需、惠民生」為主要目標的積極的財政政策和適度寬鬆的貨幣政策。中央政府不僅推出了4萬億元的投資計劃，而且通過各種政策措施扶持中小企業發展、穩定和擴大就業、提高居民收入、拉動國內需求。2009年經濟出現明顯的企穩回升，GDP增速逐季上升，全年增速8.7%，順利實現了原定的「保八」

---

[1] 參見：吳敬璉，等. 供給側改革——經濟轉型重塑中國佈局 [M]. 北京：中國文史出版社，2016.

目標。

　　中國經濟「軟著陸」的成功說明政府實施宏觀調控政策一定要從國情出發，政策實行要適時適度，在抑制通脹勢頭、實行從緊的宏觀調控政策時，要注意區別對待，增加有效需求和保持適當的經濟增長；在應對經濟衰退實行寬鬆的宏觀調控政策時，同樣要針對經濟衰退的根本原因，治標亦治本。同時，在經濟轉軌時期，要把體制改革與宏觀調控結合起來，促進市場經濟體制的完善。

　　（以上資料來源於：司春林，王安宇. 宏觀經濟學：中國經濟分析 [M]. 上海：上海財經大學出版社，2002：199－203；國務院發展研究中心信息編寫組. 中國經濟關鍵詞：2009 [M]. 北京：中國發展出版社，2010.）

（三）產業政策

　　產業政策是政府根據國民經濟運行的內在要求，調整產業組織形式和產業結構，從而提高供給總量的增長速度，並使供給結構能夠有效地適應需求結構要求的政策措施的總稱。產業政策以調節社會總供給、實現社會資源在產業部門中的最優配置為特徵。產業政策是一個調節系統，在一個總的調控目標的指導下，包含著多種調節手段的組合，例如政府的產業發展計劃、投資導向、技術進步政策、各種經濟槓桿的運用、產業准入制度以及相關的法律手段等。

　　從產業政策作用的基本面來看，產業政策主要包括產業組織政策和產業結構政策。產業組織政策就是企業組織政策，是政府通過一定的調節手段和經濟槓桿，鼓勵、扶持具有自主創新能力和競爭力、高效益的產業組織形式的發展，引導企業走集約化、知識化的擴張道路，使資源得到有效配置和合理利用，從而促進供給的增加。

　　產業結構政策是政府根據產業結構變動及其優化的規律，通過多種手段調節、引導產業結構向優化方向變動和發展，以實現產業結構的合理化，從而達到社會總供求的平衡。產業結構優化並不僅僅意味著供給結構去適應需求結構的要求，而是意味著供給優化。供給優化本身可以創造需求，因為供給優化意味著有更多、更新、更好的產品提供給市場，它可以引導消費、刺激和發掘潛在的需求，並創造新的需求，起到拉動需求的作用。

　　產業政策的實施往往不是僅靠一種政策手段，而是綜合運用多種調控工具和手段；不是僅從一個方面起作用，而是要從多個方面同時起作用，才能達到較好的效果。例如，政府通過信貸、稅收等政策鼓勵高新技術產業的發展，同時也要在政策上鼓勵傳統產業實行技術改造，向深加工和高附加值的方向發展。前者在一定時期可以發揮主導產業的作用，帶動其他產業的發展；而後者則可以滿足居民的基本消費需求，擴大就業。兩者作用的方面和具體形式不同，但結果都是促進結構優化，有利於總供求的平衡。

　　產業政策的實施主要是依靠市場機制的作用而不是強制性的指令性計劃。政府通過市場（包括運用各種經濟槓桿）實施產業政策，讓產業政策作用於微觀經濟主體。例

如：政府制定產業發展規劃及在一定時期所要扶持或限制的產業名錄並定期公布，這可作為企業的決策依據；政府依據一定的產業政策制定相應的價格政策、利率和信貸政策，通過市場引導，將企業生產經營活動納入產業政策所要求的軌道；在產業准入方面，政府制定標準，引入競爭機制，讓符合標準的企業進入，而不是以行政手段主觀地劃定准入企業。

三、完善宏觀調控體系

所謂宏觀調控體系，主要指宏觀調控目標、調控政策及工具、政府調控體制以及有關法律法規所構成的宏觀調控系統。政府的宏觀調控是一個包括調控必需的各個環節、各個要素在內的龐大的系統。在這個系統中，政府調控體制是關鍵。因為政府是宏觀調控的主體，宏觀調控是否靈敏有效，取決於政府自身的行為和決定政府行為的有關制度。在當前，健全和完善以國家發展戰略和規劃為導向，以財政政策和金融政策為主要手段的宏觀調控體系，要側重於解決以下問題：

（一）深化政府行政管理體制改革

政府行政管理體制是政府正確履行自己的職能、規範政府行為的制度保證。改革開放以來，中國政府針對自身存在的機構龐雜、政企不分、權責不明、效率不高等弊病進行過多次改革，取得了一定成績。但目前也還存在政府職能轉變不到位、職能部門職能交叉權責不清、行政綜合協調能力不夠、激勵約束機制不健全等問題，嚴重影響著政府提供公共服務和實行宏觀調控的效能。深化政府行政管理體制改革，首先是要推動政府職能轉變，建設服務型政府。政府要履行好自己的公共服務職能，就要進一步推進政企分開、政資分開、政事分開、政社分開，減少對微觀經濟運行的干預；要深化投資體制改革，減少政府行政審批，支持企業自主決策。其次，要推動政府機構改革，提高行政效率。要通過精簡和整合機構，加強管理和調控市場的職能部門建設，理順中央和地方、垂直管理部門和地方各級政府之間的關係，減少行政成本，提高辦事效率。再次，要健全政府職責體系，合理分工，加強協調。宏觀調控的成效往往取決於各種調控政策及其工具的協調作用，而這就要求不同的職能部門在權責一致、分工合理的基礎上提高綜合協調能力。要推進政府的目標制定與政策手段運用的機制化。

（二）完善宏觀調控基礎制度，構建協調配套的調控體系

宏觀調控政策是通過政府特定的職能部門在一定領域運用政策工具去實施的，它首先取決於這一領域的基礎制度是否健全，或者說，這一領域是否具備適合市場經濟運行的基本體制，能否為宏觀調控政策的實施提供條件並有利於達到宏觀調控目標。在當前，完善宏觀調控基礎制度主要是深化財政體制和金融體制的改革。財政體制改革的重點是按照公共財政的要求，圍繞基本公共服務均等化和形成主體功能區構建公共財政體系，改革財政預算制度，把財政的主要職能從政府經營性投資轉變到提供公共產品和公共服務上來。金融體制改革的重點是健全促進宏觀經濟穩定、支持實體經濟發展的現代

金融體系，發展各類金融市場，加強金融監管，提高防範金融風險的能力。構建協調配套的調控體系要實行分級管理和分級調控，強化宏觀調控部門的綜合協調能力，使財政政策工具和貨幣政策工具能夠靈活地綜合運用，形成靈敏有效的宏觀調控體系。

(三) 建立和完善法制體系

完善的法制體系既是社會主義市場經濟體制的要求，又是健全宏觀調控體系的要求。在市場經濟中，必須依靠法律界定市場主體的各項權利、規範市場主體的行為，制定市場規則，維護市場秩序，保證市場主體權利的平等和公平競爭，界定政府的行政權力和財產權利，規範政府行為，保證政府宏觀調控的程序化和高效化。政府因市場缺陷而介入市場，市場又可能因政府失靈而增加不穩定性，政府積極而正確地履行職能是實現市場經濟良性運轉的關鍵，而法制體系就是政府行為與市場運行合理結合的最重要保證。

小 結

(1) 宏觀經濟的運行狀況是通過若干宏觀經濟變量來表現的，其中社會總供給與社會總需求是最重要的一對變量。社會總供給與社會總需求的相互關係主要表現為三種基本形態：總供求基本平衡，總需求不足，總需求膨脹。總供求平衡是在不平衡的運動中實現的，它意味著經濟增長和經濟發展呈現出健康的良性的動態；總供求失衡則意味著經濟運行有較多的問題，可能出現經濟衰退或通貨膨脹。

(2) 除了總供求外，就業水準和物價水準是另外兩個重要的客觀經濟變量。市場經濟中勞動力供求關係的失衡會引發失業，較高的失業率使社會生產力受到破壞，會引發尖銳的社會矛盾。通貨膨脹和通貨緊縮也是不利於經濟增長和發展的兩種狀態。

(3) 在市場經濟體制中，市場的自發調節作用不能及時、有效地抑制宏觀經濟總量的失衡和保證資源配置、經濟運行最有效率並合乎公共目標，因此政府介入市場對宏觀經濟進行調控和對微觀經濟進行管制是必要的。政府必須保證公共產品的供給。政府管制有利於維護市場中的公共利益和減少社會福利損失。

(4) 政府宏觀調控的基本目標就是社會總供求的平衡，具體目標主要包括充分就業、物價穩定、經濟增長和國際收支平衡。宏觀調控目標是通過間接調控方式和多種調控手段的運用來實現的，宏觀調控政策是實現宏觀調控目標的主要工具，其中較重要的包括財政政策、貨幣政策和產業政策。宏觀調控政策必須針對特定的調控對象，綜合地、靈活地加以運用，才能達到預期目的。必須完善宏觀調控體系才能保證宏觀調控的靈敏有效。

複習思考題

1. 解釋下列名詞概念：

社會總供給　　　社會總需求　　　總需求不足　　　就業
失業　　非自願失業　　通貨膨脹　　通貨緊縮　　公共產品　　政府管制
宏觀調控　　　　財政政策　　　　貨幣政策　　　　宏觀調控體系

2. 社會總供求失衡的表現形式是什麼？
3. 失業有哪些類型？失業產生的原因是什麼？
4. 通貨膨脹有哪些類型？高通脹對經濟有什麼影響？
5. 市場經濟中政府的主要經濟職能是什麼？
6. 簡述政府宏觀調控的目標、方式與手段。
7. 貨幣政策與財政政策有哪些結合形式？其運用目的是什麼？

閱讀書目

1. 斯蒂格利茨. 經濟學：上冊［M］. 2版. 北京：中國人民大學出版社，2000：第七章.
2. 保羅·薩繆爾森，威廉·諾德豪斯. 經濟學. 16版. 北京：華夏出版社，1999.
3. 劉詩白. 社會主義市場經濟理論［M］. 成都：西南財經大學出版社，2011.
4. 逄錦聚，洪銀興，林崗，等. 政治經濟學［M］. 北京：高等教育出版社，2003.
5. 本書編寫組. 馬克思主義政治經濟學概論［M］. 北京：人民出版社，高等教育出版社，2011.

參考文獻

1. 劉詩白. 社會主義市場經濟理論［M］. 成都：西南財經大學出版社，2011.
2. 逄錦聚，洪銀興，林崗，等. 政治經濟學［M］. 北京：高等教育出版社，2003.
3. ［美］斯蒂格利茨. 經濟學：上冊　［M］. 2版. 北京：中國人民大學出版社，2000.
4. ［美］保羅·薩繆爾森，威廉·諾德豪斯. 經濟學.［M］. 16版. 北京：華夏出版社，1999.

5. 厲以寧. 非均衡的中國經濟［M］. 廣州：廣東經濟出版社，1998.

6. 李仲生. 人口經濟學［M］. 北京：清華大學出版社，2006.

7. 魏杰. 市場經濟前沿問題——現代經濟運行方式［M］. 北京：中國發展出版社，2001.

8. 丁任重. 轉型與發展——中國市場經濟進程分析［M］. 北京：中國經濟出版社，2003.

9. 胡錦濤. 高舉中國特色社會主義偉大旗幟為 奪取建設小康社會新勝利而奮鬥——在中國共產黨第十七次全國代表大會上的報告［R］. 北京：人民出版社，2007.

10. 胡錦濤. 堅定不移沿著中國特色社會主義道路前進 為全面建成小康社會而奮鬥——在中國共產黨第十八次代表大會上的報告［R］. 北京：人民出版社，2012.

第十四章　經濟增長和經濟發展

學習目的與要求：通過本章的學習，瞭解中國經濟增長方式轉變的基本含義和類型，以及制度在經濟增長中的重要作用；掌握為什麼中國要提出經濟發展方式轉變，它與經濟增長方式轉變的聯繫和區別，以及經濟發展方式轉變的內涵和實現途徑；瞭解中國全面建設小康社會和可持續發展戰略的基本思想和精神，以及中國全面建成小康社會的新要求。

第一節　經濟增長與經濟增長方式的轉變

一、經濟增長及其影響因素

經濟增長是指一個國家或地區生產的產品和勞務總量的長期持續增加，即用貨幣形式表示的國民生產總值（GNP）的不斷增加。經濟增長的快慢，通常用國民生產總值或人均國民生產總值在一定時期內的平均增長速度來衡量，其公式為：

$$GNP_t = GNP_b \times (1+r)^n$$

式中，GNP_t 代表期終的國民生產總值，GNP_b 代表基期的國民生產總值；n 代表基期至期終的年數，r 代表平均增長率。為了避免物價變動的影響，國民生產總值和人均國民生產總值都採用不變價格計算。按不變價格計算出來的國民生產總值，稱為實際國民生產總值或真實國民生產總值。

經濟增長是一種長期持續增長的經濟現象。一方面，它關係實際生產能力的不斷增長。這種不斷增加的能力是建立在技術的創新、制度的調整和意識形態的改變基礎之上的。其中，技術的創新是各時代經濟顯著增長的先決條件，是高比率的總量增長和作為現代經濟特徵的高比率的結構變化的源泉。但是，科學技術本身只是經濟增長的必要和先決條件，要把它轉變為充分條件和現實源泉，使技術進步促進經濟增長的作用得到有效發揮，還要求對制度做出適應生產力發展的相應調整，並對意識形態做出相應改變。一個順應經濟時代發展要求的制度安排和相應的意識形態取代落後的制度安排和思想觀念的過程，具有關係現代經濟增長實現的決定性意義。另一方面，作為一種長期持續增長的經濟現象，從動態過程看，經濟增長又有某種或快或慢的速率及變化幅度，而這種增長的速率及變化幅度，與其背後起作用的一定經濟增長方式有關。

影響經濟增長的因素很多，對經濟增長要素的分析也各不相同。總結起來，影響經濟增長的因素主要有三大類：生產要素的投入量、要素生產率和制度。

（一）生產要素的投入量

生產要素的投入主要包括勞動力要素的投入、資本要素的投入和自然資源要素的投入。生產要素投入量增加會推動經濟增長。

1. 勞動力投入量

勞動力是最基本的生產要素之一，是生產要素中具有能動性的推動者，是經濟增長的重要決定因素。在其他條件不變的情況下，勞動力投入量的增加會引起總產量和總收益的增加，從而促進經濟增長。當然，由於邊際生產力遞減規律的作用，勞動力投入量不能無限制地增加，否則將會導致總產量和總收益的減少，反而不利於經濟增長。只有當勞動力的邊際產量大於等於零時，勞動力投入量的增加才會促進經濟增長。

2. 資本投入量

資本也是最基本的生產要素之一，它是經濟增長的物質條件。這裡的資本主要是指實物和貨幣兩種形態的資本。實物形態的資本是指在一定時間內用來生產其他產品的耐用品，包括廠房和其他建築物、機器設備、動力燃料、原材料等；貨幣形態的資本包括現金、銀行存款等形式的貨幣資本。在其他條件不變的情況下，資本投入量的增加會引起總產量和總收益的增加，從而促進經濟增長。同樣，由於邊際生產力遞減規律的作用，資本投入量也不能無限制地增加。只有當資本的邊際產量大於等於零時，資本投入量的增加才會促進經濟增長。

3. 自然資源投入量

自然資源主要包括礦產資源、土地資源、水資源、光能資源、生態資源、生物資源和森林資源等。自然資源是一個國家或地區社會生產的原料和燃料的來源，其分佈情況也決定了社會生產力的佈局，對一個國家或地區的經濟增長具有重要影響。土地資源是農業生產和各種生產與生活服務設施不可缺少的要素；礦產資源為經濟增長提供能源和原材料；生態資源和生物資源提供生態環境，為經濟持續、穩定增長創造條件；等等。在其他條件不變的情況下，自然資源的投入量增加，會引起總產量和總收益的增加，從而促進經濟增長。當然，自然資源的供給量從長期來看並非固定不變，自然資源的投入量也不可能無限制地增加，對自然資源尤其是不可再生資源一定要保護，要節約使用，不可「竭澤而漁」，否則將會受到大自然的懲罰，進而抑制經濟增長。

由上面的分析可以看出，在其他條件不變的情況下，增加要素投入量可以促進經濟增長。但是，由於要素的供給量在一定的時間範圍內是有限的，要素的供給無法滿足不斷擴大的需求量，不僅如此，單純而盲目地增加要素投入量還會帶來許多負面影響，甚至會引起人口、資源、環境等問題的加劇，這就需要我們在適當增加要素投入量的基礎上尋找新的促進經濟增長的方式。同樣的要素投入，由於使用效率不同，將產生極不相同的經濟增長率。通過提高生產要素的使用效率來促進經濟增長具有更重要的意義。

(二) 要素生產率

要素生產率即生產要素的使用效率，是指單位投入量的產出量。影響要素生產率的因素，主要有以下四個方面：

1. 投資的增長

投資或資本累積對經濟增長有雙重作用，它不僅可以使生產要素投入增加，還可以使要素生產率提高。這是因為，大量投資可以使工廠添置更先進的機器設備，可以提高每個工人的技術裝備水準，從而大大提高勞動生產率。用生產函數理論來說明，投資所帶來的技術進步會把整個生產函數曲線向上推。

資本累積規模最終取決於儲蓄水準，這就涉及儲蓄和投資的關係。一般說來，儲蓄水準要受利率和人們對未來的預期影響，而投資水準和結構則要受投資成本（利息）、經濟環境和經濟政策影響。以上這些都是中國在經濟增長方式轉變過程中不容忽視的重要因素。

2. 勞動者的素質和人力資本

一個社會或國家的勞動者的平均熟練程度，標誌著勞動者的素質，包括勞動者的營養和健康、受教育程度和勞動技能、管理人員的管理才能、技術人員的創新能力等。而這些構成了現代經濟學中「人力資本」的概念。一般說來，人力資本是通過人力資本投資形成的。教育和醫療保健是兩種最重要的人力資本形成方式。如果勞動者的人力資本多，素質較高，其勞動生產率就會較高。這不僅能夠促進經濟增長，而且能夠創造較高的價值。在知識經濟時代，知識勞動者是經濟增長中起決定作用的因素。掌握了一定勞動技能的人是生產力諸因素中最為積極、最為活躍的因素。勞動技能並不是與生俱來的，而是要通過各種學習獲得。正是人在學習過程中有各種投入，人力資本才得以形成，並在生產活動中發揮出持續不斷的作用。現代經濟學家們一致認為，人力資本對經濟增長和經濟發展的貢獻比物質資本和勞動力數量的增加更加重要。

3. 經濟結構的調整

經濟結構尤其是產業結構的調整是影響經濟增長的重要因素。由於預見力不足和生產要素難以在產業間充分自由地流動，國民經濟各部門之間總是存在著要素生產率的差異。如果經濟資源能夠及時地從生產率低的部門或地區向生產率高的部門或地區轉移，就能夠在全社會範圍內實現資源的最優配置，從而提高整個國民經濟的平均生產率。因此，推動產業結構調整和優化，促進生產要素從生產率低的部門或地區向生產率高的部門或地區轉移就能夠提高產出水準，促進經濟增長。同時，隨著人均收入水準的提高，人們的需求結構將會發生變化，如果經濟結構不能隨著需求結構的變化而變化，必將引起供求結構的失衡，大量的資源滯留在供過於求的衰退產業中，這必然引起經濟增長率下降。反之，如果能適時調整結構，推動資源從衰退產業向興旺的產業轉移，就能促進資源配置效率的提高，推動經濟增長。從經濟發展史來看，大多數發達國家都經歷了從以傳統農業為主的社會向以現代工業為主的社會的轉變。第二次世界大戰後迅速崛起的

日本、韓國等國家和地區的經濟增長過程也充分表明了產業結構轉換是推動經濟增長的重要因素。

4. 科技進步及其在生產上的應用程度

科技進步是提高要素生產率的最直接因素，從而也是促進經濟增長的重要因素，其對經濟增長的貢獻可以用全要素生產率來表示。全要素生產率是指因科技進步而提高了的生產率，也稱技術進步率。隨著經濟的發展和科技水準的提高，科技進步的貢獻越來越大，即全要素生產率越來越高，已成為推動經濟增長的主要因素。

在經濟增長中，科技進步是作為一種滲透性要素作用到資本、勞動、自然資源等要素上，通過提高生產要素的質量、系統地改善生產要素的組合狀況從而提高生產要素的效率。也就是說，由於科技是潛在的生產力，它只有在生產過程中通過與勞動和資本等生產要素的有機結合，才能夠轉化為現實的生產力，才能夠充分發揮它的作用。科技進步在生產上的應用程度越高，科技進步的貢獻越大，全要素生產率就越高。科技進步在經濟增長中的作用主要表現在以下三個方面：

（1）科技進步可以推動更多的生產要素。科技進步可以提高勞動者的素質，使得每個勞動者可以推動更多的生產資料；科技進步可以提高勞動資料的性能，使其推動更多的勞動對象。其結果會導致產品數量增加，為經濟增長奠定基礎。

（2）科技進步可以引進新的生產方法，生產新產品，開闢新市場和新銷路。新的生產方法的引進，可以提高勞動生產率，即在要素投入不變（或成本不變）的情況下提高產量，或者在產量不變的情況下降低成本。新的生產方法的引進，還可以生產出新產品，從而開闢出新市場和新銷路。這既可以吸引更多的消費者，提高企業的市場佔有率，從而提高企業的經濟效益，又可以分散風險，從而降低企業的成本。

（3）科技進步可以開闢新的原料來源、形成新的生產組織。科技進步可以開闢新的原料來源，如合成化學不僅可以將無機物轉化為有機物，而且還可以把原料轉變為更適合工業利用的形式。越來越多新原料的出現，不僅可以使原有企業生產出越來越豐富的新產品，而且還可以產生新的生產組織，擴大整個社會的生產規模，推動整個社會的經濟增長。

（三）制度

傳統的經濟增長理論一般都抽象掉了制度因素，將制度因素作為「外生變量」，只考察生產要素的投入量和要素生產率對經濟增長的影響。然而把制度因素排除在外，並不能真實地描述經濟增長的績效。這是因為在現實生活中，信息的不完全性及信息費用會影響市場機制的運行結果，低效率的產權結構會使得外部性問題和「搭便車」問題更加嚴重，這些都會影響到經濟增長的軌跡。因此，必須把制度作為影響經濟增長的重要因素。一般來說，在生產要素投入量和生產要素生產率不變的情況下，經濟增長主要表現為制度創新或制度變遷的結果。具體來說，制度主要通過以下三個方面來影響經濟增長：

1. 產權

刺激經濟增長的動力大小與一定的產權制度直接相關。有效率的、明晰的產權制度會對人們的經濟活動產生一種激勵效應，從制度上激發和保護經濟領域內的創新活動，減少未來的不確定性因素，有效阻止「搭便車」等機會主義行為，使私人收益接近社會收益，從而促進經濟增長。

2. 國家

高效率的產權結構會促進經濟增長，而界定產權、確立產權結構需要花費成本。由於國家具有「暴力潛能」，由國家來界定和保護產權可降低交易費用。國家通過界定產權，及時獲得一切關於破壞產權行為的信息，並對破壞產權行為進行有效的制裁等來保護產權主體在交易活動中應享有的利益。由於國家決定產權結構，所以它最終要對經濟增長產生一定的影響。國家通過向社會提供「保護」和「公正」的服務來達到以下目標：一是界定形成產權結構的競爭與合作的基本規則，從而使統治者的租金最大化；二是降低交易費用以使社會產出最大化，從而增加國家稅收。

3. 意識形態

凡是成功的意識形態都必須解決「搭便車」的問題，其基本目標在於給各種集團以活力，使它們採取與簡單的享樂主義和個人主義相反的行為，從而可以節約交易費用。意識形態對經濟增長的影響主要表現為：其一，被一種「世界觀」引導的意識形態是一種交易費用節約機制，因為通過這種意識形態人們認識了他們所處的環境，從而使決策過程簡單明了；其二，如果占支配地位的意識形態使人們相信現存的分配或交易規則是與正義共存的，人們便會出於一種道德感來遵守這些規則；否則，人們會試圖改變其意識形態。因此，如果占支配地位的意識形態與社會進步的方向一致，並有效地克服了「搭便車」現象，則它將成為經濟增長的促進力量，即可以以較低的代價獲得較大的經濟增長。

二、經濟增長方式的含義、類型及其轉變

（一）經濟增長方式的含義

經濟增長方式主要是指通過各種生產要素投入、組合和使用的不同方式而實現的經濟增長及其效果，它決定著生產力系統的整體效能和發展狀況。

（二）經濟增長方式的類型

一般將經濟增長方式分為兩種基本類型：一種是要素資源的投入、組合和使用上以數量擴張為主而實現的經濟增長，即粗放型經濟增長方式；另一種是要素資源的投入、組合和使用上以質量提高為本而實現的經濟增長，即集約型經濟增長。

粗放型經濟增長方式既可以表現為擴建原有企業或部門，也可以表現為新建企業或部門。實行粗放型經濟增長方式，能夠加強社會生產薄弱部門的發展，改善社會生產過程的薄弱環節，有利於建立獨立的、完整的工業體系和國民經濟體系；能夠在全國範圍

內合理地配置生產力，更好地發揮地區經濟優勢，促進各地區的經濟共同發展；能夠充分利用國內比較豐富的經濟資源，充分發揮自然資源對經濟增長的推動作用。例如中國在社會主義建設的初期，在工業基礎極其薄弱、生產力佈局很不合理的情況下，實行以外延為主的粗放型經濟增長方式，迅速建立起了自己的工業基礎和現代化的大批骨幹企業，為中國後來的現代化建設奠定了比較雄厚的物質基礎。

但是，粗放型經濟增長方式表現為資源在部門間高度傾斜式配置，以高速度為主要目標，以外延發展為主要途徑。它的發展戰略以重工業為中心，農業和輕工業在很大程度上被忽視，比例嚴重失調；它片面依靠擴大基本建設項目，增加生產要素的投入，以高投入、高消耗為代價，忽視對現有企業的技術改造和勞動生產率的提高，從而造成了高速度下的低效益、低質量等。這一切不僅會帶來資源的嚴重浪費和環境的惡化，而且會影響到經濟結構的調整和經濟效益的提高，會損害經濟長期穩定發展和社會持續進步的基礎。因此，在經濟發展的較低階段，粗放型經濟增長方式雖然發揮了相當重要的作用，但隨著經濟的發展，其弊端日益明顯，必須向集約型的經濟增長方式轉變。

集約型的經濟增長方式，注重資源在各部門間的合理有效配置，以滿足人們消費需求為目的，在提高經濟效益的前提下以適度增長為手段，在大力開展現有企業的技術更新與改造的基礎上開發高新技術，依靠科技進步，實現以內涵為主的擴大再生產。因此，集約型的經濟增長方式是經濟發展較高階段經濟增長方式的主要形式，是經濟增長方式轉變的目標和方向。

轉變經濟增長方式，也就是指從粗放型經濟增長方式轉變成集約型經濟增長方式。從總體上看，這一轉變的含義是指經濟總量增長方式的轉變是一個客觀的經濟範疇，它強調的是整個國民經濟中資源配置的優化，經濟運行質量的提高及宏觀經濟效率和效益的提高。但是，在社會經濟增長與發展的實踐中，由於經濟總量的增長是與經濟個量的增長密切相關的，因此，從廣義上理解，經濟增長方式的轉變亦涵蓋著經濟個量的增長方式的轉變，或者說眾多企業在生產發展、經營理念、行為方式上的調整、演化和轉變是宏觀上經濟增長方式轉變的微觀基礎和必要前提。結合中國經濟增長方式的形成及其現狀，我們認為，在過去和現在的經濟運行中，經濟增長的速度是快速的，主要問題是經濟增長的質量和效益低，因而轉變經濟增長方式所要解決的主要問題是：有效地提高經濟增長的質量和效益，將原有的和現存的忽視質量和效益、片面追求數量擴張的粗放型經濟增長方式根本性地轉變到高質量、高效益的經濟增長方式上來。

(三) 轉變經濟增長方式的內涵

1. 轉變經濟增長方式，重在提高投資實效和增強外延式擴大再生產的質量和效益

中國經濟增長方式的轉變，不能簡單地看成是從外延式擴大再生產轉到內涵式擴大再生產。這就是說，轉變經濟增長方式並不意味著不需要有一定規模的外延式擴大再生產，也不意味著要用簡單壓縮投資規模的辦法實現經濟增長方式的轉變。從中國經濟發展的現狀考察，能源、交通、通信、教育、科技等基礎產業嚴重薄弱，產業結構扭曲，

區域經濟嚴重不平衡，企業規模過小、過於分散，巨大的就業人口壓力等因素都決定了需要投資規模的擴充（即外延式的擴大再生產）。

從世界經驗來看，每一個國家經濟的起飛和經濟增長的轉型，都是靠投資規模來支撐的。即便是美國這樣一個早在第二次世界大戰前就已基本實現了工業化和經濟集約化增長的發達國家，第二次世界大戰後其經濟增長總體上仍以投入為基本前提；不過這種投入是在科技推動基礎上的高效率投入，主要通過提高科學技術和以設備為主的固定資本等各種要素資源投入和總體投入的科技含量，實現產業的全面升級換代，提高企業勞動生產率，使科技成果轉化為國民經濟現實的高效率增長和發展，因而這是一種以要素資源高效率投入、高效率組合、高效率使用為顯著特徵的、質量效率提高型的經濟增長方式。

由此可見，問題的關鍵不在於投資規模和外延式擴大再生產方式本身，而在於要通過經濟增長方式的轉變，控制和盡量壓縮低效、無效甚至負效投資的規模，提高投資實效和增強外延式擴大再生產的質量和效益。我們以就業問題為例，低質低效的投資只能使顯性失業轉化為隱性失業，而不能從根本上實現有效的充分就業均衡。從國際經驗看，增加高質高效的投資，提高勞動生產率，提高經濟增長的質量和效益，不僅不會造成失業，反而會創造更多就業機會，增加就業渠道。因此，轉變經濟增長方式，是從根本上解決中國就業人口壓力的重要途徑，提高經濟增長的質量和效益與解決就業問題是呈正相關的。

2. 轉變經濟增長方式，重在提高整個經濟運行即經濟增長過程的各個環節和各個層面的質量和效益

從投入要素的組合狀況及要素的使用效率來衡量經濟增長方式的類型，相對於中國的現實而言，只是問題的一個方面。一般地，投入要素的組合狀況，即資本、勞動、土地或者技術所占比重的大小，取決於一國在不同的經濟發展階段中各種資源的供給狀況和各要素的相對價格狀況。從這個意義上說，經濟增長方式的轉變，其主要任務就是改善要素的供給狀況和要素間的相對價格。然而，中國面臨的主要問題遠不止於此。

中國經濟增長的粗放型特徵，不僅僅體現在投入要素的組合和投資規模呈常態膨脹（當然這是問題的一個很重要的方面）上，而且也體現在經濟運行即經濟增長過程的各個環節和各個層面上：在投資方面，不注重實效，盲目投資，低水準重複嚴重；在生產經營環節上，忽視內部管理和挖潛及技術改造，不重視成本與收益的比較；在經濟結構上，忽視產業結構、產品結構、地區結構及企業組織結構；在產出結果上，忽視產品質量、規格、品種，特別是社會有效需求；等等。

因此，轉變經濟增長方式，就是要將整個經濟運行過程中在各個環節、各個方面忽視質量和效益的粗放型經濟增長方式根本性地轉變到注重經濟增長質量和效益的集約型方式上來，這才是中國經濟增長方式轉變的特有內涵。

三、經濟增長方式轉變中制度因素的重要性

無論是從理論分析來看，還是從歷史經驗來看，經濟增長方式的轉變都是一個長期的、複雜的、歷史的過程，是諸種因素綜合作用的結果。這是因為一定的經濟增長方式的形成及其轉變是受制於一定的社會歷史條件的，它取決於經濟發展所處的歷史階段上的要素資源狀況及相對價格水準、社會分工發展程度、技術進步及其擴張能力和生產力總體水準，特別是要素資源組合規則及其使用效率，即經濟體制、經濟運行機制及與之相關的思想觀念等諸因素的綜合作用及其變化速率。

這也表明經濟增長方式的轉變不是一種主觀隨意的選擇，而是有著某些轉變內在的、共同的、客觀的規律性的。在不同的國家、不同的歷史時期和不同的經濟條件下，影響經濟增長方式轉變的各個因素所處的地位、所起的作用可能有所不同，而這恰恰構成和反應了不同國家經濟增長方式轉變的特殊性。

就中國經濟增長方式的轉變來看，長期以來存在著轉變難見實效的問題。針對這一點，近些年來，國內理論界對經濟增長方式問題的討論更多地集中在了對「轉不動」的根源和「轉得動」的條件的務實研究上。

在研究中，人們發現「轉不動」的根源「既不是認識問題，不是管理問題，不是政策問題，也不是什麼發展戰略問題，而是體制問題」。一方面，由於過去長期對市場機制的排斥，經濟增長方式轉變的動力未能植根於眾多的經濟活動主體對自身利益的追求之中，其轉變缺乏最重要、最原始的動力基礎；另一方面，伴隨著經濟增長和發展而出現的「資源和技術壓力」雖然對經濟增長方式的轉變提出了客觀要求，但這一客觀要求卻長期得不到與之相應的制度或體制因素及其變遷的呼應，因而形成了經濟增長方式轉變的「制度桎梏」。

實踐已經充分證明，在制度或體制低效率運轉的情況下，其他任何實現經濟增長方式轉變的努力都將事倍功半甚至徒勞。據此，也就不難解釋我們在經濟增長方式轉變過程中所做的「努力」與「績效」的非對稱性常態的存在。

問題總是和解決問題的手段同時出現的。一旦與「資源和技術壓力」等技術因素對經濟增長方式轉變的客觀要求相適應的制度或體制因素形成且適時變遷，因「轉得動」的關鍵條件具備，在「制度推動力」作用下，經濟增長方式就會進入自然的、歷史的演進和轉變的軌道。

從這個意義上我們可以說，制度因素對中國經濟增長方式轉變與否的影響顯然超過了要素改善、技術進步等一般經濟因素而上升為根本性問題，制度因素成了經濟增長方式能否轉變的主要決定因素和重要解釋變量。離開了制度因素，中國的經濟增長方式就難以有根本性的、實質性的轉變。而制度因素的影響無疑是指體制改革和創新，以改變體制低效率運轉對經濟增長方式轉變的制動狀況。

需要明確的是，體制轉變，即從傳統的計劃經濟體制轉向現代市場經濟體制，並非

简單地以市場代替計劃，而是一個用利益驅動的自主經濟替代命令驅動的統制經濟、用經濟性市場信號引導為主的資源配置方式替代行政性計劃指令為主的資源配置方式的過程，這是一個市場經濟作為一種新的經濟、社會制度要素植入經濟社會肌體之中的長期、複雜且充滿曲折的過程。

現實中，新的社會主義市場經濟體制的建立並不意味著一切舊體制的痕跡蕩然無存，經濟、政治、文化等社會經濟結構中的某些舊體制因素實際上還會在一段時期內延續。這些殘存的舊體制因素與處在成長中的新體制因素相對峙，在特定的條件下甚至可能出現舊體制的「強回拉力」。然而毋庸置疑，從一個較長的時期來看，新的市場經濟體制與現實的客觀經濟條件和社會經濟環境的適應性和相容性，決定了其發育、完善並取代舊體制的必然發展趨勢。這一發展趨勢遵循伴隨著工業化、現代化進程的經濟增長方式轉變的內在邏輯，因獲得了體制和機制上的保證而得以順利展開。

要正確認識和把握經濟增長方式轉變與體制轉變之間的關係，必須注意以下三點：

（1）經濟增長方式實現轉變並獲得很好的效果的重要前提是制度變遷是有效的，或者說體制轉變本身具有「制度適應性」特徵。考慮體制轉變本身的「制度適應性」狀況，就是要考慮體制轉變本身是否與一國的生產力發展水準、物質技術基礎、經濟發展的成熟程度、科技成果的吸收和擴散能力相適應，是否與一國的文化、教育、政治、意識形態等上層建築相適應，也就是要考慮體制的轉變與其他影響經濟增長方式轉變的因素之間的相互適應狀況。否則，即使是體制轉變了，也未必能實現經濟增長方式的轉變。這意味著體制轉變與經濟增長方式的轉變並不總是統一的。也就是說，儘管體制轉變了，但由於體制改革和轉變方式的選擇不當等原因，仍可能無法實現經濟增長方式的轉變。換言之，經濟體制改革的成敗將決定能否實現轉換經濟增長方式的目標。

（2）體制轉變是經濟增長方式轉變的必要保障和前提，它意味著一種引導經濟增長方式轉變的內在激勵與約束機制的形成、啟動和運轉。經濟增長方式的初步轉變，又為經濟體制轉變創造了較為寬鬆的經濟環境和支持條件。我們不能把體制的轉變與經濟增長方式的轉變之間的關係，看成簡單的線性對應的關係，二者之間不是單純的體制轉變在前、經濟增長方式轉變在後的「分離」過程，也不是只要體制變量改變了，經濟增長方式作為其因變量也立即就改變了的「同時」過程。實際上，二者之間存在著一種內在的依存關係，是一個彼此漸變、並行不悖、交織累積乃至總體上發生根本轉變的互動互適、相輔相成的過程。經濟體制改革和轉變的推進，為經濟增長方式的轉變提供了一個誘導和驅動的機制。而經濟增長方式轉變的實質性進展，又進一步要求加速體制改革和根本轉變的進程。因此，在實踐中，只抓體制的改革和轉變，或坐等體制改革完成，才著手進行經濟增長方式轉變的工作，都是錯誤的和有害的。

（3）體制轉變是一個複雜的系統工程，難度大、涉及面廣，其中，市場機制的培育和完善可以說是基點。從體制轉變這一複雜的系統工程看，它包括經濟系統模式的轉變、系統內在結構的調整和運行機制的轉換系統基本元素的再造以及系統的環境改變等

相互關聯、互為影響的內容，涉及微觀、宏觀，包括企業、市場、政府等方方面面。之所以說市場機制的培育和完善是其基點，是因為市場機制的運轉、發展和完善，意味著價格信息機制、供求機制、競爭機制等對社會經濟活動的調節和資源配置的市場力量不斷增強，逐步削弱並替代原有經濟系統內的行政指令性力量。它將微觀與宏觀、企業與個人、企業與企業、企業與政府等相互聯繫起來，形成新的市場經濟運作系統。整個市場經濟系統中，市場機制的利益槓桿以及與此相關的保護各經濟主體合法權益的制度安排，為各經濟主體的經濟活動提供了有力的保障。

第二節　經濟發展方式轉變的內涵及其實現機制

一、經濟增長方式轉變與經濟發展方式轉變的聯繫與區別

（一）經濟增長方式轉變是新發展理念的必然要求和體現

經過改革開放 30 多年的發展，中國工業化進入了加速發展的新階段，這意味著經濟進入了一個相當長的持續高速增長期。快速增長已不是難點，如何讓中國經濟發展得更「好」成了我們面臨的新的最大問題。黨的十九大明確指出：「發展是解決中國一切問題的基礎和關鍵，發展必須是科學發展，必須堅定不移貫徹創新、協調、綠色、開放、共享的新發展理念。」因此，我們在研究經濟增長方式轉變的基礎上，在科學地把握新時代背景下中國經濟發展面臨的新矛盾的基礎上，更要以新發展理念為統領和指導經濟社會發展，進一步研究和實現經濟發展方式的轉變。新發展理念是推動經濟發展質量變革、效率變革、動力變革必須堅持和貫徹的戰略思想，統籌兼顧了「創新、協調、綠色、開放、共享」五個方面。其中，創新是引領發展的第一動力，協調是持續健康發展的內在要求，綠色是可持續發展的必要條件，開放是繁榮發展的必由之路，共享是社會主義的本質體現。

（1）深入貫徹落實新發展理念，對堅持和發展中國特色社會主義具有重大現實意義和深遠歷史意義。把新發展理念貫徹到中國現代化建設全過程，應著力把握發展規律、破解發展難題，深化供給側結構性改革，深入實施創新發展戰略、鄉村振興戰略、區域協調發展戰略、全面開放戰略、可持續發展戰略，加快形成符合科學發展要求的發展方式和體制機制，不斷解放和發展社會生產力，努力實現科學發展，為堅持和發展中國特色社會主義打下牢固基礎。

（2）更加自覺地把以人民為中心作為深入貫徹落實新發展理念的核心立場。始終把實現好、維護好、發展好最廣大人民群眾的根本利益作為我們一切工作的出發點和落腳點，尊重人民首創精神，保障人民各項權益，讓改革發展成果更多、更公平地惠及全體人民，不斷在實現發展成果由人民共享取得新成效，朝著全體人民共同富裕的目標不斷邁進。

（3）更加自覺地把全面協調可持續作為深入貫徹落實新發展理念的基本要求。全面落實經濟建設、政治建設、文化建設、社會建設、生態文明建設「五位一體」總體佈局和全面建設小康社會、全面深化改革、全面依法治國、全面從嚴治國「四個全面」戰略佈局的總體要求，促進現代化建設各方面相協調，促進生產關係與生產力、上層建築與經濟基礎相協調，不斷開拓生產發展、生活富裕、生態良好的文明發展道路。

（4）更加自覺地把統籌兼顧作為深入貫徹落實新發展理念的根本方法。堅持整體性與系統性，充分認識新發展理念五方面的內在邏輯關聯，這五方面的內容緊密相連、相輔相成、相互促進。堅持一切從實際出發，正確認識和妥善處理中國特色社會主義事業中的重大利益關係，充分調動各方面積極性，努力形成全體人民各盡其能、各得其所而又和諧相處的局面。

（二）經濟增長方式轉變與經濟發展方式轉變的聯繫與區別

經濟發展是指一個國家或地區隨著經濟增長而出現的經濟、社會和政治的整體演進和改善。具體地說，經濟發展的內涵包括三個方面：一是經濟數量的增長，即一個國家或地區產品和勞務通過增加投入或提高效率獲得更多的產出，構成經濟發展的物質基礎；二是經濟結構的優化，即一個國家或地區投入結構、產出結構、分配結構、消費結構等各種結構的協調和優化，是經濟發展的必然環節；三是經濟質量的提高，即一個國家或地區的經濟效益水準、社會和個人福利水準、居民實際生活質量、經濟穩定程度、自然生態環境改善程度以及政治、文化和人的現代化，是經濟發展的最終標誌。經濟發展方式是指實現經濟發展的方法、手段和模式，其中不僅包含經濟增長方式，還包括結構優化、環境改善、技術不斷創新、人民生活水準提高、資源配置趨於合理等方面的內容。進一步地看，經濟發展方式的轉變，則主要包括粗放型增長方式向集約型增長方式轉變，資源消耗型發展向資源節約型、環境友好型發展轉變，技術引進型發展向技術創新型發展轉變，外需拉動型發展向內需主導型發展轉變，投資拉動型增長向居民消費拉動型增長轉變，非均衡、不協調發展戰略向均衡型、協調發展戰略轉變，效率優先的分配模式向共享發展理念下側重公平的分配模式轉變。

從上分析可見，經濟發展與經濟增長、經濟發展方式轉變與經濟增長方式轉變有著密切的聯繫，但又有著顯著區別：

一是經濟發展方式包含經濟增長的內容，但不等同於經濟增長概念。經濟增長是指一個國家或地區經濟量上的變化或增加，即一定時期產品和勞務的增長。經濟增長包含在經濟發展之中，它是促成經濟發展的基本動力和物質保障。一般而言，經濟增長是手段，經濟發展是目的；經濟增長是經濟發展的基礎，經濟發展是經濟增長的結果。雖然在個別條件下有時也會出現無增長而有發展的情況，但從長期看，沒有經濟增長就不會有持續的經濟發展。但經濟發展是對社會經濟的積極推動，更強調經濟發展對社會的正向作用和影響，而傳統的經濟增長方式更多地強調數字的量度，它對社會既可以產生正向作用又可以產生負向作用。

二是經濟發展方式注重經濟質量意識，而傳統的經濟增長方式似乎更強調量的擴展。經濟增長只是指一國經濟更多的產出，其增長程度僅僅以國民生產總值與國民收入以及它們的人均值的增長率這一單一指標來表示。而經濟發展除了包括經濟增長的內容以外，還包括隨著經濟增長而出現的經濟、社會和政治等方面的進展，其發展程度需要用能反應這種變化的綜合性指標來衡量。經濟增長的內涵較窄，是一個偏重於數量的概念；而經濟發展的內涵較寬，是一個既包含數量又包含質量的概念，在質和量的統一中更注重經濟質態的升級和優化。雖然經濟增長是經濟發展的必要前提，但並不是一切經濟增長都能帶來經濟發展。如果只是傳統經濟在原有結構、類型、體制基礎上單純依賴增加資源消耗去實現數量增長，而沒有經濟質態的升級和優化，就不可能帶來經濟、社會和政治的整體演進和改善。這種情況就是只有經濟增長而無經濟發展。

　　三是經濟發展方式注重經濟社會綜合協調發展的內涵，體現了新發展理念；而傳統的經濟增長方式容易激發人與自然、人與人之間的矛盾。應當看到，「轉變經濟發展方式」的要求是在科學發展觀的基礎上提出來的，在新發展理念中得到進一步昇華，體現了發展的耦合性、關聯性、價值性和人文性的統一。事實上，馬克思很早就從唯物史觀的角度揭示了社會進步的本質。他認為，社會進步遵循著生產力發展的規律，受人類利益、需要的驅使和生產實踐活動的支配。衡量社會進步的尺度，主要是生產力水準和人的解放程度。發展應當是追求自然規律和社會規律的統一，只有倡導一種旨在促進「自然—經濟—社會」複雜系統和諧發展的戰略，人類的發展才能真正實現手段與目的的統一。這也就是說，發展應當追求以人民為中心的原則，只有倡導一種旨在促進「全社會每個人的全面發展」的經濟社會發展戰略，經濟增長和物質財富的豐裕才具有真正的社會價值。

二、經濟發展方式轉變的科學內涵與促進「三個轉變」

　　長期以來，基於經濟發展所處的歷史階段及整體技術水準的限制，中國經濟增長主要通過增加生產要素的投入和物質消耗的粗放型增長的方式來實現。為提高經濟增長的質量和效益，早在 1987 年中國就提出要將粗放經營逐步轉變為集約經營。1995 年更在提出實現經濟體制從傳統的計劃經濟體制向社會主義市場經濟體制轉變的同時，明確提出要實現國民經濟增長方式從粗放型到集約型的轉變，力求從根本上改變中國國民經濟發展高投入、低產出，高增長、低效益的狀況。由此，中國國民經濟的增長方式逐步開始了從粗放到集約的第一個歷史性轉變。然而迄今為止，在中國經濟的快速增長過程中，在原有的以高投入、高能耗、高物耗、高污染、多占地為特徵的「四高一多」式的粗放型增長方式並未得到根本改變的同時，又累積了較多的經濟社會矛盾和問題。這些矛盾和問題不僅表現為以投資消費關係不協調、「一、二、三產業」發展比例不協調、城鄉發展和區域發展不協調、國際收支不協調和自主創新能力低下為表徵的不穩定因素的存在，也表現為以收入差距的擴大及其所引發的一系列經濟社會矛盾和問題為特徵的

經濟發展中不和諧因素的存在。這不僅使我們為經濟增長所付的代價日益增大，經濟增長與資源環境以及城鄉發展失衡、區域發展失衡的矛盾日趨尖銳，也使中國經濟社會的發展具有內在的矛盾性結構。而在當前國民經濟較快增長和較低通脹率的表象下，上述矛盾和問題的存在可能隱蔽著較大的經濟風險和社會風險。

以上這些情況表明，傳統的經濟增長方式有待繼續變革。中國的經濟社會發展戰略不能再僅僅靠 GDP 數量的增長，而應當納入社會這一大系統中，統籌兼顧，要有更為全面、更為辯證的要求，要更深刻、更自覺地把握經濟發展規律，下更大的決心、採取更有力的措施提高經濟發展質量和效益，促進經濟社會持續健康發展。黨的十九大強調，堅持新發展理念推動中國經濟由高速增長轉向高質量發展，反應了黨中央對「轉變經濟發展方式」的高度重視，也是我們黨對新時代中國特色社會主義經濟發展戰略問題思考的進一步深化。改變傳統的經濟增長方式，強調轉變經濟發展方式，本質上就是要走全面協調可持續發展的道路，統籌兼顧「創新、協調、綠色、開放、共享」五大方面，加快經濟結構戰略性調整，積極建設資源節約型、環境友好型社會，在合理充分利用自然資源、保護生態環境的基礎上，促進經濟持續健康發展，以破解人民日益增長的美好生活需要與不平衡不充分發展之間的矛盾。要實現經濟發展方式的根本轉變，我們必須實現如下「三個轉變」。

（一）促進經濟增長由主要依靠投資、出口拉動向依靠消費驅動轉變

總的來說，中國經濟增長是依靠投資、出口和消費「三駕馬車」拉動的。從表 14-1 可以得知，在「三駕馬車」中，投資對經濟增長的拉動作用一直很大，2008 年之前出口的拉動作用還比較強，但受金融危機導致的世界經濟萎靡的影響，2008 年之後出口對中國經濟增長的拉動作用明顯減弱。而消費的拉動作用則表現出波動上升的趨勢，至 2016 年最終消費支出的貢獻率已達到 64.6%，但與發達經濟體 80% 以上的貢獻率仍有差距。

表 14-1　　　　　中國消費、投資、淨出口對經濟增長的影響　　　　單位:%

年份	最終消費支出貢獻率	資本形成總額貢獻率	淨出口
2005	54.4	33.1	12.5
2006	42.0	45.9	15.1
2007	45.3	44.1	10.6
2008	44.2	53.5	2.6
2009	56.1	86.5	-42.6
2010	44.9	66.3	-11.2
2011	61.9	46.2	-8.1
2012	54.9	43.4	1.7
2013	50.0	54.4	-4.4

表14-1(續)

年份	最終消費支出貢獻率	資本形成總額貢獻率	淨出口
2014	50.2	48.5	1.3
2015	59.7	41.6	-1.3
2016	64.6	42.2	-6.8

資料來源：數據根據國家統計局歷年出版的《中國統計年鑒》計算

消費不充分的原因也是多方面的。中國居民總體消費水準之所以偏低，主要原因之一是在城鄉二元經濟結構下，農業發展緩慢，占人口大多數的農民收入低，消費力和購買力嚴重不足。同時，城市居民收入預期不確定和支出預期不確定（社會保障等不健全），也影響居民的消費傾向。因此，要增強消費對經濟增長的拉動作用，必須堅持以人民為中心，貫徹落實新發展理念，在發展生產的基礎上擴大內需，積極提高消費率。增強消費對經濟增長的拉動作用，要完善收入分配政策，持續增加城鄉居民收入。要更加重視解決「三農」問題，要統籌城鄉發展，多渠道增加農民收入，大力開拓農村市場特別是農村消費市場。這就要求我們堅持和完善按勞分配為主體、多種分配方式並存的分配制度，逐步提高居民收入在國民收入分配中的比重，提高勞動報酬在初次分配中的比重，著力提高低收入者的收入，擴大中等收入者的比重。要調整和健全消費政策，通過加快社會保障體系建設，穩定居民消費預期；通過改善消費環境，增強居民消費信心，促進居民擴大即期消費。要拓寬服務性消費領域，不斷開拓城鄉消費市場，繼續拓展住房、汽車、通信、旅遊、文化和健身等熱點消費。同時，要適度控制投資規模，優化投資結構，提高投資效益，合理降低投資率。要轉變外貿增長方式，調整進出口結構，發展更高層次的開放型經濟，使消費、投資、出口「三駕馬車」協調發揮拉動增長的作用。

（二）促進經濟增長由主要依靠第二產業帶動向依靠第一、第二、第三產業協同帶動轉變

近年來，第一產業和第三產業都有了顯著的變化。第一產業所占的比重從2005年的12.1%下降到2016年的8.6%，下降了3.5個百分點；第二產業所占比重由47.4%下降為39.8%，下降了7.6個百分點；第三產業所占比重由40.5上升為51.6%，上升了11.1個百分點。雖然中國第三產業所占比重有所上升，但在國民經濟中的地位明顯偏低。一些低收入的發展中國家，如印度，其服務業早已超過了50%，發達國家的服務業更超過了75%。中國服務業發展滯後，經濟增長長期主要依靠第二產業推動。因此，推進產業結構優化升級，堅持走中國特色新型工業化道路，促進信息化與工業化融合，鞏固第一產業，做大第三產業，提升第二產業，發展現代產業體系，轉變經濟發展方式，是發展中國經濟的迫切需要。

作為第二產業的工業，之所以受到資源約束和環境壓力，就是因為內部結構不合理和技術落後。所以，必須大力推進工業結構調整和優化升級。推進工業結構調整和優化

升級的方向是：按照走新型工業化道路的要求，堅持以市場為導向、公有企業為主體，把增強自主創新能力作為中心環節，繼續發揮勞動密集型產業的競爭優勢，調整優化產品結構、企業組織結構和產業佈局，提升整體技術水準和綜合競爭力，形成以高技術產業為主導、基礎產業和製造業為支撐的工業產業格局，促進工業由大變強。經過工業結構調整和優化升級，特別是加快發展服務業，會逐漸實現經濟增長由主要依靠工業帶動和數量擴張帶動向三次產業協調帶動轉變。解決了上述約束性因素，第二產業就可以進一步與第一、第三產業協同推動經濟社會發展。

（三）促進經濟增長由主要依靠增加物質資源消耗向主要依靠科技進步、勞動者素質提高、管理創新轉變

加快轉變經濟發展方式，關鍵是全面提高自主創新能力，促進科技成果向現實生產力轉化。經過多年努力，中國科技創新取得明顯成效，但從總體上看，自主創新不足，轉化水準不高，勞動生產率和經濟效益與國際先進水準相比還有較大差距。不論是從國際科技競爭加劇的趨勢看，還是從國內低成本競爭優勢減弱的現實看，都到了必須更多地依靠科技進步、勞動者素質提高和管理創新帶動經濟發展的歷史階段。

影響中國科技創新的負面因素較多，但最主要的是科技與經濟結合不夠緊密。要解決這個問題，必須採取綜合性措施。要按照建設創新型國家的要求，認真落實國家中長期科學和技術發展規劃綱要，加大對自主創新的資金投入和政策支持，抓緊組織實施重大科技專項，著力突破制約經濟社會發展的關鍵技術。要推動國家創新體系建設，支持基礎研究、前沿技術研究和社會公益性技術研究。要加快建立以企業為主體、市場為導向、產學研相結合的技術創新體系，使企業真正成為研發投入和自主創新的主體。要繼續實施全民科學素質行動計劃，大力提高勞動者科技文化素質，充分發揮中國人力資源優勢在經濟發展中的作用。

三、經濟發展方式轉變的實現機制

轉變經濟發展方式需要一個有效的實現機制。黨的十八大報告指出：以科學發展為主題，以加快轉變經濟發展方式為主線，是關係中國發展全局的戰略抉擇。要適應國內外經濟形勢新變化，加快形成新的經濟發展方式，把推動發展的立足點轉到提高質量和效益上來，著力激發各類市場主體發展新活力，著力增強創新驅動發展新動力，著力構建現代產業發展新體系，著力培育開放型經濟發展新優勢，使經濟發展更多依靠內需特別是消費需求拉動，更多依靠現代服務業和戰略性新興產業帶動，更多依靠科技進步、勞動者素質提高、管理創新驅動，更多依靠節約資源和循環經濟推動，更多依靠城鄉區域發展協調互動，不斷增強長期發展後勁。

堅持走中國特色新型工業化、信息化、城鎮化、農業現代化道路，推動信息化和工業化深度融合、工業化和城鎮化良性互動、城鎮化和農業現代化相互協調，促進工業化、信息化、城鎮化、農業現代化同步發展。

(一) 深化改革和完善體制，為科學發展提供體制機制保障

要實現科學發展，就必須全面深化經濟體制改革。深化經濟體制改革的核心問題是處理好政府和市場的關係，必須更加尊重市場規律，建設統一開放、競爭有序的市場體系，使市場在資源配置中起決定性作用，並更好地發揮政府作用，建設服務型政府。同時，要進一步深化財稅、金融等體制改革，健全財政、貨幣、產業、區域等經濟政策協調機制，健全貨幣政策和宏觀審慎政策雙支柱調控框架，完善宏觀調控體系，使政府宏觀調控在科學發展中發揮保障性作用。在此基礎上，完善發展成果考核評價體系，糾正單純以經濟增長速度評定政績的偏向，加大資源消耗、環境損害、生態效益、產能過剩、科技創新、安全生產、新增債務等指標的權重，更加重視勞動就業、居民收入、社會保障、人民健康狀況。加快建立國家統一的經濟核算制度，編製全國和地方資產負債表，建立全社會房產、信用等基礎數據統一平臺，推進部門信息共享。

(二) 自主創新，廣泛採用節能減排技術，著力建設資源節約型、環境友好型社會

提高自主創新能力，建設創新型國家，是國家發展戰略的核心，是提高綜合國力的關鍵。科技創新是提高社會生產力和綜合國力的戰略支撐，必須擺在國家發展全局的核心位置。

第一，提高自主創新能力，是確保到 2020 年實現全面建成小康社會奮鬥目標的需要。要達到發展方式轉變取得重大進展，在優化結構、提高效益、降低消耗、保護環境的基礎上，2020 年人均國內生產總值比 2000 年翻兩番的目標，就一定要緊緊依靠科技進步和自主創新的有力支撐，一定要改變中國人均勞動生產率低、附加值低、單位國內生產總值物耗能耗高、生態環境代價高的現狀。必須更加注重提高自主創新能力，加快科技進步，創造自主核心知識產權，創造自主世界著名品牌，提高製造產品的附加值、發展增值服務，鼓勵發展跨國經營、具有國際競爭力的大企業集團。必須在發展勞動密集產業的同時加快振興裝備製造業、高技術產業和以知識和創新為基礎的現代服務業，加快實現由世界工廠向創造強國的跨越，提升中國在全球產業分工中的地位，大幅提升自主創新對中國經濟增長的貢獻率，提高節能環保水準，實現人均高生產率、高收益率和單位國內生產總值低物耗、低能耗、低排放，提高中國經濟的整體素質和國際競爭力。

第二，提高自主創新能力，是應對世界科技革命和提高中國競爭力的需要。國際競爭從根本上說是科技的競爭，特別是自主創新能力的競爭。當今世界，新科技革命迅猛開展，科技成果轉化和產業更新換代的週期越來越短，科技作為第一生產力的地位和作用越來越突出。世界各國尤其是發達國家紛紛把推動科技進步和創新作為國家戰略，大幅度提高科技投入，加快科技事業發展，重視基礎研究，重點發展高新技術及其產業，加快科技成果向現實生產力轉化，在國際經濟、科技競爭中爭取主動權。中國人均能源、水資源、土地資源稀少，生態環境十分脆弱，對經濟發展構成日益嚴峻和緊迫的約束。在經濟全球化進程中，企業面臨著越來越激烈的國際競爭壓力，堅持走中國特色自

主創新道路、提高自主創新能力是根本出路。

　　第三，要堅持走中國特色自主創新道路，以全球視野謀劃和推動創新，提高原始創新、集成創新和引進消化吸收再創新能力，更加注重協同創新，加快建設創新型國家。深化科技體制改革，推動科技和經濟緊密結合，加快建設國家創新體系，著力構建以企業為主體、市場為導向、產學研相結合的技術創新體系。完善知識創新體系，強化基礎研究、前沿技術研究、社會公益技術研究，提高科學研究水準和成果轉化能力，搶占科技發展戰略制高點。實施國家科技重大專項，突破重大技術瓶頸。加快新技術新產品新工藝研發應用，加強技術集成和商業模式創新。完善科技創新評價標準、激勵機制、轉化機制。實施知識產權戰略，加強知識產權保護。促進創新資源高效配置和綜合集成，把全社會智慧和力量凝聚到創新發展上來。

　　經過多年努力，中國科技創新能力不斷提高，科技對經濟社會發展的支撐能力大大增強，適應社會主義市場經濟的國家創新體系初步形成，科技事業蓬勃發展。中國已建成世界上只有少數國家才具備的、完整的科學技術體系，擁有充足的科技人力資源，已經具備較強的科技實力。據測算，中國科技綜合創新指標已相當於人均國內生產總值 5,000～6,000 美元國家的水準，在生物、納米、航天等一些重要領域的研發能力已躋身世界先進水準。中華民族重視教育、辯證思維、集體主義精神和豐厚的文化累積，為中國未來的創新提供了有利條件。

　　黨的十九大報告指出：人與自然是生命共同體，人類必須尊重自然、順應自然、保護自然。我們要建設的現代化是人與自然和諧共生的現代化，要牢固社會主義生態文明觀，推動形成人與自然和諧發展的現代化格局，既要創造更多物質財富和精神財富以滿足人民日益增長的美好生活需要，也要提供更多優質生態產品以滿足人民日益增長的優美生態環境需要。

　　建設資源節約型、環境友好型社會，形成節約資源和保護環境的空間格局、產業結構、生產生活方式是深入貫徹落實新發展理念的需要。人類發展的歷史已經表明，人類文明的發展和延續與資源、環境密切相關。資源缺乏和生態環境惡化會破壞人們的生存條件，甚至會導致人類文明的消亡。我們一定要深刻認識加強能源資源節約和生態環境保護的重大意義，以對國家、對民族、對子孫後代高度負責的精神，切實把建設資源節約型、環境友好型社會放在工業化、現代化發展戰略的突出位置，推動經濟社會全面協調可持續發展。

　　建設資源節約型、環境友好型社會要求建立科學合理的能源資源利用體系，其核心是：按照減量化、再利用、資源化的原則，以提高能源資源利用效率為中心，以節能、節水、節地、節材、資源綜合利用為重點，通過加快產業結構調整，推進技術進步，加強法制建設，完善政策措施，強化節約意識，建立長效機制，形成節約型的增長方式和消費方式，促進經濟社會可持續發展。具體來說，要重點抓好以下幾個方面的工作：

　　（1）優化國土空間開發格局。國土是生態文明建設的空間載體，必須珍惜每一寸國

土。要按照人口資源環境相均衡、經濟社會生態效益相統一的原則，控制開發強度，調整空間結構，促進生產空間集約高效、生活空間宜居適度、生態空間山清水秀，給自然留下更多修復空間，給農業留下更多良田，給子孫後代留下天藍、地綠、水淨的美好家園。加快實施主體功能區戰略，推動各地區嚴格按照主體功能定位發展，構建科學合理的城市化格局、農業發展格局、生態安全格局。提高海洋資源開發能力，發展海洋經濟，保護海洋生態環境，堅決維護國家海洋權益，建設海洋強國。

（2）全面促進資源節約。節約資源是保護生態環境的根本之策。要節約集約利用資源，推動資源利用方式根本轉變，加強全過程節約管理，大幅降低能源、水、土地消耗強度，提高利用效率和效益。推動能源生產和消費革命，控制能源消費總量，加強節能降耗，支持節能低碳產業和新能源、可再生能源發展，確保國家能源安全。加強水源地保護和用水總量管理，推進水循環利用，建設節水型社會。嚴守耕地保護紅線，嚴格土地用途管制。加強礦產資源勘查、保護、合理開發。發展循環經濟，促進生產、流通、消費過程的減量化、再利用、資源化。

（3）加大自然生態系統和環境保護力度。良好生態環境是人和社會持續發展的根本基礎。要實施重大生態修復工程，增強生態產品生產能力，推進荒漠化、石漠化、水土流失綜合治理，擴大森林、湖泊、濕地面積，保護生物多樣性。加快水利建設，增強城鄉防洪抗旱排澇能力。加強防災減災體系建設，提高氣象、地質、地震災害防禦能力。堅持預防為主、綜合治理，以解決損害群眾健康突出環境問題為重點，強化水、大氣、土壤等污染防治。堅持共同但有區別的責任原則、公平原則、各自能力原則，同國際社會一道積極應對全球氣候變化。

（4）加強生態文明制度建設。保護生態環境必須依靠制度。要把資源消耗、環境損害、生態效益納入經濟社會發展評價體系，建立體現生態文明要求的目標體系、考核辦法、獎懲機制。建立國土空間開發保護制度，完善最嚴格的耕地保護制度、水資源管理制度、環境保護制度。深化資源性產品價格和稅費改革，建立反應市場供求和資源稀缺程度、體現生態價值和代際補償的資源有償使用制度和生態補償制度。積極開展節能量、碳排放權、排污權、水權交易試點。加強環境監管，健全生態環境保護責任追究制度和環境損害賠償制度。加強生態文明宣傳教育，增強全民節約意識、環保意識、生態意識，形成合理消費的社會風尚，營造愛護生態環境的良好風氣。

建設資源節約型、環境友好型社會與發展低碳經濟的內涵基本一致。低碳經濟是以低能耗、低污染、低排放為綜合特徵的新的經濟形態。發展低碳經濟是國際大背景使然，是一場全面的能源經濟革命，將推進經濟發展方式的兩個轉變：一是現代經濟發展由以碳基能源為基礎的不可持續發展經濟，向以低碳與無碳能源經濟為基礎的可持續發展經濟轉變；二是能源消費結構由高碳型黑色結構向低碳型與無碳型綠色結構轉變。這兩個轉變的中心環節，一方面是著力推進化石能源低碳化，另一方面是構建新的能源經濟體系，發展低碳與無碳新能源，包括風能、太陽能、水能、地熱能、核能、潮汐能

等，使整個社會生產與再生產活動低碳與無碳化。這應是未來能源經濟發展的根本方向，也是發展低碳經濟的根本方向。

（三）著力建設現代化經濟體系，推動經濟發展質量變革、效率變革、動力變革

（1）從一定意義上來說，現代化過程就是在科技進步的推動下，建設現代化經濟體系，促進經濟發展方式轉變的過程。黨的十九大報告強調，經過長期努力，中國特色社會主義進入了新時代，這是中國發展新的歷史方位。同時，新時代中國社會主要矛盾也已轉化為人民日益增長的美好生活需要和不平衡不充分的發展之間的矛盾。主要矛盾的這一歷史性變化以及新時代完成「兩個一百年」戰略目標的提出，凸顯出大而不強的中國經濟體系深層次的結構性矛盾和問題的不適應性。為此，推動中國經濟體系的進一步轉型重構、建設現代化經濟體系，是解決發展不平衡不充分以及發展質量不高、結構不優、動力不可持續問題的內在要求，是更為宏遠更深層次指引中國經濟跨越轉型升級關口走向更高水準、實現中國現代化的重要經濟基礎。

[閱讀專欄]

知識鏈接：產業、產業結構和產業分類

產業是指國民經濟中以社會分工為基礎，在產品和勞務的生產和經營上具有某些相同特徵的企業或單位及其活動的集合。產業結構是指國民經濟中產業的構成及其相互關係。產業結構的主要內容包括：構成產業總體的產業類型、組合方式，各產業之間的本質聯繫，各產業的技術基礎、發展程度及其在國民經濟中的地位與作用。產業分類存在很多種方法，最常見的就是三次產業分類法。這是以產業發展的層次順序及其與自然界的關係作為標準的分類方法。三次產業分類法就是把全部的經濟活動劃分為第一次產業、第二次產業和第三次產業。第一次產業是指產品直接取自自然的物質生產部門，即廣義的農業，包括種植業、畜牧業、林業、漁業、狩獵業等；第二次產業是指加工取自自然物質的物質生產部門，即廣義的製造業或工業，包括採礦業、製造業、建築業、運輸業以及煤氣、電力、供水等工業部門；第三次產業是指派生自有形物質財富生產活動的無形財富的生產部門，即廣義的服務業，包括商業、金融業、保險業、生活服務業、旅遊業、公務業（科學、教育、衛生、政府等公共行政事業）以及其他公益事業等。

現代化經濟體系建設以提高國民經濟供給體系質量為抓手，最終表現為實體經濟的「高質量、優結構、強動力」。因此，質量變革、效率變革、動力變革的「三大變革」，成為建設現代化經濟體系的三大重要內容。

（1）建設現代化經濟體系，質量變革是關鍵。現代化的經濟體系意味著更加科學高質的發展方式。針對多年來中國經濟發展中存在的結構性矛盾，主要表現在實體經濟內部供給與需求的失衡、金融與實體經濟的失衡和房地產與實體經濟的失衡，而失衡與發

展質量不高密切相關。因此新時代的中國特色社會主義經濟發展，必須是依靠質量變革，提高經濟發展質量的可持續經濟發展方式。當前，堅持質量第一、效益優先，必須把發展經濟的著力點放在實體經濟上，深化供給側結構性改革，加快發展互聯網、大數據、人工智能和實體經濟深度融合的先進製造業，堅持「三去一降一補」，著力降低全社會土地、能源、通訊、物流、融資等制度性交易成本，發展戰略性新興產業和現代服務業，增加公共產品和服務供給，從過去供給數量的增加和規模的擴大轉向能夠供給更能適應需求結構的變化、提高供給體系質量、實現供需匹配，顯著增強中國經濟質量和效益優勢。

（2）建設現代化經濟體系，效率變革是支撐。現代化的經濟體系意味著更加科學高效的發展方式。長期以來，中國經濟增長主要依靠具有比較優勢的資源和資本、勞動等生產要素大規模投入的支撐，這種基於資源稀缺性選擇利用的效率提高思維是很難持續的。因此，新時代的中國特色社會主義經濟發展，必須是依靠效率變革，提高全要素生產率的可持續經濟發展方式。效率變革要從基於資源稀缺性選擇利用的效率思維轉向基於配置效率提高的發展共贏共享共富思維。通過市場創新性競爭，促使資源流向和重新配置的生產率提高而實現發展。餅做大了多出的這一部分，應適時用於深化改革社會成本的必要補償、確保部因改革利益受損的人得到合理補償以及用於增進人民福祉，以擴大社會不斷深化改革的空間和獲得人們對深化改革與發展的支持。這種「發展中解決問題」、發展的出發點和落腳點在人的效率變革，為「以人民為中心」的發展提供了共贏共享共富的解，從而也為可持續發展提供了可靠的支撐。

（3）建設現代化經濟體系，動力變革是基礎。現代化的經濟體系意味著更加科學的發展方式。改革開放以來，我們主要依靠增加初級要素資源消耗實現粗放型高速增長的舊的經濟體系功能明顯減退。因此，新時代的中國特色社會主義經濟發展，必須是依靠動力變革，增強創新發展動力的可持續經濟發展方式。當前，向創新驅動的集約型發展方式轉變，應依靠人才、技術、知識、信息、管理等高級要素資源的有效聚合，力爭在一些戰略性產業領域中重大關鍵技術、前沿技術和共性技術上有新的重大突破，實現發展新舊動力的轉換，以服務貿易為重點發展更高層次的開放型經濟，增強中國經濟發展的國際競爭力。我們四川作為今年年初新獲批的建設創新型省份，有責任承擔起為創新型國家建設探路的任務，推進技術強省建設，以創新的自信深化科技體制創新充分激發和釋放科技人員創新創業的動力與活力、實現在某些領域由「跟跑者」向「並跑者」乃至「領跑者」轉變的先行先試，力爭走在具有原創性、自主性、前沿性的技術創新→技術擴散→技術轉移→技術應用落地的規模擴張和價值廣泛實現的前面。

建設現代化經濟體系是一個宏大而艱鉅的系統工程，需要通過深化一系列配套協同的改革形成市場機制有效、微觀主體有活力、宏觀調控有度的體制機制來推進，其中，質量變革、效率變革、動力變革是一場深刻變革，「三大變革」問相互銜接、相互貫通，共同構成建設實體經濟、科技創新、現代金融、人力資源「四位協同」的產業體系及現

代化經濟體系的統一整體，從而，更好地適應社會主要矛盾轉化新的階段性特徵、新的發展目標、新的發展規律及新的發展要求，實現更高質量、更有效率、更加公平、更可持續的發展。

（四）統籌城鄉發展，統籌區域發展，推動城鄉發展一體化

1. 統籌城鄉發展，實施鄉村振興戰略，從根本上突破城鄉二元結構，逐步縮小城鄉差距，實現城鄉一體化

中國經濟發展離不開農村、農業、農民的支撐，沒有「三農」的現代化不是真正意義上的現代化。黨的十九大報告將「鄉村振興戰略」列為決勝全面建成小康社會需要堅定實施的戰略之一，強調堅持農業農村優先發展，按照產業興旺、生態宜居、鄉風文明、治理有效、生活富裕的內在關聯和要求，旨在推進城鄉統籌向城鄉一體化發展進而走向城鄉融合，以建立健全城鄉融合發展體制機制和政策體系，加快推進農業農村現代化。

鄉村振興戰略，既包括經濟振興、社會振興、文化振興，又包括治理體系創新和生態文明進步，根本的是人的振興，是一個圍繞農業農村農民振興的系統工程和全面振興的綜合概念。鄉村振興以振興產業作為鄉村振興戰略的重要基礎，以振興環境作為鄉村振興戰略的重要載體，以振興文明作為鄉村振興戰略的重要依託，以振興治理作為鄉村振興戰略的重要支撐，以振興生活作為鄉村振興戰略的重要歸旨。具體實踐中，要實現鄉村的振興，必須注意把握「三個結合」。

一是改革與發展的結合。繼續堅定不移地推進農村土地制度「三權分置」改革、農業經營制度改革、農村集體產權制度改革、宅基地有償退出改革及其農業供給側結構性改革的深化，增加農民的資產性收入；同時鄉村振興戰略又有著服從新時代決勝全面建成小康社會和中國特色社會主義發展兩個階段目標的新目標，要求探索農業農村優先發展的新方式新手段，以及與創新、協調、綠色、開放、共享的新發展理念相應的發展評價體系。具體看，進一步建立健全城鄉融合發展的體制機制和政策體系，構建和完善現代農業產業體系、生產體系、經營體系，完善農業支持保護制度，發展多種形式適度規模經營，培育新型農業經營主體，健全農業社會化服務體系，實現小農戶和現代農業發展的有機銜接，促進農村一、二、三產業融合發展，支持和鼓勵農民就業創業，拓寬增收渠道，加快推進農業農村農民的現代化發展。

二是試點與推廣的結合。在試點地區的選擇確定上，一方面在原有城鄉統籌、城鄉一體化、新農村建設等試點的基礎上，選取已有一定基礎、各方面條件比較好的地區為鄉村振興戰略的試點，這是錦上添花的高位推進，使其發揮引領的示範效應和推廣實施價值。另一方面，也應考慮「老少邊窮」等發展不充分的地區選取試點，將脫貧攻堅與實施鄉村振興戰略結合推進，為後進地區的可行性推廣做出實事求是的試點探索。

三是農民主體與政府推動和社會參與的結合。其中，政府推動仍是極其重要的環節。美國經濟學家 D. 蓋爾·約翰遜教授在《經濟發展中的農業、農村、農民問題》一

書中特別強調指出，「許多發展中國家都存在這樣一種傾向，即把一切交給市場（包括研究領域和教育領域），忽視政府在提供公共物品方面的作用」，特別是在為農業農村農民提供公共物品方面的必要作用。他主張，「應該找出那些市場不能發揮作用而政府卻能有所作為的領域，在這些領域，如果政府採取了合適的政策，農村人口的福利會得到改進」[①]。政府通過制定鄉村振興戰略專項規劃、出抬相關政策法規、加大資金投入履行其引導和服務職責，有效配置公共資源包括公共服務體系的建設，人居環境道路交通等基礎設施的建設，城鄉融合的政策體系建設、培養和造就懂農業、愛農村、愛農民的「三農」工作隊伍等，以確保農業農村發展的優先性。

2. 促進區域協調發展、逐步縮小區域發展差距，是深入貫徹落實新發展理念、全面建設小康社會的重大戰略任務

區域經濟結構是指國民經濟中各個經濟區域之間的發展關係和結合狀況，它也是國民經濟結構的一個重要方面。區域經濟結構的調整是指生產要素在各個區域之間的合理配置，它能夠使各個區域在國民經濟的整體活動中充分發揮各自的優勢，同時相互配合、相互補充、協調一致地發展，因而也是實現經濟發展目標的重要條件。區域經濟結構的調整對實現經濟發展目標具有十分重要的意義。

縮小區域發展差距主要是要引導生產要素跨區域合理流動，這是在認真分析造成區域發展差距原因的基礎上提出的。從發達國家的經驗看，經濟總量聚集的地方也應當是人口相應集中的地方，是最終形成經濟總量與人口大體協調的地方。而中國情況卻與之相反，經濟總量大的地區沒能吸納相當比重的人口，而廣大中西部地區由於缺少資金、人才，經濟發展相對較慢，增加就業和收入的機會也相對較少，經濟總量比重比較低，而人口比重卻大大高於經濟所占的比重。例如，2010年，東部比較發達的長江三角洲、珠江三角洲和京津冀地區集中了全國地區生產總值的40%，而人口卻只占全國人口的24%；西部地區生產總值占全國地區生產總值的18%，人口卻占全國人口的27%，這就導致區域人均收入的差距不斷擴大。東部地區人均收入不斷提高，對資金、資源、勞動力的吸引力也越來越大；而人均收入低的地區在招商引資、吸引人才等方面處於不利位置，影響了經濟增長，結果人均收入的改善也不快。區域間人均享有的公共服務差距拉大的另一個原因是，目前中國每年有1.3億多農村勞動力，其中外出務工的主要是中西部農村的勞動力，其贍養的人口依然留在中西部，而創造的稅收卻留在東部，成為東部改善公共服務的重要財源；而吸收外來勞動力的地區卻不為這些勞動者及其贍養人口提供公共服務，這些流動人口及其贍養人口應享有的公共服務仍然由其戶籍所在地提供。中西部地區由於能創造稅收的人口已大量流出，財政狀況改善慢，能夠提供的公共服務水準有限。以上分析表明，促進人口與生產要素、經濟佈局的區域上的均衡，可以有效

---

① D. 蓋爾·約翰遜. 經濟發展中的農業、農村、農民問題[M]. 林毅夫，趙耀輝，編譯. 北京：商務印書館，2004：377.

縮小不同區域民眾的人均收入水準、享受基本公共服務的差距。

從國家現有經濟實力和財力看，中國也具備了促進基本公共服務均等化的條件和能力。當前，特別需要加大對革命老區、民族地區、邊疆地區、貧困地區的發展扶持力度。為此，要建立以促進基本公共服務均等化為目的的公共財政體系，加大對這些地區的財政轉移支付，增強地方政府提供公共服務的能力，縮小中西部地區與東部地區在享有公共服務方面的差距，使不同區域民眾享有比較均等的就業、住房、醫療、教育、基本公共文化的機會、公共服務水準和良好生活環境。國際經驗證明，縮小區域間、城鄉間收入差距最為有效的辦法就是加快培育更加開放、更有利於自由流動的要素市場，通過勞動力和其他要素的自由流動平抑不同地區的工資差異。因此，要創造條件引導中西部勞動力向經濟相對集中的地區轉移，充分發揮這些地區的人口承載力；引導資金、技術等生產要素向中西部地區流動，增強中西部地區的經濟實力。通過人口和生產要素的合理流動，促進區域協調發展，逐步縮小發展差距。

(五) 適應經濟全球化新形勢，全面提高開放型經濟水準

改革開放30多年來，中國對外開放迅速發展，對外開放的形式和戰略發生了重大變化。在此基礎上，我們還需要進一步拓展對外開放的廣度和深度，提高開放型經濟水準。堅持對外開放的基本國策，把「引進來」和「走出去」更好地結合起來，擴大開放領域，優化開放結構，提高開放質量，完善內外聯動、互利共贏、安全高效的開放型經濟體系，形成經濟全球化條件下參與國際經濟合作和競爭的新優勢。深化沿海開放，加快內地開放，提升沿邊開放，實現對內對外開放相互促進。

第一，經過30多年的快速發展，中國人均國民收入已經超過3,000美元。伴隨著收入水準的提高和資本、技術等要素的累積，中國的要素結構發生了顯著變化，不同領域中的比較優勢有消有長，在全球分工格局中的位置也在相應調整。隨著中國對外貿易和外資流入在全球的比重不斷提高，中國對外開放進入了商品和要素全面雙向流動的新階段，中國經濟同世界經濟的聯繫日益緊密，內外影響不斷加深，經濟利益互相交織。在這種背景下，中國參與國際分工的方式、層次和特點也將隨之進行調整、拓展和提升。這些新的情況和變化要求我們在繼續發揮好傳統優勢的同時審時度勢，揚長避短，努力形成參與國際競爭和合作的新優勢。

第二，利用外資方式、對外投資和合作方式創新。創新利用外資方式是提高中國開放型經濟水準的迫切需要。當前中國利用外資的內外部條件都發生了質的變化，現有的引資方式不能完全適應經濟發展的要求。要著眼於提高利用外資的質量，引導跨國併購向優化產業結構方向發展，放寬中西部地區外資進入的行業限制。完善併購環境，建立跨國併購的法律體系；繼續優化軟硬件環境，切實加強知識產權保護，支持外資研發機構與中國企業和科研院校開展合作，更好地發揮技術共享、合作研究、人才交流等方面的溢出效應；鼓勵跨國公司在中國設立外包企業，承接本公司集團和其他企業的外包業務，提高中國承接國際服務外包的水準；有效利用境外資本市場，鼓勵具備條件的境外

機構參股國內證券公司和基金管理公司，逐步擴大合格境外機構投資者（QFII）的規模。

　　長期以來，中國對外投資的方式多以國際工程承包、勞務合作為主。現在這些傳統方式已經無法滿足中國對外投資進一步發展的要求。隨著中國經濟的發展，中國已進入對外投資快速增長的新階段，創新對外投資和合作方式意義重大，是構築中國參與國際經濟合作和競爭新優勢的重要路徑。具體說來，對外投資合作方式創新可以從四個方面著手：一是開展跨國併購，有效提高企業在研發、生產、銷售等方面的國際化經營水準。支持具備條件的企業在全球整合資源鏈，樹立自己的國際知名品牌，打入國際主流市場。二是積極開展國際能源資源互利合作。推動在資源富集地區進行能源資源開發、農業項目綜合開發和遠洋漁業資源開發，建立多元、穩定、可靠的能源資源供應保障。三是開展境外加工貿易。通過加工貿易方式，可以有效釋放中國已經形成的充足生產能力，規避貿易壁壘，帶動相關產品的出口。目前，中國已啟動八個境外經濟貿易合作區的建設，從政策、資金、配套服務等方面積極支持企業「走出去」。四是有序推動對外間接投資。以國家外匯投資公司等方式拓展境外投資渠道，逐步形成以企業和居民為主體的對外間接投資格局。

　　第三，實施自由貿易區戰略。自由貿易區是比多邊貿易體制更高水準的開放，指一些國家和地區在多邊承諾基礎上，進一步相互開放市場，實現貿易和投資自由化。自由貿易區已成為大國開展戰略合作與競爭的重要手段，正在加速改變世界經濟和政治格局。在世界各國特別是大國競相發展自由貿易區的形勢下，如果置身局外或落於人後，發展空間就會受到擠壓，在日趨激烈的國際競爭中就可能處於不利境地。經過30多年改革開放，中國綜合國力和國際競爭力大大增強，成為世界第二大經濟體、第一大貿易國和最大外匯儲備國。中國發展自由貿易區的條件日趨成熟。今後，我們應有步驟、有重點地推進自由貿易區談判，積極穩妥地推進自由貿易區工作，逐步形成全球自由貿易區合作網絡。

第三節　經濟與社會的可持續發展

一、經濟發展新模式：可持續發展

　　人類的發展觀是隨著社會經濟的發展而不斷演進的。西方傳統經濟學的發展觀，基本上是一種「工業文明觀」，是以工業的增長作為衡量發展的唯一尺度，把一個國家的工業和由此產生的工業文明當作現代化實現的標誌。但自20世紀60年代以來，發達國家和發展中國家的經濟、生態環境惡化等嚴重問題極大地困擾著發展中國家廣大人民的生活和生存，使人類的發展面臨嚴峻的挑戰，這最終引發了人們對傳統經濟發展模式在理論上的全面質疑。

1969—1973年，美國人率先發動了一場「社會指標運動」，提出了包括社會、經濟、文化、環境、生活等項指標在內的新的社會發展指標體系，第一次衝擊了傳統的以GNP為單一中心的經濟發展觀。特別是以「羅馬俱樂部」成員、美國未來學家丹尼斯·麥多斯為首的17位學者寫成的《增長的極限》一書的出版（1972年），在全世界引起了巨大反響和爭論。「增長極限理論」的提出和爭論使全球對原有的經濟增長方式和經濟社會發展模式進行了深刻的反思。經濟增長並不一定帶來發展，經濟富裕並不一定帶來幸福，經濟發達並不一定帶來社會進步，這一觀點已為愈來愈多的人所認識和接受。

　　1980年，聯合國環境規劃署委託世界自然保護聯盟起草的《世界自然保護戰略》第一次提出了「可持續發展」的概念。1987年，聯合國通過了由當時的挪威首相布倫特蘭夫人主持的世界環境與發展委員會提出的綱領性文件——《我們共同的未來》。該文件在系統闡述了人類面臨的一系列重大經濟、社會和環境問題的基礎上，把可持續發展定義為「既滿足當代人的需要，又不對後代人滿足其需要的能力構成危害的發展」，並且給出了可持續發展的原則、要求、目標和策略，從而奠定了可持續發展思想及戰略的基礎。1992年6月，聯合國環境與發展大會在巴西里約熱內盧召開。這次會議通過了指導各國可持續發展的綱領性文件——《21世紀議程》，這標誌著可持續發展已成為當代經濟社會發展與生態環境保護事業的主導潮流，是人類面向21世紀的共同選擇。

　　經過不斷充實和完善，可持續發展已拓展為一個內涵十分豐富的概念，即可持續發展應是生態—經濟—社會三維複合系統整體的可持續發展。其核心思想是，健康的經濟發展應建立在生態可持續能力、社會公正和人民積極參與自身發展決策的基礎之上。其追求的目標是，既使人類的各種需要得到滿足，個人得到充分發展，又要保護資源和生態環境，不對後代的生存和發展構成威脅。可持續發展的衡量指標主要有經濟、社會和環境三個方面，缺一不可。

　　具體而言，可持續發展應包括以下幾方面的含義：

　　第一，可持續性。人類社會發展是一種長久維持的過程和狀態，這是可持續發展的核心內容，也是與以單純注重經濟增長的傳統發展觀相區別的關鍵所在。可持續性具有三層含義：一是生態可持續性，即生態系統受到某種干擾時能保持其生產率的能力，這是實現可持續發展的必要條件；二是經濟可持續性，即不能超越資源與環境承載能力的、可以延續的經濟增長過程，這是實現可持續發展的主導；三是社會可持續性，即使社會形式正確發展的倫理，促進知識和技術效率的增進，提高生活質量，從而實現人的全面發展的能力，這是實現可持續發展的動力和目標。三者是統一的整體，相互聯繫，相互制約，共同構成可持續發展的內容。

　　第二，公平性。公平性是指人類分配資源和佔有財富上的「時空公平」，具體包括三層含義：一是國家範圍內的同代人的公平。在貧富懸殊、兩極分化的狀況下是不可能實現可持續發展的。必須把貧困作為有待優先解決的問題來考慮，給所有人平等的機會，去實現他們過較好生活的願望。二是公平分配有限資源。目前的現實是佔世界人口

26％的發達國家在利用地球資源上占據優勢，佔有了發展中國家利用地球資源的合理部分來達到其經濟增長的目的。可持續發展強調在發達國家與發展中國家之間公平分配世界資源。三是代際間的公平。人類賴以生存的自然資源是有限的，當代人不能只圖滿足自己的需求而忽視後代對資源、環境的要求和權利。上一代利用世界資源發展起來的發達國家應當對資源環境問題承擔更大的責任，為解決當代的不公平盡更多的義務。

第三，系統性。把人類及其賴以生存的地球看成一個以人為中心、以自然環境為基礎的系統，系統的可持續發展有賴於人口的控制能力、資源的承載能力、環境的自淨能力、經濟的增長能力、社會的需求能力、管理的調控能力的提高，以及各種能力建設的相互協調。對於這個系統的運行狀況，應以系統的整體和長遠利益為衡量標準，使局部利益與整體利益、短期利益與長期利益、合理的發展目標與適當的環境目標相統一，不能片面地強調系統的一個因素，而忽略其他因素的作用。

第四，共同性。儘管各國由於歷史、文化和發展水準的差異，可持續發展的具體目標、政策和實施步驟不可能完全相同，但地球的整體性、資源有限性和相互依存性要求我們採取聯合行動，在全球範圍內實現可持續發展這一總目標。

二、可持續發展戰略與全面建設小康社會

（一）全面建設小康社會

改革開放 30 多年，中國實現了現代化建設「三步走」戰略的第一步、第二步目標，人民生活總體上達到小康水準。這是社會主義制度的偉大勝利，是中華民族發展史上一個新的里程碑。進入 21 世紀以來，中國共產黨歷次全國代表大會都對全面建設小康社會進行了闡述和規劃，全面論證了中國小康社會的內涵。2002 年，黨的十六大提出了全面建設小康社會的經濟、政治、文化、生態環境等多方面目標，明確把可持續發展與小康社會的建設聯繫起來。2007 年，黨的十七大又從增強發展的協調性、轉變經濟發展方式、加快發展社會事業、建設生態文明等方面對建設小康社會提出了新的要求。2012 年，黨的十八大進一步提出了全面建成小康社會的一系列目標，主要是：

——經濟持續健康發展。轉變經濟發展方式取得重大進展，在發展平衡性、協調性、可持續性明顯增強的基礎上，2020 年實現國內生產總值和城鄉居民人均收入比 2010 年翻一番。科技進步對經濟增長的貢獻率大幅上升，進入創新型國家行列。工業化基本實現，信息化水準大幅提升，城鎮化質量明顯提高，農業現代化和社會主義新農村建設成效顯著，區域協調發展機制基本形成。對外開放水準進一步提高，國際競爭力明顯增強。

——人民民主不斷擴大。民主制度更加完善，民主形式更加豐富，人民積極性、主動性、創造性進一步發揮。依法治國基本方略全面落實，法治政府基本建成，司法公信力不斷提高，人權得到切實尊重和保障。

——文化軟實力顯著增強。社會主義核心價值體系深入人心，公民文明素質和社會

文明程度明顯提高。文化產品更加豐富，公共文化服務體系基本建成，文化產業成為國民經濟支柱性產業，中華文化走出去邁出更大步伐，社會主義文化強國建設基礎更加堅實。

——人民生活水準全面提高。基本公共服務均等化總體實現。全民受教育程度和創新人才培養水準明顯提高，進入人才強國和人力資源強國行列，教育現代化基本實現。就業更加充分。收入分配差距縮小，中等收入群體持續擴大，扶貧對象大幅減少。社會保障全民覆蓋，人人享有基本醫療衛生服務，住房保障體系基本形成，社會和諧穩定。

——資源節約型、環境友好型社會建設取得重大進展。主體功能區佈局基本形成，資源循環利用體系初步建立。單位國內生產總值能源消耗和二氧化碳排放大幅下降，主要污染物排放總量顯著減少。森林覆蓋率提高，生態系統穩定性增強，人居環境明顯改善。

(二) 全面建設小康社會與可持續發展戰略

1. 中國可持續發展戰略的歷程

1992年，中國政府向聯合國環境與發展大會提交的《中華人民共和國環境與發展報告》系統回顧了中國環境與發展的過程與狀況，同時闡述了中國關於可持續發展的基本立場和觀點。

1992年8月，中國政府制定「中國環境與發展十大對策」，提出走可持續發展道路是中國當代以及未來的選擇。1994年中國政府制定完成並批准通過了《中國21世紀議程——中國21世紀人口、環境與發展白皮書》，確立了中國21世紀可持續發展的總體戰略框架和各個領域的主要目標。在此之後，國家有關部門和很多地方政府也相應地制定了部門和地方可持續發展實施行動計劃。

1996年3月，第八屆全國人民代表大會第四次會議批准的《國民經濟和社會發展「九五」計劃和2010年遠景目標綱要》把可持續發展作為一條重要的指導方針和戰略目標，明確做出了中國今後在經濟和社會發展中實施可持續發展戰略的重大決策。「十五」計劃還具體提出了可持續發展各領域的階段目標，並專門編製和組織實施了生態建設和環境保護重點專項規劃，社會和經濟的其他領域也都全面地體現了可持續發展戰略的要求。

與此同時，中國加強了可持續發展有關法律法規體系的建設及管理體系的建設工作。截至2001年年底，國家制定和完善了人口與計劃生育法律1部、環境保護法律6部、自然資源管理法律13部、防災減災法律3部。國務院制定了人口、資源、環境、災害方面的行政規章100餘部，為法律的實施提供了一系列切實可行的制度。全國人大常委會專門成立了環境與資源保護委員會，在法律起草、監督實施等方面發揮了重要作用。

1992年，中國政府成立了由國家計劃委員會和國家科學技術委員會牽頭的跨部門的制定《中國21世紀議程》領導小組及其辦公室；隨後還設立了具體管理機構——中國

21世紀議程管理中心。該中心在國家發展計劃委員會和國家科學技術部的領導下，按照領導小組的要求，承擔制定與實施「中國21世紀議程」的日常管理工作。2000年，制定《中國21世紀議程》領導小組更名為全國推進可持續發展戰略領導小組，由國家發展計劃委員會擔任組長，科技部擔任副組長。

2002年中國政府向可持續發展世界首腦會議提交了《中華人民共和國可持續發展國家報告》，該報告全面總結了自1992年特別是1996年以來中國政府實施可持續發展戰略的總體情況和取得的成就，闡述了履行聯合國環境與發展大會有關文件的進展和中國今後實施可持續發展戰略的構想，以及中國對可持續發展若干國際問題的基本原則、立場與看法。

黨的十九大明確強調：「從現在到2020年是全面建成小康社會決勝期。要按照十六大、十七大、十八大提出的全面建成小康社會各項要求，緊扣中國社會主要矛盾變化，統籌推進經濟建設、政治建設、文化建設、社會建設、生態文明建設，堅定實施科教興國戰略、人才強國戰略、創新驅動發展戰略、鄉村振興戰略、區域協調發展戰略、可持續發展戰略、軍民融合發展戰略，突出抓重點、補短板、強弱項，特別是要堅決打好防範化解重大風險、精準脫貧、污染防治的攻堅戰，使全面建成小康社會得到人民認可、經得起歷史檢驗。」

2. 中國可持續發展戰略與全面建設小康社會

英國《衛報》一篇評論曾這樣寫道：「19世紀，英國教會世界如何生產。20世紀，美國教會全世界如何消費。如果中國要引領21世紀，它就必須教會世界如何可持續發展。」① 在當前，實施可持續發展戰略，實質就是要樹立新的發展觀，改變傳統發展思維和模式。經濟發展不能以浪費資源和破壞環境為代價，而是要努力實現經濟持續發展、社會全面進步、資源永續利用、環境不斷改善和生態良性循環的協調統一。

第一，轉變經濟增長方式，走新型發展道路。要牢固樹立可持續發展的思想，通過體制改革、科技進步和加強管理，建立有利於可持續發展的經濟運行機制和管理體制，提高經濟增長質量和效益。科學技術日益成為人類社會發展進步的強大動力，要大力推動科技創新，在工農商貿、交通運輸、城鄉建設和生活消費等各個領域，大力推廣先進技術，促進產業結構優化升級，把科學技術特別是信息、生物、新材料、新能源等高新技術領域的最新成果廣泛應用於資源利用、環境保護和生態建設。開源與節流並重、預防與治理結合，減輕資源環境壓力，實現經濟增長方式由「高消耗、高污染、低效益」向「低消耗、低污染、高效益」轉變。大力促進和逐步建立節地節水型生態農業體系，節能節材型工業生產體系、高效降耗型綜合運輸體系，科學規劃、合理佈局的城鎮發展體系，適度消費、勤儉節約的生活消費體系，努力走出一條科技含量高、經濟效益好、資源消耗低、環境污染少、人力資源優勢得到充分發揮的新型工業化和現代化道路。

---

① 佚名. 探索可持續發展道路，解決龐大人口民生問題 [N]. 環球時報, 2007-09-28.

第二，堅持計劃生育的基本國策，提高出生人口素質，逐步完善政策，促進人口長期均衡發展。人口問題是制約可持續發展的關鍵因素。必須充分認識人口與計劃生育工作的重要性、長期性和艱鉅性。穩定現行計劃生育政策，穩定低生育水準，提高人口素質。高度重視勞動就業、人口老齡化、人口流動與遷移、出生人口性別比等問題。推動人口與計劃生育領域的改革和創新，建立和完善依法管理、居民自治、政策推動、綜合治理的工作機制。抓好人口與計劃生育法規的學習宣傳和貫徹實施。對於人口與計劃生育的工作重心，城市應放在社區，農村應放在村組，應重點做好農村特別是中西部地區農村的計劃生育工作。加強對流動人口計劃生育的管理和服務，建立以現居住地管理為主的工作機制，完善人口與計劃生育工作調控體系和相關政策，建立健全計劃生育獎勵和社會保障制度。

第三，合理開發和節約使用各種自然資源。依法保護和合理開發利用水、土地、礦產、森林、草原、濕地、海洋等國土資源，加強綜合整治。實現永續利用國土資源工作應以提高可持續發展的保障能力為目標，建立政府管理與市場運作相結合的資源優化配置新機制，全面加強資源調查、規劃和管理，不斷提高資源保護與利用水準。高度重視國土資源規劃編製，並嚴格實施。重點推進水、土地、礦產資源的節約使用和合理利用，提高資源綜合利用效率。水是基礎性的自然資源和戰略性的經濟資源。水資源的可持續利用是經濟社會可持續發展的極為重要的保證。要大力興修水利，防治水害，努力建設節水型社會，提高水資源利用效率。完善各大流域綜合治理開發規劃，因地制宜地修建大中小微型水利工程，合理調蓄水源。要抓緊解決部分地區水資源短缺問題，盡早興建南水北調工程；合理調配工農業用水、生活用水和生態環境用水。把節水放在突出位置，節約生產生活用水。普遍推行城市節水工程，推廣節水器具和設備，鼓勵冷卻水、工藝用水的循環使用和再生利用。推廣節水灌溉，發展節水農業，廣泛使用噴灌、滴灌、集雨節灌技術，提高農業用水的利用率。土地特別是耕地是人類賴以生存的根本，必須嚴格執行基本農田保護制度，切實保護耕地，從嚴控制城鄉建設占用耕地，遏制城鎮村莊建設用地規模盲目擴張。在城市化過程中，尤其要加強耕地保護。實施海洋開發，大力發展海洋產業，同時加強近岸海域水質保護，預防、控制和治理赤潮，抓好海洋環境綜合整治和管理。加強資源調查評價和地質勘查，力爭實現戰略性礦產資源勘查的新突破，為經濟發展和社會進步服務。繼續深化資源有償使用制度改革，推進國土資源市場體系建設。嚴格整頓礦業秩序，做到產權清晰、規則完善、調控有力、運行規範，依法維護資源所有者和使用者的合法權益。要建立和完善國家重要戰略資源儲備制度，努力提高礦產資源對國民經濟建設的保證程度。正確處理利用國外資源與維護中國資源安全的關係，積極實施「引進來」和「走出去」相結合的戰略，更好地利用國內外兩個市場。

第四，強化城鄉污染治理。著力抓好重點流域、區域、海域和大中城市的污染治理。強化對大氣污染、水污染、垃圾污染和噪聲污染的綜合治理。堅持預防優先，嚴格執行新

上基建和技改項目環境評價制度，實行生產能力建設改造與環境保護措施同時設計、同時施工、同時運行。抓緊對達不到國家環保要求的企業進行技術改造和產品升級換代，淘汰落後的生產工藝、設備和產品，整頓和關閉破壞資源、污染嚴重的各類小企業，有效控制污染物排放總量。引入市場機制，改革污水和垃圾處理機制，全面推行收費政策，加快設施建設，積極推進重點城市的生活污水和垃圾處理。加強農業和農村污染防治，做好規模化畜禽養殖的污染防治。在積極解決點源污染的同時，大力加強面源污染的防治。積極推廣生態農業和有機農業，保護農村飲用水水源地，保證食品安全。中國是化學品生產、使用、進出口和消費大國。必須高度重視化學品無害管理，預防化學物質污染環境，消除污染事故隱患。培育和發展環保產業，加強環保設備工藝的開發、設計和生產，使之成為具有良好經濟社會效益的新興產業，提高可持續發展的技術保障水準。

第五，全面推進生態環境保護和治理。中國自然生態條件複雜，很大一部分地區自然條件惡劣，生態環境脆弱，必須加強建設和保護。要積極開展生態環境調查，制定生態功能區劃和生態保護規劃。在長江和黃河源頭等地區建設一批生態功能保護區，加強自然保護區的建設和管理，推進生態省和生態示範區建設。林業發展戰略要實現從木材生產為主向生態建設為主的重大轉變，堅定不移地推進天然林保護工程和重點防護林體系建設。擴大退耕還林規模，加快宜林荒山荒地造林步伐。抓緊實施京津風沙源和水源為重點的治理與保護，建設環京津生態圈，減輕風沙危害。以大流域為骨幹，以小流域為單元，實施山水田林路綜合治理，切實減少水土流失。加強草原建設，在過牧地區實行退耕封地育草，推進休牧還草，遏制草原退化和荒漠化。要切實加強中國濕地保護，嚴格控制濕地資源開發。加強陸地、濕地和海洋生物保護，實施野生動物及其栖息地保護建設工程，恢復生態功能和生物多樣性。

第六，增強全民環境保護意識，提高實施可持續發展的能力。可持續發展是廣大人民根本利益之所在。只有各級政府、社會各界和廣大人民群眾共同努力，廣泛動員，積極參與，才能取得成效。政府要全面提高環保綜合決策能力和行政執法能力。鼓勵和支持社會各界以及民間團體和非政府組織參與可持續發展的各項活動。深入開展環保教育，利用各種媒體和輿論工具，大力宣傳環境保護知識和環境法規，提高公民環保意識，大幅度提高社會公眾參與可持續發展的程度。健全環境、氣象、防災減災的監測預報和安全網絡體系，增強各種災害的防禦反應、緊急救援和抗災減災能力。完善有關環境保護、資源管理和生態建設的法律法規，加強執法，加快制定符合國際慣例和中國國情的可持續發展認證認可體系、產品質量標準體系、環境標誌和標準體系，促進經濟社會和人口資源環境協調發展。

第七，發展低碳經濟，促進社會可持續發展。通過發展低碳經濟，提高資源、能源的利用效率，降低經濟的碳強度，促進中國經濟結構和工業結構優化升級。發展低碳經濟，提高可再生能源比重，有效地降低一次性能源消費的碳排放。發展低碳經濟，不僅可以與發達國家共同開發相關技術，還可以直接參與新的國際遊戲規則的討論和制定，

以利於中國的中長期發展和長治久安。

小　結

（1）影響經濟增長的因素很多，主要有三大類：生產要素的投入量、要素生產率和制度。科技進步是提高要素生產率的最直接因素，從而也是促進經濟增長的重要因素。轉變經濟增長方式主要是指從粗放型經濟增長方式轉變成集約型經濟增長方式。制度或體制因素在中國經濟增長方式轉變中有著至關重要的作用。

（2）經濟增長、經濟增長方式轉變與經濟發展、經濟發展方式轉變有著密切的聯繫，但也有顯著區別。要實現經濟發展方式的根本轉變，必須實現「三個轉變」。即：促進經濟增長由主要依靠投資、出口拉動向依靠消費、投資、出口協調拉動轉變；由主要依靠第二產業帶動向依靠第一產業、第二產業、第三產業協同帶動轉變；由主要依靠增加物質資源消耗向主要依靠科技進步、勞動者素質提高、管理創新轉變。轉變經濟發展方式需要有一個有效的實現機制：需要全面深化經濟體制改革，健全現代市場體系；需要自主創新，廣泛採用節能減排技術，著力建設資源節約型、環境友好型社會；需要優化結構，發展現代產業體系，走新型工業化道路，堅持擴大內需的方針，著力增強消費需求對經濟增長的拉動作用；需要統籌城鄉發展，統籌區域發展，推動城鄉發展一體化；需要適應經濟全球化新形勢，全面提高開放型經濟水準。

（3）全面建設小康社會的一個重要目標是可持續發展能力不斷增強。在新時期，十八大提出了實現全面建成小康社會奮鬥目標的新要求：經濟持續健康發展，人民民主不斷擴大，文化軟實力顯著增強，人民生活水準全面提高，資源節約型、環境友好型社會建設取得重大進展。

複習思考題

1. 解釋下列名詞概念：

經濟增長　　　　經濟發展方式　　　　三個轉變　　　　產業結構
區域經濟結構　　可持續發展　　　　　科學發展觀　　　低碳經濟
2. 論述經濟增長方式轉變中的制度因素的重要性。
3. 經濟增長方式轉變與經濟發展方式轉變有何聯繫與區別？
4. 什麼是經濟發展方式的三個轉變？
5. 統籌城鄉發展的內涵和重點是什麼？
6. 中國新時期實現全面建設小康社會奮鬥目標的新要求有哪些？

7. 論述中國提高自主創新能力，建設創新型國家的重要意義。
8. 論述建設資源節約型、環境友好型社會與可持續發展戰略的關係。

閱讀書目

1. 劉易斯. 二元經濟論 [M]. 施煒, 等, 譯. 北京：北京經濟學院出版社, 1989.
2. 胡錦濤. 堅定不移沿著中國特色社會主義道路奮進 為全面建成小康社會而奮鬥——在中國共產黨第十八次全國代表大會上的報告 [R]. 北京：人民出版社, 2012：21.
3. 索洛. 經濟增長因素分析 [M]. 史清琪, 等, 譯. 北京：商務印書館, 1991.

參考文獻

1. 黃泰岩. 轉變經濟發展方式的內涵與實現機制 [J]. 求是, 2007（18）.
2. 李萍. 經濟增長方式轉變的制度分析 [M]. 成都：西南財經大學出版社, 2001.
3. 馬傳棟. 可持續發展經濟學 [M]. 濟南：山東人民出版社, 2002.
4. 張敦富, 覃成林. 中國區域經濟差異與協調發展 [M]. 北京：中國輕工業出版社, 2001.
5. 中國科學院可持續發展戰略研究組. 2008 中國可持續發展戰略報告 [R]. 北京：科學出版社, 2008.

國家圖書館出版品預行編目（CIP）資料

政治經濟學 / 劉詩白　主編. -- 第五版.
-- 臺北市：財經錢線文化, 2019.05
　　面；　公分
POD版

ISBN 978-957-680-333-8(平裝)

1.政治經濟學

550.1657　　　　　　　　　　　　108006738

書　　　名：政治經濟學（第五版）
作　　　者：劉詩白 主編
發 行 人：黃振庭
出 版 者：財經錢線文化事業有限公司
發 行 者：財經錢線文化事業有限公司
E - m a i l：sonbookservice@gmail.com
粉 絲 頁：　　　　　網　　址：
地　　　址：台北市中正區重慶南路一段六十一號八樓 815 室
8F.-815, No.61, Sec. 1, Chongqing S. Rd., Zhongzheng Dist., Taipei City 100, Taiwan (R.O.C.)
電　　　話：(02)2370-3310　傳　真：(02) 2370-3210
總 經 銷：紅螞蟻圖書有限公司
地　　　址：台北市內湖區舊宗路二段 121 巷 19 號
電　　　話：02-2795-3656　傳真:02-2795-4100　　網址：
印　　　刷：京峯彩色印刷有限公司（京峰數位）

本書版權為西南財經大學出版社所有授權崧博出版事業股份有限公司獨家發行電子書及繁體書繁體字版。若有其他相關權利及授權需求請與本公司聯繫。

定　　　價：750元
發行日期：2019 年 05 月第五版
◎ 本書以 POD 印製發行